# Der Vertragsbruch und seine Rechtsfolgen.

Von

Dr. Richard Löning,
Docent des Straf- und Proceßrechts zu Heidelberg.

Erster Band.

## Der Vertragsbruch im deutschen Recht.

Straßburg.
Verlag von Karl J. Trübner.
1876.

Der

# Vertragsbruch

## im deutschen Recht.

Von

Dr. Richard Löning.

---

Mit einem Anhang:

Ueber Ursprung und rechtliche Bedeutung der in den altdeutschen Urkunden enthaltenen Strafklauseln.

Straßburg.
Verlag von Karl J. Trübner.
1876.

Meinen Eltern

gewidmet.

## Vorwort als Einleitung.

Seit geraumer Zeit nunmehr wird unser öffentliches wie wissenschaftliches Leben von einer Frage bewegt, für welche es trotz ihrer allerseits anerkannten praktischen wie principiellen Bedeutung noch nicht hat gelingen wollen, eine irgend befriedigende Lösung zu finden: von der Frage nach der Strafbarkeit oder Nichtstrafbarkeit des Vertragsbruchs.

Aus dem römischen Rechte, welches auf dem Vertragsgebiete sich zur Alles beherrschenden Norm aufgeworfen hatte, war als bis daher unbezweifeltes Axiom der Satz überliefert worden, daß als Rechtsfolge der Verletzung einer gleichviel wie beschaffenen Vertragspflicht einzig Schadloshaltung der durch jene Verletzung betroffenen Vermögensinteressen Platz zu greifen habe. Kaum, daß man sich der Möglichkeit eines Gegensatzes bewußt war. Die Wissenschaft hatte bei dieser selbstverständlichen Annahme sich ihrerseits nicht veranlaßt gesehen, jenes überlieferte Axiom auf seine innere Wahrheit zu prüfen, und ihm so erst die wahre Existenzberechtigung zu verleihen. Es bestand keine Frage bezüglich der Rechtsfolgen der Vertragsverletzungen.

So geschah es, daß, als nun plötzlich diese Frage im Gefolge der Umwälzungen und Reformen auf socialem Gebiet in unmittelbar praktischer Gestalt an uns herantrat, das bestehende Recht als solches ihr keine Autorität entgegenzusetzen vermochte, während ihr auf der anderen Seite ein zu jeder anderweiten, rechtlichen Lösung durchaus unvorbereitetes Publikum gegenüber stand. Man hatte über die Frage noch nicht nachgedacht, und hatte zu ihrer Beantwortung keinen inneren Fond vorräthig. Was war da natürlicher, als daß man dieselbe als ein Erzeugniß des Augenblicks nach den Bedürfnissen des Augenblicks zu regeln suchte. In der sofort auf's lebhafteste sich erhebenden, öffentlichen Diskussion wurden die wunderlichsten Behauptungen und Anschauungen kund, welche alle von dem größten Schwanken der Ansichten bezüglich der dabei maßgebenden rechtlichen Grundbegriffe Zeugniß gaben; ich erinnere an die Aufstellungen, daß eine Bestrafung des Vertragsbruchs eine principiell unzulässige Vermischung von Privat- und Strafrecht enthalte, daß Jeder, dem ein Vertrag nicht gehalten werde, dies nur sich selbst zuzuschreiben habe u. s. w. Seitens der Presse und der Nationalökonomen, welche hier als die Hauptwortführer auftraten, sprach man sich mit größerer oder geringerer Unkenntniß oder Beiseitesetzung der in Betracht kommenden rechtlichen Gesichtspunkte für die eine oder andere Lösung aus, je nachdem diese den vertretenen Parteiinteressen, der momentanen socialen und politischen Lage zu entsprechen schien.[1] Die Art und Weise der Behandlung, welche unserer Frage seitens der Regierungen, insbesondere seitens der Reichsregierung zu Theil ward, zeugte von der größten Unsicherheit der Anschauung. Die Rechtswissenschaft endlich, von welcher man füglich eine vorurtheilsfreie, von den Zu-

---

[1] Von der zahlreichen nationalökonomischen Literatur über den Vertragsbruch erscheinen dem Verf. nur folgende Arbeiten als für den Juristen beachtenswerth: der Aufsatz von A. Held in Hildebrand's Jahrbücher für Nationalökonomie und Statistik, Jahrgang XII, 1874, sowie das Gutachten von G. Schmoller in den Schriften des Vereins für Socialpolitik Bd. VII (Leipzig 1874) S. 71 ff. (auch in der Tüb. Zschr. für die ges. Staatswissenschaft Bd. 30, 1874 S. 449 ff.). Zu erwähnen ist übrigens noch die interessante Studie von P. Holdheim: der Arbeitsvertrag in seiner systematischen Stellung, in der zuletzt cit. Zschr. a. a. O. S. 247—264.

fällen des Augenblicks nicht beeinflußte, sachliche Prüfung der Frage, ein wissenschaftlich entscheidendes Wort hätte erwarten dürfen, verhielt sich im Gefühle ihrer inneren Schwäche gänzlich passiv; kaum daß ein Versuch gemacht wurde, der Frage gegenüber überhaupt Stellung zu nehmen[2]. Die Rechtswissenschaft, welche sonst so eifersüchtig ihre ausschließliche Berechtigung zur Lösung rechtlicher Fragen zu wahren versteht, ließ es ruhig geschehen, daß eine eminent juristische, fast alle Zweige des Rechts und vor allem das Rechtssystem selbst berührende Frage ihren Händen entwunden, zur blosen politischen Tages- und Parteifrage gemacht wurde. War diese Frage auch bisher noch nicht wissenschaftlich untersucht worden, so wäre es doch an der Zeit gewesen, nunmehr wenigstens den Anfang damit zu machen.

Für Denjenigen freilich, welcher mit dem gegenwärtigen Stand unserer Wissenschaft, insbesondere der Strafrechtswissenschaft vertraut ist, hatte diese scheinbare Indolenz nichts zu Verwunderndes. Hier war, nachdem man sich Jahrzehnte lang einseitig mit dem Begriffe der Strafe und des Dolus beschäftigt hatte, vor noch nicht langer Zeit die Frage nach dem Begriffe des Verbrechens, nach der principiellen Grenzscheide zwischen strafbarem und nicht strafbarem Unrechte

[2] Abgesehen von einzelnen Kammerreden sind dem Verf. nur zwei Aeußerungen deutscher Rechtsgelehrter über die Frage zu Gesicht gekommen: ein Gutachten C. G. v. Wächter's in der Spener'schen Zeitung vom 10. April 1874, Morgenausgabe, sowie ein akademischer Vortrag von C. Lüder: über die criminelle Bestrafung des Arbeitscontractbruches (Erlangen 1875). Die Frage wird von beiden als eine solche behandelt, über welche das momentane Bedürfniß zu entscheiden hat; letzterer beruft sich dabei ausdrücklich auf die Worte des Abg. Bamberger: „mein Standpunkt in dieser Sache ist der, daß ich mich von allgemeinen theoretischen Principien hier überhaupt nicht leiten lasse. Ich sage: ist es Lebensbedürfniß, zur Erhaltung der bürgerlichen Gesellschaft in ihrer gewerblichen Thätigkeit den Contractbruch zu bannen und zu verhindern, so muß unter allen Umständen die Form und das Mittel dafür gefunden werden, und finden wir das Mittel nicht im Civilrecht, so müssen wir es im Strafrecht finden."

überhaupt aufgeworfen und eifrig behandelt worden. Allein sämmtliche der zahlreich angestellten Versuche, zu einer Lösung zu gelangen, mußten als gescheitert betrachtet werden, und gerade war in prononcirter Weise ausgesprochen worden, daß es überhaupt keinen principiell festzustellenden Unterschied zwischen dem kriminellen und dem sog. civilen Unrecht gäbe. Keinem Sachverständigen konnte es nun verborgen bleiben, daß die neu auftauchende Frage nach der Strafbarkeit des Vertragsbruchs auf's innigste mit jener eben berührten Frage zusammenhänge, und daß eine Lösung derselben nur auf Grund einer Lösung der letzteren erzielt werden könne. Hatte man nun aber bei dieser letzteren die erwähnten schlimmen Erfahrungen gemacht, hatte man als der Weisheit letzten Schluß den Satz hinnehmen müssen, daß man vor einem wissenschaftlich nicht zu lösenden Problem stehe, — so war es einerseits selbstverständlich, daß die Strafrechtswissenschaft in dem eben ausbrechenden Tagesstreit auf Grund der von ihr eruirten Wahrheiten eine maßgebende Entscheidung auszusprechen nicht in der Lage war, wie es andererseits erklärlich schien, daß man sich nicht ermuntert fühlte, eine gerade resultatlos abgebrochene Untersuchung auf's neue und mit frischen Kräften wieder aufzunehmen. Freilich fragte es sich dabei, ob ein derartiges Verhalten nicht einem Abdanken der Wissenschaft als Bewahrerin der höchsten geistigen Interessen der Menschheit gleichkam. —

Wenn es nun bei so bewandten Verhältnissen der Verfasser vorliegenden Buches wagte, der vernachlässigten Aufgabe von ihrer rechtlichen Seite näher zu treten, so war er sich der Schwierigkeit seines Unternehmens, wie der Unzulänglichkeit seiner Kräfte wohl bewußt. Allein das Unbefriedigende der Lage, das lebhafte Interesse, welches ihn für die in Rede stehenden Fragen beseelte, schienen ihm die Berechtigung zu geben, wo kein Besserer sich bereit finden wollte, selbst an's Werk zu gehen. Mit der größten Theilnahme war er den Untersuchungen über die Natur und die Arten des Unrechts gefolgt; jetzt, wo die bisher nur theoretisch behandelten Fragen eine unmittelbar praktische Wirksamkeit erhalten sollten, schien es ihm unangänglich, resignirt die Hände in den Schooß zu legen. Konnte er doch hoffen, durch seine Arbeit Andere, die vielleicht berufener sind, zur Wiederaufnahme der Thätigkeit anzuregen.

Ein Vorrecht glaubt er sich allerdings hierdurch erworben zu haben; nämlich das, bei seinen Untersuchungen seinen eigenen Weg gehen, seine eigene Methode befolgen zu dürfen.

Ueber diesen Weg und diese Methode, sowie über das vom Verfasser im Auge gehabte Ziel soll nun im Folgenden noch Einiges berichtet werden.

Der Verfasser will das Recht zur Darstellung bringen, welches sich an die Nichterfüllung, Verletzung einer durch Vertrag übernommenen Rechtspflicht knüpft. Zunächst ist es selbstverständlich, daß sich diese Aufgabe nicht auf dasjenige Verhältniß beschränken konnte, bei welchem unsere Frage zuerst praktische Bedeutung gewonnen hat, auf die Verletzung des Arbeitsvertrags durch industrielle Arbeiter; vielmehr mußte das gesammte Gebiet der vertraglichen Rechtspflichten zur Betrachtung herangezogen werden. Dagegen war nach anderen Seiten hin die Aufgabe mehrfachen Einschränkungen zu unterwerfen. Das hierbei maßgebende Princip war folgendes: der Vertragsbruch sollte behandelt werden insofern er ein Unrecht darstellt, und die sich daran knüpfenden Rechtsfolgen, sofern sie sich auf dieses Unrecht beziehen, sofern sie eine Reaktion des Rechts gegen das Unrecht bilden. Hiernach blieben aber einmal alle diejenigen Fälle ausgeschlossen, in welchen die Nichterfüllung einer Vertragspflicht außerhalb jeder Verantwortlichkeit des Verpflichteten fällt, in welchen somit von einem Unrechte überhaupt nicht die Rede sein kann, m. a. W. die Lehre von der Verhaftung für den Zufall in Vertragsverhältnissen. Sodann mußten diejenigen Rechtsfolgen der Vertragsverletzung von unserer Erörterung fern gehalten werden, welche sich mehr als Befugnisse des Berechtigten, denn als Nachtheile darstellen, welche den Verpflichteten wegen des von ihm begangenen Unrechts treffen; so insbesondere die Vertragsauflösungs- und Rücktrittsbefugniß, welche dem Berechtigten in Folge einer von dem andern Contrahenten verübten Vertragsverletzung mehrfach eingeräumt wird.

Das Hauptgewicht der folgenden Untersuchungen fällt auf die Feststellung der Gränzen der strafbaren Handlung; die Arbeit will recht eigentlich ein Beitrag sein zur Lehre von dem Unterschiede des civilen und kriminellen Unrechts, und zwar in specieller Anwendung auf eine bestimmte Reihe von Rechtsverhältnissen. Das Vertragsgebiet soll als das Operationsfeld dienen, auf welchem die Versuche zur Feststellung derjenigen Momente, durch welche eine Strafe oder anderweite Unrechtsfolgen gefordert oder ausgeschlossen werden, anzustellen sind.

Sollten aber diese Versuche, die Frage nach der Strafbarkeit des Vertragsbruchs, sowie die nach dem Begriffe des strafbaren Unrechts überhaupt ihrer Lösung näher zu bringen, auch nur von einiger Aussicht auf Erfolg begleitet sein, so schien es dem Verfasser unumgänglich nöthig, eine eingehende, historische Darstellung voraufzuschicken. Vielfach ist es freilich ausgesprochen und wiederholt worden, daß die Momente, durch welche der Eintritt der Strafe bedingt wird, in den verschiedenen Zeiten und bei den verschiedenen Völkern verschiedene seien. Der Verfasser ist weit entfernt, die Richtigkeit dieses Satzes anzweifeln zu wollen; allein seines Erachtens hätte derselbe dazu führen müssen, nunmehr mit Aufbietung aller Kräfte und durch genaue historische Forschung für jede einzelne Periode und für die einzelnen Völker diese Momente festzustellen, den Entwicklungsgang derselben aufzuzeigen, und so für die Lösung der Frage, in welcher Weise für unsere heutige Zeit und für unser heutiges Volk die begrifflichen Voraussetzungen der Strafe zu bestimmen seien, den Boden zu ebnen. In diesem Sinne hatte bereits Merkel vor bald zehn Jahren die deutsche Rechtswissenschaft auf die Gesetzmäßigkeit in dieser Entwicklung hingewiesen.[3] Leider wurde dieser Hinweis nicht beachtet; man begnügte sich statt dessen, auf Grund des Fehlschlagens einiger moderner, spekulativer Versuche jeden principiellen Unterschied in Abrede zu stellen, und damit vor einem historischen Faktum von imponirender Größe und Bedeutsamkeit die Augen zu verschließen. Die Vernachlässigung der historischen Untersuchung hat nach der Ueberzeugung des Verfassers hier, wie auf so manchem anderen Gebiete, die Resultatlosigkeit der modernen strafrechtlichen Forschung zur Folge gehabt; er glaubte vor allem diesen Fehler vermeiden zu müssen.

In Bezug auf die specielle, hier behandelte Frage läßt aber noch ein anderer Umstand die historische Untersuchung als von besonderer Bedeutung erscheinen. Die Frage nach der Strafbarkeit des Vertragsbruchs ist, wie erwähnt, ohne wissenschaftlich geprüft zu sein, zur politischen Tagesfrage gemacht, ihre Beantwortung allein nach Maßgabe der Parteiinteressen und der augenblicklichen politischen und socialen Constellationen versucht worden, indem man den Rückschlag, welchen eine Bestrafung oder Nichtbestrafung auf jene ausüben würde, zum Ausgangspunkt der Besprechung und zur Grundlage seines Urtheils machte. Soll hier nun eine Prüfung der Frage von innen heraus, nach der Natur der in Betracht kommenden Rechtsverhältnisse als solcher unternommen werden, so ist es dringend geboten, sich von jeder

[3] In seinen Kriminalistischen Abhandlungen, Heft I (Leipzig 1867) S. 40 f.

Beeinflussung durch momentane Zufälligkeiten frei zu machen, den durch die Gegenwart bedingten Ideen- und Vorstellungskreis zu erweitern, den wissenschaftlichen Sinn zur Erkenntniß der Natur der Sache zu befähigen. Dies kann aber im vorliegenden Fall nicht auf dem Wege der Abstraktion, sondern nur auf dem historischen Wege geschehen, dadurch, daß wir sehen, wie unbefangene Völker in unbefangenen Zeiten über unsere Frage gedacht haben. Wir müssen den Ideengehalt der Vorzeit in uns aufnehmen, um selbst wieder die zur wissenschaftlichen Erkenntniß erforderliche Unbefangenheit zu erhalten.

Indem wir nun so das früher Gedachte uns zu eigen zu machen haben, muß es in erster Linie unsere Aufgabe sein, diesen Satz bei dem einheimischen deutschen Recht, wie es sich unbeeinflußt von den fremden Rechten entwickelt hat, in Anwendung zu bringen. Freilich besteht zwischen der heutigen und der mittelalterlichen Anschauungsweise in vielen Hinsichten ein bedeutender Widerspruch; allein wohl jeder, der sich mit dem älteren deutschen Recht beschäftigt hat, wird die Erfahrung gemacht haben, daß so mancher mittelalterliche deutsche Rechtsgedanke unserm modernen Bewußtsein näher steht und ihm mehr zusagt, als eine, vielleicht fein ausgebildete und formell bei uns recipirte römische Theorie. Wie weit dies auch hier zutrifft, soll sich aus den folgenden Untersuchungen ergeben. Jedenfalls ist es für die nationale Aus- und Fortbildung einer Lehre von höchster Wichtigkeit, die nationalen Bestandtheile derselben, das, was uns selbst in Bezug darauf angehört oder einmal angehört hat, aber unserm Bewußtsein entschwunden ist, in dieses Bewußtsein zurückzurufen. Auch bei unserer Lehre kommt es darauf an, daß wir uns zunächst selbst wieder finden. —

Der vorliegende erste Band behandelt in zwei Abtheilungen das einheimische deutsche Recht von den ältesten Zeiten bis zum Eindringen der fremden Rechte; unter deutschem

Recht wird dabei das im fränkischen, bezw. deutschen Reiche entstandene und gültige Recht begriffen.

Wenn dem gegenüber in der 1. Abtheilung inkonsequenter Weise auch das Recht der Langobarden und Westgothen mit herangezogen wurde, so geschah dies, um bei diesen, frühzeitig der Einwirkung des römischen Rechts ausgesetzten Völkerschaften die unter dieser Einwirkung in größerem oder geringerem Maaße stattgefundene Entnationalisirung des Rechts aufzuzeigen.

In sachlicher Hinsicht bilden den Gegenstand der Darstellung die an den Thatbestand der Vertragsverletzungen sich anknüpfenden Rechtsfolgen in der oben beschriebenen Weise, wie sich solche dem Verfasser bei unbefangener Betrachtung der in größtmöglicher Ausdehnung herangezogenen Quellen ergaben. Wenn der Verfasser sich dabei bemühte, das behandelte Thema möglichst voraussetzungslos unmittelbar aus den Quellen zur Darstellung zu bringen, so ergab sich doch für ihn bezüglich eines Punktes die Nothwendigkeit einer Ausnahme. Die Darstellung der Rechtsfolgen einer Vertragsverletzung ist bedingt durch die Darstellung des Thatbestands der Vertragsverletzung selbst. Dieser Thatbestand hat aber an und für sich wieder zur Voraussetzung den Begriff oder Thatbestand des rechtsgültigen Vertrags. Sollte jedoch dieser letztere Punkt seinem ganzen Umfang nach in gegenwärtiger Arbeit Aufnahme finden, so wäre dies gleichbedeutend gewesen mit einer Darstellung des gesammten, deutschen Vertragsrechts. Der Verfasser glaubte indeß seiner Arbeit eine derartige Ausdehnung um so weniger geben zu dürfen, als hierbei Punkte hätten zur Sprache gebracht werden müssen, welche neuerdings vielfach behandelt, noch keineswegs aber klar gestellt sind, und für welche es jedenfalls noch der eingehendsten Detailforschung bedarf, ehe sie in einer Gesammtdarstellung in befriedigender Weise Platz finden können. Es wurde daher, von einzelnen

Ausnahmen abgesehen, auf jede nähere Erörterung der Bedingungen und Voraussetzungen der Rechtsgültigkeit des Vertrags verzichtet; ebenso auf eine Darlegung des deutschrechtlichen Vertragsbegriffs. Vielmehr ging der Verfasser davon aus, daß alle Verhältnisse zur Besprechung zu bringen seien, in welchen eine wirklich bestehende Rechtspflicht ihrem Rechtsgrunde nach auf die freiwillige Uebernahme derselben durch den Verpflichteten, auf ein ausdrückliches oder stillschweigendes Versprechen zurückzuführen ist, indem er, ohne an dieser Stelle einen quellenmäßigen Nachweis hierfür zu erbringen, doch gerade aus den Quellen das Binden, die Selbstbeschränkung des eigenen Willens als die Grundlage des gesammten deutschen Vertragsrechts erkannt zu haben glaubt. Nur in einzelnen Fällen, wo es zweifelhaft erschien, ob man es überhaupt mit einer solchen vertraglichen Rechtspflicht und deren Verletzung zu thun habe oder nicht, mußte eine nähere Untersuchung auf Grund der Quellen vorgenommen werden, so insbesondere zu Anfang der 1. Abtheilung bei Gelegenheit der Begriffsfeststellung der fränkischen fides facta.

Bezüglich anderer Punkte wird auf das Buch selbst und bezüglich des Anhangs insbesondere auf die Anmerkung zu § 10 verwiesen; gegenüber dem früheren Abdrucke sind hier nur wenige Aenderungen, meist redaktioneller Natur, vorgenommen sowie hier und da die Belegstellen vermehrt worden.

Ein zweiter Band soll das römische Recht, die moderne Rechtsentwicklung, sowie, auf Grund der Resultate der historischen Forschung, den Versuch einer dogmatischen Darstellung enthalten.

Heidelberg, im November 1875.

**Richard Löning.**

# Inhaltsübersicht.



## Erste Abtheilung.

### Die Zeit der Volksrechte.

## Zweites Kapitel.

### Von den vertraglichen Verpflichtungen zur Uebergabe einer individuellen Sache.



## Drittes Kapitel.

### Von den vertraglichen Verpflichtungen zur Vornahme einer persönlichen Leistung (facere i. e. S.).

## Zweiter Abschnitt.

**Verletzung von Vertragspflichten, welche auf Vornahme einer positiven Handlung mit absolut bestimmtem Termin gerichtet sind.**



## Dritter Abschnitt.

**Verletzung von Vertragspflichten, welche in einer Unterlassung bestehen.**



## Vierter Abschnitt.

**Rechtsfolgen des Vertragsbruchs, welche von dem Inhalt der verletzten Rechtspflicht unabhängig sind.**



## Schluß.



---

## Anhang.

# Erste Abtheilung.

# Die Zeit der Volksrechte.

## § 1.

### Verhältniß der Quellen zu unserer Frage. — Ausgangspunkt der Darstellung; *Lex Salica.*

Die ältesten Aufzeichnungen des deutschen Rechts, welche wir die Volksrechte zu nennen pflegen,[1] enthalten bekanntlich über Verträge und deren rechtliche Wirkungen nur äußerst dürftige und lückenhafte Bestimmungen. Es folgt dies aus der Natur der Sache. Verträge sind Erzeugnisse des Verkehrs, und letzterer gibt denselben ihren Inhalt; der einzelne Vertragsschluß gibt die Norm ab für das, was im konkreten Fall Rechtens ist, und was nicht. Es bedarf hierfür, besonders bei noch wenig entwickeltem Verkehr, keiner gesetzlichen Regulirung.

Anders verhält sich dies jedoch für den Fall, daß die

---

[1] Ueber die Berechtigung hierzu s. neuerdings **Boretius**, Beiträge zur Kapitularienkritik (Leipzig 1874) S. 8—16. Irrig scheint nur die daselbst S. 11 geäußerte Ansicht, daß das Gesetz wie ein **Vertrag** zwischen den Volksgenossen angesehen worden sei. Das consentire oder convenire, welches so häufig, als bei Abfassung der Gesetze stattfindend, hervorgehoben wird, drückt nicht einen **Verpflichtungswillen** aus, sondern nur die übereinstimmende **Ansicht, Ueberzeugung**, daß etwas Recht sei. — Dieselbe Bemerkung gilt gegen **Beseler**, über die Gesetzeskraft der Kapitularien (in den „**Festgaben für G. Homeyer**", Berlin, 1871), S. 5, 6.

vertraglich übernommene Verpflichtung seitens des Verpflichteten *nicht zur Erfüllung gebracht wird*, sei es, daß er sie nicht erfüllen *kann*, oder daß er sie nicht erfüllen *will*. Hier tritt ein neues, außerhalb des ursprünglichen Vertragswillens liegendes Moment zu dem bisherigen Thatbestande hinzu, dessen Einfluß auf das, was von Rechtswegen nunmehr zu geschehen hat, d. h. auf die *Rechtsfolgen* nicht aus jenem Vertragswillen, als dem konstitutiven Princípe der letzteren, abgeleitet werden kann. Die Festsetzung der jetzt eintretenden Rechtsfolgen erfordert eine *eigene* Basis, und sie wird daher, sobald man das Bedürfniß empfunden, den im Volksbewußtsein lebenden Rechtssätzen durch die Aufzeichnung eine festere Gestalt zu geben, einen wesentlichen Bestandtheil dieser Aufzeichnung bilden müssen.

So bezieht sich denn auch, was uns aus dieser Zeit von Vertragsrecht überliefert ist, zum größten Theil auf den eben berührten Punkt, und es ist uns daher gestattet, gleich an der Eingangspforte der deutschen Rechtsgeschichte einen verhältnißmäßig umfassenden Einblick in die Rechtszustände auf diesem Gebiete zu thun. — Unterstützend treten dann diesen *gesetzlichen* Rechtszeugnissen zur Seite die *Urkunden* über einzelne Rechtsgeschäfte und Rechtsstreite, aus welchen wir das Verhalten des praktischen Rechtslebens zu den in jenen Gesetzen niedergelegten Grundsätzen erkennen.

Wie jedoch bereits in der Einleitung erwähnt, beschäftigt uns an dieser Stelle nur die *eine* Seite der Frage nach den an die Nichterfüllung eines Vertrages sich knüpfenden Rechtsfolgen; letztere sollen nur soweit dargestellt werden, als die Nichterfüllung auf den verpflichteten *Willen* zurückzuführen ist. Es bleiben daher auch die Quellenzeugnisse, die sich auf Fälle beziehen, in welchen die Erfüllung der vertragsmäßigen Leistung durch Umstände *außerhalb des Willens* des Verpflichteten *zur Unmöglichkeit* wird, hier außer Betracht.

Ueber jenen unsern Gegenstand nun finden sich bereits in der *Lex Salica* anscheinend mehrfache Bestimmungen, welche, wie sie das älteste deutsche Rechtszeugniß hierüber enthalten, auch als Grundlage der folgenden historischen Untersuchungen zu dienen geeignet sind. Einzelne dieser Bestimmungen, und gerade die wichtigsten, sind in neuerer Zeit mehrfach zum Gegenstand wissenschaftlicher Forschung gemacht worden; und wenn dies auch unter einem, von dem unsern abweichenden Gesichtspunkt geschah, so wird es doch auch für uns zunächst von wesentlicher Bedeutung sein, zu sehen, welche Stellung wir gegenüber den Ergebnissen dieser Untersuchungen, und insbesondere derjenigen Sohm's[2] einzunehmen haben; und zwar machen die Wichtigkeit des Gegenstandes, wie die Bedeutung der Forschungen Sohm's ein näheres Eingehen nothwendig.

## § 2.

### *Lex Salica tit. 50.* Bedeutung der *fides facta.*

Zuvörderst kommt hier in Betracht L. Sal. tit. 50. De fides factas § 1:[1]

Si quis ingenuus aut letus alteri fidem fecerit, tunc ille cui fides facta est, in XL noctes aut quomodo placitum fecerit, quando fidem fecit, ad domum illius qui fidem fecit cum testibus vel cum illis qui praecium adpreciare debent, accedere debet. Et si ei noluerit

[2] Sohm, der Proceß der Lex Salica, Weimar 1867. Wenn im Folgenden der Name des Verfassers ohne weiteren Zusatz angeführt wird, so ist dies auf genanntes Werk zu beziehen.

[1] Ich citire die Lex Salica im Folgenden nach der Ausgabe von Behrend (Berlin 1874), sowie die hierzu gehörigen Kapitularien der älteren Könige nach der in derselben Ausgabe befindlichen Bearbeitung von Boretius; jedoch werde ich bei etwaigen Abweichungen in der Bezeichnung der einzelnen Stellen in Klammern auch diejenige der Merkel'schen Ausgabe beifügen. Die im Text angeführte Stelle bildet bei Merkel nur die erste Hälfte des § 1 von Sal. 50.

fidem factam solvere, *Malb.* thalasci asco (*Cod. Guelferb.*: huc chram mito), hoc est solidos XV super debitum, quod fidem fecerit, culpabilis judicetur.

Es fragt sich, mit welchem Thatbestande wir es hier zu thun, was wir vor Allem unter *fidem facere* zu verstehen haben. Die ältere Ansicht, vertreten durch Waitz[2], Zöpfl[3], v. Meibom[4], welcher sich neuerdings auch Behrend[5] wieder zugewandt hat, nimmt an, es handle sich hier um das vor Gericht abgelegte Gelöbniß, eine durch ein vorhergehendes Urtheil auferlegte Verpflichtung zur Ausführung zu bringen, das sog. Urtheilserfüllungsgelöbniß. Diese Auffassung ist bedingt durch die Zusammengehörigkeit von Sal. 50 §§ 1 und 2 (Merkel tit. 50 § 1) mit den 3 letzten Paragraphen dieses Titels. Es ist jedoch von Siegel[6] und Sohm[7] der — unseres Erachtens völlig überzeugende — Beweis geliefert worden, daß diese Zusammengehörigkeit eine Unmöglichkeit ist, und daß gerade nur der zweite Theil dieses Titels, beginnend mit den Worten:

Si quis ad placitum legitime fidem factam noluerit solvere —

von dem unterstellten Fall des gerichtlichen Gelöbnisses handelt.[8] — Aber auch abgesehen hiervon lassen sich aus dem

[2] Das alte Recht der salischen Franken. 1846 S. 179 ff.

[3] Die Ewa Chamavorum. 1856 S. 38 ff. Dagegen nimmt Zöpfl in seinen Alterthümern des deutschen Reichs und Rechts (Heidelberg 1860) II S. 349 an, daß fidem facere jedes bindende Versprechen bedeute, daß hierzu aber wieder die festuca nothwendiges Requisit sei, also eine Annäherung an die unten zu besprechende Ansicht Sohm's; noch mehr findet eine solche Annäherung statt bei Walter, Deutsche Rechtsgeschichte, 2. Aufl. (Bonn 1857) II §§ 564, 566, 679.

[4] Das deutsche Pfandrecht. 1867 S. 194 f.

[5] Zum Proceß der Lex Salica in „Festgaben für Aug. Wilh. Heffter" (Berlin 1873), S. 81 ff.

[6] Geschichte des deutschen Gerichtsverfahrens I (Gießen 1857) S. 248 ff.

[7] a. a. O. S. 30 ff.

[8] So auch von Bethmann-Hollweg, der Civilproceß des ge-

Inhalt der Stelle selbst Gründe gegen die angeführte Ansicht entnehmen. Es ist nämlich schwer denkbar, daß, nachdem der Verurtheilte vor Gericht Erfüllung des Urtheils versprochen und einen Termin hiefür bestimmt hatte (quomodo placitum fecerit), diese Erfüllung selbst nicht ebenfalls vor Gericht hätte geschehen sollen, der siegreiche Kläger vielmehr, wie dies in § 1 cit. gesagt wird, sich um befriedigt zu werden zur Wohnung des Beklagten hätte begeben müssen. Im Gegensatze hierzu heißt es denn auch in *L. Alamann. Hlothar.* 36 § 3 (*Pertz*, Leges III S. 56):

— wadium suum donet, — — ut *in constituto die* (d. h. im angesetzten Gerichtstermine) aut legitime iuret, aut si culpaviles est, *conponat.* —

Auch die Rücksicht auf das dem Gericht bei Kompositionen zu zahlende fredum macht eine derartige Procedur unwahrscheinlich. Dieselbe wird aber unmöglich, wenn wir in Betracht ziehen, daß der Verurtheilte bei der Befriedigung des Gegners das Recht hatte, zu verlangen, daß letzterer ihm eine gerichtliche Erklärung über die erhaltene Befriedigung, einen gerichtlichen Verzicht auf alle, aus der im Proceß verhandelten Sache entstandenen Ansprüche abgebe, und in späterer Zeit auch, daß hierüber vor Gericht ein schriftlicher Revers ausgestellt werde:

*Form. Marc. App. Nr. 23:*[9] — Sic ab ipsis viris fuit judicatum, ut illa leodem — desolvere deberet, quod ita in praesente et fecit. Et ego hanc securitate *in ipso illo fieri et adfirmari rogavi*, ut nullunquam

---

meinen Rechts Bd. IV. 1868 (a. u. d. T. der germanisch-romanische Civilproceß im Mittelalter Bd. I), S. 476. — Die von Behrend a. a. O. S. 68 ff. neuerdings gegen Siegel und Sohm vorgebrachten Gründe werden weiter unten einer Prüfung zu unterziehen sein. (Siehe § 4 Anm. 8.)

[9] Bei E. de Rozière, Recueil général des formules usitées dans l'empire des Francs du Ve au Xe siècle, Paris 1859, Nr. 470.

tempore de iam dicta morte — — calumnias nec repeditionis agere nec repedire non debeamus. —

*Form. Bignon. Nr. 7:*[10] — Tunc taliter ei iudicaverunt, ut ipsa leude — transsolvere deberet, quod ita et fecit. *Sed postea in ipso placito ei fuit iudicatum*, ut ipsi parentes tale epistola securitate — — ei fieri vel conscribere deberent, — — ut de post hunc die — — nullus — — de praefata morte illui condam — — nulla remalatione nec nullum inpedimentum pontificium (= potestatem) non habeant ad faciendum. —

*Form. Bignon. Nr. 8.*[11] Sed taliter in ipso mallo ei iudicaverunt, ut ipsum hominem vel ipsa leode legibus exinde transsolvere deberet, quod ita et fecit. *Sed postea apud ipso grafione vel apud ipsos bonos hominibus, qui in ipsum mallum resedebant*, ei fuit iudicatum, ut epistolam securitatis manus eorum firmatas accipere deberet, quod ita et fecit. —[12]

Es leuchtet ein, daß die gerichtlich versprochene Urtheilserfüllung nur am Gericht selbst stattfinden konnte, und daß die in Sal. 50 § 1 erwähnte fides facta eine außergerichtliche Handlung sein muß.

Im Gegensatze zu jener Ansicht versteht Sohm (a. a. O. S. 18 ff.)[13] unter fides facta das einseitige, streng formelle,

---

[10] Rozière Nr. 468.

[11] Rozière Nr. 469.

[12] Man vergl. noch Form. Marc. App. Nr. 7, Lindenbr. Nr. 124, Sirmond Nr. 32, 39. Andeg. Nr. 5, 6, 42, 43 (Roz. Nr. 461, 467, 465, 510, 503, 507, 504, 508), sowie auch Siegel, a. a. O. S. 241—245. Sohm a. a. O. S. 166 Anm. 6.

[13] S. auch Sohm, Altdeutsche Reichs- und Gerichtsverfassung, I (Weimar 1871), S. 113 Anm. 39. An Sohm schließen sich an Wach, der Arrestproceß in seiner geschichtl. Entwicklung I (Leipzig 1868), S. 12. Bethmann-Hollweg a. a. O. S. 474. Heusler, die Beschränkung der Eigenthumsverfolgung bei Fahrhabe und ihr Motiv im deutschen Recht. (Gratulationsschrift der Basler Juristenfakultät zum 50jährigen Doktorjubiläum Homeyers.) Basel 1871 S. 12. Derselbe, die Ge-

unter Geben und Nehmen der *festuca* vollzogene Versprechen, an einem bestimmten Tage Zahlung für eine bereits bestehende Schuld zu leisten, und zwar in doppelter Funktion, entweder seitens des ursprünglichen Schuldners, der hierdurch eine Novation vollzieht, oder seitens eines Bürgen, dessen Obligation kumulativ zu dem alten Schuldverhältniß hinzu tritt.

Nach sorgfältiger Prüfung der einschlägigen Quellenzeugnisse kann ich jedoch auch diese Ansicht für eine begründete nicht erachten, und es scheint mir, daß Sohm in etwas aprioristischer Weise, um eine entsprechende Grundlage für das von ihm des weiteren entwickelte, formelle Exekutivverfahren zu gewinnen, die höchst formelle Natur der in Rede stehenden Handlung in den Vordergrund seiner Ausführungen gestellt habe.[14] Durchschlagende Beweise sind in keiner Weise beigebracht; den als solche angeführten Gesetzes- und Urkundenstellen, welche allerdings die Möglichkeit des fidem facere in der oben beschriebenen Form darthun, lassen sich andere gegenüberstellen, in welchen von all diesen Requisiten keine Rede ist, womit der Beweis geliefert ist, daß die juristische Natur der fides facta durch dieselben nicht berührt wird. Zunächst ist hier schon von Bedeutung, daß die Lex Salica selbst weder an dieser noch irgend einer andern Stelle, wo der fides facta Erwähnung geschieht, auch nur eines der obigen Momente zur näheren Bestimmung des Rechtsverhältnisses aufführt.

---

were 1872, S. 21, 490. Auch Siegel a. a. O. S. 35 ff., 223, 249 theilt diese Ansicht, stellt aber als ein weiteres Requisit der fides facta die Ziehung von Zeugen auf, wodurch die Schuld zur unleugenbaren geworden. Gegen diese Vermischung von formeller und unleugenbarer Schuld vgl. jedoch Wach a. a. O. S. 3 ff., gegen das Argument aus L. Rib. 71 die richtige Lesart dieser Stelle bei Sohm in der Zeitschrift für Rechtsgeschichte V S. 429 ff.

[14] Ebenso wie die Auffassung Siegels ihren Ursprung offenbar der Tendenz verdankt, das außergerichtliche Pfändungsrecht aus den von ihm für letzteres vorausgesetzten Bedingungen abzuleiten.

Was sodann im Einzelnen die Verpflichtung zur Zahlung, den bestimmten Zahltermin, und — abgesehen von der Bürgschaft — die Erforderlichkeit einer Novation betrifft, so wird der Gegenbeweis durch eine bereits von Sohm selbst (S. 225 ff.) angeführte Urkunde[15] geliefert, worin mehrere Personen der Nonne Fulcraba ein Grundstück überlassen und sich verpflichten, *fidem faciunt*, „einmal den Besitz der Nonne nicht weiter anzufechten, und zweitens eine über den Titel derselben auszustellende Urkunde zu unterzeichnen," — ohne daß, wie wir unten sehen werden, der Mangel obiger Momente der Wirksamkeit der fides facta Abbruch thäte. Von einem bestimmten Erfüllungstermin ist desgleichen keine Rede in zwei weiteren von Sohm (S. 229, 230) dem Cartulaire de St. Victor de Marseille entnommenen Urkunden.[16]

Am wichtigsten erscheint jedoch das aufgestellte Erforderniß des Halmwurfs, der *festuca* oder des *wadium*[17], von welchem es abhängt, ob wir es hier mit einem Institute des formellen oder des materiellen Rechts zu thun haben. Dieses Erforderniß findet sich nun unverkennbar äußerst häufig mit der fides facta verbunden; aber eben so wenig läßt sich verkennen, daß weitaus die meisten Fälle, in welchen desselben Erwähnung geschieht, von der fides facta des

---

[15] Aus (Vaissette), Histoire générale de Languedoc par deux réligieux Bénédictius de St. Maur. Paris 1730. I Preuves S. 135 Nr. 109. (Die neue Ausgabe, Toulouse 1840, stand mir leider nicht zu Gebote.)

[16] Cartulaire de l'abbaye de St. Victor de Marseille publié par M. Guérard (Paris 1857, Collection de documents inédits sur l'histoire de France, Cartulaires T. VIII) I Nr. 53, 565. S. auch Placitum Caroli M. v. 772 bei Dronke, Codex Diplomaticus Fuldensis (Cassel 1850) Nr. 41: – proiecta festuca, ut mos est, promisit, se ulterius non intromissurum. Weitere Beispiele werden im Fortgange unserer Untersuchung begegnen.

[17] Ueber die Gleichbedeutung dieser Ausdrücke vgl. Walter, D. Rechtsgesch. II § 564. Sohm, Proceß S. 19. Anm. 2. Wach, a. a. O. S. 3, bes. Anm. 4.

Proceßrechts, dem vor Gericht und in den Formen des Rechtsganges vorzunehmenden Versprechen der Erfüllung einer processualen oder durch Urtheil auferlegten Handlung, nicht von der fides facta des Privatrechts handeln.[18] Wir stellen in der Anmerkung[19] einige Beispiele und Stellen zusammen, bei welchen es wichtig ist, dieses Verhältniß im Auge zu behalten.

Wo sich dagegen die festuca in rein privatrechtlichen

[18] Die Anwendung der festuca bei Handlungen freiwilliger Gerichtsbarkeit oder bei Uebertragung von Sachen und Rechten bleibt hier gänzlich außer Betracht; hierüber vgl. Reyscher, Beiträge zur Kunde des deutschen Rechts. I. Ueber die Symbolik des german. Rechts (Tübingen 1833) S. 9 ff. Unter diesen Gesichtspunkt fällt aber auch die vor Gericht geschehende Bestellung eines Proceßvertreters in Form. Marc. I Nr. 21 (Rozière Nr. 392): in praesente per fistuca eas (sc. causas) eidem visus est commendasse. Vgl. Cap. I ad leg. Sal. c. 12 (Merkel L. Sal. tit. 76). Aehnlich verhält es sich ferner bei Dronke C. D. F. Nr. 189.

[19] Lex Ribuaria (angeführt nach Walter, Corpus juris germanici I) tit. 30 § 1; — L. Alamannorum Hloth. tit. 36 § 3 (Pertz, Leges III S. 56); — L. Baiuwar. II § 14 a. E. (daselbst S. 288); — L. Sal. Extrav. B. c. 1, 2 (Behrend S. 120 f., Merkel S. 99 f.); — Edict. Chilperici c. 6 (Behrend S. 106, Merkel tit. 77 c. 6 S. 38); — L. Francor. Chamav. c. 16 (Gaupp S. 31).

Formeln: Marc. II Nr. 18; Marc. App. Nr. 2; Lindenbrog. Nr. 124, 168; Bignon. Nr. 26; Sirmond. Nr. 32 (Rozière Nr. 511, 479, 467, 454, 464, 465; sowie daselbst Nr. 481, 486).

Urkunden: Placit. Chlodovei III v. J. 691 (Pardessus, Diplomata, chartae, epistolae, leges aliaque instrumenta ad res Gallo-Francicas spectantia, prius collecta a de Bréquigny et la Porte du Theil, Lutetiae Parisiorum 1843–49, Vol. II Nr. 418 = Pertz Diplomata I M. Nr. 59; über letztere Citirweise vgl. Stumpf in v. Sybel's histor. Zeitschrift Bd. 29, 1873 S. 349 Anm. 1.); — Plac. Chlod. III v. 693 (Bréquigny-Pardessus II Nr. 431 = Pertz Diplom. I M. Nr. 66); — Pérard. Recueil de plusieurs pièces curieuses servant à l'histoire de Bourgogne (Paris 1664) S. 32 Nr. 11; S. 33 f. Nr. 13, 14; — Dronke, Cod. dipl. Fuld. Nr. 41 (oben Anm. 16). — Ferner mehrere der bei Sohm S. 79 und bei Heusler, Gewere, S. 21 Anm. [2], S. 70, sowie der unten Anm. [25] aufgeführten Urkunden.

Verhältnissen erwähnt findet, tritt sie als etwas nur Aeußerliches, das Wesen des Geschäfts selbst nicht Berührendes, zu diesem hinzu. So sagt L. Rib. 71 (nach der von Sohm, Zschr. für R.G. V S. 429 ff. festgestellten Lesart[20]):

De quacunque causa fistuca intercesserit, lacina interdicatur, sed cum sacramento se idoneare studeat, — durch welche Stelle, wenn auch ihr Sinn im Einzelnen noch dunkel bleibt, doch die Bedeutung der zu einem Rechtsgeschäft hinzutretenden festuca wesentlich auf das Gebiet des processualischen Beweises verwiesen wird.[21]

Abgesehen nun hiervon sind mir aus dem Kreise der fränkischen Rechtszeugnisse dieser Periode nur zwei Stellen bekannt, in welchen sich der Abschluß eines privatrechtlichen Vertrages anscheinend als unter den Formalitäten des Halmwurfs vollzogen erwähnt findet,[22] und zwar zunächst in einem Placitum des Königs Chlodwich III aus dem Jahre 692.[23] Die Agenten des Klosters St. Denis klagen gegen den Abt Ermenoald aus einer Bürgschaft, welche dieser dem Abt Chaino von St. Denis gegenüber für den Bischof Anseberth wegen geliehener 1500 Pfund Oel und 100 Modii guten Weines geleistet hatte:

eo quod itemque venerabili viro Ermenoaldo abbati ante hus annus waddio pro olio milli quignentas liberas et vino bono modios cento, pro Ansebertho episcopo ipsi Chaino abba ei commendassit, et taliter ipsi Er-

---

[20] Mit derselben fast ganz übereinstimmend die Lesart des Kopenhagener Codex, wie sie Zöpfl, Alterthümer II S. 350 mittheilt.

[21] Die Auslegung Sohm's a. a. O., welcher die Worte: de quac. causa fistuca intercess. übersetzt: „Ist einmal das Eidgelöbniß in irgend einem Proceß abgelegt worden", scheint mir mit dem Wortlaut der Stelle nicht vereinbar.

[22] Ueber L. Sal. Extrav. B. c. 6 (Merkel S. 100 c. 6) vgl. Sohm S. 222 Anm. [8].

[23] Bréquigny-Pardessus II Nr. 424 = Pertz Dipl. I M. Nr. 60. Dieses Placitum ist erläutert bei v. Bethmann-Hollweg, Civilproceß IV S. 558 ff. (Beilage V).

menoaldus spondedisset, ut hoc ei dare et adinplire debirit et hoc menime ficisset.

In einem ersten Termin war bestimmt, daß Beklagter selbviert einen Reinigungseid dahin zu schwören habe:

quod ipso waddio de mano memorato Chainone abbati numquam adchramissit, nec hoc ei dare et adinplire spondedisset.

In beiden Ausdrucksweisen wird das wadium dare[24] und das spondere genau von einander getrennt; und daraus, daß der Eid des Beklagten sich auf zwei Handlungen erstreckt, ergibt sich, daß jeder derselben ihre besondere Bedeutung zukommt. Jedenfalls ist kein Grund für die Annahme vorhanden, daß ein etwaiges spondere ohne die Formalität der festuca nicht ebenfalls ein genügender Klagegrund gewesen wäre.

Die zweite Stelle findet sich in der bereits angeführten Urkunde Nr. 109 bei *Vaissette,* Histoire de Languedoc I, aus dem Jahre 878 (oben bei Anm. [15]), woselbst die Uebernahme der oben genannten Verpflichtungen bei einem der mehreren Tradenten in folgender Weise geschildert wird:

Ita vero de hac predicta causa aliquis homo *Alidulfus* nomine illorum *fidem talem fecit, sua fistuca iactante incontra Fulcradane,* ut u. s. w.

Allein bei näherem Zusehen erkennt man, daß sich der Halmwurf hier gar nicht auf die genannten Versprechungen, sondern vielmehr auf die Uebertragung des Grundstücks an die Nonne bezieht.[25] Es ergibt sich dies daraus,

---

[24] Es mag hier dahin gestellt bleiben, ob — was aus dem Wortlaut der Stelle nicht genau erhellt, — das Geben der festuca in diesem Falle seitens des Gläubigers oder des Schuldners stattgefunden; für ersteres Sohm S. 221 Anm. [3], v. Bethmann-Hollweg a. a. O. Anm. [9]. Das letztere bildet die Regel.

[25] Das ganze in Rede stehende Geschäft ist ein vor Gericht geschlossener Vergleich. Die Uebergabe des betr. Grundstücks geschieht sofort symbolisch durch Geben und Nehmen der festuca, nach Analogie eines

daß bei den übrigen Tradenten, bei welchen die Vornahme dieser verschiedenartigen Rechtsgeschäfte von einander getrennt dargestellt wird, bezüglich der Versprechungen einfach gesagt wird:

*Segarius* vero talem fecit fidem — ut —;

*Hictarius* similiter fidem fecit vinculo legis suae et *Ingilbaldus* secundum legem suam fidem fecit, quod u. s. w.

Dagegen heißt es bezüglich der Tradition:

Deinde *Segarius* et *Hictarius* seu et *Ingilbaldus* unianimiter *guirpierunt*, Segarius de hoc, quod per hereditatem Godilane uxori suae interpellaverat (d. i. der von ihm beanspruchte Theil des betr. Grundstücks), Hictarius et Ingilbaldus de illorum partibus in contra Fulcradane omnes plantos, quos inter eos de Rodunda-

---

durch Urtheil beendigten Eigenthumprocesses, welchem Akt dann später die Einweisung an Ort und Stelle zu folgen hat. Vgl. Dronke Cod. dipl. Fuld. Nr. 41 und besonders Nr. 513; Schöpflin, Alsatia diplomatica (Mannhemii 1772) I Nr. 56; Bouquet, Recueil des historiens des Gaules et de la France (Paris 1744) Vol. V S. 697, Placit. Pippini v. 752; S. 746 Pl. Caroli M. v. 781, S 753 Pl. v. 790; Baluzius, Capitularia Regum Francorum (Ausg. Parisiis 1783) II App. Nr. 80; Vaissette I Nr. 95; Pérard Recueil S. 149 Plac. v. 870, S. 150 Plac. v. 870, S. 153 Plac. v. 876; Meichelbeck, Historia Frisingensis (Augustae Vindelic. 1724) Vol. I Instr. Nr. 129, 601, 661, u. a. m. Vgl. v. Bethmann-Hollweg a. a. O. V S. 122, 174. — Wenn aber in mehreren dieser letzteren Urkunden auch von einer fides facta per festucam oder per wadium die Rede ist, so stellt dieselbe ein Urtheilserfüllungsgelöbniß dar (vgl. Bouquet, a. a. O. S. 746; Meichelbeck, I Nr. 121), und kann nicht, wie dies von Heusler, Eigenthumsverfolgung bei Fahrhabe, S. 12 (vgl. auch Gewere S. 20) geschieht, auf den Verkauf von Liegenschaften bezogen werden. Siehe auch das von Waitz in den Forschungen zur deutschen Geschichte Bd. III S. 151 ff. zum Abdrucke gebrachte Placitum Caroli M. (v. J. 782 ? vgl. Sickel, Regesten der Urkunden der ersten Karolinger, Wien 1867, Acta Karoli Nr. 97 und dazu S. 257): — judicatum fuit, ut in presentia nostra jam fato monasterio — — cum fide facta reddere deberent; quod ita et fecerunt.

Vabro (das zu übertragende Grundstück) causa orta fuerat.

Die Veräußerung und das Versprechen des Alidulfus hiergegen ist in oben angeführtem Satze stilistisch in eins zusammengefaßt, und so der Schein der sachlichen Zusammengehörigkeit der festuca und des fidem facere hervorgerufen worden. —

Es stehen nun aber auch direkte Beweise für die Unrichtigkeit der Sohmischen Ansicht zu Gebote.

Wir haben bereits oben in dem Placitum Chlodwichs III von 692 den mit fidem facere offenbar identischen Ausdruck *spondere* gefunden.[26] Es läßt sich nun der Nachweis liefern, daß diese fides facta oder sponsio meistens ohne festuca vorgenommen wurde, und daß diese Ausdrücke überhaupt kein formelles Rechtsgeschäft bezeichnen. Von besonderem Gewichte müssen hier die Formeln sein, da deren Inhalt von den Zufälligkeiten des einzelnen Falles freier ist. Nun haben wir aber keine einzige Formel über Zahlungsversprechen — nach Sohm der eigenste Fall der formellen fides facta —, welche von irgend einer Formalität berichtete; sie lauten einfach:

z. B. *Marc.* II. 25 (*Rozière* Nr. 368): — — ideo per hunc vinculum cautionis *spondio* me Kalendas illas proximas ipso argento vestris partibus esse redditurum. —

*Marc.* II. 26 (*Roz.* Nr. 370): — pro quos solidos *spondeo* me, quamdiu ipsos post me retenuero, annis singulis per singulos solidos singulos treantis vestris partibus esse redditurum. Et se hoc facere contempsero — —, ad duplum ipso locario vobis reddere

---

[26] Auf diese Identität weisen auch Ausdrücke hin wie in Traditiones Patav. I (Monumenta Boica XXVIII$^b$ S. 1 ff.) Nr. 2: fide spondiderunt; Dronke Cod. Dipl. Fuld. Nr. 572: Quicunque — aliquid spoponderit et in suam fidem acceperit u. s. w.

*spondeo.* Vgl. *Marc. App.* Nr. 15 (*Roz.* Nr. 372) u. a. m.

Daß wir es hier in der That mit Zeugnissen über fides facta zu thun haben, wird durch eine auch ihrem sonstigen Inhalt nach hierher gehörige Urkunde aus dem Jahre 721[27] erwiesen, in welcher spondere und fidem facere sich durchweg promiscue gebraucht finden. Mehrere Zins- und Steuereintreiber von der, der Kirche zu Le Mans gehörigen Villa Ardunum stellen dem Bischof Herlemund eine Bescheinigung darüber aus, wieviel Zins jeder von ihnen jährlich zu empfangen und abzuliefern habe, und knüpfen daran die Beurkundung folgender Verpflichtung:

Nos enim juniores Aidoranno (des Agens, Amtmanns der Villa) hoc vobis per hanc epistolam cautionis *spondemus*, ut medio Julio ipsa inferenda, quod superius est intimatum, quod unusquisque de sua parte reddere debet, — — — vobis in integrum transsolvere *spondemus*, ut gratiam vestram exinde adimplere debemus. Similiter et de illis *fidefactis*, quod nostri pagenses qui hoc contemserunt, et vobis de ipsis vicis hoc vobis *spopondimus*, ut per unumquisque hominem de suo servitio, juxta quod vobis quidem (lies: *fidem*) *fecerunt* et vester brevis loquitur, ipso die in integrum exinde apud nos satisfacere debeamus. Quod si hoc non fecerimus, — per hanc epistolam cautione vobis *spopondimus* ut inpostea, post ipso placito, totum in duplum vobis transsolvere *spopondimus* etc.

Die Aussteller erklären, daß sie versprochen haben, den Zins Mitte Juli zu entrichten, sowie auch für die Säumigkeit der ursprünglichen Zinspflichtigen, der pagenses, zu

---

[27] Gedruckt bei Bréq.-Pardessus II Nr. 517 S. 330. Es ist mir nicht begreiflich, wie Heusler a. a. O. diese, sonst m. W. nicht beachtete, Urkunde als Beleg für das per festucam abgelegte Gelöbniß anführen kann.

haften; endlich bei eigener Säumniß das Doppelte zu zahlen. Die Obligation der Zinsbauern und der Exaktoren unterscheidet sich juristisch in nichts; jene beruht auf fides facta, diese auf sponsio.

Wir machen den letzten Schritt und weisen nach, daß wir es hier nicht blos nicht mit Formalgeschäften, sondern überhaupt nicht einmal mit eminent technischen Ausdrücken zu thun haben. Ueber eine ganze Reihe von Rechtsverhältnissen der zuletzt erwähnten Art besitzen wir nämlich Beurkundungen, die sich in Nichts von den eben angeführten unterscheiden, mit der einen Ausnahme, daß die Worte fidem facere oder spondere darin keine Stelle haben, der sich Verpflichtende vielmehr einfach in direkter Weise seinen Willensinhalt kund gibt. Ich führe beispielsweise an:

*Form. Sirmond.* Nr. 13 (*Roz.* Nr. 376, siehe auch Nr. 377): — ea — ratione, ut quomodo iam dicti anni adimpleti fuerint, — ego supradictum debitum tuum tibi *desolvam* —. Et si negligens aut tardus exinde apparuero, supra scriptum debitum tuum in duplum partibus tuis *sum redditurus.*

*Schöpflin*, Alsat. Diplom. I Nr. 74: — — *censuimus* nos pro hoc vobis annis singulis ad festivitatem S. Martini solidos II *esse daturos.*

Man könnte einwenden, daß die angeführten Urkunden und Formeln nicht beweiskräftig seien, da es sich hierin eben nicht um formelle Versprechen, um wirkliches fidem facere handele; die hier übernommenen Verpflichtungen sich vielmehr auf eine materielle *causa*, Darlehen, Landleihe u. s. w. stützen, durch welche causa die Form zur Herbeiführung der Rechtsgültigkeit entbehrlich werde. Allein durch eine solche Argumentation würde man eine, der römischen und modernen Theorie angehörige Distinktion in das alte deutsche Recht hineintragen, welche diesem durchaus fremd ist. Der innere Grund der rechtlichen Kraft eines Versprechens ist hier nicht von der wirthschaftlichen oder anderweiten Veranlassung desselben abhängig, sondern beruht allein auf dem ernstlichen Verpflichtungswillen des Promittenten; andererseits ist man aber auch in der Abstraktion noch nicht so weit vorgegangen, sich diesen Verpflichtungswillen als etwas in der Luft Schwebendes, von jeder materiellen Veranlassung Losgelöstes zu denken. Unsere Quellen erwähnen gerade da, wo sie von fidem facere sprechen, zumeist auch dieser materiellen causa; und z. B. heißt es gleich in unserm tit. 50 der L. Salica vom Kläger: et nominare debet, *quale debitum* debeat, *unde ei fidem fecerat*.

Ein scheinbar mehr begründeter Einwand gegen unsere Ausführung bleibt uns zu widerlegen übrig. In einer Reihe von Formeln und (übrigens z. Th. unächten) Urkunden, die sich auf Landverleihungen zu Nießbrauch gegen Zinszahlung beziehen, findet sich nämlich das Zinsversprechen seitens des Nießbrauchers in folgender, anscheinend einen Gegensatz zwischen spondere und fidem facere voraussetzender Weise ausgedrückt:

*Rozière* Nr. 321: Spondimus vobis — censo annis singulis — denarios tantos vobis — dare studeam; et si de ipso neglegens vel tardus apparuero, *fidem vobis exinde faciam* vel transolvam.

Vgl. *Form. Sirmond.* Nr. 38; *Lindenbr.* Nr. 19, 20, 25; *Bignon.* Nr. 20, 21; *S. Gall.* Nr. 20 (*Rozière* Nr. 327, 331, 346, 341, 342 § 2 und 3, 351, sowie die daselbst unter Nr. 326, 329, 343, 349 gedruckten Formeln). — Urkunden bei *Bréquigny-Pardessus* I Nr. 128, 132, 171, 238; II Nr. 278, 488. — *Zeuss*, Traditiones Possessionesque Wizenburgenses (Spirae 1842) Nr. 264. — Beyer, Urkundenbuch zur Geschichte der mittelrheinischen Territorien I (Koblenz 1860) Nr. 21, 30 u. a. m.

Sohm, S. 21 Anm. [5], führt diese Klausel als Beispiel

der durch die formelle fides facta bewirkten Novation einer früheren, auf materieller Rechtsgrundlage beruhenden Obligation auf; und Heusler behauptet, daß hier der Pächter verspreche, im Verzugsfalle seine Zinspflicht durch fides facta in besonders strenge, exekutivische Form zu bringen.[28] Gegen

---

[28] Beiläufig mag hier bemerkt werden, daß es unbegründet ist, wenn Heusler behauptet, die fides facta habe später den Namen der römischen Stipulation angenommen. Heusler hat hierbei offenbar die Formel „stipulatione subnixa" am Schlusse der Urkunden der damaligen Zeit im Auge; und mit Bezug hierauf spricht auch Zöpfl, Alterthümer II S. 345 ff. eine ähnliche Ansicht aus. Allein diese Formel hat eine ganz andere Bedeutung; sie knüpft an mißverstandenes römisches Recht an, stellt eine blose Bekräftigungsklausel dar und hat einen weiteren, reellen Sinn in deutschen Urkunden überhaupt nicht. Vgl. Savigny, Gesch. des röm. Rechts im Mittelalter 2. Ausg. Bd. II S. 121, 188; Pardessus, Loi Salique (Paris 1843) S. 644—650; ferner die Abhandlung von Bluhme, über die Bekräftigungsformeln der Rechtsgeschäfte vom 6. bis 9. Jahrhdt. in Bekker's und Muther's Jahrbuch des gem. Rechts III S. 197 ff.; Sickel, Beiträge zur Diplomatik IV, in den Sitzungsberichten der Wiener Akademie der Wissensch., philos.-histor. Klasse Bd. 47 S. 607 f., sowie unten Anhang von Anm. ³ ab. Daß diese Formel sich nicht auf eine bestimmte Art oder Form des Versprechens bezieht und insbesondere nicht, wie Zöpfl will, auf das Gewährleistungsversprechen, ergibt sich daraus, daß sie von dem Inhalt der Urkunden ganz unabhängig ist, vielmehr bei jeder Art von schriftlicher Beurkundung sich findet, mag selbst ein Versprechen gar nicht abgegeben werden. Wie man freilich später im romanischen Rechtsleben die stipulatio irrig auf den deutschen Rechtsgebrauch der festuca zurückführen wollte (vgl. Savigny a. a. O. S. 242 f. Note k., Reyscher, Beiträge I S. 10 ff.), so kam es auch bei Abfassung deutscher Urkunden, aber nur ganz vereinzelt und nur bei solchen über Tradition von Grundstücken, vor, daß man, indem man versuchte, der nichtssagenden Formel stip. subn. irgend einen reellen Sinn unterzulegen, dieselben auf den bei der Tradition vorkommenden Halmwurf bezog. So Dronke, C.D.F. Nr. 93, 132: culmo subnixam; Nr. 673: statimque vestituram cum stipulatione peregit coram istis testibus. Daß aber auch bei den Fuldischen Urkunden die regelmäßige Auffassung eine andere war, ergeben Nr. 483, 529 ebenda. — Auch die Formel: acta est autem publice (sc. traditio) stipulacione subnixa in den Traditionsurkunden bei Lacomblet, Urkundenb. für die Gesch. des Niederrheins (Düsseldorf 1840 ff.) I Nr. 3—5, 7, 9, 17, 20, 27—29, 33, 35, 38

diese letztere Auffassung ist zu bemerken, daß nach der eigenen Theorie dieser Schriftsteller das angeblich auf der formellen fides facta beruhende, strenge exekutivische Verfahren bereits bald nach Abfassung der Lex Sal. weggefallen sein soll, und jedenfalls zur Zeit der Abfassung dieser Urkunden wie der Formeln nicht mehr bestand.[29] Kann somit von einer processualen Bedeutung dieses in Aussicht gestellten Novationsversprechens keine Rede sein, so wird dagegen von Sohm „der praktische Werth dieses Rechtsgeschäfts“ „sowohl in der Feststellung eines bestimmten Zahlungstermins, als in der strengen Einseitigkeit der neu entstehenden Verbindlichkeit“ gesucht. Allein sonderbar, in keiner der oben aufgezählten Formeln und Urkunden ist von einem Termin für die fides *facienda* oder gar von einem Termin für deren Erfüllung die Rede; dagegen setzen alle durchweg einen Tag fest, an welchem der vorerst nur durch *sponsio* zugesagte Zins ordnungsmäßig zu entrichten ist:

*Rozière* Nr. 321: — spondimus — censo annis singulis, *quod evenit festivitas illius* (scil. sancti) — dare.

Und was die Einseitigkeit betrifft, so kann man, da ja der Zins erst nach Ablauf der jeweiligen Pachtperiode fällig wird und somit von einer gegenseitigen Leistung nicht mehr abhängt, nicht einsehen, welchen „praktischen Werth“ es haben sollte, an Stelle der einseitigen Zinspflicht eine noch einseitigere Verbindlichkeit ins Leben zu rufen.

Man sieht, daß das Versprechen des Zinses und das fidem exinde facere sich nicht durch den juristischen Charakter des Geschäftes, sondern nur durch ein anderweitiges Moment von einander unterscheiden können, und zwar durch den In-

---

könnte sich auf die Anwendung der festuca bei Traditionen beziehen. Vgl. noch J. Grimm, deutsche Rechtsalterthümer S. 123, 129.

[29] Vgl. Sohm, Proceß S. 192 ff., Zeitschr. für Rechtsgeschichte Bd. V S. 407 ff.

halt des Versprechens. Dies soll im Folgenden kurz nachgewiesen werden.

Es handelt sich hier um die, in jener Zeit sog. Prekarien, bei welchen es im Allgemeinen Regel war, daß, wenn der Prekarist den Zins nicht rechtzeitig entrichtete, der Heimfall des Gutes an den Eigenthümer eintrat: qui negligit censum, perdat agrum.[30] Die wesentliche Bedeutung der oben genannten Schlußformel bestand nun darin, diese Verzugsfolge im einzelnen Falle auszuschließen („et ipsam rem non perdam"), wogegen sich der Säumige zu einer anderweiten Leistung an den Herrn des Gutes verpflichtete: fidem exinde faciam *vel transsolvam.* Und gerade dieser letzte Ausdruck empfängt seine wahre Bedeutung, wenn wir damit eine etwas abweichende Version in *Form. Lindenbr.* Nr. 19 (*Roz.* Nr. 331 § 2) vergleichen:

fidem exinde faciam et *contra ipsam casam Dei conponere faciam.* Ebenso *Form. Lindenbr.* Nr. 20 (*Rozière* Nr. 346).

Der Zinsmann verpflichtet sich also hierdurch für den Verzugsfall zur Entrichtung einer Buße und offenbar ist mit dieser das fidem facere in Verbindung zu setzen. Daß aber dieselbe eintretenden Falls erst noch durch fides facta versprochen werden soll, hängt mit der unten noch des näheren zu besprechenden Eigenthümlichkeit des alten, deutschen Processes zusammen, daß durch gerichtliches Urtheil auferlegte Verpflichtungen durch Erfüllungsgelöbniß gesichert zu werden pflegten. Der Sinn obiger Ausdrucksweise ist daher, daß nicht auf Exmission, sondern auf Buße geklagt werden und der Pflichtige sich dieser Bußzahlung fügen soll:

Beyer, Urkundenbuch I, Nr. 30: — cum fide facta *pro censo* solvere faciam.

---

[30] Vgl. Roth, Feudalität und Unterthanenverband (Weimar 1863), S. 173 f. und die dort citirten Formeln und Urkunden, sowie Roz. Nr. 325; Bréq.-Pardessus II Nr. 547.

Diese Buße ist aber, wie wir noch sehen werden, eine gesetzlich fixirte, und so sagt nicht nur *Form. Bign.* Nr. 20 (*Rozière* Nr. 342 § 2) in prägnanter Weise:

fidem exinde vobis *legibus* faciam,

sondern auch *Rozière* Nr. 323 mit Hinweglassung des fidem facere:

Si autem neglexerint, *legaliter emendent;* —

ferner *Ried*, Codex chronologico-diplomaticus Episc. Ratisbonensis (Ratisb. 1816) I Nr. 22: promiserunt inde censum IV solidorum annis singulis persolvere ad festivitatem S. Emmerani, et nullam inde negligentiam facere —. Quod si facerent, *secundum legem omnino componant;* —

und in *Form. Marc.* II Nr. 41 (*Rozière* Nr. 325) heißt es zwar in specieller Anwendung auf verweigerte Rückgabe des Guts, aber in allgemeinen Ausdrücken bezüglich der Rechtsfolge:

quod si neclegentes, tardi aut contumacis fuerimus, publice per hanc precaria — *condemnati* (sc. simus) *ut lex prestit tardis aut negligentibus.* — Vgl. auch unten § 11.

Durch diese fides facta erhält somit die frühere materielle Obligation nicht ein neues formelles Gewand, sondern es tritt eine zweite Obligation mit selbständigem Inhalte, aber in gleichem Gewande neben die erste; und wenn daher auch, wie in den citirten Urkunden nur einfach gesagt ist: si negligens apparuero, fidem exinde faciam, so ist nicht „de censu solvendo [31]", sondern „de componendo"

[31] Wie Sohm, Proc. S. 26 Anm. [15] will. — Einen schlagenden Gegenbeweis liefert auch das ganz ähnlich gefaßte Cap. de part. Saxon. a. 785 c. 32 (Pertz, Leges I S. 50): Si cuilibet homini sacramentum debet aliquis, aframeat (= adchramiat, s. unten § 4 Anm. [3]) illum ad ecclesiam sacramenta ad diem statutum. Et si jurare contempserit fidem faciat et solidos quindecim componat, qui inactivus apparuit, et deinceps causam pleniter emendare faciat.

zu ergänzen. Fidem facere steht daher in dieser Verbindung geradezu für componere.[32] —

---

Nicht nur beruht hier die ursprüngliche Obligation, einen Eid zu leisten, bereits auf einer vor Gericht, also feierlich geleisteten fides facta, sondern dieselbe fällt auch mit der Versäumniß vollständig hinweg, da der Verpflichtete hierdurch sachfällig wird. Eine Novation durch fides facta wäre somit hier nicht nur zwecklos, sondern ganz unmöglich. Die hier im Verzugsfall eintretende fides f. ist aber offenbar mit der im Text erwähnten identisch, und kann sich hier wie dort nur auf die verfallende Strafe beziehen. Vgl. übrigens auch noch Bréquigny-Pardessus II Nr. 431.

[32] In ganz analoger Weise hat später das mit dem gerichtlichen fidem facere gleichbedeutende vadium dare de componendo, in der prägnanten Form vadiare, wetten die Bedeutung von „Strafe zahlen" angenommen. Für die Erkenntniß der letzteren Umwandlung ist es interessant, folgende Stellen aus späterer Zeit mit einander zu vergleichen, welche ich, da dieser Zusammenhang noch nicht überall in seiner wahren Gestalt erfaßt ist, hier zusammenstellen will: Constitutio Friderici I de pace tenenda v. 1156 c. 3 (Pertz, Leges II S. 102): Quicunque suo judici pro excessu XX libras vadiaverit, praedium suum illi pro pignore tradat, et intra 4 septimanas vadiatam pecuniam persolvat. Privileg für die Stadt Padberg v. 1263 (bei Seibertz, Urkundenbuch zur Landes- und Rechtsgesch. des Herzogthums Westphalen, Bd. I Nr. 432 S. 524): Si quis in figura judicii positus in aliqua levi causa excesserit, — — ad XII denarios se vadimonii (= wadii) jure obligavit, u. s. w. Münchener Stadtrecht (herausgeg. v. Auer) art. 407: Der verchlagt wirt umb ain gelt, daz er vor gewet hat vor gerichte, oder im gepoten ist, u. s. w. Zweites Straßburger Stadtrecht art. 16, 17 (bei Grandidier, Oeuvres historiques inédites, Tom. II, Colmar 1865, S. 195; über das Alter dieses Stadtrechts vgl.: Die Chroniken der deutschen Städte Bd. VIII, IX, Straßburg, herausgeg. v. Hegel, Leipzig 1870, I S. 24 ff., II S. 927 ff.): Si quis judici calamum (= wadium) perrexerit pro emendatione etc.; — homines sanctorum — — dabunt emendationem, id est wette u. s. w. Statut der Parochie St. Martin zu Köln v. 1356 (Ennen und Eckertz, Quellen zur Gesch. der Stadt Köln, Bd. I, Köln 1860, S. 249 f.): si aliquis officialis vadium dederit pro emenda sua etc.; — vadiabit et emendabit suum forefactum. Schwabenspiegel (Ausg. von Laßberg) art. 80: Swer — — niut gewunnen schulde git, diu vor gerihte gewunnen wirt vnde gewettet ist, vmbe dise — sache, da wettet er dem rihter dise buzze.

Durch die vorstehenden Untersuchungen, durch das Zurückweisen der der fides facta unberechtigterweise zugeschriebenen Eigenschaften haben wir uns zugleich den Boden geebnet, um nunmehr die Natur dieses Rechtsgeschäfts nach seiner positiven Seite feststellen zu können.

Wir sehen in der fides facta nichts als das einfache, von Hause aus einseitige Versprechen irgend welcher Handlung oder Unterlassung, seine Rechtskraft stützend einzig auf den Willen des sich Verpflichtenden, unbeschränkt in der äußeren Form[33], und dem Inhalte

---

[33] Insbesondere über die Bedeutung der unter Umständen mit der fides facta verbundenen Anwendung der festuca mag hier noch bemerkt werden, daß in derselben überhaupt nicht das Zeichen des von der materiellen causa losgelösten Formalgeschäfts zu erblicken ist. Die festuca ist vielmehr Symbol, äußere Versinnbildlichung des inneren Werths der mit ihr verbundenen Handlung; sie mag, worauf schon hingewiesen, auf dem Gebiet des Beweises von praktischer Bedeutung sein, und zwar wohl auf Grund davon, daß sich durch ihre Anwendung ein ernstlicher Dispositionswillen gegenüber einer blosen Neigung zu disponiren kund gibt. Allein abgesehen hiervon berührt sie die innere Natur eines Rechtsgeschäfts nicht; sie ist bestimmt, dem sinnlichen Bedürfniß zu dienen, einem Vorgang einen feierlicheren Anstrich zu geben, und hierdurch auch — ähnlich den noch im späteren Mittelalter und auch h. z. T. üblichen Bestärkungsmitteln, Handschlag, Eid u. s. w., vgl. Stobbe, zur Geschichte des deutschen Vertragsrechts S. 25 ff., M. Neumann, Gesch. des Wuchers in Deutschland S. 120 ff., — dem die Handlung Vollziehenden die sich für ihn daraus ergebenden Verpflichtungen eindringlicher ins Gewissen zu rufen, dem Berechtigten und allen Betheiligten die Sicherheit der Erfüllung recht lebhaft vor Augen zu führen. Diese im Halmwurf und ähnlichen Handlungen liegende, rein symbolische Bedeutung tritt recht deutlich hervor in der Vita S. Sturmi c. 18 (Pertz, Scriptores II S. 374), wo es bei der Beschreibung der Versöhnung zwischen König Pipin und dem Heiligen heißt: Tollensque (rex) manu sua de pallio suo filum, proiecit in terram et dixit: Ecce in testimonium perfectae remissionis filum de pallio meo proicio in terram, ut cunctis pateat, quod pristina deinceps adnulletur inimicitia. Bei Gregor. Turon. Histor. Francor. Lib. V c. 14 und 48 (nach der Ausgabe von Ruinart, Gregorii Turonensis Episcopi Opera Omnia, Luteciae-Parisiorum 1699) wird die Altardecke als fidejussor für die Erfüllung eines Versprechens gegeben. S. noch Rey-

nach fähig, Alles in sich aufzunehmen, was nur der Disposition des Versprechenden unterworfen ist: die Grundform des deutschen Vertrags, entsprechend dem „Geloben auf Treue“ des späteren mittelalterlichen Rechts, dessen, wenn auch etwas unbeholfene und daher nicht ganz genaue, lateinische Wiedergabe fidem facere ist;[34] —

scher, Beiträge I bes. S. 99—102. — Die Anwendung der festuca ist daher bedingt durch die sachliche Wichtigkeit des betr. Geschäfts; ihre Hauptanwendung findet sie bei öffentlichen Vorgängen, seltener ist sie im Privatverkehr. Vgl. die bei Grimm, Rechtsalterth. S. 121 ff., zusammengestellten Fälle. Auch bei Meichelbeck, Hist. Fris. I Nr. 336, wo der Diakon Huezzi ein Treuversprechen cum wadio confirmatum ablegt, heißt es: hoc autem factum est in publico synodo ad Frigisinga in praesentia Hittonis episcopi et aliorum multorum. Vgl. auch unten § 12 Anm. [4].

[34] „Fidem facere de aliqua re“ heißt wörtlich: seine Treue hingeben, seine Persönlichkeit dafür einsetzen, daß eine Leistung vollzogen werde, somit das moralische Ich mit dieser Leistung für solidarisch verbunden erklären, gewissermaßen den eigenen Charakter als Bürgen dafür stellen. Ein solches fidem facere ist aber dem innersten Kerne nach mit jedem Versprechen einer eigenen Leistung verbunden, und steht so für letzteres selbst; daher richtig die Erklärung bei Du Cange, Glossar. ad scriptor. med. et inf. latinit. (Ausg. v. Henschel, Paris 1840 ff.) s. h. v.: fidem suam de re quavis alteri obstringere. Hiermit gleichbedeutend ist fidem dare (s. z. B. Ed. Chilperici c. 5 bei Behrend L. Sal. S. 106; Gregor. Turon. L. III c. 4, 8); und ebenso fanden wir oben (Anm. [26]) fide spondere. — Diese und ähnliche Ausdrücke, wie fidem praestare, fide stringere, und zu deutsch: seine Treue geben, begegnen auch noch in der folgenden Periode vielfach in der hervorgehobenen Bedeutung; vgl. z. B. Urkunden im Urkundenbuch der Stadt Lübeck, Bd. I Nr. 105, 115; Bd. IV Nr. 587. U.-B. der Stadt Lüneburg bis z. J. 1369 (U.-B des histor. Vereins für Niedersachsen, Heft VIII) Nr. 337. Seibertz, U.-B. des Herz. Westphalens, Bd. III Nr. 1096. Niesert, Beiträge zu einem münsterischen U.-B., Abth. 2 Nr. 89. Wirtembergisches U.-B. II Nr. 456. Monumenta Wittelsbacensia I (Quellen und Erörterungen zur bayerischen und deutschen Geschichte Bd. V) Nr. 159. Ried, Cod. dipl. Ratisb. I Nr. 536, 666, 745, 748; II Nr. 873. Ferner Münchener Stadtr. art. 303; Warnkönig und Stein, französ. Staats- und Rechtsgesch. Bd. II, U.-B. S. 72 art. de fide data. — Nur ist hier überall zu beachten, daß in dem „seine Treue einsetzen“ für ein Versprechen keineswegs der rechtliche

das Versprechen, in dessen Form nicht sowohl jede Disposition gekleidet werden kann, sondern welches vielmehr selbst

---

Grund der Erfüllungspflicht gesucht werden darf. Die letztere beruht vielmehr auf dem, dem fidem praestare begrifflich eigentlich vorausgehenden Binden des Willens, dem Versprechen (im Gegensatz zum blosen Sprechen, wie Vergeben im Gegensatz zu Geben, hingeben; vgl. Laband, vermögensrechtl. Klagen S. 134 Anm. [3]), während jenes nur eine thatsächliche und moralische Garantie für die Erfüllung abzugeben geeignet ist. Dieses Verhältniß ist deutlich ausgedrückt in einer Urkunde bei Dronke, Cod. Dipl. Fuld. Nr. 572: Quicunque aliquid spoponderit et in suam fidem acceperit in quacunque sit re, justum et congruum reor fore hoc perficiendum explere, — eine Stelle, welche auch für das Verständniß des materiellen, nicht formellen Wesens der fides facta von Bedeutung ist. Wie hier spondere und in fidem accipere äußerlich auseinander gehalten ist, so findet sich in der späteren Periode in rheinischen Rechtsdenkmälern neben dem zur Rechtskraft völlig ausreichenden „Geloben“ außerdem noch ein „Sichern in guten Treuen“; vgl. Lacomblet, U.-B. zur Gesch. des Niederrh. II Nr. 222 v. J. 1237: Hec omnia fide tali, que vulgo „Sikirheit“ dicitur, manuali porrectione firmata promisi, insuper expromissores — — dedi, qui sub eadem fide, qua et ego, promiserunt. Niesert, Beiträge II Nr. 82 v. J. 1382: Alle desse vorg. stucke u. articule — hebbe wy ghelavet und ghesekert an guden truwen; das. Nr. 98 v. 1370. Urk. v. 1321 bei Bodmann, Rheingauische Alterthümer, II S. 659. Statut der Hutmacher zu Köln v. 1378, sowie der Nikolausbruderschaft zu Sülz (Ennen und Eckertz, Quellen z. Gesch. d. St. Köln I S. 334, 408 a. A.) S. ferner Wirtemb. Urkundenb. III Nr. 660 v. 1222: — inter cetera promissa, sibi juramenti cautione et fidei confirmata, hoc specialiter promiserunt. U.-B. der St. Lübeck II Nr. 599 v. 1335: Ernennung eines Bevollmächtigten der Stadt Lübeck — ad placitandum, componendum, paciscendum et ordonandum, — nec non ad compromittendum in arbitros, — dictumque compromissum fide et juramento vallandum etc. Monum. Wittelsbac. I Nr. 120 v. 1276: treugas statuimus, — firmavimus fide data. Berathung des Reichstags zu Nürnberg v. 1438 § 14 (Neue Sammlung der Reichs-Abschiede, Frankfurt a. M. 1747, I S. 162): — obe wol ein geltschulde oder ander sach oder verdinge, das dann von eigener natur an die frienstule nit gehöret, by guten truwen verschriben were, darumbe sol doch soliche sache nit vor die frien stüle gezogen werden, dann mann billicher den grunt und ursprung der sache darinne prüfen sol, dann

als rechtlicher Kern jeder noch so verwickelten oder typisch ausgeprägten Vertragsberedung zu Grunde liegt.

Der so geschilderte Charakter der fides facta findet eine treffliche Illustrirung in zwei Stellen des Gregor von Tours, welche ich zum Schlusse dieser Ausführungen hierher setzen will:

*Histor. Francor.* Lib. V c. 3: zwei Sklaven des Rauching haben sich heimlich mit einander verehelicht, und sich in den Schutz der Kirche begeben. Der Herr verlangt die Auslieferung derselben, welche ihm aber von dem betreffenden Priester verweigert wird, nisi ut *fidem facias* de permanente eorum conjunctione, similiter et, ut de omni poena corporali liberi maneant, *repromittas.* At ille — posuit manus suas super altare cum juramento *dicens:* quia (= quod) nunquam erunt a me separandi, sed potius ego faciam, ut in hac conjunctione permaneant. — — Credidit sacerdos ille simpliciter *promissioni* hominis callidi reddiditque homines excusatos.

*De gloria confessorum* c. 68 (*Ruinart* S. 949 f.): — Sed ille (sc. dominus captivorum) *obligans se sacramento ait:* nunquam haec (sc. pretium) nisi in pago meo sum accepturus; *deditque dexteram suam,* quo*d*, si illuc pecuniam transmitteret, iste (lies ipse) confestim captivos a vinculo servitutis absolveret. Transmisso itaque pretio, *oblitus dominus fidei suae,*

---

den zusatz der befestigunge der schulde. — Auf das hervorgehobene Moment ist alles, was über den Einfluß der Treue auf das deutsche Vertragsrecht gesagt werden kann und gesagt worden ist, zu beschränken. Wie die rechtlichen Wirkungen des Versprechens überhaupt von der Treue unabhängig sind, so ist auch ein ausdrücklich bei der Treue abgelegtes Gelöbniß durchaus nicht mit besonderen Rechtsfolgen verknüpft; die abweichende Ansicht Homeyer's, Richtsteig Landrechts (Berlin 1856) S. 447 b. ist irrig. S. darüber unten § 34.

dum captivos absolvere dissimulat, ipse ligatur. Nam statim summitas digiti de manu, *quae fidem fecerat*, dolere graviter coepit etc.

Die mannichfaltigsten Ausdrücke werden hier in bunter Abwechselung für dieselbe Sache gebraucht, für das Versprechen, *se obligare*. Der Inhalt dieser verschiedenen Versprechungen läßt sich keiner der für die Rechtsgiltigkeit des fidem facere etwa erforderlichen Kategorieen einreihen; er entspricht jeweils der konkreten Lage des Falles und übt einen Einfluß auf die rechtliche Natur des Geschäfts überhaupt nicht aus. Eine bestimmte Form, in welcher das rechtsgiltige Versprechen abzulegen wäre, insbesondere das Geben der festuca wird nicht erwähnt; der Eid, der Handschlag, von welchen berichtet wird, dienen dazu, die Handlung feierlicher und den Verpflichtungswillen des Promittenten als thatsächlich unwandelbar erscheinen zu lassen, ohne daß dessen bindende Kraft hierdurch bedingt wäre.

## § 3.

### *Lex Salica tit. 50*, Fortsetzung. Verletzung der *fides facta*.

Mit diesem, für unsere Untersuchung höchst bedeutsamen Resultate kehren wir zu L. Sal. t. 50 § 1 zurück. Allein sofort müssen wir hier das Gewonnene wieder einer Einschränkung unterwerfen. Dem Verfasser des Gesetzes schwebt nämlich, wie dies der weitere Inhalt ergibt, aus dem umfassenden Institute der fides facta nur ein specieller Fall vor: das Versprechen der Zahlung von Fungibilien, und zwar versehen mit einem bestimmten Zahltermin. Wir wissen jedoch nunmehr, daß hierdurch die juristische Natur des Versprechens nicht alterirt wird; wenn auch selbstredend der Inhalt desselben auf die Art der Rechtsverfolgung maßgebend einwirkt.

Die Erfüllung dieser fides facta hat nun in zweifacher

Richtung zu geschehen: zunächst und hauptsächlich hat der Schuldner die versprochene Leistung überhaupt zu machen, er hat zu zahlen; und zweitens hat er dies an dem versprochenen Zeitpunkte zu thun: nicht nur das solvere, sondern auch der modus solvendi ratione temporis ist stipulirt und muß von Rechts wegen eingehalten werden. In letzterer Hinsicht ist jedoch noch ein Moment zu beachten: nicht verpflichtet ist der Schuldner nach altem Recht, die Zahlung anzubieten, selbst nicht an dem Verfalltage; vielmehr:

> ille, cui fides facta est, in XL noctes aut quomodo placitum fecerit, quando fidem fecit, ad domum illius, qui fidem fecit, — — accedere debet.

Der Gläubiger muß sich zu dem Schuldner begeben und Zahlung fordern, und zwar gerade an dem Verfalltage, nicht früher. Erst jetzt, mit dieser Forderung ist die fides facta zur Erfüllung reif, erst jetzt ist die Möglichkeit einer Verletzung des Versprechens gegeben.

Wir sind mit dieser Darlegung in vollen Gegensatz zu der Auffassung Sohm's und seiner Anhänger getreten. Der genannte Schriftsteller (Proc. S. 22 ff.) sieht in dem beschriebenen Vorgange der Zahlungsforderung bereits einen Akt der zwangsweisen, und zwar außergerichtlichen Rechtsverwirklichung, einen von ihm sogenannten „Formalakt". Wir haben zunächst diesen Begriff des außergerichtlichen Formalaktes[1] als einen imaginären nachzuweisen. Derselbe soll nach salischem Recht sein (s. S. 2 ff. 11 ff. und passim): ein zweites processuales Zwangsmittel neben der Gerichtsgewalt, ausgehend von einer in der Verfolgung eines verletzten Rechts begriffenen Partei, enthaltend eine unter bestimmten Formalitäten vorgenommene, mit zwingender

---

[1] D. h. soweit er auf außergerichtliche Handlungen Anwendung finden soll; wie weit er etwa für den gerichtlichen Proceß begründet und von praktischer Bedeutung ist, mag hier dahin gestellt bleiben.

Wirkung ausgerüstete Aufforderung zur Vornahme einer der Rechtsverfolgung dienenden Handlung. Die zwingende Wirkung soll bestehen in einer bei Ungehorsam verwirkten Buße; die einzige Voraussetzung für letztere aber in der Anwendung gewisser Formalitäten, solenner Worte, symbolischer Handlungen, Zuziehung von Zeugen.

Sehen wir einen Augenblick von den Zeugen ab, so ist uns in der L. Salica wie den übrigen Rechtsquellen dieser Periode für diese Formalitäten nicht der geringste Anhalt gegeben. Der festuca, die übrigens, wie wir gesehen, einer Handlung den Charakter des Feierlichen, nicht aber bezüglich der Wirkung den des Formalen beilegt, geschieht bei den von Sohm im Auge gehabten außergerichtlichen Akten nirgends Erwähnung, ebensowenig anderer Symbole. Bezüglich der Worte aber kann ich es nur auf Rechnung einer (h. z. T. allerdings sehr verbreiteten) vorgefaßten Ueberzeugung von dem formalen Charakter des älteren deutschen Rechtslebens schreiben, wenn man in Stellen, wie Sal. 45:

> hic tibi testo in hac nocte proxima in hoc quod lex Saliga habet sedeas, et testo tibi ut in X noctes de villa egredere debeas,

oder wie Sal. 52:

> quia res meas noluisti reddere, quas tibi praestiteram, in hoc eas teneas nocte proxima, quod Saliga lex continet, —

in welchen Stellen der Gesetzgeber in veranschaulichender Darstellung die handelnden Personen in direkter Rede einführt, wenn man, sage ich, hierin solenne Wortformeln finden will. Mich dünkt, und jeder Unbefangene wird beistimmen, daß wir es hier mit dem möglichst einfachen, klaren und präcisen Ausdruck desjenigen zu thun haben, was der Redende im gegebenen Falle seinem Gegenpart mitzutheilen wünscht; wie es wohl im Leben hundertmal gesagt wurde und wie es so — gewiß wörtlich übersetzt —

auch in den Mund des Gesetzgebers kam; aber von einer feierlichen Aufforderung, von irgend welchem solennen Charakter keine Spur.[2]

Zeugen endlich werden allerdings mehrfach bei außergerichtlichen Akten zugezogen, daß wir es aber nicht mit Solennitäts-, sondern mit Beweiszeugen zu thun haben, ergibt sich daraus, daß dieselben berufen sind, über die Vornahme jenes Aktes entstehenden Falls vor Gericht Zeugniß abzulegen: Sal. 45 § 2; 56, und besonders eine Stelle des Bayerngesetzes, welche wegen ihrer Aehnlichkeit mit Sal. 50 § 1 in dieser Beziehung höchst interessant ist:

*L. Baiuv.* tit. XIII c. 2 (Text I bei *Pertz*, Leges III S. 314): Si quis alicui — qui eum mallet[3] de qualecunque re, non dignaverit justiciam facere: ille qui quaerit causam suam, *habeat ibi testes 2 vel 3*, qui audiant et videant, qualiter ille respondeat, *ut possint ante judicem testes esse.*[4]

---

[2] Man braucht die bei Sohm S. 16 f. befindliche Uebersetzung der genannten Stellen nur in etwas natürlicherer Weise, etwa mit: „ich zeige dir hiermit an", einzuleiten, um dies sofort einzusehen. Auf jeden Fall kann man hier nicht sagen, wie Herzog Thassilo von dem bayrischen „stapsaken": in quibus verbis ex vetusta consuetudine paganorum idolatria reperimus (Synod. Niuhing. c. 6 bei Pertz III S. 465); gerade die an letzterer Stelle neu eingeführten formlosen Redeweisen gleichen so ziemlich den hier in Rede stehenden der Lex Salica. (Nicht die Einführung neuer Formeln, wie Walter, deutsche Rechtsgesch. II § 677 meint, sondern das Gegentheil bedeuten die Worte: ut deinceps non aliter nisi ut dicat etc., d. h.: der Kläger soll einfach sagen ꝛc.)

[3] Mallare steht hier in seiner Grundbedeutung „ansprechen"; vgl. Sohm S. 47 Anm. [8], Siegel, a. a. O. S. 116 Anm. [4]. Mit Unrecht behauptet von Bethmann-Hollweg IV S. 473 Anm. [46], mallare finde sich nicht in der Bedeutung des außergerichtlichen Ansprechens; s. dagegen Neugart, Codex Diplom. Alemaniae I Nr. 604 v. J. 893: Dum a multis incognitum non est, qualiter Ratinc et Rihhilda questum habuerunt invicem se mallantes, quousque in praesentiam Missi domini Regis nostri — veniebat u. s. w.

[4] Vgl. auch Schwabensp. (herausgegeben von Laßberg) art. 84: — Au sünt ir hoeren, wie er den zins sol vordron: er solz

Fallen somit die positiven Voraussetzungen, an welche sich die Wirkungen des Formalaktes anschließen sollen, weg, so können auch letztere selbst keinen Bestand haben. Dies ist noch zu zeigen.

Die nächste angebliche Wirkung tritt der Gegenpartei gegenüber ein: dieselbe soll der formalen Aufforderung, abgesehen von ihrer materiellen Begründung, bei Meidung einer Buße Folge leisten müssen. Den Gegenbeweis liefert schon unsere Stelle Sal. 50 § 1: der Aufgeforderte darf, wenn er nichts schuldig, die Zahlung verweigern; Strafe trifft ihn nur: si *fidem factam* noluerit solvere, nicht allgemein: si *ad testationem* noluerit solvere. Ebenso verfällt der homo migrans nach Sal. 45 einer Buße von 30 sol., *quia legem noluit audire*, weil er das Landesrecht bezüglich der Fremden verletzt hat, und nicht, wie Sohm (S. 15) sagt, wegen Ungehorsam gegen den Formalakt, u. s. w.[5]

Des weiteren soll der Formalakt „gleich einem zweischneidigen Schwert" seine Kraft ebenfalls in Gestalt einer, und zwar jener ersten gleichen Buße, gegen den wenden, der ihn mißbräuchlich anwendet. Es ließe sich nun leicht nachweisen, daß in sämmtlichen von Sohm hierher gezogenen

---

tun oder sine botten ze sinem huse sol er in vordren, und sol die nach geburen nemen dar zu, ob si da sint; sint si da nüt, so neme er ander biderbe lüte, ob man im lougenen welle, daz erz erziugen müge, daz er in gevordret habe, alse reht si, daz sol er selbe drite tun. Sp. deutscher Leute (herausgeg. von Ficker) art. 75b und ebenso Magdeburger Fragen (herausgeg. v. Behrend) II c. 1 dist. 6. Es handelt sich hier um Einforderung von Grundzinsen, bei welchen sich noch im späteren Mittelalter, wie wir in der zweiten Abtheilung sehen werden, das ältere Schuldrecht in mehrfacher Beziehung erhalten hat.

[5] Wenn Sohm (S. 3) sich für seinen Satz darauf beruft, daß wer formell richtig manirt ist, vor Gericht erscheinen muß, mag die Klage begründet sein oder nicht, so übersieht er, daß Begründung des Klageanspruchs und Begründung des Rechts zu klagen nicht identisch ist.

Fällen (S. 3 f., 33, 37, 67, 90, 94 f., 130 f., 170) die zur Anwendung kommende Strafe eine ganz andere Basis hat, als die Versündigung gegen den Formalakt[6]; dies würde hier jedoch zu weit führen. Auf einen Punkt aber, der die Haltlosigkeit der ganzen Theorie in hellem Lichte zeigt, soll noch aufmerksam gemacht werden. Sohm findet das Charakteristische des Formalaktes gerade hauptsächlich in dem korrelaten Verhältniß der den Ungehorsam und der den Mißbrauch bei demselben Akte treffenden Buße. Nun ist aber in den meisten von ihm angeführten Beispielen Betreffs dieser beiden Wirkungen von ganz verschiedenen Akten die Rede. So wird S. 5 f. und 33 die Buße wegen Ungehorsam gegen die Zahlungsaufforderung als innerlich zusammenhängend mit derjenigen wegen unrechtmäßiger Aufforderung zur Pfändung, bezw. wegen unrechtmäßiger außergerichtlicher Vornahme derselben dargestellt; so S. 98 f. die Buße wegen Weigerung der Herausgabe einer Sache gegenüber dem Anefang mit derjenigen wegen gewaltsamer Entreißung der agnoscirten Sache, so S. 130 die Buße wegen Ungehorsam gegenüber der *manitio* mit derjenigen wegen Nichterscheinen des Manirenden. Es dürfte schwer halten, die Identität der auf diese ganz verschiedenen Rechtsverletzungen gesetzten Strafen zu begründen.

Müssen wir somit dem außergerichtlichen Formalakte jegliche reale Existenz absprechen,[7] so bleibt noch festzustellen, daß das ad domum accedere in Sal. 50 § 1 überhaupt

---

[6] Sohm, S. 170 faßt übrigens diese Bußen auf als eine „materielle Garantie für die Rechtmäßigkeit des Verfahrens"; dies kann nur bedeuten, daß eine Unrechtmäßigkeit durch Erregung von Furcht vor diesen Bußen verhütet werden sollte. Es ist kaum nöthig zu bemerken, daß derartige abschreckende Tendenzen dem Geiste des alten Gesetzes durchaus fremd sind.

[7] Auch v. Bethmann-Hollweg a. a. O. S. 474 Anm. [4] äußert, wenn auch nur schüchternen Zweifel an seiner Berechtigung, wogegen sich neuerdings Gengler, Germanische Rechtsdenkmäler (Erlangen 1875), Glossar S. 913 s. v. testatio der Auffassung Sohm's anschließt.

nicht auf zwangsweise Rechtsverfolgung hinzielt. Es folgt dies daraus, daß der Gläubiger sich an dem Verfalltage selbst zum Schuldner zu begeben hat.[8] Jedes processuale Vorgehen setzt das Vorhandensein eines Unrechts voraus; wäre aber der Schuldner zum Offeriren der Leistung verbunden, so könnte er erst mit Ablauf dieses Tages im Unrechte versiren, und auch erst dann eine auf Exekution zielende Handlung gerechtfertigt sein. In unserm Falle dagegen tritt die Verpflichtung zur Zahlung gerade erst mit der Mahnung in volle Wirksamkeit; letztere ist die materielle Voraussetzung sowohl für Erfüllung der fides facta als für die Folgen der Nichterfüllung. Erst mit der am Verfalltage vorgenommenen Mahnung wird die Schuld selbst fällig, und erst jetzt kann von einer Verletzung des Versprechens die Rede sein. Einige Belege stellen dies außer Zweifel:

> *L. Sal. Extrav. B.* c. 6 (Merkel S. 100): — Et si vivent ambo (Schuldner und Bürge), quod spopondit, qui uuadium dedit, det. *Et si domo non dat*, —

wenn der Schuldner in seinem Hause nicht zahlt, auf in seinem Hause geschehene Aufforderung, soll der Bürge haften; von vorherigem processualem Einschreiten ist keine Rede.[9] Ein anderes Beispiel aus dem Rechtsverkehre selbst bietet *Gregor. Turon.* Histor. Francor. Lib. VII c. 23:

> Praesenti quoque anno Armentarius Judaeus cum uno sectae suae satellite et duobus Christianis ad exi-

---

[8] Dies Moment würde schon allein genügen, die Sohm'sche Auffassung als unmöglich erscheinen zu lassen. Sohm verhält sich demselben gegenüber denn auch höchst unsicher; so läßt er S. 22 die Zahlungsaufforderung stattfinden „sobald der Zahlungstermin verstrichen ist", S. 26 dagegen: „am Zahlungstage"; ersteres ist falsch, letzteres unbestimmt. — Auch Heusler a. a. O. S. 13 f. und Gewere, S. 489 f. übersieht vollständig, daß die Zahlungsforderung in Sal. cit. nicht einem säumigen Schuldner gegenüber stattfindet.

[9] Dieses „domo" ist denn auch für Sohm höchst unbequem, und er will (S. 224 Anm. [12]) dafür „homo" lesen; allein ohne Grund.

gendas cautiones -- Turonis advenit; interpellatisque viris (die Schuldner) *promissionem accepit de reddendo pecuniae foenore cum usuris,* dicentibus sibi praeterea ipsis: *Si ad domum nostram veneris, — quae debentur exsolvimus.* —

Erst durch diese Untersuchungen ist uns das volle Verständniß des in Sal. 50 § 1 behandelten Thatbestands ermöglicht. Der Schuldner, gerade in dem kritischen Zeitmomente, in welchem er seinen rechtskräftig gebundenen Willen zur Ausführung zu bringen hat, bei der vom Gläubiger ausgehenden Aufforderung hierzu, verweigert die Zahlung; hiermit ist die Erfüllung der fides facta ihrem ganzen Inhalte nach zur Unmöglichkeit geworden, und zwar durch den Willen des Verpflichteten. Derselbe hat durch seine positive Weigerung der Zahlung einen Zustand geschaffen, der von Rechts wegen nicht hätte eintreten dürfen, und der als solcher nicht ungeschehen gemacht werden kann. Es kann nach dieser Zahlungsweigerung nie mehr bewirkt werden, daß der Gläubiger rechtzeitig bezahlt werde, es kann nie mehr die Thatsache beseitigt werden, daß eine Zeit lang der Gläubiger gegen die Anforderungen des Rechts unbezahlt war. — Dagegen schließt diese Weigerung keineswegs eine nachträgliche Bewirkung der Zahlung selbst aus.

## § 4.

### *L. Sal. tit. 50*, Fortsetzung. Die Rechtsfolgen der verletzten *fides facta.*

An den so gestalteten Thatbestand knüpft unser Gesetz zunächst folgende rechtliche Wirkung:

si noluerit fidem factam solvere, — — *solidos XV super debitum, quod fidem fecerit, culpabilis judicetur,* d. h. wegen des in der Zahlungsweigerung liegenden Rechtsbruchs soll der Schuldner zu einer Leistung von 15 sol. verurtheilt, mit einer Strafe von *15 sol.* belegt werden.[1]

Daß diese Strafe keine processuale, wie Sohm annimmt, sein kann, ergibt sich aus der gesammten obigen Ausführung; einen direkten Beweis dafür liefert uns noch die Malbergische Glosse. An dem „thalasci asco", welches Cod. Paris. Nr. 4404 hat, verzweifelt zwar selbst ein Jakob Grimm[2]; an dessen Stelle liest jedoch die Wolfenbüttler Handschrift: „huc chram mito". Grimm will dasselbe mit rhammodo (so Cod. Paris.) oder chuc cham (so C. Guelferb.) in Sal. II § 12 (Merkel II § 13) zusammenstellen. Letzteres Gesetz handelt vom Diebstahl eines den Göttern geweihten, gelobten Schweins (majale votivum), und in der That dürfte ein Zusammenhang zwischen beiden Glossen bestehen, wenn auch in anderer Weise, als Grimm meint, welcher an einen öffentlichen Aufruf denkt. Ich glaube nämlich in dem „huc chram mito" unserer Stelle, welches in ein Wort zusammenzuziehen ist, und ebenso in der Glosse zu Sal. II § 12 das in der Rechtssprache dieser Zeit so häufige *achramire* erkennen zu müssen, welches den Sinn „festsetzen, geloben" hat und mit fidem facere gleichbedeutend ist.[3] Wie diese Erklärung sehr gut zu Sal. II § 12

[1] Wenn Behrend in „Festgaben für Heffter" S. 74 es für wahrscheinlicher hält, daß diese 15 sol. erst im — später folgenden — Gericht des thunginus verwirkt seien, so vermag ich hierfür auch nicht den Schein eines Grundes zu sehen.

[2] Vorrede zur Ausgabe der Lex Salica von Merkel S. LIV f.

[3] S. Grimm, D. Rechtsalterth. S. 123, 844; sowie Derselbe in der Vorrede zur Lex Salica S. VII; Müllenhof bei Waitz, sal. Recht S. 276 f.; Siegel, a. a. O. S. 44 f.; und jetzt besonders Sohm S. 78 ff. Dieses Wort, welches früher zu vielen Mißverständnissen Anlaß gab, findet sich, wie ich beiläufig bemerken will, auch in der späteren deutschen, besonders niederdeutschen Rechtssprache vielfach in derselben Bedeutung. „Ramen, beramen, verramen" heißt zunächst: zielen nach etwas, es auf etwas absehen, etwas unternehmen; so steht es im Sachsensp. II, 38; Praef. rythm. v. 89. — U.-B. der Stadt Lübeck IV Nr. 659: Do wi dat langhe unde vele claghet

paßt, wo überdies die meisten Handschriften noch den Zusatz: bartcho, baracho (= porcus, Grimm Vorrede S. XVIII)

---

hadden, do queme wi dar vore unde rameden der sulven mordere unde rovere, in deme rame wunne wi dat slot etc. — Statut der Hamburger Drechslerbruderschaft zw. 1438 und 1466 c. 1 (Rüdiger, die ältesten Hamburger Zunftrollen und Bruderschaftsstatuten, Hamburg 1874, S. 58 Nr. 11b): der rechticheit to ramende. — Dann bedeutet das Wort festsetzen, bestimmen, vereinbaren, und ist synonym mit willküren, thaidingen u. s. w. Vgl. Niesert, Beiträge II Nr. 80: so is in enre sone der vede vorramet und ghedeghedynget. — Seibertz, U.=B. II Nr. 719 S. 410; III Nr. 921. — U.=B. der Stadt Lübeck IV Nr. 592, 626, 629. — Mindener Rechtsbelehrung für Hannover (Vaterländ. Archiv des histor. Vereins für Niedersachsen, Jahrg. 1844 S. 423): des gelofftes unde aller dedinge, so dat vorramet were in dem rechten. — Kölner Eidbuch von 1341 art. 156, Eidbuch v. 1382: geraympt ind oeverdraghen. Rathsverordnungen von 1372 u. s. w. (Ennen und Eckertz, I S. 36, 62, 104, 120). — Zusatz zur Hamburger Böttcherrolle von 1415 § 2 (Rüdiger, S. 33 Nr. 7b): der vormede schal man in redelicheyt ramen nha older wonheyt. — Berliner Schuhmacherstatut v. 1448 (Fidicin, histor.=diplomat. Beiträge zur Gesch. der St. Berlin, 1837 ff. I S. 265). — Danziger Artushofordnung v. 1421 a. A., und Danziger Fleischerstatut a. A. bei Hirsch Danzig's Handels= und Gewerbsgeschichte unter der Herrschaft des deutschen Ordens. Gekrönte Preisschrift der fürstl. Jablonowski'schen Gesellschaft, Bd. VI, Leipzig 1858 S. 287, 336. — Wie nun achramire besonders häufig in Beziehung auf Festsetzung gerichtlicher Termine und Handlungen angewandt wird, so auch ramen, beramen. Vgl. z. B. altes Rechtsbuch von Mühlhausen art. 21 a. E. (herausgeg. v. Förstemann in den neuen Mittheilungen aus dem Gebiet histor.=antiquar. Forschungen Bd. VII Heft 1 S. 93): sprichit he abir, daz he umi virgoldin habi, mac hez dan brengi selbi dirti, so geit sin gizuc vuri; des sal he sicht abir san da virrume vor mi richteri. — U.=B. der St. Lübeck IV Nr. 243: Des ramede we der daghe mit enander tho holdende erst tho Luneborgh, — dar na tho Ulsen; Nr. 244, 481, 592 ebenda. — Voigt, Codex Diplom. Prussicus IV (Königsberg 1853) Nr. 127. — Rüdiger, Hamb. Zunftrollen, S. 65, 74 Nr. 12b und u. Vgl. noch Graff, Althochdeutscher Sprachschatz, Bd. II Col. 503 ff., Benecke, Mittelhochdeutsches Wörterbuch, ausgearbeitet von Müller und Zarncke, IIa (Leipzig 1863) S. 549—551, v. Richthofen, Altfriesisches Wörterbuch (Göttingen 1840) S. 984, — s. v. ram, ramen, ramia. — Ja selbst in unserer heutigen Sprache

haben, so daß die Glosse geradezu die Uebersetzung des lateinischen majale votivum bietet, — so ist sie andererseits geeignet, auf unsere Stelle ein helles Licht zu werfen. Darnach bezeichnet hier die Glosse treffend die rechtliche Basis der verwirkten Strafe, das von der Verletzung betroffene Rechtsverhältniß: achramito, d. h. in Bezug auf das *achramire, fidem facere*, culpabilis judicetur, hoc est XV solidos.[4] —

Diese Strafe trifft jedoch nur die eine der beiden oben bezeichneten Richtungen des schuldnerischen Unrechts: nur diejenige, für welche eine direkte Herstellung des vom Recht geforderten Zustandes nicht mehr möglich ist, m. a. W. den Verzug, die nicht rechtzeitige Vertragserfüllung. Die Seite der schuldnerischen Verpflichtungen dagegen, — und es ist die Hauptseite, — daß die Zahlung überhaupt er-

---

hat sich das Wort, und zwar gerade in der zuletzt erwähnten Beziehung erhalten, in der Form: anberaumen, vgl. Versuch eines bremisch-niedersächsischen Wörterbuchs, herausgeg. von der bremischen deutschen Gesellschaft (Bremen 1767 ff.) III S. 427 ff. s. v. raam, ramen, beramen, verramen. J. und W. Grimm, Deutsches Wörterbuch, I S. 293 s. v. anberaumen. — Dagegen hat unser Wort mit rammen, figere (z. B. Sachsensp. III, 68 § 1) — entgegen der irrigen Behauptung Zöpfl's, Deutsche Rechtsgesch., 3. Aufl. S. 985 Zus. VI und Alterthümer II S. 354 Anm. [8] — nichts zu thun.

[4] Wenig ansprechend scheint mir die Ansicht Heusler's, Eigenthumsverfolgung S. 14 Anm. [11], welcher diese Strafe darauf zurückführt, „daß ein Gelöbniß, das man nicht erfüllen kann, abgelegt, und der Kläger dadurch zur Betreibung genöthigt wird". Diese Auffassung beruht auf einer unklaren Vorstellung von dem Sachverhältniß; die von Heusler hervorgehobenen Punkte stellen gar kein Unrecht dar. Wegen Nichtkönnen wird überhaupt nie Strafe eintreten; und durch ein späteres Nichtkönnen oder auch Nichtwollen kann ein vorausgegangenes rechtsgültiges Versprechen nicht zum Unrecht werden. Wird aber der Kläger, ohne daß ein Unrecht vorliegt, zur Betreibung genöthigt, so kann (sofern überhaupt eine solche Procedur denkbar wäre) auch hierin ein Unrecht nicht gefunden werden. — Das der Strafe zu Grunde liegende Unrecht ist vielmehr einzig und allein die nicht rechtzeitige Erfüllung der versprochenen Leistung.

folge, ist durch die Zahlungsweigerung des Schuldners von der Erfüllung, der direkten Realisirung des Rechts noch keineswegs ausgeschlossen. Während dort die Rechtzeitigkeit durch die Handlungsweise des Schuldners absolut unmöglich geworden ist und deshalb dem an sich nicht zu verwirklichenden Recht ein Aequivalent in Gestalt einer Strafe geboten werden muß, stellt sich hier der Verwirklichung des Rechts kein äußerer Umstand, sondern einzig der Wille des Verpflichteten entgegen. Gelingt es mit Ueberwältigung dieses Willens den vom Recht geforderten Zustand herbeizuführen, so muß der dem Rechte feindliche Wille zwar die unmittelbaren Folgen dieser „Zwangsvollstreckung" auf sich nehmen, aber das Recht ist befriedigt, es bedarf außer der ursprünglich von ihm geforderten keiner weiteren Leistung.

Auf diesen Gedanken ruhen die weiteren Bestimmungen unseres Gesetzes in tit. 50 § 2 (Merkel 50 § 1, Abs. 2). Die Strafe von 15 sol. ist verwirkt „*super debitum quod fidem fecerit*", sie tritt zu der ursprünglichen *fides facta* hinzu, welche an und für sich, abgesehen davon, daß sie zu einem fixirten Zeitmoment in Beziehung gesetzt war, durch die Verweigerung der Erfüllung in ihrem Bestande noch so wenig erschüttert ist, daß sie noch immer ihrer Realisirung entgegen sieht. Und gerade diese nun herbeizuführen und so dem Rechte in allen Hinsichten Genüge zu thun, ist der Zweck des weiteren Verfahrens.

Allein wie wir oben sahen, daß die eine Folge des Unrechts, die Strafe, nur eintritt im Falle einer wirklich vorhandenen, rechtsgültigen fides facta, so setzt auch das weiter folgende Verfahren die Existenz der letzteren, als des Objekts der zu beseitigenden Rechtsverletzung, voraus. Es steht aber von vorn herein auch hier die Möglichkeit offen, daß das Verlangen des Gläubigers ein ungerechtfertigtes ist, und so lange hierüber Unsicherheit herrscht, wird ein zwangsweises Eingreifen in die bestehenden Verhältnisse nicht stattfinden dürfen.

Die L. Sal., welche die Rechtsfolgen wirklich ins Leben getretener Verhältnisse, nicht aber das Verfahren zur Eruirung von deren thatsächlicher Existenz schildern will, hatte bis hierher diese Eventualität direkt nicht im Auge gehabt. An dieser Stelle jedoch, wo sie dazu fortschreitet, die Art der Verwirklichung der fides facta darzustellen, kann sie sich der Berücksichtigung derselben nicht entziehen; indeß thut sie dies gerade nur soweit, als hierdurch auf die Gestaltung dieser Verwirklichung ein Einfluß geübt wird. Wenn der Schuldner also Zahlung weigert,

si adhuc noluerit conponere, *debet eum ad mallum manire* —.

Der Gläubiger soll ihn vor die Gerichtsversammlung laden, hier seinen Anspruch vorbringen; der Schuldner soll seine etwaigen Einwände geltend machen. Allein diese Vorgänge interessiren die L. Sal. nicht an und für sich; für sie ist die fides facta wirklich vorhanden, und wie sie in § 1 von dem böswilligen Schuldner sprach, so supponirt sie nun auch in § 2, daß derselbe gar nicht vor Gericht erscheine, um sich zu vertheidigen; was ihm ja doch nichts helfen würde. Das manire und die Klage mußte sie erwähnen, weil diese Akte eben auch gegenüber dem dolosen Schuldner stattzufinden haben, aber im weiteren geht sie auf die Entstehung eines Rechtsstreits und seiner Folgen nicht ein.[5] Viel-

[5] Von dieser Auffassung, insbesondere der in Sal. 50 § 2 erwähnten manitio, als eines an sich zur Einleitung eines Rechtsstreits dienenden Akts weicht natürlich diejenige Sohm's (an welche sich, wenn auch zögernd, v. Bethmann-Hollweg a. a. O. S. 474 Anm. [4], 477 f., mit voller Begeisterung dagegen Heusler a. a. O. S. 14 anschließen,) wesentlich ab, da dieser Schriftsteller ja bereits in der vorhergehenden Zahlungsaufforderung den Beginn processualen Verfahrens gesehen. Nach Sohm S. 8, 14, 27 f., 38 ff. bezeichnet diese manitio und der darauf folgende Gerichtstermin nur ein „Exekutionsstadium" Behufs Erwirkung des Gerichtsbannes; der Schuldner wird nicht zum Zwecke der Sachverhandlung, der Vertheidigung auf die Klage vorgeladen, sondern nur „zur Kenntnißnahme", und zur Geltendmachung eines etwaigen

mehr soll sich nun der, durch das Zeugniß der bei der Zahlungsforderung zugegen gewesenen Volksgenossen[6] und durch das Ausbleiben des Schuldners in seinem Anspruch genügend legitimirte Gläubiger vom Thunginus oder Centenar, dem Vorsitzer des Volksgerichts[7], durch Aussprechen des Bannes, einer Art Arrestverstrickung des schuldnerischen Vermögens („nexthe ganthichio") die Befugniß zur außergerichtlichen, aber im Namen des Rechts vorzunehmenden Pfändung des Schuldners ertheilen lassen. Letztere tritt dann auch ein nach vorhergegangener dreimaliger Aufforderung, freiwillig zu zahlen, und damit sowie der hierdurch bewirkten Zuwendung der versprochenen Leistung an den Gläubiger

---

Widerspruchsrechts gegen das Verfahren. Allein ein derartiges gerichtliches (also einer vorgeschritteneren Kulturstufe angehöriges) Verfahren, wonach jeder der Beraubung durch den andern schutzlos preisgegeben ist, sofern sie nur in gewisse Formen gekleidet wird, halte ich geradezu für eine Unmöglichkeit. — Außerdem leidet aber jenes Verfahren seiner innern Struktur nach an großen Widersprüchen: ein solcher ist die manitio zur „Kenntnißnahme" in einem principiell einseitigen Betreibungsverfahren, in welchen ja von Parteien, die zu einander in einem processualen Verhältniß ständen, gar nicht die Rede sein kann. Dann aber wird zur Geltendmachung einer Anfechtung doch wohl immer und überall dem Berechtigten selbst ein Rechtsmittel zur Verfügung stehen müssen, und derselbe hierfür nicht auf eine vom Gegner ausgehende Ladung verwiesen sein dürfen. — (Gerade wegen dieses Cardinalpunktes ist die Parallelisirung des Verfahrens der Lex Sal. mit dem heutigen schweizerischen Betreibungsverfahren bei Heusler, a. a. O. S. 13 f. eine verfehlte zu nennen.) — Ich glaube, daß wir derartige processuale Ungeheuerlichkeiten unserm naturwüchsigen ältesten Rechte nicht zutrauen dürfen. Vgl. auch Behrend in „Festgaben für Heffter" S. 64—66.

[6] Daß die Zeugen zu diesem Zweck mit vor Gericht zu bringen sind, ergibt sich aus der Analogie von Sal. 45 (tunc maniat cum ad mallum et testes super singula placita qui fuerunt ibi praestos habeat), sowie aus der schon cit. L. Baiuwar. XIII § 2 (oben S. 29). Die vorgängige Aufforderung ist nicht nur zu der Klagerhebung, sondern auch zur persecutio rei selbst erforderlich.

[7] Vgl. Waitz, sal. Recht S. 135 f.; Sohm, Proceß S. 28; Derselbe, Altdeutsche Reichs- und Gerichtsverfassung I S. 67—74; v. Bethmann-Hollweg a. a. O. S. 422 f.

ist das Recht in seinem vollen Umfange, wenn auch gegen den Willen des Pflichtigen, verwirklicht; der Wille aber, soweit er nicht fähig ist, diese Rechtsverwirklichung zu hindern, ist rechtlich indifferent und bedarf einer weiteren Repression nicht.[8]

---

[8] Das im Text kurz skizzirte Verfahren ergibt sich aus dem Zusammenhalte von L. Sal. 50 § 2 mit Capitulare I ad leg. Sal. c. 10 (Merkel, L. Sal. t. 74), welche letztere Stelle von der außergerichtlichen Pfändung im Falle des „nesti canthe-chigio"-Verfahrens handelt. Die Einzelheiten interessiren uns hier nicht, und wir verweisen hierwegen auf Sohm, Proc. S. 28—33, v. Bethmann-Hollweg IV S. 475 ff. Hier, sowie bei Siegel, a. a. O. S. 248 findet sich auch der Beweis dafür, daß L. Sal. t. 50 §§ 3 ff., in welcher Stelle von der durch den Grafen zu vollziehenden Pfändung die Rede ist, sich inhaltlich nicht an die erste Hälfte des Titels (§§ 1 und 2) anschließen können. Dieser auch für uns bedeutsame Punkt ist neuerdings von Behrend in den „Festgaben für Heffter" S. 68—81 wieder in Frage gestellt worden, und wir halten an dieser Stelle eine kurze Widerlegung der von Behrend vorgebrachten Argumente für angezeigt. Zunächst sucht Behrend darzuthun, daß in Cap. I c. 10 die außergerichtliche Pfändung gar nicht zugelassen sei. Die Stelle lautet: Si quis debitorem suum per ignorantiam sine judice pignoraverit, antequam eum nesti canthe chigio, et debitum perdat et insuper, similiter si male pignoraverit, cum lege componat, hoc est capitale reddat et solidos XV culpabilis judicetur. Allerdings bedeutet hier „sine judice pignorare" ohne Zuziehung des Grafen pfänden; aber gerade so versteht es auch Sohm S. 33, und Behrend hat diesen mißverstanden, wenn er angibt, Sohm nehme es gleich sine jussione judicis pign., ohne Erlaubniß des thunginus. Dagegen scheint mir die weitere Auslegung B.'s: „die Pfändung ist nicht zulässig ohne Zuziehung des Grafen, und für das Einschreiten des letzteren ist wiederum die vorgängige Erwirkung des nexti canthichio eine wesentliche Bedingung" — grammatisch und logisch gleich unmöglich. Das „antequam eum n. c. c." heißt nicht und kann nicht heißen: „und für das Einschreiten des letzteren ist wiederum u. s. w."; es ist dem vorangehenden Satze nicht koordinirt, sondern enthält eine nähere Bestimmung desselben. Wenn es aber auch grammatisch so genommen werden könnte, so wäre es doch an dieser Stelle ohne jeden Sinn. Das Gesetz stellt das sine judice pignorare unter Strafe; was soll es hier für eine Bedeutung haben, wenn eine Bedingung für das cum judice pign. zugefügt wird. Ist das sine judice pignorare unter allen Umständen un-

Um das bis jetzt gewonnene Resultat nach allen Seiten sicher zu stellen, bedarf es noch einer Ausführung.

---

zulässig, so erscheint es völlig gleichgültig, ob dessen rechtswidriger Vornahme jene Formalität des nexti canthichio vorausgegangen ist, oder nicht. Ein solch sinnloses Einschiebsel dürfen wir denn doch selbst einem merowingischen König nicht zutrauen. — Ferner aber nimmt B. es mit dem, in der 2. Hälfte der Stelle befindlichen „si male pignoraverit" zu leicht. Selbstredend bezieht sich auch dieses auf ein sine judice pign., auf ein „schlecht pfänden" durch den Gläubiger selbst. Mag man nun das „male" verstehen wie man will (und ich habe gegen die Heranziehung von Ed. Rothar. c. 248 und anderer Stellen: si quis alium pro alio pignoraverit, nichts einzuwenden), so setzt dasselbe doch unter allen Umständen ein entgegenstehendes „justo ordine pign." voraus, einen Fall, in welchem Pfändung durch die Partei selbst wohl zulässig ist. Wäre dagegen mit Behrend in dieser 2. Hälfte der Stelle das Unrecht nicht nur in dem male, sondern auch in dem sine judice pign. zu sehen, so ließe sich auch gegen diese Interpretation zunächst das bereits erwähnte Moment geltend machen, daß, wenn sine judice pign. überhaupt verboten ist, es auf das male sine jud. pign. nicht mehr ankommen könnte. Ferner aber gelangten wir hierdurch zu dem sonderbaren Resultat, daß wer sine judice und male pfändet, milder bestraft wird (Rückgabe des Gepfändeten und 15 sol.), als wenn er eine an sich ihm zustehende Forderung nur eigenmächtig, sine judice, zur Geltung bringt (außer jener Strafe noch Verlust der Forderung). — Der Inhalt der Stelle ist einfach der: Pfändung ohne den Grafen findet nur statt nach eingeholtem nexti canth. des Thunginus, und wird ansonsten bestraft, nicht nur wie bei dem, welcher jene Voraussetzung zwar erfüllt, aber in anderer Weise bei der Pfändung selbst gefehlt hat, sondern strenger: die Forderung selbst erlischt. Gerade auf das nexti canth. kommt es dem Gesetzgeber hauptsächlich an; er will keine Selbsthülfe ohne Erlaubniß des Gerichts, wie sie den Franken aus früherer Zeit vielleicht noch geläufig war (hierdurch erhielte auch das „per ignorantiam" zu Anfang der Stelle eine bedeutsame Beleuchtung). Außer der Strafe des Volksrechts wird noch — aus politischen Gründen — die vielleicht dem römischen Recht entlehnte Strafe des Rechtsverlusts gedroht (vgl. auch Stobbe, Handbuch des deutschen Privatrechts, Bd. I Berlin 1871, S. 478 Anm. [4]). — (Auch Sohm's Auslegung S. 31 f., welcher in dem si male pign. eine zweite Disposition sieht, während der Gesetzgeber diesen Fall nur zur Vergleichung, nur enunciativ erwähnt, bedarf hiernach einer Korrektur.) — Nicht besser steht es um Behrend's Auslegung des Anfangs von L. Sal. 50 § 3, dessen Inhalt als die Fortsetzung desjenigen der vorgehenden §§ erwiesen werden soll. „Si quis ad placitum legi-

Die Herstellung des Rechtszustands bei verweigerter Vertragserfüllung nach der zuletzt besprochenen Seite hin geschieht, sahen wir, auch ohne Mitwirkung des Verpflichteten, wie wir heute sagen, *in contumaciam.*[9] Allein dies scheint mit den sonstigen Grundsätzen der L. Sal. über Rechtsverwirklichung in Widerspruch zu stehen. Nicht nur kann nach Sal. 50 §§ 3, 4; 51 § 1 die durch die Obrigkeit selbst, den Grafen vorzunehmende Pfändung nur stattfinden auf Grund eines, vom Verpflichteten abgegebenen Versprechens, das erlassene Urtheil zu erfüllen; sondern es bestimmt auch Sal. 56 allgemein und ohne Beschränkung auf gerichtliche oder außergerichtliche Vollstreckung, daß, wenn

---

time fidem factam noluerit solvere" u. s. w. mit sich daran schließender Pfändung durch den Grafen handelt von der Exekution eines Urtheilserfüllungsversprechens im Gegensatz zu der eines außergerichtlichen Versprechens. Die Uebersetzung B.'s: Wenn der Schuldner bei der dritten (auf das nexti canth. folgenden) Aufforderung Schuld und Bußen nicht hat zahlen wollen u. s. w., — ist ganz willkürlich. Für die Auffassung von placitum als dritte Aufforderung besteht nicht der geringste Anhalt; die Heranziehung von Sal. 40 § 10 (Merkel 40 § 5) paßt nicht, da hier ausweislich aller andern Handschriften das „tertium" bei plac. nur in einer einzigen durch Versehen des Schreibers ausgefallen ist. Ferner kann legitime fidem factam solvere nicht gleichbedeutend mit legem et fid. fact. solv., Schuld und Buße zahlen, sein. Wir haben vielmehr hierbei an das sonst häufige „cum legibus fidem facere" zu denken, welcher Ausdruck sich gerade auf das gerichtliche Gelöbniß bezieht; vgl. Rozière Nr. 342; Schöpflin, Alsat. Diplom. I Nr. 56; Boquet, Recueil VI S. 653 und andere der oben § 2 Anm. [25] cit. Urkunden. — Schließlich kann der Schuldner, von welchem im Vorgehenden fortwährend die Rede war, nicht plötzlich mit „si quis" bezeichnet werden. Gerade dieses „si quis" weist uns unwiderstehlich darauf hin, daß jetzt von einer andern Person und von einem andern Fall gehandelt werden wird. — Es ist sonach dabei stehen zu bleiben, daß L. Sal. 50 in ihren beiden Hälften von verschiedenen Fällen spricht, und daß die erste ihre Ergänzung in Cap. I c. 10 findet, daß sich an das nexti-canthichio-Verfahren die außergerichtliche Pfändung anschließt.

[9] Ob das Gericht in diesem Fall ein förmliches Kontumacialurtheil erließ, wie Behrend a. a. O. S. 67 annimmt, muß dahin gestellt bleiben.

der Beklagte diese Mitwirkung verweigert, wenn er entweder überhaupt nicht vor Gericht erscheint[10], oder doch jenes Versprechen daselbst nicht ablegt, unter Ausschluß der Pfändung eine zwar weiter gehende, aber doch nur indirekte Zwangsmaßregel Platz greife: die Friedloslegung im Königsgericht:

*L. Sal.* tit. 56: Si quis ad mallum venire contempserit aut quod ei a rachineburgiis fuerit judicatum adimplere distulerit, si nec de compositione nec ineo nec de ulla legem fidem facere voluerit, tunc ad regis praesentia ipso manire debet. — — Tunc si ille — — qui admallatus est, ad nullum placitum venire voluerit, tunc rex, ad quem manitus est, *extra sermonem suum ponat eum.*

Es scheint, daß zwischen diesen Bestimmungen für ein Kontumacialurtheil oder gar für eine Kontumacialexekution, wie oben eine solche dargestellt wurde, kein Platz übrig bleibt. — Um hierüber zur Klarheit zu kommen, müssen wir, glaube ich, zwei Punkte ins Auge fassen:

Sohm in seiner Darstellung des salischen Processes

---

[10] Für den Fall des Ausbleibens im ersten Termine will Sohm S. 157 ff., 181–184, die im Text angegebene Rechtsfolge nicht zulassen. Er faßt vielmehr die beiden, zu Anfang von Sal. 56 durch aut verbundenen Satztheile für zwei Bezeichnungen eines und desselben Falles, der Verweigerung des Gelöbnisses: „als Normalfall gilt, daß von dem, welcher gegen das Urtheil ungehorsam sein will, auch das Erscheinen im Urtheilserfüllungstermin versäumt wird". Allein Sohm verwechselt hier Urtheilserfüllung und Urtheilserfüllungsgelöbniß. Nur von letzterem kann hier die Rede sein, da Ausbleiben im Urtheilserfüllungstermin das Verfahren aus Sal. 50 §§ 3 ff. nach sich zöge. Das Urtheilserf.-Gelöbniß muß aber, wie auch Sohm selbst S. 166 f. annimmt, im ersten Termine abgelegt werden; vgl. L. Alam. Hloth. 36 § 3 (Pertz III S. 56) Et in primo mallo spondeat sacramentales et fidejussores praebeat etc. — Hätte das Gesetz nur einen Fall im Auge, so könnte dies somit gerade nur der des Ausbleibens im ersten Termin sein. Vgl. Waitz, sal. Recht S. 183 f., Siegel a. a. O. S. 76 f., v. Bethmann-Hollweg IV S. 520 Anm. 100.

hat behauptet, daß nicht nur die soeben genannten Gesetzesstellen und die in ihnen enthaltenen Besonderheiten, sondern auch das gesammte gerichtliche Verfahren der L. Salica sich ausschließlich auf die Rechtsverfolgung bei Delikten beziehen. Wenn wir nun auch diesen letzteren, weitgehenden Satz bereits nach Obigem als richtig nicht anerkennen können[11], so läßt sich doch soviel nicht läugnen, daß sowohl Sal. 50 §§ 3 ff. als auch Sal. 56 in ihren Bestimmungen supponiren, daß es sich bei dem betreffenden Verfahren nicht um Ausführung, Exekution eines Rechtsgeschäfts, sondern um eine Ersatzleistung für gethanes Unrecht, eine Komposition handele.[12] Da wir nun für jenen ersteren Fall die hier aufgestellten, besonderen Grundsätze nicht in Kraft sehen, so ist es wohl gestattet, anzunehmen, daß dieselben dem Kompositionssystem ihre Eigenthümlichkeiten verdanken.

Zur Aufklärung dieses Verhältnisses dient dann aber noch Folgendes: Man hat bisher allgemein angenommen, daß in derselben Art und Weise, wie in unsern Volksrechten die Rechtsfolgen strafbarer Delikte sich ausgedrückt finden, im einzelnen Falle auch das gerichtliche Urtheil abgefaßt gewesen sei; daß dies daher nach der Lex Sal. direkt auf Zahlung so und so vieler *solidi* gelautet habe.[13] Allein wenn wir hiermit diejenigen Stellen des Gesetzes vergleichen,

---

[11] Vgl. Behrend a. a. O. S. 61—64.

[12] Vgl. Sohm, Proc. 124 f.; Siegel, a. a. O. 249 f.; v. Meibom, Pfandrecht S. 75. Die betreffs Sal. 50 § 3 ff. abweichende Ansicht Behrends in „Festgaben" S. 82 ff. beruht auf einer höchst gezwungenen und m. E. nicht zulässigen Interpretation des § 4 cit.

[13] S. Rogge, über das Gerichtswesen der Germanen. 1820, S. 216. Waitz a. a. O. S. 169, 175. Siegel S. 152 ff. Sohm, S. 160 f., 162, 180. Brunner in v. Holtzendorff's Encyclopädie der Rechtswissenschaft I S. 148 (1. Aufl.); von Bethmann-Hollweg IV S. 501, 515, 519. Nur der letztere Schriftsteller bemerkt, daß schon das Urtheil auch auf das Erfüllungsgelöbniß gerichtet war. — Der Fall, daß im Urtheil noch Beweisauflagen gemacht wurden, bleibt hier natürlich außer Betracht.

worin uns der Wortlaut eines zur Komposition verurtheilenden Erkenntnisses erhalten scheint, so können wir jene Ansicht nicht als der Wahrheit entsprechend erachten. In Sal. 56 heißt es:

si quis — quod ei a rachineburgiis fuerit iudicatum adimplere distulerit;

wir haben aber bereits oben Anm. [10] bemerkt, daß mit diesem judicatum, dessen Erfüllung verzögert wird, nicht die zur Ausgleichung des Unrechts selbst bestimmte Leistung, die Zahlung einer Komposition gemeint sein könne, da dann ein anderes Verfahren als das aus Sal. 56 einzutreten hätte. Die Stelle selbst gibt uns Aufklärung über den Inhalt des Judikats, indem sie erläuternd beifügt:

si nec de compositione nec ineo nec de ulla legem *fidem facere voluerit.*

Beide Sätze sind gewissermaßen mit einem: „id est" verbunden zu denken: „wenn der Beklagte das Judikat nicht erfüllt, d. h. wenn er wegen Zahlung der Kompositionssumme oder einer bestimmten Beweishandlung kein Versprechen abgeben will"; auf letzteres, auf das Ablegen des Versprechens, ist eben das Urtheil gerichtet, nicht direkt auf Leistung des zu Versprechenden. Dies ist denn auch im Verlauf der Stelle noch mehrfach aufs Deutlichste hervorgehoben:

Et ibi — testes erunt, qui — — ibi fuerunt, ubi rachineburgius *judicavit,* ut aut ad ineo ambularet *aut fidem de conpositione faceret,*

und ferner:

rachineburgii *judicaverunt, ut aut per ineo aut per compositione se educeret.*

Wir sehen: das Urtheil legt dem Schuldigen nicht eine Strafe auf, sondern es verpflichtet ihn, einen Vertrag über Erlegung der Strafe zu schließen; es befiehlt ihm, sich aus der Sache zu ziehen, wobei es ihm die Mittel angibt, wodurch dies geschehen kann: per ineo aut per conpositione. Daß diese Urtheilsfassung in Sal. 56 aber nicht auf Zufall beruht, ergeben viele Urtheile aus späterer Zeit, welche, denselben Tenor aufweisend, darthun, daß dieser Urtheilsinhalt, wenn auch später zu bloser Form herabgesunken, doch einst der Ausdruck lebendigen Rechts gewesen sein muß; das zähe Festhalten der Rechtsübung ist hierfür Bürge. Zu nennen sind besonders:

*Form. Bignon.* Nr. 26 (*Rozière* Nr. 464). Wegen Diebstahls mit Einbruch: sic ab ipsis racinburgiis fuit iudicatum, ut *per vuadium meum eam (scil. causam) contra vos, hoc est solidos tantos, componere atque satisfacere debeam.*

*Form. Lindenbr.* Nr. 124 (*Rozière* Nr. 467): Hac igitur de causa (Mord) iudicatum esse ei ab ipso comite vel ab ipsis scabinis pagensibus loci illius, ut illam leudem, quod sunt solidi tanti, *per suum vuadium componere deberet.*

Vgl. auch *Form. Bignon.* Nr. 13; *Sirmond* Nr. 39 (*Rozière* Nr. 463, 510).

Ferner: Placitum Chlodovei III a. 693 (*Pertz*, Dipl. I M. 66 = *Bréquigny-Pardessus*, II Nr. 431): Sic ei fuit iudecatum, ut in exfaido et fredo solidos quindece pro ac causa *fidem facere debirit*, quod ita et in praesenti per fistuga visus est ficisse.[14] — Placitum von 782 bei Waitz, Forschungen zur deutschen Geschichte Bd. III S. 151 ff. (oben § 2 Anm. [25] a. E.); langobardisches

---

[14] Den Gegensatz zu dieser Fassung wird man leicht in Form. Sirmond. Nr. 32 (Rozière Nr. 465) erkennen: — tale dederunt iudicium ut secundum legem Romanam pro hac culpa ambo pariter vitae periculum incurrissent. — Allein auch hier nimmt nach Erlaß dieses römischen Urtheils die Sache einen deutschrechtlichen Verlauf: Sed intervenientibus bonis hominibus taliter eis convenit, ut iam dicti homines pro redemptione vitae eorum vuadios suos iam dicto illo unusquis pro soledis tantis dare deberent.

Placitum noch v. J. 874 bei *Mabillon*, De Re Diplomatica (Luteciae-Parisiorum 1681) Lib. VI S. 544 f. Nr. 105.

Diese Erscheinung, daß das älteste Recht in Deliktssachen ein direkt auf Strafe lautendes Urtheil nicht kennt, ist von allergrößester Wichtigkeit und geeignet, uns einen weitgehenden Einblick in die Entwicklungsgeschichte der Strafe im deutschen Rechte zu eröffnen.[15] Wir sehen die Kompositio sich nicht unmittelbar an das Delikt anschließen, sondern aus einem Vertrage hervorwachsen. Ueber die Natur dieses Vertrags werden wir aber belehrt, wenn wir sehen, wie sein Inhalt sich an denjenigen des nicht processualen Vergleichs über Uebelthaten anlehnt. Vgl. *Form. Marc.* II. Nr. 18 (*Rozière* Nr. 511) über einen Mord:

> sed intervenientes sacerdotes et magnificis viris — *nos ad pacis concordia ob hoc visi fuerint revocasse*, ita ut pro ipsa causa solidos tantos in pagalia mihi dare deberes, quos et in presente *per wadio tuo visus es transolvisse, et nos ipsa causa per festuca contra te visus sum werpasse.* Propterea, *iuxta quod convenit*, hanc epistolam securitatis in te nobis conscribere conplacuit, ut de ipsa morte germano nostro nec a me nec ad heredibus meis aut suis, nec de iudiciaria potestate, nec a quemlibet, nullo casu refragatione aliqua aut damnietate amplius habere non pertimescas.

Es ist dies ein durch Vermittlung der genannten Personen zu Stande gekommener Sühnevertrag zwischen dem Mörder und dem Bruder des Ermordeten, wonach jener eine bestimmte Summe zu zahlen verspricht,

---

[15] Ueber den hier berührten Punkt müssen wir uns an dieser Stelle auf Andeutungen beschränken, hegen aber die Hoffnung, daß uns die Gelegenheit zu weiterer Ausführung nicht fehlen werde.

dieser dagegen auf die Fehde und alle sonstigen Ansprüche aus der Mordthat verzichtet.[16]

Die Fehde als Racheübung ist nach ältester Rechtsüberzeugung das Recht, welches dem durch ein Delikt Verletzten oder seinen Blutsfreunden gegen den Verletzer zusteht, die Rechtsfolge des Delikts, und zwar von Rechts wegen die einzige; auch dem Verletzer selbst kann eine anderweitige Leistung zur Sühne, als im Recht nicht begründet, mit nichten zugemuthet werden. Der Verletzte kann wohl seinerseits auf die Geltendmachung der Fehde verzichten, aber hierdurch ist der Verletzer noch nicht mit einer anderweiten Leistung belastet. Wie beendet, so kann auch die Fehde von vorn herein beseitigt und durch etwas Anderes ersetzt werden nur durch beiderseitige Einwilligung, durch einen Vertrag. Und dieser Vertrag ist gerade der seinem Inhalt nach soeben angeführte Sühnevertrag, die compositio in des Wortes eigentlicher Bedeutung.

Als nun das allmählich erstarkende Gemeinwesen nach Mitteln zur möglichsten Beschränkung der Fehde suchte, da konnte man nicht daran denken, sofort mit dem bestehenden Rechte zu brechen, ein gänzlich neues an dessen Stelle zu setzen. Vielmehr knüpfte es an den bestehenden Gebrauch, die immerhin prekäre Fehde durch einen Vertrag abzulösen, an, und gab dem Verletzten, der sein Fehderecht nicht ausüben wollte, die Befugniß, zu verlangen, daß der Verletzer mit ihm einen Sühnevertrag schließe. Zugleich hatte sich durch häufigere Anwendung für die einzelnen Deliktsfälle die Summe fixirt, deren Zahlung der Verletzer, gegen

---

[16] Vgl. ferner oben Anm. [14]; dann Form. Sirmond. Nr. 16, Lindenbrog. Nr. 82, Marculf. II Nr. 16 (Rozière Nr. 241—243); Siegel, Ger.-Verfahren S. 22 ff. S. a. Grimm, über eine altgermanische Weise der Mordsühne in der Zeitschr. für geschichtl. Rechtswissensch. I S. 323—331. Rogge, Gerichtswesen der Germ. S. 7—18. Wilda, Strafr. der Germanen, 1842, S. 199—208.

Leistung des Friedegelöbnisses von der anderen Seite, in diesem Vertrage versprechen mußte. Auf Ableistung dieses Versprechens ging daher die Klage, zur Ableistung desselben wurde der Delinquent im Erkenntniß verurtheilt, sofern er schuldig befunden wurde.[17]

Diesen Stand der Dinge finden wir nun noch in der Lex Sal. vor; ihr wesentlicher Inhalt besteht im Festsetzen der Summen, durch deren Gelöbniß die Fehde gelöst wird, und auf deren Gelöbniß, nicht auf deren Zahlung Klage und Urtheil geht.[18]

Durch diese Erörterung ist es nun völlig klar geworden, warum nach der Lex Salica in Fällen, in welchen das Begehren des Klägers auf Zahlung einer Komposition hinausläuft, eine Exekution ohne Urtheilserfüllungs-Gelöbniß des

---

[17] Hierin liegt der richtige Kern der so vielfach bekämpften Ansicht Rogge's, a. a. O. S. 21 ff., welcher dem vor Gericht erschienenen Verbrecher die Wahl gibt, die gesetzliche Buße zu zahlen, oder es auf die Fehde ankommen zu lassen. Durch das blose Erheben der Klage seitens des Verletzten ist eben ein genügender Rechtsgrund für die Zahlung einer Buße nicht gegeben; hierzu bedarf es des Willens des Verbrechers. — Ueber das nach Ableistung des Gelöbnisses durch den Beklagten, resp. nach dessen Zahlung, seitens des Klägers abzulegende Sühneversprechen siehe oben S. 5 f.

[18] Vgl. den m. E. unzweifelhaft älteren Prolog. minor ad Legem Salicam (Behrend S. 125, Merkel S. 94), wo als Zweck des Gesetzes angegeben ist: ut pro servando inter se pacis studio — rixarum odia resecare deberent — —; — ut juxta qualitatem causarum sumeret criminalis actio terminum. Man hat unter crim. act. das zu sühnende Unrecht verstehen wollen (z. B. v. Bethmann-Hollweg IV S. 472 Anm. 42). Allein dies bedeutet bereits das voranstehende „causarum“, und außerdem paßt term. sumere nicht dazu. Criminalis actio ist vielmehr die an das crimen sich anschließende Handlung, d. i. ebenso wie die rixarum odia die Fehde, auf deren Beseitigung der Prolog in beiden cit. Ausdrücken hinweist; vgl. Gregor. Turon. Lib. VII c. 47 i. f.: Tunc dato ab ecclesia argento, quae iudicaverant accepta securitate componunt — —: et sic altercatio terminum fecit.

Schuldigen nicht stattfinden kann. Dieses Gelöbniß geht überhaupt, genau genommen, nicht auf Erfüllung des Urtheils, sondern es ist selbst bereits Erfüllung; die folgende Exekution ist dann Exekution dieses Gelöbnisses, nicht des Urtheils.

Wird dagegen ein Urtheilserfüllungs-Gelöbniß nicht geleistet, so fehlt es für die Exekution an einer rechtlichen Basis; es treten dann andere Zwangsmittel ein.[19]

Diese anderweiten Zwangsmittel haben also dann keine Stelle, wenn es sich nicht um Ablösung einer Fehde, sondern um Erfüllung einer von Hause aus freiwillig übernommenen, also eines weiteren Versprechens nicht bedürftigen Verpflichtung handelt. Daher werden auch die von uns dargestellten Kontumacialfolgen verletzter fides facta de solvendo

---

[19] Wird das Gelöbniß verweigert, so kann dasselbe, als Akt des freien Willens, selbstverständlich nicht in direkter Weise erzwungen werden. Aber da der Verbrecher eben hierdurch seine Weigerung bezeugt, die von ihm begangene Verletzung wieder gut zu machen, das gebrochene Recht wieder herzustellen, so wird er vom Könige, als dessen Bewahrer, friedelos erklärt, bis er zur Sühne bereit ist: das letzte Auskunftsmittel, nicht die ursprüngliche Rechtsfolge des Delikts, wie seit Wilda fast allgemein, aber trotzdem unbegründeter Weise angenommen wurde; unsere Quellen wissen von einem solchen Generalheilmittel bei Rechtsverletzungen mit einer einzigen, dem Volksrecht nicht angehörigen Ausnahme – (Cap. I ad L. Sal. c. 5; Merkel tit. 69, wogegen die meist hierfür angeführte Stelle L. Sal. tit. 55 § 2 mit der Friedlosigkeit gar nichts zu thun hat), — nichts zu berichten, und man mußte sich für die beliebte Theorie entweder auf nordische Rechtsquellen, die nun einmal für deutsche Rechtsverhältnisse durchaus nicht beweiskräftig sind, oder auf trügerische geschichtsphilosophische Speculationen stützen. Ein wirklicher Beweis für jene Ansicht ist niemals erbracht worden. — Die Friedlosigkeit bei verweigertem Urtheilserfüllungsgelöbniß überdauerte jedoch den Erlaß der L. Sal. nicht lange. Schon König Chilperich in seinem Edikt c. 7 (Behrend S. 107; Merkel S. 38 f.) führte die zwangsweise Eintreibung der Kompositionssumme auch ohne Urtheilserfüllungsgelöbniß ein, wodurch letzteres zur blosen processualen Form, höchstens zu einem processualen Kautionsmittel herabgedrückt wurde; so verhält es sich hiermit dann auch in der Lex Ribuaria. Vgl. Sohm, Proceß S. 199—219; v. Bethmann-Hollweg IV S. 521 ff.

von den in L. Sal. 50 § 3; 51 und 56 enthaltenen Grundsätzen nicht berührt; die fides facta wird exequirt, mag der Verpflichtete damit einverstanden sein oder nicht. Und hieran ändert auch die, als Folge eines an sich nicht reparabeln Unrechts verwirkte und daher auf neuer Basis beruhende Verzugsstrafe von 15 sol. nichts, da diese der Exekution der ursprünglichen fides facta gegenüber nur als Nebenfolge erscheint, und alsbld als Theil der fides facta selbst betrachtet wird:

super debitum, quod fidem fecerit, adcrescit.[20]

## § 5.

### Weitere Fälle nicht erfüllter *fides facta* im fränkischen Recht. — *L. Salica tit. 52: de re praestita.*

Wir haben oben den Beweis zu erbringen versucht, daß fides facta nicht eine besondere Art des Versprechens, sondern an sich jedes Versprechen bedeute und das Prototyp des deutschrechtlichen Vertrags überhaupt sei. Diese Ansicht muß jetzt ihre Probe bestehen dadurch, daß gezeigt wird, wie die bisher geschilderten Rechtsfolgen nicht erfüllter fides facta nicht nur bei dem bisher supponirten Fall einer Leistung von Fungibilien, sondern bei jedem Vertrage eintreten, — sofern nur nicht die abweichende Natur der Verletzung des Versprechens Aenderungen bewirkt.

Wie im späteren Recht der Sachsenspiegel in der bekannten Stelle I, 7: „sve icht borget oder lovet" etc. unter letzterem Ausdruck jegliches Versprechen versteht, aber daneben doch das Borgen, Entlehnen mit dem Versprechen

---

[20] Als später die processuale fides facta zur blosen Form geworden (siehe vorige Anm.), scheint sie sich auf alle Fälle gerichtlichen Verfahrens ausgedehnt zu haben, und somit auch auf die zur gerichtlichen Verhandlung erwachsende, privatrechtliche fides facta und deren Verzugsstrafe; siehe oben S. 19. In Sal. 52 de re praestita findet sie sich bereits fakultativ, vgl. § 5 Anm. [7].

des Zurückgebens besonders erwähnt,[1] so stellt auch die L. Sal. neben tit. 50 de fides factas noch als Species den tit. 52: *de rem pristitam*, mit dem Thatbestande:

Si aliquis alteri aliquid *prestiterit de rebus suis, et ei noluerit reddere.*

Man hat die Behauptung aufgestellt, das deutsche Recht unterscheide nicht zwischen mutuum und commodatum, und auch vorliegende Stelle begreife beide Geschäfte in sich.[2] Ich kann dagegen nur zugeben, daß das deutsche Recht allerdings die betr. Ausdrücke promiscue für beide Geschäfte gebraucht, woraus folgt, daß diese Ausdrücke eben keine technischen sind[3]; bestreiten aber muß ich, daß die Geschäfte selbst in ihrer charakteristischen Verschiedenheit nicht erkannt worden wären. So hat unsere Stelle unverkennbar nur das Commodat, das Leihen einer individuellen Sache im Auge: zurückgegeben werden sollen die nämlichen Gegenstände, welche entliehen wurden. Die Aufforderung zur Rückgabe lautet:

quia *res meas* noluisti reddere, *quas* tibi praestiteram, in hoc *eas* teneas nocte proxima u. s. w.

und die Parallelstelle in *L. Rib. tit. 52* sagt:

si *rem praestitam retinere* praesumpserit.[4]

---

[1] Vgl. über diese Stelle Siegel, das Versprechen als Verpflichtungsgrund im heutigen Recht (Berlin 1873) S. 23 f. Anm. [6]. — Siehe auch Richtsteig Landrechts c. 6 und hiezu Homeyer, R. L. nebst Cautela und Premis (Berlin 1857) S. 47 f. Anm.*).

[2] Grimm, R. A. 611. Sohm, Proc. S. 34. Bethmann-Hollweg, S. 474.

[3] Ebensowenig wie h. z. T. das Wort „leihen", woraus doch auch jene rechtliche Folgerung nicht gezogen werden soll.

[4] Vgl. auch L. Frision. Addit. Sapient. tit. X § 1 (Pertz, Legg. I S. 695): Si homo alii equum suum praestiterit vel quamlibet aliam pecuniam, talem qualis ei praestita est reddat domino ejus; et si forte peioratum reddiderit, componat ei iuxta quantitatem, qua rem eius inpeioravit, in welcher Stelle ich, gegen v. Richthofen, a. a. O. Note 63—65, nur das Kommodat finden kann, wie auch pecunia hier nur die Bedeutung von pecus zu haben scheint.

Die Bestimmungen der L. Sal. über diesen Fall sind höchst fragmentarisch, und es ist von Sohm a. a. O. dargethan, daß dieselben in ihrem processualen Theil aus tit. 50 de fide f. zu ergänzen sind. Für uns ist dabei von Wichtigkeit, daß auch hier die Weigerung, die geliehene Sache zurückzugeben, dazu führt, daß diese Leistung zwangsweise, gegen den Willen des Verpflichteten, ausgeführt und in dieser Richtung das Recht erfüllt wird. Wie steht es aber mit der Rechtzeitigkeit der Erfüllung? Die L. Sal. erwähnt scheinbar dieses Moment gar nicht. Nach dem oben mitgetheilten Anfang der Stelle (s. S. 52) fährt dieselbe fort:

sic eum debet admallare;

sie geht sofort zur Klagerhebung über und schildert dann die dreimalige, als Vorbereitung zur Pfändung dienende Aufforderung an den Schuldner, die Sache gutwillig herauszugeben, in Folge welcher jedesmal 3 solidi als Ungehorsamsbuße verfallen; sie schließt dann mit folgendem Passus:

Et si nec tunc — (nach diesen 3 Aufforderungen) — voluit nec reddere nec fidem facere reddendi, super debitum ei qui praestitit et super illos novem solidos qui per tres admonitiones adcreverunt, — solidos XV culp. judic. adhuc amplius.

Die Bedeutung dieser letzten Strafe von 15 sol. ist fraglich; die äußerlich nächstliegende und auch von Waitz, sal. R. S. 161 f. angenommene, wonach diese Strafe als Folge des dreimaligen Ungehorsams gegen eine processualische Aufforderung eintritt, scheint mir juristisch unmöglich; denn wenn bei jeder einzelnen Aufforderung bereits eine Strafe verfallen ist, so bleibt für eine nachträgliche Gesammtstrafe eine rechtliche Basis nicht mehr übrig. — Ebensowenig kann die Ansicht Siegel's, a. a. O. S. 72, und Behrend's, Festgaben S. 86 f. gebilligt werden, welche nach diesen 3 admonitiones eine Ladung vor Gericht stattfinden lassen, indem ersterer die Strafe auf den Ungehorsam gegen die

Ladung, letzterer auf die Weigerung der Rückgabe in dem Termin zurückführt; denn die Ladung vor Gericht bildet den Anfang des ganzen Verfahrens (si noluerit reddere, — sic[5] eum debet admallare) und kann hier nicht wiederholt werden. — Es scheint vielmehr nothwendig, anzunehmen, daß die genannte Strafe überhaupt nicht in dem geschilderten Stadium des Verfahrens ihre Stelle habe, und daß der Verfasser des Gesetzes, wie auch sonst häufig,[6] aus seiner Darstellungsweise herausgefallen sei. In dem fraglichen Passus nimmt er offenbar einen Anlauf, um zu dem sich anschließenden Exekutionsverfahren überzugehen;[7] allein hierbei kommt ihm in den Sinn, daß er von einer andern, vorgängigen Folge verweigerter Rückgbe der res praestita noch nicht gesprochen, und er fügt dieselbe unsystematisch an dieser Stelle ein. In dieser Annahme werden wir unterstützt, wenn wir die bereits genannte Stelle der *Lex Ribuaria* zur Vergleichung heranziehen. Dieselbe, tit. 52, gehört dem aus der L. Salica entnommenen Theile jenes Gesetzes an;[8] während sie nun aber die gesammten, auf die Herbeiführung der Leistung selbst bezüglichen, processualen Bestimmungen des salischen Gesetzes übergeht, enthält sie gerade diese Strafe von 15 sol.:

---

[5] Sic = dann, postea; vgl. Sohm S. 28 Anm. [18]; v. Bethmann-Hollweg IV S. 475 Anm. [10].

[6] So z. B. in Sal. 56; vgl. Sohm S. 186, Waitz S. 184 Anm. [1].

[7] Hierauf deutet auch das fidem facere reddendi hin, indem der Schuldner durch Aufgeben seiner perpetuellen Weigerung und durch Versprechen der Erfüllung einen Aufschub der Zwangsvollstreckung wohl hat erlangen können. Vgl. unten 2. Abtheilung § 38. Die Auffassung Sohm's S. 20 Anm. [5], welcher in dieser Stelle ein Beispiel der formellen, novirenden fides f. erblickt, kann hier um so weniger befriedigen, als nach seiner eigenen Darstellung die Vortheile der letzteren ja auch bei der res praestita eintreten sollen.

[8] Hierüber und über das Folgende, Sohm in der Ztschr. für Rechtsgesch. V, S. 384—391, 404 ff., bes. 407; Derselbe, Proceß S. 193 f.

Si quis rem suam alii praestiterit, et placitum indixerit, quod si super placitum rem praestitam retinere praesumpserit, *15 sol. multetur*.

Es ergibt sich hieraus, daß diese Strafe überhaupt nicht auf ein processualisches Unrecht gegründet sein kann; wir finden vielmehr hier ganz denselben Vorgang und dieselbe Folge geschildert, wie im § 1 von Sal. 50 de fide facta. Der Gläubiger sagt dem Schuldner den Termin an[9], d. h. den im Leihevertrag bestimmten Zeitpunkt der Rückgabe[10]; auch hier ist der letztere nicht zu spontaner Leistung verpflichtet. Kommt aber am festgesetzten Tage der Gläubiger und verlangt die Leistung, so ist jetzt diese fällig, und eine Verweigerung enthält eine Vertragsverletzung, welche, an sich nicht ausgleichbar, durch die Strafe von 15 sol. gesühnt werden muß. — Auf diese Weigerung nach ergangener, nicht processualer Aufforderung weist übrigens auch Sal. 52 selbst hin mit den Worten:

Si quis — prestiterit —, et ei *noluerit reddere;* daß auch die 15 sol. des salischen Rechts hierauf zu beziehen, dürfte nach dem Gesagten keinem Zweifel mehr unterliegen.[11]

---

[9] Indicere, ansagen wie in Sal. 44 § 1 und 46 § 1: indicere mallum.

[10] Placitum bedeutet sowohl Frist, wie Proceßtermin, wie Fälligkeitstermin einer nicht precessualen Leistung; vgl. Behrend in „Festgaben" S. 77 ff. Sohm Altd. R. und Ger.-Verfahren I S. 65 Anm. [25]. Für letztere, hier zutreffende Bedeutung s. auch Lex Baiuw. XVI § 10 (Pertz III S. 323) und ebenso heißt es oben Sal. 50 § 1: quomodo placitum fecerit.

[11] Wir entnehmen dieser Verbindung von Lex Ribuar. 52 mit L. Sal. 52 und 50 ein neues Argument gegen die von Sohm auf den Ungehorsam gegen den Formalact gegründete Natur dieser Strafe. Daß hiervon zwar in der L. Rib. nichts mehr zu spüren sei, gesteht Sohm selbst zu; allein die Buße der L. Rib. sei eben das einzige Ueberbleibsel des, in seinen andern Theilen untergegangenen, durch den Formalakt bestimmten Exekutivverfahrens der L. Sal., welches Ueberbleibsel deshalb auch seine eigentliche, processuale Natur in eine materielle umgewechselt habe. — Es ist dies, wenn je, ein Auskunftsmittel um jeden Preis

So finden wir denn hier, bei gleichem Thatbestande, auch gleiche Wirkungen wie bei **fides facta de solvendo.**

## § 6.

### Fortsetzung. — *Lex Salica Extravag. A c. 2: de re commendata.*

Die bisher besprochenen Stellen handelten von Verträgen über Mobilien; daß gleiche Grundsätze auch bei Versprechen herrschen, die sich auf Liegenschaften beziehen, zeigt ein späterer Zusatz zur Lex Sal., welcher sich in mehreren Handschriften findet, aber allein nach der Lesart des heroldischen Textes tit. 72 (Behrend Extrav. A c. 2 S. 119, Merkel Nov. 261) einen verständlichen Sinn gibt:

Si quis alteri avicam (= aviaticam) terram suam commendaverit et ei noluerit reddere, si eum admallaverit et convinxerit, — sol. XV culp. judic.[1]

Commendare in Bezug auf eine Sache heißt in der Rechtssprache der merovingischen Zeit jede Uebertragung von beweglichem oder unbeweglichem Gut an einen Andern, gleichviel zu welchem Recht, aber unter Vorbehalt des Eigenthums.[2]

---

und wir werden demselben nicht günstiger gestimmt, wenn Sohm auf dieses zufällige Ueberbleibsel eines verschollenen Proceßverfahrens die Verzugsstrafen des späteren Rechts zurückführen will. Die Entwickelung des Rechts geht nicht durch solche Zufälligkeiten vor sich; vgl übrigens unten § 46 Anm. [23].

[1] Pardessus, Loi Salique, texte IV tit. 98 liest: si quis terram alienam condempnaverit, und Pardessus texte V tit. 71: si quis terra condemnata fuerit. Die Erklärung Zöpfl's, deutsche Rechtsgesch., 3. Aufl. S. 304 Anm. [16]: „terra condemnata, d. h. terra in damnum alterius ablata“ scheint mir unmöglich.

[2] In diesem ganz allgemeinen Sinn findet sich das Wort in Lex Ribuar. tit. 74 und bei Liutprand c. 57, 131 (Pertz, Leges IV S. 130, 164); im Sinne von Uebergeben zur Aufbewahrung oder zum Verkauf in Lex Visigoth. Lib. V tit. 5 c. 1, 3, 5; Lex Baiuwar. IX § 15, XV §§ 1—5 (Pertz III, S. 305, 318 f.); Form. Bignon Nr. 13 (Rozière Nr. 463); im Sinne von Hinterlegung in L. Alam.

Wir werden aber wohl nicht fehl gehen, wenn wir in der hier genannten commendatio terrae aviaticae die in jener Zeit äußerst häufige Verleihung von Grundstücken zu Nießbrauchs-Recht, gewöhnlich „Precaria" genannt, sehen.[3] Hierfür spricht auch, daß die hierbei seitens des Verleihers ausgestellten Urkunden öfter „Commendatitiae" genannt werden.[4] — Jene Verleihung eines Grundstücks geschieht nun aber immer auf einen begränzten Zeitraum, sei es auf Lebenszeit des Beliehenen, oder auf bestimmte Jahre,[5] oder so, daß die Dauer der Prekaria in das Belieben des Eigenthümers gesetzt wird.[6] Außerdem ist meist Verlust des Rechts bestimmt für den Fall der Säumniß in der Zinszahlung, seltener für andere Vertragsverletzungen.[7] Für alle diese Fälle des er-

---

Hloth. c. 6, Lib. II c. 87 (Pertz III S. 47, 76); L. Visigoth. V, 5 c. 6, 10; Ed. Rothar. c. 262 (Pertz IV S. 63); Form Andegav. Nr. 29 (Roz. Nr. 489). Für Verleihung eines Grundstücks zu Nießbrauch steht commendare in Cap. Langob. Caroli M. a. 803 c. 16 (Pertz I S. 111). Vgl. auch Eichhorn, deutsche Staats- und Rechtsgesch. 5. Aufl. I S. 384; Zöpfl, deutsche Rechtsgesch. S. 835; F. Dahn, Westgothische Studien (Würzburg 1874) S. 104; P. Roth, Geschichte des Beneficialwesens (Erlangen 1850) S. 215 f. Anm. [66]; Derselbe, Feudalität und Unterthanenverband (Weimar 1863) S. 274 f.

[3] So versteht die Stelle auch Pardessus, Loi Salique, S. 404 Note 695, und S. 553. Ueber Ursprung und rechtliche Natur der Prekarien vgl. Roth, Gesch. des Beneficialwesens S. 433 ff.; und Feudalität und Unterthanenverband S. 142—174.

[4] Siehe die Formeln bei Rozière, Nr. 321, 329, 341, 342, 349. Sonst ist der Name für diese Urkunden: Praestaria, während diejenige, welche der Beliehene ausstellt, Precaria, und darnach das ganze Geschäft genannt wird.

[5] Roth, Feudalität S. 151, 158, 160 f.

[6] Fälle mit letzterer Abrede will Roth, Feudalität S. 146, nicht als deutschrechtliche Verleihungen zu Nießbrauch, sondern als römische Prekarien betrachtet wissen. Allein da dieselben in allen übrigen Punkten, sowie auch in den Bezeichnungen ganz mit der Precaria übereinstimmen, so kann ich in dieser Art, die Dauer des Geschäfts zu bestimmen, kein Moment erblicken, welches dessen innere Natur zu alteriren vermöchte.

[7] Wir verweisen für das Obige im Allgemeinen auf die Formeln

löschenden Rechts des Beliehenen ist derselbe, bezw. seine Erben kraft des Vertrages zur Rückgabe des verliehenen Grundstücks an den Verleiher verpflichtet,[8] und häufig ist dieser Verpflichtung in den Prekariatsurkunden ausdrücklich Wort geliehen; vgl. z. B. *Form. Marc.* II Nr. 5 (*Rozière* Nr. 345 § 2) u. a. m. Dabei wird dann gewöhnlich betont, daß der Heimfall stattfinden soll „absque ullius iudicis interpellatione“ (z. B. *Rozière* Nr. 324), ohne daß eine Weigerung gerichtliche Hülfe nothwendig machen soll.

Von der Verletzung einer derartigen Verpflichtung zur Rückgabe handelt offenbar unsere Stelle. Dieselbe weicht aber in ihrer Fassung von den bisher besprochenen Bestimmungen des salischen Gesetzes ab. Während letztere einfach an den Bruch des Versprechens die Strafe knüpften, findet sich hier als weitere Voraussetzung: si eum admallaverit et convinxerit. Allein schon die eingeschobene Stellung deutet darauf hin, daß diese Bedingung keine wesentliche ist. Sie könnte sich etwa auf die zuletzt besprochene Klausel der Prekariatsurkunden, worin Vermeidung des Processes zugesagt wird, beziehen und demnach ausdrücken, daß auch in dieser Hinsicht eine Verletzung des gegebenen Worts vorliege. — Im Uebrigen hat der Verfasser des Gesetzes aber hierbei den thatsächlichen Verlauf eines solchen Falles im Auge: er will durch dieses Einschiebsel die äußeren Bedingungen bezeichnen, unter welchen die verwirkte Strafe verhängt wird. Wird die Rückgabe verweigert, so muß der Berechtigte den Verpflichteten deshalb verklagen, admallare; und um hiermit durchzudringen, müssen zuvor die

bei Rozière Nr. 319—367, sowie auf Roth, Feudalität a. a. O., wo eine Menge urkundlicher Belege für die einzelnen Sätze zu finden sind.

[8] Vgl. auch L. Visigoth. Lib. X t. 1 c. 12: Si per precariam epistolam certus annorum numerus fuerit comprehensus, ita ut ille, qui susceperit terras, post quodcunque tempus domino reformaret: juxta conditionem placiti terras restituere non moretur.

relevanten Thatsachen festgestellt, der Beklagte muß derselben überführt werden: mit dem dann ergehenden Urtheil in der Hauptsache (über die Rückgabe) kann natürlich auch erst die Strafe ausgesprochen, verhängt werden; rechtlich verwirkt ist dieselbe aber bereits mit dem, auch hier eine vorgängige, außergerichtliche Aufforderung anzeigenden reddere nolle.[9]

Jener Zwischensatz, der uns in die processuale Gestaltung des Falles einführt, trägt aber in einer andern Hinsicht zur Aufklärung des vorliegenden Rechtsverhältnisses selbst bei: nämlich bezüglich der rechtlichen Natur des dieser Klage sowie der Strafe zu Grunde liegenden Unrechts. Der gesammte, in der Klage zur Verhandlung kommende Proceßstoff ist hiernach beschränkt auf das *commendare* und das *reddere nolle*; hierauf allein bezieht sich das admallare und das convincere, hierauf allein gründet sich das vom Kläger beanspruchte Recht; von weiteren, für Angriff oder Vertheidigung in Betracht kommenden Thatsachen ist nicht die Rede: hieraus ergibt sich aber, daß die Klage sich nicht auf ein Besitzrecht an der zurückzugebenden Sache und dessen Verletzung,[10] sondern nur auf das Recht aus dem

---

[9] Vgl. L. Alam. Hloth. Lib. II c. 90 (Pertz, Leges III S. 77), wo es in ähnlicher Darstellungsweise heißt: si quis res suas post alium hominem invenerit, — — et illa reddere noluerit et contradixerit, et post haec convictus est ante judicem, aut similem aut ipsum reddat, et 12 sol. conponat quare quia proprietatem alterius aput se habens contradixerit. Das contradicere, wegen dessen die Strafe verfällt, ist, wie sich aus den „si post haec convictus est ante judicem" ergibt, die Verweigerung der Herausgabe bei der, der Klage vorangehenden außergerichtlichen Aufforderung, nicht ein processuales Abläugnen. Vgl. hiermit noch c. 21, 88 ebenda (Pertz, III S. 51, 77).

[10] Eine solche Klage, — die man im Gegensatz zu der römischen, die Durchführung eines dinglichen Rechts bezweckenden dinglichen Klage wohl die deutsche dingliche Klage nennen könnte, — würde eine gänzlich verschiedene Konstruktion des Processes erfordern. Ebenso wie die Mobilienvindikation setzt die, auf Verletzung von Besitzrechten ge-

Rückgabeversprechen, aus dem Vertrag stützt, und daß das Unrecht des Beklagten, welches zur Strafe von

---

stützte Immobilienklage des älteren Rechts einen unrechtmäßigen Besitzerwerb des zu Verklagenden voraus, welche Thatsache in der Klage selbst anzuführen ist. In den zahlreichen Gerichtsurkunden, welche uns über derartige Processe erhalten sind, lautet die stehende Klagformel: malo ordine rem meam introisti, pervasisti, tulisti, abstraxisti, oder hiermit gleichbedeutend: malo ordine possides, detines. Hierdurch wird dann der Beklagte, gleichfalls wie bei der Mobilienvindikation, zur contravindicatio gezwungen, d. h. er muß die Rechtmäßigkeit seines Besitzerwerbs durch hierzu geeignete Thatsachen behaupten und nachweisen: durch Berufung auf eine Verleihung, Vergabung, Okkupation, Erbschaft, Verjährung. Bloses Läugnen führt nicht, wie in der im Text besprochenen Stelle, zum Beweis des klägerischen Rechts, sondern zu sofortiger Verurtheilung. Der Beweis des Beklagten ist zu führen mit dem auctor, durch Urkunden, Zeugen, eventuell mit Eideshelfern. Vgl. L. Rib. tit. 59 § 8, tit. 60 § 1. — L. Baiuw. XVII §§ 1, 2 (Pertz III S. 325 f.). — Capit. Leg. Sal. add. a. 819 c. 9 (Pertz I S. 226; Behrend L. Sal. S. 115). — Formeln bei Rozière Nr. 451, 452, 461, 462, 473–475, 478, 484–486, 502. — Bréquigny-Pardessus, Diplom. II Nr. 334, 349, 394, 418, 440, 478, 497, 509, 589, 603, 604, 608. — Vaissette, Histoire de Languedoc, I Preuves Nr. 5, 76, 88. — Meichelbeck, Hist. Fris. I Nr. 115—118, 121—125, 256, 312, 368, 434, 470, 702, u. v. a. — Siehe Sohm S. 98 ff., 146; v. Bethmann-Hollweg IV S. 54 ff., 490 ff. V S. 131 ff.; Heusler, Eigenthumsverfolgung S. 8 f., 25; Derselbe, die Gewere, S. 31 ff., 74 ff. Unrichtig ist aber die Behauptung des letzteren Schriftstellers, Gewere S. 74, 86 f., daß der Beklagte der Klage „malo ordine detines" gegenüber nur sein Recht an der Sache zu behaupten und, falls Kläger gegen dasselbe keine Thatsachen vorbringen konnte, zu beschwören brauchte. Es verhält sich gerade umgekehrt: der Beklagte ist in erster Linie zur Anführung und zum Beweise der die Rechtmäßigkeit seines Besitzerwerbs begründenden Thatsachen verpflichtet, welcher Beweis nur dann wegfällt, wenn Kläger Thatsachen vorbringt, welche denselben als irrelevant erscheinen lassen. Aus hunderten vom Urkunden läßt sich dies Verhältniß erweisen. Mit der gegentheiligen Ansicht Heusler's fällt aber auch die darauf basirte Annahme eines vom Petitorium gesonderten deutschrechtlichen Possessorium (das. S. 94 ff.), für welches übrigens auch die a. a. O. sonst beigebrachten Belege nicht beweisend sind. — Wie im fränkisch-deutschen Recht verhält sich die Sache auch nach langobardischem Recht, vgl. Brunner, Zeugen- und Inquisitionsbeweis im deutschen Gerichtsverfahren karolingi-

15 solidi und eventuell zur zwangsweise bewirkten Rückgabe führt, einzig in der Verletzung der durch Vertrag übernommenen Verpflichtung besteht.

Die auf solche Weise eruirte Konstruktion des vorliegenden Rechtsverhältnisses findet ihre Bestätigung in einer Prekariatsformel bei *Marculf* II Nr. 41 (*Rozière* Nr. 325), in welcher der Prekarist verspricht:

— quamdiu vobis placuerit, ut eam (terram) teneamus, absque ullo vestro praejudicio — nos reddere spondimus. Quod si non fecerimus et ob hoc neclegentes, tardi aut contumacis fuerimus, publice per hanc precaria — *condemnati, ut lex prestit tardis aut negligentibus*, et de ipsa terra nos pontificium (= potestatem) habeatis eiciendi.

Für den Fall der Nichterfüllung des Versprechens wird auf die hierfür vom Gesetz bestimmten Rechtsfolgen, Strafe wegen des Verzugs, und Dejektion, um den Rechtsanspruch selbst zur Ausführung zu bringen, hingewiesen.

## § 7.

### Fortsetzung. — *Lex Salica Extravag. B. c 6:* Bürgschaftsversprechen.

Zur fides facta *de solvendo*, und zwar in Gestalt einer Bürgschaft, führt uns wieder zurück c. 6 der Extravaganten zur L. Sal. aus dem Codex von Jvrea (Behrend S. 122, Merkel S. 100).

Die Bürgschaft des deutschen Rechts unterscheidet sich von andern Versprechen nicht durch ihre Form, sondern nur durch ihren Inhalt; und zwar geht dieser in erster Linie dahin, daß ein Dritter an den Promissar eine Leistung mache. Erst per consequentiam, wenn die Leistung des

---

scher Zeit, in den Sitzungsberichten der kais. Akademie der Wissensch. zu Wien, Bd. 51 S. 370 ff.

Dritten nicht erfolgt, tritt eine Haftung des Bürgen dafür ein[1]; und zwar hat derselbe, sofern die Leistung überhaupt von einem andern als dem ursprünglichen Schuldner und sofern sie noch nachträglich vorgenommen werden kann, diese selbst zu vollziehen. Hauptsächlich trifft letzteres zu bei der Bürgschaft für eine Geldzahlung, deren Erfüllung der Bürge für obigen Fall geradezu als eigene Leistung verspricht. Der Zeitpunkt, in welchem er dann zu zahlen hat, tritt ein mit der, nach stattgehabter Weigerung des Hauptschuldners an ihn gerichteten Zahlungsaufforderung:[2]

— quod spopondit, qui uuadium dedit (der Hauptschuldner), det. Et si domo non dat, fidejussor, quantum spopondit, pro neglectu debitoris det. *Si non, pro iecto*[3] *conponat XVII solidos et supra quod spopondit.*

Die Weigerung hat eine Strafe von 15 sol. (in welche die 17 des Textes ohne Zweifel zu verwandeln sind, s. Sohm, Proc. 195 Anm. 5) zur Folge, während die Obligation selbst trotzdem zur Erfüllung zu bringen ist.

Eben diese beiden Folgen nicht erfüllter Bürgschaft

---

[1] Ueber die Bürgschaft nach fränkischem Recht vgl. Sohm, Proc. S. 21 f. 220 ff. (Beilage I). Sohm faßt, wie bereits erwähnt, die Bürgschaft als zweite Hauptart der formellen fides facta auf; wie wenig aber deren rechtliche Kraft an irgend welche Formalität gebunden ist, erhellt aus Caroli M. Cap. Langob. a. 813 c. 12 (Pertz, I S. 193): Si quis pro alterius debito se pecuniam suam promiserit redditurum, in ipsa promissione est retinendus. Die promissio, das Binden des Willens ist auch hier das einzig maßgebende Element für die Rechtskraft.

[2] In L. Franc. Cham. c. 16 (Gaupp S. 31), wo allerdings von einer vor Gericht geleisteten Bürgschaft die Rede ist, soll der Bürge nach dem Verzug des Hauptschuldners über 7 Nächte leisten, d. h. am nächsten Gerichtstermin, vgl. ebenda c. 43.

[3] Jectivus oder jactivus bezeichnet jeden, der irgend einer Rechtspflicht nachzukommen versäumt, (vgl. Sohm, Proc. S. 167, Siegel a. a. O. S. 52 f., 245 f.) und jectus die dafür verwirkte Buße; vgl. Zöpfl, Alterth. des d. R. u. R. II S. 365 ff.; Sohm, R. u. Ger.-Verf. I S. 169 Anm. 96; Boretius bei Behrend L. Sal. S. 107 Note 15.

scheint auch das Urtheil des Königs Chlodwich III. in der bereits oben erwähnten Klagsache des Abtes Chaino gegen den Abt Ermenoald, den Bürgen für eine Schuld des Bischofs Anseberth, anzudeuten, wenn hier gegen den letzteren verfügt wird:

ut quicquid lex loci vestri de tale causa edocit, memoratus Ermenoaldus abba — ad parte suprascripti Chainone abbati — omnemodis vobis distringentebus, *conponire et satisfacire* non recusit.[4]

## § 8.

## Gemeinsamer Charakter der bisher besprochenen Fälle.

Werfen wir nunmehr einen Blick rückwärts auf die bisher betrachteten Rechtsverhältnisse, so gibt sich uns eine überraschende Uebereinstimmung kund zwischen den oben zur fides facta de solvendo dargelegten Grundsätzen und den Rechtsfolgen, welche bei der Verletzung mannichfacher anderer Vertragsformen eintreten. Der Rechtsgrund aller berührten Verpflichtungen ist derselbe: das Versprechen, das von dem Verpflichteten selbst ausgehende Binden des Willens einem bestimmten Dritten gegenüber. Aber auch der Inhalt dieses gebundenen Willens zeigt sich uns nach einer Seite hin als gleichartig: derselbe ist überall gerichtet auf die Vornahme einer Handlung, welche zwar in einem bestimmten Zeitmomente geschehen soll, aber ihrer Natur gemäß auch noch nach Ablauf desselben stattfinden kann, und rechtlich noch stattfinden muß. Und diese beiden Punkte gerade sind es,

---

[4] S. oben S. 10 bei Anm. [23]. — Sohm S. 194 f. sieht natürlich auch in der gesetzlichen Behandlung dieses Falles nur das Zeichen einer historischen Entwickelung, wonach das frühere processuale Verfahren zwar verschwunden, aber eine mit demselben auf's engste zusammenhängende Strafe zufällig übrig geblieben sei.

welche für die Gestaltung der Verletzung wie ihrer Rechtsfolgen von maßgebender Bedeutung sind. Der Eintritt jenes Zeitmoments wird markirt durch die Aufforderung des Berechtigten, das gegebene Wort zu lösen, und der Verpflichtete ist hierdurch in die Nothwendigkeit versetzt, durch eine positive Willensäußerung dem Recht gegenüber Stellung zu nehmen: Erfüllung oder (momentane) Weigerung. Wird die Vornahme der betr. Handlung in diesem Zeitpunkte verweigert, so muß diese Verletzung des rechtlichen Bandes mit der überall gleichheitlich bestimmten Buße von 15 sol. gebüßt werden.[1]

Durch die stete Wendung: si reddere, solvere *noluerit*, retinere *praesumpserit*, werden wir dabei darauf hingewiesen, daß diese Verletzung eine gewollte ist, ein Unrecht auch in subjektiver Beziehung. Hierdurch ist ohne weiteres klar, daß ein Nichtleistenkönnen von dem Gesetz nicht mit einbegriffen ist. Fraglich dagegen könnte scheinen, wie sich dasselbe zu dem Falle des durch Irrthum veranlaßten Nichtwollens verhält. Diese Eventualität wird jedoch vom älteren Recht sehr häufig nicht in Rücksicht genommen; es geht vielmehr davon aus, daß, falls ein rechtlicher Anspruch in dem darüber entstandenen Proceßverfahren sich als begründet erweist, der dagegen erhobene Widerspruch oder die sonstige Verletzung desselben von Anfang an auch subjektiv, im Bewußtsein des Widersprechenden, bezw. Verletzenden

---

[1] Die verhältnißmäßig geringe Strafe von 15 sol., sowie die ihr nach andern Volksrechten entsprechende von 12 sol. (vgl. Wilda, Strafr. der Germ. S. 464; Sohm, Proc. S. 48; Roth, zur Geschichte des bayrischen Volksrechts, Festschrift, München 1869 S. 9 f.) findet sich überhaupt häufig als Folge solcher Rechtsverletzungen, welche sich als eine nicht rechtzeitige Vornahme einer rechtlich geforderten Handlung charakterisiren; vgl. L. Sal. tit. 1 § 1, t. 2, t. 57 § 2; Rib. 32 § 1, 55; Alam. Hloth. 23 § 4, 28 § 1, 36 § 4, Lib. II c. 90; Baiuwar. (text. I) II §§ 13, 14, App. IV; L. Burgund. 20 § 3, 81 § 2; Capit. de part. Saxon. a. 785 c. 32.

für unberechtigt gehalten wurde, und es behandelt den letzteren ohne Weiteres als einen dolos Handelnden.[2]

Jener durch die Erfüllungsweigerung bewirkte Verzug ist aber gegenüber der noch bestehenden Obligation nur nebensächlicher Natur; das rechtliche Band ist verletzt, aber nicht zerrissen, gebrochen; es harrt noch seiner Umsetzung in die Wirklichkeit. Gerade jene Eigenschaft der versprochenen Leistung, daß sie nicht absolut an einen Zeitpunkt gebunden ist, bewirkt, daß auch jetzt ihre Vornahme immer noch durch den freien Willen des Verpflichteten geschehen kann; ist dieser aber hierzu fortwährend nicht geneigt, so tritt die Realisirung zwangsweise ein: die Exekution, die wichtigste Folge dieser Art von Vertragsverletzungen.

## § 9.

## Gleichartige Fälle in den übrigen deutschen, insbesondere in dem bayrischen Volksrechte.

So die Bestimmungen des fränkischen Rechts. Leider sind die übrigen auf deutschem Boden entstandenen Volksrechte zu lückenhaft, als daß wir aus ihnen entsprechende Rechtsgrundsätze entwickeln könnten. Allein es ist uns doch eine Bestimmung des Bayernrechts überliefert, welche uns darauf hinweist, daß auch hier das Recht ein ähnliches war:

[2] Vgl z. B. L. Alam. Hloth. 42 § 1 (Pertz III S. 56): Si quis interpellatus ante ducem de qualecumque causa quod jam manifestum est tribus vel quatuor testibus, aut de homicidio aut de furto aut de aliquo neglectu, — cognuscat hoc judex. Tunc licenciam ille homo — — jurandi non habeat, sed sicut lex habet, in hoc judicio persolvat, ut sua nequicia alii, qui voluut Deo esse, non perjurent, nec per culpam alienam semet ipsos perdant. — L. Alam. Hloth. Lib. II c. 87 (das. S. 77): Quales de ipsis vincerit, ille possideat illa rem, unde inter eos contentio fuit, et illi alii, qui presumpserunt proprietate contradicere, conponat 12 solidos. In einem Placitum v. 802 (Meichelbeck I Nr. 116; s. Anhang bei Anm. [41]) bewirkt nur die offenkundige stultitia eines wegen widerrechtlicher Usurpation eines Grundstücks Angeklagten dessen Straflosigkeit. Vgl. überhaupt unten im Anhang bei Anm. [42] ff.

*Lex Baiuwar.* XIII § 2:[1] Si quis alicui, liber liberum, qui eum mallet[2] de qualecunque re, non dignaverit iusticiam facere: ille qui quaerit causam suam, habeat ibi testes 2 vel 3, qui audiant et videant, qualiter ille respondeat, ut possint ante iudicem testes esse. Tunc iudex iubeat eum in praesente venire, et iudicet ei, *ut conponat 12 solidos, quare non dignavit iusticiam facere ei, cui debuit.* Sic omnis qui non dignaverit iusticiam facere ei cui debuit, de qua re appellatus fuerit, *pro fatigatione* qua fecit ei qui eum appellat, *conponat cum 12 solidis, et postea respondeat secundum legem, et faciat iustitiam sicut legem habet.* Duci vero 40 solidos pro fredo.

Die Stelle spricht von keinem bestimmten Rechtsverhältniß; nur die äußere Natur der zu erfüllenden Rechtspflicht ist angedeutet. Der Verpflichtete soll auch nach Ver=

---

[1] Pertz Legg. III S. 314.

[2] Ueber die Bedeutung von mallare in dieser Stelle vgl. oben S. 29 Anm. [3]. Mißverstanden ist die Stelle bei Quitzmann, Rechtsverfassung der Baiwaren (Nürnberg 1866) S. 276, 328 f. 331, welcher unter dem mallare eine Vorladung versteht, und die Strafe auf eine Weigerung vor Gericht zu erscheinen bezieht. Allein was soll bei einer Vorladung die Antwort des Geladenen, welche noch vor Gericht bezeugt werden muß? Daß das justitiam facere auf eine materiellrechtliche und nicht eine processuale Pflicht zu beziehen ist, ergibt sich ferner daraus, daß dasselbe auch nach Antwort und Urtheil stattfinden soll. S. auch Sohm, Proc. S. 47 Anm. [9]. — Aehnlich wie das im Text citirte bayrische Gesetz lautet eine Stelle des Westgöta Lag, welche ich als Beleg der germanischen Natur der dargelegten Rechtssätze nach der bei Wilda, Pfändungsrecht, in der Zeitschr. für deutsches Recht Bd. I S. 194 befindlichen Uebersetzung hier wieder geben will: „Wenn ein Mann von einem andern Bezahlung einer Schuld fordert, so soll er seine Nachbarn herbeirufen und lassen sie zugegen sein und hören, daß er von ihm Schuldzahlung fordert. Dann mag er ihn pfänden, wenn er will. Hat er von ihm Schuld zu fordern, so kann er auch ihn, wie das Gesetz bestimmt, gerichtlich belangen — —. Thut er dem Rechte nicht Genüge, so zahle er dreimal 16 Unzen zur Buße und die Schuld dazu."

wirkung der compositio und außer dieser angehalten werden ad iustitiam faciendam; letzteres muß sonach in einer Handlung bestehen, wie sie uns in den oben besprochenen Bestimmungen des fränkischen Rechts als Gegenstand der rechtlichen Verpflichtung begegnet ist, deren Leistung eben auch nach Versäumung des anfänglich bestimmten Termins rechtlich noch möglich ist. Wie nun aber ein Hauptentstehungsgrund derartiger Rechtspflichten das seitens des Verpflichteten selbst vorgenommene Binden des eigenen Willens ist, so schließen wir, daß einen Hauptanwendungsfall obiger Bestimmungen die Nichterfüllung einer vertraglich übernommenen Leistung von genanntem Inhalt bildet.

Unter dieser Voraussetzung springt die Gleichheit des bayrischen mit dem fränkischen Recht in die Augen. Mit großer Klarheit sind hier die verschiedenen Rechtsfolgen an die einzelnen, in der Nichterfüllung liegenden widerrechtlichen Momente geknüpft, denen sie entsprechen: Erfüllungsweigerung gegenüber der außergerichtlichen Aufforderung, sofern sie einen Rechtsverzug bewirkt, hat sofort die Strafe von 12 sol. zur Folge; sofern sie dagegen die Erfüllung überhaupt in Frage stellen will, tritt ein Verfahren ein, dessen letztes Ziel Herbeiführung der Leistung ist, trotz der Weigerung und mit Ueberwindung derselben. Während der einzelnen Stadien dieses Verfahrens, insbesondere bei Anlaß des zu fällenden gerichtlichen Urtheils ist dem Verpflichteten Gelegenheit zur Sinnesänderung und zur freiwilligen Rechtserfüllung gegeben: judex judicet ei, — et faciat justitiam, sicut legem habet. Dagegen ist jene eventuell eintretende zwangsweise Herbeiführung des Rechtszustands in unserem Gesetze zwar nicht direkt ausgesprochen, wohl aber indirekt angedeutet durch die Stellung desselben im Titel de pignoribus, d. i. von der Pfändung.[3]

[3] Die überaus gekünstelte Weise, in welcher Sohm, Proceß S. 48, 49 vermittelst seiner Theorie vom zweischneidigen Formalakt das Statt-

In Bezug auf die subjektive Seite des vorliegenden Unrechts geht auch das bayrische Recht, wie dies die Worte: si *non dignaverit* justitiam facere andeuten, — davon aus, daß die thatsächlich im Unrecht befindliche Partei, von welcher sich dies im gerichtlichen Verfahren herausstellt, bewußter Weise das Unrecht begangen habe. Vgl. auch *L. Baiuwar.* XIII § 1 (unten Anm. [4]).

Einige Abweichungen gegenüber dem salischen Recht, welche auf die unterdeß bedeutend gestiegene Machtvollkommenheit der obrigkeitlichen Gewalt zurückzuführen sind, — die Vorladung durch den Richter an Stelle der früheren manitio; das neben der compositio stehende, seinem Betrag nach dieselbe weit überragende Friedensgeld von 40 sol., welches jetzt als selbständige Buße für die in der Nichterfüllung eines Privatrechts mit enthaltene Verletzung eines staatlichen Gebots verfällt,[4] während dasselbe früher bescheidentlich nur in der Abgabe einer Quote (nach fränkischem Recht $^1/_3$) der Privatkomposition bestand,[5] — kommen für uns hier nicht weiter in Betracht.

---

finden einer außergerichtlichen Pfändung für unsern Fall erweisen will, dürfte wenig Anklang finden.

[4] Vgl. L. Baiuwar. XIII § 1, die der unsern unmittelbar vorhergehende Stelle: Si forte est aliquis homo tam durus vel inobediens aut contumax rebellens iustitiae, qui non vult recte respondere, non vult iustitiam facere: ille est contemptor legis, talis distringatur a iudice. Diese districtio soll den, der widerrechtlich handelt, treffen wegen Mißachtung der Lex als obrigkeitlich gesetzter Norm. Der Inhalt der einzelnen verletzten Lex ist für diesen Standpunkt nicht weiter von Bedeutung; daher denn auch unsere Stelle gar nicht die Verletzung irgend welcher besonderen Rechtspflicht hervorhebt, sondern allgemein von „justitiam non facere“ spricht.

[5] S. Sohm, deutsche Reichs- u. Ger.-Verf. I S. 107 ff., 170 f. — Es scheint mir irrig, wenn Sohm und ebenso Wilda, Strafrecht der Germ. S. 463, annehmen, das Friedensgeld habe nach bayrischem und alamannischem Recht von Anfang an in einer bestimmten Summe neben der Buße bestanden. Vielmehr sind die in den Gesetzen dieser

Dagegen ist unsere Stelle geeignet, nach einer anderen Seite hin zur richtigeren und tieferen Erfassung der bisher dargelegten Grundsätze beizutragen. Sie liefert nämlich gerade durch ihre allgemein lautende Fassung den Beweis, daß für die Gestaltung der Rechtsfolgen des Unrechts überhaupt nicht so sehr der innere Rechtsgrund einer verletzten rechtlichen Verpflichtung, als vielmehr deren äußere, in die Erscheinung tretende Gestalt von bestimmendem Einfluß ist. Das, was nach außen hin von Rechts wegen geschehen soll, gibt, falls es nicht geschieht, dem hieraus entstehenden Unrecht seinen specifischen Charakter, und durch diesen Charakter des Unrechts werden wieder die zu seiner Beseitigung oder Ausgleichung bestimmten Rechtsfolgen bedingt. Die in L. Baiuw. XIII § 2 erwähnten Rechtsfolgen sollen eintreten, gleichgültig auf welchem Rechtsverhältniß und auf welchem Rechtsgrund das „justitiam non facere" beruht; vorausgesetzt ist aber, daß das, was von Rechts wegen geschehen soll, in objektivem Bezuge in bestimmter Weise gestaltet sei.

Wenn wir nun diese allgemeinen Bestimmungen vorzüglich auf Vertragsverhältnisse anwenden dürfen, so ergibt sich hieraus ferner, daß der Umstand, daß eine Rechtspflicht auf Vertrag beruht, nicht geeignet ist, eine Abweichung von den sonst eintretenden Rechtsfolgen des Unrechts herbeizuführen. Die Verletzung

Stämme häufig erwähnten 40 solidi pro fredo durchweg eine Bannstrafe, entsprechend dem fränkischen bannus von 60 sol., mit welchem sie mehrfach wechseln; wie dieser sind auch sie unzweifelhaft späteren Ursprungs. Der Pactus Alamannorum kennt diese 40 solidi pro fredo überhaupt noch nicht, und wo sie sich in den älteren Theilen der Lex Baiuwar. finden (VII § 4, VIII §§ 6, 7) rühren sie augenscheinlich von späteren Zusätzen her. Dagegen scheinen aber L. Baiuwar. IV § 23 und XXII § 1 ziemlich deutlich darauf hinzuweisen, daß nach bayrischem Recht das Friedensgeld ursprünglich in der Hälfte der Gesammtbuße bestand. — Ziemlich unklar hierüber Quitzmann a. a. O. S. 273 ff.

des Rechts wird in bestimmter Weise ausgeglichen, mag das verletzte Recht durch freie Willensverpflichtung oder durch irgend welche andere Umstände begründet worden sein.[6]

Eine specielle Anwendung der in der eben besprochenen Stelle niedergelegten Grundsätze auf die Verletzung eines Vertragsverhältnisses scheint mir in dem aus dem westgothischen Rechte, jedoch mit bedeutsamer Aenderung herübergenommenen *L. Baiuwar.* tit. XV c. 5 (*Pertz* III S. 319) enthalten zu sein, wonach demjenigen, welchem eine Sache zur Aufbewahrung oder zum Verkauf und somit eventuell unter Verpflichtung zur Rückgabe anvertraut ist, und welcher die Rückgabe derselben bei der Aufforderung hierzu unter falschen Vorwänden hinterlistig verweigert, die Sache gewaltsam abgenommen werden soll; außerdem heißt es von demselben

> conpositionem cogatur implere,

ohne daß Art und Größe dieser zu zahlenden Buße näher bestimmt wäre. Das volle Verständniß des Wortlauts dieses Gesetzes ist jedoch durch die Heranziehung des westgothischen Rechts bedingt und wir verweisen daher auf die unten § 13 bei Anm. [4] folgende Erörterung.

Dagegen können wir nunmehr, auf Grundlage der obigen Ausführungen, das Verständniß einer weiteren Stelle des Bayerngesetzes erlangen, deren Besprechung uns noch erübrigt:

> *L. Baiuwar.* XVI § 10 (*Pertz* III S. 323): Qui arras dederit pro quacumque re, pretium cogatur implere, quod placuit emptori. Et si non accurrerit ad diem constitutum, vel antea non rogaverit ad placitum ampliorem, hoc neglexerit facere: *tunc perdat arras et pretium, quod debuit, inpleat.*

---

[6] Siehe auch die oben § 8 Anm. [1] citirten Stellen, welche, obgleich von ganz verschiedenartigen Rechtsverhältnissen handelnd, doch sämmtlich eine gleichartige Reaktion des Rechts gegen das Unrecht aufweisen.

Die Stelle ist entnommen aus der westgothischen Antiqua Rekkared's I, jedoch unter vollständiger Abänderung ihres Wortlauts und Sinns.[7] Die *arra*, von welcher hier die Rede, ist eine Gabe, welche nach bayrischem Recht beim Abschluß von Verträgen, gerichtlichen wie außergerichtlichen, häufig von dem einen Kontrahenten dem andern als bekräftigendes Zeichen der übernommenen Verpflichtung gegeben und zu dieser Zeit meist *wadium* oder *pignus* genannt wurde; also eine arra *confirmatoria.*[8] Dieselbe ist bei Erfüllung der betreffenden Verpflichtung zurückzugeben:

*L. Baiuw.* XVII § 3: — propter arras, qui donat quasi pro pignus qualecunque re, *usque dum solvat debitum et pignus recipiat.*[9]

---

[7] Antiqua c. 297, worin dem Verkäufer bei Verzug des Käufers ein Rücktrittsrecht eingeräumt ist, lautet: qui arras pro quacunque acceperit re, id primo cogatur implere quod placuit. Emptor vero si non occurrit ad diem constitutum, arras tantummodo recipiat, quas dedit; res definita non valeat (Blume, die Westgothische Antiqua oder das Gesetzbuch Reccared des Ersten, 1847 S. 20). Vgl. L. Visig. Lib. V tit. 4 c. 4. v. Meibom, Pfandrecht, S. 251 f. Anm. [15]. Dahn, Westgoth. Studien S. 82, 98, 103. — Die Ansicht Savigny's, Gesch. des Röm. Rechts im M.-A. II S. 90, welcher, da ihm der Zusammenhang der L. Baiuw. mit der Antiqua unbekannt war, unsere Stelle auf Röm. Recht zurückführen wollte, ist irrig.

[8] Meichelbeck, Histor. Frising. I Instr. Nr. 122: dederunt wadium confirmationis. Nr. 159: — dixit Kyppo, si non donas mihi unum pachonem nihil est firmum inter nos nec de pace nec de traditione quam feci. Jussit itaque Atto episcopus donare ei illum pachonem, et uterque manus posuit super ipsum et pacificati sunt eo modo. Siehe noch ebenda Nr. 124, 250, 349. — Traditiones Pataviens. I Nr. 40 (Monumenta Boica, Monachii 1763 ff., Vol. XXVIII^b S. 37.) — Rotulus Chartar. Pollingan. (Mon. Boica, X S. 33). — Noch in späterer Zeit heißt es im Stadtrecht von Passau v. J. 1225 § 31 (Gengler, Stadtrechte des Mittelalters S. 344 ff.): Quicunque rem aliquam emerit et in ipsa arram, que leichauf dicitur, tradiderit venditori, nec emtor postmodum nec venditor hujus emptionis potest revocare contractum.

[9] Pertz, Leges III S. 327. Vgl. Stobbe, zur Gesch. des

Es fragt sich, wie mit einem so gestalteten Institute im Falle des Verzugs der Verlust der *arra* verbunden sein konnte, insbesondere ob letzterer auf Vereinbarung oder Rechtssatz zurückzuführen ist.[10] Für letzteres spricht die Fassung des Gesetzes; es steht aber entgegen, daß bereits in *L. Baiuw.* XIII § 2 in allgemeiner Weise die Folgen des Verzugs bei Erfüllung der Rechtspflichten festgesetzt sind, welche im Falle des Gebens einer arra sicher nicht ausgeschlossen sein sollten. Waren diese Bestimmungen aber hier an sich in Gültigkeit, so konnten sie durch blose Abrede der Parteien noch weniger außer Kraft gesetzt werden.

Ich glaube die Lösung in folgenden Punkten suchen zu müssen.[11] Die arra confirmatoria hat offenbar an sich mit einer Strafe nichts zu thun. Allein da für den Fall des Verzugs der zur Rückforderung der arra Berechtigte von Rechts wegen eine Strafe verwirkt hat, so kann die Abrede getroffen werden, daß die arra eventuell für diese

---

deutschen Vertragsrechts S. 50 ff.; Siegel, a. a. O. S. 128; Quitzmann a. a. O. S. 202, 209; v. Meibom a. a. O. S. 248 ff.; Witte in der Zeitschr. für Rechtsgeschichte Bd. VI S. 451 ff.

[10] Ein Punkt, welchen mir v. Meibom a. a. O. nicht genügend beachtet zu haben scheint, und doch ist derselbe ausschlaggebend dafür, ob die von diesem Schriftsteller aufgestellte Kategorie der „Satzung als Strafgeding" für diese Zeit begründet ist oder nicht. Weitere Stellen lassen sich dafür nicht beibringen; denn daß Ed. Rothar. c. 250[a] (bei Pertz Leg. IV S. 83, Note t. zu c. 360, und Lib. Papiens. Roth. c. 360), wonach für Verzug in der Einlösung des wadiums gesetzliche Strafen bestimmt sind, nicht dahin gerechnet werden kann, dürfte keinem Zweifel unterliegen; vgl. auch Wach, Arrestproceß, S. 4 Anm. [4]. — Gegen die ganze „Satzung als Strafgeding" s. Stobbe, Handbuch des deutschen Privatrechts Bd. II Abth. 1 (Berlin 1875) S. 264 Anm. [4].

[11] Die Darstellung bei v. Meibom S. 256 scheint mir nicht zur Klärung der Sache beizutragen. Die Behauptung: „die Begriffe von arrha confirmatoria und Konventionalstrafe gehen in den Volksrechten noch ununterschieden in einander über" — verkennt den Gang der historischen Entwicklung; die anfänglich nur als Symbol dienenden Bekräftigungszeichen der Rechtsgeschäfte werden erst später zur materiellen Sicherung benutzt.

Strafe haften, daß sie als Strafe dienen solle. Kam diese Abrede nun häufig vor, so daß sie sich gewissermaßen von selbst verstand, so konnte das Gesetz auch sagen: si hoc neglexerit, *perdat arram*, indem es hierunter die gesetzliche Strafe verstand. Die arra confirm. haftet daher an sich nicht für die vertragsmäßige Leistung, und ihr Verlust beruht nicht auf Strafgeding; neben ihrer Hauptfunktion gibt sie vielmehr nur nebenbei einige Sicherheit für eine nur eventuell und sonst unabhängig von ihr verfallende Strafe.

Leider bin ich nicht im Stande, für solche Fälle, in welchen es sich um Verzug einer Rechtspflicht handelt, nähere Belege hierzu zu liefern. Dagegen kommt unsere arra und ebenso, wie wir sehen werden, eine gesetzliche Strafe bei Verträgen vor, deren Verletzung nicht in einer Verzögerung, sondern in einem vollständigen Bruch, einer Unmöglichmachung der rechtlich geforderten Leistung besteht; und hier findet sich mehrfach die Beredung, daß die als Bekräftigungsmittel hingegebene arra, das wadium, für den Fall der Vertragsverletzung als Deckung für die von Rechts wegen verfallende Strafe dienen solle. Vgl. z. B.

*Meichelbeck* I Nr. 124: Et propter hanc convenientiam (daß nämlich nach beendetem Streit über Grundstücke von keiner Seite fernerhin Ansprüche erhoben werden sollen) — *dedit eis wadium* advocatus Attoni episcopi *pro solidos XXX* in ea ratione, ut haec causa in antea firmiter permaneret, sicut hic in praesenti placito definitum fuit.

Ebenda Nr. 349: proinde *dedit wadium* in manus defensoris praedicti episcopi — *pro XL solidis*, quod frater ejus, qui in praesentia non fuit, hoc placitum, quod contra idem episcopum complacitaret, numquam mutaret.

Die hier übernommenen Verpflichtungen bestehen in

Negativen, daher bei einer Verletzung derselben nachträgliche Erfüllung unter Rückgabe des *wadium* nicht stattfinden kann; vielmehr muß dann an Stelle der ursprünglichen Leistung eine Ersatz- oder Strafleistung treten, für welche letztere das mit Rücksicht hierauf in einer gewissen Werthhöhe gegebene wadium nach dem Willen der Contrahenten haften soll. Da hiernach die durch das *wadium* vertretene Strafe nicht neben die ursprüngliche Leistung, sondern an deren Stelle tritt, so kann der Schein entstehen, als ob das *wadium* selbst zur Sicherung der ursprünglich versprochenen Leistung bestimmt sei. Allein die Wendung „dedit wadium *pro solidis XXX*" etc. zeigt deutlich das Mittelglied in diesem Verhältniß auf, die von dem Willen der Parteien unabhängige Strafe, deren Verfall von vorn herein in Aussicht genommen ist.

In unserer Stelle, Baiuw. XVI § 10, ist dagegen der Fortbestand der ursprünglichen Obligation trotz des Verzugs, auf welchen allein die im Verlust der arra liegende Strafe sich bezieht, ausdrücklich hervorgehoben;[12] selbstverständlich dabei ist, daß bei fortdauernder Weigerung das implere des pretium auf dem Wege der Exekution zwangsweise bewerkstelligt wird. So steht diese Stelle in vollem Einklang mit den oben dargelegten Grundsätzen des fränkischen, des bayrischen, und wie wir wohl sagen dürfen, des deutschen Rechts.[13]

---

[12] Im speciellen Fall wohl noch in der besonderen Absicht, um den Gegensatz gegen das im westgothischen Rechte gewährte Rücktrittsrecht, sowie gegen die Reupön des römischen Rechts hervorzuheben.

[13] Nach L. Baiuw. XVI § 10 soll allerdings der Schuldner seine Leistung ad diem constitutem anbieten, wenn er den Verlust der arra vermeiden will, während wir oben sahen, daß nach bayrischem wie fränkischem Recht die Strafe nur verfällt, wenn derselbe bei der vom Gläubiger ergehenden Aufforderung die Zahlung verweigert. Allein die diesbezügliche Fassung unserer Stelle ist auf Rechnung des westgothi-

## § 10.

### Behandlung der im Bisherigen erörterten Vertragsverletzungen im praktischen Rechtsverkehr. — Ursprung und rechtliche Bedeutung der in den altdeutschen Urkunden enthaltenen Strafklauseln.

Es fragt sich nunmehr, wie die im Vorstehenden aus den Gesetzen geschöpften Grundsätze im praktischen Rechtsverkehre der Zeit, wie wir solchen aus den Urkunden kennen, gehandhabt wurden. Besonders lenkt hier unsere Aufmerksamkeit der Umstand auf sich, daß in den über den Abschluß von Verträgen aufgenommenen Urkunden dieser Periode fast durchgängig des Falles der Vertragsverletzung und der sich daran knüpfenden Rechtsfolgen Erwähnung geschieht. Die diesbezüglichen Klauseln weisen mehrfache Eigenthümlichkeiten auf und finden sich in ähnlicher Gestalt nicht nur bei Verträgen, sondern in Urkunden über alle möglichen Rechtsgeschäfte. Wir müssen daher, ehe wir dieselben für unsere Frage verwerthen können, eine allgemeine Erörterung über deren Ursprung und rechtliche Bedeutung vorausschicken.

Anmerkung: Die hierher gehörige Untersuchung über Ursprung und rechtliche Bedeutung der Strafklauseln in altdeutschen Urkunden ist von dem Verfasser als Habilitationsschrift besonders veröffentlicht worden. Da dieselbe in Folge hiervon eine etwas vollere und abgerundetere Gestalt erhalten, als ursprünglich beabsichtigt war, so sah sich der Verfasser veranlaßt, um den Gang der Hauptuntersuchung nicht zu lange aufzuhalten, sie an dieser Stelle wegzulassen und dafür als Anhang an das Ende dieses Bandes zu setzen. Für das Verständniß der folgenden Erörterungen wird daher ausdrücklich auf den Anhang verwiesen.

---

schen Gesetzes zu setzen, welchem dieselbe entnommen wurde, indem man hierbei vergaß, die durch das bayrische Recht geforderte Aenderung des Textes vorzunehmen.

## § 11.

## Fortsetzung. — Die Strafklauseln der Urkunden in Bezug auf Vertragsverletzungen.

Die zu dem vorigen Paragraph gehörende Untersuchung liefert uns das Ergebniß, daß die in den Urkunden dieser Zeit enthaltenen Strafklauseln, worin Jedem, welcher das in der betr. Urkunde konstituirte Rechtsverhältniß angreifen oder verletzen sollte, eine theils an den Verletzten, theils an die staatliche Gewalt fallende Strafe angedroht wird, nur den Ausdruck eines über dem Parteiwillen stehenden, objektiven Rechtssatzes bilden; daß diese angedrohte Strafe ihrer rechtlichen Natur nach keine Conventionalstrafe, sondern eine gesetzliche, von Rechts wegen eintretende Strafe ist, auf welche von den Parteien bei dem einzelnen Geschäftsabschluß mehr nur verwiesen wird. Es ist zugleich versucht worden, die rechtlichen Grundsätze darzulegen, auf welchen diese gesetzliche Strafe, sofern jede beliebige Person von ihr betroffen werden kann, beruht.

Dieses Resultat ist nun für unsere Hauptfrage in folgender Hinsicht von Wichtigkeit. Wenn wir nämlich sahen, daß diese Strafdrohungen sich weniger gegen die bei Abschluß des beurkundeten Rechtsgeschäfts mitwirkenden Parteien als solche richten, als vielmehr gegen jede beliebige Person, welche das auf dem Geschäfte beruhende Rechtsverhältniß angreifen sollte, so setzt dies doch voraus, daß dieses Rechtsverhältniß seiner äußern Natur nach auch für Dritte einen möglichen Angriffsgegenstand bilde, wie dies bei den durch Rechtsgeschäft begründeten, sog. absoluten Rechten, wie Eigenthum, Besitzrecht, Freiheit u. s. w. der Fall ist. — Das beurkundete Rechtsgeschäft kann jedoch auch so gestaltet sein, daß das darauf basirende Rechtsverhältniß seine Wirkungen wesentlich auf die konstituirenden Parteien beschränkt, daß Rechte und Pflichten nur für diese unter einander zur Entstehung kommen, daß somit aus rein äußerlichen Gründen eine Verletzung durch dritte Personen nicht stattfinden kann, wie dies insbesondere bei Versprechungen zutrifft, welche eine Partei der andern bezüglich einer zu machenden Leistung abgibt. Auch hier finden sich die Strafklauseln in den über das Versprechen aufgenommenen Urkunden; wie aber ein solches Rechtsverhältniß allein darin besteht, daß eine bestimmte Person, welche das Versprechen gegeben hat, zur Erfüllung jener Leistung verpflichtet ist, so ist auch eine Verletzung desselben eben nur durch diese Person denkbar; das Unrecht, auf welches sich die Strafklausel bezieht, kann nur Verletzung eines Versprechens, Vertragsbruch sein. Demgemäß kann sich auch die Strafdrohung nur gegen die vertragsbrüchige Person, d. i. eben diejenige, welche den Vertrag schließt, das Versprechen leistet, richten. Da diese Person nun aber in dem Wortlaute der Urkunde zumeist als selbstredend eingeführt ist, so sagt sie die eventuell eintretende Strafverpflichtung von sich selbst aus, und es entsteht der Schein, als ob diese Strafverpflichtung ebenfalls auf ihrem Versprechen beruhe.

Allein diese, durch die äußere Natur des verletzten Rechtsverhältnisses bedingten Momente bewirken keineswegs eine Aenderung der rechtlichen Natur der angedrohten Strafe. Trotzdem daß dieselbe von dem einen Paciscenten dem andern gegenüber für den Fall der Vertragsverletzung ausgesprochen wird, ist sie keine Konventionalstrafe; sie hört nicht auf, als ein Ausfluß des Gesetzes angesehen zu werden.

Unter diesen Umständen sind aber die in Urkunden enthaltenen Strafklauseln, sofern sie sich auf Vertragsverletzungen beziehen, geeignet, uns über die im Rechtsverkehr obwaltenden Anschauungen bezüglich der an die Vertragsverletzungen von Rechts wegen zu knüpfenden Folgen Aufschluß zu geben. Dieselben sollen daher jetzt einer Betrachtung unterzogen werden, und zwar zunächst bei solchen Vertragsverletzungen, welche, wie die oben erörterten Fälle, die Möglichkeit der Erfüllung der ursprünglichen Leistung bestehen lassen.

Am wichtigsten sind hier die Urkunden, worin die Leistung einer Geldzahlung zu bestimmtem Termin versprochen wird.

Bereits in anderm Zusammenhange ist uns der Fall begegnet, daß der Inhaber eines zu Prekarie verliehenen Grundstücks in der Entrichtung des Zinses säumig ist (s. oben S. 16 ff.). Die Verpflichtung zur Zahlung dieses Zinses ruht auf einem vertraglichen Versprechen, der *fides facta de solvendo*, und wir sahen oben, daß sich die Prekaristen für den Fall der Verletzung dieser fides facta häufig zur Zahlung von Strafen ausdrücklich verpflichteten. Die so versprochene Strafe ist aber nichts anderes, als die nach dem salischen und den andern Gesetzen bei nicht rechtzeitiger Erfüllung einer vertraglichen Zahlungspflicht verfallende Buße,[1] welche eintretenden Falls — außer dem rückständigen Zins selbst — zahlen, und hierdurch die begangene Rechtsverletzung ausgleichen zu müssen, der Prekarist somit im Voraus anerkennt. Vgl.:

Beyer, Urkundenbuch zur Geschichte der mittelrhein. Territorien. I Nr. 14: — Et si de ipso censo negligentes aut tardi apparueritis, *cum legis beneficio*[2] *hoc exsolvere faciatis.*

---

[1] Eine entsprechende gesetzliche Bestimmung für ein ähnliches Rechtsverhältniß findet sich auch in L. Alam. Hloth. 23 § 2 (Pertz, III S. 53): Si quis (sc. de liberis ecclesiasticis, quod colonus vocant) legitime tributum antesteterit per jussionem iudicis sui, 6 solidos sit culpaviles. Es handelt sich hier aber nicht um ein freies Vertrags- sondern um ein Unterthänigkeitsverhältniß; die coloni der L. Alam. sind nicht mehr vollfrei, vgl. ibid. 57 § 2 (P. III S. 64). Sonst aber stimmt der Thatbestand mit dem im Text behandelten überein.

[2] „Legis beneficium" in fränkischen Rechtszeugnissen bedeutet durchgehend die gesetzliche Buße. Vgl. L. Ribuar. tit. 60 § 4, 66, 67 §§ 4 und 5, 72 u. s. w. Form. Marc. I Nr. 38, Andeg. Nr.

Ebenda Nr. 118: — — et si negligens — apparueris, *legis conpositione* exinde facias, ut ipsas res minime perdas.

*Codex Laureshamensis Diplomaticus* (Mannhemii 1768) I Nr. 16: — Si de ipso censu negligens exstitero, *cum legis beneficio hoc emendare faciam.*

*Zeuss*, Traditiones Wizenburgenses Nr. 19: — et si de ipso cinsu negligentes apparuerimus, *legibus emendemus.*

*Cartulaire de l'abbaye de Savigny*[3] I Nr. 8: — Et si negligentes apparueritis de ipso censu annis singulis persolvendo, *legaliter emendetis*; ebenso das. Nr. 15, 17, 21, 29, 31, 43, 49, 52.

*Meichelbeck* I Nr. 212: — si inde aliquid neglexerint, id est de censo, — *secundum legem reddent.* —

Wir haben in der Untersuchung über den Ursprung der Strafklauseln (Anhang) nachgewiesen, wie dieselben äußerlich allerdings aus römischen Konventionalstrafen hervorgewachsen sind und wie sie auch später diesen ihren Ursprung insofern nicht verläugnet haben, als sie trotz gesetzlicher Fixirung der Strafen, auf welche sie verweisen, in der Bestimmung der Größe des angedrohten Strafübels sich durchaus nicht an das Gesetz halten. Auch bei Androhung der gesetzlichen Strafverpflichtung in den Prekariatsurkunden finden sich theilweise ganz willkürliche Strafsummen:

*Mabillon*, de re diplomatica Lib. VI Nr. 203 (S. 615): — et si de ipso censu vel de decimo negligens fuero, *componam vobis in vinculo solidos XL.*

*Cartulaire de Savigny* I Nr. 20: Quod si negligentes

---

46 (Rozière Nr. 453, 473). Placit. Chlodovei III a. 693 (Pertz, Diplom. I M. Nr. 66 = Bréquigny-Pardessus II Nr. 431) u. a. m.

[3] Publié par A. Bernard, Paris 1853 in der Collection de documents inédits sur l'histoire de France.

apparueritis de ipsa vestitura annis singulis persolvenda, — — *tunc sitis culpabiles et partibus ecclesiae auri libram unam persolvatis;* das. Nr. 22, 25.

Wie in der letzteren Urkunde das „sitis culpabiles" (s. auch Cart. de Savigny I Nr. 3), so deutet in der ersteren die Wendung „componam in vinculo" (scil. *legis meae*[4]) trotz der frei bestimmten Strafgröße auf den gesetzlichen Untergrund der Strafe hin.

Es ist ferner in der genannten Untersuchung gezeigt, wie man dazu kam, die *poena dupli* in den Strafklauseln hauptsächlich anzuwenden. Von dieser Strafe hat man gerade auch in den Prekariatsurkunden einen umfassenden Gebrauch gemacht; vgl.:

*Form. Lindenbr.* Nr, 25, 26; *S. Gall.* Nr. 20 (*Rozière* Nr. 341, 320, 351). — *Schöpflin*, Alsat. Diplom. I Nr. 35, 60, 65, 66, 74; *Dronke*, Cod. Dipl. Fuld. Nr. 378; *Vaissette*, I Nr. 36, 50; *Cartulaire de Savigny* I Nr. 46, 63, 134;[5] *Bréquigny-Pardessus* II Nr. 517 oben § 2 bei Anm. [27].

Da nun die Strafe selbst kraft Gesetzes eintrat, so bildete sich hier die Ansicht, daß auch diese Höhe der Strafe

---

[4] Vgl. Vaissette, Hist. de Langued. I Nr. 109, woselbst mit dem Ausdruck: „fecit fidem, ut — suam legem componat" der andere gleichbedeutende abwechselt: „fidem fecit vinculo legis suae". Siehe unten § 20.

[5] Die poena dupli besteht hier selbstverständlich in dem Doppelten der versessenen Zinsrate; allein sinnloser Weise hat man in einigen Urkunden des Cartul. de Savigny die für das Gewährleistungsversprechen bei Traditionen übliche Formel gesetzt, wonach das Doppelte des Werths des tradirten Grundstücks bei Verletzung als Strafe gezahlt werden soll; siehe das. I Nr. 1, 6, 7, 12. Dagegen handelt es sich bei Wartmann, Urkundenb. der Abtei St. Gallen I Nr. 193: — si quis — — negare de illo censo presumpserit, tunc sit culpabilis — duplum repetitionem, quantum in tradicionem istam contenit, — nicht um Verweigerung einer Zinsrate, sondern um Bestreitung des Zinsrechts als solchen.

auf Rechtssatz beruhe, und so wurde die poena dupli theilweise die gesetzliche Rechtsfolge der Säumniß in der Zinszahlung:

Vgl. *Cart. de Savigny* I Nr. 63: Si autem de ipso censo tardi aut negligentes extiterint, *secundum usum terrae tantum et aliud tantum restaurent.*

In andern Fällen wurde bestimmt, daß, falls der versessene Zins auch an einem weiter anberaumten Termine nicht bezahlt werde, er nun zur Strafe dreifach zu leisten sei.

Vgl. Wartmann, Urkundenb. der Abtei St. Gallen I Nr. 87, 91, 109, 202, 310 u. a.

Solche Bestimmungen fixirten sich, als allmählich aus den vertraglichen Prekariatsverhältnissen Erbzinsleihen und persönliche Abhängigkeitsverhältnisse hervorgingen, und auf diese Weise ist aus dem römischen Institute der stipulatio duplae (s. Anhang) der Rutscherzins des späteren deutschen Mittelalters entstanden.

Die poena dupli findet sich auch in Versprechungen über Rückzahlung eines Darlehens für den Verzugsfall festgesetzt; so mehrere Formeln (Cautiones):

*Form. Marc.* II, 25 (*Roz.* Nr. 368): ideo per hunc vinculum cautionis spondio me kalendas illas proximas ipso argento vestris partibus esse redditurum. *Quod si non fecero et dies placitus mei profinitus transierit, pro duplum in crastinum*[6] me aut heredis meos, vos aut heredis vestri, aut cui hanc cautionem dederitis exigendam, *teneatis obnoxium.*

---

[6] Diese Bestimmung, daß erst am folgenden Tag die poena dupli verfalle, errinnert an die nach L. Sal. tit. 50, 52 bei der Zahlungsaufforderung stattfindende solis collocatio: si adhuc noluerit solvere, solem ei collocet. Et tunc si solem collocaverit, — sol. 3 super superiorem debitum adhuc solvat, — also ebenfalls am nächsten Tag. Ueber solem collocare vgl. Grimm, Rechtsalterth. S. 846; Siegel, Gerichtsverfahren S. 54; Sohm, Proceß S. 30.

Ebenso *Form. Marc.* II Nr. 26; *Andegav.* Nr. 37, 59; *Sirmond.* Nr. 13. (*Rozière* Nr. 370, 371, 369, 376 und die ebenda Nr. 377 zuerst publicirte Formel).

Hieran reihen sich einige Formeln, in welchen der Darlehensempfänger nicht blos rechtzeitige Rückzahlung, sondern auch, als Entschädigung für die Gewährung des Darlehens selbst, die Leistung wöchentlicher Dienste verspricht und sich auch für den Fall, daß er hierin säumig sein sollte, der poena dupli unterwirft:

*Form. Marc. App.* Nr. 15 (*Roz.* Nr. 372): — Et ego pro hoc tale caucione in te fiere et adfirmare rogavi, ut usque ad annos tantos in quisque hebdomata dies tantos opera tua, quale mihi iniuncxeris et ratio praestat, facere debeam. Quod si minimo fecero aut neglegens aut tardus exinde apparuero, aut ante ipse placito me inmutare praesumpsero, tunc spondeo me per hujus vinculum cautionem — — *pro duplum satisfactione me reteneas debitore.*

Vgl. *Form. Andeg.* Nr. 37 (*Roz.* Nr. 371).

Eine Satzung des geschriebenen Rechts über Verletzung des Dienstvertrags existirt nicht, und man entlehnte hier die für Säumniß in der Rückzahlung des Darlehens häufig angewandte Strafe, da der dieser Strafe zu Grunde liegende Gedanke offenbar auch hier zutrifft. Wie sehr aber dieser Gedanke auf einen Rechtssatz hinweist, und wie wenig die stipulirte Strafe ihrem Wesen nach eine konventionelle ist, ergibt die Prekariaformel bei *Roz.* Nr. 324 (früher veröffentlicht von *Pardessus* in der Bibliothèque de l'École des Chartes Tom. IV S. 14 ff. Nr. 10), worin der Nutznießer dem Eigenthümer Leistung persönlicher Dienste verspricht:

spondentes quod si ullo unquam tempore, hujus cartulae conventionem obliti, in quibuslibet ambastiis[7]

---

[7] Dieses Wort scheint zusammenzuhängen mit ambactus, dem deut-

aut ubi a vestris actoribus ex vestro praecepto fuerimus imperati, non procuraverimus cum omni oboedientia adimplere, — — tanquam praevasores inprobos *iuxta legum severitate vestris partibus conponamus.*

Es sind dies, so viel mir bekannt, die einzigen Stellen in den fränkisch-deutschen Rechtszeugnissen dieser Periode, welche Bestimmungen über die Rechtsfolgen der Verletzung des Arbeitsvertrags enthalten.[8]

Nach der Analogie der verweigerten Rückgabe einer geliehenen Sache scheint diejenige einer hinterlegten Sache behandelt worden zu sein. In einem Processe auf Herausgabe einer solchen wird Kläger, da Beklagter die Hinterlegung in Abrede stellt, zum Zeugenbeweise hierüber zugelassen:

*Form. Andeg.* Nr. 29 (*Roz.* Nr. 489): — — in noctis tantis daret homines tantus, — — qui de praesente fuissent et vidissent superscripto illo condam ipsa rauba ipsi illi conmandassit,[9] ut hoc in basileca domni illius coniurare deberit; si hoc facere potuerit, *ipsius illi per lege emendare studiat.*

Wegen der in der nicht rechtzeitigen Rückgabe liegenden

---

schen „Ambacht", Amt, Dienst. Vgl. Du Cange, Glossar. ed. Henschel s. v. ambactus; Rozière, Recueil S. 386 Note a.; Grimm, R. A. 304, N. 6.

[8] Ein Analogon bietet der Zusatz der Lantfriedischen und Karolingischen Recension des alamannischen Volksrechts zu den Bestimmungen über die Rechtsverhältnisse kirchlicher Kolonen: L. Al. Lantfr. 21 § 2 (Karol. 23 § 2): — et opera quidquid ejus inposita fuerit secundum mandatum aut quomodo (lex) habit, si non adimpleverit, 6 solidos sit culpabilis (Pertz III 96 und 138). Siehe aber oben Anm. [1]. Vgl. auch Urk. v. 861 bei Tardif, Monuments historiques (Paris 1866) Nr. 180.

[9] Ueber die Bedeutung von commendare siehe oben § 6 Anm. [2].

Verletzung des Hinterlegungsvertrags wird Beklagter, falls Kläger den Beweis erbringt, zur gesetzlichen Buße verurtheilt.

Die Bezugnahme auf die gesetzliche Strafe wegen Verzögerung der Rückgabe eines zu Prekaria verliehenen Grundstücks in *Form. Marc.* II Nr. 41 (*Roz.* Nr. 325) haben wir bereits oben (§ 6 a. E.) erwähnt. Aehnlich verhält es sich mit der Rückforderung eines in Satzung gegebenen Grundstücks in *Form. Andeg.* Nr. 30 (*Roz.* Nr. 488). Nach Zahlung der Schuld wird die Rückgabe vom Gläubiger verweigert, und auf die angestellte Klage der dieselbe begründende Pfandvertrag in Abrede gestellt:

quod illas convenencias, quod ipsi illi dicebat, aput ipso numquam habuit.

Der beklagte Gläubiger wird nunmehr hierüber zum Reinigungseid mit Eidhelfern zugelassen, und, je nach dessen Ausfall, alternativ das Endurtheil gesprochen:

se hoc facere potebat, precium quod de ipso illo acciperet aei reddere debiat;

d. h. für den Fall der Ableistung soll er von der Klage selbst entbunden sein, aber, da nunmehr der ganze Vertrag hinfällig erscheint, die bereits empfangene Zahlung der angeblichen Schuld an den Kläger zurück erstatten;

si autem non potuerunt, *contra ipso emendare stodiat*;

unterliegt er mit dem Eid, so erscheint die auf die Vertragsverletzung gestützte Klage begründet, und Beklagter ist hierwegen in eine Buße zu verurtheilen: *condemnatus, ut lex prestit tardis aut negligentibus*, wie es bei *Marc.* II Nr. 41 heißt.[10]

Die bisher bei Verletzung einzelner Verträge des oben

[10] Auch hier stützt sich die Klage wie die Buße allein auf den Vertrag und dessen Verletzung, nicht aber auf Eingriffe des Beklagten in die Besitzrechte des Klägers, wie sich aus der Antwort und dem Beweisthema des Beklagten ergibt; im andern Falle müßte derselbe seine eigenen Besitztitel anführen und beweisen; s. oben § 6 Anm. 10.

gekennzeichneten Inhalts uns entgegen getretene Strafe wird endlich als eine für Verträge dieser Art allgemein Platz greifende erwiesen durch eine Urkunde v. J. 878, bei *Vaissette*, Histoire générale de Languedoc I, Preuves Nr. 109 S. 135, in welcher mehrere Personen der Nonne Fulcrada ein Grundstück übertragen und sich verpflichten, eine über den Besitztitel auszustellende Urkunde auf Vorzeigen zu unterzeichnen. Diese Verpflichtung wird durch *fidem facere* ausgedrückt, und wir haben daher hier wieder den zu Anfang betrachteten allgemeinen Begriff des Versprechens, welches jeden Inhalt in sich aufzunehmen befähigt ist. Der Obligationsinhalt im vorliegenden Falle ist höchst specieller Natur und eine Bezugnahme auf denselben in einem geschriebenen Gesetze ist nicht vorhanden. Trotzdem wird auch hier für den Fall der Verletzung des Versprechens durch Nichterfüllung auf die, kraft des Gesetzes, d. h. kraft unaufgeschriebenen Rechtssatzes eintretende Strafe verwiesen, und zugleich die daneben fortbestehende Verpflichtung zur Erfüllung der versprochenen Leistung hervorgehoben:

> Alidulfus — — fidem talem fecit sua fistuca jactante incontra Fulcradane, ut ipsam notitiam suam manibus firmare fratri suo Vualdo faciat, et ut ipse Alidulfus eam manibus firmet, et *si hoc facere contempnunt, suam Alidulfus legem componat*, et fratri suo Vualdo eam firmare faciat, et ipse Alidulfus manibus eam firmet et *hanc convenientiam stare et adimplere faciat.*

Die übrigen Kontrahenten stellen für die Erfüllung ihrer Verpflichtung Bürgen, welche letztere sich zugleich für den Fall der Leistungsweigerung seitens des Hauptschuldners für die nach Rechtssatz verfallende Strafe haftbar machen.

> Unde Segarius incontra Fulcradane fidejussorem talem dedit de parte G. uxore sua, Leoni homine, ut si Fulcrada notitiam inde ostendebat *et eam Segarius*

*pro parte suae uxori firmare nolebat, Leo suam legem componeret et Segario ad hoc permittat, ut ipsam notitiam ei firmare faciat.*

Ebenso setzen Hictarius und Ingilbaldus den Deotimius, bezw. den Rostagnus als Bürgen für Erfüllung ihres Versprechens ein:

et si hoc facere noluerit, Deotimius (resp. Rostagnus) *suam legem componat, et inantea ipsam notitiam Hictario* (resp. *Ingilbaldo*) *firmare faciat.*[11]

Es muß hiernach angenommen werden, daß die in den Gesetzen nur bei einzelnen, häufig vorkommenden Vertragsarten ausgesprochenen Rechtsfolgen der verweigerten Erfüllung auf dem höheren Principe beruhen, wonach der Inhalt einer jeden versprochenen Leistung, so lange immer möglich, verwirklicht werden muß, und wonach ferner, falls diese Verwirklichung nicht in dem von dem Recht erforderten Zeitpunkt geschehen, das hierin liegende Unrecht durch Strafe zu sühnen ist. Dieses allgemeine, im Volksbewußtsein lebende Rechtsprincip findet dann, wie wir gesehen, theils durch ausdrückliche Stipulation in den betr. Vertragsinstrumenten, theils im Urtheilspruch des Richters seine praktische Verwendung, ohne daß es daranf ankäme, ob für jeden einzelnen Fall ein Gesetzesparagraph citirt werden kann.[12]

---

[11] Es ist zu beachten, daß die Strafe, auf welche hier durch die Worte: legem suam componere verwiesen wird, an sich wegen des Unrechts des Hauptschuldners verfällt, und den Bürgen nicht eo ipso, sondern nur kraft seines Versprechens, für dieselbe zu haften, trifft; vgl. Extrav. ad Leg. Sal. B. c. 6: fidejussor quantum spopondit pro neglectu debitoris det. Cap. de part. Sax. a. 785 c. 27 (Pertz, Leges I, 50): si vero fidejussor (es muß offenbar debitor heißen) diem statutum non observaberit, tunc ipse (scil. fidejussor) tantum damni incurrat, quantum manus sua fidejussoris exstitit.

[12] Zu den bisher besprochenen vertraglichen Verpflichtungen und deren Verletzungen wäre an sich noch zu stellen die Verpflichtung eines Veräußerers von Immobilien zur Vornahme der Besitzeinweisung, Investitur, sowie diejenige eines Treuhänders oder Salmannen zum

Zur Vergleichung werfen wir noch einen kurzen Blick auf die Bestimmungen des langobardischen und westgothischen Rechts über solche Vertragsverletzungen, welche die Möglichkeit einer nachträglichen Erfüllung nicht ausschließen, um uns sodann zur Betrachtung derjenigen Vertragsarten zu wenden, deren Verletzung die Unmöglichkeit der Erfüllung der versprochenen Leistung zur Folge hat, bei welchen daher nach der Natur der Sache andere als die bisher dargelegten Grundsätze herrschend sein müssen.

## § 12.

### Die Vertragsverletzungen der bisher erörterten Art im langobardischen Recht.

In dem langobardischen Recht begegnen uns über Verletzung vertraglicher Verpflichtungen der bezeichneten Art Bestimmungen, die ihrem inneren Wesen nach mit dem Geiste des fränkisch-deutschen Rechts wohl übereinstimmen, allein äußerlich eine weit farblosere, wenn auch eigenthümliche Gestaltung aufweisen. Das charakteristische Merkmal der deutschrechtlichen Sätze fanden wir in der scharfen Trennung der verschiedenen Folgen des Unrechts je nach den einzelnen Arten und Momenten des letzteren selbst; im langobardischen Recht verschwimmen dieselben vollständig in einander, und es läßt sich kaum sagen, was Exekution, was Strafe

---

Vollzug der aufgetragenen Weiterveräußerung, allein es mangelt hier in den Quellen an jeder Bestimmung über die Rechtsfolgen einer Verletzung. Nur soviel läßt sich aus einigen Urkunden entnehmen, daß ein processualer Zwang zur Vollführung der betr. Leistung stattgefunden haben muß. Für die erstere dieser beiden Verpflichtungen vgl. Heusler, Gewere, S. 29 ff.; für die letztere Beseler, Lehre von den Erbverträgen (Göttingen 1835), I S. 281 f., Stobbe in der Zeitschr. für Rechtsgesch. VII S. 426 f., Meichelbeck, Hist. Fris. I Nr. 308, Dronke Cod. Dipl. Fuld. Nr. 228. Die infamia apud homines, von welcher bei Dronke Nr. 572 die Rede ist, stellt ebensowenig wie das periculum coram deo eine rechtliche Folge der seitens eines Treuhänders versäumten Weiterveräußerung dar.

ist; ja die letztere scheint sich überhaupt ganz in den processualischen Nachtheil zu verflüchtigen.

Das, wenigstens in historischer Zeit, allein dem langobardischen Recht eigenthümliche Mittel, einen thatsächlichen Zustand den Rechtsanforderungen gemäß zu gestalten, ist die, ohne irgend welche gerichtliche Betheiligung vollzogene Privatpfändung. Voraussetzung derselben ist allein Weigerung der Rechtserfüllung seitens des Verpflichteten, sowie Realisirbarkeit der Leistung auf diesem Wege; gleichgültig dagegen ist, auf welchem Rechtsgrund die Pflicht zur Leistung beruht. In dieser allgemein zulässigen Gestalt ist das Pfändungsrecht in *Ed. Rothar.* c. 245 (*Pertz*, Leges IV S. 60) statuirt:

> Si quis debitorem habens appellet eum semel bis et usque tertio; et si debitum non reddederit aut non conposuerit, tunc debeat pignerare in his rebus, quibus pignerare lecitum est.

Unter diese Vorschrift ist auch der Fall zu subsumiren, daß ein Schuldner die Erfüllung eines, auf Leistung eines Vermögenswerthes gerichteten Versprechens verweigert, ohne daß das Pfändungsrecht hierauf beschränkt wäre.[1] Auch

---

[1] Gegen die Ansicht Siegel's a. a. O. S. 35 ff., sowie v. Meibom's, Pfandrecht S. 190 ff., wonach bereits das Rotharische Gesetz als Voraussetzung für die Privatpfändung eine unläugenbare (bezw. unbestrittene) Forderung verlangt habe, siehe Wach, Arrestproceß S. 2 bis 6, 14 f. Der letztere Schriftsteller will dagegen (S. 10–14) die Pfändung auch nach Roth. c. 245 auf das einseitige, streng formelle, durch wadia und fidejussores begründete, von der materiellen causa losgelöste Versprechen beschränken. Es ist jedoch gegen Wach, trotz seiner Verwahrung S. 14 Anm. 28a, zunächst derselbe Vorwurf zu erheben, den er selbst Siegel und Meibom macht, daß er sich nämlich für seine Behauptung nur auf spätere (d. h. nach Erlaß von dem hier eine Aenderung bewirkenden Liutprandi c. 15 datirende) Zeugnisse stützt. Denn wenn die von ihm zum Beweis herangezogenen Stellen auch selbst keine Disposition über das Pfändungsrecht enthalten, so setzen sie doch die Existenz des einschränkenden c. 15 Liutprandi voraus. Aber auch die einzelnen, aus diesen Stellen ent-

in diesem Falle ist durch Privatpfändung gegen den Willen des Schuldners der Rechtszustand herzustellen. — Ob aber

---

nommenen Beweisgründe scheinen nicht s..chhaltig. Den späteren Gesetzesausdrücken stehen auf's bestimmteste die des Edikts selbst gegenüber; außer c. 245 vgl. c. 246: Si quis alium pro quolibet debitum aut causam pignerare praesumpserit; c. 252: nulli liceat pro quolebit debitum — loco pigneris tollere, nisi u. s. w. — In der Darlehensurkunde v. J. 819, Memorie di Lucca Tom. V Parte 2 Nr. 428, verb.: licentiam abeatis vos nobis pignerare bovi, cavalli, serbi, ancille, sive alie pignera nostra, quali a nobis jungere potueritis, et teneatis eas sicut de fidijussore vestro, — liegt allerdings ein Hinweis auf den häufig vorkommenden Fall der mit wadiae datio und Bürgenstellung vollzogenen Obligirung, aber keineswegs ein Bezug auf eine nur dort statthafte Pfändung, vielmehr, wie mir scheint, auf die in Liutpr. c. 40 ausgesprochene Strafe für die Entreißung eines durch einen Bürgen genommenen Pfandes. Diese Urkunde liefert vielmehr ebenso wie diejenige von 796 bei Fumagalli, Codice diplomatico S. Ambrosiano Nr. 23 (= Monumenta Historiae Patriae, Tom XIII: Codex Diplom. Langobardiae Nr. 69), in welcher einem Darlehensgläubiger das außergerichtliche Pfändungsrecht eingeräumt wird, den Beweis, daß das letztere auch ohne wadia und Bürgen, und auch bei Vertragsobligationen, welche auf materieller causa beruhen, vorkommt, und zwar, was für das im Text Folgende wichtig ist, selbst nach Erlaß von Liutpr. c. 15. Denn ein vom gesetzlichen verschiedenes, konventionelles Pfändungsrecht, welches Wach, um den Inhalt dieser Urkunden mit seiner Theorie in Einklang zu bringen, S. 15—19 statuiren will, vermag ich nicht anzuerkennen. In dem zum Beweise herangezogenen c. 67 Liutpr. sind in den Worten: si quis — non obligaverit de rebus suis, nisi (= sed) dixerit in ipsa cautione: „in quibuscumque rebus ipsius invenire potuerit", — und dann: nam (= sed) si obligatae fuerit nominativae u. s. w. – zwei ganz verschiedene Rechtsinstitute bezeichnet: der zweite Fall handelt unter Anklang an römisches Recht von der Pfandsetzung (vgl. Liutpr. c. 58; Bluhme bei Pertz, Leges IV S. 134 Note [26], wo es statt: const. 1 Cod. de pignor. 8, 14 — heißen muß: const. 2 etc.); — nur der erste Fall handelt dagegen vom Pfändungsrecht. Der Gesetzgeber legt aber hierbei das Gewicht durchaus nicht auf die Erwähnung und Gestattung dieses Rechts in der Vertragsurkunde, sondern vielmehr auf das: „in quibuscumque rebus invenire potuerit. Die der Privatpfändung unterliegenden Gegenstände waren sehr beschränkt, Ed. Roth. c. 249—252, 371 (vgl. Osenbrüggen, Strafrecht der Langobarden, 1863, S. 143 f., Wach a. a. O. S. 22); insbesondere durften Pferde, Ochsen, Kühe nur auf eine derartige Rechtsweigerung noch andere Folgen mit sich führte, und eventuell, welcher Gestalt diese waren, ist im Gesetzbuche Rothari's nicht angegeben; ja nicht einmal, was mit den genommenen Pfändern zu geschehen, in welcher Weise sie ihre Funktion bei dem Akte der Rechtsvollstreckung auszuüben haben. Nur ist in c. 252 bestimmt, daß der Pfändende innerhalb der ersten 20, bezw. 60 Tage nach der Pfändung für Untergang des Pfandgegenstands, sowie den durch denselben etwa angerichteten Schaden einstehen muß, nach Ablauf dieser Zeit aber der Schuldner, der das Pfand nicht eingelöst[2]; ferner in c. 251, daß bei nachträglich erfüllter Rechtspflicht das Pfand an den Eigenthümer zurückzugeben ist.

---

Befehl des Königs bezw. unter Zuziehung des Schultheiß gepfändet werden. Dies scheint gewohnheitsrechtlich dahin ausgedehnt worden zu sein, daß die Erlaubniß dazu auch durch den Schuldner selbst ertheilt werden konnte. Hierauf nimmt Liutpr. in c. 67 cit., wie in c. 109 Bezug: Si quis permissum habuerit de devitorem aut fidejussorem suum, ut per bove aut cavallus domitus pignerare possit. Gerade diese Ausdehnung des Pfändungsrechts ist nun aber auch in den Urkunden, worin dasselbe ausdrücklich erwähnt wird, dem Gläubiger eingeräumt, vgl. Mon. Patr. XIII Nr. 69: — potestatem haveas — conprehindere pegueras meas — lecitas vel inlecitas, boves, cavallos domitus et indomitus; nicht aber ein von den Voraussetzungen des gesetzlichen Pfändungsrechts befreites konventionelles, von welchem in den langobardischen Gesetzen und Urkunden überall keine Rede ist. — Ratchis c. 8 (Pertz IV S. 189 f.) endlich enthält überhaupt keine Beziehung auf die Pfändung, sondern drückt in den Schlußworten nur aus, daß der Verkäufer bei obligatio per wadiam sich an den Bürgen halten solle. — Die hier vertretene Ansicht, daß nach der Rotharischen Gesetzgebung das Pfändungsrecht nicht von einer besonderen Qualifikation der zu exequirenden Forderung abhänge, findet sich auch bei Wilda in der Zeitschr. für deutsches Recht I S. 194 f., bei v. Bethmann-Hollweg IV S. 366 f.

[2] Irrigerweise nehmen Osenbrüggen, Strafr. der Langob. S. 145, v. Bethmann-Hollweg, IV S. 367 an, in Ed. Roth. c. 252 sei ein Verfall des nicht eingelösten Pfandes ausgesprochen; vgl. die Glosse zu Lib. Papiens. Roth. c. 252 (Pertz IV S. 363): Iste terminus de 20 ac 40 diebus non fuit positus propter pignera transactare, sed ideo, utrum debitor an creditor debet componere dampnum, quod peculium fecisset; ferner die Expositio § 2 zu der Stelle.

Einläßlicher beschäftigt sich König Liutprand mit der Privatpfändung; zugleich ändert er das bisherige Recht insofern ab, als er die Voraussetzungen des Instituts beschränkt, seine Wirkungen dagegen erweitert.

In ersterer Hinsicht soll nach *Liutpr.* c. 15 (*Pertz* IV S. 113 f.) Pfändung zulässig sein nur aus Kontraktsschulden, und zwar solchen, die unter Zuziehung von 2 oder 3 Zeugen begründet wurden:

Quicumque homo sub regni nostri dicione cuicumque amodo wadia dederit et fidejussore posuerit presentia duorum vel trium testium, quorum fides amittitur, in omnibus conplere debeat. Et si distolerit et pignoratus fuerit in his rebus, in quibus lecitum est pignerandi, nulla calomnia, qui pigneraverit, patiatur. — — *Nam qui sine hac manifestationem*[3] *pignerare presumpserit, iorcmus, ut dublum pignum restituat. — — Et si hominis inter non fuerent, quando wadiatur, quicumque quasi fideiussorem pigneraverit, conponat sicut supra legitur.*[4]

---

[3] Die Expositio § 2 zu dieser Stelle im Liber Papiensis (Pertz IV S. 413) erklärt: subaudis „testium".

[4] Nur die letzten, unterstrichenen Worte enthalten eine hierher gehörige Disposition des Gesetzes, während wadia und fidejussores zu Anfang der Stelle als gewöhnliche, thatsächliche, aber nicht juristisch nothwendige Attribute des Vertragsschlusses nur beiläufig erwähnt sind. — Im Gegensatze hierzu steht durchgehends die Ansicht der Neueren (vgl. die oben Anm. [1] citirten Schriftsteller), daß mindestens Liutpr. c. 15 das Pfändungsrecht auf die formelle, unläugenbare obligatio per wadiam et fidejussores beschränkt habe. Allein eine richtige Interpretation unserer Stelle läßt diese Ansicht als grundlos erscheinen, wie sie denn mit dem bereits in Anm. [1] nachgewiesenen Umstande sich nicht vereinigen läßt, daß auch nach Liutprand die Privatpfändung sich im Rechtsverkehr findet, ohne daß die betr. Forderung eine formelle oder per wadiam eingegangene wäre. — Ich finde überhaupt nicht daß im langobardischen Recht jemals für die Pfändung ein Unterschied nach der causa debendi gemacht worden sei; vgl. auch Ahist. c. 21: nullus presumat fideiussorem

In ihrer Funktion als Rechtsverwirklichung wurde die Pfändung neu geregelt in *Liutpr.* c. 108—110 (*Pertz* IV, S. 151 f.). Ihr Zweck ist hiernach in erster Linie Herbeiführung der geweigerten Leistung selbst; aber dieses Ziel sucht sie nur indirekt zu erreichen.

---

aut debitorem pro quacunque causa pignerare — ad dies XII, antequam exeat ad exercitandum; und hierauf weist auch die spätere Rechtsentwicklung zur fränkischen Zeit hin, die der strengen Tendenz der karolingischen Gesetzgebung gegenüber, wenn nicht durch lange Uebung begründet, doch kaum zu erklären wäre; s. hierüber Wach a. a. O. S. 24—33. Wo aber die wadia bei der Pfändung erwähnt wird, geschieht dies einzig zu dem Ende, um auf die in Folge der wadiae datio zu stellenden Bürgen hinzuweisen, welche dann gleichfalls der Pfändung unterliegen; vgl. die Stellen bei Wach S. 12 f. — Aber auch abgesehen hiervon würde durch das Erforderniß der wadiae datio m. E. noch gar keine, ihrem rechtlichen Charakter nach besonders qualifizirte Schuld bezeichnet sein vielmehr scheint mir nach Durchforschung des einschlägigen Quellenmaterials angenommen werden zu müssen, daß die bei Kontrahirung einer Schuld stattfindende wadiae datio — gerade so wie die Hingabe der festuca; im fränkischen Recht — mit dem Obligationsgrund in gar keiner Beziehung steht, daß sie insbesondere nicht bestimmt ist, ein Rechtsgeschäft von seinem materiellen Rechtsgrunde loszulösen, und ihm die formelle Natur der römischen und heutigen Theorie zu verleihen. Die wadia ist Symbol und gehört als solches zur manifestatio negotii, zur Verlautbarung (vgl. Urk. Nr. 244 in Memorie di Lucca V^b^); ihre sonstige Bedeutung mag eine sehr tiefe sein, allein ihre rechtlichen Wirkungen sind — abgesehen von der Verpflichtung zur Bürgenstellung — nur äußerliche; sie übt keinen Einfluß auf die rechtliche Natur des betr. Geschäfts aus. Vgl. besonders folgende Gesetzesstellen, wo gerade neben der wadia die causa debendi sich erwähnt findet: Roth. c. 366: „quia in tale praetexto wadia suscepi"; — „quia in tale capitulo nec wadia dedi nec fidejussori posui"; — Liutpr. c. 39: „si quis alii homini wadiam dederit pro quacumque causa"; — Ratch. Prolog. i. f. „quo tinore wadia dedisset et debitor statutae causae tinore negaverit"; — c. 5: „Si negare voluerit, — quod in tali tinore wadia non dedissit, sicut ille, qui wadia suscepit, queritur"; — „ea causa, que per wadia firmatur et hominis liberi intersunt, negare." Gerade die letzte Stelle, wo die firmatio per wadia und die per testes zusammengestellt wird, ist besonders geeignet, uns über den rechtlichen Charakter der wadia aufzuklären.

Das Verfahren beginnt nach Ablauf des Leistungstermins (*Liutpr.* c. 41) mit dreimaliger Aufforderung zur Leistung (*Roth.* c. 246)[5], und hierauf erfolgt die Wegnahme von Pfandgegenständen im Werthe der Schuld. Diese dienen nun in erster Linie weder als Befriedigung noch als Strafe für verweigerte Leistung; vielmehr soll hierdurch der Schuldner mittelbar zur Vornahme der letzteren bewogen werden, wogegen er dann die Pfandstücke zurückerhalten würde. Der Gläubiger hat daran zunächst blose Detention; er haftet für Untergang und angerichteten Schaden. — Erst nach 12 Tagen, wenn der Schuldner das Pfand nicht eingelöst hat, beginnt das Moment, daß nicht rechtzeitig geleistet, einen Einfluß auszuüben: der Gläubiger wird seiner Haftung für den Zufall ledig, er haftet nur mehr noch für diligentia quam suis rebus adhibere solet, und darf das Pfand in ordnungsmäßigen Gebrauch nehmen:

*Liutpr. c. 108:* tunc ille qui pignum ipsum aput se habit, si servus aut ancilla est, costodiat eum, ut ei fuga non faciat, et faciat sibi eum operas facere, sicut suum proprium servum.

*c. 109:* Si — — intra duodicem noctis pignera sua devitor aut fideiussor recollegere neglexerit, potestatem habeat eas menare, sicut et suas proprias et governare: et si mortui fuerit, non requirantur. Nam si pulsatus

---

[5] Neuerdings behauptet v. Bethmann-Hollweg Bd. V Abth. 2 S. 330 Anm. [8], die Gesetzgebung Liutprands habe die Pfändungsfälle nicht eingeschränkt, sondern nur für den Fall der wadiae datio und Zeugenzuziehung die dreimalige Aufforderung (sowie den Reinigungseid des Schuldners) in Wegfall gebracht. Die Papiensische Glosse (zu Roth. c. 246) jedoch, auf welche v. B. sich beruft, kann gegenüber dem klaren Wortlaut der Gesetze wohl kaum als Beweis dienen. Vgl. übrigens diese Glosse selbst zu Liutpr. c. 40 (Pertz IV S. 425): „ante constitutum, i. e. antequam tertio ammonuerit“, in Verbindung mit der Formel ebenda: Petre, te appellat Martinus, quod tibi dedit vadia de 20 sol. —, et tu pignerasti eum, antequam constitutum esset.

fuerit, quod iniquo animo plus quam suam animalia minassit, satisfaciat ei solus ad euangelia.

Adulterium mit einer gepfändeten Sklavin in dieser Zeit muß an deren Herren gebüßt werden nach c. 110.

Vollständig aber verliert die Pfändung ihren exekutiven Charakter bei andauernder Renitenz des Schuldners. Ist das Pfand nach 30, bezw. 60 Tagen[6] (je nach dem Wohnsitz beider Parteien in Austrien oder Neustrien, oder einer derselben in dem jenseits des Apennin liegenden Tuscien) noch nicht eingelöst und die Schuld getilgt, so verfällt das Pfand dem Gläubiger, und zwar wegen der Verzögerung, nicht loco solutionis.

*Liutpr. c. 108:* — amittat ipsa pignera et non habeant facundiam requirendum. *c. 109 i. f., c. 110 i. f.*

Bereits mit dem Moment, wo die Pfandnahme sich zuerst als Strafe zu gestalten beginnt, nach Ablauf des 12ten Tages, ist auch ein neuer Exekutionsakt eingetreten, eine wiederholte Pfändung, wiederum bis zum Belaufe der ursprünglichen Schuld:

*Liutpr. c. 108:* Et super habeat licentiam *repignerare usque in secundam vicem*, ut sint ipsa pignera in dubblo, quantum devitum ipse est.

Aber auch diese Pfändung nimmt denselben Verlauf wie die erste: nach 30, resp. 60 Tagen gewinnt der Gläubiger Eigenthum an den Pfandstücken und die Schuld bleibt bestehen. Da somit die Pfändung, welche unter der Hand vollständig ihren Charakter ändert, sich zur Herstellung des Rechts selbst als unfähig erweist,[7] bleibt nun nichts übrig,

---

[6] A die pignorationis, vgl. Expos. ad libr. Pap. Liutpr. c. 107 § 8 (Pertz IV, 453), Wach a. a. O. S. 21 Anm. [8].

[7] Der Ausdruck in Liutpr. c. 108: „repignerare usque in secundam vicem" führte dazu, daß man eine zweimalige Wiederholung der Pfändung annahm. So lesen mehrere Hdschr. des Gesetzes wie auch der Lib. Pap. Liutpr. c. 107: ut sint pignera in tri-

als den Gläubiger auf den Weg des gerichtlichen Processes zu verweisen, um endlich in den Besitz der ihm versprochenen Leistung zu kommen:

*Liutpr. c. 108 i. f.*: insuper potestatem habeat, qui pigneravit, causam suam per legem agere et procurare. — Vgl. *Gloss.* „sub fine cap." ad *Lib. Pap. Liutpr. c. 107* (*Pertz IV* S. 452).

Diese systemlose Weise des langobardischen Rechts führt somit zwar schließlich zur Realisirung des Rechts[8], sowie zur Sühne der in dem rechtlich relevanten Zeitpunkt stattgehabten Rechtsweigerung; allein diese Rechtsfolgen sind nicht an das Unrecht als solches geknüpft, sondern finden sich im Laufe des Verfahrens wie zufällig ein, und bewirken außerdem eine unbillige Ueberlastung des Schuldners, der in Folge mangelhaften Exekutionsverfahrens dreifach leisten muß.[9]

Ein specielles, reiner gehaltenes Verhältniß bedarf noch der Besprechung. Ein äußerst häufiges Mittel des Vertragsabschlusses ist nach langobardischem Recht das Uebergeben der *wadia*, d. i. der *festuca*[10] an den Gläubiger, welches Verfahren nothwendig zur Stellung von Bürgen ver-

plum. Ebenso Expos. ad h. l. § 7 (Pertz IV S. 453) und von Meibom, a. a. O. S. 231.

[8] Gegen die Ansicht v. Meibom's S. 193, daß die gerichtliche Exekution sich im langob. Recht nicht erwähnt finde, s. Wach, a. a. O. S. 17 Anm. [2] und S. 21 Anm. [10]; v. Bethmann-Hollweg, IV S. 393.

[9] Die Ansicht Wach's, S. 24, daß die Pfändung nicht nur ein kautionelles, sondern ein wahres Exekutionsmittel sei, ist nur theilweise zu billigen, da eben immer die wahre Exekution erst nachfolgt. Dagegen funktionirt sie theilweise als Strafe, welche unzweifelhaft im früheren, uns nicht überlieferten Recht eine selbständige Stellung gehabt haben muß. Ein Ueberbleibsel bietet das im Text Folgende.

[10] S. Wach S. 3 f. Anm. [4]. Daselbst findet sich auch die Widerlegung v. Meibom's, welcher a. a. O. S. 248 ff. die wadiae datio als Pfandsetzung („Strafgeding") auffaßt. Siehe dazu noch v. Bethmann-Hollweg, V S. 341 Anm. [31].

pflichtete.[11] *Liutpr.* c. 128 verordnete, daß dem Schuldner, wenn er nicht geeignete Bürgen sofort zur Hand habe, hierzu eine Frist von 3 Tagen gestattet sein solle. Gegen Stellung dieser Bürgen war dann der Gläubiger, und zwar ebenfalls kraft des Vertragsschlusses per wadiam, zur Rückgabe der letzteren verbunden. Läßt nun der Schuldner jene Frist verstreichen ohne die wadia durch Bürgenstellung auszulösen, so bestimmt *Liutpr. c. 36* (*Pertz* IV S. 125):

Si quis dederit wadiam et eam recepere neglexerit, *conponat, sicut in anteriore edicto legitur.* — Vgl. daselbst *c. 128* zu Anfang und gegen Ende.

Nun findet sich aber weder in den Gesetzen Liutprand's noch in denen früherer Könige eine diesbezügliche Strafbestimmung. Nur verfügt ein späterer Zusatz zu Ed. Roth. c. 360 am Rande des Cod. Eporedianus:

Si quis alii uuadia dederit et eam recipere neclexerit per fideiussorem et aput eum remanserit una nocte, XII solidos conp., si remanserit quinta nocte, conponat sol. XXIV et si remanserit sesta nocte, conponat solidos triginta sex.[12]

Es ist wahrscheinlich, daß diese Bestimmung wirklich

---

[11] Vgl. Liutpr. c. 37—40, 128 (Pertz, Legg. IV S. 125 f. 161). Siegel S. 37 Anm. [8]. Wach S. 11.

[12] Bei Pertz IV S. 83 Zle. 26 ff., bei Muratori c. 255, bei Baudi a Vesme c. 250[a]. Ueber die Unächtheit dieser Stelle, sowie die sämmtlich unzutreffenden Versuche, Liutpr. c. 36 auf ein anderweites, früheres Gesetz zu beziehen, vgl. Bluhme im Archiv der Gesellsch. für ältere deutsche Geschichtskunde, V S. 234 f., Merkel im Archivio storico Italiano, Append. T. III (Firenze 1846) S. 697 ff., Anschütz in der Kritischen Ueberschau der D. Gesetzg. u. Rechtswissenschaft, IV S. 274, Stobbe Gesch. der deutschen Rechtsquellen, I S. 125 Anm. [11]; Osenbrüggen S. 150 Anm. [29]; Baudi a Vesme, Ed. Reg. Langob. 1855 S. XCV, 322 und jetzt besonders Boretius in der Praefatio zu seiner Ausgabe des Liber Papiensis bei Pertz, IV S. LXXIV f.

langobardisches Volksrecht enthält; jedenfalls aber solches, wie es vor Erlaß von *Liutpr. c. 128* bestand, nach welchem Gesetz eine Strafe erst nach Verlauf der Einlösungsfrist von 3 Tagen verfallen konnte. Daher hat denn auch der *Liber Papiensis*, in welchen diese Stelle als *Roth. c. 360* übergegangen, dies dahin abgeändert:

> si — apud eum remanserit *una nocte aut duabus vel tribus, nichil componat*; si remanserit *quarta nocte componat sol. 12* u. s. w. wie oben.[13]

Die Strafe hat somit hier ihre selbständige Stellung als Folge der Vertragsverletzung behalten; allein das Anwachsen derselben mit der Dauer der Rechtsweigerung zeigt, daß sie auch hier zugleich als Zwangsmittel zur Realisirung des Rechts dienen soll.

Wie es sich nun auch mit dieser Strafe verhält, jedenfalls sollen dieselben Folgen, wie gegen den säumigen Schuldner, auch gegen den Gläubiger eintreten, der durch Weigerung der Rückgabe der wadia trotz der Stellung geeigneter Bürgen seinerseits seine Verpflichtungen nicht einhält:

> *Liutpr. c. 36:* Et si ille, qui ipsam wadiam acceperit, reddere neglexerit per fideiussores et aput eum remanserit, *sic componat, quomodo et ille, qui wadiam suam recipere neglexerit.* Vgl. ebenda c. 128.

Außer den besprochenen enthält die langobardische Gesetzgebung keine Bestimmungen über hierher gehörige Rechtsverhältnisse. Die in langobardischen Urkunden ausgesprochenen, gewillkürten Rechtsfolgen verletzter Vertrags-

[13] Dieser Punkt ist bisher nicht beachtet worden, da auch die Ausgaben von Muratori und Baudi a Vesme die Lesart des Liber Papiensis haben. Es ist jedoch zu bemerken, daß der Liber Papiensis im Gewöhnlichen die später abgeänderten Gesetze trotzdem in ihrer ursprünglichen Gestalt wiedergibt; vgl. Boretius in der Vorrede zu seiner Ausg. des Lib. Pap. bei Pertz IV S. LXXII—LXXV.

pflichten interessiren uns an dieser Stelle weiter nicht, da sie, wie im Anhange gezeigt, rein konventioneller Natur sind, auf dem blosen Parteibelieben beruhen. Insbesondere gilt dies auch betreffs der Nachtheile und Bußen, welche für den Fall der Nichtlieferung vertraglich übernommener Arbeiten verabredet werden; vgl. z. B. *Monumenta Historiae Patriae* XIII Nr. 96, 131, 188; von einem componere *juxta legum severitatem* wie in fränkischen Urkunden (s. oben § 11 bei Anm. [7]) ist hier keine Rede.

## § 13.

## Vertragsverletzungen der bisher erörterten Art im westgothischen Recht.

Gegenüber dieser Halbheit des langobardischen Rechts ist in demjenigen der Westgothen, wie es uns in der Lex Visigothorum überliefert ist, die germanische Auffassung auch bei unserer Materie vollständig durch die römische verdrängt. Principielle Festsetzungen enthält das Gesetzbuch nur für Verletzung vertraglicher Zahlungspflicht; diese Verletzung wird nicht mehr unter dem Gesichtspunkte des begangenen Unrechts, sondern vielmehr unter dem des hierdurch bewirkten Schadens betrachtet, und es besteht demgemäß die Rechtsfolge der Zahlungsweigerung und des Zahlverzugs nicht sowohl in einer Strafe, als in der Verpflichtung zum Schadenersatz, nach römischer Weise zur Zahlung von Verzugzinsen, welche, um auch hierin deutsches Recht über Bord zu werfen, mit dem Verfalltage selbst ohne weiteres zu laufen beginnen. Es gilt der römische Satz: dies interpellat pro homine.

*Lex Visigoth.* Lib. V tit. 4 c. 5 (= *Antiqua* c. 296); tit. 6 c. 3.[1]

---

[1] Siehe Dahn, Westgoth. Studien S. 67, 79, 103, 111. Die

Diesem allgemeinen Grundsatz gegenüber kann es nur als eine specielle Modifikation betrachtet werden, wenn für die Landleihen bestimmt wird, daß der zur Zahlung eines Zinses verpflichtete Nießbraucher im Falle der Säumniß den doppelten Zinsbetrag entrichten soll, *L. Visigoth.* Lib. X t. 1 c. 19[2]: die poena dupli, welche so auch hier aus der *stipulatio duplae* des Rechtsverkehrs in das Gesetz Eingang gefunden, nicht aber als Strafe, sondern als Leistung eines ein für alle Mal fixirten Interesses.

Einige andere Bestimmungen tragen den Charakter principloser Willkürlichkeit an sich; so Lib. V tit. 6 c. 4, wonach der Pfandgläubiger, der bei Angebot der Zahlung die Rückgabe des Pfandes verweigert, außer dem letzteren selbst noch dessen halben Werth ersetzen soll.[3] So ferner Lib. IV t. 4 c. 3, wonach, wenn der Vater eines Kindes, welches er einem andern zur Erziehung übergeben, die Zahlung des Kostgelds weigert, das Kind als Knecht in der Gewalt des Erziehers verbleiben soll.

Principwidrig endlich vom Standpunkte mindestens des älteren deutschen Rechts ist der Satz in Lib. V t. 1 c. 3 (= Antiqua c. 280) daß derjenige, welchem Sachen vom Eigenthümer zur Aufbewahrung oder zum Verkauf anvertraut sind, falls er dem zurückfordernden Kommendanten die Rück-

---

Durchführung des Anspruchs selbst muß auf gerichtlichem Wege erfolgen, L. Visig. V, 6 c. 1. Die gerichtliche Exekution des kondemnatorischen Urtheils „wird in dem Gesetzbuch mehr vorausgesetzt, als näher bestimmt"; v. Bethmann-Hollweg IV S. 246 f., Dahn S. 252. Ist ein Pfand bestellt, so befriedigt sich der Gläubiger in römischer Weise durch dessen Verkauf; vgl. v. Meibom a. a. O. S. 258 ff.

[2] Dahn a. a. O. S. 105; s. oben § 11 S. 80 f.

[3] Dahn S. 111, v. Meibom S. 253. Es kann nicht gebilligt werden, wenn Meibom, der S. 258 ff. die römischrechtliche Natur des westgothischen pignus nachweist, hier obige Stelle zur Begründung seiner Theorie von der deutschen „Satzung als Strafgeding" verwendet.

gabe unter dem falschen Vorwande verweigert, die Sachen seien gestohlen oder verloren, — als Dieb bestraft werden soll. Das eigenthümliche Merkmal des deutschen Diebstahlbegriffs liegt in der Verletzung von Besitzrechten anderer; ein widerrechtliches Ansichnehmen einer Sache ist hierfür wesentlich.[4] Ist aber Jemand durch Vertrag, also mit dem Willen des Eigenthümers, in den Besitz einer fremden Sache gekommen, so steht er nunmehr bezüglich dieser Sache mit jenem ausschließlich in einer vertraglichen Rechtsbeziehung. Nur diese kann verletzt werden, und wofern bei der Hingabe eine Rückgabe stipulirt wurde, liegt in deren Verweigerung nach deutscher Anschauung kein Eingriff in das Besitzrecht des Eigenthümers; die Verheimlichung der Sache, der falsche Vorwand, unter dem die Rückgabe verweigert wird, kann höchstens den bösen Willen des Schuldners dokumentiren, nicht aber eine neue Art des Unrechts begründen, — sofern derselbe nicht etwa im Proceß vorgebracht wird, worüber eigene Grundsätze gelten und wovon in unserer Stelle keine Rede ist.[5]

---

[4] Dies trifft auch zu für die nach altem, deutschem Recht dem Diebstahl in Wahrheit zur Seite gestellten Fälle des widerrechtlichen Behaltens einer gefundenen, Dieben oder Räubern abgejagten Sache u. s. w., bei welchen dieser Punkt allerdings meist übersehen, und das widerrechtliche Moment allein in das Nichtherausgeben, das Verheimlichen u. s. w. gelegt wird. Allein die alten Gesetze, in welchen diese Fälle behandelt sind, heben es stets ausdrücklich hervor, daß auch hier ein „recipere, suscipere, tollere, furare, levare, occupare" zum widerrechtlichen Thatbestand gehört, wozu dann allerdings ein „negare, celare, non manifestare" u. s. w. hinzutreten muß, jedoch mehr nur in dem Sinne, um den bei der ersten Handlung obwaltenden bösen Vorsatz, und somit die Rechtswidrigkeit derselben überhaupt aufzuweisen. Vgl. Pact. pro tenore pacis Childeb. et Chlotar. c. 7 (Behrend S. 102, Merkel S. 44). L. Ribuar. tit. 42, 75. L. Baiuwar. II c. 12 § 2. L. Frision. Addit. Sapient. tit. 7. Ed. Rothar. c. 260, 343. L. Visig. VIII, 5 c. 6.

[5] Es ist dies ein sehr bestrittener Punkt in der deutschen Rechtswissenschaft; vgl. Cropp in Hudtwalcker's und Trummer's Cri-

Freilich ist die letztere auch in das bayerische Recht übergegangen, und man könnte hieraus schließen wollen, daß sie gerade dem deutschen Rechtsbewußtsein der Zeit besonders entsprach. Allein im bayerischen Gesetz hat dieselbe eine Aenderung erfahren, welche bisher nicht genügend beachtet ist. *Antiqua Reccaredi* c. 280 lautet:

> *sicut fur ea quae caelavit*, ut legum statuta praecipiunt, *compositione inplere cogatur.*

Dagegen hat *L. Baiuvar.* XV c. 5 folgenden Wortlaut:

> *sicut fur eam ab eo exigi legum statuta praecipiunt*, (et) compositionem cogatur inplere.

Der Unterschied springt in die Augen: nach dem westgothischen Gesetz soll der Schuldner wie ein Dieb bestraft werden. Das bayerische Recht dagegen löst die Beziehung zwischen dem fur und der compositio; vielmehr sollen dem Schuldner die anvertrauten Sachen, da er die Rückgabe widerrechtlich verweigert, auf dem Exekutionswege abgenommen werden, und zwar: wie einem Diebe.[6] Außerdem aber soll er eine Buße erlegen; welche,

minalistischen Beiträgen II S. 60—79, 352 ff. Schmid, de furto secundum leges antiquissimas Germanorum (Dissert. pro venia doc. adipisc. Jenae 1829) S. 18—22. Wilda, Strafr. S. 918 f. Walther, über den Funddiebstahl (Inauguralabhdlg., München 1848) S. 41 ff. Köstlin in der Münchener kritischen Ueberschau III S. 208—228, 336 ff. Derselbe, Abhandlungen aus dem Strafrecht (Tübingen 1859) S. 232 ff. v. Bethmann-Hollweg IV S. 50. Diese Schriftsteller vertreten meist die abweichende Auffassung und zwar allein auf Grund der cit. westgoth. Stelle, da es andere hierfür nicht gibt. Die Capitula spuria Benedicti VI c. 22, 30 (Pertz, Leges II[b] S. 75 f.) können natürlich keinen Beweis liefern. Ed. Roth. c. 262, worauf v. Bethm.-Hollweg sich beruft, handelt gar nicht von unserm Fall, sondern von Hehlerei. — Vgl. unten § 51.

[6] In ähnlicher Weise heißt es in späterer Zeit in den Goslarer Statuten, daß Jemand, der eine Sache zu treuer Hand gethan hat, sich zu derselben ziehen solle, also alse it ime vorstolen were, ohne daß der Depositar deshalb als Dieb behandelt würde. S. unten § 52 Anm. [5].

ist nicht gesagt; daß es aber die wegen Diebstahl nicht sein soll, ergibt die offenbar absichtliche Aenderung der westgothischen Stelle. Vielmehr haben wir in dieser compositio die nach bayerischem Recht bei verweigertem „justiciam *facere*" allgemein verfallende Buße von 12 sol. zu sehen; vgl. oben § 9 hinter Anm. 6

## § 14.

### Verletzung solcher Vertragspflichten, deren Erfüllungstermin absolut bestimmt ist. — Bruch der Gewährleistungspflicht.

Wir wenden uns zu dem deutschen Recht zurück. In den bisher besprochenen Vertragsverhältnissen fanden wir als auszeichnendes Merkmal, daß trotz der Verletzung die Erfüllung der ursprünglich versprochenen Leistung nicht nur an sich möglich, sondern auch rechtlich geboten war; und daß somit als Rechtsfolge der Verletzung in erster Linie die zwangsweise Herbeiführung dieser Erfüllung in Betracht kam. Es kann nun aber die Natur der vertraglichen Leistung eine solche sein, daß eine Verletzung die Möglichkeit einer derartigen nachträglichen Erfüllung nicht offen läßt, und es liegt auf der Hand, daß hiervon die sich daran knüpfenden Rechtsfolgen wesentlich berührt werden müssen. Es fragt sich, wie das Recht sich einer Handlungsweise gegenüber verhält, die die Realisirung seiner Anforderungen nicht nur hinausschiebt, verzögert, sondern geradezu ein für alle Mal unmöglich macht.

Dies Verhältniß kann zunächst dann eintreten, wenn die versprochene Leistung zwar, wie auch oben der Fall, in einem positiven Handeln besteht, dieses Handeln aber seiner Natur oder seiner Bestimmung nach nur in einem bestimmten Zeitpunkt vorgenommen werden kann,

— Darüber, daß die Begriffe „commendare" und „furtum" sich gegenseitig ausschließen, vgl. auch noch Greg. Tur. V c. 19.

so daß mit dessen Versäumniß dasselbe unmöglich oder mindestens nicht mehr als das im Vertrag gewollte erscheint.

Unter dieser Kategorie, welche sich uns aus der Betrachtung der Quellen wie von selbst ergibt, finden wir in den letzteren die folgenden Rechtsverhältnisse behandelt.

Der Verkäufer einer Sache, Mobilie oder Immobilie, und ebenso derjenige, welcher eine solche in Tausch oder Zahlung gibt[1], ist kraft des abgeschlossenen Vertrages selbst verpflichtet, dem Käufer u. s. w. Währschaft zu leisten, d. h. für denselben, falls ein Dritter auf dem Wege Rechtens dessen Eigenthum oder Besitzrecht angreift, in den Proceß einzutreten und den Evincenten mit seinen Ansprüchen abzuweisen.[2] Hierauf beruht dann das Recht des Käufers u. s. w., in einem derartigen Proceß die Sache an die „dritte Hand", d. h. seinen auctor zu bringen (rem intertiare), indem er denselben (nach fränkischem Recht) durch manitio auffordert, seine Vertheidigung zu übernehmen und ihn in dem Besitz der Sache zu erhalten.[3] Die Pflicht des Verkäufers besteht

[1] Vgl. L. Sal. 47 § 1: qui caballo ipso aut venderit, aut cambiaverit aut fortasse in solutionem dederit etc.

[2] Aus dem Versprechen der Tradition in Verbindung mit letzterer (bezw. der Einweisung) folgt die Gewährpflicht von selbst, wenn sie gleich nicht ausdrücklich übernommen wird; für das bayerische Recht vgl. Merkel in der Zeitschr. für Rechtsgeschichte Bd. II S. 160. In späterer Zeit wird das Gewährversprechen mit der gerichtlichen Auflassung verbunden, und heißt letztere daher selbst häufig „Währschaftsleistung".

[3] In Bezug auf Mobilien vgl. Siegel, Gerichtsverfahren S. 92 ff., 252—258; Sohm, Proceß S. 107 ff.; v. Bethmann-Hollweg IV S. 46 ff., 483 ff., V S. 130; — in Bezug auf Immobilien v. Bethm.-Hollweg IV S. 56, 494, V S. 132, 158. — Nach sächsischem und langobardischem Recht mußte dagegen der Angreifer dem Besitzer zu dessen auctor folgen; siehe unten § 15 bei Anm. [1]; Siegel S. 93 Anm. [16]; Sohm S. 107 Anm. [23]; v. Bethm.-Hollweg IV S. 46 Anm. [29]; Laband, vermögensrechtl. Klagen nach d. sächs. Rechtsq. S. 126, 127. Siehe aber auch die bayerischen Landfrieden von 1244 c. 57 und von 1255 c. 48 (Monumenta Wittelsbacensia I S. 86, 148). — Ein Erlöschen der Gewährleistungspflicht durch die „rechte Ge-

nun darin, an dem in der manitio bezeichneten Termin vor Gericht zu erscheinen, die Vertheidigung zu übernehmen und durch deren siegreiche Durchführung den Käufer in seinem Besitz zu schützen und zu befestigen.[4] Unterläßt er nur eines

---

were", den Besitz von Jahr und Tag findet sich in dieser Periode noch nicht; dagegen führten die fränkischen Könige seit Mitte des 6. Jahrhunderts unter Einwirkung römischen Rechts eine 30jährige Eigenthumsersitzung ein, durch deren Vorschützung ein Beklagter der Berufung auf den auctor überhoben war. Vgl. v. Bethm.-Hollweg IV S. 461, V S. 102 f., 136 f., Merkel in der Zschr. f. R. G. II S. 162; Heusler, Gewere S. 80 ff., 88 ff., 237.

[4] Es ist zu betonen, daß die Währschaftspflicht des deutschen Rechts nicht nur formell in der Uebernahme des Processes, sondern materiell in der Zurückweisung jedes Eviktionsversuchs und vermittelst dieser in der Aufrechthaltung des garantirten Besitzstandes, der Handhabung des Erwerbers in demselben besteht; die Uebernahme des Processes bildet nur das Mittel, durch welches die Erfüllung jener Pflicht bewerkstelligt wird. Schon der Wortbegriff weist hierauf hin; s. Grimm, R. A. S. 602, 603. In der deutschen Rechtssprache des späteren Mittelalters wird daher für gewährleisten der Ausdruck „freien" oder „entledigen" gebraucht; z. B. Iglauer Schöffenspruch bei Tomaschek, der Oberhof Iglau in Mähren und seine Schöffenspr. S. 80 Nr 93: Wer dem anderen bekennet, das her im eyn ros hab vorkaufet, der mus im das selb ros vreyen sam landes recht is; ebenda S. 120 Nr. 223, S. 323 Nr. 55. — Ofener Stadtrecht art. 380 (Ausg. von Michnay und Lichner S. 196). Siehe auch unten Anm. [18]. Ganz besonders tritt der bezeichnete Charakter der Gewährleistungspflicht in den späteren Urkunden hervor, in welchen der Veräußerer Erfüllung derselben ausdrücklich gelobt; vgl. z. B. Ehmck und v. Bippen, Bremisches Urkundenbuch (Bremen 1873) I Nr. 512 v. J. 1296: Porro in hoc contractu ego et heredes mei plenam warandiam prestabimus dictis emptoribus — —, ita quod si procedente tempore eadem bona in brigam venire contigerit, nos ea disbrigabimus et faciemus ab omni impedimento libera pariter et soluta. — Urkundenb. der Stadt Lübeck III Nr. 513 v. J. 1365, IV Nr. 565 v. J. 1392: Ok so schal ik — en des vorscrevenen gudes waren, — vnde — entledighen vnde entfryen van ansprake enes jewelken, de vor recht komen wil; ebenda Nr. 603, 604, 615. — Urk.-Buch der St. Lüneburg bis z. J. 1369 (Hannover 1872) Nr. 440 v. J. 1348: Dessulven hoves scal ich en recht warant wesen. Vnde were dat u. s. w., — so scolde ich — se unttweren mit rechte also dat se bleven sunder schaden in dem

von diesen drei Momenten, so ist seine Gewährleistungspflicht verletzt, und zwar so, daß dieselbe überhaupt nicht mehr erfüllt werden kann; denn sie besteht gerade darin, daß sie an diesem Gerichtstermin, nicht früher, nicht später prästirt werde. Gleichgültig für die rechtliche Beurtheilung muß es dagegen erscheinen, welcher dieser drei Punkte vernachlässigt werde, insbesondere ob der auctor im Termin gar nicht erscheint oder ob er mit seiner Proceßführung unterliegt; in jedem Falle hat er seine Gewährleistungspflicht nicht erfüllt, es ist dem Käufer Bruch an seiner Gewähr geschehen.[5] Den etwaigen subjektiven Unterschied, ob der Verkäufer Währschaft nicht hat leisten wollen oder können, gleicht das ältere deutsche Recht, wenigstens in seinen aufgezeichneten gesetzlichen Bestimmungen, durch die mehrerwähnte Tendenz aus, bei einer im Unrecht befindlichen Proceßpartei das Bewußtsein dieses Unrechts zu präsumiren, hier das Bewußtsein der unrechtmäßigen Tradition, und somit den

---

hove; ebenda Nr. 511, 567, u. v. a. Wird aus irgend welchem Grund dieser Effekt nicht erzielt, so ist keine Gewähr geleistet worden.

[5] Durch völliges Ausbleiben des Gewähren wird der Erwerber dem Kläger gegenüber nicht schlimmer gestellt als in den andern Fällen; denn gegen die mit der Eviktionsklage verbundene Beschuldigung des Diebstahls oder der widerrechtlichen Invasion reinigt sich Beklagter in diesem Fall, bei Mobilien durch Zeugenbeweis (Sal. 47 § 2) oder durch Eid selbsiebt (Rib. 33 § 2) über den Erwerb und die geschehene Ladung des auctor, bei Immobilien durch Zeugen (arg. Capit. Hlud. Pii a. 816 c. 1, Pertz I S. 196) oder Vorweisen der Erwerbsurkunde; in letzterem Verstande nehme ich Rib. 59 § 8: Si quis interpellatus chartam prae manibus habuerit, nulla ei malo ordine invasio requiratur: quia dum interpellatur, respondeat ad interrogationes et sine tangano loquatur et dicat: Non malo ordine, sed per testamentum hoc teneo. Die Produktion der Urkunde soll in jedem Fall den Erfolg haben, daß die Beschuldigung wegen malo ordine invadere wegfällt. Andere Auffassungen dieser Stelle bei Siegel a. a. O. S. 133 f.; Sohm, Proc. S. 146; Derselbe, R.- u. Gerichtsverf. I S. 141; v. Bethmann-Hollweg IV S. 493, 501 Anm. [19]; Heusler, Eigenthumsverfolgung S. 25; Brunner, Entstehung der Schwurgerichte (Berlin 1872) S. 44 f.

von Anfang an und dann auch im kritischen Moment selbst mangelnden Willen, Währschaft zu leisten.

So ist denn auch in den Aussprüchen der Quellen über dieses Verhältniß meist nur einer dieser Punkte berührt, jedoch in der offen liegenden Bedeutung, daß auch bei den andern dieselben Rechtsfolgen einzutreten haben.

Die *Lex Salica* und der ihr entnommene Theil der *Lex Ribuaria*[6] reden nur von Mobilieneviktion, und betreffs des Bruchs der Gewähre enthalten sie eine Bestimmung nur für den Fall, daß der geladene auctor gar nicht im Gericht erscheint.[7]

> *Sal. 47 § 2:* Et ille qui non venerit, super quem testes juraverunt (s. Anm. [5]), ille erit latro illius qui agnoscit et *precium reddat illi, qui cum illo negociavit*, et ille secundum legem conponat illi qui res suas agnoscit.
>
> Aehnlich *Rib. 33 § 2:* Quod si eum (auctorem) ibidem (in mallo) habere non potuerit, — — sic ei placitum — — detur, *ut eine werduniam suam in praesentia testium recipiat.*

Es ist in diesen Stellen also verordnet, daß der vertragsbrüchige Gewähre seinem Kontrahenten nur den Kaufpreis[8] zurückerstatten soll. Allein diese Gesetze wollen

---

[6] Vgl. Sohm in der Zeitschr. für Rechtsgesch. Bd. V S. 404—426.

[7] L. Rib. 33 § 3 gedenkt allerdings des Falles, daß der als auctor Manirte im Termin erscheint und hier die Uebernahme des Processes verweigert, allein unter der Voraussetzung, daß seine Auktorschaft in der That gar nicht begründet ist. Das Cap. in leg. Rib. mitt. a. 803 c. 8 (Pertz, Leg. I S. 118) verordnet, daß in diesem Fall Kampf- oder Kreuzordal über die Pflicht zur Gewährleistung entscheiden soll, ohne sich jedoch über die Folgen ungerechter Verweigerung auszusprechen. S. Sohm, Proc. S. 111 Anm. [33].

[8] Darüber, daß eine werdunia den Kaufpreis und nicht den Sachwerth bedeutet, wie Siegel S. 254 f. will, vgl. Sohm, Proc.

wesentlich das Verhältniß des Evincenten zu auctor und Besitzer ordnen, erst in zweiter Linie das der letzteren unter einander; in Folge hiervon ist die unter diesen eintretende Rechtsfolge offenbar nur unvollständig angegeben. Dies, sowie daß man schon frühe das Bedürfniß einer Vervollständigung in dieser Hinsicht empfunden, geht hervor aus dem Wortlaut, den die Stelle des salischen Gesetzes in der *Heroldiana* tit. 50 hat:

ille autem qui amonitus non venerit, si super eum testes iuraverint, erit latro et fur illius qui res suas agnoscit; *et pretium ei reddatur, et omnia secundum legem componat cum quo negotiavit.*

Abgesehen von seinem Verhältniß zum Evincenten soll hiernach der ausbleibende Gewähre dem seines Besitzes beraubten Käufer nicht nur den Kaufpreis erstatten, ihn schadlos halten, sondern außerdem die gesetzliche Strafe zahlen, und zwar eben wegen des Ausbleibens, wegen der Nichterfüllung der versprochenen Leistung. Worin die Strafe bestand, ist freilich nicht gesagt, aber wichtig ist, daß sie als gesetzliche bezeichnet wird. —

In dem am Ende des 6. Jahrhunderts in die L. Rib. eingeschobenen Gesetz über Immobiliar- und Freiheitsproceß[9] findet sich eine hierher gehörige Bestimmung über die Pflicht zur Währschaftsleistung beim Verkauf von Immobilien:

*Rib. 59 § 6:* Quod si venditor vel heredes sui supervixerint, ipsi testamentum defendere (Cod. Reg. und Cod. Monac.: *vuerire*, C. Corbion: *virire*[10]) debent *aut multam incurrere.*

---

S. 109 f. Anm. 30. — Daß der auctor, der wirklich in den Proceß eintritt und zu diesem Behufe die Sache an sich nimmt, schon deswegen zur Ersatzleistung an seinen Käufer verpflichtet sei, ist entgegen Siegel's Behauptung a. a. O. weder in Rib. 33 § 2 noch sonst wo bestimmt.

[9] Vgl. Sohm in der Zeitschr. für Rechtsgesch. Bd. V S. 426—443 und unten Anhang Anm. 72.

[10] So die Varianten bei Walter, Corp. Jur. Germ. I S. 183

Der Verkäufer muß vertragsmäßig dem Käufer im Rechtsstreit den Besitz sichern, gewähren, welchen Ausdruck uns die deutschen Varianten des Textes selbst bieten[11], indem er die Urkunde (testamentum), bezw. das Kaufgeschäft selbst auch dem Dritten gegenüber aufrecht erhält; oder im Unterlassungsfall, — und es ist auch hier ein Unterschied zwischen den verschiedenen Möglichkeiten einer Verletzung nicht gemacht, — muß er eine Strafe zahlen, die auch hier nicht näher bestimmt ist. Wir werden aber um so weniger irre gehen, wenn wir in dieser multa die gerade vorstehend in Rib. 59 § 3 bei Anfechtung eines rechtsgültigen Kaufgeschäfts erwähnte *dupla repetitio* sehen, als der ganze Titel des Gesetzes in Anlehnung an das durch den praktischen Immobiliarverkehr gewohnheitsmäßig entstandene Recht abgefaßt ist, und uns gerade hier die poena dupli als häufig angewandte Strafe für Bruch der Gewähre begegnet. Siehe den Anhang bei Anm. 3, 17 ff.[12]

---

und bei Laspeyres, L. Salica una cum lege Ripuariorum (Halis Sax. 1833) S. 115.

[11] Vuerire oder virire ist nicht als Uebersetzung von defendere (= wehren) aufzufassen, welches letztere vielmehr, aus dem romanischen Urkundenstyl herübergenommen (vgl. die im Anhang von Anm. [17] ab angef. Urkunden und Formeln), durch den weiteren Begriff „gewähren" ergänzt werden sollte. So noch in der späteren Rechtssprache: Urk. v. J. 1284 (Mon. Boic. V S. 391): auctor legitimus gwer — — secundum quod se jus terre Austric habet in vera legitima defensione quod gwerschafft dicitur. Urk. v. J. 1295 (Ried, Cod. diplom. Ep. Ratisbon. Nr. 706): warandiam quod gwerschaft vulgariter dicitur prestabinus et sumptibus seu expensis propriis defendemus. Urk. v. J. 1325 (Urkundenb. des Bisthums Lübeck, herausgeg v. Leverkus I Nr. 518): promittentes — dictam villam — legitime warentizare, defendere, auctorisare et expedire, u. a. m.

[12] Hierauf weist auch die Lesart des Cod. Metens., Cod. Reg. und bei Herold hin, wo die Anfangsworte des folgenden Paragraphen zu unserem gezogen sind: multam incurrere, quam (quod) de venditione conscripsimus. S. Walter C. J. G. a. a. O., und über die Strafe de venditione vgl. den Anhang bei Anm. [51] ff. und [72].

Denselben Satz stellt auch das bayerische Volksrecht auf in der vielbesprochenen Stelle

*L. Baiuw. XVI § 12*[13]: Si se *firmare promiserit emptori*, id est *suiron*, et non potuerit per haec verba veraciter, ut supra diximus, et constitutum ruperit: tunc pretium reddat et talem terram aut speciem, qualem se firmare pollicebat, restituat sine mora.

Gegenüber der früheren Ansicht von Grimm und Siegel[14], welche mit Rücksicht auf *L. Baiuwar.* XVI § 11 *(Pertz* III S. 323) und *Append.* IV *(Pertz* III, 337 f., sonst *L. Bai.* XVI § 17, bei *Walter*, XVII c. 2) unter dem firmare i. e. suiron eine seitens des Veräußerers wiederholt vorgenommene feierliche Tradition verstanden, durch welche der Effekt erzielt worden sei, daß der Erwerber nunmehr unter allen Umständen gegen den Evincenten sicher gestellt worden, — gegenüber dieser Ansicht hat Merkel[15] nachgewiesen, daß das Versprechen der firmatio auch nach bayerischem Recht das Versprechen der Gewährleistung und der Erfolg der letzteren auch für den Erwerber präjudicirlich sei. Aber auch Merkel will hierin ein besonderes Versprechen und eine besondere Gewährleistung sehen, nämlich das in der Verpflichtung des Veräußerers an sich nicht liegende Versprechen der Vertretung im Eviktionsfalle, welches nur auf Grund eines originären oder erbschaftlichen Erwerbs der veräußerten Sache habe geleistet werden können, und welches dann durch den feierlichen, in App. IV geschilderten Firmationsakt vollzogen worden sei. Allein mir scheint die Annahme eines solchen immerhin außerordentlichen Instituts völlig ent-

---

[13] Pertz Legg. III S. 323.

[14] J. Grimm, Rechtsalterth. S. 115, 556; Siegel a. a. O. S. 259–264; so auch Quitzmann, Rechtsverf. der Baiwaren, S. 162.

[15] In der Zeitschr. für Rechtsgesch. Bd. II S. 101 ff., besonders 109–117; siehe auch Heusler, Gewere, S. 31 ff. Vgl. Gengler, Germanische Rechtsdenkmäler, Glossar S. 821 s. v. firmare.

behrlich, wenn man nur unter firmare und suiron nicht die Vornahme des symbolischen Akts in App. IV, durch welchen der Veräußerer in den Eviktionsproceß eintritt,[16] versteht, sondern vielmehr die siegreiche Durchführung des Processes, die wirklich erfolgreiche Währschaftsleistung selbst, und hierdurch die thatsächliche Festigung des früher übertragenen Besitzes. In suiron haben wir dann den Begriff des Gewährleistens[17], dasselbe Wort wie das in der L. Rib. uns soeben begegnete vuerire oder virire. Das se firmare promittere ist das im Verkaufsgeschäft selbst liegende, häufig aber auch ausdrücklich ausgesprochene Währschaftsversprechen.[18] Und wenn es

---

[16] Bei Vornahme dieses Akts sagt der auctor die Worte: Ego tibi tradidi et legitime firmabo, womit schon auf das firmare als eine erst folgende Handlung hingewiesen ist. Wenn dann in dem Rechtsstreit zwischen auctor und Evincent letzterer sagt: injuste territorium meum alteri firmasti, i. e. farsvirotos, so ist auch dies nicht unpassend, wenn nur das firmasti nicht auf den vorgehenden Akt als abgeschlossenes Ganzes, sondern als Beginn der Firmationsthätigkeit bezogen wird.

[17] So schon Eichhorn, deutsche Staats- und Rechtsgeschichte I § 59a Anm. l., Budde, de vindicatione rerum mobilium germanica (Bonnae 1837) S. 67, 69, — woran ich festhalte trotz des Widerspruchs Siegel's a. a. O. S. 261 Anm. [2], welcher nebst den übrigen in Anm. [14] und [15] angeführten Schriftstellern die verschiedensten und unter sich keineswegs zusammenstimmenden Erklärungen des Worts aufstellt, es bald von „suerjan“ (jurare) „suar“ (responsum; so auch Sohm, Reichs- und Gerichtsverf. I S. 579), bald von „Schwirre“ (Pfahl; so auch Zöpfl, Rechtsgesch. S. 838 Anm. [41]) ableitet, bald an vestire denkt. Alle diese Bedeutungen sollen auf den symbolischen Traditionsakt in Appendix IV hinweisen; allein dies scheint mir schon deshalb nicht zutreffend, da dieser Akt augenscheinlich nur bei Eviktion von Grundstücken, firmare und suiron dagegen ebensowohl bei Mobilien vorkommt.

[18] Einen durchschlagenden Beweis hierfür liefert das spätere Recht; in den bayerisch-schwäbischen Rechtszeugnissen der folgenden Periode wird für „Gewähr leisten“ durchweg der Ausdruck „stäten“, „stätigen“, gebraucht, welcher offenbar mit firmare identisch ist. S. z. B. Stadtrecht von München art. 31: so sol man aigen bestaeten zechen

in Baiuw. XVI § 11, wo sich der auctor beim Firmationsversprechen auf originären Erwerb beruft, heißt: si haec defuerint in supradictis rebus, *nullatenus potest firmare*, so ist damit nur gesagt, daß er bei abgeleitetem Erwerb nicht selbst die Firmation durchführen kann, sondern sich entweder auf einen weiteren Gewähren berufen oder unterliegen muß. Wenn ferner in App. IV bei Schilderung des Evictionsprocesses der von dem Beklagten adcitirte auctor, anscheinend unter allen Umständen selbst den Rechtsstreit mit

---

iar und ain tag; art. 267, 269; — Stadtr. v. Augsburg von 1276 art. 74 § 1, Nachtrag 3, art. 75 Nachtr. 3, 7, art. 128 Nachtr. 7 (Meyer, das Stadtbuch von Augsburg, Augsb. 1872, S. 145 ff., 214); — Urkundenbuch der Stadt Augsburg, herausgeg. von Ch. Meyer I (Augsb. 1874) Nr. 80 v. J. 1283: — tun chunt, — daz ich — min gut ze Gereut — verchauft han heren H. Ch. — ze rehtem aigen, als ich ez her bracht han; und sol in daz selbe aigen staeten nah des landes reht für alle rehte widersprache, und ähnlich fast alle augsburgischen Verkaufs- und Verpfändungsurkunden; s. das. Nr. 89, 94, 100, 101, 124, 130, 142, 150, 153, 159, 160, 171, 173, 176, 205 u. s. w. — Wie man dann sonst die unter Abgabe des Gewährversprechens vollzogene Auflassung „Währschaftleisten" nannte (s. oben Anm. [2]), so hier „stäten, Stätigung leisten"; vgl. Bayerisches Landrecht art. 200 (v. Freyberg, Sammlung histor. Schriften und Urkunden, IV S. 454); Münchener Stadtr. a. a. O. Bezüglich der Identität von „firmare" und „stätigen" auch in anderen Beziehungen vgl. Monum. Wittelsbac. I Nr. 36 a. A. und Nr. 140 a. E. — Auch im langobardischen Recht ist „firmare" das einfache Gewährleisten; vgl. Monum. Histor. Patriae XIII Nr. 68 v. 795: et spondederunt se suprascriptis vinditoris ad suprascriptis emptoris ipsa suprascripta vinditione ad omni contradicentem hominem firmare et defensare, et quod si menime firmare vel defensare potueremus, — — ut conponamus etc.; ebenda Nr. 97, 144, 375 u. a. m. — Die Folgerung, welche Merkel S. 116 Anm. [14] aus den Worten: si se firmare promiserit zieht: „Es muß also dem, welcher firmirt, freistehen, ob er das will oder nicht," ist nicht zutreffend; bei jenen Worten ist vielmehr zu ergänzen: si vendiderit et — — promiserit. Ein ausdrückliches Versprechen soll damit nicht als unentbehrliches Requisit hingestellt werden; es ist aber im deutschen Rechtsleben häufig, daß von Rechtswegen obliegende Pflichten noch ausdrücklich versprochen werden. S. auch Walter, deutsche Rechtsgesch. II § 558.

dem Evincenten durchführt (was Merkel's Hauptargument ist), so geschieht dies nicht wegen des besonderen, vom Veräußerer dem Erwerber geleisteten Versprechens, sondern weil das Gesetz einfach den Fall supponirt, daß der Gewähre die Sache durch Erbgang erworben, also einen weitern Gewähren nicht zu stellen hat; hätte er einen solchen, so würde er diesem trotz des Firmationsversprechens oder vielmehr gerade in Folge desselben die Durchführung des Processes überlassen.

Gerade von diesem Fall, daß ein fernerer Gewähre nicht mehr vorhanden ist, geht nun aber auch unsere Stelle aus in den Worten: et non potuerit *per haec verba veraciter* (scil. firmare) *ut supra diximus*, worin auf die im vorhergehenden § 11 genannten originären Erwerbsarten hingewiesen wird, und wir haben darin weder eine Besonderheit der Firmation noch des bezüglichen Versprechens zu erblicken.

Der Verkäufer einer beweglichen oder unbeweglichen Sache hat dem Käufer Gewährleistung versprochen, führt dieselbe aber nach geschehener Ansprache seitens eines Dritten nicht durch, bricht also das Versprechen (si constitutum ruperit), das ist allgemein der Thatbestand, der auch darin exemplificirenden Stelle, daß sie den Vertragsbruch als ein firmare non *posse* bezeichnet, also unterstellt, daß der Gewähre zwar in den Proceß getreten, aber unterlegen ist; während sicherlich die rechtliche Lage keine andere sein soll, wenn derselbe bereits die Uebernahme der Vertheidigung unterläßt, der Fall, welchen das unsern Fall übersehende fränkische Recht aufstellt. — Wie in letzterem finden wir aber nun auch hier den Satz: Bruch der Gewähre zieht poena dupli nach sich:

tunc pretium reddat et talem terram aut speciem, qualem se firmare pollicebat, restituat. —

Eine Anwendung unserer so aufgefaßten Gesetzesstelle ist enthalten in einem Placitum v. J. 828 bei *Meichelbeck*,

Hist. Fris. I Nr. 530, welches zugleich zum Verständniß jener beiträgt. Hier klagt der Advocatus der Kirche zu Freising gegen Alprich, weil derselbe: traditum habuit ad Frigisinga S. Mariae illum dictum locum Smeoha — *et hanc ipsam traditionem ad ipsa casa Dei firmare et stabilire non potuit*, sed iterum de manu supra nominati Advocati illam traditionem suscepit et Chonrato dimisit in proprium. Der Thatbestand ist augenscheinlich der, daß die Kirche in einem früheren Eviktionsproceß, welchen der Evincent Konrad gegen sie angestellt hatte, den jetzigen Beklagten Alprich als ihren auctor adcitirt hatte, daß dieser auch ihre Vertretung übernommen (de manu Advocati traditionem suscepit), aber wegen vorheriger Veräußerung des Grundstücks an den Evincenten hiermit unterlegen war (Chonrato dimisit in proprium).[19] Man sieht, daß hier die Pflicht zur Gewährleistung, zum firmare et stabilire, einfach aus der Tradition selbst abgeleitet wird; ein besonderes Versprechen derselben ist nicht erwähnt, und ebenso wenig die Erwerbsart, der Besitztitel des Tradenten, durch welche Momente nach Merkel die Firmationspflicht bedingt sein soll. Und auch das Unterliegen des auctor im Eviktionsproceß wird nicht etwa auf einen Mangel bezüglich dieser Momente zurückgeführt, sondern auf eine entgegenstehende frühere Firmationspflicht. — Ferner ergibt sich aus der Stelle, daß die Firmation nicht in der Uebernahme des Processes, und dem hierbei stattfindenden feierlichen Akt besteht, denn beides war ja im betr. Fall vorgenommen worden, sondern in der Durchführung des Processes, entsprechend dem oben (Anm. [4]) hervorgehobenen Charakter der deutschen Gewährleistung überhaupt.

Das durch diesen Thatbestand motivirte Petitum des

---

[19] Vgl. Meichelbeck I Nr. 269, 470; Vaissette, Hist. de Langued. I Preuves Nr. 88; Heusler, Gewere S. 30 ff.

Klägers geht nun auf Ersatz von: *cuncta aequalia sicut ille traditum habuit;* das Urtheil befiehlt dem Beklagten: *legaliter justitiam facere* Episcopo — —, *quod illam traditionem ad ipsa casa Dei firmare nequiverat.* Die Erfüllung desselben besteht darin, daß: Alprih et filii ejus — — donaverunt in manus Hittoni Episcopi — talem proprium, quod habuerunt ad Allingas — — et ista omnia hic notata donaverunt *per compositionem et injustitiam, quam fecerat ad ipsa casa Dei.* Die Rückgabe des ursprünglichen Kaufpreises ist dabei als schon geschehen anzunehmen, das neu übertragene Grundstück als gleichwerthig mit dem evincirten, so daß den Gewähren wegen nicht erfüllter Firmation, Gewährleistung die poena dupli trifft. —

Für einen ähnlichen Fall spricht noch denselben Grundsatz aus:

> *L. Baiuw. XVI § 5:* Si quis ingenuum vendiderit, cum ille suam haberet[20] libertatem, is qui eum vendidit, reducat eum in loco suo et restituat ei libertatem sicut prius habuit; — — *emptori in duplum pretium, quod accepit, cogatur exsolvere.*

Die Revindikation der Freiheit des Verkauften wird eben praktisch auf dem Wege des Bruchs der Gewähre im Eviktionsverfahren bewirkt werden, weshalb der Veräußerer die poena dupli an den Käufer verwirkt.[21] Die Voraus-

---

[20] Variante: probaverit, und ebenso Westgoth. Antiqua c. 290 (Bluhme S. 18), welcher die Stelle entnommen ist; hierdurch wird der processuale Weg, auf welchem sich das Unrecht des Verkäufers herausstellt, besser angedeutet.

[21] Die Stelle ist wie erwähnt (s. die vor. Anm.) dem westgoth. Recht entnommen; desgleichen Baj. XVI § 4 (= Antiqua c. 289, L. Visig. V, 4 c. 8): Quotiens de vendita re contentio commovetur, si alienam fuisse constiterit, — —' qui alienam vendere praesumpsit — emptori, qui accepit, pretium redditurus. Et quicquid ad comparatae rei profectum studio suae utilitatis emptor adiecit, — a venditore juris alieni satisfactio justa reddatur. Der Wider-

setzung der *mala fides* des ersteren ist übrigens in dieser Stelle nicht zu verkennen.

Wir können somit als deutschen Rechtssatz für diese Zeit aufstellen, daß die Verletzung der vertragsmäßigen Gewährleistungspflicht eine Buße nach sich zieht in dem doppelten Betrag des zu gewährenden Gegenstandes, welche nach Art der deutschen Komposition überhaupt zugleich Schadensersatz und Strafe, Sühne für das Unrecht als solches, ist. Diese Buße ist zwar ihrer äußern Gestalt nach nicht auf deutschem Boden gewachsen; vermittelst des Urkundenwesens und des westgothischen Rechts (s. Anm. [21]) ist die römische duplae stipulatio zu uns gedrungen; aber sie muß im Ganzen deutschen Rechtsanschauungen entsprochen haben, da sie sich allgemein zu einer gesetzlichen Strafe emporzuschwingen wußte. Es handelt sich hier nicht wie oben um Zwangsvollstreckung, neben welcher die Verzugsstrafe eine nur wenig

spruch zwischen letzterer Stelle, wonach der Käufer der evincirten Sache nur Kaufpreis und seine Verwendungen ersetzt erhalten soll, und dem im Text dargelegten Rechtssatz läßt sich nur durch Zurückgehen auf das westgoth. Recht erklären. Dieses hat auch in unserer Frage römische Grundsätze angenommen und gibt dem Käufer nur die actio emti auf Ersatz (vgl. Savigny, Gesch. des röm. Rechts II S. 89); ein höherer Anspruch, insbesondere auf die poena dupli steht demselben nur kraft einer im konkreten Fall verabredeten Pönalstipulation zu; so sagt die oben cit. Parallelstelle der L. Vis.: emptori precium, quod accepit, redditurus et poenam quam scriptura continet impleturus, und die in Antiqua c. 290 ausgesprochene poena dupli ist nur als Folge einer präsumtiv für den Eviktionsfall übernommenen Konventionalstrafe zu betrachten. — Dagegen hat das bayerische Recht theils auf Grund dieser westgothischen Bestimmungen, theils wie das fränkische Recht aus dem Rechtsverkehr selbst die poena dupli als gesetzliche Strafe recipirt, und es war daher eine auf Unverstand beruhende Inkonsequenz, neben den im Text berührten Bestimmungen über die gesetzliche Strafe bei Bruch des Gewährversprechens diejenige in Baiuw. XVI § 4 in das Gesetz aufzunehmen, welche die Herrschaft der Konventionalstrafe voraussetzt. — Ein übrigens willkommener Beleg zu der im Anhang gegebenen Darstellung, wie die römische Konventionalstrafe im deutschen Rechtsleben überall in eine gesetzliche sich verwandelte.

bedeutsame Stellung einnimmt, sondern um eine durch Unmöglichmachung der ursprünglichen entstandene neue Leistung, deren Verhältniß zu jener (2:1) anzeigt, daß es sich um ein schwereres Unrecht, um einen intensiveren Eingriff in die Rechtsordnung handelt, als bei blosem Verzug. Denn der Rechtszustand ist hier an sich nicht herstellbar, seine Verletzung kann nur ausgeglichen werden. Dem deutschen Sinn sagte es zu, daß dies durch eine Leistung im doppelten Werthe der ursprünglichen geschehe, indem hier wie sonst der objektive Werth des im einzelnen Falle verletzten Rechts zum Maaßstab genommen ward.[22]

So finden wir diese Strafe auch in einer Reihe von Verkaufsurkunden ausdrücklich stipulirt, ohne daß wir nach dem Voranstehenden an eine durch Parteibelieben bewirkte Konventionalstrafe zu denken hätten:

*Bréquigny-Pardessus* II Nr. 460 v. J. 704: Codebert verkauft an das Kloster Sithiu alle seine in Remilly gelegenen Güter: Si quis vero — — contra hanc vendicionem — venire aut effringere presumpserit, et *a me vel a meis heredibus defensatum non fuerit*, tunc inferamus nos vel heredes nostri *tantum et alia tantum quantum a vobis accepimus* vel quantum ipsa res eo tempore meliorata valuerit,[23] *duplam pecuniam statuta servante* (Dativ) *conponat*. Siehe auch ebenda Nr. 470. *Form. Marc.* II, 19 (*Roz.* Nr. 268) u. a. m.

Dasselbe Recht gilt ferner auch bei der Schenkung; auch der Schenker ist dem Beschenkten gegenüber zur Gewährleistung bei Eviktion verpflichtet, und muß im Fall der

[22] Der doppelte oder mehrfache Ersatz bildet häufig die Strafe des älteren Rechts; vgl. Waitz, sal. Recht, S. 195. Wilda, Strafrecht, S. 321.

[23] Dieser Zusatz ist eine Reminiscenz der römischen duplae stipulatio; vgl. die römischen Urkunden bei Savigny, Gesch. des röm. Rechts II S. 189 Note h.

Verletzung duplum präſtiren. Rib. 59 § 7 und Baiuw. XVI § 13 dehnen die für Kauf und Tauſch gegebenen diesbezüglichen Beſtimmungen ausdrücklich auf die Schenkung aus. Ebenſo weiſen auch Schenkungsurkunden das Eviktionsverſprechen und die Strafe für deſſen Verletzung auf; vgl. z. B. *Form. Baluz. maj.* Nr. 7 (*Rozière* Nr. 198).

Aber nicht nur bei Uebertragung von Sachen kennt das deutſche Recht eine Währſchaftsleiſtung: wer einen Hörigen freiläßt, muß (mindeſtens wenn dies durch Urkunde geſchehen iſt) denſelben jeder Anfechtung dieſer Freilaſſung gegenüber vertreten; durch Ausſtellung des Freibriefs verpflichtet er ſich hierzu, und eine Verletzung dieſer, durch ihn ſelbſt übernommenen Pflicht zieht Strafe nach ſich:

> *L. Ribuar.* tit. 57 § 2: Sed si quis ei post modum contrarius extiterit, quod eum quis inlicito ordine ingenuum dimisisset, — — si auctorem habuerit, *auctor cum legibus ex hoc eum adducat. Aut si legibus eum non potuerit defensare, ad partem regis CC solidis culpabilis judicetur.*[24]

Da der durch den Bruch der Gewähre unmittelbar Verletzte hier in Folge davon in die Hörigkeit zurückkehrt, ſo kann an ihn, wie dies ſonſt die ſtrafrechtlichen Grundſätze der Zeit erfordern würden, eine Strafe nicht entrichtet werden; dieſelbe fällt vielmehr an den König, als den Vertreter und Bewahrer der Rechtsordnung, der zugleich perſönlich mit verletzt erſcheint, da der Freilaſſungsakt in ſeiner

---

[24] Vgl. auch L. Rib. 58 §§ 6, 7; Constit. Hludow. Pii de liberis et vasallis a. 816 c. 1 (Pertz, I S. 196). v. Bethmann-Hollweg, Bd. V S. 138, 158. — Der unterliegende Gewähre macht ſich, ſofern er die ungerechte Freilaſſung ſelbſt vollzogen, zugleich eines Unrechts gegen den Herrn des Freigelaſſenen ſchuldig, und es trifft ihn, ebenſo wie den Veräußerer einer fremden Sache, hierfür eine beſondere Strafe, die an den Herrn fällt, und mit derjenigen wegen des Bruchs der Gewährspflicht nichts zu thun hat. L. Rib. 57 § 2 a. E.

Gegenwart erfolgt war (*L. Rib.* 57 § 1: Si quis libertum suum — *in praesentia regis* secundum legem Ripuariam ingenuum dimiserit per denarium etc.). Diese Strafe ist aber auch hier eine der sonst angewandten poena dupli wenigstens analoge, indem die 200 sol. nach *L. Rib.* 62 § 2 das Wergeld des per denarium vor dem Könige Freigelassenen darstellen.

Wenn dagegen in den Freilassungsurkunden, wie z. B. *Form. Marc. App.* Nr. 48 (*Rozière* Nr. 100), in Anwendung des geschilderten Rechtssatzes für den Fall der Gewährsverletzung neben der öffentlichen Gewalt zugleich auch dem Freigelassenen selbst eine Strafe versprochen wird (inferamus *tibi una cum sotio fisco* auri untias tantas esse multando), so beruht dies auf unklaren Vorstellungen von der rechtlichen Sachlage, bezw. auf gedankenlosem Festhalten an Formeln, die ursprünglich auf andere Rechtsverhältnisse berechnet waren.

Endlich gelten gleiche Grundsätze beim Mordsühnevertrag. Der Mage des Ermordeten, welcher die Buße empfängt, verspricht den auf diese Weise seiner Schuld sich entledigenden Mörder gegen jeden Dritten, der fernerhin Ansprüche aus der Mordthat gegen ihn erheben würde, zu vertreten und diese Ansprüche abzuweisen; kann oder will er im gegebenen Moment diese Währschaft nicht leisten, so verwirkt er Strafe: *Form. Marc.* II Nr. 18, *Marc. App.* Nr. 51; (*Rozière* Nr. 511, 466). Vgl. im Anhang bei Anm. [23].

## § 15.

### Fortsetzung. — Bruch der Gewährleistungspflicht im langobardischen Recht.

Gegenüber dieser deutschrechtlichen Gestaltung nimmt die Verletzung der Gewährspflicht im langobardischen Recht in doppelter Hinsicht unser Interesse in Anspruch: zunächst dadurch, daß das subjektive Moment bei dem im Processe unterliegenden Gewähren mehr zum Ausdruck kommt, als dies dort der Fall war, dann aber durch die Weise, wie hier die Gesetzgebung sich immer mehr dem romanischen Gesichtspunkt nähert.

König Rothar spricht von unserm Fall nur an einer Stelle, und zwar von der Eviktion gekaufter Mobilien:

> *Ed. Roth.* c. 231 (*Pertz* IV S. 57): Si quis comparaverit ancillam, et postea venerit alter homo, qui eam suam dicat esse, revertant pariter ad auctorem.[1] *Tunc auctor si vindicare non potuerit, praevcat sacramentum, quod consciens non sit fraudi nec nullo conludio fecissit; reddat praetium tantum*, quantum in diae illa quando eam tradedit accepit, et ancilla ipsa proprio domino restituatur.

Reinigt sich der Gewähre von dem Verdacht, böswillig ein Unvermögen zur geschuldeten Leistung herbeigeführt zu haben, so trifft ihn keine Strafe, welche als solche das Wollen des Unrechts voraussetzt; der Kauf wird nur rückgängig gemacht, eine Entscheidung, welche wir als auch im deutschen Recht innerlich begründet, und dort nur nicht zum Ausdruck gelangt ansehen müssen. Leider ist uns jedoch nicht gesagt, wie es im umgekehrten Falle gehalten werden soll, wenn der auctor den Reinigungseid nicht leistet, und als doloser Verletzer der Vertragspflicht erscheint. Die Glosse zu unserer Stelle im *Liber Papiensis* (*Pertz* IV S 357) fügt nun hinzu:

> *Et si ausus non fuerit iurare de colludio, in duplum precium componere debet.*

Sie beruft sich hierfür, ebenso wie die Expositio § 2 auf *Liutpr.* c. 132 *(Lib. Pap.* c. 131); allein dieses Gesetz handelt von der Wegnahme einer Sklavin unter dem betrügerischen Vorwand, ein eigner Sklave habe sie zur Frau ge-

---

[1] S. oben § 14 Anm. [3].

nommen, und wenn hier auch die Glosse zufügt: intellectu huius legis datur in duplum omne, *quod aufertur fraude*, so liegt eben doch in unserm Fall das Unrecht nicht in einer fraudulosen Wegnahme; das Unvermögen der Papienser Gelehrten, in den inneren Zusammenhang der Rechtssätze einzudringen, macht sich vielmehr auch hier geltend. Trotzdem scheint die Glosse wirkliches Volksrecht, welches somit ganz mit dem der deutschen Rechte übereinstimmen würde, zu enthalten.

König Liutprand trifft nämlich in c. 43 für die Gewährleistung bei der Schenkung dieselbe Bestimmung wie Ed. Roth. c. 231 für den Verkauf; insbesondere soll sich auch hier der seiner Pflicht nicht nachkommende Gewähre durch Eid von dem Vorwurfe des dolus malus reinigen und: aliam talem rem, qualem donavit, qualis in illa diae invenitur esse, reddat cui donavit, et amplius non calomnietur, — ohne daß für den Fall der Nichtleistung des Eides eine Bestimmung getroffen wäre. Auch hier hat nun die Glosse zum *Lib. Pap.* (c. 42 *Pertz* IV S. 425) einen ähnlichen Zusatz wie oben, stützt denselben aber außer auf *Liutpr.* c. 132 zugleich auf den Rechtsgebrauch, *per usum*.

Während bereits in *Liutpr.* c. 43 eine Hinneigung zur blosen Befriedigung des Vermögensinteresses sich zeigt (verb.: qualis in illa die invenitur esse), findet sich in c. 116 desselben Gesetzgebers, über Gewährleistungspflicht bei Immobilien, dieser römischrechtliche Gesichtspunkt völlig zur Herrschaft gelangt:

> Si quis commutaverit terram, arvam aut pratum vel silvam, et inibi laboraverit et aedificium fecerit et clausura aut vinea posuerit, et postea surrexerit tertius homo, qui ipsum locum suum faciat, et eum ille qui dedit defendere non potuerit, recipiat res suas, quem dedit, et insuper ille, qui dedit et menime potuit defendere *ipsum dammum ei restituat*, quantum adpretiatus fuerit, quod ibidem postea laboravit vel

edificavit; sed et de conparationem statuimus, sicut et de commutatione.

Die Unterscheidung der Fälle je nach dem dolus oder der bona fides des Gewähren ist weggefallen, und zwar ganz konsequent, da es sich nicht mehr um verschiedene Rechtsfolgen (Strafe oder Rückzahlung des grundlos erhaltenen Kaufpreises) handelt, sondern nur mehr noch um die eine: Ersatz des Vermögensschadens, welcher dem Erwerber durch die Eviktion entsteht, Leistung des Interesses. Diese Auffassung tritt noch greller hervor durch das Anfügen des Schlußsatzes:

Hoc autem de his causis dicimus, unde cartolam commutationis aut vinditionis homenis inter se non faciunt: nam unde cartolam faciunt et ostenduntur sic deveat esse, sicut in ipsa cartolam legitur.

Hiermit ist ausgesprochen: das Recht als solches reagirt gegen das Unrecht nur, soweit ein materielles, das äußere Vermögen berührendes Interesse in Frage kommt; darüber hinausgehende Leistungen bedürfen der Beredung der Parteien: derselbe Standpunkt, den, wie wir gesehen,[2] das westgothische Recht in dieser Frage einnimmt, und ein evidentes Beispiel der fortschreitenden Entnationalisirung des langobardischen Rechts.

## § 16.

### Fortsetzung. — Der Bruch des Urtheils-Erfüllungsgelöbnisses.

Zu der oben hervorgehobenen Kategorie vertraglicher Rechtspflichten gehört nun noch ein Verhältniß, dessen Schwerpunkt jedoch auf einem andern Gebiete liegt. Bereits oben ist uns das Urtheils-Erfüllungsgelöbniß begegnet, und wir sahen dort (S. 44 ff.), wie dasselbe aus dem Sühnevertrag herausgewachsen ist. Solange dasselbe nun

---

[2] S. oben § 14 Anm. [21].

die rechtliche Grundlage der zu leistenden Komposition war, insbesondere solange letztere ohne dies Gelöbniß nicht exequirt werden konnte, unterlag es keinem Zweifel, daß dasselbe in jeder Hinsicht nach der Theorie der Privatverträge zu beurtheilen war. Dies änderte sich mit der Gesetzgebung Chilperich's, wonach das Urtheil selbständig Zahlung der Komposition anbefahl und auch ohne Gelöbniß vollstreckbar wurde.[1] Letzteres war hierdurch zur blosen processualischen Formalität herabgesunken. Sein Inhalt deckte sich mit dem des befehlenden Urtheils, und eine Verletzung dieses Inhalts erschien wesentlich als processuales Unrecht. Trotzdem soll dasselbe der Vollständigkeit halber hier erörtert werden. Jedoch interessirt es uns hier nicht in der bisher allein erwähnten Gestalt als Versprechen der Leistung einer Komposition; hier treten bei einer Verletzung einfach die oben für das außergerichtliche Versprechen einer Zahlung dargelegten Rechtsfolgen ein: Zwangsvollstreckung und wohl eine Verzugsstrafe.[2]

Das Urtheilserfüllungsgelöbniß wurde vielmehr die processuale Form, in welcher die Parteien jedwede, in Urtheilsgestalt ergehende richterliche Auflage anerkannten und deren Ausführung zusicherten; insbesondere für den Fall, daß bei streitigem Thatbestande die Definitivsentenz von einem zuvor zu erbringenden Beweise abhängig gemacht wurde. Hier versprach die Partei, welcher der Beweis auferlegt wurde, in dem hierzu bestimmten Termine zu erscheinen und die betreffende Handlung zu vollziehen, sei es einen Eid zu leisten,

---

[1] Edictum Chilperici c. 7 (Behrend, L. Sal. S. 107 ff.; Merkel, L. Sal. tit. 77 S. 38 f.). S. oben S. 50 Anm. [19].

[2] Siehe Sal. 50 § 3, wo allerdings eine Strafe nicht ausdrücklich erwähnt, aber doch in den Worten, womit Kläger den Grafen zur Exekution auffordert: homo ille mihi fidem fecit, quem legitime habeo jactivo angedeutet ist; vgl. Sal. 51 § 1. Siegel a. a. O. 245 ff. Sohm, Proc. S. 166 ff. v. Bethmann-Hollweg IV S. 516 und über jactivus oben S. 62 Anm. [3].

sei es Zeugen, Urkunden, Gewähren zu produciren, sei es die Kampfesprobe oder ein anderes Ordale zu bestehen.[3] Die Erfüllung dieses Versprechens war enge an den betr. Termin geknüpft; denn da Absolution oder Kondemnation im voraus von der Erbringung des Beweises abhängig gemacht war, so trat mit fruchtlosem Ablauf des hierzu anberaumten Termins Sachfälligkeit der beweispflichtigen Partei ein[4]: Versäumniß des richtigen Zeitpunkts zog somit Unmöglichkeit der Erfüllung nach sich. Aber das hierdurch begangene Unrecht ist eben nur ein formales, innerhalb der Grenzen dieses Processes liegendes. Der Zweck der versprochenen Handlung bestand einzig darin, zur Rechtsverwirklichung beizutragen; mit ihrer Unterlassung eröffnet sich aber, gerade durch die Sachfälligkeit, ein neuer Weg hierzu. Nur dadurch, daß der Proceß nicht den ihm durch Urtheil und Parteigelöbniß vorgezeichneten Gang nimmt, ist das Recht des Gerichts und der Gegenpartei, welchen beiden das Gelöbniß abgelegt wird,[5] verletzt. Es tritt daher eine Strafe ein, aber nur

---

[3] Vgl. z. B. L. Rib. 31 § 2, L. Franc. Cham. c. 14, Form. Marc. App. Nr. 2 (Roz. Nr. 479, sowie ferner Nr. 481, 486 u. a.) Placitum Chlodovei III a. 691 (Pertz, Dipl. I M. Nr. 59; Bréq.-Pardessus II Nr. 418); — fuit judecatum, ut memoratus Chunebercthus ipso extromento (lies instrumentum) in noctis XL, quod evinit, ubi ficerit proximus minsis September dies XX, in nostri presenciam dibiat presentari; quod et ita per fistuca visus est achrammisse. — Siegel S. 219 ff. Sohm Proc. S. 163 f. Brunner, Schwurgerichte S. 52, 64.

[4] L. Rib. 67 § 2—4; L. Franc. Cham. c. 14; Form. Marc. I Nr. 38; App. Nr. 5, 33; Lindenbr. Nr. 168; Andegav. Nr. 10, 11, 24, 28, 29, 30, 46, 49; Sirmond. Nr. 30, 40, 41; Bignon. Nr. 12 (Rozière, Nr. 453; 480, 485; 454; 482, 495, 497, 487, 489, 488, 473, 493; 491, 484, 502 sowie daselbst Nr. 486); Pertz, Dipl. I M. Nr. 49, 59, 66; Bréq.-Pardessus II Nr. 394, 418, 431, 478. — Siehe v. Bethmann-Hollweg IV S. 496, V S. 124, 136 Anm. [48], 163 f., 184 f. mit der Berichtigung S. 449.

[5] Hierüber vgl. v. Meibom, Pfandrecht S. 256, ferner Sohm, Altd. Reichs- u. Gerichtsverf. I S. 171 Anm. [106].

die für processuales Unrecht überhaupt übliche, nach fränkischem Recht 15 solidi:[6]

*Cap. de part. Saxon.* a. 785 c. 32 (*Pertz*, Legg. I S. 50): Si cuilibet homini sacramentum debet aliquis, aframeat illum ad ecclesiam sacramenta ad diem statutum. Et *si jurare contempserit*, fidem faciat et *solidos quindecim componat*, qui inactivus (= jactivus) apparuit et deinceps *causam pleniter emendare faciat.*

Das Nichtleisten des gelobten Eides bewirkt, daß die Partei nunmehr in der Sache selbst dem Verlangen des Klägers nachkommen muß; und außerdem, blos wegen Nichterfüllung einer durch diesen Ausgang überflüssig gemachten, aber doch einmal versprochenen Handlung, verwirkt sie die Strafe von 15 sol.; die Erfüllung dieser beiden Leistungen soll sie nunmehr angeloben.[7]

---

[6] S. Sohm, R.- u. G.-Verf. I S. 168 ff. Es ist hier zu bemerken, daß Sachfälligkeit wie Strafe dann nicht eintreten, wenn der Pflichtige durch echte Noth, sunnis, am Erscheinen oder an der Vollziehung der Beweishandlung verhindert war. S. v. Bethmann-Hollweg V S. 185 Anm. [34] und viele der oben Anm. [4] citirten Stellen. Ein tieferes Eingehen auf die subjektive Seite der strafbaren Handlungsweise findet sich allerdings im deutschen Recht auch hier nicht; dagegen vgl. das langob. Kapitulare Kaiser Ludwig's II v. J. 855 c. 1 (Pertz, Legg. I S. 436).

[7] Ueber das fidem facere in dieser Stelle vgl. oben S. 20 Anm. [31]. Es ergibt sich aus derselben, daß die Ansicht Siegel's S. 221 f., Sohm's S. 163 Anm. [1], Brunner's, Zeugen- und Inquisitionsbeweis, Wiener Sitzungsberichte Bd. 51 S. 378, Schwurgerichte S. 52, wonach die beweispflichtige und eventuell verurtheilte Partei von vornherein ein alternatives Gelöbniß auf Beweis oder Erfüllung der res judicata abgelegt hätte, nicht richtig sein kann. Vgl. auch Placit. a. 691 (Pertz, Diplom. I M. Nr. 59), wo erst nach Erwähnung der Angelobung der Beweisauflage (s. oben Anm. [3]) mit der Angabe des weiteren Urtheilsinhalts, der zweiten Alternative fortgefahren wird: sin autem non potuerit: quod lex de tali causa edocit, exinde susteniat; vgl. noch Form. Lindenbr. Nr. 168, Andeg. Nr. 52 (Rozière Nr. 454, 473 § 2). Die beweispflichtige Partei hat sich vielmehr dem alternativen Urtheil gegenüber für eine der beiden Alternativen zu ent-

In einer Reihe von Urkunden über Proceßverhandlungen (Placita) wird auf diese Strafe nicht erfüllten, gebrochenen Versprechens Bezug genommen:

*Placit. Caroli M.* a. 812 (*Mabillon*, de re diplomatica, Lib. VI Nr. 63 S. 512; auch bei *Tardif*, Monum. histor. Nr. 103): Veniens ante nos — *Salacus* nobis innotuit eo, quod — *Tingulfus* a fidejussoris datus habuisset, ut infra noctis XLII ante nos sibi adpraesentare debuisset pro aliquas causas iurationis; — et memoratus T. nec a decto placito vinit, — sed iactivus exinde in omnibus aparuit. Proinde nos — visi fuemus iudicasse, — ut memoratus T. in contra saepe dicto S. *de illos iactus, sicut lex locis vestrae de talibus edocuerit, omnino componeat vel emendare studeat.*

*Placitum* v. J. 862 (*Vaissette*, I Preuves Nr. 88 S. 113): Tunc nos missi et judices ordinavimus Hictore misso nostro ut ad Duvigildo fidiuxorem tollere faciat, ut se praesentare faciat una cum sua scriptura et suos auctores nomine Petrone vel uxori suae — in placido ante judices in dies 15 et ad Richimiro mandatario similiter de sua praesentia; *et si minime fecerint unusquisque solidos 10 et quidquid ibidem ad judices legibus factum fuerit* de hac causa sic consistat.[8]

---

scheiden; gelobt sie Erbringung des Beweises, so erfolgt das Versprechen der Leistung in der Sache selbst, erst wenn sie mit der Beweisführung unterlegen ist. Keinen Gegenbeweis liefert Pérard, Recueil S. 35 Nr. 18, da hier der, eventuelle Urtheilserfüllung gelobende Beklagte keinen Beweis zu führen hat.

[8] Aehnlich Pérard, Recueil, S. 149, Noticia evindicationis v. 870: Alcaudus — cartam in manu tenens, unde in alteros mallos de duobus casnis mallatus fuit ipse Hildebernus et sacramentum afframivit, unde gietivos remansit; Form. Marc. App. Nr. 1, 22; Lindenbr. Nr. 168 (Roz. Nr. 498, 456, 454). Jactivus weist überall auf den jectus, die Buße hin. Wie wenig letztere in diesen Fällen aber durch das vorausgegangene Versprechen bedingt, und in Wahrheit nur die Folge processualen Ungehorsams war, erhellt aus Urkunden,

Schon aus dieser letzten Urkunde ersehen wir, daß nicht nur die beweispflichtige Partei, sondern auch der Probat sein Erscheinen am Beweistermin ausdrücklich versprach[9]; bleibt dieser aus, so ist der Gegner seiner Beweispflicht ledig und es wird ihm das Recht zugesprochen[10]; zugleich verfällt dann aber der Probat der Buße von 15 solidi. Vgl. *Extrav. ad L. Sal.* B c. 1 (Behrend S. 120 f., Merkel, S. 99.)

Für die Erfüllung dieses Versprechens, einen Beweis zu erbringen oder im Gericht zu erscheinen, pflegte man seit den ältesten Zeiten Bürgen zu bestellen.[11] Wir haben bereits oben erwähnt (S. 61 f.), wie das Versprechen des deutschrechtlichen Bürgen in erster Linie dahin geht, daß ein

---

wie bei Pérard, S. 148 v. J. 868: Tunc ipsi Scabini decreverunt iudicium, quod post 40 noctes — ipse H. contra A. iurasset, aut quod lex est fecisset. — — Sed quia H. ibi non venit — in omnibus geitivus apparuit, d. h. sowohl in Bezug auf den auferlegten Eid als die eventuelle Leistung. Roz. Nr. 499. Vgl. L. Burgund. tit. VIII c. 3 (Pertz, Legg. III S. 537). Ob bei Pertz, Dipl. I M. Nr. 60 (Bréq.-Pard. II Nr. 424) mit der, für den Fall, daß Beklagter einen Eid am bestimmten Termin nicht schwöre, stipulirten Leistung von 10 Pfd. Silber eine Strafe wegen Nichtleistung des Eids oder die Hauptschuld selbst gemeint sei, scheint mir zweifelhaft.

[9] S. Sohm, R.- u. Ger.-Verf. I S. 113 f. Anm. [40].

[10] S. v. Bethmann-Hollweg V S. 184 f. — Cap. Hlud. II Imp. a. 855 c. 2 u. 3 (Pertz I S. 436), welches in Abwesenheit des Probaten Ableistung des Eides vorschreibt, enthält langob. Recht. Die in c. 1 und 2 das. angedrohte Bannbuße bezieht sich nicht auf das Nichterbringen des gelobten Beweises, bezw. das Ausbleiben des Probaten, sondern auf die eintretende Sachfälligkeit, wodurch sich erweist, daß die Klage eine unbegründete war. S. unten im Anhang bei Anm. [41] ff.

[11] A. A. Platner, die Bürgschaft (Leipzig 1857) S. 50 f. und Heinze in der Ztschr. für Rechtsgesch. Bd. X S. 451; allein ohne Grund. Vgl. vielmehr schon Cap. II ad Leg. Sal. c. 8 § 2 (Behrend S. 97; Merkel, Sal. tit. 96); Ed. Chilp. c. 6 (Behrend S. 106; Merkel, Sal. tit. 77 c. 6), wo sich die fidejussio als althergebrachtes Institut findet. S. auch L. Sal. 58 § 2 und Gregor. Turon. Lib. IX c. 10 (Ruinart, Col. 429).

anderer eine Leistung mache, und wie derselbe erst eventuell selbst in Haftung kommt. In unserem Falle ist letzteres nun nicht möglich, da mit der Säumniß der Hauptpartei die versprochene Handlung selbst ganz in Wegfall geräth. Vielmehr besteht hier die Verpflichtung des Bürgen darin, zunächst, was an ihm liegt, dafür zu sorgen, daß die Partei das Versprochene leiste[12], eventualiter aber die durch die Nichterfüllung seitens der Partei verwirkte Strafe zu zahlen[13]; und wir finden sonach häufig die processualischen Bürgen sich ausdrücklich zu letzterem verpflichten. Diese Strafe ist daher an sich nur als Folge des Unrechts der Hauptpartei, und nicht als eine den Bürgen principaliter treffende aufzufassen; sie bildet mit den Inhalt seines Bürgschaftsversprechens:

Vgl. *Pérard*, Recueil, S. 35 Nr. 18: dem Kläger Fredelonus ist Zeugenbeweis auferlegt. Dedit Maurinus (Beklagter) fideiussorem nomine Autardo de sua praesentia. — — Et si Autardo jam dicto Maurino non repraesentaret, *faciat partibus Fredelono pro fide facta sicut lex est;*

d. h. er verpflichtet sich wegen der vom Beklagten ge-

---

[12] Vgl. Platner, Bürgschaft S. 61 ff.

[13] Dagegen wird durch das Nichterscheinen des Verbürgten im Termine in dieser Periode keineswegs eine Haftung des Bürgen in der Sache selbst herbeigeführt, wie Platner a. a. O. S. 74 f., 81 irrigerweise behauptet. Vgl. die bei Sohm, Proc. S. 163 Anm. [1] citirte Urkunde v. J. 876 (entnommen aus Ménard, Hist. de Nismes I, preuves Nr. 1, welches Werk mir leider nicht zur Hand war): die Beklagten per manum fidejussori suo Donodeo repromiserunt, quod ita facerent (den Beweis zu erbringen); quod si non fecerint, D. suam legem componat, et inantea episcopus et ejus advocatus (die Beklagten) faciant quod lex est. — Anders natürlich, wenn die Erfüllung in der Sache selbst verbürgt worden ist, wie z. B. in Lex Franc. Cham. c. 16 (Gaupp S. 31), Cap. de part. Sax. a. 785 c. 27 (Pertz I S. 50), was Sohm, Proc. S. 165 f. zu übersehen scheint.

leisteten und nicht erfüllten *fides*[14] zur hierfür gesetzlich bestimmten Strafe. (Vgl. oben § 11 Anm. [11].) —

Hierher gehört endlich eine Bestimmung des alamannischen Volksrechts, welche die Strafbarkeit der Verletzung des processualischen Versprechens statuirt:

*L. Al. Hloth.* 36 § 3 (*Pertz* III S. 56): Et in primo mallo spondeat sacramentales et fidejussores praebeat sicut lex habet, et wadium suum donet ad misso comiti vel ad illo centenario, qui praeest, ut in constituto die aut legitime iuret, aut si culpaviles est, conponat, qualiter per neglectum non evadat; *et si evaserit, 60 sol. de fredo sit culpaviles.*

Ton und Geist ist hier ein anderer, wie in den oben gefundenen Sätzen; nicht die, zu dem blos formalen Unrecht im Verhältniß stehende Buße von 15 sol., sondern die königliche Bannstrafe soll verwirkt sein, weil das könig-

[14] Die Behauptung Sohm's, Proc. S. 21, 220 ff., daß mit dem fränkischen Bürgschaftsversprechen eine fides facta seitens des Hauptschuldners nicht konkurrire, ist eine Konsequenz seiner Theorie von der formalen Natur der fides facta, und fällt mit dieser selbst zusammen. Direkte Gegenbeweise lassen sich vielfach beibringen: vgl. z. B. Dronke, Cod. Dipl. Fuld. Nr. 41: D. — proiecta festuca — promisit, se ulterius non intromissurum. Proinde — iudicavimus, sufficere uadium et obsidem ab ipso D. suscipere, ne se ulterius — intromitteret. — Meichelbeck I Nr. 122: Et spoponderunt se E. et H., quod hanc hereditatem amplius quaerere non debuissent, — — et dederunt vadium confirmationis et fidejussor inde est K. judex. — Chronicon Benedictobur. (Monum. Boica VII S. 23): Reger inprimis pro banno vadatus est solidos 40 Kysi judici et fidejussores extiterunt G. et C. — Richtig ist nur, daß bei Bürgschaftsbestellungen das Versprechen des Hauptschuldners häufig, als selbstverständlich, nicht ausdrücklich erwähnt wird, wie sich dies theilweise auch im späteren Recht findet; vgl. z. B. Sachsensp. I, 9 § 6: he ne hebbe't selve gelovet oder bürgen vor gesat; ferner I, 65 § 1; II, 4 § 2 verglichen mit III, 85 § 3: svie bürgen sat also, dat he selve gelde oder sin bürge vor ine u. s. w. — Vgl. auch noch die in der vorigen Anm. angeführte Urkunde v. 876, sowie Gregor. Turon. Lib. IX c. 18.

liche Gebot übertreten ist; letzteres, ein Ausfluß der Staatsverwaltung und fußend auf den im Fortgang des Paragraphen angedeuteten Verwaltungszwecken, drängt den rechtlichen Gesichtspunkt zurück.[15]

## § 17.

### Verletzung von Vertragspflichten, welche in einer Unterlassung bestehen.

Die bisher besprochenen Arten vertraglicher Verpflichtungen besaßen das Gemeinsame, daß sie eine positive Handlung des Schuldners zum Gegenstande hatten, unterschieden sich aber dadurch, daß bei den einen diese Verpflichtung trotz einer Verletzung bestehen blieb, bei den andern dagegen wegfiel und eine andere Leistung, Strafe, an die Stelle trat. Es erübrigt uns noch einer weiteren Gattung zu gedenken, welche sich inhaltlich von den beiden vorhergegangen scheidet, dagegen bezüglich der Folgen einer Verletzung sich der zweiten derselben nähert. Gegenstand eines vertraglichen Versprechens kann nämlich sein das Nichtthun, Unterlassen einer oder mehrerer bestimmter Handlungen; der sich Verpflichtende verspricht mit Bezug auf gewisse Verhältnisse ein rein passives Verhalten seinerseits. Die Verletzung eines solchen Versprechens setzt somit naturgemäß voraus, daß der Schuldner aus seiner Passivität heraustrete, eine positive Handlung vornehme, welche sich als das zu verfolgende Unrecht darstellt. Bestanden die bisher betrachteten Unrechtsformen in einem Nichtthun des Schuldners, welches theils zwangsweise beseitigt werden konnte, theils nicht, so handelt es sich jetzt um einen positiven, directen Eingriff in die Außenwelt, welcher unter keinen Umständen

---

[15] Ueber das Eindringen der Bannstrafe als gerichtliches Gewedde in das Volksgericht s. Sohm, Reichs- und Gerichtsverf. I S. 168—179 und S. 107 ff.

ungeschehen gemacht werden kann, um ein dauerndes Hinderniß für die Herstellung des Rechtszustands: Verhältnisse, welche für die Gestaltung der Rechtsfolgen einer derartigen Verletzung maßgebend sein müssen.

Die Hauptfunktion vertraglicher Obligationen wird immer sein, den Schuldner zu einem positiven Handeln zu Gunsten eines andern zu verpflichten, und Unterlassungsobligationen werden daneben immer nur eine Ausnahmsstellung einnehmen. So weisen auch die deutschen Rechtszeugnisse dieser Periode im Grunde nur eine einzige Art von Versprechungen auf, welche ein Nichtthun zum Inhalt haben; wenn sich auch hier im Einzelnen wieder eine große Mannichfaltigkeit zeigt, so ist es doch überall derselbe rechtliche Grundgedanke, der sie beherrscht. Wir sprechen von dem, seitens der Kontrahenten der verschiedensten Verträge abgegebenen Versprechen, den geschlossenen Vertrag und die durch dieselben begründeten Rechtspflichten und sonstigen Rechtsverhältnisse nicht anzufechten oder gar umzustoßen, überhaupt nichts gegen dessen Bestand zu unternehmen. Denn der deutschrechtliche Vertrag, dessen verpflichtende Kraft auf dem gegebenen Worte des sich selbst bindenden Schuldners beruht, obligirt nicht nur zur Ausführung der direkt übernommenen Leistung, sondern auch zur Anerkennung des selbst geschaffenen Rechtszustands nach allen Hinsichten; die Stetigkeit des gegebenen Worts erfordert, daß der Schuldner in allen Beziehungen sein Verhalten in Einklang mit jenem und mit seinen Consequenzen setze. Eine Verletzung der letzteren, oder auch nur ein Versuch der Verletzung, selbst wenn die zunächst übernommene Leistung erfüllt ist, enthält einen Bruch des gegebenen Worts, ein gegen die vertraglich übernommene Rechtspflicht, sein Handeln innerhalb gewisser Schranken zu halten, verstoßendes Unrecht.

Es ist diese Verpflichtung dieselbe, welche von Siegel treffend als die Pflicht, „im Wort zu bleiben", als die Gebundenheit an's Wort charakterisirt, und auf deren Existenz im deutschen Recht von diesem Gelehrten zum ersten Mal hingewiesen worden ist.[1] Nur ist zu bemerken, daß deren Verletzung nicht allein in der Revokation des gegebenen Versprechens bestehen kann, sondern auch, besonders bei schon vollzogener Vertragsleistung, im thatsächlichen Angehen gegen die aus dem Vertrage hervorgegangenen rechtlichen Zustände und Verhältnisse. Auch die Aufrechthaltung des bereits Geschehenen liegt in der Verpflichtung, das Versprechen zu „halten."[2]

Im Einzelnen sind die Handlungen, welche diese Rechtsverletzung darstellen, je nach dem betr. Vertragsverhältniß natürlich verschieden, und es hat sich daher hier in den deutschen Vertragsurkunden die Sitte ausgebildet, im einzelnen Falle das ausdrückliche Versprechen, „im Worte zu bleiben", den Vertrag nach allen Richtungen hin als Norm des Handelns dienen zu lassen, in keiner Weise etwas gegen seinen Bestand vorzunehmen, — den sonstigen Beredungen und Verpflichtungen zuzufügen. Alle jene, im Anhange des näheren zu erörternden Strafdrohungen, welche sich in den Urkunden als gegen jeden dritten Angreifer des Geschäfts gerichtet finden, schließen in den selten fehlenden Worten: si quis vero, *si ego ipse aut ullus de heredibus meis*, — z. B. contra hanc venditionem venire conaverit u. s. w., zugleich dieses Versprechen seitens des Constituenten ein.[3]

---

[1] In dem vorzüglichen Buche: das Versprechen als Verpflichtungsgrund im heutigen Recht, S. 20 ff.

[2] Es ist daher irrig, wenn Behrend in der Zeitschr. für die deutsche Gesetzgebung und für einheitl. deutsches R. VIII S. 189 ff. die Siegel'sche Theorie dahin glaubt modificiren zu müssen, daß unter der „Gebundenheit ans Wort" nur der „pendente, noch nicht zu einem existenten Leistenmüssen verdichtete Zustand einer Obligation" zu verstehen sei.

[3] Das Versprechen „im Worte zu bleiben" in der oben geschilderten

Welches sind nun die Rechtsfolgen der Verletzung dieses Versprechens? — Wir müssen dieselben bei den einzelnen Vertragsarten durchgehen; es soll jedoch gleich bemerkt werden, daß es an gesetzlichen Bestimmungen im engern Sinne hierüber meist fehlt, daß aber die anscheinend konventionellen Strafklauseln in den Vertragsurkunden nirgends mehr den Charakter von kraft Rechtssatzes eintretenden Rechtsfolgen zeigen, als gerade hier.

## § 18.

### Fortsetzung. — Bruch des Sühnevertrags.

Zunächst ist wichtig der Sühnevertrag, die gerichtliche oder außergerichtliche Beilegung der Fehde. Das Wesen

---

Bedeutung findet sich zu allen Zeiten im deutschen Rechtsverkehr; so heißt es schon im Vertrag zu Andlau zwischen den Königen Guntram und Childebert II v. J. 587 (Gregor. Turon. IX c. 20): Hoc etiam huic addi placuit pactioni, ut si qua pars praesentia statuta sub quacumque calliditate — transscenderit, omnia beneficia — amittat. — — His itaque omnibus definitis, jurant partes, — se omnia, quae superius scripta sunt, absque ullo dolo malo vel fraudis ingenio inviolabiliter servaturos. Aus späterer Zeit s. z. B. Urkundenb. der Stadt Lübeck I Nr. 450 v. J. 1283: si vero predictam pecuniam — contingeret nos — loco et termino supradictis non solvere aut in aliquo contra facere vel venire, promittimus u. s. w. — Der Sachsensp. I, 7 kennzeichnet diese Seite der vertraglichen Verpflichtnng mit den Worten: unde svat he dut, dat sal he stede halden, wie sich besonders aus der lateinischen Uebersetzung (Vulgata) ergibt (bei Homeyer, Sachsensp. 1. Theil S. 59): quicquid autem fecerit, hoc ipsum postea ratum et gratum habere debet. Hiermit vgl. z. B. Wirtemberg. Urkundenb. III Nr. 641 v. J. 1220: — super quibusdam eorum promissionibus, sub juramento ipsorum comprehensis, — inmemores facti sui, moverunt questionem. — Die langobardischen Urkunden haben für dieses Versprechen und diese Pflicht, im Wort zu bleiben, eine höchst charakteristische Formel; z. B. Monum. Hist. Patr. XIII Nr. 40 v. J. 769: Nec mihi leceat ullo tempore nolle, quod volui; sed quod a me semel factum est, inviolaviliter conservare promitto, und ähnlich ebenda Nr. 28, 33, 34, 54, 78, 80, 106, 196, 326, 382, 385 u. a. Memorie di Lucca Tom. IV Nr. 61, 88 u. a. m.

desselben ist die Versöhnung, beide Theile versprechen, keine Feindseligkeiten wegen der gesühnten Sache[1] gegen einander weiter zu üben, und zwar weder gewaltsam noch durch Klage.[2] So enthält *Form. Marc. App.* Nr. 23 (*Roz.* Nr. 470) einen gerichtlich abgeschlossenen Mordsühnevertrag; der Mage des Getödteten verspricht:

ut nullunquam tempore de iam dicta morte nec de ipsa leude nec ego ipse nec ullus de heredibus meis nec quislibet ullas calumnias nec repeditionis agere nec repedire non debeamus. *Quod qui adtemptaverimus, — inferamus tibi, una cum sotio fisco auri untias tantas esse multando.*

Vgl. *Form. Marc.* II Nr. 18, *Marc. App.* Nr. 51, *Andeg.* Nr. 26 (*Roz.* Nr. 511, 466, 509).[3] Umgekehrt stellt in einer Urkunde v. J. 858[4] der des Mordversuchs

---

[1] Dies ist der entscheidende Punkt für die rechtliche Beurtheilung des gelobten Friedens. Die Sache soll abgethan, der Zustand der Freundschaft und des Friedens, wie vorher, wieder hergestellt sein; eine Verletzung dieses Friedensvertrags setzt daher wesentlich eine Beziehung auf den abgethanen Zwist voraus. Dagegen hat man in den Darstellungen des Strafrechts dieser Periode dies Verhältniß meist verkannt, indem man in dem gelobten Frieden eine Regulirung der gesammten Rechtsbeziehungen zwischen zwei Parteien hat sehen, und denselben überhaupt zu einer höheren Art des allgemeinen Friedens hat erheben wollen, s. bes. Wilda, Strafr. der Germ. S. 229 ff.; Köstlin, Gesch. des deutschen Strafr. im Umriß (Tübingen 1859, herausgeg. v. Geßler); Geib, Lehrbuch des deutschen Strafr. (Leipzig 1861) I S. 173.

[2] Auch Anstellung einer gerichtlichen Klage, behufs Umstoßung der durch den Sühnevertrag begründeten Verhältnisse, ist nach der im Anhang (von Anm. [42] ab) näher dargelegten Anschauung des deutschen Rechts eine Verletzung des Vertrags und des auf demselben basirenden Friedens, ein Friedensbruch in diesem Sinne, was von der in Anm. [1] erwähnten Theorie meist ganz übersehen wird.

[3] Vgl. das nordische Friedensgelöbniß bei Siegel, Gerichtsverfahren, S. 25 f. Anm. [8].

[4] Bei de Courson, Histoire des peuples Bretons (Paris 1846) II S. 416 Nr. 48.

gegen einen Priester des Klosters Redon schuldige Anavan nach geschlossener Sühne dem letzteren Bürgen:

> quod nunquam faceret malum hominibus S. Salvatoris et monachorum ejus, — — *et si hoc mutasset, ipsi fidejussores pretium ejus abbati et suis monachis reddant.*

Bricht er die so geleistete Urfehde, so hat er sein Wergeld als Strafe zu zahlen, wofür die Bürgen in der oben (S. 127 f.) geschilderten Weise haften sollen. —

In diese Verhältnisse griff Karl d. Gr. mit starker Hand ein. Bisher war, wenn auch der Verletzer durch gerichtliche Klage zur Sühne genöthigt werden konnte, die Beseitigung der Fehde wesentlich im Belieben des Verletzten, bezw. seiner Blutsfreunde, gelegen. Nun sollte aber auch der Letztere zum Preisgeben dieses Rechts, zur Versöhnung unter allen Umständen, gerichtlicher oder außergerichtlicher, veranlaßt werden. Die Banngewalt gab hierzu das Mittel an die Hand; wie bisher einzig auf gerichtlichem, so soll jetzt auf polizeilichem Wege der Fehde entgegengearbeitet, und dieselbe möglichst beseitigt, die Parteien zum Sühnevertrag genöthigt werden. Es ergeht der obrigkeitliche Befehl, daß der Verletzer seiner, schon nach bisherigem Recht begründeten Pflicht zur Bußzahlung nachkomme, zugleich aber auch, daß der Verletzte diese Buße annehme und dem andern Frieden gelobe; auf die Unbotmäßigkeit diesem Befehle gegenüber werden die strengsten Bannstrafen gesetzt.[5] Die Grafen werden mit der

---

[5] Vgl. Cap. Franc. a. 779 c. 22 (Pertz I S. 39), wiederholt in den unächten Cap. Hloth. a. 832 c. 9 und 10 (Pertz I S. 363, siehe Boretius, Kapitularien im Langob.-R. S. 189 f.); Cap. Saxon. a. 797 c. 9 (P. I S. 76); Cap. Aquisgr. a. 802 c. 32 (P. I S. 95); Cap. exc. a. 813 c. 26c (P. I S. 190). — Vgl. Sohm, R.- u. Ger.-Verf. I S. 104 f.

Gewalt ausgerüstet, den im Fehdezustand befindlichen Parteien bei dem königlichen Bann Frieden zu gebieten.[6]

Kommt nun auf diese Weise ein Sühnevertrag zu Stande[7], so steht er unter einem doppelten Rechte und eine Verletzung desselben trifft zwei verschiedene Rechtskreise; sowohl das gegebene Versprechen als solches ist gebrochen, wie auch der zu demselben Anlaß gebende königliche Befehl; ja es kann noch ein drittes Unrechtsmoment hinzu kommen, wenn die Handlung, wodurch die Sühne verletzt wird, sich schon abgesehen von obigen Punkten als widerrechtlich darstellt, wenn z. B. die abgethane Fehde durch einen, mit Bezug auf dieselbe verübten Mord erneuert wird.

So verordnet *Cap. in Theod. villa promulg.* a. 805 c. 5 (*P.* I S. 135): Et si faidosus sit, discutiatur tunc, quis e duobus contrarius sit, ut pacati sint; et distringantur ad pacem, etiamsi noluerint. Et si aliter pacificare nolunt, adducantur in nostram praesentiam. Et

---

[6] Cap. de part. Saxon. a. 785 c. 31 (Pertz I S. 50); Cap. leg. add. a. 817 c. 13 (P. I S. 212), bei Ansegis. IV c. 25 (P. I S. 316) und wiederholt in Cap. pro leg. hab. a. 829 c. 7 (P. I S. 354). Es ist dies der Ursprung des im späteren Mittelalter zu so großer Wichtigkeit gelangten, polizeilichen Friede-Bietens, worüber zu vergleichen Schauberg, Zeitschr. für ungedruckte schweizerische Rechtsquellen (Zürich 1844) I S. 20—37; Blumer in der Zschr. für deutsches Recht, Bd. IX S. 297—309; Trummer, Vorträge über merkwürdige Erscheinungen in der Hamburgischen Rechtsgeschichte II (Hamburg 1847) S. 32—50; Warnkönig, flandr. St.- und Rechtsgesch. III S. 184—209; Osenbrüggen, das alamannische Strafr. im deutschen M.-A. (Schaffhausen 1860) S. 57—59.

[7] Es ist hervorzuheben, daß der obrigkeitliche Befehl nicht zum Inhalt hat: es soll Friede sein, sondern vielmehr: ihr sollt Friede versprechen; vgl. Cap. leg. add. cit. c. 13: comes — faidam per sacramentum pacificari faciat, ganz analog, wie wir oben (S. 44 ff.) sahen, daß ursprünglich das gerichtliche Urtheil den Verbrecher nicht zur Zahlung der Komposition, sondern zu deren Angelobung verurtheilte. Man ersieht hieraus, wie stark noch die Ueberzeugnng von der Rechtmäßigkeit der Fehde war.

si aliquis *post pacificationem alterum occiderit, componat illum et manum quam perjuravit perda et insuper bannum dominicum solvat.*

Der Begriff der ideellen Konkurrenz von Verbrechen ist dem alten Recht fremd; die Thätigkeit oder Handlung ist ihm überhaupt nicht das Wesentliche am Unrecht, sondern vielmehr die Rechtsverletzung. Soviel Rechtsverletzungen begangen sind, sovielmal ist eine Reaktion des Rechts gegen den Thäter gefordert. Die im Capitulare erwähnte Menschentödtung ist zu gleicher Zeit Mord, Ungehorsam gegen obrigkeitlichen Befehl, endlich Bruch des gegebenen Versprechens, und in scharfer Sonderung bezieht sich auf jedes dieser Delikte eine eigene Strafe. Das Friedensgelöbniß pflegte eidlich abgelegt zu werden[8], und der Kaiser setzt auf seinen Bruch als solchen die Meineidsstrafe, den Verlust der Hand[9], indem er, mehr eine äußere Analogie als die innere Natur der Verhältnisse beachtend, der falschen eidlichen Versicherung die Nichteinhaltung eines eidlichen Versprechens gleichstellt.[10]

## § 19.

### Fortsetzung. — Bruch des Sühnevertrags im langobardischen Recht.

Aehnliche Grundsätze über den Sühnevertrag galten im langobardischen Recht. Hier hatte *Ed. Rothar.* c. 143

---

[8] Siehe die vor. Anm. und Gregor. Tur. Lib. VII c. 47 a. E.

[9] S. Cap. a. 779 c. 10 (Pertz I S. 36): Cap. Aquisgr. a. 802 c. 36 (P. I S. 96). Cap. in Theod. villa a. 805 c. 11 (P. I S. 133 f.) Cap. Noviom. a. 808 c. 4 (P. I, 152). L. Franc. Cham. c. 32 (Gaupp, S. 33 und 70).

[10] Eine solche Gleichstellung ist dem Volksrecht dieser Periode nicht bekannt; die, durch die erwähnte Karolingische Verordnung ausgesprochene Gleichheit der Strafen bei Meineid und bei Bruch der eidlich gelobten Sühne wurde allerdings die Veranlassung, daß von da ab diese beiden Delikte häufig als parallel betrachtet wurden, ohne daß jedoch der Eidbruch an und für sich als selbständiges Delikt aufgestellt worden wäre.

(*Pertz* IV S. 32 f.) verordnet, daß, wer nach eidlich geschlossener Sühne[1] und bezahlter compositio „*se vindicandi causa*" eine Verletzung der Gegenpartei sich zu Schulden kommen lasse, die empfangene Buße doppelt herauszahlen müsse, und, falls diese Verletzung in der Tödtung eines Menschen bestand, unter allen Umständen die doppelte Mordbuße, Wergeld.

König Liutprand c. 42 (*P.* IV S. 126) handelt von dem durch obrigkeitliche Vermittlung (durch judex oder actor publicus) geschlossenen Frieden (treuvas tollere); wer denselben, gleichviel wie, bricht, soll um mindestens *200 sol.* gestraft werden, wovon die Hälfte an den Verletzten, die Hälfte gleich dem fränkischen Bann an den Staat (in puplico) fällt. Aber wie die ganze Gesetzgebung dieses Königs der Privatdisposition so häufig gestattet, die von Rechts wegen eintretenden Folgen zu modificiren,[2] so sollen auch hier neben diese Strafe noch höhere Konventionalstrafen treten können.

Endlich verordnete Kaiser Heinrich I (in Deutschland Heinrich II) nach Vorgang Karl's d. Gr., daß, wer nach geschlossener Sühne den andern tödte, seine Hand verlieren solle.[3]

---

[1] Mehrfache Sühneformeln bei Pertz IV S. 313, 314. Vgl. Osenbrüggen, Strafr. der Langobarden, S. 6, 7, 12.

[2] Vgl. besonders Liutpr. c. 91: Et si quiscumque de lege sua subdiscendere voluerit et pactionis aut convenentias inter se fecerent et ambe partis consenserent, isto non inpotetur contra legem, quia ambe partis volontariae faciunt, welche Stelle nicht blos den harmlosen Sinn hat, den ihr Savigny, Gesch. des R. R. I S. 155–158 unterlegt, sondern welche der Autonomie gerade mit Bezug auf die gesetzlichen Strafen einen weitgehenden Einfluß einräumt; so wird sie auch schon in der Expos. § 2 ad h. l. im Liber Pap. (Pertz IV S. 447) verstanden. – Sicher irrig ist die Auffassung der Stelle bei v. Bethmann-Hollweg IV S. 337, 338 Anm. 81.

[3] Lib. Pap. Heinr. I c. 3 (Pertz IV S. 583). Als Constitutio Heinrici II a. 1019 c. 3 auch bei Pertz, Legg. II S. 38.

## § 20.

### Fortsetzung. — Bruch des Versprechens, im Wort zu bleiben, bei andern Rechtsgeschäften.

An den Sühnevertrag und seine Verletzung durch Erneuerung der Fehde oder Erhebung von Ansprüchen schließt sich sachgemäß an das Versprechen, welches bei Beendigung anderer Rechtsstreitigkeiten seitens der in ihren Ansprüchen befriedigten oder damit unterlegenen Partei dahin abgegeben wurde, die getroffene Festsetzung in keiner Weise angreifen, jene Ansprüche nicht wieder erheben zu wollen: gewissermaßen ein civiler Sühnevertrag, durch welchen der bürgerliche Zwist, die Feindseligkeit der sich gegenüberstehenden Interessen beendet wird. Auch dieses Versprechen charakterisirt sich als Ausfluß der Pflicht, aus freiem Willen getroffene Dispositionen oder übernommene Verbindlichkeiten in Zukunft als Norm des Handelns den betr. Personen gegenüber gelten zu lassen; der getroffene Ausgleich muß in allen Beziehungen der Parteien unter einander insofern als Grundlage dienen, als nichts seinem Bestande Zuwiderlaufendes vorgenommen werden darf.[1]

Die Verletzung dieses Versprechens kann bestehen in thatsächlicher Geltendmachung oder Ausübung der erledigten

---

[1] Vgl. z. B. Placit. Chlodovei III a. 691 (Pertz, Diplom. I M. Nr. 59 = Bréq.-Pard. II Nr. 418): dedit in rispunsis, ut cum ipso Ch. de ipsa loca in racionis fuissit, — et tali extromento memoratus Ch. ei ob hoc ficissit vel fermassit, quod nulla repeticione de ipsa loca contra eiodem facere non deberit, sed omne tempore contra ipso Ch. exinde ductus et securus resedirit. Derartige Versprechen finden sich insbesondere häufig beim Urtheilserfüllungsgelöbniß, vgl. z. B. Dronke, C. D. F. Nr. 41; und ebenso werden sie abgegeben von Klägern, die mit ihrer Klage abgewiesen werden; z. B. Form. Sirmond. Nr. 42 (Roz. Nr. 478): in omnibus recognovit, quod contra legem ipsum hominem calumniabat, et se exinde omni tempore taciturum esse spopondit.

Ansprüche, oder in Wiedererhebung einer Klage, eine Art des Unrechts, welche, wie erwähnt (s. § 18 Anm. [2]), durch ihre äußere rechtliche Form nicht aufhört widerrechtlich zu sein, und welche daher den Folgen des Unrechts nicht entgeht.

Gerade für diesen letzten Fall wird mehrfach in den Gesetzen über den sein Wort Brechenden eine Strafleistung verhängt:

*L. Alam. Hloth.* c. 97 (*Pertz* III S. 79): Si quis aliquem post finiendam causam emendatam mallare voluerit *post testes tractos et emendacionem datam, — cum 40 solidis conponat.* Vgl. *L. Baiuwar.* XVII c. 3 (*Pertz* III S. 326 f.); — *Capit. Mantuan.* a. 781 c. 4; *Cap. in leg. Sal. mitt.* a. 803 c. 10 (*Pertz* I S. 40, 114).[2]

Auf derartige gesetzliche Bestimmungen ist es dann zu beziehen, wenn den Urkunden über rechtliche Ausgleiche Klauseln eingefügt wurden, wie etwa in den Formeln von Angers Nr. 5 und 42:

*Rozière* Nr. 503, 504: Quod si illi — ipsa causa resultare presumpserit, *soledus tantus inter tibi et fisco conponere debiat.*

Aehnlich bei außergerichtlichen Abrechnungen in *Form. Marc. App.* Nr. 36, sowie *Form.* Nr. 12 bei *Pardessus* in der Bibliothèque de l'école des chartes IV S. 14 ff. (*Rozière* Nr. 380, 383).

Handelte es sich bisher um Festsetzungen zur Ausgleichung streitiger Interessen, so treffen wir dasselbe Bestreben, das selbst Geschaffene für die Zukunft gegen eigene Anfechtung und Beeinträchtigung sicher zu stellen, auch im friedlichen Rechtsverkehr. Insbesondere bei denjenigen Geschäften, mit denen die Uebergabe einer Sache in den Besitz eines Andern, oder sonst die Begründung

---

[2] Siehe den Anhang bei Anm. [50].

eines dauernden Zustands verbunden, ist es gewöhnlich der Fall, daß der Tradent oder sonstige Constituent sich verpflichtet, den Besitz des Erwerbers oder jenen Zustand niemals und auf keine Weise anzugreifen, nichts zu thun, was denselben stören könnte.

Aufgeschriebene gesetzliche Bestimmungen über die Rechtsfolgen der Verletzung eines derartigen Versprechens haben wir nicht; dagegen finden sich solche desto häufiger in den Urkunden ausgesprochen, welche uns über die rechtliche Auffassung dieser Folgen nicht in Zweifel lassen. Zunächst ist hier wichtig die schon mehrfach erwähnte Urkunde v. J. 878 bei *Vaissette* I Nr. 109, worin es sich um eine vergleichsweise Uebertragung eines Grundstücks an die Nonne Fulcrada handelt:

> Segarius vero talem fecit fidem, — ut, si post hunc diem exinde contra F. — pro ipsas res *ulla repetitione removebat, S. suam legem componat, et inantea se taceat.* Hictarius similiter fidem fecit *vinculo legis suae*, et Ingilbaldus *secundum legem suam* fidem fecit, quod in contra F. — *de ipsa causa reparare non se praesumant.*

Zum Schlusse heißt es dann noch einmal:

> Et illut illis inserere placuit, qui si fuerit ipsi aut ullus heredum — *de hac causa ulloque tempore causa calumpniare removebat, auri libras componat*, et quod repetit, vindicare non valeat.

Die hier offenbar in gleicher Bedeutung stehenden Ausdrücke: suam legem componat, und: auri libras componat, zeigen aufs deutlichste, wie diese Pönalsanktion eine wegen verletzten Rechtes verfallende gesetzliche, keine konventionelle Strafe im Auge hat. Die verpönte Handlungsweise verstößt gegen die Rechtspflicht, getroffene Dispositionen unangefochten zu lassen, sie in jeder Hinsicht zu halten; durch direkten rechtlichen Zwang kann sie nicht beseitigt, die Integrität des Vertrags erhalten werden; deshalb tritt eine ausgleichende Reaktion des Rechts in Gestalt einer den Wortbrüchigen treffenden Strafleistung ein.

Dasselbe findet statt bei Kauf- und Tauschverträgen: Beyer, Urkundenb. zur Geschichte der mittelrheinischen Territorien, I Nr. 65 v. J. 838; Gütertausch zwischen den Abteien Prüm und St. Maximin: Si quis vero, — si nos ipsi aut successores nostri, quod nos ob communem profectum utrarumque ecclesiarum *facere* studuimus, *infringere aut aliqua occasione improbare temptaverit*, quod repetit minime vindicet, sed insuper *distringuente fisco auri libram unam parti*, *cui insultare temptavit, cogatur exsolvere.*

*Pérard* Recueil S. 20 Urk. v. J. 837: et repromittunt inter se unusquisque pars contra pari suo de hoc, quod accipit, *quod nulla calumnia dicere nec repetere non debeat; quod si fecerit, inferat pars parti custodi in duplum tantum, quantum ipsas res valuerint, in fisco auri uncias III*, et haec procamia ipsos inter facta omni tempore firma et stabilis permaneat.[3]

Gleich oder ähnlich lautende Bestimmungen weisen weiter auf Urkunden über Schenkungen,[4] Theilungen,[5] sowie über Prekarieverleihungen, bei welchen das Versprechen des Beliehenen, in keiner Weise das Recht des Verleihers anzugreifen oder in Frage zu stellen, im Fall des Bruches

---

[3] Vgl. ferner Pérard, Recueil S. 21 Urk. v. 840, S. 22 Urk. v. 841, S. 144 Urk. v. 846, S. 145 Urk. v. 848, S. 146 Urk. v. 852, S. 151 f. Urk. v. 876. Bréquigny-Pardessus, Dipl. II Nr. 454. Cartulaire de l'abbaye de Savigny I Nr. 10. Tardif, Monum. histor. Nr. 118. Traditiones Monasterii Lunaelacensis (Urkundenb. des Landes ob der Enns, Wien 1852 Bd. I) Nr. 22, 109. Formeln bei Rozière Nr. 302-304, 306, 308, 311—313.

[4] Bréq.-Pardessus II Nr. 384, Addit. Nr. 85. — Wartmann, Urkundenb. der Abtei St. Gallen I Nr. 132. — Rozière Nr. 252.

[5] Bréq.-Pard. I Nr. 179, II Nr. 253.

Strafe nach sich zieht[6]; dann über Ehescheidungen, welche rückgängig zu machen von keiner Seite versucht werden soll.[7]

## § 21.

### Fortsetzung. — Verletzung des Verlöbnißvertrags.

Schließlich trage ich kein Bedenken, die Verletzung eines Verhältnisses hierher zu stellen, welches sich im Verlaufe der späteren Rechtsentwicklung der Herrschaft des Volksrechts immer mehr entzieht, in dieser Periode jedoch für dessen Erkenntniß von großer Bedeutung ist, nämlich des Verlöbnißvertrags. In den wichtigsten Beziehungen mindestens erscheint dessen Verletzung als ein positives Zuwiderhandeln gegen durch Rechtsgeschäft übernommene Verpflichtungen.

Der Verlöbnißvertrag wird abgeschlossen zwischen dem zukünftigen Bräutigam und dem Mundwald, Geschlechtsvormund der Frau, nämlich deren Vater, ältestem Bruder oder nächstem Schwertmagen[1], und geht wesentlich dahin, daß der letztere sich verpflichtet, die Braut jenem als Frau zu übergeben, womit zugleich die Muntschaft über sie auf denselben übertragen wird; der erstere aber, die Braut als Frau zu

---

[6] Wartmann I Nr. 193. — Ried, Cod. dipl. Ratisb. I Nr. 22: promiserunt, — nullam inde negligentiam facere nullamque amplius controversiam ullo modo pastoribus S. Emmerani neque familiae ejus. Quod si facerent, secundum legem omnino componat. — Form. Marc. App. Nr. 27 und bei Pardessus in der Biblioth. de l'école des chartes IV Nr. 10 (Rozière Nr. 340 § 2, 324).

[7] Form. Marc. II Nr. 30; Sirmond. Nr. 19; Andeg. Nr. 56; bei Pardessus in der Biblioth. IV Nr. 4 (Rozière Nr. 111, 110, 114, 112 und daselbst Nr. 113).

[1] Vgl. Alam. Formel (herausgeg. v. Wyß) Nr. 16 (Roz. Nr. 239): Complacuit mihi, ut peterem a nobili et generoso viro nomine illo, filiam ejus — mihi desponsandam et quondam in conjugium assumendam. Quod cum ille cum consensu proximorum amicorumque suorum mihi concederet, etc. Aehnlich Form. Lindenbr. Nr. 75 (Roz. Nr. 228). Vgl. Rive, Gesch. der deutschen Vormundschaft I (Braunschweig 1862) S. 239—241.

sich zu nehmen und für den Uebergang des Mundiums den Muntschatz als Kaufpreis, früher an den Vormund, später an die Braut selbst, zu zahlen.[2] Diese Verpflichtungen bestehen nun zwar sämmtlich in einem positiven Handeln, so daß es scheinen könnte, als ob ihre Verletzung durch Weigerung einen Zwang zur Erfüllung, Exekution hervorrufen müßte. Allein thatsächlich verhält sich die Sache anders.

Was zunächst das fränkische Recht, und hier wieder die Verpflichtung des Bräutigams betrifft, die Braut heimzuführen, so ist zwar eine bestimmte Zeit, binnen welcher dies zu geschehen hat, gesetzlich nirgends bestimmt[3]; allein gerade hier besteht die Obligation nicht nur in dem Vollzug der äußeren Handlung, sondern auch in dem fortgesetzten Wollen derselben. Nach deutscher Rechtsanschauung kann sie zwangsweise überhaupt nicht bewirkt werden; ist daher an Stelle des ursprünglichen Verpflichtungswillens ein anderer Wille getreten, und ist derselbe mit Worten oder durch Thaten ernstlich ausgesprochen worden, so ist hiermit schon das Versprechen in der hier vorzüglich wichtigen Beziehung, im Worte, im Willen zu bleiben und nichts dagegen zu thun, verletzt, und zwar so verletzt, daß eine Her-

---

[2] Ueber die Geschlechtsvormundschaft, das Verlöbniß, den Muntschatz und die Muntbrüche im allgemeinen verweise ich auf J. Grimm, R. A. 420 ff. Eichhorn, D. St. u. R. G. I §§ 52—54, Zöpfl, D. Rechtsgesch. §§ 81, 81a, 83—86, Wilda, Strafrecht der Germ. S. 799—809, Schröder, Geschichte des ehel. Güterrechts in Deutschland, I (Stettin, 1863) S. 1—19, 24—83, und für das langobardische Recht auf Osenbrüggen, Strafr. der Langob. S. 80—91.

[3] Wie dies Rive a. a. O. S. 241, Schröder, a. a. O. S. 10 auf Grund von Ed. Rothar. c. 178, Liutpr. c. 119, L. Visigoth. III, 1 c. 4 allgemein anzunehmen scheinen; aber selbst diese Stellen setzen theils keine absolute Frist fest, theils sind sie singulärer Natur, vgl. weiter unten in den folgenden §§. Nach Gregor. Tur. Lib. III c. 27 besteht das Verlöbniß zwischen König Theodobert und Wisigart bereits 7 Jahre lang, und das scandalizari der Franken hierüber beruht nicht auf rechtlichen Motiven.

stellung des Rechtszustands selbst weiter nicht möglich ist. Die blose Rücknahme des gegebenen Wortes ist ein Bruch des Verlöbnißvertrags.

*L. Sal. Extrav. A* c. 1:[4] Si quis filiam alienam ad conjugium quaesierit praesentibus suis et puellae parentibus et *postea se retraxerit et eam accipere noluerit, — solidos LXII cum dimidio culpabilis judicetur.*

Durch das blose se retrahere und accipere nolle ist das Verlöbniß gebrochen; und zwar natürlich demjenigen gegenüber, gegen welchen es eingegangen war, d. i. dem Vormund; an diesen ist die Strafe zu zahlen.

Es ist durch die neuere Forschung festgestellt, daß in den älteren deutschen Rechten durchgängig die wegen Verletzung der Muntrechte zu zahlenden Strafen dem Betrage der für Ueberlassung der Muntgewalt zu machenden Gabe entsprechen[5]. So dürfen wir auch, obgleich im salischen Recht ein solch fester Betrag der letzteren gesetzlich nicht fixirt erscheint[6], annehmen, daß die hier verfallende Strafe von 62½ sol. doch in einem gewissen Bezuge zu dem Muntrechte steht. Auf letzterem beruht ja die Verlobung der Braut durch den Vormund und so erscheint die Leistung dieser Strafe, welche den rechtlichen Werth jener Befugniß repräsentirt, gewissermaßen als ideelle Ausgleichung der ihr in dem empfangenen und nicht gehaltenen Verlöbnißversprechen zu Theil gewordenen Verletzung.

Nicht ganz so verhält es sich mit der weiteren Verpflichtung des Bräutigams zur Zahlung des Muntschatzes, *reipus*; dieselbe hat nach dem aufgezeichneten fränkischen Recht nur

---

[4] Behrend S. 119, Merkel Nov. 274, 357. Pardessus, Loi Salique, texte IV tit. 96, t. V tit. 70; bei Herold tit. 70.

[5] S. Schröder a. a. O. S. 11 ff., Merkel bei Pertz, Legg. III S. 62 f. Anm. [15].

[6] Denn die 3 Solidi und der Denar in Sal. 44 sind nur mehr noch das Symbol des Kaufpreises. Schröder a. a. O. S. 56 ff.

noch eine symbolische Bedeutung; nichts desto weniger wird streng an ihrer Erfüllung festgehalten.[7] Stellt der reipus aber das Aequivalent des, mit der Uebergabe der Braut verbundenen Uebergangs des Mundiums dar, so kommt es wesentlich darauf an, daß er mindestens mit dieser Uebergabe gleichzeitig geleistet werde. Wird dies versäumt, so erscheint die Muntgewalt erschlichen, entgegen dem geleisteten Versprechen. L. Sal. 44 bestimmt daher, zwar nur bei dem Fall der Wiederverheirathung einer Wittwe, aber sicher ohne Beschränkung hierauf[8], daß, wer dieselbe ohne Zahlung des reipus als Frau annehme, in gleicher Weise wie oben, $62\frac{1}{2}$ solidi an den Mundwalt derselben verwirkt habe.[9]

Die Folgen der Verletzung des Verlöbnisses seitens des Vaters oder Vormunds der Braut finden sich weder im fränkischen noch in den sonstigen, i. e. Sinne deutschen Rechten erwähnt.[10]

---

[7] In karolingischer Zeit ist dann freilich das ganze Institut nicht mehr bekannt; Cap. Leg. Sal. add. a. 819 c. 8 (Pertz I S. 226, Behrend, L. Sal. S. 115).

[8] Vgl. Cartular. Langobard. Nr. 16 (Pertz IV S. 599): Qualiter vidua Salicha desponsetur; nam de puella fit ut de ceteris und dazu Grimm, R. A. 425 f.

[9] Eine von der bisherigen gänzlich abweichende Ansicht über die Bedeutung des reipus stellt neuerdings auf K. v. Amira, Erbenfolge und Verwandtschaftsgliederung nach den alt-niederdeutschen Rechten (München 1874) S. 31—36, wonach derselbe als Entschädigung der Muttermagen der Wittwe für die durch die Wiederverehelichung zerstörte Anwartschaft derselben auf Dos und Gerade aufzufassen sei. Der Verfasser selbst bezeichnet seine Ansicht als blose „Mutmaßung", und ich habe mich von deren Richtigkeit nicht zu überzeugen vermocht.

[10] Nach L. Burg. 44 § 2 (Pertz III S. 550) scheint dem Bräutigam bei verweigertem Vollzug der Ehe eine Klage hierauf zuzustehen. Nach nordischen Rechten (s. Wilda a. a. O. S. 805, Rive a. a. O. S. 106, 120 f., 242) soll sich der Bräutigam die vorenthaltene Braut mit Gewalt nehmen, und der Vormund in Strafe fallen. — Des Falles, daß der Vater oder Vormund einer Verlobten einem Dritten seine Einwilligung zur Entführung gibt, gedenkt Cap. leg. add. a. 817 c. 9 (Pertz I S. 211), jedoch ohne für erstere eine Rechtsfolge zu bestim-

Dagegen sind noch einige Bestimmungen des alamannischen und bayrischen Volksrechts über Verlöbnißbruch durch den Bräutigam bezüglich des Ehevollzugs zu erwähnen. Das fränkische Recht setzt den Fall der Verletzung durch blose Willenserklärung; ganz dasselbe kann aber erreicht werden durch konkludente Handlungen, insbesondere durch die Heimführung einer andern Frau.

Bei dem monogamischen Principe, welches das deutsche Recht beherrscht, ist die Nichtvornahme einer derartigen Handlung durch das Verlöbniß selbst implicite versprochen; und ebenso ist letzteres durch ihre trotzdem stattfindende Vornahme implicite gebrochen. So bestimmt *L. Alam. Hloth.* 53 (*Pertz*, III S. 62):

> Si quis filiam alienam disponsatam dimiserit, et *aliam duxerit, conponat eam, quod disponsavit et dimisit cum 40 solidis,*

und ebenso *L. Baiuw.* VIII c. 15 (*Pertz* III S. 300), mit dem einen Unterschied, daß in letzterer Stelle die Strafe nur 24 solidi beträgt. Die 40 sol. der L. Alam. stellen aber einerseits den gleichen Betrag dar, wie die aus dem Muntschatz hervorgegangene[11] Dos legitima des alamannischen Rechts[12], und entsprechen andererseits den $62^1/_2$ sol. (= 60 sol.[13]), welche das fränkische Recht auf denselben Thatbestand setzt.[14] Nach beiden Rechten soll übrigens der vertrags-

---

men. — Dagegen muß der Fall, daß ein Dritter oder die Verlobte selbst das Verlöbniß bricht, da deren Verpflichtungen nicht auf Vertrag beruhen, von der gegenwärtigen Darstellung ausgeschlossen werden.

[11] S. Schröder, a. a. O. S. 67 f.

[12] L. Alam. Hloth. 55 § 3: Dotis enim legitima 40 solidis constat.

[13] Vgl. Sohm, R.- u. Ger.-Verf. I S. 109.

[14] Ebenda, S. 110; Roth, Ueber Entstehung der Lex Bajuwariorum (1848), S. 59 ff., vgl. mit Derselbe, Zur Geschichte des bayrischen Volksrechts (1869) S. 14. — Merkel bei Pertz, III S. 62 Anm. [15] und S. 149 Anm. [78] scheint anzunehmen, daß die Strafe darin bestand, daß der Bräutigam trotz Nichtzustandekommens der Ehe den ge-

brüchige Bräutigam noch beschwören, daß er seine erste Braut nicht wegen deren Schuld, sondern nur aus Liebe zu der andern verlassen habe: die Hereinziehung eines der Gefühlswelt angehörigen Moments in die strenge Konsequenz der Rechtssätze.

Das bayerische Recht berücksichtigt aber außer dem förmlichen Verlobungsvertrag auch die Verletzung des einfachen, einem Frauenzimmer selbst gegebenen Ehelichungsversprechens; es beträgt jedoch hier die Strafe bei Wortbrüchigkeit nur die Hälfte der obigen:

*L. Baiuw.* VIII c. 17: Si quis liberam feminam suaserit quasi ad conjugem, *et in via eam dimiserit,* quod Baiuvarii „wancstodal"[15] vocant, *cum 12 solidis conponat.*

## § 22.

### Fortsetzung. — Bruch des Verlöbnißvertrags im langobardischen Recht.

Mit den im vorigen Paragraphen dargelegten Grundsätzen befindet sich das langobardische Recht im Wesentlichen in Einklang, jedoch nur in seiner älteren Gestalt.[1] Verzögert der Bräutigam ohne genugsamen Grund die Heim-

---

lobten Brautschatz habe zahlen müssen. Allein die Verpflichtung hierzu ist eine selbständige neben derjenigen aus dem Verlöbnißbruch; Strafe und Dos haben nur den gleichen äußeren Betrag, sind aber keineswegs identisch; dies geht auch aus der von Merkel angeführten Urkunde hervor, in welcher der wortbrüchige Bräutigam et juramentum — — emendavit, et omnia, que illi spoponderat, de suis propriis reddidit.

[15] „Einen perfid Handelnden bezeichnend," s. Schmeller, Bayrisches Wörterbuch (Stuttgart und Tübingen 1827 ff.) IV S. 116 f. s. v. „wanken".

[1] Dasselbe ist im Ganzen richtig dargestellt bei Osenbrüggen, a. a. O. § 41 S. 106 f. und bei Schröder, a. a. O. S. 12 ff., so daß wir uns hier auf eine kurze Angabe der betr. Bestimmungen beschränken können, unter Hervorhebung der Punkte, wo unsere Auffassung von der jener Gelehrten abweicht.

führung der Braut über 2 Jahre von dem Abschluß des Verlöbnisses ab, so kann der Vater oder Mundwalt derselben das Verlöbniß aufheben; jedoch muß der Bräutigam trotzdem den versprochenen Muntschatz, die meta[2] zahlen, und zwar soll dieselbe, obgleich sie sonst nach dem früheren Rechte an den Mundwalt zu zahlen war,[3] nach ausdrücklicher singulärer Bestimmung in diesem Fall der Braut selbst zukommen. *Ed. Roth.* c. 178, *Liutpr.* 119 a. A.[4]

Ebenso kann das Verlöbniß rückgängig gemacht werden, wenn zwischen den beiderseitigen Familien seitdem Todfeindschaft ausgebrochen ist; dann muß aber der zurücktretende Theil dem andern den Betrag der meta auszahlen. *Liutpr.* c. 119 a. E.[5]

In diesen Fällen jedoch handelt es sich um rechtliche Befugnisse, nicht um Rechtsverletzungen und Strafen. Letzteres ist dagegen der Fall, wenn der Bräutigam ohne Grund das Verlöbniß auflöst, aus seinem Worte tritt; hier verwirkt er die gesetzliche Strafe, welche in dem doppelten Betrage der *meta* besteht. *Roth.* c. 179[6].

Das Gleiche gilt für den Vater oder Vormund der Braut, welcher nicht nur die Erfüllung seiner gelobten Ver-

---

[2] Ueber das Wort meta vgl. Grimm, R. A. 422 f., Schröder a. a. O. 26 f. Bluhme, Glossar. in Leg. Langob. s. h. v. (Pertz, Leges IV 674).

[3] S. Schröder, a. a. O. 27—38.

[4] Anders, aber m. E. nicht zutreffend sucht Schröder S. 35 die genannte Bestimmung in Roth. c. 178 zu erklären. — Unter Liutprand hatte die meta bereits ihre Natur geändert und war zu einer Zuwendung an die Frau geworden, Schröder S. 40 ff.; vielleicht haben wir in Roth. c. 178 den von Schröder vermißten Anknüpfungspunkt für diese Rechtsänderung zu sehen.

[5] Die Auffassung Schröder's S. 13, als habe der an der Feindschaft schuldige Theil zahlen müssen, ist irrig; es heißt: si dare aut tollere voluerit, conponat pars qui neglexerit etc., wonach zu neglexerit „dare aut tollere" zu ergänzen ist.

[6] Dieser Fall ist von Osenbrüggen a. a. O. übersehen.

pflichtung verweigert, — wogegen ein Zwang zum Vollzug am Platze wäre, — sondern dieselbe dadurch unmöglich macht, daß er die Braut einem Andern zur Frau gibt oder in fraudulöser Weise es zuläßt, daß ein Anderer sie entführt: eine Handlungsweise, welche mit dem gegebenen Wort in Widerspruch steht und auch durch direkten Zwang nicht beseitigt werden kann. *Roth.* c. 192[7].

An diesen Bestimmungen hielt die Gesetzgebung König Liutprands in c. 119 äußerlich fest, ja es wird ausdrücklich betreffs dieser Fälle auf das Edikt Rothar's verwiesen. Trotzdem ist dieselbe nicht nur der Ausgangspunkt einer neuen Entwicklung, sondern sie enthält bereits selbst eine solche[8]. Wie erwähnt (s. Anm. [4]) ist die meta zur Zeit Liutprands aus einem Muntschatz ein an die Frau zu zahlender Brautschatz geworden[9]; der innere Bezug, der sie früher als Maßstab einer dem Mundwalt zu zahlenden Strafe hatte annehmen lassen, war somit weggefallen. Dazu kam, daß man wie bei andern Verträgen so auch beim Verlobungsvertrag sich gewöhnt hatte, für den Fall des Verlöbnißbruchs besondere auf Parteiwillen beruhende Strafleistungen zu verabreden[10]. Und wie wir nun bereits früher die Gesetzgebung Liutprands als dem Konventionalstrafen-System äußerst zugethan kennen gelernt haben, so auch hier: die gesetzliche Strafe verwandelt sich in eine konventionelle; die Festsetzung der meta als Strafe in den Fällen, in wel-

---

[7] Grundlos und in Verkennung der historischen Entwicklung (siehe weiter unten) bezeichnet Osenbrüggen a. a. O. die hier eintretende Strafe der doppelten meta als Konventionalstrafe.

[8] Dieser Punkt scheint mir in den bisherigen Darstellungen nicht ganz richtig erkannt zu sein.

[9] S. auch Gengler, Germanische Rechtsdenkmäler S. 563 Anm. [59].

[10] Expos. § 4 zu Lib. Pap. Roth. c. 178 (Pertz, Leges IV S. 331): quod brevi in die sponsaliorum facto legitur: „componat pars parti fidem servanti penam argenti libras 100.“

chen eine solche an den Mundwalt zu zahlen war, hat nur noch die Bedeutung einer Strafabrede:

conponat —, *sicut inter se poena posuerunt*, qualiter in anteriorem edicto legitur pagina[11].

Hiermit war der weiteren Entwicklung der Weg vorgezeichnet: in den papiensischen Glossen und Formeln ist die Strafe, welche bei Verlöbnißbruch verfällt, die bei dem Vertragsschluß stipulirte Konventionalstrafe ohne Bezug auf die meta.[12]

## § 23.

## Fortsetzung. — Westgothisches und burgundisches Recht.

Das westgothische Recht enthält mehrere hierher gehörige Bestimmungen, ohne daß sich bei denselben ein anderes Princip als das despotischer Willkür und zum Theil eine krasse Abschreckungstentenz erkennen ließe.[1]

Zunächst ist in Anknüpfung an einen konkreten Fall und abweichend von den andern Volksrechten die Frist von zwei Jahren festgesetzt, binnen welcher, von Abschluß des Verlöbnisses an, die Ehe vollzogen werden muß; diese Frist darf

---

[11] Mit einer gewissen unklaren Willkür ist noch zugefügt: insuper in palatium regis conponat wirgild suum; neben dem Preisgeben der von Rechts wegen verfallenden Strafen, eine starke Hervorhebung der von der Obrigkeit wegen Ungehorsam verhängten.

[12] Vgl. Formeln und Expos. § 4 zu Lib. Pap. Roth. c. 178 (Pertz IV S. 330 f.); Formeln und Expos. § 1 zu Lib. Pap. Roth. c. 182 (P. IV S. 333 f.); Cartular. Langob. Nr. 16 (P. IV S. 599 f., über diese Formel vgl. Schröder S. 63 Anm. [30]). In diesen Formeln wird stets unabhängig von der Höhe der meta für Vertragsbruch ein besonderer Strafbetrag beredet, und auch die Einschränkungen, welche Liutpr. c. 89 bezüglich des Maximums der meta festgesetzt hatte, werden in keiner Weise beachtet. Vgl. auch die Stellen bei Schröder S. 14 Anm. [20].

[1] So heißt es in L. Visig. Lib. III t. 3 c. 4 bei einer, mit den hier in Betracht kommenden verwandten Strafbestimmung: ut hoc alii terrore commoti formident. — Ueber das Folgende vgl. Dahn, westgoth. Studien S. 114—116.

selbst bei Uebereinstimmung beider Theile nur einmal und wieder nur auf 2 Jahre verlängert werden. Wie sehr diese Fristbestimmung aber nur ein vom Gesetz angewandtes, hohles Drohmittel ist, und wie wenig darin eine rechtliche Idee zum Ausdruck gelangt, ergibt sich daraus, daß, wenn eine der Parteien binnen jener Frist den Abschluß der Ehe rechtswidrig verweigert, hierin mit nichten eine Verletzung oder gar Auflösung des Verhältnisses selbst gesehen wird. Die Pflicht zur Eingehung der Ehe bleibt vielmehr trotzdem bestehen; das Unrecht liegt nur in dem Verzug, für welchen das westgothische Recht eine besondere Rechtsfolge nicht bestimmt (s. oben § 13); nur sofern eine Konventionalstrafe verabredet ist, soll diese von dem säumigen Theil verwirkt sein.

*L. Visig.* L. III t. 1 c. 4: Si quis autem constitutum definitionis tempus absque necessitate vel voluntatis consensione implere distulerit, suamque voluntatem a promissione conjugali removerit, et *poenam, quae in placito continetur, adimpleat*, et *quod definitum est immutare non liceat;* vgl. ebenda c. 3.

Dieser Laxheit steht eine um so größere Strenge bei andern Fällen des Unrechts gegenüber.

Die Eltern einer Braut, welche das gegebene Wort dadurch brechen, daß sie in die Entführung derselben durch einen Dritten einwilligen, müssen zur Strafe an den Bräutigam den vierfachen Betrag des von letzterem gelobten Brautschatzes (pretium, dos) bezahlen. *L. Visig.* III, 3 c. 3.

Verletzungen des Verlöbnißvertrags seitens des Bräutigams ferner, welche so beschaffen sind, daß sie ein Zustandekommen der Ehe zur Unmöglichkeit machen, unterliegen Bestimmungen, welche von der Identität des Verlöbnißverhältnisses mit dem einer vollzogenen Ehe und von der Gleichheit der Pflichten bei beiden ausgehen. So soll der Bräutigam, welcher mit einer andern Frau die Ehe eingeht oder, um die versprochene Ehe zu hintertreiben, in den geistlichen Stand eintritt, ganz in derselben Weise, wie der Ehemann, welcher sich widerrechtlich von seiner Frau scheidet oder eine neue Ehe eingeht, mit 200 Stockschlägen, Dekalvation und Verbannung oder, an Stelle der letzteren, mit Verknechtung bestraft werden[2].

Das westgothische Recht unterscheidet sich noch durch einen andern Punkt von den andern Rechten dieser Zeit: dadurch, daß die Wittwe nicht unter Geschlechtsvormundschaft steht, und somit auch bei Abschluß eines neuen Verlöbnisses nicht ein Gewalthaber, sondern diese selbst Kontrahent ist.[3] Damit ist auch für sie die Möglichkeit einer Verletzung des Verlöbnißvertrags gegeben. Aber gerade durch jene Gleichsetzung des Verlöbnisses mit der Ehe kommt es, daß das westgothische Recht bei solchen Verletzungen den Gesichtspunkt des verletzten Vertrags vollständig bei Seite läßt, und wie es dieselben einerseits als Verletzungen ehelicher Pflichten behandelt, so auch andererseits einen Unterschied, je nachdem die Braut Jungfrau (also an dem Vertrage selbst nicht betheiligt) oder Wittwe ist, in keiner Weise beobachtet. Vielmehr soll jede Braut, welche mit einem Dritten ein zweites Verlöbniß oder eine Ehe eingeht, oder welche sich mit einem Dritten fleischlich vermischt, in gleicher Weise wie eine Ehebrecherin ihr gesammtes Vermögen verlieren und sammt dem Dritten, mit dem sie sich eingelassen, dem ersten Verlobten in die Sklaverei übergeben werden.[4]

An die letzteren westgothischen Bestimmungen knüpfen

---

[2] L. Visig. III, 6 c. 3 vgl. mit c. 2 ebenda: „aequali placet transgressum damnatione mulctari, quod illaesum aequali praestabat dignitate manere."

[3] S. Schröder a. a. O. S. 2, Rive, a. a. O. S. 255, 278.

[4] L. Visig. Lib. III tit. 1 c. 2; t. 4 c. 2; t. 6 c. 3 vgl. mit t. 2 c. 6; t. 4 c. 3, 12; t. 6 c. 2.

wir noch eine Stelle des burgundischen Rechts, welche ihrem Geiste nach jenen durchaus verwandt ist.[5] Auch hier ist die Wittwe bei Abschluß eines neuen Verlöbnisses selbständige Kontrahentin[6], und auch hier wird letzteres Verhältniß bezüglich der den Verlobten obliegenden Pflichten der Ehe gleichgestellt. Aus Anlaß eines vorgekommenen Falles wird nun verordnet, daß die Wittwe, welche nach Eingehung eines Verlöbnisses mit einem Andern sich fleischlich vermischt, die Todesstrafe erleiden soll:

> Rectius enim paucorum condempnatione multitudo corregitur, quam sub specie incongruae civilitatis intromittatur occasio, quae licentiam tribuat delinquendi[7].

## § 24.

### Rückblick. — Resultate.

Soweit wir es zu übersehen vermögen, haben wir im Vorstehenden das ältere deutsche Recht über Vertragsverletzungen dargelegt. Werfen wir noch einen kurzen Rückblick auf die Bestimmungen desselben und versuchen wir die Resultate, die sich uns ergeben haben, in übersichtlicher Weise zusammenzustellen.

Zunächst sehen wir, wie im Allgemeinen eine jede Verletzung einer jeden, kraft eigenen Willens übernommenen Rechtspflicht und der durch diese Uebernahme für den Berechtigten entstandenen Befugniß, als ein Unrecht aufgefaßt wird, welches die ernsteste Reaktion von Seiten des Rechts hervorruft. Es kommt im älteren deutschen Recht

[5] Verordnung König Sigismunds v. 29. März 517 in L. Burg. tit. 52 §§ 3—5. (Pertz, Leges III S. 556.)

[6] S. Schröder a. a. O. S. 2, Rive, a. a. O. S. 278.

[7] L. Burg. a. a. O. — Für den speciellen Fall jedoch, welcher zu dieser Verordnung Anlaß gab, wird die Schuldige — in Rücksicht auf das in dieselbe Zeit fallende Osterfest („districtioni publicae dierum reverentiam praeponentes"; vgl. Bluhme bei Pertz a. a. O. Note [30]) — dahin begnadigt, daß sie durch Zahlung ihres Wergeldes an den Bräutigam die Todesstrafe ablösen soll.

nicht vor, daß die Verletzung eines vertraglichen Verhältnisses nach irgend welcher Seite hin übersehen, und soweit die Herrschaft des Rechtes beeinträchtigt würde. Der Zweck jener Reaktion ist gerade Verwirklichung des Rechtszustands, Bethätigung des Rechts, als der die äußeren Beziehungen der Menschen unter einander regelnden, ideellen Macht, Beseitigung des Unrechts.

Diese Aufgabe wird verfolgt durch zwei wesentlich von einander verschiedene Institute: die Exekution und die Strafe. Welches von beiden in den einzelnen Fällen zur Anwendung zu kommen hat, wird durch die äußere, objektive Beschaffenheit der verletzten Rechtspflicht bestimmt.

Ist es die Aufgabe der an das Unrecht geknüpften Rechtsfolge, den Rechtszustand zu verwirklichen, dem, was rechtlich sein muß, zur thatsächlichen Herrschaft zu verhelfen, so muß dieselbe so beschaffen sein, daß sie das jener Verwirklichung entgegenstehende Hinderniß zu überwinden geeignet ist; sie muß sich diesem Hinderniß anpassen. Das letztere ist aber derjenige äußere Zustand, welcher mit einem andern Zustand, der selbst von Rechts wegen hätte eintreten sollen, im Widerspruche steht: etwas, was geschehen ist, sollte nicht geschehen; etwas, was nicht geschehen ist, sollte geschehen. Das dem Rechte entgegenstehende Hinderniß bestimmt sich somit selbst wieder nach der äußeren Beschaffenheit der ursprünglich zu erfüllenden Rechtspflicht. Je nachdem diese auf ein Handeln oder auf ein Unterlassen ging, besteht das Unrecht selbst in einer Unterlassung oder in einer positiven Handlung. — Bezüglich der hieran zu knüpfenden Rechtsfolgen macht sich nun ein rein natürlicher Unterschied geltend: das was geschehen sollte, aber unterlassen wurde, kann nachgeholt werden; das was nicht geschehen sollte, aber trotzdem geschehen ist, kann an sich nicht beseitigt werden.

Aber auch im ersteren Fall setzt ein Nachholen voraus, daß die vorzunehmende Handlung nicht etwa unablöslich mit einem bestimmten Zeitpunkt verknüpft war. Ist dagegen letzteres der Fall, so kann auch hier nach Verlauf dieses Zeitpunkts, wie bei verletzter Unterlassungspflicht, von nachträglicher Erfüllung nicht die Rede sein.

Auf Grund dieser Verhältnisse knüpft das ältere deutsche Recht, wie wir sahen, die Exekution an die Verletzung einer vertraglichen Pflicht, welche darin bestand, daß ein gewisses positives Handeln zu einem zwar bestimmten, aber für jenes Handeln doch nicht absolut nothwendigen Zeitpunkt hätte vorgenommen werden sollen. Diese Exekution besteht in der, seitens der gerichtlichen Gewalt oder seitens des verletzten Berechtigten, immer aber im Namen des Rechts vorzunehmenden, zwangsweisen Realisirung des Zustands, welchen der Verpflichtete zu der bestimmten Zeit, bezw. auf die rechtzeitig erfolgte Aufforderung hin selbst hätte herbeiführen sollen. — Das alte Recht spricht hierbei meist nur von der Verpflichtung zur Uebergabe von Sachen: dieselben werden dem Verpflichteten abgenommen, dem Berechtigten übereignet, womit das, was geschehen soll, erfüllt ist.

Jedoch bleibt der Umstand, daß die solchergestalt bewirkte Realisirung der rechtlichen Anforderung nicht rechtzeitig erfolgte, keineswegs außer Betracht. Der Zeitpunkt, in welchem zu leisten war, ist scharf markirt durch die außergerichtliche Aufforderung zur Leistung seitens des Berechtigten; bleibt die Leistung auf diese hin aus, so ist der Schuldner im Verzug, eine Form des Unrechts, welche darin besteht, daß eine Anforderung des Rechts während eines Zeitraums, während dessen sie bereits hätte erfüllt sein sollen, noch nicht erfüllt ist. Dieser Verzug als solcher kann durch die Exekution nicht beseitigt werden. Vielmehr legt das Recht dem säumigen Schuldner eine Strafe auf, d. h. eine Leistung, welche deshalb von ihm zu machen ist, weil eine andere rechtliche Anforderung durch seine Schuld nicht erfüllt worden ist und nicht erfüllt werden kann. — Diese Strafe beträgt nach fränkischem Recht meist 15 solidi, nach den andern deutschen Volksrechten entsprechende Summen.

Das Hauptanwendungsgebiet der soeben charakterisirten Strafe ist jedoch bei denjenigen Vertragsverletzungen, welche in ihren Hauptbeziehungen eine nachträgliche Erfüllung nicht zulassen, welche, einmal geschehen, voll und ganz der Rechtsverwirklichung entgegenstehen.

Als Fälle einer, an einen bestimmten Termin absolut gebundenen, nicht erfüllten Leistung lernten wir die Verletzung der Gewährleistungspflicht und des Urtheilserfüllungsversprechens kennen. Sind letztere in dem kritischen Zeitpunkte nicht zur Erfüllung gelangt, so muß mit diesen Thatsachen als unumstößlichen gerechnet werden; nur indirekt kann ihr widerrechtlicher Gehalt durch eine Strafleistung ausgeglichen werden: ein Ersatz für das selbst nicht herzustellende Recht. — Diese Ersatzleistung besteht bei der Gewährleistungspflicht nach übereinstimmender Festsetzung der Volksrechte in der Leistung des doppelten Werthes der den Gegenstand der Gewährspflicht bildenden Sache, in der poena dupli, welche in ursprünglicher Anlehnung an römisches Recht durch den Rechtsverkehr zu einer selbständigen, deutschen Strafe ausgebildet und von der Gesetzgebung als solche recipirt wurde. — Dagegen tritt bei der Nichterfüllung einer angelobten, processualen Leistung nur die allgemeine Proceßbuße von 15 solidi ein, da das auszugleichende Unrecht sich innerhalb der Schranken des einzelnen Processes hält, die rechtlichen Beziehungen der Proceßparteien im Uebrigen aber durch die mit jenem Gelöbnißbruch verbundene Sachfälligkeit regulirt werden.

Als weitere Hauptart dieser Kategorie von Rechtsverletzungen stellte sich uns die Verletzung einer Unterlassungspflicht dar. Alle einzelnen, in dieser Periode erwähnten Rechtspflichten der genannten Art glaubten wir auf den gemeinsamen Gesichtspunkt zurückführen zu müssen, daß Jeder, der ein Versprechen abgibt oder eine sonstige Rechtshandlung vollzieht, verpflichtet ist, nichts zu thun und alles zu unterlassen, was mit dem Bestand jener in Widerspruch ist. In den mannichfachsten Anwendungen fanden wir die Verletzung dieser Rechtspflicht unter Strafe gestellt.[1] Fehlt es hier auch vielfach an ausdrücklichen gesetzlichen Bestimmungen, so gaben uns doch die Straffestsetzungen in den Urkunden die Ueberzeugung, daß man hierbei nur einer von Rechts wegen eintretenden Rechtsfolge speciellen Ausdruck zu leihen glaubte. Die Strafbeträge sind aber in Folge hiervon höchst mannichfach.

Eine besondere Art der eben erwähnten Rechtsverletzung erschien uns bei dem Verlöbnißvertrag, sofern die Contrahenten dessen Erfüllung weigern oder unmöglich machen; auch hier hat man es mit einer Verletzung der negativen Pflicht, „im Worte zu bleiben", zu thun. Exekution auf

---

[1] Der Ausspruch Siegel's, Versprechen als Verpflichtungsgrund S. 21: „die Verpflichtung, ein Versprechen zu halten, erscheint dagegen nur als die Verpflichtung zu einer Unterlassung, — — und zwar mit der Wirkung, daß ein Zuwiderhandeln rechtlich bedeutungslos ist", — ist von seinen Kritikern mehrfach mißverstanden worden; so von Behrend, Ztschr. für d. Gesetzgebung u. einheitl. deutsches R. VIII S. 189 Anm. **, von Hofmann, die Entstehungsgründe der Obligationen, insbesondere der Vertrag (Wien 1874) S. 10. Die rechtliche Bedeutungslosigkeit des Zuwiderhandelns drückt nur aus, daß durch ein solches Zuwiderhandeln keine rechtlich gültigen Zustände geschaffen werden können; sofern dasselbe aber selbst ein Unrecht enthält, ist es keineswegs rechtlich bedeutungslos, denn es zieht die Rechtsfolgen des Unrechts nach sich. Die rechtliche Bedeutungslosigkeit der Revokation eines Versprechens ist daher keine andere als z. B. diejenige der Wegnahme einer fremden Sache. Vgl. Wiener Stadtrecht v. 1340 (Rauch, Script. Rerum Austriac. III S. 58 f.): wer dawider tut, daz sol nicht chraft haben, vnd sol dartzu dem richtter pezzern nach des rates rat.

Vollzug findet nicht statt, sondern Strafe; und zwar besteht dieselbe, da der Verlöbnißbruch zugleich als Verletzung der Muntgewalt angesehen wird, meist in der für letztere allgemein bestimmten Buße.

Noch ein Wort ist über die von uns hier als Strafe bezeichnete Leistung und ihre rechtliche Natur beizufügen. Von dem, was wir heute Strafe zu nennen pflegen, unterscheidet sich dieselbe wesentlich; trotzdem haben wir diesen Namen für sie beibehalten, da sie für die damalige Zeit eine analoge rechtliche Funktion zu versehen hat, wie die heutige Strafe. — Diese Strafleistung, welche an Stelle einer nicht mehr erfüllbaren Rechtspflicht tritt, ist nichts anderes als die Buße, compositio, die uns aus den anderweiten Bestimmungen der Volksrechte hinlänglich bekannt ist. Sie besteht in einer ursprünglich durch die Parteien, später durch das Gesetz und das Gericht bestimmten Geldsumme, welche von dem Schuldigen an den verletzten Theil deshalb zu entrichten ist, weil jener einen widerrechtlichen Uebergriff in die Rechtssphäre des letzteren begangen hat. Durch diese Leistung, welche sich allein auf das begangene Unrecht bezieht und einen andern Rechtsgrund nicht hat, soll die durch jenen Uebergriff hervorgebrachte Störung der Rechtsordnung, welche direkt nicht beseitigt werden kann, ausgeglichen werden, indem der Rechtskreis des Verletzers entsprechend beschränkt, der des Verletzten entsprechend erweitert wird.

Es ist bekannt, daß von der zur Ausgleichung des Unrechts bestimmten Composition nach dem Rechte der Zeit ein Theil an die gerichtliche und obrigkeitliche Gewalt abgegeben werden muß, bezw. daß neben derselben eine besondere Leistung an letztere zu machen ist, obgleich die rechtliche Bedeutung dieses dem Staate zufallenden Theils der Strafe bis heute noch keineswegs festgestellt ist. Jedenfalls findet sich aber eine solchergestalt der staatlichen Gewalt zu entrichtende Leistung auch bei Verletzung vertraglicher Verhältnisse, wenngleich dieselbe nicht immer ausdrücklich erwähnt ist. Daß insbesondere von der fränkischen Buße von *15 solidi* ein Drittel an das Gericht fällt, läßt sich durch mehrfache Zeugnisse erweisen.[2] In *L. Baiuwar.* XIII c. 2 (oben § 9) wird ausdrücklich bei verweigerter Rechtspflicht das neben der compositio dem Herzog zu zahlende *fredum* erwähnt. — Ebenso verhält es sich aber mit den größeren Strafen bei Verletzung der Gewährspflicht, sowie der Verpflichtung, im Wort zu bleiben, in ihren verschiedenen Anwendungen; es ergibt sich dies theils aus den verschiedenen Ausdrücken der Gesetze, wie: *secundum legem componat* (L. Sal. Herold. tit. 50); *debent multam incurrere* (L. Rib. tit. 59 § 6, vgl. Anhang bei Anm. 67), wodurch auf die allgemeinen gesetzlichen Grundsätze über Kompositionen hingewiesen wird; (nach L. Rib. 57 § 2 fällt bei Bruch der Gewähre gegenüber einem Freigelassenen die ganze Strafe an den König) — theils aus den ausdrücklichen Bestimmungen in den Strafklauseln der Urkunden, wonach ein Theil der Strafe an den Fiskus fällt: inferamus tibi *una cum sotio fisco multando* (*Rozière* Nr. 470); *inter tibi et ipso fisco conponere debiat* (*Rozière* Nr. 504), oder wodurch auf die gesetzliche Strafe verwiesen wird: *suam legem componat* (*Vaissette* I Nr. 109) u. s. w.

Neben dieser Verpflichtung des Vertragsbrüchigen zur Zahlung einer Strafe besteht eine weitere zum Ersatze des dem Berechtigten entstandenen Schadens nicht.[3] Die demselben in Gestalt der Buße zufallende Geldleistung ist vielmehr bestimmt, wie sie die Ausgleichung der gesammten

---

[2] Vgl. Sohm, Altd. Reichs- und Gerichtsverf. I S. 168 ff.

[3] Nur die oben § 14 angef. Bestimmungen L. Sal. 47 § 2; L. Rib. 33 § 2 statuiren für Verletzung der Gewährspflicht eine selbstständige Schadensersatzverbindlichkeit; allein wir sahen, daß diese Stellen das in Rede stehende Verhältniß nur nebenbei und nicht erschöpfend behandeln.

im Unrechte liegenden nachtheiligen Momente bezweckt, auch als Ersatz derjenigen auf dem rein materiellen Gebiete zu dienen. Die abstrakte Trennung zwischen der im Unrecht liegenden Störung der Rechtsordnung und der dadurch bewirkten Beeinträchtigung der Vermögensinteressen ist, auf diesem Gebiete zum mindesten, in unserer Periode noch nicht vorgenommen, und daher auch noch keine Trennung der sich hierauf beziehenden Rechtsfolgen. —

Gegenüber diesem geschlossenen Systeme des deutschen Rechts sahen wir das westgothische bereits vollständig in fremden Geleisen sich einher bewegen; einerseits ausschließliche Berücksichtigung der Vermögensinteressen, andererseits despotische Willkür haben die ursprünglichen, rechtlichen Ideen verdrängt.

Dagegen nimmt das langobardische Recht eine Mittelstellung ein, indem es theils die einheimischen, nationalen Grundsätze festhält, theils, und zwar je länger je mehr, römischen Einflüssen zugänglich wird. Durch einen Punkt jedoch ist es geeignet, unser besonderes Interesse zu erregen, durch die Betonung des subjektiven Moments im Unrecht, und durch die Berücksichtigung desselben bei Bestimmung der Unrechtsfolgen; die Strafe ist hier immer durch den rechtswidrigen Vorsatz bedingt: ein Punkt, welchen das deutsche Recht dieser Periode nicht sowohl für rechtlich bedeutungslos hält, als vielmehr bei Auffassung der thatsächlichen Verhältnisse, der Thatbestände nicht scharf genug ins Auge faßt (vgl. Anhang bei Anm. 42 f.).

# Zweite Abtheilung.

# Das Recht des späteren Mittelalters.

---

## § 25.

### Die Zwischenzeit. — Anknüpfung an das System des früheren Rechts. Plan der Darstellung.

Für jede Untersuchung der historischen Entwicklung eines deutschrechtlichen Instituts besteht eine große Schwierigkeit in der Lücke, welche sich für die Zeit vom 9. bis zum 12. Jahrhundert in unsern Rechtsquellen findet. Wir stehen auf diese Weise zwei verschiedenen Zeiträumen gegenüber, deren innerer Zusammenhang schwer erkennbar ist und bei deren rechtlichen Zuständen es zweifelhaft erscheint, in welcher Weise sie auf einander zu beziehen sind..

Auch bei unserer Frage trifft dies in vollem Maße zu; aus der genannten Zwischenzeit zwischen der Periode der Volksrechte und derjenigen der Rechtsbücher ist uns für dieselbe, — mit der einzigen Ausnahme des ersten Straßburger Stadtrechts (siehe § 37), — kein Zeugniß überliefert, welches uns befähigte, die Art und Weise sowie die inneren Gründe der Weiterentwicklung mit einiger Sicherheit zu erkennen. Es wäre sonach an sich nicht ungerechtfertigt, wenn wir bei der Darstellung des Rechtes des späteren Mittelalters von den Ergebnissen der früheren Untersuchung absähen, und wie dort, ohne Voraussetzung, auf streng induktivem Wege die Rechtssätze und ihr System aus den Quellen unmittelbar hervorwachsen ließen.

Allein der konservative Charakter des deutschen Rechts überhaupt, sowie die Erwägung, daß die in Rede stehende Zwischenzeit ihrer sonstigen Beschaffenheit nach nicht dazu angethan gewesen erscheint, auf dem Gebiete des Privat-, Straf- und materiellen Proceßrechts durchgreifende, principielle Aenderungen hervorzubringen, lassen es räthlicher erscheinen, für die Darstellung der zweiten Hauptepoche deutschen Rechtslebens die aus der Betrachtung der ersten gewonnenen Resultate zu Grunde zu legen, die uns jetzt beschäftigenden Fragen innerhalb des früher zutreffenden Rahmens zu untersuchen. Eine gewisse Unterstützung der Zulässigkeit und Angemessenheit dieser Methode wird uns aber sofort durch dasjenige Rechtsdenkmal des deutschen Mittelalters, welches am meisten systematische Tendenzen verfolgt, den Richtsteig Landrechts geboten.

Die in der ersten Abtheilung niedergelegten Untersuchungen ergaben uns nämlich, daß für die verschiedenen Rechtsfolgen der Verletzung vertraglicher Rechtspflichten von maßgebendem Gewichte die äußere objektive Natur der betr. Rechtspflicht ist, indem durch diese das Bestehenbleiben oder Wegfallen der Möglichkeit der ursprünglichen Leistung bei eingetretener Verletzung bestimmt wird; daß es hierfür darauf ankommt, ob dem Verpflichteten ein Unterlassen oder ein Handeln, für letzteren Fall, ob ihm ein Handeln mit einem an sich unabänderlichen Zeittermin, oder ohne einen solchen obliegt. Die letztere Möglichkeit stand bezüglich ihrer Wirkungen den beiden andern gegenüber. — Eine ähnliche Auffassung scheint nun auch dem Verfasser des Richtsteigs bei seiner, nach den materiellen Folgen der einzelnen Klagen vorgenommenen Klageneintheilung im 5. Kapitel vorgeschwebt zu haben, sofern nämlich weiter in cap. 6 als die wesentliche Voraussetzung der bürgerlichen Klage bezeichnet wird:

dat en dem anderen wat plichtich is edder wat sculdich *tu donde is*[1];

und sofern ähnlich in cap. 41, wo eine kasuistisch gehaltene Unterscheidung der Klagen aus Vertragsverletzungen gegeben wird, den in §§ 2—6, 8, 9 erwähnten Klagen wegen gebrochener Gewähr, Sühne, Frieden, — alles Fälle, als deren Eigenthümlichkeit wir oben Unmöglichkeit direkter Erfüllung kennen gelernt haben, — in § 7 entgegengesetzt wird:

Heft he aver *anderswat* gelovet, des he nicht geholden mach,

worunter der Verfasser, wie sich aus den folgenden Worten ergibt, das Gelöbniß einer Schuld, d. h. einer Geldzahlung[2] versteht.

Wie nun bereits in den oben aus cap. 6 angeführten Worten liegt, daß das Ziel der bürgerlichen Klage die Durchführung dessen ist, was der eine dem andern „tu donde" pflichtig ist, so wird in c. 41 § 7 als Rechtsfolge des nicht erfüllten Schuldversprechens angegeben: Pfändung und weiter Ueberantworten an den Gläubiger, somit Exekution[3]; vgl. auch Richtsteig c. 7 § 3.

Auch andere Rechtszeugnisse dieser Periode deuten an, daß die äußere Natur der verletzten Rechtspflicht in der von uns betonten Weise auf die Gestaltung der Rechtsfolgen von Einfluß ist; so heißt es z. B. im Privileg Herzog

[1] Der Richtsteig gibt diesen Satz als Definition von „Scult", versteht aber unter diesem Ausdruck a. a. O. „überhaupt eine bürgerlich zu verfolgende Sache"; vgl. Homeyer, Richtsteig Landrechts nebst Cautela und Premis (Berlin 1856) S. 47 f. Anm., S. 110 zu der Stelle.

[2] Vgl. Homeyer, des Sachsenspiegels erster Theil, 3. Ausg. Register s. v. Schuld; Laband, die vermögensrechtlichen Klagen, nach den sächsischen Rechtsquellen des Mittelalters (Königsberg 1869) S. 6 ff.

[3] Ueber die weiter erwähnte Vertheilung der Ehre und des Lehnrechts siehe unten § 34 bei Anm. 24 ff.

Otto's von Braunschweig für die Stadt Lüneburg v. J. 1247[4]:

Volumus etiam quod advocatus noster nulli in hac civitate manenti bona sua occupet vel impediat ullo modo, quam diu justiciam facere vult; si vero *justiciam facere recusat, tam diu cum bonis suis est cogendus, quousque justiciam faciat.*

Wir gehen demgemäß für die folgende Untersuchung davon aus, daß, je nachdem eine Vertragsverletzung die Möglichkeit der Erfüllung der ursprünglichen Verbindlichkeit bestehen läßt oder nicht, verschiedene rechtliche Wirkungen eintreten, und behandeln die Verletzung vertraglicher Verpflichtungen, welche in einem positiven Handeln ohne absolut fixirten Zeitpunkt, in einem nur zu bestimmter Zeit vorzunehmenden Handeln, in einem Unterlassen bestehen, in gesonderten Abschnitten. Wie weit im Einzelnen die Sätze des früheren Rechts bestehen geblieben, wie weit sie eine Aenderung erfahren, wird dann von selbst in die Augen springen. — In einem vierten Abschnitt sollen dann noch einige allgemeine Punkte besprochen werden.

## Erster Abschnitt.

### Verletzung von Vertragspflichten, welche auf Vornahme einer positiven Handlung ohne absoluten Termin gerichtet sind.

### § 26.

#### Eintheilung.

Die Verletzung des Versprechens, eine an sich in jedem Zeitpunkte vollziehbare Handlung vorzunehmen, sahen wir

[4] Urkundenbuch der Stadt Lüneburg, bearbeitet von Volger (Hannover 1872, a. u. d. T.: Urk.-Buch des historischen Vereins für Niedersachsen, Heft VIII) Nr. 67 Zeile 91 ff. — Deutscher Text bei Kraut, das alte Stadtrecht von Lüneburg (Göttingen 1846) S. 11. — Gleichlautend Stadtrecht von Uelzen v. J. 1270 bei Pufendorf, Observationes juris universi, Tom. I, Append. S. 243.

im älteren Recht im Ganzen gleichmäßig behandelt und es bedurfte zur Darlegung der darüber gültigen Rechtssätze keiner weiteren Scheidung. Das Recht des späteren Mittelalters ist reicher entwickelt, und um das Detail klarer und vollständiger überschauen zu können, empfiehlt es sich hier, die Versprechen der genannten Art wiederum nach ihrem Inhalte zu sondern, und zwar je nachdem dieser Inhalt in dem Geben einer Sache oder in der Vornahme einer persönlichen Leistung (facere i. e. S.) besteht. Versprechen der ersten Art theilen sich dann wieder in solche zur Uebergabe einer Quantität von Fungibilien, insbesondere von Geld, und solche zur Uebergabe einer individuellen Sache.

Hieraus ergibt sich das System der folgenden Darstellung.

## Erstes Kapitel.

### Von den vertraglichen Verpflichtungen zur Uebergabe einer Quantität von Fungibilien, insbesondere zur Zahlung einer Summe Geldes.

### § 27.

### Die Fälligkeit der Zahlverpflichtung.

Für das ganze Schuldrecht des späteren Mittelalters ist es von durchgreifender Bedeutung, daß der Schuldner, der an einem bestimmten Termine eine Zahlung zu machen versprochen hat, verpflichtet ist, die Zahlung, anders als nach den Volksrechten, an diesem Termine aus eigenem Antriebe dem Gläubiger zu offeriren. Die Fälligkeit tritt nicht erst mit einer Zahlungsaufforderung seitens des Gläubigers ein, sondern mit dem festgesetzten Termine selbst; es gilt jetzt der Satz: dies interpellat pro homine in seiner wörtlichen Bedeutung. Der Sachsenspiegel spricht dies in unzweideutiger Weise aus:

*I, 65 § 4:* Alle scult mut man wol gelden, deme man se gelden sal, er deme dage, dat man se gelden solde; deste man se gelde in der stat, dar se jene, deme man se gelden sal, umbekomeret dennen bringen moge.

Wenn es hier heißt, daß der Schuldner vor dem Tage der Fälligkeit zahlen soll, so ist hierin nicht der Ausdruck einer strengen Rechtsverpflichtung zu sehen, sondern der wohlgemeinte Rath des Verfassers, es nicht auf den letzten Tag ankommen zu lassen, die sich auch sonst findende Aufforderung an den Schuldner, zu zahlen je eher, je besser.[1] Vielmehr ist der Gläubiger verpflichtet, an dem Zahltage bei sich zu Hause die Zahlung abzuwarten und entgegenzunehmen:

Sachsensp. II, 11 § 3: Sveme man aver penninge oder silver gelden sal, *ne wardet he des to me rechten dage nicht*, *oder ne annamet he's nicht*, he ne hevet dar mede sin gelt nicht verloren; den dach hevet he aver dar mede verloren.

Vgl. außerdem für gerichtlich zugesprochene Schulden Sachsensp. II, 5 § 2; III, 40 § 1. Spiegel deutscher Leute (herausgegeben von Ficker) c. 274. Magdeburg-Görlitzer Recht v. J. 1304 art. 100.[2]

Derselbe Satz liegt den allerdings weniger deutlichen Aussprüchen süddeutscher Rechtsquellen zu Grunde:

Bayrisches Landrecht von 1346 art. 290[3]: Swer dem andern sein gelt leiht, der sol ims wider geben

---

[1] Vgl. Iglauer Schöffenspruch bei Tomaschek, der Oberhof Iglau in Mähren und seine Schöffensprüche (Innsbruck, 1868) Nr. 270: — — so hat er sich des vorwilkurt aller der schad, der dor auff ging, den solt der richter (der Schuldner) gelten. — Do sprach der richter, wan er das tun sold. Do sprachen die scheppen, ye ee y besser.

[2] Bei Gaupp, das alte magdeburgische und hallische Recht (Breslau 1826) S. 303.

[3] Bei v. Freyberg, Sammlung historischer Schriften und Urkunden Bd. IV S. 483.

auf die zeit, und er ims gehaizzt hat wider ze geben. — Ebenda art. 288, 293; Stadtrecht von Freysing von 1359 art. umb gelichens gelt.[4]

Von dem Erforderniß einer vorausgehenden Mahnung des Gläubigers ist nirgends die Rede;[5] für überflüssig wird dieselbe erklärt im Bamberger Stadtrecht § 349[6].

Anders freilich, wenn von Hause aus ein bestimmter Zahltermin nicht festgesetzt ist; hier ist, um die Fälligkeit zu bewirken, eine Aufforderung an den Schuldner, die Zahlung zu leisten, erforderlich:

Bamberger Stadtrecht § 351: Wird aber die jarefrist nit benant, so mag man das zugellt vodern

---

[4] v. Freyberg, a. a. O. Bd. V S. 223, 224.

[5] Einige, jedoch nur scheinbare Ausnahmen sind kurz zu erwähnen. Zunächst hat sich bei der Verpflichtung zur Zahlung von Grundzinsen, welche ja ursprünglich auch auf Vertrag beruhte, wie sonst mehrfach, so auch in diesem Punkt das alte Recht theilweise erhalten; Sachsensp. I, 54 § 2; Magdeburger Fragen II, 1 c. 6; Glogauer Rechtsb. c. 64, 67; Schwabensp. c. 84 (siehe oben S. 29 f. Anm. [4]); Medebacher Recht von 1350 art. 11 (bei Seibertz, Urkundenbuch zur Landes- und Rechtsgesch. des Herzogth. Westphalen Bd. 2 Nr. 718): — qui censum domuum statuto tempore non solverit omnibus et singulis diebus notorie requisitus etc. Vgl. J. Grimm, R.-Alterth. S. 388 f. — Im Wiener Stadtrechtsbuch (herausgeg. von Schuster, Wien 1873) art. 10 beziehen sich die Worte: — und giltet im dar über nicht, als der tag chümpt, so schol er nemen zwen pidermann und ge hin haim hintz im, und voder sein gelt, nicht auf das Herbeiführen der Fälligkeit, sondern sie hängen mit den Eigenthümlichkeiten der im speciellen Fall eingeräumten Befugniß des Gläubigers zusammen, das Geld im Verzugsfall „bei Juden oder Christen auf des Schuldners Schaden zu nehmen". Vgl. Stobbe, Vertragsr. S. 47. — Purgoldt's Rechtsbuch (Ortloff, Sammlung deutscher Rechtsquellen Bd. II), III c. 57 endlich will offenbar nichts anderes sagen, als die zu Grunde liegende, oben citirte Stelle des Ssp. II, 11 § 3 und es beruht wohl nur auf einem Irrthum oder Schreibfehler, wenn es heißt: und kommet danne der nicht, der die bezcalunge nehemen sal, anstatt und wardet der nicht etc. — Wegen des flandrischen Rechts s. unten § 37.

[6] Bei Zöpfl, das alte Bamberger Recht als Quelle der Karolina (Heidelb. 1839) Urkundenb. S. 98 f.

unnd darumb monen, wen man will, in kurtzer oder in lannger zeit.

Bayr. Ldr. a. 290. Stadtr. von Freysing a. a. O.

Allein hiermit ist dem Gläubiger doch nur die Befugniß gegeben, die sonst in der Luft schwebende Verbindlichkeit des Schuldners nach einseitigem Belieben auf einen festen Zeitpunkt zu fixiren, ihr eine auch zeitlich bestimmte Existenz zu verleihen. Nicht dagegen verfolgt jene Mahnung den Zweck sofortiger Realisirung der Forderung; nach geschehener Mahnung verhält sich vielmehr Alles so, als ob der durch dieselbe gegebene Zahltermin von Anfang vorhanden gewesen wäre. Vgl. Magdeburg-Breslauer systemat. Schöffenrecht, Buch III Theil 2 c. 136.[7]

Für das Folgende genügt es daher, nur den letzteren Fall im Auge zu behalten.

## § 28.

### Die Verletzung der Zahlpflicht und ihre Rechtsfolgen: gerichtliche Klage und Exekution.

Ist der Zahltag verstrichen, ohne daß die versprochene Leistung seitens des Verpflichteten gemacht worden wäre, so besteht nun das Unrecht des letzteren darin, daß er sich der an ihn herantretenden Anforderung zur Rechtserfüllung gegenüber passiv verhalten, die von ihm verlangte Thätigkeit nicht entwickelt hat; sein Unrecht ist Rechtsweigerung:

Ssp. III, 87 § 4: Rechtes weigeret ok de man uppe den man klaget, svenne he — nicht ne gilt oder nicht weder ne gift scult, die he gelden oder weder geven sal.

Gegen diese Rechtsweigerung erhebt sich nun ein Zwang, der auf Beseitigung jener und somit auf Herstellung des dem Recht entsprechenden Zustands gerichtet ist.

Bisher war es dem Schuldner einseitig überlassen, ob

---

[7] Herausgegeben von Laband (Berlin 1863); S. 123.

das Recht erfüllt werden wird oder nicht; jetzt nach Ablauf des zunächst hierfür bestimmt gewesenen Termins tritt die andere Seite des durch das Versprechen begründeten Nexus in Wirksamkeit, das Forderungsrecht des Gläubigers. Aber dieses Forderungsrecht macht sich nun nicht in einer Aufforderung, einer Mahnung an den Schuldner geltend, sondern in der Inanspruchnahme der obrigkeitlichen Zwangsgewalt behufs seiner Realisirung[1]; seine erste praktische Aeußerung fällt erst nach Ablauf des Fälligkeitstermins, aber dann auch sofort in Gestalt der gerichtlichen Klage. Der Berechtigte fordert Erfüllung der ihm geschuldeten Leistung mit dem Gericht, mit dem Recht, auf Grund seiner verletzten Berechtigung:

Vgl. Purgoldt's Rechtsbuch III c. 33: Ist es das eyn man dem andern redet geilt, korn adder anders was uff eyne tagzceidt zu bezcalende, her mag en in dem rechten nicht er deme benanten tage dorummb fordern, noch uff denselbin tag gantz uss, *wan derselbe glouber der mag en mit rechte nicht er gefordirn danne noch der tagzceidt des andern tags.* — Ebenda c. 54.

Breslau-Glogauer R. von 1280 art. 4[2]: Borget ein landman wieder einen burgere icht, und entgildet is der landman zu sime gelobeme tage nicht, und kumt in der burgere sint der zeit an in der stat *und brenget in vor den richter* etc.

Stendaler Urtheilsbuch II § 7[3]: Besculdeghet eyn man den anderen umme sculde, *de scal eme dat dink kundeghen laten unde scal em vorklaghen* van dinghe to dinghe.

---

[1] Dies wenigstens das Regelmäßige; über die Fälle der Anwendung nichtstaatlichen Zwangs siehe weiter unten § 35 f. Ueber die obrigkeitliche Natur der Exekutionsakte vgl. v. Meibom, Pfdr. S. 126—131.

[2] Korn, Breslauer Urkundenbuch I (Breslau 1870) S. 49.

[3] Herausgegeben von Behrend (Berlin 1868).

Goslarer Schöffenspruch Nr. 18[4]: Des wetet, dat se na unse stat rechte nicht daran vorboret en hedden, sunder de herschap mochte *mit rechte on af ermanen*, wat vorsente were.

Satzung des Forstdings auf dem Harze zu Goslar saec. XV art. 63[5]: Item ward gefraget vor den forstinge, de schuld in gerichte uppe eyne tyd verwilkord hedde to gevende vnde des nicht na den wilkore so holden en hedde, wat dar rechtes vmme were? Darup ward gefunden, dat me den seluen beschuldigeden vmme de wilkor anderwerve vnde driddewerve *in gerichte esschen scolde, vnde enleistede he de wilkor nicht, so scholde me ome myt rechte volgen.*

S. noch Glogauer Rechtsbuch c. 581[6]; Naumburger R. von 1337 art. 5[7]; Erfurter Statuten von 1306 art. 41[8]; v. Normann's Wendisch-Rügianischer Landgebrauch tit. 137 § 3[9]; Ruprecht von Freysing II c. 101[10]; Privileg für die Stadt Amberg v. 1294.[11]

Daher ist, wo in deutschen Rechtsquellen von Forderung versessener Schuld die Rede ist, im Zweifelfalle die gerichtliche Klage darunter zu verstehen:

---

[4] Bei Bruns, Beyträge zu den deutschen Rechten des Mittelalters (Helmstädt 1799) S. 187 f. — Ganz mißverstanden ist die Stelle von Eisenhardt in seiner Anmerkung hierzu bei Bruns, S. 212.

[5] Grimm, Weisthümer (Göttingen 1840 ff.) III S. 267.

[6] Wasserschleben, Sammlung deutscher Rechtsquellen I S. 69.

[7] Mühler, deutsche Rechtshandschriften des Stadtarchivs zu Naumburg a. d. S. (Berlin 1838) S. 64.

[8] Bei Walch, vermischte Beyträge zu den deutschen Rechten (Jena 1771) I S. 118.

[9] Herausgeg. von Gadebusch, Stralsund und Leipzig 1777.

[10] v. Maurer, das Stadt- und das Landrechtsbuch Ruprechts von Freysing (Stuttg. u. Tüb. 1839).

[11] Bei v. Löwenthal, Gesch. von dem Ursprung der St. Amberg (München 1801), Urkundenbuch Nr. 2.

Hamburger Stadtr. von 1270, VI c. 22[12]: So wor en man deme anderen schuldich is to eneme dage to geldene, *unde manet men ene*, unde secht me dat syn dach komen si, vnde secht he wedder dat syn dach nicht gekomen si, unde *mach he dat tugen mit erhaftigen luden* dat syn dach nicht ne komen si, synes dages schal he geneten. — Stadtr. von 1292 G. 19; von 1497 E. 4. Bremer Stadtr. von 1303 c. 109.[13] Stadtr. von Riga III c. 2.[14] Siehe noch Magdeb.-Bresl. System. Schöffenr. III, 2 c. 90. Kulmisches R. III c. 120.[15] Stadtrecht von Braunschweig (im Rechtsbuche der Neustadt) § 18.[16] Landrecht von Raschenberg in Bayern II § 11.[17]

Auch in der Rechtsprechung des kaiserlichen Hofgerichts hat dieser Satz seinen anerkennenden Ausdruck erhalten:

*Sententia Rudolfi Regis* a. 1277 (*Pertz*, Leges II S. 412): — quesivimus in sententia, utrum is, qui se datione fidei vel juramento corporaliter prestito vel patentis suis litteris ad — solutionem alicujus debiti ad certum terminum obligavit nec in ipso termino adimplevit, ad quod taliter se adstrinxit, de jure posset, ubicunque etiam deprehensus, per judicium occupari? Et promulgatum extitit communiter ab omnibus, quod is, qui modo predicto ad solutionem debiti — obli-

---

[12] Lappenberg, die ältesten Stadt-, Schiff- und Landrechte Hamburgs, Hamburg 1845.

[13] Oelrichs, vollständige Sammlung alter und neuer Gesetzbücher der fr. St. Bremen (Bremen 1771) S. 131.

[14] Oelrichs, dat Rigische Recht und de gemeenen Stichtischen Rechte ym Sticht van Riga, geheten dat Ridderrecht rc. Bremen 1773.

[15] Ausgabe von Leman, Berlin 1838.

[16] Bei Hänselmann, Urkundenbuch der Stadt Braunschweig (Braunschweig 1872) I S. 22.

[17] Grimm, Weisthümer VI S. 157.

gatus promisso non paruit, *valeat, ubicumque inveniatur, auctoritate judiciaria conveniri.* —

Die Intention dieser Anrufung der staatlichen Macht, der gerichtlichen Klage oder Ansprache, geht nun aber direkt dahin, vermittelst dieser Macht die dem Rechte sich entgegenstellenden Schwierigkeiten zu beseitigen, dem Kläger zu seinem Rechte zu verhelfen, den Schuldner auf jede mögliche Weise zu seiner Leistung zu zwingen. Die Klage will die Rechtsweigerung überwinden, dadurch daß sie die Exekutivgewalt in Bewegung setzt, daß sie letztere auf das an seiner Verwirklichung zwar nicht für immer, aber doch momentan gehinderte Recht hinweist.[18]

Dieser Anrufung Folge zu leisten, ist die Pflicht und Aufgabe der Gerichtsbehörde; der Richter hat auf die Klage die Rechtshülfe zu ertheilen, dem gehinderten Recht seinen freien Lauf zu eröffnen. Viele Rechtsquellen sprechen diesen Satz in seiner Allgemeinheit aus; wir begnügen uns hier einige der wichtigsten hervorzuheben:

Goslarische Statuten S. 77 Zle. 9[19]: Wat en koft umme rede ghelt, dar ne mach he nicht vore inne sitten: *dat scal de rat deme kleghere helpen dwinghen.*

Vermehrter Sachsensp. III, 9 d. 13:[20] Welch fruwe burget icht, dy nicht kinder had, — dy schult sal sy selber gelden. *Man hilfft ouch umbe dy schult von or unde von oren guten;* — d. 8, 9, 10, 12 daselbst.

System. Schöffenr. III, 2 c. 93: Gelobit eyn man dem andirn vor gehegtim dinge eyn gelt czu gebin uf

---

[18] Ueber die hier hervorgehobene Bedeutung der Klage vgl. Laband's Einleitung zu seinen vermögensrechtlichen Klagen S. 1—5.

[19] Herausgegeben von Göschen, Berlin 1840.

[20] Herausgeg. von Ortloff in seiner „Sammlung deutscher Rechtsquellen" Bd. I, Jena 1836.

eynyn benumptin tag ane geczog und hindirnisse ader slecht; der tag der kome und her habe ym des geldis nicht czu gebin, *zo werde yenir man gewisit czu des schuldegers erbe, der verkoufe is vor syn gelt.* — Kulm. R. III c. 124; Glogauer Rechtsb. c. 505, 507.

Prager Stadtr. art. 68[21]: — welch man schuldig ist und sein prief uber sich gibt und nicht helt als sein prief louten und darumb treulos wirt, *dem clager sol man helfen ze seinem gut farent und unfarent*, und het her des gutes nicht, so sol man in dem clager antworten bei der hant und mag in halten als lang als er wil. — art. 119 ebenda. Prager Rechtsbuch art. 1.[22] Iglauer Schöffenspruch Nr. 98.[23] Willkür der Zipser Sachsen art. 28.[24] Stadtrecht von Hannover art. 26[25]: Welic vrowe eder juncvrowe de sculdich is, de mot iuwelic man wol *panden in orme ghude — mit deme richte, deste men se vorvolghet hebbe also it recht is.*

Stadtrecht von Lauenburg von 1599 II c. 4 § 1[26]: Was man um baar geld bedinget, soll baar bezahlet oder, *wo darüber geklaget, der käufer gepfändet werden.*

Privileg Markgraf Ludwig's v. Brandenburg für die Städte Berlin und Köln v. J.

---

[21] Bei Rößler, deutsche Rechtsdenkmäler aus Böhmen und Mähren. Bd. I, Prag 1845.

[22] Rößler, a. a. O. I S. 103.

[23] Bei Tomaschek, Oberhof S. 81.

[24] Bei Michnay und Lichner, Ofener Stadtrecht v. 1244—1421 (Preßburg 1845) S. 226.

[25] Vaterländisches Archiv des historischen Vereins für Niedersachsen, Jahrgang 1844 (Hannover 1846) S. 298 f.

[26] Bei Pufendorf, Observ. jur. univ. III App. S. 327.

1328[27]: Word ok ridder oder knape von ienegeme user börger vorclaget umme schulde vor useme landrichtere, *und di clage vol richtet worde, also dat ein pant gedielet worde deme cleghere* etc.

Stadtrecht von Salzwedel v. J. 1273 art. 13.[28] Stadtr. v. Braunschweig tit. XVII § 146.[29] Landrecht des bremischen Oldenlandes von 1517 art. 17.[30] Dithmarscher Landrecht von 1539 art. 210 § 1.[31] Stadtr. v. Lunden in Dithm. v. 1529 art. 38.[32] Mühlhäuser Rechtsbuch art. 34.[33] Statuten von Nordhausen (um 1300) art. 162.[34] Vgl. auch Sachsensp. III, 87 § 4.

Keure der St. Grammont in Flandern von 1068 (bestätigt 1190) § 9.[35] Item si quis burgensi debitum suum solvere noluerit, quod scabinis notum fuerit, *auxilio comitis et potestate compellatur ei satisfacere.*

Keure der St. Nieuport von 1163 § 7[36]: Qui

---

[27] Bei Fidicin, historisch-diplomatische Beiträge zur Gesch. der St. Berlin, Bd. II (Berlinische Urkunden von 1261—1550, Berlin 1837) Nr. 22.

[28] Pufendorf a. a. O. III App. S. 400; deutscher Text bei Gengler, deutsche Stadtrechte des Mittelalters (Erlangen 1852) S. 396 ff.

[29] Urkundenbuch der Stadt Braunschweig, herausgegeben von Hänselmann, Bd. I Nr. 61 S. 102 ff.

[30] Bei Pufendorf IV App. S. 52.

[31] Bei Michelsen, Sammlung altdithmarscher Rechtsquellen (Altona 1842) S. 159.

[32] Bei Michelsen a. a. O. S. 217.

[33] Herausgegeben von Förstemann in den Neuen Mittheilungen aus dem Gebiet histor.-antiquarischer Forschungen Bd. VII, Heft 1 S. 103.

[34] Herausgeg. von Demselben, ebenda Bd. III, Heft 1 S. 65 f.

[35] Bei Warnkönig, Flandrische Staats- und Rechtsgesch. (Tübingen 1835—1842) Bd. II Abth. 2, Urk.-Buch S. 164.

[36] Bei Warnkönig a. a. O. S. 88.

alicui aliquid coram scabinis debet, et diem solvendi non tenuerit, justiciarius cum scabinis illum, cui res debetur, *faciet potentem super omnia, quae debitor habet*; et si debitor nihil habuerit, *ipse debitor in potentiam illius, cui res debetur.*

Von süddeutschen Rechtsquellen führe ich an:

Bamberger Stadtrecht § 35: Wer zwo meil oder inwendig zweier meil gesessen ist, unnd der hynnen vor gericht clagen will umb schullde, dem soll man in solcher zeit unnd frist *hellffen unnd richten* als einem burger hinnen.

Handfeste von Freiburg i. Ue. von 1249 § 74[37]: Si homo alicujus burgensis aut aliquis qui supra terra burgensium situs sit, debeat burgensi aliquid, ipse burgensis primo domino suo conqueratur, *et dominus illius debet eum compellere, quod infra XV dies burgensem persolvat*; quod nisi fecerit, ubique poterit, libere extra domum *vadiare potest.* — Handfeste v. Burgdorf v. 1316 § 115.[38]

Memminger Stadtr. art. 10[39]: Wer ouch dem andern hie gelten sol, — *vollefuret der oder die jr klag mit dem rechten*, — so sol jn *der aman und das gericht varendiu pfand haissen gen des gerichtz botten* etc.

Stadt- und Gerichtsordnung von Bönnigheim v. J. 1599[40]: Welcher zue Bönigkheim auf dem markat oder sonst kaufft und bare betzalung zusagt, aber selbigem nit nachsetzt, und der verkäuffer denn ge-

---

[37] Bei Gaupp, deutsche Stadtrechte des Mittelalters (Breslau 1851) Bd. II S. 96.

[38] Gaupp a. a. O. S. 132.

[39] Bei v. Freyberg, Samml. hist. Schriften u. Urk. V S. 260.

[40] Bei Reyscher, Sammlung altwürtembergischer Statutarrechte (Tübingen 1834) S. 451.

meinen amptman ime umb versprochene bare betzalung amptlich verholffen zu sein ansucht, *soll der amptman von stund an die begertte betzalung verschaffen oder dem keuffern pfanndt ausstragen* etc. — Luzerner Stadtrecht art. 76.[41]

Bayrisches Landr. v. 1346 art. 233: Waer daz ain man den andern bechlagt umb gelt, alz verr daz man im pfant solt antwurten, *dem sol der richter pfant haizzen antwurten*, die er getreiben oder getragen mag *umb alz vil, daz er seins geltz gewert wurde.* — Stadtr. v. Freysing v. 1359 art. umb gelt (v. Freyberg, V S. 209). Landrecht von Raschenberg II § 11.[42] Rechtsbrief Bisch. Gebhard's für die Stadt Passau v. J. 1225 § 31.[43] Wiener Stadtrecht von 1340.[44]

## § 29.

### Fortsetzung. Die der Exekution vorangehende gerichtliche Verhandlung und das Urtheil.

Der bisher gewonnene Satz, daß auf den Antrag, auf die Klage des in seinem Anspruche auf Leistung der versprochenen Zahlung verletzten Gläubigers die Gerichtsgewalt zur Durchführung des Rechtes schreite, besitzt jedoch in dieser Allgemeinheit nur eine theoretische Richtigkeit. Wenn man davon ausgeht, daß der Schuldner zur Zahlung thatsächlich verpflichtet ist, so besteht allerdings kein Grund, die Rechtshülfe nicht sofort an die Klage sich anschließen zu lassen. Die gerichtliche Exekution erscheint unter dieser Vor-

---

[41] Zeitschrift für schweizerisches Recht, herausgeg. von Ott, Schnell, v. Wyß, Bd. V (Basel 1856) Rechtsquellen S. 46.

[42] Grimm, Weisthümer VI S. 157.

[43] Gengler, Stadtr. des M.-A., S. 344 ff.

[44] Bei Rauch, Rerum Austriacarum Scriptores (Vindobonae 1794) T. III S. 52 f.

setzung als direkte Rechtsfolge der Rechtsweigerung. Allein in der praktischen Uebung gestaltet sich die Sache anders. Hier gibt es für das angerufene Gericht, wenigstens regelmäßig, von vorn herein bei Erhebung der Klage kein Kriterium, an dem zu erkennen wäre, ob denn jene Voraussetzung im einzelnen Falle wirklich begründet ist oder nicht. Die Erfahrung führt aber leicht dahin, zu sehen, daß durchschnittlich eben so viel begründete wie nicht begründete Klagen erhoben werden.

Auf dieser Erwägung beruht es, wenn zwischen Rechtsweigerung und zwangsweise Rechtsvollstreckung ein Verfahren geschoben wird, dessen Bestimmung es ist, dem zur Vollstreckung berufenen Organe die Ueberzeugung von der materiellen Begründung des klägerischen Anspruchs zu verschaffen, der Proceß, dessen wesentlichste Eigenschaft darin besteht, daß Demjenigen, gegen dessen Widerrechtlichkeit die rechtliche Hülfe angerufen wird, zuvor Gelegenheit geboten wird, sich über die Klage vernehmen zu lassen. Es ist, wenigstens für die Regel der Fälle, ein durchgreifendes Princip des deutschen Rechts, daß die Exekutive nur auf beiderseitiges Gehör zur Rechtshülfe schreitet. Der den Vertrag angeblich nicht erfüllt habende Schuldner ist vor das Gericht zu laden, und erst wenn er hier die Schuld bekannt und sein Unrecht zugestanden, oder aber, wenn er vermittelst der, zur Eruirung der wahren Sachlage üblichen processualen Hülfsmittel in der Schuld gewonnen ist, kann die Zwangsvollstreckung vorgenommen werden. Dies wird in den Quellen vielfach mehr oder weniger ausdrücklich hervorgehoben:

Goslar. Statuten (Göschen, S. 72 Zle. 1 ff.): Is en man scult sculdich dar he sinen bref up ghift oder dat de voghet beseghelet, dat he der scult bekant hebbe in richtes stat, wert he na dar umme sculdighet unde *bekant he sines breves oder wert he des vortüghet* mit des voghedes breve unde mit dinghlüden, — *de voghet mach ene dar vore panden* mit des rades orlove in sinem hus. Ne vint he aver uppe dem sineme nicht to pandene, so mach de richtere *ene selven deme kleghere antworden vor de scult.* — Verm. Sachsensp. III, 11 d. 3. Purgoldt's Rechtsb. VI, c. 74.[1]

Glosse zum Sächsischen Weichbild art. 27[2]: Wem man icht schuldig ist, der mag sines geldis warten ader vorsehen; wenn er mus clagen uff den schuldiger; — wenn er denn so den schuldiger beklaget, *unde ghener bekennet,* unde hat er denne varende guth, *do wist man den cleger zu als zu synem phande* etc. — Systemat. Schöffenr. III, 2 c. 89 (nach der Lesart bei Laband Anm. [11]). Glogauer Rechtsbuch c. 505, 506. Stadtr. von Iglau aus der 2. Hälfte des XIV. Jhrhdts. art. von geltern u. von pfanten, dist. 7.[3] Iglauer Schöffenspr. Nr. 105.[4] Recht der Zipser Sachsen art. 24.[5]

Keure des Dorfes Saffelaere v. 1264 art. 36[6]: Si autem illud debitum — *testimoniis proborum virorum scabinis constiterit et reus solutionem non probaverit,* — baillivus debet illud debitum facere pandare ad instantiam conquerentis cum praecone et duobus scabinis.

---

[1] Die Annahme v. Meibom's, Pfandr. S. 48 f., daß bei den, in diesen Stellen behandelten Fällen der Exekution keine Verhandlung mit dem Schuldner vorhergehe, dürfte doch durch den Wortlaut der Stellen selbst entschieden widerlegt werden. S. unten § 30 Anm. [2].

[2] Bei v. Daniels und v. Gruben, das sächsische Weichbildrecht I (Berlin 1858) S. 317 Zle. 35 ff.

[3] Bei Tomaschek, Oberhof Iglau, S. 367.

[4] Daselbst S. 82.

[5] Michnay und Lichner S. 225.

[6] Warnkönig a. a. O. Bd. III Nachtrag zum U.-B. Nr. 166 S. 43.

— K. v. Eekloo und Caprike in Flandern v. 1240 § 5.[7] K. des Dorfes Piet v. 1265 a. 9.[8]

Luzerner Stadtrecht art. 56[9]: wann einer old eine eim old einer schuldig *und der schuld vor ein richter gichtig sind*, *oder das der gelt sin schuld mit gericht bezogen hatt*, den so sol und mag ein richter, ob er des ermant wird, *dem gelten pfand geben*, der schuldner sy under ougen oder nitt.

Bayr. Landr. v. 1346 art. 252, 306. Stadtr. v. München art. 27, 99.[10] Stadtr. v. Freysing (v. Freyberg, V S. 215, 227). Wiener Stadtrechtsbuch art. 138 (Schuster S. 126).

Ein weiteres Requisit besteht endlich noch darin, daß die solcher Gestalt stattfindende Verhandlung der Parteien ihren Abschluß gefunden haben muß durch einen Akt des Gerichts, in welchem letzteres als Ergebniß dieser Verhandlung feststellt, daß der Beklagte in der That unrechtmäßiger Weise die versprochene Zahlung am Termin nicht geleistet hat. — Das für die Rechtsverfolgung wichtige Merkmal des hier in Rede stehenden Unrechts besteht gerade darin, daß hierdurch weder die Möglichkeit noch die Pflicht zur Erfüllung der ursprünglichen Leistung aufgehoben wird; und jene gerichtliche Feststellung, das Urtheil, begnügt sich daher nicht mit der Anerkennung des Unrechts des Beklagten und der Berechtigung des klägerischen Anspruchs, sondern spricht auch die Fortdauer jener ursprünglichen Rechtspflicht und dieses Anspruches aus; ja der äußere Wortlaut desselben beschränkt sich meist allein auf Letzteres als das praktisch Wichtigste.

---

[7] Warnkönig, Bd. II Abth. 2 U.-B. S. 215.

[8] Daselbst S. 221.

[9] In der Zeitschr. für schweizerisches Recht, Bd. V Rechtsquellen S. 40.

[10] Herausgeg. von Auer, München 1840.

So besteht dieser Abschluß der Verhandlungen zur Ermittelung des Sachverhalts in der Verurtheilung des Beklagten zur Zahlung, in dem richterlichen Befehl, das Versprochene zu leisten.[11] Z. B.:

[11] Für den Abschluß des Processes durch ein Urtheil ist es nicht erforderlich, daß der Beklagte die Schuld bestritten hat, und diese ihm erst im Rechtsstreit abgewonnen worden ist; auch bei bekannter Schuld tritt Feststellung des Verhandlungsergebnisses durch Urtheil ein. Die gegentheilige Behauptung v. Meibom's Pfdr. S. 44—47, daß das processuale Geständniß ein gerichtliches Urtheil überflüssig gemacht und nur die Ansetzung einer Zahlungsfrist zur Folge gehabt habe, scheint mir mit den Quellen nicht im Einklang zu stehen. Die einzige, scheinbar dafür sprechende Stelle ist Glosse zum sächs. Weichb. art. 45 § 4 (v. Daniels und v. Gruben S. 363 Zle. 4—10), wonach der Burggraf und der Schultheiß deshalb alle Tage um Geldschuld sollen richten können, darumme das man mit orteiln nicht dinget, wenne worumme? bekennet der schuldiger die schult, der richter mag em gebieten — zu bezalen. Allein der Glossator hat die Stelle des Weichbilds falsch aufgefaßt; wie die Parallelstellen deutlich ergeben, handelt es sich nicht um richten über bekannte Schuld, sondern über schlichte Klagen, Klagen ohne Substanziirung und ohne Beweismittel (vgl. Laband, vermögensr. Klagen S. 44 f.), gegen welche der Beklagte sich durch seinen Eid zu vertheidigen hatte (Laband a. a. O. S. 17 bis 20): Magdeb. Fragen I, 2 d. 4: Der richter mag alle tage wol richten ane dy scheppin umb gelt adir umb ander slechte sachen in slechter clage. Mgdeb.-Bresl. R. v. 1261 § 12; von 1295 § 3. Mgdeb.-Görl. R. v. 1304 § 7 und 44. Weichbild c. 9 bei Mühler S. 40. In diesen Fällen unterliegt aber die Nothwendigkeit des Urtheils keinem Zweifel. Den Gegensatz zu dem Richten ohne die Schöffen bildet das Richten mit gewöhnlichen Bürgern als außerordentlichen Urtheilsfindern, nicht aber ein Richten allein Seitens des Richters. Dies ergibt sich mit Evidenz daraus, daß nach den angef. Stellen ein Richten außer rechter Dingzeit, abgesehen von der schlichten Klage, auch dann Statt findet, wenn die eine Partei ein Gast ist; für diesen Fall bestimmt aber das Privileg des Erzbisch. Wichmann v. 1188 § 8: ut si scabini judices presentes non sint, a burggravio vel a sculteto sentencia a civibus requisita justicie sortiatur effectum. Diese Bestimmung wurde dann offenbar auf die Aburtheilung schlichter Klagen übertragen. Dem romanistisch gebildeten Glossator mag dagegen der römische Satz „confessus pro judicato habetur" vorgeschwebt haben. — Für unsere Ansicht aber sprechen unzweideutige Quellenzeugnisse: Vertrag zw. der Stadt und dem Erzbischof v.

Iglauer Schöffenspruch Nr. 55 (Tomaschek, Oberh. S. 325 f.): Seinnttnmall der J. von K. genugsame weysung fur ewr recht gestellet, vnd der R. sich auch dorczu bekenntt hatt, das er jm fur den N. parig (Bürge) worden ist, *so ist der R. schuldig seiner parigschafft nachczukomen und dem J. die ressin czu beczalen noch dem rechtenn.* — Vgl. Magdeburger Fragen, Buch II Kap. 2 Dist. 14, 15, 18.[12]

Auf diese Weise wird das Urtheil, das richterliche Aussprechen der schuldnerischen Verpflichtung und der Befehl, dieselbe zu erfüllen, äußerlich betrachtet zur unmittelbaren Grundlage der rechtlichen Vollstreckung; auf Grund der urtheilsmäßigen Feststellung und der Nichtbefolgung des im Urtheil enthaltenen Befehls tritt die Rechtshülfe ein:

Sachsensp. I, 53 § 3: Nicht ne mut ok de vrone bode panden, *he ne werde mit ordelen dar to gewunnen.*

Purgoldt's Rechtsb. VII c. 15: Schuldigt eyn man den andern fur gerichte *und uberwint yn mit*

---

Bremen v. 1259 art. 25 (Bremisches Urk.-Buch I Nr. 299): Ock mach de vaget van wegen unses gn. heren gerichte up bekentliker schuld ein ordel spreken. Iglauer Schöffenspruch Nr. 317 (Tomaschek, Oberh. S. 228 f.): Ille autem debitor recognovit in XXII grossos, superfluum vero debitum negavit. Illos scilicet XXII grossos monitoribus adjudicamus illis; — — pronunciavimus inter partes, quod debitor id, quod recognovit, solveret monitoribus. Ofener Stadtr. art. 162 § 2 (Michnay u. Lichner S. 101): Pekennet ein man einer schuld vor gericht, der gesessen ist, der richter sol ym taillen und dy gesworen, an dem dritten tag zu pezallen pfand oder pfenning. S. ferner die im Text folgenden Stellen des Iglauer und Magdeburger Rechts. Für die Richtigkeit dieser Annahme spricht aber auch der Grundsatz des deutschen Rechts, daß selbst Akte der freiwilligen Gerichtsbarkeit unter Urtheilfindung vollzogen wurden. S. Heusler in Zeitschr. für Rechtsgesch. VI S. 141 f., 154, 181, und v. Meibom selbst a. a. O. S. 465 g. E. Vgl. auch Laband, a. a. O. S. 236 ff.

[12] Herausgegeben von Behrend, Berlin 1865.

*rechten klegen und urteln, und der richter sal ym darnach pfande helffen.*

Stadtrecht von Rüden von 1310 art. 23[13]: Were dat also dat eyn den anderen vor gherichte vorvolghede, als eyn recht were van scult weghene efte van anderen saken, *dat he myt rechten ordelen wonne, also dat he en panden mochte,* de solde den richtere bidden, dat he eme der pandinge hulpe.

Vgl. noch Glosse z. sächs. Weichbild art. 27.[14] Rechtsbrief K. Rudolf's I. für die Stadt Eger von 1279 § 18.[15] Bayrisches Landrecht art. 5, 258 a. A. Stadtr. v. München art. 3, v. Freysing art. 3. —

Durch diese Zwischenstadien ist nun aber für den Schuldner die Möglichkeit gegeben, — obgleich er, wie er sollte, seiner Rechtspflicht aus eigenem Antriebe nicht genügt hat, — dadurch, daß er in Folge von Klage und Urtheil dem richterlichen Zahlbefehl willig nachkommt, ex post die Zwangsmaßregeln zu beseitigen, die sich an sein widerrechtliches Verhalten zu knüpfen hatten. Noch einmal ist ihm Gelegenheit geboten, durch eigenes Thun das Recht zu erfüllen, und so sein früheres Unrecht zu korrigiren; nutzt er dieselbe, so fällt der rechtliche Zwang hinweg.

Keyserrecht I c. 33[16]: Der keiser hat virboten, daz man nieman muwen sal mit gerichte um kein sache, man hab sie von erst gefordert an gerichte.[17] Sint gescr. stet: man sal nieman dingstudeln, wil er von erst recht tun an gerichte; vergl. mit Keyserr. II c.

[13] Bei Seibertz, Urk.-Buch des Herz. Westphalen II Nr. 540.

[14] v. Daniels, S. 318 Zle. 17—19.

[15] Gengler, Stadtrechte S. 99. Bei Gaupp, St.-R. I S. 192 § 19.

[16] Das Keyserrecht, herausgeg. von Endemann, Kassel 1846.

[17] D. h. „vor Gericht", nicht „ohne Gericht"; vgl. v. Meibom, Pfdr. S. 151 Anm. [12].

20: Ein iglich man, der dem andern sin gut borget, uf ein zit zu geldene, der sal es fordern *mit bescheidenheit*, un wirt iz im nit virgolden, so sal ers fordern *mit des keisers recht*, unter welch letzterem Ausdruck, wie sich aus den Varianten und dem weiteren Wortlaut der Stelle ergibt, die gerichtliche Pfändung verstanden ist.

Stadtrecht von Apenrade von 1284 art. 69: Si quis pro debito in placito impetitus fuerit, confessus reddat intra V dies —; *si postea contumax fuerit, exactor cum civibus licite praedictam pecuniam de domo debitoris extorqueat.* — Stadtrecht von Schleswig art. 89. Stadtr. v. Flensburg art. 65. Stadtr. v. Hadersleben von 1292 art. 25.[18]

Die Sachverhandlung zwischen Gläubiger und Schuldner, welche wir nach dem Obigen zu Urtheil und Exekution führen sahen, hat jedoch nur die Bedeutung, daß dem letzteren Gelegenheit zur Vernehmlassung gegeben werde; bleibt er auf dreimalige Vorladung vor Gericht aus, so wird er, abgesehen von der hierwegen zu zahlenden Buße, als in der Schuld gewonnen betrachtet; es ergeht ein demgemäßes Urtheil, welchem sich die Rechtshülfe anschließt, ganz in derselben Weise, als ob dies Resultat durch processuale Verhandlung erzielt worden wäre.

Vgl. Ssp. I. 70 § 2.[19] Richtsteig Landr. c. 7 §§ 1—3. Hamburger R. v. 1270, I c. 15, IX c. 5; von 1292 C c. 11, M. c. 4; von 1497 H c. 12, C c. 1. Stadtr. von Riga I c. 14 (Oelrichs S. 7). Lüb. R. Cod. III c. 356. Stadtr. von Verden a.

---

[18] Corpus Statutorum Slesvicensium oder Sammlung der in dem Herzogthum Schleswig geltenden Land- und Stadtrechte Bd. II (Schleswig 1795) S. 384, 36, 201, 462 f.

[19] Ueber diese Stelle s. v. Meibom, Pfdr. S. 150 f.

50[20]. Stadtrecht von Apenrade art. 66; von Schleswig art. 36; von Flensburg art. 61.[21] System. Schöffenr. II, 2 c. 35. Glogauer Rb. c. 504. Schwabensp. (Laßberg) c. 102. Deutschensp. (Ficker) c. 92. Rupr. v. Freysing I c. 71. Straßburger Stadtr. von 1249 a. 14.[22] Privileg für Passau von 1225 §§ 2 und 33.[23] Bamberger Verordnung „von Geltschuld, Bürgschaft und anderen Sachen" §§ 3—6.[24]

Zwischen Rechtsweigerung und Rechtsvollstreckung schieben sich auf die oben beschriebene Weise eine Reihe von Rechtshandlungen, welche beide weit auseinanderrücken und den zu Anfang hervorgehobenen Zusammenhang zwischen ihnen fast aufzuheben scheinen, jedenfalls äußerlich verdecken. Das verurtheilende Erkenntniß, der nichtbefolgte Zahlbefehl bilden die Maßgabe, nach welcher die Exekution vollzogen wird; und insbesondere der Umstand, daß der Schuldner durch nachträgliche Leistung, durch Erfüllung des Urtheils der Exekution zuvorkommen kann, lassen letztere als blose Vollstreckung des Urtheils, die Nichtbefolgung des Urtheils als das Unrecht erscheinen, welchem durch die Rechtshülfe begegnet werden soll.

---

[20] Bei Pufendorf, Obs. Jur. Univ. I App. S. 95.

[21] Corpus Statutor. Slesvic. II S. 383, 19, 200.

[22] Bei Gaupp, St.-R. I S. 86.

[23] Bei Gengler, St.-R. S. 344 ff.

[24] Zöpfl, Bamb. R. Anhang I B. S. 125 ff. — Der in Rede stehende Rechtssatz findet sich — und zwar gerade nach der hier interessirenden Seite hin — scharf ausgedrückt in dem Freiheitsbriefe für die Stadt Riom v. J. 1270 § 20 (Warnkönig und Stein, französ. Staats- und Rechtsgesch. I, Urkundenb. S. 43), welche Stelle ich zur Vergleichung hierher setzen will: Quod non possint pignorari neque bannum in bonis seu rebus eorum poni nec ostia domorum suarum claudi, nisi prius citati vel moniti fuerint, vel nec nisi pro re judicata vel contumacia.

Allein dieser Schein darf uns nicht täuschen. Vielmehr ist es für unsere Untersuchung von entscheidender Wichtigkeit, daran festzuhalten, daß die Hülfsvollstreckung Erfüllung der ursprünglichen Vertragspflicht bezweckt, und daß sie an und für sich die naturgemäße und nothwendige Folge einer bestimmten Art des Unrechts ist, abgesehen von jeder zufälligen, thatsächlichen Ungewißheit des einzelnen Falles, welche erst einer Feststellung im Proceßverfahren bedarf. Der Gang unserer Darstellung und die überall beigebrachten Quellenzeugnisse können bereits einen Zweifel darüber, daß diese Auffassung in der That dem deutschen Rechte angehört, nicht aufkommen lassen. Der strikteste Beweis dafür wird aber dadurch geliefert, daß überall, wo jene, ein processuales Verfahren erheischenden Zufälligkeiten nicht vorhanden sind, der Zusammenhang zwischen Rechtsweigerung und Rechtsvollstreckung wieder auf's hellste hervortritt.

## § 30.

### Wegfall der gerichtlichen Verhandlung. Exekutivproceß.

Die Schwierigkeit, im einzelnen Falle zu konstatiren, ob der Anspruch des Gläubigers auf Rechtshülfe gegen seinen Schuldner in Wahrheit ein begründeter sei, führte, wie wir sahen, dazu, alle jene Zwischenstadien entstehen zu lassen; und jene Schwierigkeit herrscht allerdings in den weit meisten Fällen vor. Wo nun aber nach Ansicht einer bestimmten Zeit und einer bestimmten Landschaft diese Schwierigkeit in gewissen Fällen aus irgend welchen Gründen als beseitigt erscheint, da schließt sich sofort an das Versäumen des Zahltermins seitens des Schuldners die zwangsweise Vollstreckung. Allgemein wird dies ausgesprochen in

Keyserrecht I c. 14: Waz der richter und die scheffen vür war wissen, daz en darf man nit erwinden mer dt iclage nach des gerichtes rechte. *Wan kundit ez in der man, dem man icht schuldig ist zu tun, so sal ez der richter volfuren mit des keisers gebot.* — — Sint gescr. stet: da der keiser die warheit weiz, da mag er richten ane clage.

Auf dieser Idee beruht der Exekutivproceß des deutschen Rechts, und insbesondere diejenige Art der executio parata, welche nach vielen Stadtrechten auf Grund eines, in das Gerichts- oder Stadtbuch eingetragenen oder durch einen Gerichtsbrief beglaubigten Zahlversprechens, in direktem Anschluß an die Nichterfüllung des letzteren, eintrat. Das Princip derselben ist klar ausgesprochen im

Hamburger R. von 1270, VII c. 3: So wat schult vor deme gantzen rade bekant wert, vnde an der stad schultbock gescreven wert, dar ne geit nen tuch enboven. So wan he over gelt, so schal he sik vor deme rade los schelden laten vnde uth scryven laten; *vnde ne worde deme manne nicht gegulden to syneme dage, he ne darf nicht clagen vor rechte, sunder vor deme rade. Unde de rad schal ene wisen an syn erve, ofte he nen ander pund ne hevet.* — Stadtr. von 1292 C c. 18; v. 1497 H c. 10; übergegangen in das Lübische Recht Cod. III Abth. 2 art. 328.[1]

Für eine derartig in ihrem thatsächlichen Bestand von vorn herein sicher gestellte Schuld bedarf es keiner Parteienverhandlung, keines Urtheils mehr: zur Vollstreckung ist letzteres nicht erforderlich, sondern nur der Antrag, die Klage des Gläubigers bei der Exekutivbehörde.[2]

---

[1] Hach, das alte Lübische Recht (Lübeck 1839), S. 503.

[2] Das deutsche Exekutivverfahren auf Grund gerichtlich eingetragener oder gerichtlich verbriefter Zahlversprechen ist erst neuerdings seiner Entstehung und seinem Wesen nach gewissermaßen wissenschaftlich entdeckt worden. Es ist an dieser Stelle nicht unsere Aufgabe, auf das Einzelne näher einzugehen; ich verweise auf v. Bar, das Beweisurtheil des

Auf ähnlicher Grundlage beruht ein speciell dem bayrischen Recht angehöriges Rechtsinstitut, nach welchem unter gewissen Voraussetzungen ebenfalls Nichtzahlung, Klage, Exekution in direkter Aufeinanderfolge stehen. — Hat der Schuldner zur bestimmten Zeit nicht gezahlt, so erläßt das Gericht auf den einseitigen Antrag des Gläubigers sofort einen eventuellen Zahlbefehl an den Schuldner; erkennt dieser dem ausführenden Frohnboten gegenüber die Schuld an, weigert aber die Zahlung, so wird, ohne daß eine weitere Verhandlung in der Sache stattfände, zur Exekution geschritten; leugnet der Schuldner dagegen seine Zahlverbindlichkeit, so hat ihn der Bote sofort zur ordnungsmäßigen Verhandlung vor Gericht zu laden. Bereits in dem Vergleiche zwischen den Herzogen Ludwig und Heinrich von Bayern v. J. 1284[3] war bestimmt worden, daß die der Gegenpartei angehörigen Gläubiger des Herzogs Ludwig sich behufs Zahlung an dessen Vicedominus wenden, und dieser ihnen im Falle der Ableugnung zu Recht stehen solle; falls er letzteres versäume, solle direkt zur

germ. Processes, 1866, S. 255—283; v. Meibom, Pfandr. S. 47—54, 463—467; und besonders Heusler, Zur Geschichte des Exekutivprocesses in Deutschland, in der Zeitschr. für Rechtsgesch. Bd. VI (1867) S. 127—205. — Den Ausführungen v. Meibom's gegenüber ist jedoch zu betonen, daß das in Rede stehende Institut keineswegs ein allgemeines deutsches, vielmehr ein nur in einzelnen Städten entwickeltes war, und daß andere städtische Rechtsquellen, wie die oben § 29 bei Anm. [1] angeführten, den erwähnten öffentlichen Urkunden nur einen Beweisvorzug einräumen; s. auch Schöffenspruch von Königgrätz bei Gaupp, St.-R. II S. 260 f. Nr. 2. Andererseits ist die Auffassung v. Bar's, welcher in der deutschen executio parata nichts als den ordentlichen Proceß mit besonderen Beweismitteln erkennt, nicht durchweg zutreffend. — Vgl. noch unten § 46.

[3] Bei Ried, Cod. Dipl. Ratisb. I Nr. 624, sowie in Monumenta Wittelsbacensia, herausgeg. von Wittmann (Quellen und Erörterungen zur bayrischen und deutschen Geschichte Bd. V, VI, München 1857, 1861), I Nr. 149 art. 9.

Pfändung durch den Richter des Gläubigers geschritten werden; und hieran schließt sich die Bestimmung:

Pena etiam de pignorum captionibus, jam posita, tenenda est *de non negato debito nec soluto.*

In der Handfeste der Herzoge von Niederbayern v. J. 1311 c. 10[4] heißt es ähnlich:

— ob ieman in unsern pansteten oder maerchten einem purger icht gelten sül, der sol seinen poten mit unsers richters boten zu dem selben senden und sein gelt vodern. Stet er im dann des geltes *an laugen*, so sol er in seines geltes in 14 tagen verrichten. — *Taet er des nicht, so sol im unser vitztum oder richter einen pfenter geben, der im pfant geb für sein gült.* Laugent aber man dem purger der gült, so sol im der man einen unverzogen tag geben auf 14 tag, und auf den tag ein unverzogen recht tuon.

In den bayrischen Land- und Stadtrechten ist dann das Institut völlig ausgebildet.

Bayr. Landr. art. 293: Wer dem andern sein gelt leiht, der sol ims wider geben auf die zeit und er ims gehaizzt wider ze geben; taet er dez nicht, — sol in der richter dar umb benoeten, und sol im pfant darumb antwurten, wo er sein geweist wirt, *ob er dez gelihen geltz an laugen ist;* laugent aber er sein, so sol zwischen ir geschehen waz recht ist. — Ferner art. 89, 258, 306.

Münchener Stadtr. art. 30: Swer hinz dem andern gelt ze vodern hat, daz hinder 36 dn. ist, *dem sol fronbot pfant antwurten ze haus und ze hof, ob im ener an laugen ist;* laugent aber ener, so sol im fronbot fürpieten von des chlagers wegen auf das naechst recht, und sol dan geschehen nach dez buochs sag,

---

4 Monumenta Wittelsbacensia II Nr. 238, S. 186.

waz recht ist. — Ferner art. 99, 136. Freysinger Stadtr. (v. Freyberg, V S. 184, 224, 227). Vgl. auch die Rechte der bayrischen Hofmarken zu T.... art. 3 und zu Rot art. 6, 7.[5]

Ein dem eben beschriebenen Rechte offenbar ähnliches Privileg verlieh K. Ludwig im J. 1340 den Bürgern von Augsburg:[6]

— swer in gelten sol redelich gült, des si brief habent *oder des man in anlungen* (lies: *ane laugen*) *ist, daz si di darumbe mit irem vogt oder mit ires vogtes boten gephenden mügen*, auch in unser kinde lant ze Bayern und ze Swaben.

Auch sonst fand dies Verfahren in Schwaben und besonders in der Mittel- und Nord-Ostschweiz Verbreitung:

Oefnung zu Burgau v. 1469: Item wenn ain amptmann in der genanten vogtye ainen pfenden wil, *so sol man pfenden vmb gichtige schuld;* wes aber ainer dem andern nit gichtig wer, daz sol man für gericht schieben. — Oefnung von Dachsen art. 5; Weisthum von Vinkbuch § 13; von Zilschlacht §§ 10, 11[7]; ältestes Hofrodel von Jona um 1400 § 27.[8] —

Es gibt, wie bereits angedeutet, kein Kriterium, welches absolut geeignet wäre, die processuale Sachverhandlung

---

[5] Grimm, Weisthümer III S. 640, 670.

[6] Bei Meyer, Urkundenbuch der Stadt Augsburg I (Augsburg 1874) Nr. 373. Vgl. die Erneuerung dieses Privilegs v. J. 1346 ebenda Nr. 422, wo es heißt: darum sy — briefe haben und des man in ane laugen ist; s. unten § 35 bei Anm. [11].

[7] Grimm, Weisth. I S. 197, 109, 435, VI S. 340.

[8] In den Mittheilungen zur vaterländischen Geschichte, herausgeg. vom histor. Verein zu St. Gallen, Neue Folge Heft 2 (St. Gallen 1870) S. 193. — Ueber das schweizerische, sog. „Schuldenbetreibungsverfahren" vgl. v. Wyß in der Zeitschr. für schweiz. Recht, VII S. 3—114.

vor dem Vollzuge der Rechtshülfe als entbehrlich erscheinen zu lassen; nach Zeit, Ort, Lebensgewohnheiten, ökonomischen Verhältnissen ist das Recht in dieser Beziehung verschieden gestaltet, und auch das deutsche Mittelalter brachte es hierüber zu keiner einheitlichen Norm. Wie die vorstehend geschilderten, gab es in andern Gegenden andere Momente, welche executio parata bewirkten[9], und es kann für uns hier nicht darauf ankommen, diese alle einzeln darzulegen. Festzuhalten ist von uns nur, daß allen diesen Rechtserscheinungen das gemeinsame, in dem oben S. 185 f. angeführten Satze des Keyserrechts ausgesprochene Princip zu Grunde liegt, daß, wo gerichtliche Verhandlung und Urtheil wegen Liquidität eines Anspruchs überflüssig sind, die Exekution sich unmittelbar an die Nichterfüllung des noch erfüllbaren Anspruchs anschließt, daß somit die Exekution, an und für sich, die wahre Rechtsfolge der Nichterfüllung so gearteter Vertragsansprüche (hier in *specie* auf Zahlung einer Quantität von Fungibilien) darstellt.

---

[9] In dem Handelsvertrage zwischen den Russen zu Smolensk und den Deutschen zu Riga v. J. 1228 (Urkundenbuch der Stadt Lübeck I, Anhang A S. 691) ist z. B. bestimmt: „Wenn ein Russe einem Lateiner schuldig ist und ihn nicht bezahlen will, so soll er von dem Schultheiß einen Gerichtsboten fordern; aber wenn er ihm einen Gerichtsboten gibt, und er hilft ihm nicht in acht Tagen zu seiner Waare bei dem Russen, so soll er selbst ihm Bürgen stellen." — Auf einer anderen Grundlage beruht die gleichfalls unmittelbar an die Nichterfüllung angeschlossene Vollstreckung im Arrestverfahren; allein gerade auch hierbei zeigt sich deutlich die Relativität des Erfordernisses der Sachverhandlung und des Urtheils für die Exekution. Wird nämlich der hierin liegende Nutzen durch ein größeres Uebel — hier die Gefahr, im Verzugsfall die Exekution überhaupt nicht mehr vornehmen zu können, — aufgewogen, so fallen jene Erfordernisse weg, die Vollstreckung wird auf die blose Klage hin begonnen. Ueber das Arrestverfahren und seine einzelnen Fälle im deutschen Recht vgl. v. Meibom, Pfdr. S. 147—177.

## § 31.

## Die Exekutionsmittel; insbesondere die Schuldhaft.

Wir haben in der bisherigen Untersuchung die Exekution, Vollstreckung im Allgemeinen als denjenigen Akt kennen gelernt, welchen die obrigkeitliche Gewalt zu dem Zwecke vornimmt, um einen widerrechtlich noch nicht erfüllten Anspruch zur Verwirklichung zu bringen; wir müssen jetzt einen Augenblick unsere Aufmerksamkeit auf die Mittel lenken, welche jener Gewalt hierzu zu Gebote stehen, und deren sie sich hierbei bedient.

Die wesentliche Eigenschaft der Exekution als Rechtsfolge eines Unrechts ist, daß sie Mittel zum Zweck ist; ihre Bedeutung besteht darin, daß sie etwas herbeiführen soll, was noch nicht ist; und hieraus ergibt sich, daß die Beschaffenheit dieses Herbeizuführenden von bestimmendem Einfluß auf die Art der anzuwendenden Mittel sein muß. Vorliegend nun handelt es sich darum, einem Berechtigten dazu zu verhelfen, daß ihm aus dem Vermögen eines Verpflichteten eine Summe Geld, eine Quantität vertretbarer, einen Geldwerth besitzender Sachen geleistet werde. Das nächstliegende Mittel hierzu besteht in der zwangsweisen Wegnahme der entsprechenden Summe, Quantität aus dem Vermögen des Schuldners und Ueberweisung derselben an den Gläubiger; und in der That schreibt das deutsche Recht diese Maßregel als zunächst zu ergreifende vor:

Stadtr. von Iglau art. von geltern und von pfanten, dist. 7.[1] Iglauer Schöffenspruch Nr. 105.[2] — Hamb. Stadtr. v. 1270 IX c. 19; v. 1292 C c. 22; v. 1497 H c. 11. — Lübisches Recht Cod. III

---

[1] Tomaschek, Oberhof Iglau S. 367.

[2] Das. S. 82.

a. 370 (Hach). — Stat. v. Verden art. 42 per argum.

Finden sich diese Gegenstände nicht vor, so dient das gesammte übrige Vermögen des Schuldners als Exekutionsobjekt, indem soviel Werthgegenstände daraus entfernt werden, als der Werth der geschuldeten Leistung beträgt, zu dessen Deckung sie in verschiedener Weise verwandt werden. Die Exekution in dieser Gestalt heißt Pfändung, und das dabei zu beobachtende Verfahren ist reich gegliedert; jedes einzelne Glied aber weist auf den Zweck des Ganzen hin: Realisirung der rechtlich geschuldeten Leistung. Auf das Einzelne des formellen und materiellen Rechtes der Pfändung hier einzugehen, haben wir um so weniger Veranlassung, als wir der trefflichen Darstellung, welche v. Meibom in seinem „Pfandrecht" S. 55—147 hiervon gegeben, kaum etwas hinzuzusetzen hätten.[3]

Wie verhält es sich aber, wenn der Schuldner kein pfändbares Vermögen besitzt, oder solches doch nicht aufzufinden ist?

Hier tritt die bereits im ältesten Recht vorkommende[4]

---

[3] Für den bedeutsamen Satz, daß Mobilien stets vor den, ursprünglich der Pfändung gar nicht unterliegenden Immobilien angegriffen werden müssen, führe ich noch folgende Stellen an: Westerwolder Landr. v. 1470 c. 15 § 3 (v. Richthofen, Friesische Rechtsquellen, S. 276). Stadtr. von Memmingen a. 10 (v. Freyberg, V S. 260). Stadtr. von Iglau a. 23 (Tomaschek, deutsches Recht in Oesterreich im XIII. Jhrhdt., S. 225 f.). Stadtr. v. Deutschbrod a. 58 (Gengler, Corpus juris municipalis Germaniae I S. 747). Zipser Recht a. 28. Wiener Stadtr. von 1340 (Rauch, Rer. Austr. Script. III S. 52 f.). Weisthum von Bubikon v. 1483 § 27 (Grimm, Weisth. I S. 67).

[4] Vgl. Grimm, Rechtsalterth. S. 613—618; Stobbe, Vertragsrecht, S. 179 ff.; v. Meibom a. a. O. S. 33—35; v. Bethmann-Hollweg, Civilproceß IV S. 518, V S. 176 Anm. [18]; M. Neumann, Geschichte des Wuchers in Deutschland bis zur Begründung der heutigen Zinsgesetze, S. 132—140.

Schuldhaft, das Ueberantworten des Schuldners in die Gewalt des Gläubigers ein; der Schuldner haftet mit seinem Körper für die versprochene Leistung. Aber doch nicht in absoluter Weise so, daß diese Ueberantwortung als Aequivalent der Zahlung gälte, daß die Schuld durch den dauernden Verlust der Freiheit des Schuldners als getilgt angesehen würde. Vielmehr wird auch bei dieser Maßregel der Charakter als einer exekutorischen, auf ein drittes Ziel hinarbeitenden im deutschen Rechte durchweg gewahrt. Die Haft des Schuldners soll die Leistung der an sich geschuldeten Zahlung bewirken; ihre Dauer insbesondere ist hierdurch bestimmt Sie soll nicht durch sich selbst ein Unrecht ausgleichen, sondern die ausstehende Rechtserfüllung herbeiführen. Mit Erreichung dieses Zwecks fällt sie von selbst hinweg:

Magdeb. Fragen II, 2 d. 8 (= II, 4 d. 1): Wirt eyn man eyme gaste adir eyme andern manne, der in dem gerichte keyne eygene wonunge hat, umb schult geantwert, so sal im der richter den man behaldin loszin, *so lange bisz her der schulde gerecht werde und beczale.*

Lübisches Recht Cod. II art. 228. Münchener Stadtr. art. 29. — *Rotulus jurium oppidi Miltenberg* vom Ende des XIII. Jhrhdts.[5]: Item quicunque alteri obligatus fuerit, debitum suum non valens persolvere, si super illo debito coram judicibus nostris conveniatur, — — judicium tradet eundem in manus et potestatem illius, cujus debitor est, ita, quod eundem artare et vinculis constringere valeat, non vexando corpus suum, aut ut egrediatur anima de corpore ipsius, dabitque sibi panem et aquam, *tamdiu il-*

[5] Bei Bodmann, Rheingauische Alterthümer II (Mainz 1819) S. 644 Note h.

*lum tenendo, donec secum componat et debitum persolvat, aut remittatur eidem.*

Diese exekutivische Natur der Schuldhaft wird sehr deutlich auch dadurch ausgedrückt, daß der in die Hand des Gläubigers überantwortete Schuldner als dessen „Pfand" bezeichnet wird; so besonders im Sachsenspiegel III, 39 §§ 1, 2 und den vielen dieser Stelle nachgebildeten Gesetzen:

— Let he ine oder untlopt he ime, dar mede n'is he des geldes nicht ledich, *die wile he ime nicht vergulden ne hevet, unde he dat nicht vulbringen ne kan, so is he immer sin pand vor dat gelt.*

Vgl. Deutschensp. (Ficker) art. 271, 272. Hamburger R. v. 1270 IX c. 13; von 1292 M c. 10; von 1497 L c. 6. Stat. v. Verden art. 52. Stadtr. v. Riga I c. 10. Bremer R. v. 1303 Ord. 92 (Oelrichs S. 120 f.). Lübisches R. Cod. III art. 364 (vgl. auch Cod. I a. 60; II a. 200; III a. 12). Magdeb.-Görl. R. v. 1304 § 98. Sächs. Weichbild a. 27 (bei Mühler art. 77 S. 63). Glogauer Rb. c. 380, 381. Goslar. Stat. (Göschen S. 54 Z. 31 ff. und S. 70 Z. 28 ff.). Forstding auf dem Harze zu Goslar a. 28, 33 (Grimm, Weisthümer III S. 263 f.). Iglauer Stadtr. a. 37 (Tomaschek, deutsches R. in Oesterr. S. 233). Stadtr. von Deutschbrod a. 59 (Gengler, Corp. jur. munic. Germ. I S. 747).

S. ferner Schwabensp. a. 304ª. Rupr. v. Freysing I c. 195. System. Schöffenr. III, 2 c. 101. Magdeb. Fragen II, 4 d. 2. Lübisches R. C. II a. 228. Lübische Verordnung über das Verfahren bei Insolvenzerklärungen aus dem XIV. Jahrhdt.[6] Stadtr. von Salzwedel § 15.[7] Bill-

[6] Urkundenb. der Stadt Lübeck II Nr. 402.

[7] Gengler, Stadtr. des M.-A. S. 396 ff. — Pufendorf, Obs. jur. un. III App. S. 398 f.

wärder Recht c. 34.[8] Wiener Stadtrechtsb. art. 9 (Schuster S. 50).[9]

Die Art und Weise aber, auf welche durch die Schuldhaft die Realisirung der versprochenen Zahlung bewirkt werden soll, ist eine doppelte; zunächst eine direkte, mehr auf wirkliche Zahlungsunfähigkeit des Verpflichteten berechnete. Hiernach wird die Arbeitskraft des Schuldners zur Tilgung der Schuld verwendet; er muß dem Gläubiger Arbeiten verrichten und der Werth dieser Arbeiten, der dafür verdiente Lohn wird auf die Schuld angerechnet; der Schuldner muß die Schuld abverdienen und wird dann frei.

Purgoldt's Rechtsb. VII c. 15: — der richter sal ym darnach pfande helffen, und findet nicht, das her im geantwortten moge fur sein schult, szo teilt man in dem kleger zcu antwortten mit der hant fur sein schult. Wen man im den schuldiger dan geantwort, wil her dan arbeitten an dem erklagten schulden, so sal her das vorborgen ader sust bestellen, wie her magk, und der kleger sal in mit kosten und kleydern halden seym gesinde gleich, und was her vordint, das sulln dye schepfen erkennen nach glichen dingen, *und das sal ym uber dye kost und kleydung abgehen an den schulden, bys das her vorgilt.* — Glosse zum

---

[8] Lappenberg, die ältesten Stadt- rc. Rechte Hamburgs, S. 332.

[9] In ähnlicher Weise heißt es in Richtst. Landr. 45 § 3 von dem Beklagten, der keine Bürgen für sein Erscheinen im Gerichtstermin stellen kann: — so vraget he, na deme dat he neinen borgen heft, oft he icht scole sulven borgen sin. Dat vintme. — So veit he en unde stocten wente du dinge. Wie dort ein Pfand, so ist der Schuldige hier vermittelst seiner Haft ein Bürge seiner eigenen Handlung. Ebenso das sog. Landrecht von Burg in Neue Mittheilungen aus dem Gebiet historisch-antiquarischer Forschungen Bd. XI, S. 166 Zle. 12–16. Vgl. auch noch das Rechtsbuch von Mühlhausen art. 1 (herausgeg. von Förstemann, ebenda Bd. VII Heft 1 S. 79).

sächs. Weichb. art. 27 (v. Daniels und v. Gruben S. 318), welche ihren hierhergehörigen Satz mit den Worten schließt (Zle. 48 f.): darumme soll man keinen umme gelt *ewiglichen* gevangen halden.

Vgl. noch Richtst. Landr. c. 43 § 9. Augsburger Stadtr. von 1276 art. 147 § 2.[10]

Allein der Gläubiger ist nicht verpflichtet, auf diese Weise durch die Arbeit des Schuldners zu seinem Recht zu kommen; er kann sich mit der blosen Haft begnügen, muß jedoch auch hier den Schuldner nach einer vielfach wiederkehrenden Vorschrift gleich seinem Ingesinde verpflegen, wenn er ihn auch fesseln und einschließen darf:

Verm. Ssp. III, 9 d. 3: — so teyle man on mit der hand zcu antwerten. He sal on abir halden glich sime gesinde, ab her on an der schult wel lasse erbeyten. Fuget em daz nicht, so mag her on wol spanne in eyne helde in eyn beheltenisz, aber nicht uf swinkober adder by profoysen noch zcu kalt, noch zcu warm seczen. Dy koste sal her ome ouch gelden.

Für diese Eventualität ist nun die exekutorische Bedeutung der Haft eine mehr indirekte, psychologisch wirkende; der Schuldner soll durch die Entziehung der Freiheit bewogen werden, ihm zu Gebote stehende, für die Vornahme direkter Exekution geeignete, der vollziehenden Gewalt aber nicht erreichbare Gegenstände herbeizuschaffen zur Befriedigung des Gläubigers; es soll auch wohl auf Verwandte und Freunde des Schuldners eingewirkt, es sollen dieselben bewogen werden, durch eine Zahlung ihrerseits ihrem Angehörigen die Freiheit zurückzuverschaffen. In bedeutendem Grade finden wir somit in diesem Vollstreckungsmodus eine An-

---

[10] Meyer, das Stadtbuch von Augsburg, insbesondere das Stadtrecht v. J. 1276 (Augs. 1872) S. 224. — Nordische Rechte, welche das Abverdienen der Schuld durch den insolventen Schuldner statuiren, bei Paulsen in der Zeitschr. für deutsches R. Bd. IV S. 128 f.

wendung des Satzes, daß der Zweck der Verwirklichung des Rechts ein jedes Mittel als gerechtfertigt erscheinen läßt.

Dieser zu erreichende Zweck ist auch hier das einzige maßgebende Princip für Anwendung der Haft. Insbesondere war hier die Dauer derselben an sich eine ganz unbeschränkte; bei Nichtzahlung konnte sie sich auf die Lebenszeit des Schuldners erstrecken,[11] wenn nicht der Gläubiger, die Aussichtslosigkeit seiner Befriedigung erkennend und durch die für ihn mit der Haft immer verbundenen Kosten bewogen, freiwillig sich entschloß, den Schuldner freizulassen. Hierauf bezieht sich der Satz des Prager Stadtrechts art. 68.[12]

— vnd het her des gutes nicht, so sol man in dem clager antworten bei der hant, *und mag in halten als lang, als er wil.* — S. auch Stadtr. von Salzwedel § 14.

Das Problematische dieses Exekutionsmittels lag somit auf der Hand, und insbesondere für den Fall, daß dem Schuldner wirklich keine Hülfsmittel zu Gebote standen. verfehlte es nicht nur seinen Zweck für den Gläubiger, sondern es wurde auch zur empfindlichen Pein für den Schuldner; es verwandelte sich in eine dauernde Strafe, welche außer allem Verhältniß zu dessen Unrecht stand, ja welche die einzige Möglichkeit, das Recht trotzdem noch zu realisiren, nämlich die freie Erwerbsthätigkeit des Schuldners brach legte.[13]

---

[11] Jedoch genügte zur Befreiung die Nachweisung von Pfändungsgegenständen, oder auch Sicherstellung der Forderung durch Bürgen. Iglauer Schöffenspruch Nr. 64 (Tomaschek, Oberh. S. 331): — Seinntnmal der Peter hat erib und aygen czu P., so sol er sich damit ledigen und seiner parigschafft (Bürgschaft) ein genügen thun, wan ein yeder mag sich mit pfandten aws dem thurm (S. unten Anm. 22) ledigen. Wil er sich aber nicht ledigen noch awspurgen, so sol er syczen so lanng, uncz das er sich frey und ledig mach, es sey mit gelt, mit pfanden ader mit parigen. Wie die Schuldhaft nur bei Unmöglichkeit unmittelbarer Vollstreckung eintrat, so hörte sie, wenn jene sich neuerdings als möglich erwies, alsbald wieder auf.

[12] Rößler, Rechtsdenkmäler I S. 48.

[13] Vgl. das deutsche Rechtssprüchwort: „Der Kerker quält,

Auf diesen Umstand und die damit verbundenen Nachtheile ist es wohl zurückzuführen, wenn in mehreren, besonders süddeutschen Rechtsquellen die Personalexekution wegen Nichtzahlung von Schulden in erheblich abweichender Weise geordnet ist.[14] Voran stehen hier die Bestimmungen des Schwabenspiegels in art. 304 (Laßberg); dieselben leiden jedoch dadurch, daß zu Anfang des Art. die auf anderer Grundlage beruhenden Normen des Sachsensp. III, 39 §§ 1, 2 Aufnahme gefunden haben, an beträchtlichen Widersprüchen.[15] Merkwürdigerweise sind sie dagegen in das Rechtsbuch Purgoldt's VII c. 23—25 übergegangen und zwar in durchgebildeterer und reinerer Gestalt, wenn auch in offenbarem Widerspruch gegen die oben S. 195 angeführte Stelle desselben Rechtsbuchs.[16] Hiernach nun soll kein Schuldner, dem man nicht nachweisen kann, daß er in der That Vermögen besitzt und trotzdem böswillig Zahlung weigert, länger als 8 Tage in Haft gehalten werden; nach dieser Frist soll er schwören, daß, falls er 30 Pfennige oder mehr über seine Notdurft erwerbe, er seinen Gläubiger bezahlen wolle, und dann freigelassen werden. Zweimal in jedem Jahre kann ihn nun der Gläubiger:

> ansprechen und fordre das (er) uber syne nodturft mher wan drissig pfenge habe; — — kan yn aber der kleger des uberkume, das er es wol habe, so mus

---

aber er zahlt nicht" bei Graf u. Dietherr, deutsche Rechtssprüchwörter (Nördlingen 1864) S. 480 Nr. 688.

[14] Im Einzelnen scheint freilich die römischrechtliche Lehre von der cessio bonorum nicht ohne Einfluß geblieben zu sein.

[15] Insbesondere ist in art. 304[a] die Freilassung des Schuldners nach 8 Tagen als vom Willen des Gläubigers abhängig, dagegen in 304[b] als davon unabhängig dargestellt. — Vgl. auch Ruprecht v. Freysing I c. 195.

[16] Auch die Glosse zum sächsischen Weichbild art. 27 (v. Daniels und v. Gruben S. 318 Zle. 20—30) hat die Sätze des Schwabensp. mitten in die Darlegung des sächs. Rechts hineingestellt, ohne den Widerspruch weiter zu berühren.

her zcu stunt das richten, ader man antwort in mit der hant, und behelt in darnach, wie lang er wil, bies das her yn bezcalt. (Purg. VII c. 24; Schwsp. 304b a. E.)

Liefert dagegen der Kläger gleich Anfangs den Beweis, daß der Schuldner in einem andern Gerichtsbezirk Vermögen besitze, oder daß er sein Vermögen böswilligerweise geheim halte oder in anderer Leute Hände gegeben habe, so wird er zu jenem Eide nicht zugelassen, sondern bleibt bis zur Zahlung in Haft. (Purg. VII c. 25; Schwsp. 304b).

Ebendasselbe bestimmt auch das Augsburger Stadtrecht von 1276 in art. 147 § 2 und dem späteren Zusatz zu diesem Artikel;[17] während aber im Schwabenspiegel von der Befugniß des Gläubigers, sich die Schuld abverdienen zu lassen, nicht die Rede ist, heißt es hier:

Wil aber der, den man da gelten sol, ienen behalten unde wil im sine notdurft buzzen, so sol man imen antwurten, *unde sol er im dienen unz er im vergolten hat* ane schantliche dienste, unde sol er swern daz er von dem dienste iht entwiche.

Hier tritt also die Freilassung nach achttägiger Haft nur dann ein, wenn der Gläubiger den Dienst des Schuldners nicht als Compensation seiner Forderung annehmen will.

Aehnlich, wenn auch eigenthümlich, verhält sich das Wiener Stadtrecht zu unserer Frage. Das Gesetz von 1340[18] bestimmt über den insolventen Schuldner:

— Mag aber der gelter weder varendes guetes noch erbes, wi daz gnant ist, so vil nicht gehaben, da von diser mug werden gewert, *so sol er im der stat recht laisten, als ez von alter herchomen ist.*

Der weitere Wortlaut des Gesetzes klärt uns darüber

---

[17] Meyer, Stadtb. v. Augsb. S. 224.

[18] Rauch, R. A. Script. III S. 52 f.

auf, daß unter diesem „der Stadt Recht" nichts Anderes gemeint sein kann, als diejenige Prozedur, welche im Wiener Stadtrechtsbuch art. 9 geschildert ist:

Erlangt ein man ein gelt mit recht auf den andern und chan auf sein phant nindert gezaigen, *so zaig er er auf in selber* und haizz in datz dem nachrichter behalten, vierzechen tag.[19] Nach Verlauf dieser Frist: So wirt dem chlager das ertailt, daz er sich seines geschol underwindet, und den behalt in vanchnüzze auch vierzechen tage — — —. Als die vierzechen tag denn auschöment, so sol in der chlager pringen vur gericht, und vragen, was nu recht sei. *So schol der gelter swern ein aid, swaz er fürbaz immer erarbait, daz er des den dritten phenning dem chlager geb, als lang untz daz er in gewer*, und mit den zwain übrigen sol er nern sich und seine chindel. In schol auch der chlager fürbaz nicht mer vachen umb die selben gült. — Ganz ähnlich Brünner Schöffenbuch c. 178.[20]

Dieses milde Verfahren findet aber hier nicht, wie nach den vorstehend erwähnten Rechten, immer dann statt, wenn der Schuldner thatsächlich Nichts hat, wovon er zahlen soll, sondern nur, wenn ihn hierfür kein Vorwurf, sei es auch nur der der Verschwendung, trifft; im andern Falle tritt auch hier die strengere Exekution ein:

Stadtr. v. 1340:[21] Ist aber daz ein gelter einem

---

[19] Eine ähnliche Vorhaft von 2 Wochen bei dem praeco in dem oben bei Anm. [5] angeführten Rotulus jur. opp. Miltenberg; eine solche von 8 Tagen in einer Verordnung des Rathes von Toulouse über die Schuldhaft v. J. 1190 (bei Warnkönig und Stein, franz. St.- u. R.-Gesch. I U.-B. S. 61), welche überhaupt in ihren Bestimmungen mehrfach an deutsches Recht anklingt.

[20] Rößler, D. Rechtsdenkmäler II S. 88.

[21] Rauch, a. a. O. S. 53.

oder menygerm manne sol gelten 20 phunt oder mer, und ist daz wizzenleich, daz — — er sein gut *vnnutzleich* hat vertzert, *der sol der stat recht nicht laisten*; der rat sol in *legen in Cherner Tuern* und sullen in dar auz nicht lazzen *an der leut urlaub*, *den er sol gelten*.[22]

Ganz singulär aber und sicher nicht für die Ausführung bestimmt ist der weitere Satz dieses Stadtrechts, daß, wenn der Schuldner seine Solvenz fälschlich abläugnet, — offenbar, um sich jenes mildere Verfahren widerrechtlich zu Nutz zu machen — und derselben gerichtlich überführt wird, ihm die Zunge ausgerissen werden soll; und ferner wird mit derselben Strafe — wohl ebensowenig ernstlich — Derjenige bedroht, welcher nach Ableistung des oben erwähnten Eids die Zahlung des dritten Pfennigs an den Gläubiger unterläßt.

Schließlich gibt noch der Verm. Sachsensp. III, 9 d. 7 eine hierher gehörige Bestimmung, aber nur für Frauen, welche nach andern Rechten von der Schuldhaft ganz befreit waren.[23] Diese können durch einen Eid dahin:

> sy en hette nergen, wedder heymelich noch offenbar, phanth noch gelt noch geldes wert, domete sy dy schult gegelden muchte, —

von vornherein die Personalhaft für ihre Schulden von sich abwenden.[24] Es ist hierbei zu beachten, daß, wäh-

---

[22] Der Schuldthurm ist hier bereits an die Stelle der Haft bei dem Gläubiger getreten, wie in so vielen deutschen Städten in dieser Periode; vgl. Wiener Stadtrechtsbuch a. 138. Regensburger Statuten (v. Freyberg V S. 50). Bamberger Stdtr. § 434b. Luzerner Stadtr. a. 76 (Zschr. f. schweiz. R. V, R.quellen S. 46). Magdeb. Fragen II, 2 d. 19. Brünner Schöffenb. c. 178. Iglauer Schöffenspr. Nr. 64 (oben Anm. [11]). Weisth. zu Laudenbach in Franken v. 1468 § 15 (Grimm, VI S. 65).

[23] Vgl. Stobbe, Vertragsr. S. 182 Anm. [7]. Mit dem Verm. Ssp. stimmt überein Purgoldt's Rb. VII c. 22.

[24] Eine ähnliche nordische Bestimmung bei Paulsen, Zschr. f. D.

rend in den obigen Gesetzen der zu leistende Eid des Schuldners sich nur auf die Tilgung der Schuld aus dem zukünftigen Erwerb bezog, derselbe hier auf die Insolvenz zur Zeit der Klage geht, deren Gegentheil dort der Kläger beweisen mußte.[25]

Nach diesen Rechten findet also ein Unterschied des Verfahrens statt, je nachdem der Schuldner die übernommene Verpflichtung zur Zeit nicht erfüllen kann, oder, trotz der für ihn bestehenden Möglichkeit hierzu, dieselbe nicht erfüllen will. Wir begegnen hier zum ersten Male der Berücksichtigung des subjektiven Moments, der Willensrichtung des Schuldners bei den Bestimmungen der Unrechtsfolgen, und es ist daher zunächst erforderlich, daß wir die Bedeutung dieses Moments für die in Rede stehende Art des Unrechts etwas näher beleuchten.

## § 32.

### Fortsetzung. — Einfluß der Willensbeschaffenheit des Schuldners auf die Exekution, insbesondere auf die Schuldhaft.

Besteht die Rechtsfolge der Nichtleistung einer versprochenen Zahlung in einer Reihe von Handlungen, deren einziger Zweck ist, die Vornahme jener Zahlung trotzdem herbeizuführen, so leuchtet es ein, daß die Willensbestimmung des Verpflichteten sowohl für die Beurtheilung des Unrechts als für die sich daran knüpfenden Folgen in erster Linie nicht

---

R. IV S. 129. — In dem Stadtrecht von Winterthur v. J. 1297 § 7 (Gaupp, St.-R. I S. 144) ist für den Fall wirklicher Insolvenz die Personalhaft überhaupt untersagt: man sol ime baiten, unz daz er es haben mag.

[25] Eine andere Tendenz verfolgen die Regensburger Statuten (v. Freyberg, V S. 38), wonach die Haft erst eintritt, wenn Kläger schwört, daz er dez gutz nicht enwizz, darnach er weysen müg. Hier will man sich nur vergewissern, daß wirklich kein anderes Exekutionsmittel mehr anwendbar ist.

von Gewicht sein kann. Die Anforderung des Rechts soll erfüllt werden und kann an sich noch erfüllt werden, gleichgültig wie sich der Schuldner subjektiv dazu verhält, nachdem er einmal den Termin, der seiner freien Entschließung gesetzt war, ohne zu leisten, hat vorübergehen lassen. Ob er absichtlich nicht hat zahlen wollen, ob er die Zahlung vergeßlicher Weise übersehen, ob er sich fahrlässiger Weise hierzu außer Stande gesetzt, ob er im Irrthum über thatsächliche oder rechtliche Verhältnisse sich zur Zahlung nicht verpflichtet glaubte, kurz aus welchem Grunde auch nicht bezahlt worden ist: — da es sich hier nur darum handelt, daß noch bezahlt werde, so wird von jenem subjektiven Grunde der Nichtzahlung ganz abgesehen, und vielmehr auf alle Fälle zu den, diesem Zwecke dienlichen Maßregeln geschritten. Freilich sind diese Maßregeln, wie wir gesehen, in ihrer Aufeinanderfolge so beschaffen, daß sie dem im Unrecht befindlichen Verpflichteten eine nachträgliche Korrektur seines widerrechtlichen Verhaltens ermöglichen. Der bösgläubige Schuldner kann nachträglich den Gläubiger freiwillig befriedigen, der fahrlässige seine Versäumniß nachholen, der im Irrthum befindliche, durch die gerichtliche Verhandlung und das Urtheil über den wahren Sach- und Rechtsverhalt aufgeklärt, dem gerichtlichen Zahlbefehl Folge leisten, so fern sie nur die ihnen gelassenen Fristen benutzen. — Aber auch wenn eine derartige nachträgliche Remedur nicht eintritt, so wird doch durch das Verharren im Unrecht die Sachlage keine schlimmere, als sie im ersten Augenblick des widerrechtlichen Zustandes war. Die Exekution nimmt einfach ihren Verlauf; wie zu Anfang ist sie auch in der Folge von dem subjektiven Verhalten des Pflichtigen unabhängig, und wenn sie durch nachträgliche Zahlung überflüssig gemacht wird, so geschieht dies einzig und allein wegen des Effekts dieser äußern Thatsache, der eben ihren eigenen Zweck nicht mehr bestehen läßt, nicht aber wegen etwaiger Bekehrung des im Unrecht Befindlichen zum Recht; der

Satz, daß auch ein Dritter für den Schuldner, selbst ohne dessen Willen, zahlen und hierdurch die Schuld tilgen und das Rechtshülfeverfahren aufheben kann, — ein Satz, den das deutsche so gut wie das römische Recht kennt, gibt hierfür den schlagendsten Beleg.

Die deutschen Rechtsquellen, wo sie von der Exekution als Rechtsfolge der Nichtzahlung von Schulden handeln, berühren daher auch zumeist das subjektive Moment der Willensbeschaffenheit des Schuldners gar nicht; sie heben einfach das hervor, worauf es ankommt, die Thatsache, daß nicht gezahlt worden ist:

> z. B. Luzerner Stadtr. art. 76: wann einer — eim — bar gelt licht uff ein bestimpt zitt das wider zu geben und zu bezalen, *und das aber nicht beschicht*, so sol man eim von stund an pfand geben etc. S. auch das Urtheil des kgl. Hofgerichts v. J. 1277 oben S. 171 f. u. v. a., —

oder sie stellen ausdrücklich das Nichtwollen und das Nichtkönnen einander gleich, wie im Flensburger Stadtrecht von 1284 art. 128[1]:

> Wan eyn borger efte ynwonere wes koft —, *vnd kan efte wil so dans nicht betalen*, so scal de vaget de vorkoper uthwerderen van der ander kopers redesten gude vor syne betalinge.

> Prager Stadtr. a. 78: wen ein man dem ander ein gelt schuldig ist *und nicht mag noch en hat zu gelten*, so sol man in — bey der hant antworten; oder in den Stat. v. Verden a. 42 ff.

Wenn daneben dann auch entweder nur von einem Nichtzahlen wollen die Rede ist, wie in

> *Jura et libertates Indaginis Brunsvic.* v. J. 1227

[1] Corpus Statutor. Slesvic. II S. 224.

§ 14[2]; Rechtsbrief für Passau von 125 § 233[3]; Keure von Gramont v. 1190 § 9[4]; K. v. Saffelaere v. 1264 art. 36[5]; u. a. m.,

oder nur von einem Nichtzahlenkönnen, wie Sachsensp. III, 39 § 1; Vertrag zw. der Stadt und dem Erzb. v. Bremen v. J. 1259 a. 23[6]; Wiener Stadtr. von 1340[7] u. a., —

so hat man hierin entweder, wie so häufig in deutschen Rechtsquellen, nur Exemplifikationen zu sehen, oder eine Bezugnahme auf das in der betr. Stelle gerade behandelte Exekutionsmittel, wie denn ja die Schuldhaft regelmäßig ein augenblickliches Nichtzahlenkönnen voraussetzt, die Pfändung aber das Gegentheil.

Nach dem Gesagten ist es aber auch klar, daß eine etwaige Veränderung der Gesinnung zum Schlimmeren nach verflossenem Zahltermin, z. B. ein Umschlagen der Fahrlässigkeit oder des Irrthums in verstockte Böswilligkeit, auf die Exekution als Rechtsfolge einen Einfluß nicht üben kann, da es ja von vorn herein gleichgültig ist, welcher Willensbeschaffenheit des Schuldners sie ihre Veranlassung zu danken hat.

Trotz alledem sahen wir nun aber in den erwähnten, meist süddeutschen Rechtsquellen die Gutwilligkeit oder Böswilligkeit des Schuldners für die Exekution eine bedeutsame Entscheidung ausüben, und es fragt sich, wie dies mit der eben vorgetragenen Auffassung zu vereinen ist.

Zunächst ist hier darauf aufmerksam zu machen, daß es sich bei dieser Unterscheidung gar nicht um den guten oder

---

[2] Hänselmann, U.-B. der St. Braunschweig I S. 2.

[3] Gengler, St.-R. S. 344 ff.

[4] Warnkönig a. a. O. II$^{b}$, U.-B. S. 164.

[5] Ebenda, III Nachtr. z. U.-B. S. 43.

[6] Bremisches U.-B. I S. 339 f.

[7] Rauch, R. A. Script. III S. 52 f.

bösen Willen im Augenblicke der Entstehung des Unrechts handelt, und daß auch nach diesen Rechten es völlig bedeutungslos ist, ob der Schuldner am Termin fahrlässig, irrthümlich, oder böswillig nicht gezahlt hat. Nur darauf vielmehr kommt es an, wie die Sachlage im Augenblicke der zu vollstreckenden Haft beschaffen ist, wie sich der Schuldner dem gegen ihn zur Anwendung kommenden Exekutionsverfahren gegenüber verhält. Der Nachtheil des schlimmeren Verfahrens könnte sich somit nur auf ein processualisches Unrecht, nicht auf die Vertragsverletzung stützen.

Ferner aber beruht der ganze Unterschied der Rechtsfolgen nicht auf der Verschiedenheit von deren innerer rechtlicher Natur, sondern nur auf der Verschiedenheit der zur Anwendung kommenden Mittel, welche alle an sich gleicher Natur sind. Die Rechtshülfe ist ein auf einen bestimmten Zweck hinarbeitender Akt, und je diejenigen Mittel sind bei ihrer Vornahme anzuwenden, welche im gegebenen Falle zur Erreichung dieses Zweckes als die geeignetsten erscheinen.

Und hiermit kommen wir auf den entscheidenden Punkt. Die Verschiedenheit des Verfahrens in den obigen Gesetzen gründet sich nicht auf die Verschiedenheit des subjektiven Verhaltens des Schuldners, sondern sie tritt deshalb ein, weil in dem einen Falle nach der äußeren Sachlage der Zweck des Verfahrens, Bewirkung der Zahlung, auf dem einen Wege, in dem andern auf dem andern sicherer erreicht werden zu können scheint. Ist der Schuldner zur Zeit konstatirter Maßen mittellos, so kann er allerdings nicht als dolos betrachtet werden; aber nicht deshalb, sondern weil eben hier mit der Haft voraussichtlich nichts zu erreichen ist, weil dagegen der zukünftige Erwerb wenigstens für die Zukunft Rechtserfüllung in Aussicht stellt, wird er freigelassen. — Hat der Schuldner dagegen sein Gut vergeudet, oder vor dem Gericht in Sicherheit gebracht, so will er allerdings nicht zahlen, trotz der gerichtlich festgestellten Zahlpflicht; er handelt — subjektiv betrachtet — ebenso rechtswidrig wie jeder vorsätzliche Verbrecher; aber wiederum nicht deshalb, sondern weil durch Entziehung der Freiheit zu erwarten steht, daß er, um diese wieder zu erlangen, die ihm zu Gebote stehenden Hülfsquellen zur Zahlung benützen werde, wird er in Haft gehalten.

Die Verschiedenheit des subjektiven Verhaltens des Schuldners dient daher hier nur als äußeres Symptom zur Erkennung der objektiven Lage der Dinge; nach letzterer richten sich die Rechtsfolgen; ersteres ist an sich auch hier ohne Bedeutung.

Daß diese Auffassung in der That die richtige ist, ergibt sich aus der Weiterentwicklung des Personalexekutionswesens, in Sonderheit in den süddeutschen Städten, welche ja auch der Hauptschauplatz der zuletzt besprochenen Rechtsgestaltung waren.

Diese Weiterentwicklung haben wir jetzt unserer Betrachtung zu unterziehen.

## § 33.

### Forts. — Weiterentwicklung der Personalexekution; die Stadtverweisung.

Hatte die bezeichnete Abänderung der alten unbedingten Schuldhaft ihre Entstehung der Erkenntniß des einfachen Satzes zu verdanken, daß, wo nichts ist, der Kaiser sein Recht verloren hat[1], und daß eine Exekution hier zweckwidrig wäre; so war doch die Art und Weise der Neuerung derartig, daß wieder nach der andern Seite hin bedeutende

---

[1] S. Eisenhart, Grundsätze der deutschen Rechte in Sprüchwörtern (2. Ausg. Leipzig 1792) S. 569. In unseren neueren Rechtssprüchwörtersammlungen finde ich diesen Satz nicht; Graf und Dietherr haben S. 480 Nr. 687 nur: „Das Recht kann Niemand zu mehr zwingen als er hat."

Schwierigkeiten entstehen mußten. Wußte der Schuldner sein Vermögen dergestalt unsichtbar zu machen, daß der Gläubiger ihm dasselbe nicht nachweisen konnte, so stand kein Mittel mehr zu Gebot, ihn zur Zahlung zu veranlassen, und das eidliche Versprechen, aus dem zukünftigen Erwerb die Schuld zu tilgen, mochte durch das damit verbundene beneficium competentiae sowie dadurch, daß zu seiner Vollstreckung wieder nur die alten Mittel anwendbar waren, von geringem praktischem Werth sein. Wir sehen daher gegen diese Rechtsgestaltung eine Reaktion um sich greifen, indem seit Beginn des 14. Jahrhunderts zunächst für die Fälle, in denen bisher Freilassung aus der Haft erfolgte, ein neues Exekutionsmittel in Gebrauch kommt, welches den Zwang mit der Möglichkeit ferneren Erwerbs verbindet: die Stadtverweisung bis zur Abtragung der Schuld.

Daß das Aufkommen dieses Exekutionsmittels in der That an das Recht des Schwabenspiegel (wie wir es kurz nennen wollen) anknüpft, veranschaulicht deutlich das Bamberger Stadtrecht art. 434[b] und [c]: Pfändung kann wegen Mangels an Objekten nicht stattfinden;

> wan die dan umb die schulld in gefenknuss komen, so sollen sie drey tag und drey nacht in den eysen ligen: unnd geschicht in der zeit dem clager vmb sein eegenante schulld kein sicherheit nicht, — also sollten dieselben schulldiger schweren zu got und den heiligen, iren anclager in acht tagen schirst darnach zu bezalen oder zu versichern, ob sie mogen onn geverde. Thetten sie des nicht in derselben zeit, so sollen sie zu stund auff ir eegenant eyd aus der stat zu Bomberg gen, zwo meil hyn dan sein, vnnd furbas in die selben stat nicht zu komen, sie haben dan vor dem anclager der benanntten unnd erfollgten schulld ein genugen thün.[2]

---

[2] Ein Uebergangsstadium in dieser Entwicklung scheint in den

Wir haben hier die Grundzüge des Verfahrens nach dem Schwabensp., an welches sich die Ausweisung des Schuldners einfach anschließt; auch hier geht die Tendenz auf Zahlung aus dem künftigen Erwerb, aber dadurch, daß der Schuldner genöthigt wird, seinen bisherigen Wohnsitz und Erwerbskreis aufzugeben, und hierdurch — im Mittelalter sicher in höherem Grade wie etwa in unserer Zeit — das Verlangen in ihm entsteht, möglichst bald wieder dahin zurückzugelangen, wird ein den Verhältnissen angemessener Zwang auf Realisirung der Leistung ausgeübt.

Aehnlich statuirt auch das Memminger Stadtr. art. 10[3] Stadtverweisung nach vorausgegangener vergeblicher Pfändung und provisorischer Haft von 14 Tagen.

Etwas abweichend ist das Stadtr. von Passau von 1300 § 19.[4] Ob eine Vorhaft stattfindet oder nicht, ist nicht klar zu ersehen, darf jedoch wohl angenommen werden; dann soll der insolvente Schuldner ein Jahr hindurch je über

---

etwas abweichenden art. 256[a] und [b] dargestellt zu sein; der zu schwörende Eid lautet hier noch ganz ähnlich wie im Schwabenspiegel: dass er den cläger zu derselben zeit nit zu gelten habe, vnndt wass er fürbas erübrigt vber ihr nahrung unndt vber ein schilling pfenning der alten müntz, dass er dass dem cläger reiche, als lang biss er ihn vergilt. Auch die Verbannung ist hiernach noch nicht in Geltung, dagegen ein anderes höchst eigenthümliches Verfahren. Ein solcher „geschworner" Schuldner mußte, solange er nicht gezahlt hatte, am rechten Bein barschenkel und barfuß gehen und durfte nicht längere Kleider als bis auf die Kniee tragen. — Dagegen nimmt Zöpfl, Bamb. Recht, S. 222 das umgekehrte historische Verhältniß zwischen art. 256 und 434 an, da ersterer sich nur in den beiden jüngsten Codices L. und N., der letztere aber nur in den älteren Codd. A. B. und G. vorfinde. Allein aus den von Zöpfl selbst a. a. O. S. 32 f. über die verschiedenen Handschriften mitgetheilten Notizen ergibt sich, daß die jüngeren Codd. L. und N. auf dem ältesten Officialcodex S. beruhen, während A. B. G. eine spätere Bearbeitung enthalten.

[3] v. Freyberg, Sammlung Bd. V S. 260 f.

[4] Gengler, St.-R. S. 350; vgl. auch schon Privileg Bischof Gebhard's für Passau v. J. 1225 § 33 (ebenda S. 344 ff.).

4 Wochen seine Zahlunfähigkeit beschwören und hierauf bis zu erfolgter Zahlung der Stadt verwiesen werden.

Nach dem Statutenbuch von Böblingen, Kap. „Von Schulden wegen"[5] soll der Schuldner, der weder Geld noch Pfand hat, schwören:

> wo er solch schuld in dreyen wochen den nechsten darnach nicht entrichte, dass er sich nach aussgang der drey wochen ohne alles verhindern von der statt oder dem dorff, da er dann sein wesen hat, gehen und nicht mehr darum kommen, er hab dann dem gläubiger zuevor umb sein ussstehende schuld bezahlung gethan oder den willen gemacht,

und nach der Stadt- und Gerichtsordnung von Bönnigheim v. J. 1599[6] wird dem Schuldner im gleichen Fall durch den Amtmann die Stadt verboten.

Zu Diessenhofen, in dessen Stadtrecht saec. XIV art. 12 bestimmt war, daß man dem insolventen Schuldner „husgemach verbieten" soll, ohne daß die Dauer dieses Arrestes angegeben wäre, wurde durch eine spätere Rathsverordnung (art. 188 § 1[7]) festgesetzt:

> welher burger — von ainem andern burger — vmb ein schuld beklagt wirt vor gericht vnd da schwere — — einen eydt zü gott vnd den helgen, das er nitt hab pfenning noch pfanndt den ankleger zebezalen, der oder die beklagten söllen by dem selben geschwornen eydt der selben tag zitt ussz unser statt vnd gerichten — ziechen, vnd darinn niemer mer komen, bisz sy die ankleger bezaln.

Die Stadtverweisung als Exekutionsmittel schien sich sehr zu bewähren, und so schritt man an einzelnen Orten

[5] Reyscher, Sammlung altwürtemberg. Statutarrechte, S. 408.

[6] Reyscher a. a. O. S. 460.

[7] Schauberg, Zeitschrift für noch ungedruckte schweizerische Rechtsquellen (Zürich 1844—47) Bd. II S. 6, 39 f.

dazu fort, sie ganz an Stelle der Schuldhaft treten zu lassen, jeden Schulder, bei dem die Pfändung fruchtlos erschien, zu verbannen. Dies wurde z. B. in Augsburg durch einen Rathsbeschluß von 1291[8] verordnet. Das alte Landbuch von Nidwalden art. 128[9] setzt auf den gleichen Fall Landesverweisung, ebenso Zuchtrodel von Pfeffers § 28 (Grimm, Weisth. VI S. 362); nach einem Züricher Rathserkenntniß von 1332 erfolgt bei Mangel an pfandbarem Vermögen Stadtverweisung; doch darf der Gläubiger den Ausgewiesenen nun verhaften, wenn er ihn auf eigene Kosten unterhalten will.[10]

Dieses Recht der Stadtverweisung hat sich aber nach und nach auch in Norddeutschland theilweise Eingang zu verschaffen gewußt. Die Gerichtsleufft zu Eisenach enthalten in art. 42[11] eine diesbezügliche Bestimmung, welche, merkwürdig genug, mit dem zuletzt erwähnten Züricher Erkenntniß fast ganz übereinstimmt. Ist die Pfändung erfolglos:

> so sal er reumen die stadt also lange wan er das vergildt; wulde er aber nicht reumen, soe sal eyn freiebotte den schuldiger behalden dem kleger.[12]

---

[8] Bei Meyer, Stadtb. v. Augsb., S. 227 Zus. 6 zu art. 149 des Stadtrechts v. 1276. — In einem Vertrage zwischen dem Pfalzgrafen Ludwig und der Stadt Speyer von 1411 (bei Lehmann, Chronica der freyen Reichs Statt Speyer, Frankfurt 1612, Buch VII cap. 84 S. 871) heißt es: were es auch dass der, dem man zuspricht, nit pfand oder gelt hette, so soll man ine ausser der statt und gericht, darinn er wonhafft ist, treiben.

[9] Zeitschr. für schweizer. Recht, Bd. VI, Rechtsquellen S. 148 f.

[10] S. Bluntschli, Staats- und Rechtsgeschichte der Stadt und Landschaft Zürich (Zürich 1838) I S. 295. — Höchst eigenthümlich ist die Bestimmung der Statuten von Kaufbeuren art. 10 (Walch, Verm. Beytr. III S. 307 f.), wonach der nichtzahlende Schuldner sofort aus der Stadt geklagt und dann in seiner Abwesenheit die Exekution gegen sein Vermögen eingeleitet wird; von dem Ausgang dieser hängt es dann ab, ob der Schuldner zurückkehren darf oder nicht.

[11] Bei Ortloff, Sammlung deutscher Rechtsquellen II S. 366.

[12] Diese Bestimmung ist übergegangen in Purgoldt's Rechtsb.

Ein dem süddeutschen ganz analoger Entwicklungsgang läßt sich in der Gesetzgebung der Stadt Nordhausen nachweisen. Die ältesten, um das Jahr 1300 aufgezeichneten Statuten scheinen in art. 162[13] noch die Haft als alleiniges Exekutionsmittel zu kennen; zwar reden sie hiervon nur bei dem Falle, daß die Pfändung durch gewaltsame Wiederwegnahme der gepfändeten Gegenstände nicht zum Ziele führt, allein bei dem Umstande, daß in den gesammten 200 Artikeln dieser Einung von einer anderen Exekutionsart nicht die Rede ist, läßt sich wohl annehmen, daß auch bei Insolvenz Haft eintrat. Dahingegen lautet der entsprechende art. 111[14] in den Statuten von 1308:

> Swelch borger eder borgerinne gelt mit gerichte ervordirt vnde enkonde ome nicheine pfant werde, so sal die rat deme schuldigen gebite daz he daz gelt berichte, *edir einen mand inne lege*; berichtit he binnen deme mande nicht mit dem sachwalden, *so sal he daz wipilde rume, bis he deme clegir vorgilt.*

In den Statuten von 1350 wurde diese Bestimmung in art. 38[15] wörtlich, und in einem Zusatze, art. 100[16],

VII c. 18, woselbst sie an das in den vorhergehenden c. 15—17 geschilderte Recht des Verm. Sachsensp.'s mit den Worten sich anschließt: Es ist aber anders nach unserme und der stadt rechte also etc. — Freilich wird in denselben Eisenacher Gerichtsleufft c. 54 auch das sächsische Recht der Schuldhaft als unbedingt in Gültigkeit befindlich hingestellt; Purgoldt sucht dies VII c. 26 in folgender Weise zu vereinigen: ist der schuldiger ein beerbter burger, man sal in uswisen, ab her nicht en gildett noch pfandt hat —. Ist her aber also unbeerbett, das her sein burgerrecht damyde nicht behalden kan, szo sal yn der richter dem kleger bey der hantt antwortten fur dye schulde. Hiernach käme es also für Anwendung des einen oder andern Exekutionsmittels darauf an, ob die Ausweisung für den Schuldner mehr oder weniger empfindlich sein würde; wie weit der Stadtschreiber damit das Richtige getroffen, muß freilich dahin gestellt bleiben.

[13] Neue Mittheilungen, Bd. III Heft 1 S. 66.

[14] Ebenda, Heft 2 S. 23.

[15] Ebenda, Heft 4 S. 38. — [16] Ebenda, Heft 4 S. 51.

etwas ausführlicher wiederholt. Vgl. auch Statuten v. Ilm v. 1350 (Walch, Verm. Beytr. VI S. 27 f.).

Auch die vollständige Beseitigung der Haft durch die Ausweisung findet sich in einzelnen norddeutschen Stadtrechten. So verordnet das Braunschweiger Stadtrecht aus dem Anfange des 14. Jahrhunderts tit. XVII § 146[17]:

> We wot kofft uppe dem markede unde lovet dat rede to beredene, bered he is denne nycht, dene schal me panden. Heft he nycht pandes genoch, *me schal one vorvesten*,[18]

und die Statuten von Eimbeck v. 1549 c. VIII art. 3[19]:

> Wofern sich aber auch dieses Exekutionsmittel — [d. h. Immission in liegende Güter] — etwa nicht würde prakticiren lassen, soll der debitor — biß solange der creditor befriediget, — gestalten Sachen nach gar aus der Stadt verfestet werden.

Die Anwendung der Ausweisung als letztes Mittel bei Nichtzahlung einer Geldschuld mochte in den Städten um so leichter um sich greifen, als gerade hier die Stadtverbannung auch als weitumfassendes Strafmittel in Aufschwung kam. Allein dies darf uns nicht dazu führen, den tiefen Unterschied zwischen der Verweisung als Strafe und als Exekutionsmittel etwa übersehen zu wollen. In ersterer Eigenschaft bezieht sich dieselbe auf ein in der Vergangenheit abgeschlossenes Unrecht, welches sie ausgleichen soll, oder dessen Urheber sie dauernd von der Stadt ferne halten soll; sie hat demgemäß selbst eine von vornherein festbestimmte Gestalt und vor allem eine festbestimmte Dauer; ihre Art

---

[17] Hänselmann, U.-B. der St. Braunschw. I Nr. 61 S. 113; ebenso Stadtr. v. 1532 § 144 (ebenda Nr. 137 S. 310).

[18] Verfesten bedeutet hier, wie die folgende Stelle des Eimbecker Rechts ergibt, einfach „ausweisen", nicht „in die Acht thun", was als Rechtsfolge der Nichtzahlung einer Geldschuld nicht zulässig war; vgl. unten § 34 Anm. [8] und [25].

[19] Pufendorf, Obs. II App. S. 216.

und Größe ist durch das begangene Unrecht ein für alle Mal gegeben; der Schuldige wird bestraft, und zu dieser Strafe kann nichts hinzukommen, was nicht von vornherein mit ihr verknüpft worden ist. Ja diesen reinen Strafcharakter trägt die Ausweisung auch dann an sich, wenn sie, wie nach einigen Rechten, an Stelle einer Geldstrafe wegen deren Uneintreibbarkeit tritt; auch hier soll sie nicht dazu dienen, dem Strafberechtigten zu seinem Strafgeld zu verhelfen, sondern den Schuldigen in der oben bezeichneten Weise zu strafen.[20]

Ganz anders die Stadtverweisung als Exekutionsmittel; hier wird dem Schuldigen kein Uebel zugefügt, um ihn für ein abgegränztes Unrecht durch eine abgegränzte Entziehung von Rechten büßen zu lassen; das Maaß der Rechtsfolge wird nicht bestimmt durch die Größe des geschehenen Unrechts, sondern einzig und allein durch die Rücksicht auf den hierdurch zu erreichenden, zukünftigen Zweck; je nachdem dieser früher oder später erfüllt wird, macht sich die Rechtsfolge mehr oder weniger hart geltend. Der denkbar schwierigste Fall kann bei baldiger Tilgung der Schuld, etwa durch Freunde, für den Schuldner eine kaum nennenswerthe Unbequemlichkeit mit sich führen, während es möglich

[20] Vgl. z. B. Statuten von Halle, herausgeg. von Förstemann in den Neuen Mittheilungen Bd. I Heft 2 S. 64: welc man eine marc vorbotte, wolde hie der nicht gheven oder vormochte hier nicht tu ghevene, so scolde hie ein iar ut d'stat sin, unde alse menighe marc alse hie vorbotte, alse menich iar scolde hie ut d'stat sin. Art. de mandato dominor. non serv. S. 76 das.; ferner Stat. von Nordhausen (um 1300). art 177 (N. Mitth. III, Heft 1 S. 68) u. a. m. — Damit soll jedoch nicht geleugnet werden, daß auch hier, wie so oft im deutschen Recht, die Gegensätze hie und da in einander übergehen, daß z. B. auch die Stadtverweisung als Strafe manchmal nur relativ bestimmt ist, etwa bis zur Aussöhnung; vgl. z. B. Straßb. Stadtr. v. 1249 § 15 (Gaupp I S. 86); Stadtr. v. Diessenhofen art. 8, 110 (Schauberg's Zeitschr. für noch ungedruckte schweiz. Rechtsquellen Bd. II S. 6, 22). Allein hierdurch wird doch der rechtliche Unterschied, der beide von Haus aus als zwei verschiedene Institute erscheinen läßt, im Princip nicht aufgehoben.

ist, daß ihm, etwa bei unverschuldetem Vermögensverfalle, für immer seine sociale und rechtliche Existenz untergraben wird. Die Stadtverweisung dauert unter allen Umständen bis zur Leistung der versprochenen Zahlung, bis zur Herstellung des Rechts, gleichgültig, warum und unter welchen Umständen das Recht bisher nicht erfüllt worden ist; denn sie wird eben nur deshalb angewandt, weil sie als ein diesem Zwecke dienliches Mittel erscheint, nicht aber, weil sie den Schuldner in seiner Rechtssphäre beeinträchtigt.

Dies sprechen denn auch alle oben angeführten Stellen auf's deutlichste aus: der Schuldner räume die Stadt, damit und solange bis der Gläubiger bezahlt wird; besonders klar tritt die Exekutionsnatur in den Eimbecker Statuten a. a. O. hervor.

Hiermit ist denn auch bereits gesagt, daß das subjektive Moment, die Willensbeschaffenheit des nicht zahlenden Schuldners bei dieser, ebenso wie bei den andern Exekutionsarten, indifferent ist, und dadurch der Nachweis geliefert, daß dieses Moment, wenn es auch auf einer vorübergehenden Entwicklungsstufe scheinbar einen Einfluß auf die Gestaltung der Exekution übte, doch, wie bereits oben angedeutet, an und für sich auch dort ohne rechtliche Bedeutung war, und nur dem Zusammentreffen mit anderen Momenten, die für jene Stufe ausschlaggebend waren, seine Hervorhebung zu verdanken hatte. Die Exekution richtet sich stets auf ein äußeres, zukünftiges Ziel; alles Innerliche und alles Vergangene ist ihr gleichgültig.

## § 34.

### Verfahren und Strafe bei Flucht des Schuldners.

Die ganze Procedur zur Verwirklichung des auf Grund eines geleisteten Zahlungsversprechens erforderten Rechtszustands basirt, wie wir sahen, regelmäßig auf der gerichtlichen Klage und der sich anschließenden Verhandlung mit dem

Schuldner; die Betheiligung des letzteren ist somit ein nothwendiges Requisit. Wie aber, wenn sich der nicht zahlen wollende Schuldner absichtlich dieser Mitwirkung entzieht und so das Verfahren zu hintertreiben sucht? Freilich kann er dies, wie oben erwähnt, auf dem Wege gerichtlichen Ungehorsams, indem er der Ladung keine Folge leistet, nicht erreichen.[1] Wohl aber kann er sich dieser Ladung selbst entziehen, indem er vor der ihm drohenden Schuldklage die Flucht ergreift, abtrünnig wird. Für diesen Fall statuiren nun unsere Rechtsquellen ein eigenthümliches processuales Verfahren gegen das zurückgelassene Gut des Schuldners, welches, gewissermaßen dessen Rolle übernehmend, verklagt und gegen welches dann die Exekution zur Befriedigung des Gläubigers gerichtet wird:

---

[1] Soll der verurtheilte Schuldner, in Ermangelung von pfändbarem Vermögen, dem Gläubiger in die Schuldhaft übergeben werden, ist derselbe aber im Gerichte nicht anwesend, sei es, daß er gar nicht erschienen ist, oder daß er das Gericht wieder verlassen hat, so wird er, wie es in norddeutschen, besonders magdeburger Rechtsquellen heißt, in den Metebann gethan, d. h. czu alzo getanyn rechtin, — wo en denne der cleger anqueme, der mag en wol uf haldin vnd hindirn ane gerichte vor di sache, di er in gehegtim dinge uf en gewunnen hot. Vgl. System. Schöffenr. II, 2 c. 35; III, 2 c. 34, 35; IV, 2 c. 52; Kulm. R. II c. 51; III c. 71, 72; IV c. 94; Magdeb. Fr. I 6, d. 9; Mgdb.-Bresl. R. v. 1261 § 25; Mgdeb.-Görl. R. v. 1304 art. 64; sächs. Weichbild art. 90 § 2; Hallischer Schöffenspr. v. 1388 bei Haltaus, Glossar. German. s. h. v.: Do wart C. geboden, he scholde siner suster S. ören del volgen laten vnd wedder geven by 14 nachten und scholde ome dat vorborgen; dat ward eme geboden von gerichtes wegene, do karde sich C. umme und gink wech vnd wart dynkflygtich; do vragede H., wenn he nicht eygenes hadde, was he darumme warden scholde; do wart omme gevunden, men scholde on dun yn den medeban; dar wart he yn gedan, als recht ys. — Unter dem „richten mittem manne“ im Bremer R. v. 1303 Ord. 22, und von 1428 III c. 1[illegible] (Oelrichs S. 78, 373) ist wohl auch dieser Metebann zu verstehen; vgl. auch Urk. v. 1244 im Urkundenb. des Bisthums Lübeck I Nr. 90. Mit der Acht hat dieser Metebann nichts zu thun; vgl. Glosse z. sächs. Weichb. art. 90 (v. Daniels und v. Gruben S. 407).

System. Schöffenr. III, 2 c. 68: Ist ein burger schuldic und vert uz der stat uf daz lant yn eyn andir gerichte, uf daz das man en nicht in dem heymnisse vinde in der stat gerichte, *zo mag man syn eygin und syn erbe beseczin mit gerichte und dor uf clagin vor di schult* unde das ircreftigin do vor.

Vgl. ebenda III, 2 c. 69, 70, 71, 77, 81, 122, 129, 130, 132, 137, 138. Kulm. R. III c. 102, 103a, 107, 111, 148, 149. Magdeb. Frag. II, 2 d. 2—4. Magdeburger Schöffenspruch bei Stobbe, Beiträge zur Geschichte des deutschen Rechts (Braunschweig 1865) S. 103 Nr. 21. Hamb. Stadtr. v. 1270 I c. 15; siehe auch I c. 9 a. E., VI c. 16. Bremer Stat. v. 1303 c. 70 a. E. (Oelrichs S. 106). Statuten v. Arras v. 1211 art. 35.[2] Keure v. Saffelaere v. 1264 art. 59.[3] Stadtr. v. Augsburg von 1276 art. 149 § 5 und Zusatz 3, 4, 5 hiezu.[4] Statuten von Nördlingen tit. XVI § 4.[5] Münchener Stadtr. art. 14 per arg. Siehe auch Frankfurter Schöffengerichtsordnung saec. XV art. 16.[6]

Jedoch von weit größerer Bedeutung wird dieses Flüchtigwerden des Schuldners dann, wenn er kein Gut zurückläßt, an welches sich der Gläubiger halten kann. Hier liegt in der Flucht nicht nur eine Verhinderung der ja nur relativ erforderlichen Proceßverhandlung, sondern ein Unmöglichmachen der Rechtsvollstreckung selbst.

In der Natur der hier in Rede stehenden rechtlichen

---

[2] Warnkönig, Flandr. St.- und R.-Gesch. III, Nachtr. zum U.-B. Nr. 165 S. 28.

[3] Ebenda, Nr. 166 S. 45.

[4] Meyer, Stadtb. v. Augsb. S. 226 f.

[5] Bei Schott, Sammlung zu den deutschen Land- und Stadtrechten (Leipzig 1772—1775) Bd. I S. 220 f.

[6] Thomas, der Oberhof zu Frankfurt a. M. und das fränkische Recht in Bezug auf denselben, (Frankfurt a. M. 1841) S. 274 f. Vgl. noch Behrend, Stendaler Urtheilsbuch, S. 9.

Leistung, der Zahlung einer Summe vertretbarer, an sich nur einen Vermögenswerth repräsentirender Sachen liegt. es begründet, daß eine Vollstreckung so lange ausführbar ist, als noch irgend welche vermögenswerthige Sachen oder doch die Möglichkeit vorhanden ist, derartige Vermögenswerthe des ferneren zu erwerben. Versetzen wir uns nun in die mittelalterlichen Jurisdiktionsverhältnisse, in denen Begriff und Praxis der gegenseitigen Rechtshülfe verschiedener Gerichte ebenso wenig bekannt, als es dem Gläubiger im Allgemeinen möglich war, in einem entlegenen Gerichte gegen den entflohenen Schuldner sein Recht zu erlangen, so ergibt sich, daß ein solches Hinwegfahren des Schuldners mit seiner Habe aus dem Gerichtsbezirke nach beiden bezeichneten Richtungen hin es so gut wie unmöglich machte, auf die Herstellung des verletzten Rechtes zwangsweise einzuwirken; die rechtsvollstreckende Gewalt des Gerichts war hierdurch lahm gelegt.

Zur Ausgleichung dieses Schadens der Rechtsordnung mußte man daher neue Wege beschreiten.

Das Unrecht des Schuldners in der Gestalt, wie es nunmehr vorlag, richtete sich eigentlich nicht mehr direkt gegen den ursprünglichen Grund der rechtlichen Verpflichtung, das Versprechen. Freilich wurde dessen Gegenstand, die Zahlung selbst, hierdurch so gut wie jeden rechtlichen Schutzes beraubt; allein gerade hierin trat ein neues Unrechtsmoment hinzu: die Verletzung des staatlichen Exekutionsrechts einerseits, und die Verletzung des Rechtes des Gläubigers andererseits, sich aus allen gegenwärtigen und zukünftigen Gütern, dem gesammten Vermögen (im obj. und subj. Sinne) des Schuldners bezahlt zu machen.[7]

---

[7] Diese dem deutschen Rechte angehörige Befugniß des Gläubigers hat sich ausdrücklich erhalten im französischen Rechte. Vgl. Code civil art. 2092: Quiconque s'est obligé personnellement, est tenu de remplir son engagement sur tous ses biens mobiliers et immobiliers,

Und dies fällt keineswegs mit dem Recht auf Zahlung durch den Schuldner zusammen; es kommt hinzu die Pflicht des letzteren, die zwangsweise Befriedigung zu erdulden, ein Recht des Gläubigers wie des Staats auf Durchführung dieser Befriedigung. Das Unrecht überschreitet hier die Schranken des reinen negativen Verhaltens, des blosen Nichtzahlens, der Zahlungsweigerung; mit dem verletzten Recht, seinem Objekt, verändert auch das Unrecht seine Gestalt; das Entziehen der Exekutionsmöglichkeit ist ein positiver Eingriff in eine fremde Rechtssphäre, der an sich nicht wieder aufgehoben werden kann.

Hier läßt daher das deutsche Recht ein anderes Rechtsmittel eintreten, die Strafe, und zwar zunächst das Strafverfahren. Dieses gewährt Mittel, auch gegen den flüchtigen Schuldner denjenigen Zwang anzuwenden, welcher zur Herbeiführung der Ausgleichung eines so gestalteten Unrechts geeignet ist. Der Schuldner wird, wie jeder dem Gerichte sich entziehende Verbrecher zunächst verfestet, in die Acht gethan; und diese Verfestung, Acht hat weit über die unmittelbare Einwirkungsfähigkeit des Gerichts hinausgehende Wirkungen, sie trifft den Schuldigen an seinem Recht, mag er sich auch noch so weit entfernt haben. Zieht er sich aber aus der Verfestung oder wird er darin ergriffen, so hat er die, durch das begangene Unrecht an sich verwirkte Strafe zu dulden[8]. Wie an die Stelle der Rechtswei-

présens et à venir. art. 2093: Les biens du débiteur sont le gage commun de ses créanciers.

[8] Ueber die rechtliche Natur der Verfestung scheinen mir in unserer Wissenschaft noch vielfach irrige Vorstellungen verbreitet zu sein. Es kann an dieser Stelle nicht näher hierauf eingegangen werden; nur will ich — entgegen den m. E. nicht zutreffenden Ausführungen Hugo Meyer's, das Strafverfahren gegen Abwesende (Berlin 1869) S. 48 bis 90 — meine eigene Auffassung kurz dahin angeben, daß ich in der Verfestung, der Acht, wie in der alten Friedloslegung (L. Sal. 56 § 2) an sich nicht die Strafe einer materiellen Rechtsverletzung, sondern nur die processuale Rechtsfolge der Weigerung sehe, wegen gewisser Sachen vor

gerung der Rechtsbruch, das Ungericht tritt, so an diejenige der Rechtsvollstreckung die rächende Strafe.

Braunschweiger Stadtrecht (Altstädter Sammlung um 1349) § 27[9]: We van henne veret van scult weghene, unde *usen borgeren ere gud mit voresate unford*, dene wel de rad sulven *vorvesten* in deme wicbelde, dar dat inne gheschen is. *Heft he eyne jnninge, de scal he vorloren hebben. Men wel it ok vor duve hebben, unde scal ene in de veme scriven.* Uebergegangen ist diese Bestimmung in die Aufzeichnung von Stadtgesetzen um 1380 § 31[10]; in das Echteding von 1401 § 25[11]; in das Echteding von 1532 § 191[12], so wie in die Stadtordnung von 1573 § 151[13], wo als Rechtsfolge bestimmt wird: der sol alsbald mit der that und von rechts wegen vor einen ehrlosen man

---

Gericht zu stehen, — welche Rechtsfolge daher mit dieser Weigerung selbst wegfällt. Erst als diese Rechtsweigerung im Laufe der Zeit in gewissen Kreisen und Ständen zur Regel wurde, nahm die Acht den Charakter einer Strafe des begangenen Unrechts an. - Die Verfestung tritt nun aber nach dem Rechte des Mittelalters nur bei Klagen um Ungericht, die zu Hals und Hand gehen, jedenfalls nicht bei Klagen um Schuld ein: vgl. Sachsensp. I, 67; 68 § 1; 70 § 3; II, 45; III, 87 § 4. Richtst. Landr. 35 § 2; 37 § 4. Mgdeb.-Bresl. R. 1261 § 73. System. Schöffenr. III. 2 c. 84. Kulm. R. III c. 114. Mgdeb. Fragen III, 1 d. 3, 4, 8; III, 8 d. 3. Schwabensp. a. 101, 102, 107. Deutschensp. a. 91, 92, 98. Rupr. v. Freys. I c. 70, 71, 75. Brünner Schöffenb. c. 13. Ueber das scheinbar abweichende Stadtr. von Rüden art. 70 s. unten Anm. [25]. Hieraus ergibt sich, daß die gegen den entflohenen Schuldner zur Anwendung kommende Verfestung auf einem weiter gehenden Unrecht als dem blosen Nichtzahlen beruhen muß, und daß sie auf eine schärfere Rechtsfolge als die Exekution hinzielt. Aehnlich tritt nach dem Verm. Ssp. III, 15 d. 4 bei Dingflucht Verfestung ein, also wol umbe schult also umbe ander sache, unde umbe des ungehorsams willen. Vgl. Goslar. Stat. (Göschen S. 75 Zle. 9—25); Mgdeb. Schöffenspr. bei Stobbe, Beiträge S. 95 f. Nr. 5; siehe auch Purgoldt's Rechtsb. VII c. 29.

[9] Hänselmann, U.-B. der St. Braunschweig I S. 45.

[10] Ebenda, S. 65. — [11] Eb. S. 130. — [12] Eb. S. 343.

[13] Eb. S. 420.

gehalten und in unser stadt und gebiete nicht geduldet oder gelidden werden; sollte er sich darüber in der Stadt betreten lassen, so wird hierfür in § 152 „auff die pene in gemeinen beschrieben rechten befunden" verwiesen.

So lautet ferner ein Eintrag im Kieler Stadtbuch v. J. 1286[14]:

Johannes Rufus cerdo promisit his, quibus solvere tenebatur, quando impeditus fuit, quod nunquam discedere deberet de Kylo, nisi prius solveret omnibus illis; *si autem recederet, fur in debitis illis debeat esse.*

Das Stadtrecht von Luzern art. 42[15] setzt auf den flüchtigen Schuldner, der „den Burgern, den er gelten soll, ihr gelt entträgt" Verlust des Bürgerrechts.

Eine specielle Anwendung von diesen Sätzen findet sich häufig für den Fall, daß Jemand etwas auf Kredit kauft, aber vor dem Zahltermin mit seinem und dem gekauften Gut hinwegfährt. Folgende Stellen sind besonders geeignet, die oben vorgetragene Auffassung als den Quellen selbst angehörig erscheinen zu lassen:

Stadtr. v. Augsburg, Zusatz 8 zu art. 149[16]:
wann manich mensch bisher — — offt und dick betrogen und in schaden komen sint von den lůten die guot uos nement oder kauffent uof frist, und wars wizzen daz sis niht haben ze vergelten, oder die ainen kauf mit ainem tuond umb beraitz gelt und daz guot nement und sprechent, si wellen in ietzo bezaln, und entwichent damit von der stat und aberěffent den lůten ir guot, — darumb ist ertailet: swer dem andern sin guot also fůrbaz aberěffet und hin fůret und

---

[14] Lucht, das Kieler Stadtbuch von d. J. 1264 bis z. J. 1289 (Kiel 1842) S. 69 Nr. 1.

[15] Zeitschr. für schweiz. R. V, Rechtsquellen S. 36.

[16] Meyer, Stadtb. S. 228.

damit von der stat entwichet und dinkflůhtig wirt, — erkennet der rat oder der merer tail uof den ayd, daz er daz gevårlich getan hat mit welhen sachen daz beschehen ist, *so sol man in ze hant in der stat achtpuoch haizzen schriben, und wa er fürbaz hie ergriffen würde, so sol man hintz im rihten alz hintz ainem rehten aehter.*[17]

Ein späterer Rathsbeschluß von 1397 (Zus. 9 das.) bestimmt für denselben Thatbestand ewige Verbannung:

und wa man — die selben ergriffet, so sol man hintz in rihten alz hintz schaedlichen lůten.[18] — Ferner

Prager Stadtrecht art. 28 (Willkür von 1328):[19]

— quia quidam nobiscum manentes apud plures ex nobis pannos et alias merces excrediderunt sive in credentia receperunt, promittentes bona fide creditoribus suis persolvere debita honorifice in praefixis terminis, quae tenerent; accidit tamen jam pluries, quod tales sui promissi, fidei et honoris immemores se mendaces et fidefragos publice ostenderunt; nam die et termino veniente, in quo solvere debent debita suis creditoribus, collectis et receptis bonis et rebus suis aufugiunt et reddunt se profugos, ut debita non persolvant. Nos igitur volentes huic fraudi et malitiae occurrere, ne talia nobis vel alicui nostrum dampna contingant, de cetero decrevimus unanimiter, — quod qui-

---

[17] Vgl. Stadtr. art. 35 § 1 (Meyer S. 102): so sol im der vogt rihten als reht ist uber einen aehter, daz ist, daz man im daz haubt sol abeslahen, und Osenbrüggen, Alamann. Strafr. im M.-A. S. 61 ff. Von dieser Strafe kann er sich jedoch lösen, wenn er sich „mit den clagern rihten wolt nach dez rates rat", d. h. wenn er die vom Rath vorzuschlagende Strafe auf sich nehmen will.

[18] Dieser Ausdruck bezeichnet vorzugsweise solche Verbrecher, denen es an das Leben geht; vgl. Osenbrüggen a. a. O. S. 200 f. Bayr. Landfriede v. 1352 c. 13 (Monum. Wittelsb. II S. 424): schedleich laút, es sein prenner oder rauber, morder oder deúb.

[19] Rößler, Rechtsdenkmäler I S. 17 f.

cunque civium vel hospitum pannos vel merces alias apud nos vel aliquem ex nobis excrediderit, et debitis ipsis non persolutis aufugerit, *hic vel talis proscriptus et bannitus apud nos Pragae et alias ubique in regno Bohemiae*[20] *debet esse, ita quod ubicunque talis medio tempore fuerit detentus, debet in persona sicut fur et falsidicus condempnari.*

Lüneburger Edbachs-Artikel[21]: We deme anderen gud aff kofft, und nympt dat an sine were, vnd *dufliken enwech tiid* vnd des nicht enbetalet, dat *trid an sines sulves hals.*

Auch Einträge in die Stadt- und Gerichtsbücher kommen hier in Betracht z. B.

Stralsunder Stadtb. 1277: Sibe emit bona hominum et *furtive recessit* cum eis et ideo *proscriptus est in civitate*; das. 1301:[22] Ludeko V. — *proscriptus est* pro eo, quod — — emit in domo Reynekini de Rozstok ab hospitibus species et crocum, et non solvit et *furtive deduxit.*

Aehnlich lautet ein Eintrag im Berliner Stadtbuch:[23]

---

[20] Hiezu vgl. ebendas. art. 39: Wer da zu Prage — geecht wird umb cheinerlei untat, der sol in dem lant zu Bechem in allen steten und in allen dorfern, si sein des chuniges oder der heren oder wes si sein, geecht sein. Aehnlich wird in dem Vertrage zwischen Lübeck und sieben anderen Hansestädten von 1358 (Urk.buch der Stadt Lübeck III Nr. 310) bestimmt, daß die in einer der Städte über einen flüchtigen Schuldner verhängte Acht auch in den andern wirksam sein soll. — Betreffs der Ausdehnung der Wirksamkeit der Verfestung über den Bezirk des erkennenden Gerichts hinaus vgl. Behrend, Stendaler Urtheilsbuch IV Note g, S. 24 f., dann S. 71 zu XIV; sowie H. Meyer, Strafverfahren gegen Abwesende S. 84 bis 88.

[21] Bei Kraut, das alte Stadtr. v. Lüneburg, S. 26 Zle. 4 ff., sowie bei Pufendorf, Obs. II App. S. 192.

[22] Fabricius, das älteste Stralsundische Stadtbuch 1270—1310 (Berlin 1872) VII Nr. 6 S. 168; Nr. 112 S. 173.

[23] Fidicin, histor.-diplom. Beitr. zur Gesch. der Stadt Berlin II S. 188.

Peter Juris is gerichtet (d. h. hingerichtet) umme disse nachgescreven saken. Thu deme irsten, he koufte ein perde thu Fryenwolde up rechte argelist, und reit vorth dat perd vnnbetalet und unvorburget. Außerdem werden dem Delinquenten zwei Diebstähle zur Last gelegt.

Die angeführten Stellen gehören durchgehends dem städtischen Recht an, wo sie meist auf später zu dem ursprünglichen Stadtrecht hinzugekommenen Willküren der städtischen Gewalten beruhen. Hier, bei lebhafter entwickeltem Verkehr und größerer Beweglichkeit der Bevölkerung mußte eben am ersten das Bedürfniß dazu führen, diese von Haus aus nicht vorgesehenen Fälle gesetzlich zu regeln. Daß wir es aber trotzdem nicht mit partikulären, städtischen Beliebungen, sondern mit wirklich deutschem, auf gemeiner Rechtsüberzeugung beruhendem Rechte zu thun haben, dafür liefert den besten Beweis eine bereits oben S. 163 besprochene Stelle des Richtst. Landr., welche erst in diesem Zusammenhange ihr volles Verständniß finden kann.

Richtst. c. 41 § 7: Heft he aver anderswat gelovet,[24] des he nicht geholden mach, so vrag wat dar denne rechtes umme si. So vintme, de richter scolene vor de scult antwerden bi der hant. *Is he aver dar nicht unde mach mes em nicht afpanden, so vordelt me eme sine ere unde sin lenrecht.*

Homeyer, Richtst. S. 447, faßt diese Bestimmung nicht richtig auf, wenn er zu ihrer Erklärung annehmen zu müssen glaubt, „daß auch dieses Gelöbniß bi sinen truwen geschehen war, dessen Bruch an die Ehre ging". Wir haben bereits oben (Abth. I S. 23 ff. Anm. [34]) auszusprechen Gelegenheit gehabt, daß eigentlich jedes Versprechen auf Treue gegeben wird, und daß, wo dies besonders hervorgehoben wird, hierin

[24] Hierüber oben S. 163.

mehr ein thatsächlich, als ein rechtlich bedeutsames Moment zu sehen ist. Es ist mir im weiten Umkreise der deutschen Rechtsquellen keine Stelle bekannt, welche ein Versprechen „auf Treue" irgendwie juristisch auszeichnen würde,[25]

[25] Als Ausnahme könnte scheinbar gelten Alte Soester Schrae von 1350 art. 43 (bei Seibertz, U.-B. des Herz. Westphalen II Nr. 719): Welik man mit willen sin ghut utborghet, dey ne mach vmme dat ghut nummande vredeloys leghen, hey en hebbe eme ghesyckert in truwen, wonach die bei Klage um geborgtes Gut so wenig wie bei Klage um Schuld zulässige Friedloslegung (s. oben Anm. [8]) dann ausnahmsweise stattfinden zu können scheint, wenn der Entleiher des Gutes dessen Rückgabe ausdrücklich „bei seiner Treue" versprochen hat; und so wird die Stelle auch aufgefaßt von Cropp in Hudtwalcker's und Trummer's Krim. Beitr. II S. 70. Allein das Objekt des „sicherns in Treuen" ist offenbar gar nicht die Rückgabe des geliehenen Gutes, sondern vielmehr die Friedloslegung selbst, welcher, da sie an sich hier unzulässig, der Schuldner aus eigenem Willen für den Fall der Verletzung seines Versprechens sich unterwirft als einer Konventionalstrafe. Nach dem ziemlich weit reichenden Satze des mittelalterlichen Rechtes: gelub prechent alle recht (Wiener Stadtrechtsb. a. 29) war ein derartiges Versprechen einer öffentlichen Rechtsfolge sehr wohl möglich; ein Beispiel liefert der von K. Rudolf bestätigte Vertrag zwischen den Herzogen Ludwig u. Heinrich v. Bayern von 1281 (Monum. Wittelsbac. I Nr. 139), wonach der Theil, der nicht in das versprochene Einlager zieht: proscriptioni regie, quam pro pena in se voluntarie receperunt, erit obnoxius et eandem incidet ac tamquam proscriptus imperii debet haberi, et quia de consensu regio et ipsius auctoritate prescriptam proscriptionis penam in se liberaliter elegerunt, illum in eandem incidisse volumus, qui conmiserit in premissis. Ueber die hier erwähnte königliche Zustimmung und die Formen des Versprechens einer derartigen Strafe überhaupt s. unten Abschn. 4. — Von einem solchen Falle muß nun aber auch die sonst ganz anomale Bestimmung des Stadtr. von Rüden v. 1310 art. 70 (Seibertz a. a. O. II Nr. 540) verstanden werden: were dat also, dat we wen wolde vredelos leghen umme lovede efthe umme scult efthe vmme wate sake dat et were, de eyme an syn lif nycht en ghyne etc.; jedenfalls ist in dieser Stelle von einem Treugelöbniß als Bedingung der Friedlosigkeit nicht die Rede. — Im Rigischen Ritterr. c. 81 (Oelrichs S. 100) bezieht sich „truwe lovende" nicht auf das bürgerliche Versprechen, sondern auf die Lehenshuldigung.

und auch der Richtsteig selbst zeigt deutlich genug das Gegentheil. In unserm c. 41 sagt § 1:

*Lovet di en wat* unde ne willes he di nicht holden, so nim enen vorspreken, — de spreke sus: her richter, N. de claget gode und iu, *dat N. heft eme gelovet bi sinen truwen* etc.

Hier ist offenbar das einfache loven und das loven b. s. tr. ganz identisch; daß aber das b. s. tr. nichts für die Rechtsfolge wesentliches ist, ergibt sich daraus, daß es nicht zu Anfang bei der objektiven Darlegung des rechtlichen Thatbestandes, sondern wie zufällig erst bei der konkret gefärbten, direkten Klagerede des Klägers erwähnt wird; und hier ist es ganz an seinem Platz, da der Sprachgebrauch der Zeit meist von einem „geloben b. s. tr." reden ließ.

Außerdem gibt uns aber der Richtsteig einen ganz abweichenden Grund für die erwähnte Rechtsfolge des nicht erfüllten Gelöbnisses an. Die Klage des c. 41 gehört zu den „vermengten", oft me se borgeliken ansat, dat se mach pinlik werden; und, sagt c. 36: dat kumpt darvan tu, *dat dat recht wil pinegen des brochaftigen unhorsamicheit.* Dies trifft nun aber vollständig mit unseren obigen Ausführungen zusammen. Das zu verfolgende Unrecht ist von Hause aus nur ein bürgerliches, Vollstreckung erforderndes. Durch Unmöglichmachung der letzteren, durch Entziehung der sachlichen und persönlichen Exekutionsmittel wird das Unrecht zum peinlichen, heischt Strafe. Diese letztere gründet sich nun aber nicht mehr auf die Verletzung des Gelöbnisses, sondern auf den Ungehorsam, wie es der Richtsteig ausdrückt (vgl. auch Verm. Ssp. III, 15 d. 4 oben Anm. [6]), auf die sich aktiv geltend machende Verletzung der Exekutionsberechtigung des Staats und des Gläubigers.

Noch ein Wort ist über die vom Richtsteig angegebene Strafe der Vertheilung von Ehre und Lehnrecht zuzufügen, welche höchst singulär und auf einem Mißverständniß zu beruhen scheint. Diese Strafe ist sonst dem Landrecht fremd, wogegen sie dem Lehnrecht als Treubruchsstrafe eigenthümlich ist.[26] Jedoch treten diese Folgen auch nach Landrecht dann ein, wenn Jemand Jahr und Tag in des Reiches Acht war[27]; des Reiches Acht aber war hinwiederum die unausbleibliche Folge andauernder Verfestung.[28] Sonach scheint der Verfasser mit jener Strafe nur die letzten Konsequenzen der Verfestung haben aussprechen zu wollen, deren unmittelbar an die Flucht des Schuldners sich anschließende Verhängung wir bereits kennen gelernt haben. Statt einfach die Verfestung selbst zu nennen, denkt er an deren endliche Folgen, und mit diesen verwechselt er dann die ähnlich klingende, bei dem Vorherrschen des Lehnwesens äußerst gebräuchliche, lehnrechtliche Strafformel.[29]

Auf Grund der angeführten Rechtszeugnisse[30] sollen nun

---

[26] Vgl. Ssp. I, 40; Richtst. c. 33 § 9; Blume von Magdeburg (herausgeg v. Böhlau, Weimar 1868) P. II, 1 c. 66; Glog. Rb. c. 578; Rigisches Ritterrecht c. 39 (Oelrichs S. 88); Schwabensp. a. 49; Deutschensp. c. 47 u. a. m.

[27] Vgl. Ssp. I, 38 § 2; Richtst. c. 33 § 8; Schwsp. a. 45; Deutschensp. a. 43. Repgauische Chronik bei Homeyer, Ssp. S. 10 Note *).

[28] Ssp. I, 71, III, 34 § 1; Richtst. c. 33 § 7; Schwabensp. a. 103b, 285; Dtschsp. a. 94, 259.

[29] Ueber anderweitige häufige Anwendung lehensrechtlicher Formeln im land-, stadt- und hofrechtlichen Strafsystem des Mittelalters vgl. Osenbrüggen, Alamann. Strafr. § 52 S. 114—118.

[30] Nur eine analoge Anwendung des in diesen ausgesprochenen Satzes findet sich für den Miethvertrag im Hamburger und den damit verwandten Rechten; Stadtr. v. 1270 I c. 9: is it ok also, dat he uth deme huse varet (der Miether) sunder synen (des Vermiethers) willen, den broke schal he beteren mit dreen punden; nochten schal he de hure geven over dwernacht; Stadtr. v. 1292 C c. 5; v. 1497 G c. 14; Bremer R. v. 1303 c. 70 (Oelrichs S. 105); von 1428 II c. 35 (S. 357); von 1483 I c. 47 (S. 470); Lübisches Recht Cod. III c. 250; Stat. v. Verden a. 10 (Pufend. I App. S. 81); Stadtr. v. Stade v. 1279 I c. 5 (das. S. 172); und ähnlich Gosl. Stat. (Göschen S. 22 Zle. 30 ff.):

noch einige Punkte hervorgehoben werden, welche geeignet sind, den Unterschied zwischen dieser und der vorbesprochenen Rechtsgestaltung, welche die Exekution als Rechtsfolge aufwies, klar zu stellen, sowie in deutlicher Weise erkennen zu lassen, daß wir uns hier auf kriminalrechtlichem Gebiete bewegen.

Zunächst springt in die Augen, wie sich alle diese Stellen bemühen, das in Rede stehende Unrecht unter einen geläufigen Verbrechensbegriff unterzubringen, oder doch aussprechen, daß dieselbe Rechtsfolge, Strafe wie bei diesem oder jenem verbrecherischen Thatbestande eintreten solle. Insbesondere ist ein Anlehnen an den Diebstahlsbegriff häufig. Das wesentliche Merkmal des letzteren bestand in dem Wegnehmen, Entführen einer Sache von einem Orte, wo ein anderer ein entgegenstehendes Recht an derselben hatte[31], und dies gerade trifft in gewissem Maße bei dem

untveret en dem anderen van der were mit sineme hustinse weder sinen willen, dene mach he dar umme vorvesten. — Der Miether ist nur zur Zahlung des Miethzinses, nicht zum Wohnen verpflichtet; vgl. Hamb. R. v. 1292 C c. 29; von 1497 G c. 16; Brem. R. v. 1303 Ord. 138 (Oelr. S. 145); Ord. 40 von 1333 (Oelr. 181); Stadtr. von 1433 I c. 44 (Oelr. 468); Stat. v. Verden a. 11; Billwärder R. a. 74; vgl. Wiener Stadtrechtsb. a. 40, 42. Die obige Strafe kann sich daher nicht auf das Ausziehen als solches beziehen. Dagegen steht dem Vermiether ein Pfändungsrecht an den in dem vermietheten Hause befindlichen Vermögensstücken des Miethers für rückständigen Zins zu (vgl. Wilda, Pfändungsrecht in der Zschr. f. D. R. I S. 209—226; Trummer, Vorträge über merkwürdige Erscheinungen in der Hamburg. Rechtsgesch. II S. 102—126; v. Meibom, Pfandrecht S. 204—209); und dieses Pfändungsrecht wird durch das Ausfahren aus dem Hause verletzt. Wegen Unmöglichmachung des dem Vermiether zustehenden, privaten Exekutionsrechts tritt obige Strafe ein, analog derjenigen, welche auf das Pfandwehren gesetzt ist, worüber zu vgl. Göschen, Gosl. Stat. S. 227 f.

[31] Die einzige mir bekannte, bis jetzt aber, so viel ich sehe, nicht beachtete Definition des Diebstahls, welche uns aus dem M.-A. überliefert ist, findet sich in dem Vertrage des Ritters v. Bernhausen mit dem Abte v. Salem über Regulirung der beiderseitigen Gerichts-

oben geschilderten Charakter des in dem Entziehen von Exekutionsobjekten bestehenden Unrechts zu. In besonderem Grade lag diese Analogie für den Fall nahe, daß ein Käufer unbezahlter Dinge mit dem gekauften Gute entwich, da hier die Auffassung herrschend war, daß der Käufer bereits in der Absicht, den Verkäufer im Stiche zu lassen, den Kaufvertrag geschlossen, und so bereits die erste Entnahme des gekauften Gutes den Anfang des Unrechts gebildet habe (das „dem andern sin guot aberêffen" des Augsb. Rechts). Und hierdurch wieder kam man dazu, das Unrecht in dem Contrahiren selbst zu sehen, und dasselbe als Betrug zu bezeichnen.[32]

Dies führt uns auf ein anderes Moment. Alle vorstehenden Gesetze setzen für die von ihnen ausgesprochenen Rechtsfolgen voraus, daß der flüchtige Schuldner absichtlich und böswillig gehandelt habe, in dem Bewußtsein seiner Verpflichtung und mit dem Vorsatze, derselben nicht nachzukommen, seine Gläubiger in ihren Rechten zu verletzen. Das „*mit voresate*[33] unforen" des Braunschweiger, das

---

barkeit v. J. 1238 (Wirtemberg. Urkundenbuch III Nr. 923): — Furtum quoque unanimiter interpretati sunt occultam pecunie vel vestium vel pecorum invito domino subtractionem, womit ja wohl im ganzen das Richtige getroffen war.

[32] Dies bedeutet der falsidicus des Prager Rechts. Vgl. Braunschw. Stadtordnung von 1573 §§ 151, 152 (Hänselmann I S. 420): Wo jemandt — geldt u. gut auffborgen und damit hinweg ziehen und vorlauffen wurde und also gemeinet were frome leute fürsetzlich zu betriegen etc.; — wir wollen auch vber einen solchen betrieger — zu rechte vorfahren lassen. — Augsb. R. a. a. O. zu Anfang. Breslauer Schöffenspruch in der Aufzeichnung Bresl. Rechts vom Anfang des XVI. saec. c. 34 (Zeitschr. des Vereins f. Gesch. u. Alterthum Schlesiens Bd. IV, S. 93; vgl. hierzu Laband, ebenda Bd. V, S. 172—179).

[33] Ueber den Begriff und die verschiedenen Bedeutungen von „vorsate" in niederdeutschen Rechtsquellen vgl. John, Strafr. in Norddeutschland zur Zeit der Rechtsbücher (Leipzig 1858) S. 67—85; hier steht das Wort in seiner ursprünglichen Bedeutung: mit beradeneme,

Rathserkenntniß: „daz er daz *gevärlich* getan hat“ des Augsburger, die „*fraus et malitia*“ des Prager Rechts, das „*furtive* recedere“, „koufen up *rechte argelist*“ der Stadtbuchseinträge sprechen dies deutlich genug aus. Schon dies allein aber liefert nach den obigen Ausführungen den Beweis, daß dieses dolose Unrecht mit dem in der Nichterfüllung einer versprochenen Zahlung bestehenden Unrecht, wobei das subjektive Verhalten des Schuldners gleichgültig ist, keinen Zusammenhang hat, daß es krimineller Natur ist.

Mit dem stimmt es denn auch schließlich überein, wenn nicht nur der flüchtige Schuldner selbst, sondern auch diejenigen, welche ihm zu seinem Entweichen behülflich waren, die Theilnehmer am Verbrechen mit Strafe belegt werden.[34]

Zu einer eigenen typischen Gestaltung, zu einem festen Thatbestande brachte es aber diese Verbrechensart im mittelalterlichen Rechte nicht; man begnügte sich mit diesen Anlehnungen, und bestimmte im einzelnen bald diese, bald jene Strafe.[35] — Ja auch an Inkonsequenzen fehlte es nicht, indem die Rücksicht auf die Bewirkung der doch immer noch ausstehenden Zahlung hie und da zu der Bestimmung führte, daß bei nachträglich erfolgender Tilgung der Schuld die be-

---

vorbedachtem mode (Hamb. R. 1270 XI c. 1; Goslar. Stat. bei Göschen S. 91 Zle. 30).

[34] Siehe Bamberger Stadtr. a. 434[a]; Beschlüsse des schlesischen Schneidertages zu Schweidnitz 1361 art. 6 (Korn, Bresl. Urk.buch I N. 228): Ouch welch meyster andere luten das ir abgeborgit vnd entrynnet do mite etc.; — welch meyster adyr knecht deme entrynner dor czu beholfen were, der sal bein den meystern eyner busse syn bestanden.

[35] Vgl. auch Reichspolizeiordnung v. 1548 tit. 22 § 1; R.P.O. von 1577 tit. 23 §§ 1—3 (Neue Sammlung der Reichsabschiede, Frankfurt a. M. 1747 II S. 600, III S. 392). Auch hier heißt es noch: „Dieweil solche betrügliche und schädliche Handlungen, die sich einem Diebstahl wohl vergleichen, dem gemeinen Nutz zu Nachtheil reichen, so“ 2c.

reits verwirkte Strafe wegfallen solle.[36] Derartige Irregularitäten hat aber bekanntlich jede Lehre des mittelalterlichen deutschen Rechts aufzuweisen.

## § 35.

### Privatexekution. — Konventionalexekution.

Wir haben oben den Satz aufgestellt, daß das deutsche mittelalterliche Recht die Vollstreckung nicht erfüllter Zahlversprechen in der Regel in die Hand der Obrigkeit, des Gerichtes legte. Ausnahmsweise aber war es dem Berechtigten selbst überlassen, sich mit eigener Kraft sein verweigertes Recht zu verwirklichen. „Er war hier gleichsam selbst der Arm des Gesetzes" (Wilda), ohne daß jedoch durch diesen Wechsel des Vollzugsorgans die innere, rechtliche Natur der Vollstreckung alterirt worden wäre, ebensowenig als dieser Wechsel selbst durch eine Besonderheit in dem zu beseitigenden Unrecht hervorgerufen wurde.

Diese Ausnahmefälle der Privatexekution beruhen entweder direkt auf dem Gesetze, oder aber auf dem das Gesetz durchbrechenden Parteibelieben und sind erst demnächst durch das Gesetz gestattet worden. In den Fällen der ersten Klasse steht dem Berechtigten behufs seiner Befriedigung die Vollstreckung allein in das Vermögen des Schuldners zu, die Privatpfändung; bleibt diese fruchtlos, so tritt behufs Inangriffnahme der Person des Schuldners wieder die Gerichtsgewalt ein.[1] Diese Fälle sind folgende:

[36] S. eine spätere Fassung der angef. Stelle des Braunschw. Stadtr. v. 1349 bei Hänselmann a. a. O. S. 45 Note 5 a. E. Stadtr. v. Memmingen art. 11 (v. Freyberg V S. 261). Zunftrolle der Gewandschneider zu Lübeck von 1410 § 6 (Wehrmann die älteren Lübeckischen Zunftrollen, Lübeck 1864, S. 491). Vgl. auch Hamb. R. v. 1292 G c. 30, v. 1497 A c. 14.

[1] Die provisorische Inhaftnahme des flüchtigen oder auswärtigen Schuldners durch den Gläubiger bei Abwesenheit gerichtlicher Hülfe dient nicht der Rechtsvollstreckung als solcher, sondern zunächst dem pro-

1. In einigen wenigen Gegenden Deutschlands hat sich ein allgemeines Privatpfändungsrecht für Schulden aller Arten entweder erhalten, oder im Laufe dieser Periode entwickelt; so auf der Insel Rügen und in einigen Schweizer Kantonen:

Wendisch-Rügian. Landgebrauch tit. 75 § 1[2]: Umb witliche schuldt dar nene borgen vor sint, dar mach men umb panden, mit der herschap des schuldigen vorweten und willen.

Altes Landbuch von Nidwalden 1456—1569 art. 44[3]: Wer aber dz einer dz geltt nit also widerum geby, so mag einer der das gelt us gelichen hat, da für hin, so der tag uss ist, wen er den des nit enberen will, des gut angriffen, welches er allerliebst will vnnd dz sin dan darus lösen. Vgl. art. 167, 202, 251, 261 das.

Nach einem Zusatz zum alten Landbuch von Glarus art. 115 v. J. 1562[4] wurde an Stelle eines früheren Verfahrens die Privatpfändung als Exekutionsart für Geldschulden eingeführt.

In andern Gegenden der Schweiz scheint sich aus dem, oben § 30 dargestellten, gerichtlichen Exekutivverfahren bei nicht geleugneter Schuld ein außergerichtliches Pfändungsrecht für eben denselben Fall entwickelt zu

---

cessualen Verfahren. Jura Indag. Brunsvic. § 13 (Hänselmann I S. 2). Alte Soester Schrae v. 1350 art. 42. Stadtr. v. Büren § 26 (Gengler Corp. Jur. Mun. I S. 442). Stadtr. v. Augsb. a. 149 § 6. Bayrisches Ldr. a. 282. Stadtr. v. München art. 14, 15. Stadtr. v. Iglau saec. XIV art. von awsgetragen gelde umb trank (Tomaschek, Oberhof S. 371). Privileg K. Ottokar's v. Böhmen f. d. St. Brüx v. 1273 a. E. (Gengler, Corp. J. Mun. I S. 425). Vgl. v. Meibom, Pfdr. S. 163 Anm. [52], S. 221.

[2] Ausgabe von Gadebusch S. 96.

[3] Zschr. für schweiz. Recht VI, Rechtsq. S. 126.

[4] Das. V, Rquellen S. 175.

haben; so bestimmt das älteste Landbuch von Obwalden art. 230[5]:

So einer einem schuldig *gychtig und gefallen*, so mag einer wol *selbst pfand fordern* old (= oder) durch sine potten fordern lassen an den schuldner.

Freiheitsbrief für Murten von 1377 c. 36[6]: — sed licitum est cuique burgensium, *pro debito seu obligatione recognitis suum creditorem extra domum*[7] *sua auctoritate propria pignerare.*

Oeffnung von Wülflingen (Zürich) v. 1484, von Kilchberg (St. Gallen) v. 1515, sowie auch Ehaft zu Allerheim in Schwaben v. 1353 § 29.[8]

2. Bei dem zweiten Fall, der uns gelegentlich schon oben begegnet ist, nämlich bei der Nichtzahlung von Grundzinsen,[9] gilt zwar für ganz Deutschland dasselbe Recht, die durch den Gläubiger selbständig vorzunehmende Privatpfändung; dieses Recht aber beschränkt sich für das Vertragsgebiet auf Mieth- und Pachtzinsforderungen. Der Vermiether von Immobilien kann zur Eintreibung rückständigen Zinses die auf dem vermietheten Gute befindlichen Vermögensstücke des Miethers pfänden. Dieses Pfändungsrecht greift jedoch nicht allein weit über den Mieth- und Pachtvertrag hinaus, sondern es findet sogar bei diesem nur statt, weil es sich dabei ebenfalls um Erträgnisse von Grund und Boden handelt; bei letzteren hat es seine wahre Stelle, und es beruht daher, man möchte sagen, auf

---

[5] Das., VIII Rechtsq. S. 75.

[6] Gaupp, Stadtrechte II S. 167.

[7] Hierzu siehe Wilda, Pfändungsr. in der Zeitschr. für D. R. I S. 185 ff.

[8] Grimm, Weisthümer I S. 137, 208, VI S. 226. — Das außergerichtliche Pfändungsrecht galt in der Schweiz ferner in Uri, Schwyz, Appenzell, Graubünden, Wallis. Vgl. darüber v. Wyß in der Zeitschr. für schweiz. Recht, Bd. VII S. 70—81.

[9] Siehe § 34 Anm. [30]; zum Folgenden vgl. die dort angeführten Schriftsteller, sowie auch Stobbe, Handbuch I S. 484 ff.

Zufall, daß es auch bei einem Vertragsverhältniß in Anwendung tritt.

3. Endlich wird dem Vertragsgläubiger auch dann die eigenmächtige Pfändung seines Schuldners eingeräumt, wenn ihm auf dem ordentlichen, gerichtlichen Wege sein Recht nicht zu Theil geworden ist, oder nicht zu Theil werden kann:

K. Ludwigs Landfrieden in Schwaben und Oberbayern v. 1330[10]: Ez sol auch niement in disem lantfrit den anderen pfenden, er bechlage in denne vor umbe sinen rihter, und daz im der niht rihten wölt; swenne er denne dar nach pfenden wil, so sol er pfenden in daz naehst geriht und sol diu pfand dar inne lazzen stan uf ain reht.

K. Ludwigs Bestätigung des (oben § 30 bei Anm. [6] angef.) Privilegs für Augsburg v. J. 1346[11]: — Und ob in denne reht verzogen wurde, vor welchem richter das geschäch, so mugen sy den gellter der in schuldig ist, — benötten und pfennden um die selben schuld, als lang bis sy ir gennzlich verricht werden und gewert. —[12]

---

[10] Monum. Wittelsbac. II Nr. 281, S. 316.

[11] Urkundenb. der St. Augsburg I N. 422.

[12] Reichsgesetze, welche dieses Pfändungsrecht zuerst gestatteten, später wieder aufhoben, bei v. Meibom S. 221 Anm [104], [105]. — Die des weiteren früher allgemein angenommene Privatpfändung wegen jeder kundlichen, unlogenbaren Schuld (s. Wilda, Zschr. f. D. R. I S. 198—205) dürfte durch die Ausführungen v. Meibom's a. a. O. S. 211—220 als definitiv beseitigt angesehen werden; insbesondere wird dieselbe durch den Landfr. v. 1442 zweifelsohne nicht gestattet, und dies ist die Hauptsache. Dagegen bleibt bezüglich der Landfr. K. Wenzel's v. 1389 und 1398 im einzelnen doch wohl noch Manches unaufgeklärt. Ein Hauptirrthum aber scheint mir bei Allen, die die Frage bisher behandelt haben, darin zu bestehen, daß man unter „unlogenbarer Schuld" eine solche verstand, bei welcher der Schuldner vom Eide der Nichtschuld ausgeschlossen war. Ich kann einen derartigen Bezug auf die rechtliche Qualifikation der Schuld in diesem Ausdruck nicht finden, vielmehr die Bezeichnung einer Schuld, für deren gerichtliche Geltendmachung

Neben der im Bisherigen betrachteten gesetzlichen Exekutionsordnung und im Gegensatze hierzu bildeten sich nun aber im Mittelalter durch Privatverträge eine Reihe von Instituten, deren Bestimmung es war, mit Ausschluß der obrigkeitlichen Gewalt und der obrigkeitlichen Prozedurvorschriften durch die Thätigkeit der Parteien allein und nach den im Vertrage festgesetzten Normen die rechtliche Erfüllung

---

dem Gläubiger solche Mittel zu Gebote stehen, daß der Schuldner — rein thatsächlich — es nicht wagen wird, sie abzuläugnen. Ist aber „unlogenbar" in diesem rein faktischen Sinne zu nehmen, so bedarf es nur eines Schrittes, um darunter Schulden zu verstehen, die thatsächlich nicht abgeläugnet werden, deren der Schuldner ane laugen ist. Wir sahen nun oben § 30, wie sich nach bayrischem, schwäbischem und schweizerischem R. an solche Schulden ein eigenes Verfahren mit parater Exekution knüpfte. Dasselbe Recht kann sich auch sonst in Süddeutschland ausgebreitet haben. Wenigstens scheint in den bei Datt, de pace imperii publica (Ulmae 1698) S. 41, 48, 56, 127 ff. gedruckten süddeutschen Landfrieden und Bundbriefen unter der „unlaugenbaren gült", wegen welcher „nach altem Herkommen" Pfändung ohne Proceß soll stattfinden dürfen, einfach eine nicht geläugnete Schuld verstanden zu sein. Andererseits aber sahen wir oben im Text unter Nr. 1, wie sich in der Schweiz aus diesem Exekutivverfahren ein privates Pfändungsrecht bei thatsächlich nicht abgeläugneter Schuld entwickelte; und auch für Bayern finden sich Beispiele, daß an Stelle der bei nicht geläugneter Schuld eintretenden gerichtlichen Pfändung — zunächst durch Vereinbarung — eine private als zulässig erkannt wurde; siehe den bayer. Landfrieden v. 1300 art. 94 (Mon. Wittelsb. II Nr. 217, unten bei Anm. [17]). Es ist aber ferner darauf aufmerksam zu machen, daß auch andere Bestimmungen der kaiserlichen wie der partikularen Landfrieden dieser Zeit ursprünglich dem bayrischen Rechte angehören. So finden sich die Vorschriften über das „pfandliche Gefahren" mit den gepfändeten Gegenständen zuerst in dem, im Text bei Anm. [10] eingerückten bayr. Landfr. v. 1330. Auf diese Weise könnte auch das ursprünglich bayrische Recht der paraten Exekution bei nicht geläugneter Schuld in veränderter Gestalt in die Reichsgesetzgebung übergegangen sein; und es ist zu betonen, daß die Bestimmungen des Landfriedens v. 1442 sich recht gut hierauf anwenden ließen. — Jedoch soll dies Alles an dieser Stelle nur als Vermuthung ausgesprochen werden; um Gewißheit darüber zu erlangen, bedarf es der Heranziehung eines größeren Materials, als es mir für diese Frage im Augenblick zu Gebote steht; — sofern dieses Material nur überhaupt vorhanden ist.

versprochener Leistungen zwangsweise zu bewirken. — Der moderne Staat, der für sich allein die Aufgabe der Rechtsverwirklichung in Anspruch nimmt, kann natürlich derartigen Verträgen seine Anerkennung nicht leihen. Auch die Tendenz des mittelalterlichen Staates war an und für sich denselben wohl entgegengesetzt. Allein dabei hatten doch die an der Spitze dieses Staates stehenden Gewalten ein zu lebhaftes, durch die tägliche Erfahrung gestärktes Bewußtsein davon, wie sehr es ihnen zur Durchführung jener ihrer Aufgabe an reeller Macht gebrach, als daß sie nicht diese Unterstützung von Seiten der Privaten, die an sich einen Eingriff in die obrigkeitliche Sphäre bildete, dankbar hätten annehmen sollen.

Die Bevölkerung selbst war aber auf die Abschließung derartiger Verträge, welche auf den dem Gesetz feindlichen, dem Recht freundlichen Willen der Verpflichteten gebaut waren, angewiesen, wenn sie bei der Ohnmacht der Staatsgewalt nicht völlig dem Chaos anheim fallen wollte. So entstand neben der gesetzlichen, nur zu häufig nicht durchführbaren ein vollständiges System konventioneller Rechtspflege, dem sich der Einzelne je im einzelnen Falle freiwillig unterwarf. In dieses System gehörten, als Analogon der gerichtlichen Streitverhandlung, die frei gewählten Schiedsgerichte, welche mit bedeutender Zwangsgewalt ausgestattet wurden[13]; ferner die Konventionalgeldbußen, die an die öffentliche oder die Schiedsgewalt zu entrichten waren[14], sowie die wirklichen Konventionalpönen, wie freiwillige Unterwerfung unter Ehrenstrafen, Verlust der Lehen- und Allodial-

---

[13] Dieselben spielten auch späterhin in dem Umwandlungsproceß der Volks- in gelehrte Gerichte eine wichtige Rolle; vgl. Stölzel, die Entwicklung des gelehrten Richterthums in deutschen Territorien (Stuttgart 1872) I S. 27 f., 238 f. und sonst.

[14] Vgl. z. B. Wiener Stadtrechtsb. art. 59; Urkunden v. 1220, 1280 bei Ried, Cod. dipl. Ratisbon. I Nr. 344, 592; von 1238 und 1333 im Urkundenb. der St. Lübeck II Nr. 16, 568, 569; von 1237 im Wirtemberg. Urk.buch III Nr. 900 u. v. a.

güter, die Acht oder Exkommunikation für den Fall einer Rechtsverletzung.[15] In dieses System gehört endlich die vorhin charakterisirte Konventionalexekution wegen nicht bezahlter Schulden.

Dieselbe gründet sich, wie die Verpflichtung selbst, auf den Schuldvertrag, in welchem der Schuldner verspricht, im Falle der Nichtzahlung die von dem Gläubiger gegen ihn zu ergreifenden, auf Bewirkung der Zahlung hinzielenden Zwangsmaßregeln erdulden zu wollen. Diese Exekution ist doppelter Art, je nachdem die stipulirten Zwangsmaßregeln gegen das Vermögen oder die Person des Schuldners sich richten sollen.

Im ersten Fall, bei der Konventionalpfändung, unterwirft sich der Schuldner der von dem Gläubiger im Falle der Nichtzahlung ohne gerichtliche Hülfe und ohne processuales Verfahren vorzunehmenden Pfändung seiner Vermögensstücke.[16] In ihrer Eigenschaft als Rechtsfolge unterscheidet sich diese Pfändung in nichts von der gerichtlichen.

---

[15] Z. B. Urkunden von 1237 im Wirtemb. U.-B. III Nr. 891, von 1300 bei Schreiber, U.-B. d. St. Freiburg i. Br. I Nr. 58. Vgl. oben § 34 Anm. [25]. In dem Sühnevertrag zw. Bischof Konrad v. Freysing u. Herz. Otto v. Bayern v. J. 1237 unterwerfen sich die Kontrahenten für den Fall der Verletzuug ihrer Abmachungen der Exkommunikation (Mon. Wittelsb. I Nr. 26 S. 63 f.); ebenso Herzog Johann v. Braunschweig in einem Vertrag v. 1273 (Urkundenb. des Bisthums Lübeck, herausgeg. v. Leverkus, Oldenburg 1858, I Nr. 231); vgl. auch den Vertrag zwischen den Emsgauern und der Stadt Bremen v. 1269 (Bremisches U.-B. I Nr. 340). — Im Brünner Schöffenb. c. 610 wird die konventionelle Todesstrafe auf römischrechtlicher Grundlage und in doktrinärer Weise, als dem jus publicum zuwiderlaufend, für unstatthaft erklärt. Vgl. Keyserrecht I c. 38, 39.

[16] S. hierüber Wilda, Zschr. f. D. R. I S. 198 f. 205—209; v. Meibom S. 217, 220. Zu den hier angef. Gesetzen, welche die Konventionalpfändung anerkennen, füge ich noch: Rheinischer Landfr. v. 1334 (Schreiber, U.-B. der Stadt Freiburg im Breisg. I Nr. 156); hessischer Landfr. von 1395 (Kopp, Ausführliche Nachricht von der älteren und neueren Verfassung der Geistlichen und Civil-

Nur eine Art dieser Konventionalexekution ist es, wenn Fürsten hie und da ihren Gläubigern das Privileg ertheilen, sie um ihre Schulden zu pfänden. So gestatten die Herzoge von Bayern in dem Landfrieden von 1300 c. 94[17] im Anschluß an das bayrische Recht der executio parata die Privatpfändung gegen sich für den Fall bekannter, nicht bezahlter Schuld:

Wir wellen auch, daz iemen pfend umb dehein gült, er geïnner uns e derselben gült, als reht si. Laugen wir iem, so nem deu reht dar umb, deu im ertailt werden. *Jehen aber wir im der gült, und rihten im si niht ab, so mag er uns pfenden, als vor geschriben ist.*

Und ebenso verhält es sich, wenn das Privileg gegen die Dienstmannen, Unterthanen des Fürsten an Dritte verliehen wurde; z. B.:

Privileg K. Wenzel's I v. Böhmen für die Stadt Iglau art. 3[18]: Et si aliquis civium alicui baroni sive militi bona sua vel merces suas concesserit sub condicione alicujus diei vel temporis coram juratis vel aliis probis viris, et si dictus baro vel miles illo die vel tempore non solverit, *extunc poterit ille*

---

Gerichten in den fürstlich Hessen-Casselischen Landen, Cassel 1769, I S. 374). Urkunden mit der Pfändungsklausel z. B. von 1318 bei Schreiber, U.-B. d. St. Freiburg, I Nr. 105; von 1326, 1342, 1343 bei Ried, Cod. dipl. Ratisb. II Nr. 843, 849, 894, 899; von 1330 im U.-B. des Bisthums Lübeck I Nr. 554 ꝛc. — Neuerdings sucht Heusler, Zschr. für Rechtsgesch. VI S. 170 f., 190 die bisher angenommeue Bedeutung der Konventionalpfändung und der Pfändungsklausel in Frage zu stellen; allein ohne nähere Darlegung dürfte seine Behauptung, daß die Konventionalpfändung gewissermaßen nur als internationales Rechtsmittel zuläßig gewesen sei, nicht vermögen, die durch die gewichtigsten Rechtszeugnisse getragene, herrschende Ansicht zu erschüttern.

[17] Monum. Wittelsb. II Nr. 217 S. 124 f.

[18] Tomaschek, Deutsches Recht in Oesterr. S. 199. Aehnlich Brünner Stadtrecht aus dem 14. Jahrhundert § 39 (Rößler, Rechtsdenkm. II S. 361).

*civis illum baronem vel nobilem aliquem libere pro suis debitis inpignorare.*

Aehnliche Privilegien in Landgraf Ludwigs von Hessen Statuten für die Stadt Cassel saec. XV § 32[19] und in desselben hessischer Landesordnung von 1455.[20]

Es kam aber auch wohl vor, daß Fürsten Dritten erlaubten, für ihre, der Fürsten, Schulden ihre Unterthanen zu pfänden. Daher mußte Markgraf Ludwig von Brandenburg i. J. 1356, um von seinen bayrischen Ständen eine Viehsteuer bewilligt zu erhalten, geloben:

daz wir — fürbas ewichleichen auzzer landes noch ynner landes niemant dheinerley brief süllen geben, daran wir erlauben, unser lant und laůt, ritter und knehtt, stet und maergt, arm und reich, swie die genant sint, *vmb unser gült ze nöten und ze pfenden.*[21]

## § 36.

### Fortsetzung. — Das Einlager.

Die Konventionalexekution gegen die Person des Schuldners hätte nach Analogie der Schuldhaft an sich darin zu bestehen gehabt, daß der Gläubiger — entweder subsidiär bei vergeblicher Pfändung oder auch sofort bei nicht geleisteter Zahlung — den Schuldner auf Grund des eigenen Willens desselben ergriffen und bis zur Zahlung oder Abverdienung der Schuld bei sich in Haft gehalten hätte. Allein diese Form konventioneller Rechtsvollstreckung scheint im späteren Mittelalter zum mindesten nicht üblich gewesen zu sein;[1]

---

[19] Gengler, Corp. Jur. Mun. I S. 478.

[20] Kopp, Ausführl. Nachrichten I S. 491.

[21] Monum. Wittelsb. II Nr. 338 S. 453. Ueber die Haftung der Unterthanen für die Schulden ihrer Herren vgl. Stobbe, Vertragsrecht S. 150 f. Daselbst auch mehrere Stadtprivilegien, in welchen eine derartige Pfändung von vorn herein verboten wird.

[1] Freilich wird gewöhnlich das Gegentheil behauptet, z. B. von

es ist mir kein Gesetz aus unserer Periode bekannt, welches eine derartige Freiheitsberaubung gestattete, und keine Urkunde, in welcher sich ein Schuldner derselben unterwürfe.[2] Die einzige Erwähnung, welche, soweit ich sehe, der vertragsmäßigen Schuldhaft zu Theil wird, befindet sich im Brünner Schöffenbuch c. 610 (Rößler II S. 278 f.), wo ein Bürger von Chremsir einem Ritter Zahlung von 40 Mark auf einen bestimmten Tag versprochen hatte: alioquin (d. h. bei Nichtzahlung) miles ipsum in civitate capere et extra civitatem ad suum propugnaculum ducere deberet ibidemque tamdiu detinere, quousque solutionem praescripti debiti procuraret. Gegen die Ausführung der letzteren Alternative wurde aber seitens des Raths der Stadt Einsprache erhoben, freilich nicht wegen absoluter Unstatthaftigkeit eines derartigen Exekutionsvertrags, sondern auf Grund des der Stadt ertheilten Privilegs, welches verböte: civem *de civitate* captivum duci. — Jedenfalls war diese Art der Personalexekution äußerst selten.[3]

---

Zöpfl, R.-Gesch. S. 856 f. VII; Stobbe, Vertragsr. S. 183; allein ohne daß Beweise vorgebracht würden.

[2] Die bei Neumann, Gesch. des Wuchers S. 139 Anm. 3 abgedruckte Stelle aus dem (ungedruckten) Danziger Schöffenbuch v. 1438 fol. 349. 4: „dis hot sich lange Jacob vorwilkort, dat he Jacob schelen so lange denen wil, bet he em de IX mrk. myn. VIII scot. aff verdenet hefft, II jare langk isliche weke vor $^1/_2$ ger. m., wat he to arbeden hett, handelt nicht von Schuldhaft, sondern von einem Dienstvertrag; ebenso ein Breslauer Stadtbuchseintrag v. 1476 in Klose's Darstellung der inneren Verhältnisse der Stadt Breslau vom J. 1458 bis 1526, herausgegeben von Stenzel in den Scriptores Rerum Silesiacarum, Band III S. 135 (Breslau 1847).

[3] Dagegen findet sich hie und da Konventionalverbannung als Exekution bei Nichtzahlung, offenbar unter Einfluß der gesetzlichen Einführung dieses Exekutionsmittels, die wir kennen gelernt haben. Vgl. Statuten von Ilm v. 1350 (Walch, Verm. Beytr. VI S. 20 f.), sowie das Regest einer Urkunde von 1377 im Anzeiger für Kunde der deutschen Vorzeit Bd. VIII, 1861 S. 320, worin sich ein Ulmer Bürger und seine Ehefrau für den Fall der Insolvenz verpflichten, acht

Desto häufiger eine andere, welche wir jetzt kurz besprechen müssen: das Einlager[4]; doch beschränkt sich unser Interesse für dasselbe an dieser Stelle auf seine exekutivische Funktion; soweit es selbst auf Vertrag beruht und Gegenstand der Verletzung sein kann, wird es uns in anderm Zusammenhang beschäftigen.

Diese exekutivische Funktion des Einlagers äußert sich in zwei Eigenthümlichkeiten desselben, welche gerade die charakteristischen Merkmale einer jeden, sich an ein Unrecht anschließenden Rechtsvollstreckung sind. Die erste dieser Besonderheiten besteht darin, daß das Einlager, um anwendbar zu sein, eine Verpflichtung zu einem positiven Thun voraussetzt, welche zwar noch nicht erfüllt, aber doch noch erfüllbar ist; und die zweite, hiermit zusammenhängend, darin, daß es einziger Zweck und das Ziel der Einlagerleistung ist, diese noch erfüllbare Verpflichtung zur Verwirklichung zu bringen, daß insbesondere die Art und Weise des Einlagers und seine Dauer durch diesen Zweck allein bestimmt wird und daß es mit Erreichung desselben von selbst hinwegfällt. Die Pflicht des Leistenden, an dem Orte des Einlagers sich aufzuhalten und daselbst einen bestimmten Aufwand zu machen, bezweckt nicht Beschränkung seiner persönlichen Freiheit und Schädigung seines Vermögens an und für sich, sondern soll nur bewirken, daß der Pflichtige, durch die hiermit verbundenen Nachtheile bewogen, sich zur Erfüllung der geschuldeten Leistung entschließe; durch diese Erfüllung kann er sich jeden Augenblick jenen Nachtheilen des Einlagers entziehen. Aufs deutlichste wird dieser, auf ein drittes Ziel

Tage nach geschehener Mahnung aus der Stadt zu fahren und vor Tilgung der Schuld nicht zurückzukehren.

[4] Vgl. hierzu Stobbe, Vertragsr. S. 178—206; Neumann, Geschichte des Wuchers, S. 126—132; E. Friedländer, das Einlager aus Urkunden dargestellt, Münster 1868.

hinarbeitende Charakter des Einlagers ausgedrückt durch die stehende Formel in den unzähligen Urkunden mit Einlagerverpflichtung: „intrare, exinde non recessurum, *donec* —", oder „*nisi* —" etc., z. B. in einer Urk. v. 1289: *donec omnia debitum consequantur effectum*[5]; — „einreiten zu N., nicht von dannen zu kommen, bis —" u. s. w.

Diese rein exekutivische Natur des Einlagers ist bisher nicht scharf genug erkannt worden; man ließ sich durch Verträge, in welchen, wie in Sühne-, Friedens-, Vergleichs-, Bündnißverträgen, in erster Linie und hauptsächlich Verpflichtungen, etwas nicht zu thun, übernommen werden (besonders: die Sühne, den Vergleich nicht umzustoßen), in welchen aber dann auch außerdem vom Einlager die Rede ist, verleiten zu glauben, das Einlager werde hier als Rechtsfolge jener verletzten Vertragsverpflichtung stipulirt.[6] Allein bei näherem Zusehen verhält sich die Sache anders. Bei derartigen Verträgen[7] knüpft sich nämlich die Verpflichtung zum Einfahren nicht direkt und nicht unter allen Umständen an die Zuwiderhandlung. Diese Zuwiderhandlung begründet vielmehr je nach Verschiedenheit der Fälle entweder kraft Gesetzes oder kraft Vereinbarung der Parteien die Pflicht des Zuwiderhandelnden zur Reparation, sei es des zugefügten Unrechts, sei es des entstandenen Schadens. Diese Reparation erfordert aber nothwendig ein positives Thun des zu derselben Verpflichteten, eine Zahlung, eine Rückgabe oder eine sonstige Leistung. Und behufs Erzwingung dieses posi-

[5] Bei Friedländer a. a. O. S. 20.

[6] Z. B. Stobbe a. a. O. S. 196: „Die Verpflichtung einzureiten — — hängt von der Bedingung ab, daß der principaliter Verpflichtete seine Schuld nicht zur rechten Zeit bezahlt oder überhaupt irgendwie gegen sein Versprechen handelt, z. B. die Urfehde oder den geschworenen Frieden bricht."

[7] Ueber das Einlager bei Verletzung von Gewährleistungsversprechen siehe unten § 55.

tiven Thuns, dieser an das erste Unrecht als Rechtsfolge sich anschließenden Rechtspflicht, fügen nun die Parteien gleich von Anfang die Einlagerberedung ihren sonstigen Abmachungen hinzu, nicht also um letztere gegen Verletzungen sicher zu stellen, sondern vielmehr, indem sie diese Verletzungen von vorn herein ins Auge fassen, um deren Wiedergutmachung, sofern sie geweigert werden sollte, zu erwirken. Daher das Einlager auch hier nur als Vollstreckung, Exekution erscheint, und nur insofern und solange, als solche nach allgemeinen Grundsätzen erforderlich ist, nur bei Rechtsweigerung, bei Nichterfüllung einer noch erfüllbaren Verbindlichkeit eintritt. Vgl. z. B. den Vertrag zwischen dem Bischof von Paderborn und Ritter Albert von Störmede und dessen Sohn v. J. 1277 [8], worin letztere auf verschiedene Rechte Verzicht leisten:

Ad quorum observantiam ab ipso domino A. et filio suo XIII milites ac famuli fidejussores sunt statuti, qui — — promiserunt per fidem prestitam corporalem, quod si omnia supradicta in toto vel aliqua sui parte fuerit violata, *postquam ipsi dominus A. et suus filius commoniti emendam non fecerint competentem, extunc post quindenam ipsi fidejussores praefati moniti P. civitatem — intrabunt nullatenus excessuri de ipsa, nisi violatio composita et excessus fuerit emendatus.*

In einer Urkunde von 1299 (bei *Ried*, Cod. dipl. Ratisb. I Nr. 746) verspricht ein Dienstmann des Bischofs von Regensburg diesem: „daz ich aus seiner und seiner nachchomen und dez gotshaus ze R. gewalt mit heurat noch mit treue nimer gecher“ (= kehre), und verpflichtet sich ferner für den Fall des Zuwiderhandelns zur Zahlung einer Konventionalstrafe von 500 Pfund Regensburger Heller.

[8] Bei Seibertz, U.-B. des Herz. Westph. III Nr. 1096.

Bei Nichtzahlung dieser 500 Pf. soll dann Einlager zu R. geleistet werden, bis dieselben erlegt sind.

Wie nun die Einlagerberedung in solchen Verträgen überhaupt auf den Fall berechnet war, daß die wegen Verletzung der principalen Verpflichtung verwirkte Leistung nicht sofort gutwillig werde erfüllt werden, so kam man leicht dazu, bei Abfassung der Urkunden gerade diesen Fall als den regelmäßigen zu betrachten und die Sache so darzustellen, daß der Exekutionszwang zur Vollstreckung der Rechtsfolge des Unrechts äußerlich sich direkt an das begangene Unrecht anschloß; wodurch dann der Schein entstand, als ob jener Exekutionszwang selbst Rechtsfolge dieses ursprünglichen Unrechts sei. So setzen die Herzöge Albrecht von Sachsen und Otto von Braunschweig in ihrem, 1375 abgeschlossenen Schiedsvertrag[9] auf den Bruch des letzteren eine Konventionalstrafe von 2000 Mark und unterwerfen sich zum Zweck der Eintreibung dieser Summe dem Einlager; die Urkunde drückt dies aber folgendermaßen aus:

> Were dat an dessen vorescrevenen stucken an erer jenigheme jenich brok worde, so scholde de here, in deme des brok worde, mit sinen mannen in de stad to Hildensem riden — unde dar een recht inlegher inne holden unde dar nicht ut, se en hedden deme heren, in deme de broke ghescheen were, twe dusent lodighe mark in redeme sulvere betalet binnen der stad to H.

Besonders deutlich tritt aber das wirkliche Verhältniß dann hervor, wenn die principale Verpflichtung und die an ihre Verletzung sich anknüpfende Rechtsfolge nicht erst durch Vertrag begründet werden, sondern bereits an sich auf objektivem Recht beruhen, und nun erst an diesen gesetzlichen Grundstock sich als vertragliches Element das Einlager

[9] Im Urk.buch der St. Lübeck IV Nr. 263.

zur Exekution jener Rechtsfolge anschließt. Vgl. z. B. Vertrag der Herren v. Padberg mit der Stadt Marsberg v. J. 1322[10]:

— Si vero nos vel nostri heredes — auferremus vel raperemus in strata supra nostra promissa superius scripta, extunc nos, postquam moniti fuerimus, — infra VIII dies statim Marsberg intrabimus, deinde non exituri *nisi prius omne illud, quod ablatum esset, totaliter redderetur et amice.*

Hier ist das Sachverhältniß sofort klar; Straßenraub begründet obligatio ad reddendum, und um letztere zu realisiren erfolgt das Einlager. Siehe noch Vergleich zwischen dem Vogt und dem Rath der Stadt Augsburg einer- und dem Kämmerer von Wellenburg andererseits v. J. 1257[11]:

Item statuimus, si camerarius dampnum aliquod ad estimacionem X librarum monete Augustensis vel ultra Spannagilo (dem Vogt) aut nobis irrogaverit, *nec de eo satisfacere curaverit,* — — dicti fidejussores monendi sunt, ut infra spacium XIV dierum pro dicto dampno illato se recipiant Auguste, numquam abunde nisi prius plene satisfecerint recessuri.

Hier ist ausdrücklich gesagt, daß das Einlager nur bei Satisfaktionsweigerung eintritt; das hindert aber den Schreiber nicht, unmittelbar hinterher dasselbe mit dem dampnum illatum in Verbindung zu bringen. Nur die erste Fassung drückt aber das juristische Verhältniß richtig aus: wenn freiwillig Satisfaktion geleistet wird, so ist von Einlager trotz aller principaler Rechtswidrigkeit keine Rede.[12] —

[10] Seibertz a. a. O. II Nr. 588.

[11] U.-B. der Stadt Augsburg I Nr. 15.

[12] Dies ergibt auch Brünner Schöffenb. c. 131: Cum Wenceslaus et Joannes Pragam ad praestandum obstagium, sicut in solidum promiserant, vocarentur, W. coram juratis in consilio petivit Joannem, quod una secum Pragam ascenderet. Qui respondit, quod

Des Weiteren ist die Dauer des Einlagers allein durch die größere oder geringere Zeit bestimmt, welche bis zur Erfüllung der Hauptverbindlichkeit verfließt, ebenso wie bei der Schuldhaft in ihrer regelmäßigen Gestalt. Wie bei letzterer so kommen aber auch hier Abweichungen vor, die jedoch den exekutiven Charakter nicht berühren, sondern auf der Erwägung der Zweckwidrigkeit im einzelnen Falle beruhen. So bestimmt eine Urkunde v. J. 1323[13], daß der Schuldner bei nicht gehaltenem Zahlversprechen einen Monat Einlager leiste und dann zahle; hiermit soll offenbar gesagt sein, daß das Einlager gewissermaßen nur als probeweises Exekutionsmittel in Anwendung zu kommen habe, und deshalb nicht länger als einen Monat dauern dürfe, ähnlich wie die provisorische Schuldhaft des süddeutschen Rechts. Aehnlich soll nach einer Urk. von 1363[14] bei Nichtzahlung das Einlager nur 4 Wochen gehalten, dann aber dem Gläubiger gestattet werden, sein Geld „auf kundlichen Schaden zu gewinnen", d. h. gegen Zinsen, welche dem ursprünglichen Schuldner zur Last fallen, bei einem Dritten („Juden oder Christen") zu entleihen, — ebenfalls ein dem mittelalterlichen Recht eigenthümliches, konventionelles Mittel, um dem Gläubiger zu seinem Geld zu verhelfen, von welchem noch zu reden sein wird.

Die exekutivische Natur des Einlagers tritt auch in der häufigen Bezeichnung als Pfand, Pfandschaft hervor, gerade wie auch der inhaftirte Schuldner ein „Pfand"

---

ad parcendum expensis obstagii partem debiti, eum contingentem, vellet breviter ordinare. Nur wegen des solidarischen Versprechens wird dann J. doch zum Tragen der Einlager-Kosten zu seinem Theil verurtheilt. Freilich ist in dieser Stelle nicht gesagt, auf welchem principalen Rechtsgrund die Zahlverpflichtung basirte; dies scheint eben hiernach gleichgültig zu sein.

[13] Bei Niesert, Beiträge zu einem münsterischen Urkundenbuch (Münster 1823) I, Abth. 2 Nr. 94.

[14] Bei Seibertz a. a. O. II Nr. 805.

des Gläubigers genannt wurde; so hat z. B. der vom Einlager handelnde Art. des bayr. Landfriedens von 1281 nach der Recension bei *Pertz*, Leges II S. 427 art. 9 die Ueberschrift: Von *pfantschaft*. Mit *jacere in pignore* wird das Einlager bezeichnet in einer Urk. v. 1257.[15] Im bayrischen Landfrieden von 1281 c. 12, sowie in der Taidigung zwischen den Herz. Ludwig und Otto v. Bayern v. J. 1293 c. 19 wird Einlager und Pfandsetzung für Schulden zusammen behandelt u. s. w.[16]

Ferner macht sich diese Natur geltend in der späteren geschichtlichen Entwicklung unseres Instituts. Zunächst wurde das Einlager an manchen Orten unter die gesetzlichen Exekutionsmittel aufgenommen; ich stelle in der Anmerkung[17]

---

[15] Bei Mone, Zeitschr. für die Geschichte des Oberrheins, 1854, Bd. V S. 321. Vgl. noch unten § 53 bei Anm. [13].

[16] Monum. Wittelsb. I Nr. 140 S. 341 f., Nr. 193 S. 30. S. auch Haltaus, Glossar. German. s. v. „Geiselschaft" a. E.

[17] Vor allem scheinen mir die umfangreichen Bestimmungen des Bamberger Stadtrechts art. 215—222, 349—352, 431—432; des Bamb. Gerichtsbuchs Nr. 64, 80 (Zöpfl, Bamb. Recht S. 152, 155), in welchen nirgends des Einlagerversprechens gedacht wird, die Leistungspflicht als die gesetzliche Rechtsfolge der Nichtzahlung eines Bürgen aufzustellen; nur in art. 217 wird eine vertragsmäßige Abweichung von der gesetzlich bestimmten Einlagerordnung zugelassen. Dann Stat. von Eimbeck v. 1549 c. 8 art. 3 (Pufendorf II App. 216): „Wofern sich aber auch dieses Exekutionsmittel etwa nicht würde practiciren lassen, soll der Debitor — in das Einläger, biß solange der Creditor befriediget." — Meist wird das Einlager aber als gesetzliches Exekutionsmittel zur Erfüllung öffentlich-rechtlicher Pflichten angewandt; z. B. Stat. v. Osterode saec. XVI art. 16, 17 (Pufend. II App. S. 253, 255); Niederger. Ordn. der St. Lüneburg, Eddachsart. 43 (Puf. III App. 377); Lüneburger Stadtr. Reformat. IX tit. 16 (Pufend. IV App. 810); Stat. von Halle art. de discordia civium (Neue Mittheilungen, I Heft 2 S. 69), woselbst das Einlager zur Erzwingung der Pflicht, Recht zu sprechen, dient; ebenso in den Schöffensprüchen des Oberhofs zu Eltville bei Bodmann, Rheing. Alterth. II S. 661 (v. J. 1385), 673 f. — Nach Bremer Recht wird das Einlager als Exekutionsmittel benutzt, um zwistige Bürger zur Sühne zu bringen, worüber zu vgl. Stobbe, Vtrgsr. S. 192 f. — Ferner

eine Reihe von Beispielen hierfür zusammen. Dann aber gibt uns die Geschichte der Unterdrückung des Instituts durch die Staatsgewalt einige interessante Aufschlüsse hierüber. Die Reichsgewalt freilich, der die eigene Jurisdiktion so gut wie abhanden gekommen war, wußte hierfür nur aus den ökonomischen Nachtheilen und der Zweckwidrigkeit des Einlagerhaltens Gründe zu entnehmen.[18] Dagegen fühlte die neu aufkommende Partikularstaatsgewalt, die, beeinflußt durch das römische Recht, alle Rechtspflege sich selbst vindicirte, recht gut, daß das Einlager einen Akt der Rechtsvollstreckung vorstelle und daher in ihr Gebiet eingreife; von dieser wurde es daher als eine Art der unerlaubten Selbsthülfe verpönt und seine Beseitigung nach Kräften angestrebt. Vgl. z. B. das Verbot des Einlagers im Herzogth. Geldern v. 1473[19], wo dasselbe genannt wird:

> een grote verderfflike snoede woente, *dair mede die partyen sich selven richtere maken in oeren eygenen saken*, ind doin also den enen onbegrypeliken verderffliken scaden, dat den anderen nyet to staden en koemt.

S. ferner Billwärder R. a. 50. — Dieser Gesichtspunkt ist auch noch im Allg. Preuß. Landrecht v. 1794, Thl. II Tit. 20 § 1285 der maßgebende.

Ist somit das Einlager ein Mittel, welches zum zwangsweisen Vollzuge geweigerten Rechtes, wenn auch in der Regel auf konventioneller Grundlage, dient, so ergibt sich hieraus, daß es überall da Anwendung finden kann, wo es sich um

---

Statuten der Kölner Nikolaus- u. Jakobs-Bruderschaften (Ennen und Eckertz, Quellen z. Gesch. d. St. Köln I 409, 415).

[18] R.P.O. von 1548 Tit. 17 § 9; R.P.O. v. 1577 T. 17 §§ 10, 11 (Neue Samml. der R.-A. II S. 597; III S. 387). Obgleich hier „dieselbige Leistung als nunmehr jure publico verbotten" wurde, so glaubte man daher dennoch die Berufung auf dies Gesetz ausschließen und das Einlager als „willköhret recht" beibehalten zu dürfen; s. Urk. des Bisch. v. Hildesheim v. J. 1582, bei Friedländer a. a. O. S. 29.

[19] Friedländer a. a. O. S. 24.

Verletzung einer trotzdem noch vollziehbaren Rechtspflicht handelt, und wir werden es in dieser seiner Eigenschaft auch noch des öfteren bei anderweiten, in faciendo bestehenden Vertragsleistungen antreffen. Allein seinen Hauptwirkungskreis findet es doch bei Exekution von Geldschuldverpflichtungen.[20] Hier ist es freilich nicht auf solche, die durch Versprechen und Vertrag begründet sind, beschränkt; jedoch bilden letztere für seine Anwendung wieder die Hauptfälle, schon deshalb weil das, für sich selbst ein Versprechen erfordernde Einlager am leichtesten an ein anderes Versprechen sich anschließt.

Nach allem reiht sich das Einlager als Rechtsfolge des nicht erfüllten Versprechens einer Geldzahlung dem im Bisherigen dargestellten Systeme der Rechtsvollstreckung geweigerten Rechtes als völlig gleichartig ein.[21]

---

[20] Daher auch in den Gesetzen, wo sie von dem Einlager im allgemeinen reden, dasselbe meist mit Geldschuld in Verbindung gesetzt ist; z. B. Verm. Ssp. III, 16 Rubr.: Ouch sullen wir erkennen und lernen umbe leystunge unde gisel, wy man deme fulget umb schult. Bayr. Landfr. von 1281 c. 12 (Mon. Wittelsb. I S. 341 f.) u. s. w.

[21] Der Charakter des Einlagers als Rechtsvollzug wird nicht geändert durch eine Formulirung wie etwa in der Urk. v. 1275 bei Lacomblet, Urkundenb. für die Gesch. des Niederrheins II Nr. 689: — sub certa pena et forma Coloniam intravimus ad jacendum abinde non exituri, nisi prius sua et ecclesie Colon. gracia acquisita. Pena bedeutet häufig nur Rechtsfolge des Unrechts überhaupt und bezeichnet so bisweilen auch die Pfändung oder die Pfandsetzung, z. B. Urk. v. 1252 bei Meichelbeck, Histor. Frising. II Instr. Nr. 16; von 1284 und 1293 in Monum. Wittelsb. I Nr. 149 S. 373 und II Nr. 191 S. 19 u. a. m. Das Einlagerhalten bis zur Wiedererlangung der gracia des verletzten Kontrahenten ist aber nur ein anderer Ausdruck dafür, daß das Einlager dauern soll bis zu genügender Satisfaktionsleistung für das principale Unrecht, zu deren Exekution das Einlager gerade bestimmt ist. — Dabei ist aber freilich nicht zu läugnen, daß sich der Zwang zum Aufenthalt an einem bestimmten Ort auch als Strafmittel verwenden ließ, und einzeln kommt dies allerdings vor; siehe z. B. bayrische Hof- u. Regierungsordnung v. 1294 (Mon. Witt. II Nr. 198 S. 58): Des ersten setzen wir herzog L. und herzog S. also vf uns selben, ob uns einer der saetz einen

## § 37.

## Der Zahlverzug. — Wegfall der Verzugsstrafen.

In den voraufgehenden Untersuchungen stellte sich uns das in der Nichtleistung einer versprochenen Zahlung am bestimmten Termine liegende Unrecht ausschließlich als ein solches dar, welches die Verwirklichung des Rechts an sich selbst zwar hinausschiebt, aber nicht für immer unmöglich macht, und auf diese noch bestehende Erfüllbarkeit allein waren die besprochenen Rechtsfolgen gerichtet. Nun haben uns aber die Ergebnisse unserer ersten Abtheilung darüber belehrt, daß das älteste deutsche Recht in diesem Unrechte noch ein anderes widerrechtliches Moment fand, dessen Wiedergutmachung an sich selbst nicht möglich, sondern nur durch eine anderweite Ausgleichung zu erreichen war: der Rechtsverzug, der als solcher eine Strafleistung erforderte. Es fragt sich, wie sich das Recht des späteren Mittelalters zu dieser Seite des Unrechts stellte.

Nach dem ältesten Stadtrecht von Straßburg, dessen Abfassung wohl nicht über das elfte Jahrhundert herabgerückt werden dürfte,[1] scheint zu dieser Zeit die alte Verzugskomposition noch in Geltung gewesen zu sein, wie dies der etwas unklar gefaßte art. 33 andeutet:

*Compositio*, *quae fit pro geltschulda*, pulsatoris est illius missetat, qui pulsatus est.[2]

---

übervert, der sol darnach in aht tagen hintz N. — einvaren und sol da sin einen ganzen monaid, also daz er dehein naht von dann si. Wie sehr aber eine solche Verpflichtung vom eigentlichen Einlager abweicht, bei welchem es hauptsächlich auf den Kostenaufwand des Leistenden abgesehen war, ergibt der weitere Zusatz: Und sol man im diselben wil XXX lib. rat. pfenning ze chost da geben.

[1] Die verschiedenen Ansichten hierüber bei Stobbe, Gesch. der deutschen Rechtsq. I S. 503.

[2] Bei Gaupp, Stadtr. I S. 56; Gengler, Stadtr. S. 475; die deutsche Uebersetzung aus dem 13. Jhrhdt. (bei Gaupp, a. a. O.) lautet: Und daz wette, daz geschiht umb geltschulda, dez ist dez missetat, der da beclaget wirt.

Dahingegen scheint auch hiernach die außergerichtliche Zahlungsaufforderung, welche früher die Fälligkeit herbeiführte und bei deren Vernachlässigung die Strafe verfiel, bereits direkter gerichtlicher Klage gewichen und in Folge hiervon die Verzugsstrafe an das Verklagtwerden geknüpft zu sein.

In eben dieser Gestalt hat sich die Komposition wegen Zahlverzugs bis in unsere Periode hinein erhalten in dem klassischen Lande der Lex Salica, in Flandern.

Keure von Nieuport v. 1163 § 7[3]: Qui alicui aliquid coram scabinis debet et diem solvendi non tenuerit, justiciarius cum scabinis illum, cui res debetur faciet potentem super omnia, quae debitor habet; — *de hoc forisfacto XII denarios justiciario debet et duos solidos illi, cui res debetur.*

Hat sich hier der Strafbetrag gegen früher gemildert, so ist dagegen in der Keure von Gent v. J. 1178 § 4[4] die mehrfach von uns angetroffene, auf konventionellem Ursprung beruhende poena dupli auch für den Fall des Zahlverzugs gesetzliches Recht geworden (vgl. oben § 11):

Quicunque fidejussor constitutus fuit et *donec super eum placitatur satisfacere distulit, puniatur in duplo.*

Diesem Recht entspricht es dann auch, wenn in dem, den deutschen Kaufleuten in Flandern ertheilten Privileg v. J. 1252 verordnet wird:

Si vero propter debitum fuerit mercator calumpniatus, per scabinos purgare se poterit juramento suo, et si se purgare noluerit, *solvet et emendet secundum legem loci.*[5]

Des Weiteren scheint eine eigenthümliche Bestimmung, die ebenfalls altfränkischem Boden angehört, hierher gerechnet

[3] Warnkönig II, Abth. 2 Urk.buch S. 88.
[4] Ebenda II, Abth. 1 U.-B. S. 10.
[5] Urkundenb. der Stadt Lübeck, I Nr. 180.

werden zu müssen, die des Privilegs für die Stadt Kirchberg im Hunsrücken v. J. 1249 c. 15[6]:

Civis vero, *qui pro debitis cum precone ad judicium vocatus fuerit, dabit melioris vini sextarium ad emendam.*

Hiernach verfällt also die Komposition dann, wenn der nicht zahlende Schuldner es bis zur Klage kommen läßt; letztere ist an Stelle der privaten Aufforderung getreten und die hierbei verwirkte Strafe auf jenen Zeitpunkt übertragen worden, obgleich auch jetzt das Unrecht bereits mit dem verstrichenen Termine selbst beginnt.[7]

Dahingegen scheint in der Keure eines abgelegenen flandrischen Dorfes, von Saffelaere aus d. J. 1264, auch die alte, außergerichtliche Zahlungsaufforderung vor Zeugen in Kraft geblieben zu sein:

art. 64: Quicunque vult habere debitum, *debet illud exigere coram duobus probis viris, antequam debitor pandiatur*[8].

Noch deutlicher tritt die Nothwendigkeit einer der Klage voraufgehenden Aufforderung hervor in

art. 36: Si autem illud debitum testimoniis proborum virorum scabinis constiterit et reus solutionem, ut dictum est, non probaverit, *et hoc coram duobus probis viris vel pluribus ab ipso debitore exigerit*, et illud debitum solvere noluerit vel vadium inde dare con-

---

[6] Bei Mone, Zeitschr. für die Geschichte des Oberrheins, 1864 Bd. XVI S. 48.

[7] Auch in französischen Rechtsquellen ist dieses Stadium der Entwicklung festgehalten worden; vgl. Stadtr. von Riom v. J. 1270 § 26 (Warnkönig und Stein, Franz. St.= u. Rechtsgesch. I U.=B. S. 44): Pro querimonia debiti vel pacti vel cujuslibet alterius contractus, si statim id est prima die in praesentia bajuli nostri confiteatur debitor sine lite mota et sine induciis, mulcta nobis pro justitia solvetur; — nach § 27 verfallen 3 sol. pro justitia bei jeder bürgerl. Sache, de qua lis moveatur.

[8] Warnkönig, Flandr. St.= u. R.=Gesch. III Nachtr. zum U.=B. S. 46.

tradixerit, baillivus debet illud debitum facere pandare ad instantiam conquerentis cum praecone et duobus scabinis, et si quis tali modo pandiatus fuerit, dabit domino XII denarios et praeconi VI denarios.[9]

Die Stelle erinnert mannichfach an tit. 52 de rem pristitam der Lex Sal., insbesondere fällt die Aehnlichkeit der Worte „si — illud deb. solv. nol. vel vad. inde dare contradixerit“ mit dem „Et si nec tunc voluerit nec reddere nec fidem facere reddendi“ sofort in die Augen. Wir haben nun oben (Abth. 1 S. 53 f.) darauf hingewiesen, wie der Verf. des salischen Gesetzes an der bezeichneten Stelle das Exekutionsverfahren schildern wollte, aber, aus der Darstellung fallend, die in einem früheren Stadium verwirkte Verzugsstrafe folgen ließ. In der Keure von Saffelaere ist die Pfändung an ihrer richtigen Stelle angebracht, und die Strafe mit dieser in Verbindung gesetzt.[10] Sollte es nun etwa zu vermessen sein, einen direkten Zusammenhang zwischen beiden Gesetzen anzunehmen, und aus der unsystematischen Einschiebung der Verzugsstrafe am Ende des tit. 52 der L. Sal. es herleiten zu wollen, daß die flandrische Keure aus der ursprünglichen, dem Gläubiger gebührenden Komposition eine der Obrigkeit verfallende Pfändungsgebühr gemacht hat? Ich wage nicht hier eine Entscheidung zu treffen und begnüge mich mit der Andeutung der Möglichkeit eines derartigen, langdauernden Einflusses der Lex Salica.

Im Gegensatze zu diesen Ueberbleibseln früherer Rechtsbildungen ist im innern Deutschland in Bezug auf unsere Frage eine Umwälzung vor sich gegangen, welche spätestens mit Beginn des 13. Jahrhunderts ihren Abschluß erreicht haben muß, und welche darin besteht, daß das

---

[9] Warnkönig a. a. O. S. 43.

[10] Vgl. art. 40 derselben Keure (Warnk. S. 44): Qui pandiatus fuerit pro aliquo debito vel aliquibus redditibus, debet domino XVIII denarios.

Recht das an sich sekundäre Moment der nicht rechtzeitigen Erfüllung einer versprochenen Geldleistung übersieht, daß es, indem es alle Energie auf nachträgliche Herbeiführung der verzögerten Leistung legt, den Verzug als solchen ohne besondere Folgen läßt, daß m. a. W. die Verzugsstrafen bei Nichtzahlung vertraglicher Geldschulden weggefallen sind.[11] Welche Gründe im Einzelnen diese Umwälzung her-

[11] Der im Text aufgestellte Satz gilt für Geldschulden, die durch Vertrag, Versprechen begründet sind; dagegen hat sich bei der Verpflichtung zur Entrichtung von Abgaben, welche entweder auf dem Unterthänigkeitsverhältniß oder auf der Verleihung von Grund und Boden zu erblichem Nutzungsrecht beruht, somit auf Rechtsverhältnissen, die ursprünglich zumeist aus vertraglichen Beziehungen hervorgegangen sind und bei größerer Stabilität die früheren Normen zäher festhalten konnten, — die alte Verzugsstrafe in großem Umfange erhalten, und zwar theilweise ganz in der Gestalt der in den Volksrechten ausgesprochenen compositio, z. B. Medebacher Recht v. 1350 a. 11 (Seibertz II Nr. 718): Ita qui censum domuum statuto tempore non solverit, omnibus et singulis diebus notorie requisitus, post tempus statutum vadiabit judici IV solidos, — illi vero, ad quem pertinet census, vadiabit IV sol. similiter —, sive census sit modicus sive magnus; ferner Stadtr. v. Büren § 17 (Gengler, Corp. jur. munic. I S. 442); Stadtr. v. Schleswig art. 56, von Hadersleben art. 31 (Corp. Stat. Slesvic. II S. 25, 467); Weisth. von Neuenhäusern v. J. 1344 (Schreiber, U.-B. der St. Freiburg i. B. I Nr. 184); Vogteibuch der Abtei Alpirsbach v. 1417 (Reyscher, Sammlung altwürtb. Statutarr. S. 37); und so in den meisten der bei Grimm gedr. Weisthümer; — theilweise aber auch in der Gestalt der ursprünglich konventionellen Erhöhung jener Buße auf das Doppelte, Dreifache der Leistung selbst, in der Gestalt des Rutscherzinses, worüber zu vergl. oben S. 80 f., Grimm, R. Alterth. S. 384—388, Stobbe, Vtrgsr. S. 32 f. Derartige Rechtsverhältnisse konnten nun freilich auch in dieser Periode durch Vertrag begründet werden, und dann verfielen auch bei solchen vertraglichen Forderungen jene Verzugsstrafen; aber der vertragliche Gesichtspunkt tritt hierbei ganz zurück, und die Strafe gründet sich nur darauf, daß es sich um einen Grundzins, die Abgabe eines Unterthanen handelt; s. z. B. Eintrag im Wismarer Stadtbuch zw. 1272 und 1298: Et quum isti redditus sunt Wicbeldesgeld, idcirco, si non solvimus eos dictis personis XIV diebus post solucionis terminos memoratos, ex tunc — — tenemur solvere dupli-

vorgebracht, wie sie selbst von Statten gegangen, das Alles läßt sich heute mit Bestimmtheit nicht mehr erkennen; genug daß die mit dem beginnenden 13. Jahrhundert reichlicher fließenden Rechtsquellen von einer Leistung, Komposition wegen verzögerter, versprochener Geldzahlung nichts wissen; daß insbesondere das sächsische Recht keine Spur davon aufzuweisen hat, obgleich doch gerade in diesem hierher gehörige Fälle äußerst zahlreich behandelt sind.

Dennoch gibt uns vielleicht eine Entscheidung König Heinrich's (VII) v. J. 1231, durch welche eine, die Schuldklagen betreffende Satzung des Bischofs Beringar von Speyer bestätigt wurde, Mittel an die Hand, den Schleier jenes Geheimnisses in etwa zu lüften. Hier heißt es[12]:

> Heinricus dei gratia u. s. w. Inolevit quippe a longis retro temporibus in civitate nostra spirensi — quedam consuetudo detestabilis, pacis emula, divini et humani juris inimica, hec scilicet, quod, si quis alicui laicorum in minima denariorum quantitate solvere tenebatur, creditor debitorem nulla vel modica monitione premissa coram officiali sculteto Spirensi traxit in causam conquerens, ipsum contumaciter et violenter, quod vulgariter „*wreveliche*" vocatur, pecunie sic debite solutionem neglexisse, a cujus instantia judicii reus nequaquam potuit absolvi, nisi ad minus per VII testimonia personarum; quas si reus ad expurgationem objectorum non poterat producere, scul-

---

catum (bei Burmeister, Alterthümer des Wismarischen Stadtrechts, Hamburg 1838, S. 35; auch im U.-B. der St. Lübeck II Nr. 104). Sie werden daher hier nicht näher in Betracht gezogen; nur ist noch zu bemerken, daß, da sich hier, wie bereits oben § 27 Anm. [5] erwähnt, die der Klage vorgehende Zahlungsaufforderung vielfach erhalten hat, auch die Strafe sich an die Vergeblichkeit der letzteren, den versessenen Termin selbst anschließt.

[12] Bei Pertz, Leges II S. 280; Gengler, Stadtrechte S. 453 f.

tetus ipsum reum actori ad solvendum deducta[13] in judicium condempnavit et insuper judex ipse pro contumatia sive violentia, que *„wrevele“* dicitur, licet nulla esset, reo pro libitu precuniariam penam inflixit. Cum ad abolendam igitur hujus inique consuetudinis corruptelam dilectus princeps noster Berngerius, vener. Spir. episc., ad preces civium nostorum Spirensium statuerit, ut, si quis laicorum aliquem in civitate nostra Spir. iuxta casum prescriptum coram sculteto Spir. deinceps traxerit in causam, actori se tercio ad minus interposito juramentis incumbat onus probandi contumatiam sive violentiam, que *„wrevele“* dicitur, quam reum dicit commisisse; alioquin reus — sola manu intentionem actoris elidat jurando, se nichil debere, vel contumaciter aut violenter, quod *„wrevele“* dicitur, debitum se non tenere vel tenuisse, aut violentiam objectam non commisisse, — Nos — factum memorati episcopi nostri principis duximus confirmandum u. s. w.

Sehen wir von den uns hier nicht interessirenden Bestimmungen über den Beweis ab, so glaube ich in der von dem Könige erwähnten consuetudo, welche a longis retro temporibus inolevit, und welche den Zeitgenossen wohl detestabilis und als corruptela erscheinen mochte, einen Zusammenhang mit dem alten Rechte erblicken zu müssen. Der nicht zahlende Schuldner wurde hiernach außer zur Zahlung zu einer Geldstrafe verurtheilt, weil er contumaciter et violenter, zu deutsch „frevelich“, jene nicht geleistet hatte. Es fragt sich, welche Bedeutung diesem „frevelich“ beizulegen ist. — Das Wort „Frevel“ gehört hauptsächlich der süddeutschen Rechtssprache an, und hat hier, wie in der norddeutschen

[13] Für „deducta“ liest eine Hdschr., und hiernach Gengler „debita“; allein hierdurch wird das folgende „in jud.“ sinnlos; „ded. in judicium“ bedeutet vielmehr den Klageanspruch, gerade wie im weiteren Verlauf intentio in demselben Sinn gebraucht ist.

das Wort „vorsate“ (s. oben § 34 Anm. 33) die mehrfache Bedeutung einer besonderen widerrechtlichen Willensbeschaffenheit, dann einer besonderen Art widerrechtlicher Handlungen, endlich der auf letztere gesetzten Strafe. In der zweiten Bedeutung bezeichnet es gewöhnlich eine Klasse leichterer Vergehen, die sich dadurch auszeichnen, daß sie unter Anwendung äußerer Gewalt begangen werden. Vergl. z. B. die im Schwabensp. art. 98, 111, 267; Deutschensp. art. 87, 102a, 213 unter dem Titel „Von Frevel“ behandelten Vergehen; Wiener Stadtrechtsb. a. 53: daz der den wein *vräveleich* hab ausgetragen *mit gewalt;* und in der bereits erwähnten Auseinandersetzung zwischen Ritter Rüdeger von Bernhausen und dem Abte von Salem bezüglich der beiderseitigen Gerichtsbarkeit v. J. 1238[14] heißt es: Rüggerus nihil juris sibi vendicabit in predio prefati monasterii, quod Stetin dicitur, preter judicium furti et *temeritatis*, *que vulgariter „vraveli“ nominatur.* Temeritatem vero utraque pars communi consensu sic est interpretata, ut nichil dicatur temeritas, nisi *sanguinis maliciosa effusio, vel etiam cum pugno vel ligno, intentione ledendi, percussio, gladii quoque sive cultelli iracunda evaginatio.* — An diesen Begriff von Frevel[15] scheint nun auch in unserer Sentenz K. Heinrich's gedacht zu sein, zumal vrevelich hier wiedergegeben wird mit contumaciter et violenter. Allein es läßt sich auf den ersten Blick nicht recht einsehen, wie bei einer Zahlungsverweigerung, einem rein passiven Verhalten, eine in die Außenwelt tretende Gewalt sich soll geltend machen können. In der That scheint denn auch die *violentia* nicht allzu streng genommen werden zu dürfen, der Nachdruck vielmehr

---

[14] Wirtemberg. Urkundenb. III Nr. 923; siehe oben § 34 Anm. 31.

[15] Vgl. darüber auch Osenbrüggen, Alamann. Strafr. S. 135 f., 196 f., 199.

hauptsächlich auf der *contumacia* zu liegen. Die in einem Nichtthun bestehende contumacia nimmt nun aber dann eine Färbung positiven Handelns an, wenn sie ausdrücklich erklärt wird. Ist eine solche ausdrückliche Erklärung gegen das Recht gerichtet, so scheint sich hierdurch der ganze Mensch mit all seinen Kräften zu jenem in thätlichen Widerspruch zu setzen, und das Verhalten kann bei einer etwas lebhaften Anschauungsweise wohl als *violentia* bezeichnet werden. In der That geschieht dies des öfteren; vgl. z. B. Handfeste von Burgdorf v. J. 1316 § 6:[16]

> Nec idem (scil. scultetus) vadia (sc. quae ei pro legibus iustitiae acciderint, Gewedde) potest repetere cum emendis, *ni forte reus violenter reddere contradicat.*

Geradezu als „Frevel“ wird eine derartige, einen positiven Ausdruck annehmende Rechtsweigerung bezeichnet in der Zunftrolle der Decklakenmacher zu Köln c. 12, 13:[17] Wer sein Werk zu Kaufe trägt, ehe es von den Zunftmeistern besehen ist, verfällt für jedes Stück in eine Buße von 12 Pfennigen.

> Inde wei mit *verevil sich her weder sette inde dey boisse neit gelden enwoilde*, — so sal die sumelich broider VI schilt gelden ze boissen —.
>
> Vort so in sal gein meistere noch broider gelden noch verkoufen mit deme genen, *die sijn boisse mit dem verevil verhelt* —. Inde wilch meister of broider da in binnen weder *den vereveliche broider* gulde, die sal gelden VI schill. zo boissen.

Aehnlich soll nach dem Straßburger Stadtrecht von 1349 § 15 derjenige, welcher auf Vorladung sich weigert, vor dem Gerichte zu erscheinen, oder der dem gerichtlichen Zahlbefehl nicht Folge leistet, 6 Wochen der Stadt

---

[16] Gaupp, Stadtrechte II S. 121.

[17] Ennen und Eckertz, Quellen zur Geschichte der Stadt Köln I S. 398 g. E.

verwiesen werden, und zwar *propter inobedientiam et temeritatem*, in der deutschen Uebersetzung: *umb sin ungehorsame und den frevel.*[18]

Ein derartiges „frevelhaftes", aktives, quasi-gewaltsames Geltendmachen der Unterlassung einer vorzunehmenden Rechtshandlung läßt sich aber nur denken, wenn dem Pflichtigen durch eine ausdrückliche Aufforderung zur Vornahme seitens des Berechtigten Gelegenheit zu einer so nachdrücklichen Willensäußerung gegeben worden ist; und in der That knüpft sich in allen zuletzt angeführten Stellen die Rechtsweigerung an eine solche vorgängige Aufforderung zur Erfüllung des Rechts. Daß nun auch jene Frevelstrafe des speyrer Rechts an und für sich dann als eine wohl gerechtfertigte angesehen wurde, wenn vor der Klage eine ausdrückliche Zahlungsaufforderung und erst dieser gegenüber eine ausdrückliche Zahlungsweigerung des Schuldners stattgefunden hatte, dürfte sich daraus ergeben, daß es heißt, der Schuldner sei ungerecht zu der Geldstrafe verurtheilt worden pro contumatia sive violentia, que „*wrevele*" dicitur, *licet nulla esset*, daß aber der in diesen Worten angedeutete Mangel des strafbaren Thatbestands, der Grund, warum hier ein „Frevel" nicht vorlag, offenbar in dem vorausgehenden „traxit in causam *nulla vel modica monitione premissa*", gesucht werden muß. Weil entweder gar keine oder nur eine mehr zufällige, gelegentliche, nicht mit vollem, ernstem Nachdruck vorgenommene Mahnung zur Zahlung vorausgegangen, deshalb hat auch die Nichterfüllung der letzteren nicht jenen schroffen Ausdruck annehmen, nicht sich als „Frevel" darstellen können, und deshalb ist die Strafe

[18] Gaupp, St.R. I S. 86. Vgl. auch Uslar-Moringer Recht § 40 (herausgegeben von Steinhoff in der Zeitschr. für Rechtsgesch. Bd. VII S. 298): Item we sik beschuldigen lethe ume tinsse und de frevelike enthedde, de breckt eyn sulfwolt, d. h. 4 Schillinge (vgl. §§ 25, 67 ebenda).

eine unbegründete. Wir werden nun aber wohl nicht irre gehen, wenn wir in dieser, den Begriff und die Strafe des „Frevels" bedingenden Mahnung die alte *testatio*, die die Fälligkeit erst bewirkende und zur Anstellung der gerichtlichen Klage unumgänglich nothwendige Zahlungsaufforderung glauben nachklingen zu hören, jenen Rechtsakt, dessen Nichtbefolgung das Unrecht des Schuldners so scharf nach außen hin hervortreten ließ und an welchen die Verzugsstrafe unmittelbar sich anknüpfte.

Diese testatio als das nothwendige Requisit, um den nicht zahlenden Schuldner in's Unrecht zu versetzen, bestand nun aber, wie wir sahen, im 13. Jahrhundert nicht mehr. Wohl aber hatte, wie das älteste Straßburger Recht aufwies, die Verzugskomposition deren Wegfall zunächst überdauert, und gerade auch in Speyer scheint dies bis zu der Verordnung des Bischof Beringar der Fall gewesen zu sein: in der *pecuniaria pena*, zu welcher der nicht zahlende Schuldner *insuper*, d. h. abgesehen von der condemnatio ad solvendum deducta in judicium, verurtheilt wurde, glaube ich den Ueberrest der alten Verzugsstrafe erkennen zu müssen.

Jetzt gewährt uns unsere Stelle aber einen bedeutsamen Einblick in die Entwicklungsgeschichte unserer Frage. Hiernach war die Verfällung des säumigen Schuldners in eine Geldstrafe nicht immer als consuetudo detestabilis angesehen worden, sondern erst, seitdem eine, einen rechtlichen Charakter an sich tragende Mahnung zur Zahlung der Klage nicht mehr vorherging. Nicht als ob früher wegen Nichtbefolgung dieser Mahnung als solcher gestraft worden wäre; aber diese Mahnung und die darauf folgende direkte Erklärung, dem Recht kein Genüge thun zu wollen, hatte dem an sich nur passiven Unrecht scharfe, äußere Umrisse verliehen, und ihr Wegfallen mußte daher dazu beitragen, das hier in Frage stehende unrechtliche Moment, daß am bestimmten

*Termine* **nicht gezahlt** worden ist, in den Schatten treten zu **lassen**, gegen das andere, daß **noch gezahlt werden muß**. Schritt man bei stattgehabter Nichtzahlung einfach zur Erhebung gerichtlicher Klage auf Vollziehung, so konzentrirte sich eben alles Interesse auf letztere, man verlor die nicht *rechtzeitige* Zahlung aus den Augen; und dieses so sehr, daß man in der nur deshalb erfolgenden Verhängung einer Strafe eine Ungerechtigkeit erblickte. Erhielt sich trotzdem, wie in *Speyer*, die Bestrafung des Zahlverzugs auch nach Untergang der außergerichtlichen testatio, so mußte man zu ihrer Rechtfertigung zu *Fiktionen* greifen, wie zu der in unserer Stelle erwähnten, als ob bei bloser Nichtzahlung ein „Frevel" vorliege. Allein mit der Zeit mußte sich das Unwahre dieser Annahme geltend machen; die Strafe, durch die blose Nichtzahlung nicht gerechtfertigt, erschien als Willkürakt (judex *pro libitu* penam pec. inflixit).

Diesen Widerspruch auszugleichen, ist unsere Verordnung erlassen. Freilich wird die Strafe darin nicht direkt abgeschafft, und es wird auch fernerhin der Beweis der contumatia sive violentia, que „wrevele" dicitur, zugelassen. Allein da die außergerichtliche Zahlungsaufforderung als rechtlicher Akt nicht mehr bestand, so ist es nicht möglich, daß von deren Vornahme die Strafe hat abhängig gemacht werden sollen. Vielmehr ist anzunehmen, daß, im Gegensatz zu der früher *fingirten* violentia, von jetzt ab der, die Voraussetzung der Bestrafung des Schuldners bildende Beweis auf eine *wirkliche Gewalthandlung* desselben hat gerichtet werden sollen, sei es auf eine Widersetzlichkeit bei etwa rechtmäßig vorgenommener Exekution, oder auf eine widerrechtliche Wegschaffung von Pfändungsobjekten und dergl.[19]

[19] Als Analogon darf angeführt werden, daß § 46 des *Murtener Stadtrodels* (Gaupp II S. 160) dessen Schluß sich an den oben (S. 258) mitgetheilten § 6 der *Burgdorfer Handfeste* anlehnt, das „violenter reddere *contradicere*" der letzteren abändert in:

Hiermit bezieht sich aber die Strafe auf einen, mit der Nichtzahlung in gar keinem inneren Zusammenhang stehenden Thatbestand; als Rechtsfolge nicht rechtzeitiger Zahlung ist sie definitiv beseitigt, und es kann uns sonach dieses Gesetz wohl als Weisung dienen, auf welchem Wege ihre allgemeine Beseitigung vor sich gegangen. Man unterließ es, den Schuldner am Termin zur Zahlung aufzufordern, sondern verklagte ihn nach verstrichenem Termin auf Zahlung; und hiermit kam auch jene bei vergeblicher Aufforderung verfallende Strafe in Vergessenheit, oder schien doch — abgesehen von Flandern — so sehr ohne Rechtsgrund, daß sie gesetzlich abgeschafft wurde. Insbesondere schien der Umstand, daß der Gläubiger gegen den Schuldner Klage auf Zahlung erhob, kein genügendes Moment, um eine Strafe gegen letzteren darauf zu basiren. —

Für diese Straflosigkeit des säumigen Schuldners noch einige Belege, die sich jedoch in direkter Form nur spärlich finden:

Magdeburg-Stendaler Schöffenspruch:[20] Der Gläubiger klagt gegen den Schuldner auf Zahlung einer Summe und gewinnt die Klage. Nu beghere gi von uns eynes rechtes, — — ofte de besculdighede man deme kleghere hir umme jenighe bute gheven scal to rechte. Hir up spreke wi vor eyn recht: Sint den male dat de kleghere sine scult mit ghetughe uppe den heilighen behalden heft, — — *neyne bute en winnet he dar ane von rechtes weghenne.*

Erzbisch. Sigfrid von Bremen bestimmt das

nisi — per sui potentiam vel absentiam vel fraudem impedivisset, quominus — recolligere sua pignora valuisset. Freilich ist hier nicht von einer zu verwirkenden Strafe, sondern von der Zeit die Rede, binnen welcher der Schultheiß sein Gewedde eintreiben darf; für den genannten Fall soll er an die sonst bestimmte Frist nicht gebunden sein. Allein für den Begriff der violentia macht dies keinen Unterschied.

[20] Behrend, Stendaler Urtheilsbuch Nr. XXIV.

Recht neu anzusiedelnden Landes, 1181:[21] Item si quis pro debito accusatus fuerit in placito et si confessus fuerit, quod hoc debeat, *nihil inde persolvet judici.*

Apenrader Skraa von 1335 art. 25:[22] quicunque incausatur super solutione alicujus pecuniae, et legem firmaverit in placito vel coram consulibus, si debito Laghdagh (d. i. dem durch das Urtheil bestimmten Zahltermin) solverit et satisfecerit conquerenti, *nihil solvat advocato et nihil consulibus.*

Münchener Stadtrecht art. 38: — und swaz ainer dem andern mit raittung schuldich wirt, ob er sich darumb bechlagen lät, so sol er in wern mit pfant oder mit pfenningen nach des buochs sag, *und sol dem gericht chainer puozz schuldich sein.* Vgl. ebenda art. 138, 284.

Landrecht von Liebenau (Salzburg) § 6:[23] Wo ainer ainem schuldig ist im gericht, — mag er im vor seinem pfleger wol verclagen und hat 14 tag mit im zu schaffen. — Zalt er in aber in den 14 tagen, *ist er dem pfleger nichts schuldig.* —[24]

---

[21] Bremisches Urkundenbuch I Nr. 56.

[22] Corpus Stat. Slesvic. II S. 423.

[23] Grimm, Weisth. VI S. 149.

[24] Ich verweise noch auf einen Iglauer Schöffenspruch bei Tomaschek, Oberhof S. 180 ff. Nr. 276, wo sich eine Aufzählung der einzelnen richterlichen Gefälle befindet; für verschiedene Delikte verfallen verschiedene Bußen, dagegen heißt es: und umb die pfenning, di do gevallen, do man rechtens hilft umb schult, und dann: und wo der richter pfandes hilft umb schult, di puss ist allein sein; bei Schuldklagen hat er also nur eventuell Anspruch auf eine Executionsgebühr, nicht auf ein wegen des Unrechts verfallendes Gewedde. — Daß das in der Nichtzahlung einer Schuld liegende Unrecht kein schweres ist, kein Ungericht, ist häufiger ausgesprochen und ergibt sich schon daraus, daß hier eine Verfestung nicht stattfindet (s. oben § 34 Anm. [8]), womit zusammenhängt, daß Geldschuldsachen von den westphälischen

Der bei einem Zahlversprechen stipulirte Zahltermin hat somit nach dem Rechte dieser Periode wesentlich nur die Bedeutung, festzusetzen, von wann ab die obrigkeitliche Hülfe behufs Realisirung der Zahlung in Anspruch genommen werden darf, oder von wann ab der Gläubiger materielle Sicherstellung seiner Forderung verlangen kann, wie dies mehrfach in den Quellen sich hervorgehoben findet:

System. Schöffenr. III, 2 c. 90: Ouch gelobit eyn man dem andirn gelt czu gebin uf eynyn benimptin tag ane geczoge unde hindirnisse und vor allir ansproche iczlichis mannis — —, *daz gelt mag nymant vorsprechyn vor deme tage von des wegin, deme daz gelobit ist.* Vgl. Kulm. R. III, c. 120. Glogauer Rechtsb. c. 388. Eisenacher Gerichtsleufft c. 50 (Ortloff II S. 367). Purgoldt's Rechtsb. III c. 33, 54.

System. Schöffenr. I c. 22: Gelobit eyn man dem andirn vor den schepfin adir vor den rotman gelt czu gebene uf eynyn benumten tag und lest ym yener an deme gelobde genugyn, *so mag her den schuldeger vor deme gelde tage nicht uf burgen noch uf gewisheyt gedringin noch getwingin.* — Abir beczalt her en nicht uf den gelobtin tag unde beclagit her den schuldegere (dornoch) umme das gelobdete gelt vor gerichte, — so mus her burgen adir andir gewisheit seczin dem cleger, ab hers nicht entperin wil. Kulm.

---

Freigerichten nicht gerichtet werden durften; vgl. Eichhorn, St.- u. R.-Gesch. III S. 201 Note t und S. 221 Note z. Im kirchl. Recht macht sich diese Anschauung in der Bestimmung geltend, daß wegen Geldschuld kein Interdikt verhängt werden darf; vgl. Bulle Bonifaz' VIII v. J. 1302 im Urkundenb. der Stadt Lüneburg bis z. J. 1369 Nr. 248 S. 139, und deren Publicirung an das Domkapitel zu Frankfurt v. J. 1319 bei Böhmer, Codex diplomaticus Moenofrancofurtanus (Frankfurt a. M. 1836) I S. 450.

R. I, 22. Verm. Sachsensp. III, 13 d. 5. Glogauer Rb. c. 581. Hamb. Stadtr. v. 1270 VI c. 23; von 1292 G c. 20; v. 1497 L c. 4. Lüb. Recht Cod. III Thl. 2 c. 318; Cod. Dietz. bei Hach S. 497 Note [6] zu c. 318. Stadtr. v. Riga I c. 16. Rechtsbuch v. Mühlhausen c. 34.[25] Altes Landbuch von Nidwalden art. 96.[26] Vgl auch per arg. Gosl. Stat. (Göschen S. 85 Z. 11 ff.). Bayr. Ldr. a. 291. Stadtr. v. Freysing (v. Freyb. V S. 223).

Das Zahlversprechen begründet die Nothwendigkeit, daß gezahlt werde; wann gezahlt werde, ist verhältnißmäßig indifferent, so lange nur die Möglichkeit zur Erfüllung offen steht. So lange nicht bezahlt ist, besteht eben doch die Verpflichtung zur Zahlung fort; und wenn diese schließlich zwangsweise exequirt wird, so ist dies an sich eben so gut eine Erfüllung der ursprünglichen Rechtspflicht als die freiwillige, am festgesetzten Termin erfolgende Leistung. Von Rechtzeitigkeit kann eigentlich gar keine Rede mehr sein, da die Zahlung gewissermaßen jeder Zeit rechtzeitig ist. Durch die Versäumung des ursprünglichen Termins wird eine Schuldforderung nicht schlechter, die nachträgliche Zahlung nicht weniger rechtlich. Vielmehr ist durch die Versäumung nur die Gewißheit der endlichen Rechtserfüllung in etwa getrübt worden. Es werden daher Maßregeln getroffen, um diese Erfüllung, die bisher allein in dem Worte des Schuldners eine Garantie hatte, auch äußerlich sicher zu stellen, eventuell zwangsweise herbeizuführen.

Dem deutschen Rechtssprüchwort ist es gelungen, diese Anschauung in eine äußerst treffende Form zu fassen, wenn es sagt:

---

[25] Neue Mittheilungen aus dem Gebiet hist.-antiq. Forschungen, Bd. VII Heft 1 S. 103.

[26] Zeitschr. für schweiz. Recht, Bd. VI Rechtsquellen S. 140.

„schulden ligent und fûlent nicht“ [27]

oder:

chain gelt veriert sich, daz man mit einer rehten gewissen pringen mag“. [28]

Schulden sind recht eigentlich für eine längere Dauer bestimmt; wenn sie sich ordentlich ablagern, so nimmt das Recht keinen Schaden dabei, sofern nur die Aussicht auf einstige Zahlung nicht verdunkelt wird. Erfolgt diese Zahlung dann, so ist alles ausgeglichen; es hat nie ein Unrecht bestanden.

In ein helleres Licht wird diese mittelalterliche Auffassung gesetzt durch zwei weitere Punkte, die wir jetzt etwas näher ins Auge fassen müssen: nämlich die gerichtlichen Zahlfristen und die Behandlung des Verzugsschadens im mittelalterlichen Recht.

## § 38.

### Die gerichtlichen Zahlfristen. — Ihre Entstehung.

Das alte deutsche Recht hatte für Erfüllung vertraglicher Zahlpflichten dem verurtheilten Schuldner weitere gerichtliche Zahlfristen, d. h. Fristen, welche zwischen Verurtheilung und Zwangsvollstreckung liegend dem Schuldner die Möglichkeit freiwilliger Erfüllung offen lassen [1], an und

[27] J. Grimm, R. A. S. 612; vgl. die bei Graf und Dietherr S. 230 unter Nr. 61—66 aufgeführten Sprüchwörter.

[28] Wiener Stadtrechtsb. a. 16 (Schuster S. 54).

[1] Die gerichtlichen Zahlfristen sind wohl zu unterscheiden von den Exekutionsfristen, d. h. denjenigen, in welchen die einzelnen Stadien des Vollstreckungsverfahrens sich abwickeln, und welche daher die Vollstreckung nicht hinausschieben, sondern dieser selbst bereits angehören, welche mindestens einen Zwangsakt bereits hinter sich haben. Von solchen Fristen ist allerdings in L. Sal. 50 und 52 die Rede; hier aber wie im Folgenden bleiben diese ganz außer Betracht. Ueber die einzelnen Abschnitte im Pfändungsverfahren vgl. v. Meibom, a. a. O. S. 70 ff.

für sich nicht gewährt. Nach L. Sal. 50 § 2 beginnt in demselben Termin, in welchem die Zahlpflicht des Schuldners gerichtlich festgestellt worden, mit dem „nexthe ganthichio" des Thunginus die Exekution. Anders verhielt sich dies bei Kompositionsforderungen. Hier war dadurch, daß ursprünglich, wie wir sahen, der Vollstreckung das Urtheilserfüllungsgelöbniß vorhergehen mußte, schon von selbst die Nothwendigkeit einer zwischen Verurtheilung und Erfüllung liegenden Frist gegeben. Dieses Gelöbniß erhielt sich nun aber nicht nur bei gerichtlicher Geltendmachung von Kompositionsansprüchen, sondern es wurde ausgedehnt zu einem allgemeinen processualen Institut und trat demgemäß auch bei Klagen aus Verträgen in Anwendung; auch der verurtheilte Vertragsschuldner versprach nun, binnen bestimmter Zeit — gewöhnlich den üblichen Gerichtsfristen — das Urtheil freiwillig zur Erfüllung zu bringen, und die Wirkung hiervon war, daß die Zwangsvollstreckung bis zu jenem Zeitpunkt aufgeschoben wurde. So sahen wir, (s. oben § 5 Anm. [7]) daß nach L. Sal. 52 zur Vollstreckung der Rückgabe einer geliehenen Sache dann geschritten wurde, si nec tunc voluerit nec reddere *nec fidem facere reddendi*. Dieses gerichtliche Versprechen, welches in der feierlichen Form gerichtlicher Handlungen unter Geben und Nehmen der festuca, des wadium vollzogen wurde, ist es, welches die Exekution vorerst hinausschiebt, da dieselbe nunmehr voraussichtlich überflüssig wird. Nicht etwa deshalb, weil eine Verzögerung der Erfüllung statthaft wäre, sondern weil eine zwangsweise Erfüllung dann wahrscheinlich nicht erforderlich ist, wenn der Schuldner freiwillig dem Urtheil sich fügt, wird vor Anwendung der Rechtshülfe noch eine Frist gegeben. Allein dieses Versprechen ist zur rechtlichen Durchführung von Ansprüchen, die selbst von Hause aus auf Versprechen beruhen, nicht absolut nothwendig; wird es nicht abgelegt, so erfolgt sofortige Vollstreckung.

Diese Rechtsgestaltung hat sich theilweise bis in das spätere Mittelalter erhalten; vor allem auch hier wieder in dem flandrischen Recht:

Keure von Eecloo und Caprike v. J. 1240 § 5:[2] Si quis petat debitum, de quo dicit se cognitionem scabinorum habere, — et si debitum illud a scabinis cognoscatur, *ballivus debet satisfacere ei de dicto debito infra triduum* per denarios vel per pignus de bonis ipsius rei. *Si autem creditor vadium receperit*, proxima die dominica debet praeco intimare debitori in ecclesia sua, *quod vadium suum redimat vel creditori satisfaciat infra octo dies*. Vgl. Keure des Dorfes Piet v. 1265 § 9.[3]

Unter dem triduum, binnen welchem an und für sich die Exekution vollzogen werden soll, ist nicht etwa eine dreitägige Zahlfrist zu verstehen, sondern es wird hierdurch die alte fränkische Gerichtsdauer von 3 Tagen bezeichnet[4]; innerhalb derselben 3 Tage, in welchen die Zahlpflicht des Schuldners gerichtlich festgestellt ist, an demselben Gerichtstermin soll dieselbe auch zwangsweise realisirt werden.

Keure der Schöffen von Gent über das Verfahren in Geldschuldsachen v. J. 1228 § 7:[5] Debitum quod duo scabini cognoscunt, pannabitur. § 8: *Debitum vero, quod vadiatum est, si ad diem vadiatum non fuerit solutum*, pannabitur etc.

Besonders ist aber hier aufzuführen Keure des Dorfes Saffelaere v. 1264 art. 36,[6] welche Stelle uns bereits oben (S. 252 f.) durch ihren Anklang an das alte salische Gesetz bemerkbar wurde:

---

[2] Warnkönig, Flandr. R. G. II, Abth. 2. U.-B. S. 215.

[3] Warnkönig a. a. O. S. 221.

[4] Vergl. Sohm Altd. Reichs- und Gerichtsverf. I S. 363 ff.

[5] Warnkönig II, Abth. 1 U.-B. S. 34 f.

[6] Warnkönig III, Nachtr. z. U.-B. S. 43.

**Si autem illud debitum testimoniis proborum virorum scabinis constiterit et reus solutionem — non probaverit, —** ***et illud debitum solvere noluerit vel vadium inde dare contradixerit, baillivus debet illud debitum facere pandare*** **u. s. w.**

Aber auch aus dem innern Deutschland fehlt es nicht an Rechtszeugnissen, welche es betonen, daß principiell das gesprochene Urtheil, wenn nicht gutwillig, alsbald zwangsweise zu vollführen ist; interessant dabei ist, daß dies theilweise als eine Eigenthümlichkeit der im echten Dinge, *placitum legitimum* verhandelten Klagsachen hingestellt und hiermit auf den alten Ursprung dieses Rechts, welches sich im alten volksrechtlichen Gericht erhalten hat, hingewiesen wird:

Verm. Sachsensp. III, 9 d. 1: Spricht eyner den andern an umbe schult vor gerichte, bekennet her der schult, *unde ist is zcu elicheme dinge, so sal her dy schult gelden by sonnenschine.*[7]

Weisthum von Altfeld im Spessart v. 1473 (Grimm VI S. 38 f.) § 8: Si weisten auch dri gesworn montag im jare —. § 9. Und ob einer *uf der gesworn montag* einen furgeboten wurd umb schulde, *der solle im uff den tag dorumb auszrichtung thun.*

Iglauer Schöffenspruch Nr. 101:[8] Was man schuld erstet *in den pantaydingen,*[9] *das schol man gel-*

---

[7] Vgl. Cap. Olonn. v. 825 c. 9 (Pertz, Leg. I S. 252): Ut quicunque — debitum ante solis occasum persolverit, securus inde sit.

[8] Tomaschek, Oberhof Iglau, S. 81.

[9] Pantaiding oder Banndin bezeichnet in Oesterreich das echte Ding, vgl. Osenbrüggen, Rechtsalterthümer aus österreichischen Pantaidingen, in den Sitzungsberichten der Wiener k. Akademie der Wissenschaften, phil.-hist. Klasse, 1863 Band 41 S. 167 ff. S. auch Weisth. v. Diessen in Bayern v. 1385 § 1 (Grimm VI S. 182): placitum annuale, quod vulgo „pantaeding“ dicitur.

*ten in dreyn tagen*, und an den vyrden tag so schol der richter pfandes dar um helfen; denn, wie es im Schöffenspr. Nr. 280 (S. 184) heißt: bangerichte hett keinen verczog.

Auch hier finden wir die erwähnte dreitägige Gerichtsdauer, welche dem Schuldner auf so lange die Möglichkeit freiwilliger Erfüllung gewährt; Exekution beginnt hier aber erst nach Ablauf dieses Gerichtstermins.

Ferner gehört hierher eine Bestimmung der Statuten von Dortmund aus dem 13. Jahrhundert, welche früher viel besprochen und arg mißverstanden wurde; es ist § 39 de judicio dicto Dwernacht:[10]

> Item habemus quoddam jus, quod dicitur dwernaht, quod incipit currere in crastino purificationis beate virginis et in crastino beati Swiberti exspirat. Et est tale jus, quod quicunque burgensis convenit alium coram judicio pro aliquibus debitis, si fatetur debitum, *debet illud immediate solvere proxima die ante occasum solis. Et si non solverit, — debet accipi pignus suum.* Item idem jus incipit currere in crastino annuntiationis beate virginis et durat ad XIV dies et tunc exspirat.

Es sind offenbar die beiden alten, ungebotenen placita legitima, von denen hier die Rede ist, und welche sonach trotz der die Zahl der echten Dinge auf 3 im Jahre erhöhenden Neuerung Karls d. Gr.[11] sich erhalten hatten. —

---

[10] Bei Gengler, Corp. jur. municip. I S. 877. Man wollte hierin „schon eine sichere Spur des Exekutivprocesses" finden; siehe Mittermaier, der gemeine deutsche bürgerliche Proceß, 4. Beitrag (1. Aufl. Bonn 1826) S. 107; dagegen Briegleb, Geschichte des Exekutivprocesses (2. Aufl. Stuttgart 1845) S. 215. — Nach dem Citat Gengler's a. a. O. zu dieser Stelle sollte man auch ihn noch für einen Anhänger der früheren Ansicht halten.

[11] Vgl. Capit. Caroli M. a. 769 c. 12 mit Capit. Langob. Pip. a. 802 c. 14, sowie Cap. Aquisgr. Hludov. Pii a. 817 c. 14, und hierzu Sohm, Gerichtsverf. I S. 397—401.

Siehe auch noch Eßhaft zu Mosen (Oberbayern) art. 7 und 8, sowie Zuchtrobel von Pfeffers § 22 vergl. mit §§ 12, 17.[12]

Es ist nun aber nicht zu verkennen, daß diese Quellenaussprüche eine solche, unmittelbar und unverzögerlich an das gesprochene Urtheil sich anschließende Erfüllungspflicht nur als eine exceptionelle, der Regel der Fälle nach nicht in Wirksamkeit tretende Institution haben aufführen wollen. Dieselben Rechtsquellen stellen neben den mitgetheilten Bestimmungen in allgemeiner Weise andere auf, welche mit jenen in direktem Widerspruche stehen; vgl. z. B. Statuten von Dortmund § 5. — In der That ist auch das vom 13. Jahrhundert ab in Deutschland geltende Recht in vorliegender Frage ein anderes. Wie die Idee der in geringer Zahl im Jahre abzuhaltenden Echtedinge überhaupt, so war auch jene Eigenthümlichkeit derselben mit der Anschauung des späteren Mittelalters durchaus nicht mehr im Einklang. Vielmehr ging die Entwicklung dahin, dem verurtheilten Schuldner in ausgedehnter Weise Frist zur freiwilligen Erfüllung zu lassen, ehe zur Zwangsvollstreckung geschritten wurde.

Um die Art und Weise, wie diese Entwicklung äußerlich vor sich ging, zu erkennen, ist höchst lehrreich art. 305 des Schwabenspiegels, welcher selbst nach Inhalt und Wortlaut dem alten Rechte noch sehr nahe steht; ganz mit diesem letzteren stimmt überein der erste Absatz:

> Unde beclaget ein man den andren umbe gulte uffen dem lant tegedinge, dem sol man fur gebieten dristunt, und kumet er fur, so *sol er im sin gut geben oder wetten.*

Ueber die Bedeutung und Wirkung von „wetten“ als Ablegen des gerichtlichen Erfüllungsgelöbnisses klärt uns auf art. 304[c]:

[12] Grimm, Weisthümer III S. 656, VI S. 361.

Swem man *vor gerihte gulte wettet*, der sol — *gerihtes warten untz an den ahtdoden tag;* unde git er im denne nüt, so dü sunne under gat, so soll im *der rihter ein phant geben* vor tercie zit; — — swen der rihter *phendet nach der gewette*, der ist im einer buzze schuldig.

Die gerichtliche fides facta de solvendo schiebt somit den Eintritt der an sich sofort vorzunehmenden Exekution um 8 Tage hinaus, d. h. um die alte Gerichtsfrist der Lex Alamannorum, tit. 36 § 2.

Nun schließt sich aber an die oben angeführten Worte des art. 305 noch folgender Zusatz:

und sol im der rihter gebieten, daz er im sin guot gebe, e daz er dannan kome, oder im verphende mit bereitem guote, daz er getriben unde getragen muge; und hat er der phender nüt, so setze burgen uf ahte tage zewern; unde hat er dez ouch nüt, in sol der rihter behalten alse hie vor geschriben ist.

Hierin sind gegenüber dem alten Recht zwei neue Elemente enthalten: zunächst genügt zur Bewirkung des Aufschubes von acht Tagen nicht mehr das blose gerichtliche Versprechen, das Urtheil erfüllen zu wollen, sondern der Schuldner muß dieses Versprechen durch Pfänder oder Bürgen materiell sicher stellen. Sodann aber ist die Ablegung dieses Versprechens nicht mehr der freien Initiative des Verurtheilten überlassen, sondern dieselbe wird ihm durch den Richter, alternativ mit sofortiger Zahlung, anbefohlen.

In diesen beiden Momenten haben wir wohl die Anknüpfungspunkte für die spätere Rechtsentwicklung zu suchen.

Wir haben oben gesehen, daß das Urtheilserfüllungsgelöbniß seit frühester Zeit unter Stellung von Bürgen abgelegt zu werden pflegte (s. Abth. 1 S. 126 f.). Ferner sahen wir, daß hierbei die Uebergabe der *festuca*, des *wadium* statt fand. Es ist nun eine häufig zu beobachtende

Entwicklung, daß dieses, ursprünglich an sich selbst werthlose Symbol allmählich zu einem Gegenstande von bestimmtem Sachwerthe sich ausbildet, und daß dieser Gegenstand dann mit seinem Werthe für die Erfüllung des früher nur symbolisch durch ihn bezeichneten Rechtsgeschäfts haftet, daß das *wadium* aus einem innern zu einem äußeren Bekräftigungs-, Sicherungsmittel wird. Einen solchen Vorgang haben wir früher bei der arra des bayrischen Volksrechts beobachtet (s. Abth. 1 S. 70 ff.), und die Begriffswandlungen des Wortes „wadium" selbst weisen darauf hin. Ebendasselbe scheint auch hier stattgefunden zu haben;[13] an die Stelle der festuca trat beim gerichtlichen Erfüllungsgelöbniß ein dasselbe sicherndes Pfand.[14]

[13] Vgl. auch die oben S. 268 angef. Keure von Eekloo § 5, wo es heißt: si autem creditor vadium receperit, — vadium suum redimat vel creditori satisfaciat infra VIII dies, alioquin ipsi super hoc (scil. vadium) amplius non respondebitur.

[14] Theilweise erhielt sich das wadium bis in späte Zeit auch als reines Symbol, welches dann als Scheinpfand bezeichnet wurde. Interessant ist hier die Ehhaft zu Huisheim in Schwaben v. 1505 § 57 (Grimm, Weisth. VI S. 235), wo insbesondere auch die der wirklichen Exekution vorhergehende Zahlfrist an das Geben des Scheinpfandes geknüpft wird: so einer den andern umb schuld anclagt vor gericht, und der antworter were dem clager die schuld bekantlich und hette aber im die zu der selben zeit nit zu geben, der anclager wolt nit nachlassen, so mag ime der antworter verpfenden mit ainem scheinpfand, es sei mit ainem pfenning, kreuzer, messer oder mit ainem pfrömen, oder wo mit er will; — und so er das pfand gelegt hat, so nimpt der richter das pfand und behalts bisz zum nechsten rechten. Alsdan — so fragt der richter des rechtens: ist vormals zu recht erkant worden, das man das pfand sol ligen lassen acht tag; — und löst ers aber nit in den 8 tagen, so setzt man im widerumb ain rechttag; darnach so muosz dem anclager pfand gnug umb sein schuld aufgelegt werden. Aehnlich Dorfrecht zu Ehringen v. 1484 § 4 (Grimm, VI S. 280); hier soll das Scheinpfand nach den acht Tagen feil geboten werden: wo aber das pfand der schuld nicht gemesz war, — so mag der glaubiger die herschaft zue K. anrüefen, dasz man im gnuegsame pfand vergönn.

Diese Bürgen- und Pfandbestellung führte nun aber dazu, daß man in ihr hauptsächlich die materielle Bedeutung des Gelöbnisses sah, und daß man von ihr vor allem die Zahlfristen abhängig machte. Das Versprechen selbst trat dabei in den Hintergrund; nicht deshalb, weil ein solches nothwendig eine Erfüllungsfrist erheischt, sondern weil man die Erfüllung der ursprünglichen Zahlpflicht unbedenklich glaubte hinausschieben zu können, wenn nur diese Erfüllung durch Pfand oder Bürgen materiell gesichert war, wurden gerichtliche Zahlfristen gewährt.

Im Schwabenspiegel a. a. O. finden sich beide Auffassungen neben einander. Allein die zuletzt geschilderte erhielt in vielen deutschen Rechtsquellen das Uebergewicht. Bei der Herübernahme jener Stelle in das Rechtsbuch Ruprechts von Freysing (v. Maurer, I c. 196) wurden die Worte: „so sol er im sin gut geben oder wetten" einfach weggelassen. Häufig erscheint die Verpflichtung, Pfand oder Bürgen zu stellen, geradezu als die wichtigste und äußerlich allein hervorgehobene Folge der Verurtheilung des Schuldners:

Stadtr. v. Eger v. J. 1279 § 18:[15] Item ubicunque civis debitorem — convenerit, judex tenetur sibi ibidem pro debitis judicare, *ipsum fidejussoribus vel quocunque modo certificando.*

System. Schöffenr. I c. 22: Abir beczalt her en nicht uf den gelobtin tag vnde beclagit her den schuldegere vmme das gelobdete gelt vor gerichte, — *so mus her burgen adir andir gewisheit sezcin dem cleger*, ab hers nicht entperin wil.

Vgl. noch Kulm. R. I c. 22. Sächs. Weichb. art. 27 § 3 (v. Daniels und v. Gruben S. 103; Mühler art. 77). Ofener Stadtr. art. 160, 237 § 2. Verm.

[15] Gengler, Stadtrechte S. 99; Gaupp, St.R. I S. 192 (hier § 19).

Sachsensp. III, 13 d. 5. Glog. Rechtsb. c. 581. Freyberger Stadtr. II §§ 8, 10.[16] Gosl. Statuten bei Göschen S. 85 Zle. 11 ff. Stadtr. von Rüden v. J. 1310 art. 67, 68.[17] Wiener Stadtrechtsb. art. 16.

Hatte der Schuldner seinen Termin versessen, so wurde zwar Klage auf Zwangsvollstreckung erhoben; allein gemäß der oben geschilderten Anschauung nahm man das in jenem Verzuge liegende Unrecht nicht so schlimm; das Wichtigste war vielmehr, daß die bisherige Garantie der Erfüllung des Versprechens, das Wort des Schuldners, sich als nicht völlig zuverlässig erwies. Wesentlich dachte man daher darauf, hierfür neue, festere Garantieen zu schaffen; und war dann hierdurch die endliche Erfüllung des Versprechens wieder sicher gestellt, so kam es darauf, ob dieselbe etwas früher oder später erfolgte, nicht viel mehr an. Jene Pfand- oder Bürgenstellung bewirkt daher einen Aufschub der Zahlungspflicht, gewährt dem Schuldner eine Zahlungsfrist; dieselbe wird jetzt vorgenommen, gerade um diese Zahlungsfrist zu erhalten:

Richtst. Landr. c. 46 § 4: Wat it recht anderes van vorborgen secht, dat meinet it so, oft it de antwerder dun wil, *up dat he des dach krige.*

Verm. Ssp. III, 14 d. 1: Beclaget eyner schult zcu eyme, do her ome burgen adder phanth umbe seczt, do teylt man die schult abeczunemen by firczen tagen.

Stadtr. von Münster v. J. 1326 § 29:[18] Si forensis homo incusatur a cive pro debitis, habebit inducias XIV dies, *si ponit fidejussorem inhabitantem.*

---

[16] Schott, Sammlung zu den deutschen Land- und Stadtrechten, III S. 167.

[17] Seibertz, Urkundenb. II Nr. 540.

[18] Gengler, Stadtr., S. 304.

Altes Stadtr. v. Hildesheim a. 45[19]; Stadtr. von Hannover art. 43[20]; Rügian. Landgebr. tit. 74 § 5.

Rechtsbrief für die Stadt Freiburg i. B. von 1120 § 65[21]: Quicunque facit alii unum gewette pro debito, *per illud habet inducias debiti ad XIV dies.* — Handfeste von Burgdorf v. 1316 § 190 (Gaupp II S. 141). Altes Landbuch von Nidwalden art. 128.[22] Böblinger Statutenbuch, Kap. „Von Schulden wegen."[23]

Gegen die solcher Gestalt bestellten Bürgen oder Pfänder richtet sich dann im weiteren Verlauf die Exekution. — Es konnte aber auch der Schuldner schon bei Eingehung der Schuld versprechen, am Termine die Zahlung zu leisten oder Pfänder als Exekutionsgegenstände dem Gläubiger zuzuweisen[24]; und ebenso konnte er von vorn herein für den

---

[19] Pufendorf, Obs. IV App. S. 286 (eine neuere Recension das. S. 292.)

[20] Vaterl. Archiv des histor. Vereins für Niedersachsen, Jahrg. 1844 S. 310 f.

[21] Gengler S. 130 f.; Gaupp II S. 27 (hier § 56). — Daß in dieser Stelle unter „Gewette" nicht fides facta, sondern Pfandbestellung verstanden ist, ergibt der weitere Satz: si actor autem recipere non vult illud gewette, debitum debet ei reddere ante illam noctem. Hier leuchtet zugleich wieder deutlich die ursprüngliche, sofortige Erfüllungspflicht hervor. Wenn aber die Zulässigkeit der Pfandsetzung in dieser Stelle von dem Willen des Gläubigers abhängig gemacht wird, so ist dies ein später überwundener Standpunkt; vgl. Magdeb. Fragen II, 2 d. 15—18. Die scheinbar abweichende Bestimmung im system. Schöffenr. III, 2 c. 88 ist mit Sachsensp. III, 40 § 2 dahin zu erklären, daß eine datio in solutum ohne besondere Vereinbarung allerdings unzulässig ist. Vgl. v. Meibom, Pfandr. S. 58 f.

[22] Ztschr. für schweiz. Recht VI, Rechtsquellen S. 148 f.

[23] Reyscher, Sammlung altwürtemb. Statutarr. S. 406, 407.

[24] Urk. von 1351: wan de maent umbe komen is, — so scole wy — dertich scylde betalen myt reden scylden ofte mit rorigen panden, dar bederve lude ir ere mede vorwaren moghen (bei Friedländer, Einlager, S. 169); Urk. v. 1320, 1373 (U.-B.

Fall nicht pünktlicher Zahlung dem Gläubiger Pfänder bestellen, welche die Erfüllung des Versprechens von Anfang an sicherten[25], aber auch den Schuldner von Anfang an der unangenehmen Aussicht auf sofortige Exekution enthoben; denn durch Berufung auf diese Pfandbestellung konnte er sich dann der Schuldklage selbst erwehren:

Urtheil des Oberhofs zu Lübeck v. 1479[26]: — kan de ergemelde Clawes dat mit der stad boke to Colberge bewisen alse recht is, dat Hanse Gruben vor sodane vyfftich rinsche guldene en pand gesat sy, so schal sik desulve Hans an sodane zin pand holden, jd ga dar furder umme alze recht zy.

Hamb. Stadtr. v. 1497 B c. 15: Bynnen dusser stat schal eyn islick man rechtes plegen vmme schult de eme gegeven wert vor gherichte; *sunder he en moge syck myt vorbelaveder sekerheit rechtes erweren:* so dor he nycht antworden noch borghen setten, de wyle he de truwe sulvest nycht krenket ofte vorboret.

Vgl. auch Bayr. Landr. c. 240; Münchener Stadtrecht art. 18, 109; Stadtr. von Freysing (v. Freyberg V, S. 212.)[27]

---

der Stadt Lübeck II Nr. 394, IV Nr. 202); Urk. v. 1388 (U.-B. der St. Lüneburg Nr. 394); Urk. v. 1357 (U.-B. der St. Göttingen I Nr. 215) u. a. m.

[25] Vgl. z. B. Verschreibung des Herz. Magnus v. Braunschweig v. J. 1371 (Hänselmann, U.-B. d. St. Braunschweig I Nr. 49): — Were ok, dat we on dat vorscrevene geld uppe de vorbenomde tid nicht enbetalcden, so sette we unde vorpendet on in dusseme breve vor dusse sulven 300 mark alle dat we hebbet in der Oldenwick unde in dem Sacke to Brunswigk unde an der vogedie unde an der muntye darsulves etc. — Ueber die „Satzung als Anweisung von Exekutionsgegenständen" überhaupt vgl. v. Meibom, Pfdr. S. 402 ff.

[26] Michelsen, der ehemalige Oberhof zu Lübeck und seine Rechtssprüche (Altona 1839) S. 194 Nr. 108.

[27] Siehe auch noch Zunftrolle der Leineweber auf der Altstadt zu Danzig v. 1420: Alle dy deme werke schuldig syn

Allein diese Sicherheitsleistung, welche die Exekution hinausschieben sollte, war von einer anderen Seite doch gerade der Hülfsvollstreckung bereits sehr ähnlich. Das deutsche Recht drängte aber in unserer Frage nach einer anderen Richtung hin.

Das Moment, welches hier für die Weiterentwicklung den Hebel abgab, ist ebenfalls in der angeführten Stelle des Schwabenspiegels angedeutet und bereits erwähnt worden.

Die Zahlungsfrist in Folge der Sicherheitsbestellung war historisch auf das Versprechen, dem Urtheil sich zu fügen, zurückzuführen gewesen. Dieses Versprechen war aber seit lange zur blosen processualen Formalität geworden; sein Inhalt ergab sich aus dem Urtheil, und auf letzteres stützte sich die obrigkeitliche Vollstreckung. So kam es, daß auch die noch selbständig gebliebenen Bestandtheile jenes freiwilligen Versprechens, die Pfand- und Bürgenbestellung von dem befehlenden richterlichen Urtheile absorbirt wurden. Es kam dahin, daß auch die Sicherheitsleistung zum Gegenstande gerichtlicher Auflage gemacht wurde, daß aber hiermit zugleich auch die durch die Sicherheitsleistung bewirkte Zahlfrist vom Richter gewährt wurde. Nach Schwabensp. art. 305 gebietet der Richter, sofort zu zahlen oder Bürgen „auf acht Tage" zu setzen.

War nun hiernach Zahlgebot, Auflage der Sicherheitsleistung, Fristgewährung in dem richterlichen Urtheile vereinigt, so konnte es leicht geschehen, daß diese drei Bestandtheile ihren ursprünglicheu Zusammenhang verloren. Der nächste Schritt bestand darin, daß die Fristgewährung aus der Abhängigkeit von der Pfand- oder

---

und pfant settzen jn das werk, dar sal man keyne clage umme thun (bei Th. Hirsch, Danzig's Handels- und Gewerbsgeschichte unter der Herrschaft des deutschen Ordens. Gekrönte Preisschrift der Fürstl. Jablonowskischen Gesellschaft. Leipzig 1858. Beilage V b S. 340). — v. Meibom S. 421 f.

Bürgensetzung befreit wurde. Der Richter sagte nicht mehr: zahle sofort, oder gegen Sicherheitsleistung später, sondern er gab die Frist unbedingt und knüpfte außerdem die Auflage zur Sicherheitsbestellung daran: zahle in der und der Frist und leiste Kaution für die Zahlung. So heißt es in dem von Halle aus im Jahr 1235 an die Stadt Neumarkt i. Schl. übersandten Recht § 28[28]:

Si aliquis incusatus fuerit coram judice de debitis et debita fatetur, *infra XIV dies debita persolvat, et si non habuerit possessionem, statuat fidejussorem.*

Magdeb. Fragen II, 2 d. 15: — Ist das erbe also gut unde wil her das vorpfenden, also das her beczalen wil uff dy cziet, *dy ym von rechtishalben geteilet ist unde geboten,* doran musz ym der cleger losczen genugen; vgl. das. dist. 16, 17, 18.

Hiermit war nun der letzte Rest der früheren Auffassung, daß die Zahlung an und für sich sofort dem Urtheile zu folgen habe und nur durch besonderes Versprechen oder Sicherstellen hinausgeschoben werden könne, verschwunden. Die Anschauung, daß die Zahlung zwar erfolgen müsse, daß es aber an sich für das Recht von wenig Bedeutung sei, wann dies geschehe, hatte die Oberhand gewonnen; es war nur mehr noch ein Schritt weiter auf dieser Bahn, wenn die Verpflichtung zur Sicherheitsbestellung ganz fallen gelassen wurde, und das Urtheil einfach für die Erfüllung der festgestellten Zahlpflicht eine mehr oder weniger ausgedehnte Frist einräumte.

## § 39.

### Fortsetzung. — Höhepunkt der Entwicklung.

Mit dem am Schlusse des vorigen Paragraphen aus-

---

[28] Gaupp, das alte Magdeb. und Hallische Recht, S. 227; Laband, Magdeburger Rechtsquellen (Berlin 1869) S. 11. Vgl. auch den oben § 34 Anm. [1] angef. Hallischen Schöffenspruch.

gesprochenen Satze haben wir den Höhepunkt der historischen Entwicklung der gerichtlichen Zahlfristen im deutschen mittelalterlichen Recht erreicht: bei nicht erfüllter Zahlpflicht erfolgt zwar schließlich zwangsweise Verwirklichung derselben, aber zu freiwilliger Erfüllung, die auch nachträglich sich noch als volle Rechtsverwirklichung darstellt, wird dem Schuldner von Gerichts wegen in ausgiebiger Weise Zeit gelassen, ohne daß diese Fristgewährung von einer weiteren Voraussetzung abhängig wäre. Die Quellenzeugnisse, welche diesen Satz aufstellen, geben die Rechtsanschauung des späteren Mittelalters ersichtlich am unverfälschtesten wieder.

So sagt in allgemeiner Weise das Bamberger Stadtrecht § 220:

> Item ob einer vmb schulld beclagt wurdt vnnd das im die *geboten wurdt zu richten in solcher zeit als recht ist*, u. s. w.

Es ist ein Satz des objektiven Rechts, und jeder beklagte Schuldner hat einen Anspruch darauf, daß die Zahlung einer gerichtlich festgestellten Schuld erst nach bestimmter Frist zu erfolgen hat; der Richter, indem er die Frist gewährt, wendet diesen Rechtssatz einfach an.

Bezüglich der Dauer dieser gerichtlichen Zahlfristen herrscht große Mannichfaltigkeit; immer lehnen sich dieselben jedoch, hierin ihrem historischen Ursprunge aus der mit dem Urtheilserfüllungsgelöbniß verbundenen Frist getreu, an die betr. gerichtlichen, von einem Gerichtstermin zum andern verstreichenden Fristen an, wie dies z. B. besonders deutlich im Stadtrecht von Apenrade v. J. 1284, deutsche Uebersetzung art. 69[1] hervortritt:

---

[1] Bei Dreyer, Sammlung vermischter Abhandlungen zur Erläuterung der deutschen Rechte und Alterthümer, 3. Theil (Rostock und Wismar 1763) S. 1408; sowie Corp. Stat. Slesvic. II S. 384. Aehnlich Flensburger Stadtr. art. 65; Haderslеber Stadtr. art. 25. (Corp. St. Slesv. II S. 201, 462 f.).

Efft ein borger clagett den andern an up dem dinge vor geltt, — — men legge öhme *vor 8 tage*, bethalett he denne nicht *tho dem andern dinge*, *legge man en vor den andern lagedagh* u. s. w.

Das sächsische Recht gewährt fast durchgehends eine Zahlfrist von 14 Tagen. Voran steht hier die Bestimmung des Sachsensp. II, 5 § 2:

Over virteinnacht sal man scult gelden de man vor gerichte gewint,

und in glücklicher Fassung gibt uns die Glosse zu dieser Stelle das oben dargelegte rechtliche Motiv an, auf welchem dieser Satz beruht:

allein daz man es im zu hand io schuldig sey, man pfendet es ym doch nicht auss, ee denn uber vierzehen nacht; *wenn der cleger sol nicht zu hand kummen mit einem sack*, allein sey man es ym zu hand schuldig.[2]

Ein klägerisches Recht auf alsbaldige Bezahlung wird nicht anerkannt; der Gläubiger muß sich daran genügen lassen, daß ihm überhaupt zu seinem Geld verholfen wird; will er sich nicht gedulden, so erscheint dies als unberechtigte Habgier.

Vgl. noch Sachsensp. I, 70 § 2; Blume v. Magdeburg II, 3 reg. 23; Stadtr, v. Verden a. 51; Hamb. Recht v. 1270 I, 9; v. 1292 C. 5; v. 1497 G. 14; Billwärder R. a. 34; Bremer Urtheile von 1331 und 1337[3]; Reformation des Landrechts des bremischen Oldenlandes um 1580, art. van schuldtsaken[4]; Eisenacher Gerichtsleufft a. 42; Purgoldt's Rechtsb.

---

[2] Nach der Ausgabe des Sachsensp. Augsburg 1517, fol. 63. Ebenso die Glosse zu Ssp. III, 22 § 1 (ebenda fol. 134). Siehe auch Graf und Dietherr, Rechtssprüchwörter, S. 479 Nr. 678.

[3] Oelrichs S. 172 Nr. 20 u. S. 198 Nr. 81.

[4] Pufendorf, Obs. IV App. S. 44; über das Alter und den deutschrechtlichen Inhalt dieser Rechtsquelle vgl. Stobbe, Gesch. der deutschen Rechtsq. II S. 337.

VII c. 18; Stat. v. Gera art. 31[5]; Auszug aus dem Salbuch von Witzenhausen v. J. 1555.[6]

Auch in süddeutschen Rechtsquellen findet sich diese vierzehntägige Zahlfrist:

Münchener Stadtr. art. 286: Swelich purger ainen andern purger bechlagt umb gelt, daz er im sol umb ainen chauff, daz sol er im wetten *in vierzehen tagen ze geben*. — Stat. v. Regensburg (v. Freyb. V S. 33); Handfeste v. Freiburg i. Ue. v. 1249 § 74 (Gaupp II S. 96); Stat. v. Nördlingen v. J. 1650 tit. XVI § 1[7]; Landrecht v. Liebenau § 6; Landr. des Gerichts Raschenberg II § 11.[8]

Dieselbe wechselt aber hier mit einer achttägigen ab, welche wir schon oben in den besprochenen Stellen des Schwabensp. fanden. An den letzteren lehnen sich an einige spätere Zusätze zum Augsburger Stadtr. v. 1276 art. 126.[9] Ferner

Stadtrecht von Hagenau v. J. 1164 § 17 (Gaupp, I S. 99): Si civis a cive pro debitis in causam ducitur, *judex infra octo dies debitorem cum actore in composicionem redire precipiat;* daselbst § 18.

S. noch Basler Satzungen über den Gerichtsgang von 1457 art. 11.[10] Oefnung von Wetteschwil, Sellenburen, Stallikon v. 1468.[11]

Allein man begnügte sich nicht mit der Gewährung dieser einfachen Fristen; vielmehr wurde häufig bestimmt, daß dieselben wiederholt, meist dreimal dem Schuldner zustehen sollten. So in allgemeiner Weise:

---

[5] Schott, Sammlung, I S. 166 f.

[6] Bei Kopp, Ausführliche Nachricht von den geistlichen und Civil-Gerichten in den hessen-kasselischen Landen I Beilage Nr. 83 S. 154.

[7] Schott, Sammlung, I S. 220 f.

[8] Grimm, Weisth. VI S. 149, 157.

[9] Meyer Stadtbuch v. Augsburg S. 208.

[10] (Joh. Schnell), Rechtsquellen von Basel, Theil I (Basel 1856) Nr. 148 S. 152.

[11] Grimm, Weisthümer, I S. 42.

Bremer Recht von 1303, Ord. c. 22 (Oelrichs S. 77 f.): So wur en then anderen beclaghet vor gherichte umme ghelt ether umme andere sake, bekend eme thes the anclagere ether wert hes vortucht, *also that eme the voghet to dren rechten hebbe gheboden to lestende,* unde he thes voghedes bod vorsete to der verthen claghe, so scal men eme richten uter were, ether weldighen in sin erve oft he hevet. — Bremer R. v. 1428 III c. 18 (Oelrichs S. 372). Hadeler Landr. v. 1583, II tit. 2.[12] Schleswiger Stadtrecht art. 89; Apenrader Skraa art. 19.[13]

*Jura Originalia* von Brünn v. J. 1243 art. 17[14]: Si quisquam civium alicui in debitum teneatur, *tres dies peremptorios solvendi habeat.*

Oeffnung von Romanshorn v. 1469 art. 15[15]; Oeffnung zu Niederbüren v. 1469 a. 13; Oeffnung zu Tablatt v. 1471 a. 13.[16]

Eine Zahlfrist von zweimal 14 Tagen oder einem Monat steht dem Schuldner zu nach einer Basler Rathsverordnung v. J. 1441[17]; eine solche von dreimal 14 Tagen nach dem Verm. Sachsensp. III, 9 d. 9; eine von dreimal 7 Tagen nach dem Weisthum von Birmensdorf und Urdorf (bei Zürich) v. 1347[18]; Fristen von viermal 8 Tagen nach mehreren Kölner Bruderschaftsstatuten, z. B. derjenigen zu St. Aposteln.[19]

---

[12] Pufendorf, Obs. I App. S. 14 f.

[13] Corpus Stat. Slesv. II S. 36, 421.

[14] Rößler, Rechtsdenkm. II S. 348 f.

[15] Schauberg, Zeitschr. für noch ungedruckte schweizerische Rechtsquellen, II S. 63.

[16] J. Grimm, Weisthümer I S. 219, 225.

[17] Schnell, Basler Rechtsq. I Nr. 128 S. 123 f.

[18] Grimm, Weisth. I S. 32.

[19] Ennen und Eckertz, Quellen zur Gesch. d. St. Köln I S. 282; vgl. das. S. 249, 353.

In wieder andern Rechtsquellen gab man dem Schuldner zwar auch mehrere Zahlfristen, aber nicht von gleicher, sondern von je geringerer Dauer, z. B.:

Stadtr. v. Wiener-Neustadt aus dem 13. Jhrhdt. art. quando emendae sunt recipiendi[20]: Item si quis debitor coram judicio remanserit alicujus debiti vel emendae, *judex XIV dierum inducias ei dabit.* Quodsi nec tunc persolverit, dabit ei — *VII alios dies* —. Quodsi nec tunc solverit, *tunc tres dies alios ei dabit,* et quodsi nec tunc solverit, tunc ad solvendum pignore compellatur.

Vgl. Stadtrecht v. Diessenhofen v. 1260 § 16.[21] Dienstordnung für die Basler Gerichtsbeamten art. 17.[22] Hamburger Recht v. 1270, IX c. 14; auch Bremer Recht v. 1303 c. 93; von 1428 III c. 10 (Oelrichs S. 121 f., 370); Stdtr. v. Riga II, 17.

Wir haben oben den durchgreifenden Gebrauch unbedingter Zahlfristen historisch darauf zurückgeführt, daß das Gericht dieselben ex officio ertheilt habe; und so wird auch in dem größten Theil der angeführten Quellenzeugnisse hervorgehoben, daß das Gericht es ist, welches ohne irgend welche konkurrirende Parteienthätigkeit in dem Urtheil die Fristen gewährt. Dem gegenüber ist es denn ohne sachliche Bedeutung, wenn auch jetzt noch einige, hierher gehörige Bestimmungen in eine dem früheren Rechtszustand entsprechende äußere Fassung gekleidet sind und danach scheinbar die Zahlfristen von einem das Urtheil anerkennenden Zahlversprechen des Schuldners abhängig machen; so z. B.

---

[20] Herausgeg. von A. v. Meiller im Archiv für Kunde österreichischer Geschichtsquellen Bd. X (Wien 1853) S. 114 (Oesterreichische Stadtrechte und Satzungen aus der Zeit der Babenberger, das. S. 87—173).

[21] Gengler, Corp. jur. munic. I S. 763; bei Schauberg, Zeitschr. II S. 55.

[22] Schnell, Rechtsq. v. Basel I Nr. 64 S. 66.

Rechtsbrief für Passau v. 1225 § 4[23]: Quicunque de alio moverit querimoniam, — et alter, qui debitor est, *promittat illud debitum persolvere creditori; si die illo non solvit, quod promisit*, judex de rebus suis actori finaliter die satisfaciet consequenti;

oder das alte Stadtrecht von Nordhausen art. 10[24]:

Si autem ille in quem fit actio *debitum promiserit et debito tempore dare neglexerit*, — pignorabitur u. s. w.

Wie wenig dieses Versprechen als solches für Erlangung der Frist wesentlich ist, ergibt deutlich das Münchener Stadtrecht, welches in art. 286 (oben S. 282) — ebenso wie die bei Anm. 9 angeführten Bestimmungen des Augsburger Rechts — in Anlehnung an den Schwabenspiegel die Zahlfrist als Folge der gerichtlichen Wette zu gewähren scheint; allein in art. 407 heißt es ausdrücklich:

Der *verchlagt* wirt umb ain gelt, daz er vor gewet hat vor gericht *oder im gepoten ist*, u. s. w.

Es ist hier von der zweiten Klage die Rede, welche behufs Herbeiführung der Exekution angestellt wird, wenn die in Folge der ersten Klage gegebene Zahlungsfrist fruchtlos verstrichen ist[25]; letztere knüpt sich also an das wetten, das Versprechen oder an das Gebot der Zahlung, d. h. beide sind für die Zahlfrist gleichbedeutend, indem nämlich das Versprechen gerade die Erfüllung des Gebots zum Gegenstande hat.

Die im Vorstehenden mitgetheilten Bestimmungen sind die folgerechten Konsequenzen der oben dargelegten, mittelalterlichen Rechtsanschauung. Trotzdem sind sie nicht überall zu durchgreifender Geltung gelangt; vielmehr sind theils sie

---

[23] Gengler, Stadtrechte, S. 344 ff.

[24] Neue Mittheilungen aus dem Gebiet hist.-antiq. Forschungen, Bd. III Heft 1 S. 38.

[25] Ueber Klage in diesem Sinne vgl. Laband, vermögensrechtliche Klagen, S. 2, 3, 240 Anm. 10, und unten § 45 bei Anm. 21.

selbst bedeutenden Modifikationen unterworfen, theils wichtige Ausnahmen von ihnen statuirt worden. Diese wie jene sind unserer Betrachtung zu unterziehen.

## § 40.

## Fortsetzung. — Zahlfristen nur bei bekannter Schuld.

Das Verhalten, welches eine verklagte Partei im gerichtlichen Verfahren einnimmt, hat an und für sich mit dem Unrecht, wegen dessen sie verklagt ist, nichts zu thun; insbesondere kann dieses Unrecht, wie es einmal bei Anstellung der Klage vorliegt, weder durch ein Abläugnen seitens des Beklagten verschlimmert, noch durch ein Zugeständniß gemildert oder gar aufgehoben werden. Ebensowenig werden hierdurch die einmal verwirkten Rechtsfolgen, diejenigen Maßregeln, welche zur Beseitigung oder Ausgleichung jenes Unrechts bestimmt sind, beeinflußt.[1] Daher hat auch die Exekution wegen nicht geleisteter Zahlung einer Schuld an und für sich in gleicher Weise erst nach vergeblich verstrichener, gerichtlicher Zahlfrist einzutreten, mag der Schuldner seine Verpflichtung böswillig vor Gericht geläugnet, oder mag er sie mit dem Vorsatze, derselben alsbald nachzukommen, zugestanden haben. So gewähren denn auch die oben angeführten Bestimmungen des Landrechts des bremischen Oldenlandes (§ 39 bei Anm. [4]), des Schleswiger Stadtrechts (§ 39 Anm. [13]), des Witzenhäuser Salbuchs (§ 39 bei Anm. [6]), des Bremer Stadtrechts von 1303 und 1428 (§ 39 vor Anm. [12]) die Zahlfristen ausdrücklich sowohl für den Fall, daß Beklagter die Schuld sofort zugesteht, als für den, daß er in Folge seines Läug-

[1] Darüber, daß das Verhalten einer Proceßpartei dem im Processe geltend gemachten Anspruche gegenüber ein selbständiges Unrecht darstellen und eigene Rechtsfolgen dieses Unrechts nach sich ziehen kann, vgl. unten § 44.

nens erst derselben überwiesen wird [2]; und das Billwärder Recht art. 34, sowie die in § 39 bei Anm. [3] angeführten Bremer Urtheile von 1331 und 1337 reden überhaupt nur von letzterem Fall.

Allein eine anderweite Erwägung führte an diesem Punkte zu einer Reaktion gegen die unbedingte, unterschiedslose Einräumung von Zahlfristen an den säumigen Schuldner. Stellte nämlich derselbe auf die gerichtliche Klage hin, aus was immer für Gründen, seine Zahlverpflichtung vor Gericht in Abrede, so wurde hierdurch ein Verfahren nöthig gemacht behufs Feststellung der streitigen Punkte, und erst nach Beendigung desselben konnte ein gerichtlicher Zahlbefehl an den Schuldner wirksam werden, sei es, daß der Kläger die Berechtigung seiner Forderung dargethan, sei es, daß der Beklagte den Nachweis ihrer Richtigkeit nicht zu erbringen vermocht. Dieses Verfahren konnte sich zwar nach dem mittelalterlichen Prozeßrechte an und für sich sofort und ohne Zeitverlust an Klage und Antwort anschließen; es konnte aber auch auf einen weiteren Termin verschoben werden.[3] Und

---

[2] Dasselbe ergibt sich indirekt aus der Bestimmung des Stadtrechts von Wiener-Neustadt in art. de pretio premerito i. e. garentzlon (Archiv für Kunde österr. Geschichtsquellen, Bd. X S. 114).

[3] Vgl. z. B. Sachsensp. I, 62 § 6: Tüges sal man over ses weken vulkomen, des sik die man anematet, oder to hant of he wel; II, 10 § 6: Svar man aver eide lovet, die sal man lesten to me nesten ungebundenen dage, und hierzu die Glosse: Wil aver die antwerdere si tu hant dune, di cleger moit si wol nemen (bei Homeyer, Sachsensp., zu der Stelle, und in dessen Richtst. Landr. S. 457 Note *); Richtst. Landr. 8 § 3; 46 § 2; System. Schöffenr. II, 2 c. 7; Kulm. R. II, 23; Mgdb.-Bresl. R. v. 1295 § 2; Mgdb.-Görl. R. v. 1304 § 43; Behrend, Stendaler Urtheilsb. VIII Anm. c S. 42—44. — Keyserrecht I c. 18: Wer an gerichte ein ding wil bezugen, der sal gewarnt sin, daz er sin gezug by im habe; hat er ir aber bi im nit, so sal er sich gezuges vermezzin nach dez keisers recht, so hat er recht sin gezuge volle zu furen zu drien vierzehen nachten. Sint gesc. stet in des riches rechte:

letzteres muß wohl in Anbetracht der meist obwaltenden thatsächlichen Verhältnisse als die Regel betrachtet werden, wie dies auch in den Quellen selbst geschieht.

Hierdurch wurde nun aber für die Erfüllung der vom Recht geforderten Leistung ein weiterer Aufschub bewirkt, von welchem im Falle sofortigen Zugeständnisses nicht die Rede war. Läugnete der Beklagte und mußte er erst der Schuld überwiesen, in derselben gewonnen werden, so war er hierdurch bezüglich der Zahlungszeit viel günstiger gestellt, als der sofort zugestehende; ja hierin schien recht eine Aufforderung zum böswilligen Abläugnen der Schuldverpflichtung zu liegen.

Die Fristen, welche dem läugnenden Schuldner in Folge des Ueberführungsverfahrens zu Statten kamen, entsprachen nun ihrer Dauer nach im Großen und Ganzen denjenigen, welche ein zur Zahlung verurtheilendes Erkenntniß zu gewähren pflegte, da beide gleicherweise auf den, zwischen zwei Gerichtsterminen liegenden Zeitintervallen beruhten. In Folge hiervon, sowie um den vorher berührten Uebelstand zu beseitigen, scheint man dazu gekommen zu sein, einem läugnenden Schuldner den durch sein Läugnen verursachten Zeitverlust als Zahlungsfrist anzurechnen, und ihn daher nach gefälltem Endurtheil zu *sofortiger* Zahlung anzuhalten. Dieselbe Frist, welche dem geständigen Schuldner nach Erlaß des Urtheils zusteht, kommt jenem durch das vorgängige Proceßverfahren, das durch ihn verschuldet ist, zu Gute; er hat sich gewissermaßen seine Zahlfrist selbst vorweg genommen. — Der schon mehrfach hervorgehobene Gesichtspunkt des deutschen Rechts, welcher die äußerlich im Unrecht befindliche Partei auch subjektiv als von Anfang an im bösen Glauben befindlich ansehen läßt, kam dann auch dieser Entwicklung zu Statten.

---

zu drien virzehen nachten sal ein iglich man urlaub han, sin recht zu behalden.

Daß die letztere in der That auf dem eben dargelegten Wege vor sich gegangen, scheint mir durch mehrere Stellen, welche gerade diese beiden Arten von Fristen gewissermaßen in Parallele stellen, klar angedeutet zu sein:

Verm. Ssp. III, 9 d. 1: Spricht eyner den andern an umbe schult vor gerichte, bekennet her der schult, — *so teyle man ferczen tage.* Louckent he aber der schult, so sal her zcu hant vorsache —, so had her *des eydes ufschub firczen tage.*[4]

Stadtrecht von Iglau art. 20[5]: Et quicumque querimoniam super aliquem fecerit pro dimidia marca et infra, et si aliquis citatus fuerit semel, et si negaverit, ab illo die *per dies XIV juramento confirmabit negativam suam.* Si autem fassus fuerit, *per dies XIV debitori* (lies creditori) *solvet.*

Frankfurter Schöffengerichtsordnung art. 44[6]: Und wann das ist, das also clage vur sie kummet, so sullen sie den schuldigen fragen, obe er des geldis eyns teils oder zu male erkentlich sy, wes und wie vil er dann der vorgeschriben somme erkennet, *des sal er 14 tage dann frist han* —. Was dann der schuldige dem cleger leuckenbar ist, so sal der richter yn beyden tag machen und setzen an daz nest gericht odir *uber viertzehen tage* — *die unschult zu tun.*

Lüneburger Stadtrecht[7]: Schuldeghet en man den anderen umme penninge, — wes he eme denne bekande, were't köp eder börgetögh, *des hedde he verteyn nacht dach*, und des he eme vorsöke, dar schal

---

[4] Die Pölmannischen Distinktionen V, 2 d. 2 geben den letzten Satz so: leugnet er aber, so hat er auch 14 tage des eydes (Ortloff, Rechtsquellen I S. 457).

[5] Tomaschek, deutsches Recht in Oesterr. S. 222.

[6] Thomas, der Oberhof zu Frankfurt a. M. und das fränkische Recht in Bezug auf denselben. (Frankfurt a. M. 1841) S. 281.

[7] Kraut, das alte Stadtr. von Lüneburg, S. 59 Z. c. 10 ff.

he eme denne en recht vöre dön, wan he ene beret hefft. Beredde he ene *binnen verteynnachten* u. s. w.

Kurz, eine große Reihe von Rechtsquellen, voran die dem magdeburgischen Rechtsgebiete angehörigen, stellen den Satz auf, daß nur dem sofort auf die Klage seine Schuld bekennenden Schuldner gerichtliche Zahlfristen zustehen, daß hingegen, wenn zur Feststellung der Schuld die Anwendung processualer Hülfsmittel erforderlich sei, wenn dieselbe mit Nothrecht[8] dem läug-

[8] Der Ausdruck „Nothrecht" in dieser Bedeutung gehört vorzugsweise den magdeburgischen Rechtsquellen an. Ueber den Begriff desselben ist in neuerer Zeit mehrfach gehandelt worden; siehe Staudinger im Anzeiger für Kunde der deutschen Vorzeit, 1858 S. 422 ff. Zöpfl, Alterthümer des d. R. und R. I S. 344 ff. v. Meibom, Pfandr. S. 43 f. Behrend, Stendaler Urtheilsbuch Nr. XXIV Anm. b S. 96—98. Ich kann mich keiner der hier vorgetragenen, z. Th. gar sehr von einander abweichenden Ansichten anschließen, wenn ich auch derjenigen v. Meibom's nahe stehe. Man hat, scheint mir, um die Lösung zu finden, die Sache nicht am richtigen Ende angefangen. „Nothrecht" bezeichnet nicht ein bestimmtes, einzelnes Verfahren und nicht ein bestimmtes, einzelnes processuales Rechtsmittel. Es ist vielmehr ein allgemeiner Begriff, und bezieht sich auf jedes rechtliche Mittel, welches bestimmt ist, eine Anforderung des Rechtes gegen den widerstrebenden Willen des hierzu Verpflichteten trotzdem durchzuführen. Aus diesem allgemeinen Begriff sind dann die einzelnen Anwendungen, in denen das Nothrecht auftritt, abzuleiten und zu erklären. So bedeutet es die auf Realisirung eines rechtlichen Anspruchs gerichtete Klage und das sich anschließende gerichtliche Verfahren überhaupt in den von Staudinger a. a. O. mitgetheilten Stellen des Langenzenner Stadtbuchs v. 1530 und des Cadolzburger Saalbuchs v. 1532; ferner in den Urkunden v. 1453 und 1486 bei Haltaus, Glossar. s. v. Notrecht S. 1428; in dem Schöffenurtheil bei Wasserschleben, Sammlung deutscher Rechtsquellen, IV c. 15 S. 150; in der Blume v. Magdeburg (Böhlau) I c. 98, 104; in dem Privileg für die St. Cassel saec. XV § 32 (Gengler, Corp. jur. munic. I S. 478): Item den Adel vnd die von der Ritterschafft vmb unser schult an Gericht vnde Noitrecht zu pfenden. Die Exekution selbst wird hierdurch bezeichnet in der Bl. v. Magdeb. II, 2 c. 208: pfant, daz ein man dem anderen vm scholt mit not rechte angewinnet. — Dieser in dem Worte liegende Begriff des rechtlichen Kampfes führt

nenden Schuldner abgewonnen werde, sie auch unmittelbar nachher zu zahlen sei.

In allgemeiner Weise wird dies ausgesprochen im

---

nun dazu, mit „Nothrecht" auch das processuale Beweisverfahren und die Beweismittel zu bezeichnen, durch welche ein nicht zugestandener Rechtsanspruch in seinem thatsächlichen Bestande festgestellt, dem läugnenden Beklagten abgewonnen werden muß. In diesem, keineswegs auf das Beweismittel des Eides beschränkten Bezuge findet sich das Wort in folgenden Stellen: System. Schöffenr. III, 2 c. 33, 47–49; Kulm. R. III, 70, 84–86; Mgdb. Schöffenurth. bei Stobbe, Beiträge S. 104 Nr. 25; Mgdb.-Bresl. R. v. 1261 § 24; Mgdb.-Görl. R. v. 1304 § 64, 127; Sächs. Weichb. 90 § 1 (v. Daniels u. v. Gruben S. 151; bei Mühler a. 30); Glog. Rechtsb. c. 506; Bresl. Rechtsaufzeichnung saec. XVI c. 7, 42 (Ztschr. des Vereins für Gesch. u. Altth. Schlesiens IV S. 85, 94); Schöffensp. bei Wasserschleben, Rechtsq. V c. 10 S. 362; Igl. Schöffensp. Nr. 97, 98, 102 (Tomaschek, Oberhof S. 80, 81); Brünner Schöffenb. c. 161; Bamberger Stdtr. § 394; Urk. v. 1482 und 1430 bei Haltaus a. a. O. Welcher Art das Beweismittel ist, durch welches im einzelnen Falle der „Kampf um's Recht" geführt wird, ist für den Nothrechtsbegriff ganz gleichgültig. Der Beweis für die Richtigkeit dieser Auffassung liegt darin, daß in beinahe allen angef. Stellen der ausdrückliche Gegensatz der mit Nothrecht gewonnenen, erstandenen, behaltenen Schuld in der bekannten Schuld liegt, welche ein Nothrecht nicht erfordert. Ferner findet sich den Worten des Verm. Ssp. III, 10 d. 6: Wer uf den andern schuld gewinnet vor gerichte, dy also gebort, daz sy eyner zcu den heyligen mus behalden adder mit geczuge u. s. w. in den Pölmannischen Distinkt. V, 2 d. 5 noch der offenbar gleichbedeutende Satz vorgesetzt: Welcher man von rechtes wegen den andern beklaget umb schuld, und gewinnet er die mit notrechte u. s. w. (Ortloff, I S. 464). — In derselben Bedeutung wie Nothrecht findet sich auch das blose Wort „Recht" gebraucht, wenn von „mit Recht" gewonnener, erforderter Schuld die Rede ist; z. B. Ssp. II, 10 § 2; Naumburger Schöffenurth. Nr. 38 (Mühler S. 88); Stadtr. v. Rüden 1310 art. 67 (Seibertz U.-B. II Nr. 540); und der gleiche Begriff kommt im Stadtr. von Lüneburg zum Ausdruck, wo es heißt: Were't dat en man den anderen schuldeghe vor gherichte mit helpe und mit tughe (Kraut, S. 55 Zle. 5 ff.). — In Bezug auf eine nicht bekannte, sondern in contumaciam gewonnene Schuld wird der Ausdruck „Nothrecht" gebraucht im Glogauer Rb. c. 504; über die materielle Behandlung dieses Falles siehe S. 293 f. — In den Regensburger Stat. (v. Freyb. V S. 31, 32, 43, 44) findet sich das, dem „Nothr." in allen seinen Anwendungen entsprechende Wort „Notwang."

System. Schöffenr. III, 2 c. 33: Welch man den andirn vmme schult beclait vnd *gewinnet her dy mit notrechte, das mus her des selbin tagis geldin* —. c. 34: Wirt eyn man beclagit vmme schult *vnde bekennyt her ym der schult, zo sal her ym bynnyn virczen nachtin geldin.* — Ebenso Kulm. R. III c. 70, 71; Magdb. Schöffenspr. bei Stobbe, Beitr. S. 104 Nr. 25; Magdeb.-Bresl. R. v. 1261 § 24, 25; Magdeb.-Görl. R. v. 1304 § 64; Sächs. Weichb. 90 § 1, 2 (v. Daniels und v. Gruben S. 151; bei Mühler a. 30); Glog. Rb. c. 496, 497, 506, 630[9]; Breslauer Rechtsaufzeichnung aus der 1. Hälfte des 16. Jhrhdts. c. 7, 8, 42[10]; Pölmannische Distinktionen V, 2 d. 5 (Ortloff, I S. 464). — Auch Eisenacher Gerichtsleufft c. 54 (Ortloff II S. 368); Purgoldt's Rb. VII c. 26; Regensb. Stat. (v. Freyb. V S. 31). — Vgl. Keyserrecht I c. 24.

Für den Fall, daß die Schuld, in Folge des Läugnens des Schuldners, durch den seitens des Klägers geführten Zeugenbeweis gewonnen wird, wird sofortige oder doch über „Dwernacht" zu leistende Zahlung verordnet in:

Magdeb.-Görl. R. v. 1304 § 127; Verm. Ssp. III, 10 d. 6; Gosl. Statuten (Göschen S. 70 Zle. 20; S. 97 Zle. 16); altes Mühlhäuser Rechtsbuch c. 35[11]; Purgoldt's Rb. VI c. 65; Hamburger Recht v. 1292 M c. 11; von 1497 C c. 4.

---

[9] Dagegen ist in c. 152 und 499 desselben Glogauer Rb.'s der mit dem Rechte des Sachsensp. übereinstimmende Satz ausgesprochen: eyn iczlich dirfordert geld sal man leystin bey XIV tagen. Es ist überhaupt zu beachten, daß mehrfach dieselbe Rechtsquelle in Bezug auf die vorliegende Frage mit einander in Widerspruch stehende Bestimmungen enthält, welche wohl auf verschiedene Entwicklungsstadien zurückzuführen sind.

[10] Zeitschrift des Vereins für Gesch. u. Alterth. Schlesiens, Bd. IV S. 85, 94.

[11] Herausgeg. v. Förstemann in Neue Mittheilungen aus dem Gebiet hist.-antiq. Forschungen, VII Heft 1 S. 104.

Dasselbe gilt nach dem Stendaler Urtheilsbuch Nr. 24, wenn der klägerische Zeugenbeweis auch nur auf Vereinbarung beruhte.

Ein eigenthümliches Beweismittel neben dem Zeugenbeweis kennt das Wiener Recht, nämlich die Berufung auf das Zeugniß der Gegenpartei selbst.[12] Erbringt der Kläger hierdurch den Beweis der Schuld, indem der Beklagte entweder die Antwort weigert oder nunmehr seine Verpflichtung zugesteht, so hat letzterer auch hier keine Zahlfrist mehr zu beanspruchen:

Wiener Stadtrechtsbuch art. 8: Schol ein man dem andern gelten, und gicht im dez geltes nicht envollen, wez er im dann an laugen ste, *daz gelt im zue einem rechten tag, daz sind vierzechen tag;* und waz des übrigen sei, da geschech umb was recht sei, *also daz es der chlager pring, oder ziech es an enen selb.* Wann waz ein man umb gelt oder umb pürgelschaft vor gericht bechennet, dez hat er wol seinen tag; laugent awer er des, da man in umb anspricht, *also daz man im es abgezeuget, oder daz er im selber nicht gestet, ob man es an sein treu zeucht, so muez er wern heint und morgen.* Vgl. art. 4, 5, 12, 19, 20, 47 daselbst.

Denselben Satz für den Fall, daß Kläger die Schuld mit seinem Eid behält, sprechen aus die angeführten Stellen des Verm. Ssp. und der Gosl. Statuten; für den, daß der Beklagte den Beweis der Zahlung nicht erbringt, das Wiener Stadtrechtsbuch art. 6.

Es fragt sich noch, wie es sich verhält, wenn der beklagte Schuldner ungehorsam ist, entweder vor Gericht nicht erscheint oder sich auf die Klage nicht einläßt; wenn er also

---

[12] Ueber dies Beweismittel im sächs. R., wo es nur für einen Fall bekannt gewesen zu sein scheint, vgl. Ssp. I, 6 § 3; II, 22 § 5; Richtst. Landr. 10 § 2; Glog. Rb. c. 103; Magdeb. Fr. II, 3 d. 3; Laband, vermögensrechtl. Klagen S. 15—17.

die Schuld weder bekennt noch läugnet, und somit nach dem durchgreifenden Grundsatze des deutschen Proceßrechtes als in derselben gewonnen gilt und zur Zahlung verurtheilt wird. Die Entscheidungen der Quellen weichen hier von einander ab. Das Glogauer Rechtsbuch c. 504 bezeichnet diesen Fall ausdrücklich als zum Nothrecht gehörig und stellt die Zahlverpflichtung „bey tagelichte" auf; und hiermit stimmt überein Stendaler Urtheilsbuch II § 7, sowie Purgoldt's Rechtsbuch VI c. 65. — Dahingegen gewährt das Magdeb.-Bresl. System. Schöffenr. III, 2 c. 35 auch dem auf die Klage ausbleibenden Schuldner vierzehntägige und weitere Zahlungsfrist, ja in III, 2 c. 3 sogar dem läugnenden Schuldner, der dadurch in der Schuld gewonnen wird, daß er an dem für seinen Zeugenbeweis anberaumten Termine ausbleibt.

Endlich sind noch eine große Reihe von Quellenaussprüchen zu erwähnen, in welchen allein von bekannter Schuld die Rede ist, und wonach hierfür gerichtliche Zahlfristen gegeben werden, meist von 14 Tagen, jedoch auch von anderer Dauer, in ähnlicher Mannichfaltigkeit wie wir sie oben (S. 281 ff.) kennen gelernt haben. Es ist jedoch zu beachten, daß sich aus diesen Stellen noch nicht immer per argumentum a contrario schließen läßt, daß nach der betr. Rechtsquelle bei nicht bekannter Schuld keine Zahlfristen stattfänden. — Ich stelle dieselben in der Anmerkung [13] zusammen.

[13] System. Schöffenr. III, 2 c. 119, 129; Magdeb. Fragen I, 6 d. 9; II, 2 d. 14; II, 8 d. 1; Verm. Ssp. III, 9 d. 1; Glosse z. sächs. Weichb. a. 90 (v. Daniels S. 406); Halle-Neumarkter Recht v. 1235 § 28; Freyberger Stadtwillkür bei Schott, Sammlung III S. 303; Geraische Statuten v. 1487 art. 4 (Walch, Beyträge, II S. 95); Stadtr. von Arnstadt art. 146 (Michelsen, Rechtsdenkmale aus Thüringen, Jena 1863 S. 78); Weisthum zu Wetter von 1239 (Grimm III S. 345); Stadtr. von Deutschbrod v. 1278 art. 37 (Gengler, Corp. J. M. I. S. 746); Stadtr. von Znaim v. 1314 art. de debito exigendo (bei

## § 41.

## Fortsetzung. — Schuldverpflichtungen, bei welchen keine Zahlfristen stattfinden.

Außer dieser, auf processualen Gründen beruhenden Beschränkung der gerichtlichen Zahlungsfristen gibt es des ferneren gewisse Forderungen, bei welchen unter allen Umständen, um ihrer eigenen Natur willen, die sofortige Erfüllung eines zur Zahlung verurtheilenden Erkenntnisses geboten wird. Diese Ausnahmen finden sich theils durchgängig, theils nur in einzelnen Rechtsquellen.

Zunächst gehören hierher die Gastschulden, d. h. Forderungen, welche einem Gaste, dem Gerichtsbezirke nicht Angehörigen gegen einen Einheimischen oder einen andern Gast zustehen. Dieser Fall ist in fast allen bedeutenderen Rechts-

---

Rößler, Rechtsdenkm. II S. 410); Ofener Stadtr. art. 162 § 2; Willkür der Zipser Sachsen art. 19, 20 (Michnay und Lichner S. 101, 225); Lüneburger Privileg v. 1247 (Urkundenb. der St. Lüneburg S. 38 Zle. 55 ff., bei Kraut S. 8 Zle. 4 ff.); Lüneb. Stadtr. bei Kraut, S. 62 Zle. 1 ff.); Stadtr. v. Uelzen von 1270 § 9 (Gengler, Stadtrechte, S. 498; Pufendorf, Observ. I App. S. 243); Privileg für das Braunschweiger Neuland v. 1296 (Pufendorf II App. S. 9 f.); Stadtr. v. Osterode art. 15 (das. S. 252); Stadtr. v. Hildesheim art. 29 (das. IV A. S. 290); Stadtr. v. Apenrade v. 1284 art. 69 (Dreyer, Sammlung vermischter Abhandl. III S. 1408; Corp. Stat. Slesv. II S. 384); Stadtr. v. Flensburg art. 65, v. Hadersleben art. 25 (C. St. Slesv. II S. 201, 462 f.); Dortmunder Stadtr. art. 5 (Gengler, C. J. M. I. S. 873); Statut der Gewandschneiderbruderschaft zu Köln (Ennen und Eckertz, Quellen I S. 364 a. E.); Kolmarer Stadtr. v. 1293 § 21 (Gaupp, Stadtr. I S 118); Stadtr. v. Dattenried von 1358 § 21 (Gaupp II S. 179); Engelberger Hofrodel (Grimm, Weisthümer I S. 1); Oefnung von Zilschlacht im Thurgau § 10 (das. VI S. 340); Bamberger Schuldordnung § 8 (Zöpfl, Bamb. R. Anhang S. 127); Bayrisches Landr. art. 283; Münchener Stdtr. a. 19; Stdtr. v. Freysing (v. Freyberg, V S. 222). — Siehe auch die französischen Stadtrechte von Riom v. 1270 art. 26, und von Marziac 1298—1300 art. 27 (Warnkönig uud Stein, französ. St.- und Rechtsgesch. I U.-B. S. 44 und 49).

quellen als Ausnahme anerkannt; der Ausschluß der Zahlfristen erklärt sich hierbei aus der Natur der Sache, damit der Gast, wie es im Münchener Stadtrecht ausgedrückt wird, an dem naechsten tag seiner tagwaid nicht versaumpt sey.

Vgl. Magdeb. Fragen II, 2 d. 14: Deme gaste der so ferre gesessen ist, das her nicht dingplichtig ist, *dem sal man bekante scholt by sonnenschein beczalen des selbin tages.*

Ferner: System. Schöffenr. II, 2 c. 35; Kulm. R. II, 51; Glog. Rechtsb. c. 520, 522; Naumburger Stadtr. von 1337 § 17 (Mühler S. 66); Zipser Recht art. 23; Stadtr. v. Freyberg III § 2 (Schott, III S. 169); Ottonisches Stadtr. v. Braunschweig § 58 (Hänselmann I S. 7); Stadtr. von Celle v. 1301 § 35 (Gengler, C. J. M. I S. 481); Uslar-Moringer Recht § 77 (Zeitschr. für R.G. VII S. 303); Stadtr. v. Dortmund § 38 (Gengler, C. J. M. I S. 877); Casseler Stadtr. v. 1384 § 10 (Gengler a. a. O. S. 471 f.).

Schwabensp. art. 304[c]: Swem man vor gerihte gülte wettet, *der sol ir warten untz diu sunne vnder gat, ob er ein gast ist,* vnd ist er dannoch nüt gewert, so sol im der rihter ein phant geben dannoch vor naht.

Hagenauer Stadtr. v. 1164 § 18 (Gaupp, Stadtr. I S. 99); Engelberger Hofrodel (Grimm, Weisth. I S. 1); Oefnung v. Wetteschwil (das. S. 42); Oefn. v. Neftenbach § 36 (das. S. 78); Oefnung zu Tablatt (das. S. 226); Bamberger Stadtr. § 36; Münchener Stdtr. art. 260, 294; Stadtr. v. Deggendorf von 1318 art. 35 (Gengler, a. a. O. S. 730); Weisthum von Thierhaupten § 17 (Grimm, VI S. 199); Wiener Stadtrechtsbuch art. 20.

Ein entgegengesetztes Motiv, die Unsicherheit des Gastes,

führte dann dazu, auch für den umgekehrten Fall, daß nämlich ein Einheimischer eine Forderung gegen einen Gast einklagt, ebenfalls die Zahlfristen zu versagen; vgl.:

Sächs. Weichb. art. 45 § 4 (bei Mühler a. 9); Magdeb.-Goldberger R. von 1188—1211 § 7 (Gaupp, Magdeb. R. S. 217); Magdeb.-Görl. R. v. 1304 § 7; Hamburger Recht v. 1270 IX c. 14; von 1292 M c. 11; von 1497 C c. 4; Bremer R. v. 1303 c. 93; von 1428 III c. 10 (Oelrichs S. 121, 370); Lübisches R. Cod. III art. 365 (Hach S. 525 Note [1]); Stadtr. v. Verden a. 51; Stadtr. v. Riga II c. 17; Bamberger Stdtr. § 59.

Doch fehlt es auch hierbei wieder nicht an Ausnahmen, welche zur Hauptregel zurückkehren und auch bei Gastschuld dem verurtheilten Schuldner die sonst üblichen Zahlfristen gewähren; so

Hannöversches Stadtrecht c. 43[1]; Prager Stadtr. a. 79 (Rößler, I S. 51); Oefnung von Ossingen a. 4 (Weisth. I, S. 98).

Ein fernerer, wenn auch nicht so häufig vorkommender Ausschluß von Zahlfristen findet statt bei der Einklagung von verdientem Lohn, d. h. von demjenigen Lohn, welcher für persönliche Dienste und Arbeiten zu zahlen ist, die auf Grund eines freien Vertrages geleistet sind; als Liedlohn, Handwerkerlohn, Tagelohn u. s. w.[2]

---

[1] Vaterl. Archiv des histor. Vereins für Niedersachsen, 1844 S. 310 f. — Siehe auch Keyserrecht I c. 16, 17: umb dez wegfertigen mannes willen hat der gesezzin man sin recht nit virlorn.

[2] In niederdeutschen Rechtsquellen findet sich hierfür der Ausdruck „menasle“ oder „nenasne“, in süddeutschen, besonders bayrischen „gearnter oder gearntz lon“; vgl. Stobbe, Vertragsr. S. 97. Letzterer Ausdruck hängt wohl mit „ärnten“ zusammen; vgl. Schmeller's Bayerisches Wörterbuch (2. Ausgabe besorgt von Frommann, München 1872) I S. 146; nach der hier am Schlusse gegebenen Andeutung scheinen beide Ausdrücke von demselben Stamm abzuleiten zu sein.

Zunächst lassen freilich mehrere Rechtsquellen auch hier nur dann sofortige Zahlungspflicht eintreten, wenn die Klage um den verdienten Lohn mit Nothrecht, durch vorheriges Beweisverfahren gewonnen ist; so insbesondere die dem magdeburgischen Rechtskreise angehörigen. Das hierbei angewandte Beweismittel ist meist der Eid des Klägers, da die in Rede stehende Forderung zu denjenigen gehört, welche der Gläubiger innerhalb einer gewissen Höhe und für eine bestimmte Zeitdauer durch seinen alleinigen Eid bewahrheiten kann.[3] Es wird daher in den bezüglichen Stellen hierfür meist der Ausdruck gebraucht: den verdienten Lohn auf den Heiligen behalten, oder nur behalten, *judicialiter obtinere* u. s. w.

Iglauer Schöffenspruch Nr. 199 (Tomaschek, Oberhof S. 110 f.): — Und wann der protess seyn lidlon derstet oder mit seynem ayde behabt, so schol ym das der herre pey sunnen scheyn des selben tages geben.

Freyberger Stadtr. XLIX § 3 (Schott III S. 281): — und waz he beheldit lidelonis uffin heiligen, daz muz im sin herre leisten in deme dinge.

Vgl. ferner Mgdb.-Bresl. R. v. 1261—1283 § 77; System. Schöffenr. III, 2 c. 44 vergl. mit c. 47; Kulm. R. III c. 81 und 84; Lateinische Uebersetzung des sächs. Weichb. art. 79 (v. Daniels und v. Gruben S. 144); Iglauer Stadtr. aus der 2. Hälfte des 14. Jhrhdts. art. von lydlon, dist. 1 (Tomaschek, Oberh. S. 366); Brünner Schöffenb. c. 174 a. E.; Privileg für das Braunschweigische Neuland v. 1296 (*Pufendorf*, II App. S. 9 f.); Münchener Stadtr. art. 136, 137;

---

[3] Vgl. Planck, das Recht zur Beweisführung nach dem älteren deutschen, besonders sächsischen Verfahren, in der Zeitschr. für deutsches Recht Bd. X S. 243—245; Stobbe, Vertragsrecht, S. 67 f., 96 ff.; Homeyer, Richtst. Landr. S. 488; Laband, vermögensrechtl. Klagen, S. 25—29.

anscheinend hiervon abweichend art. 284, siehe aber Bayrisches Landrecht art. 299.[4] —

Wir haben oben den Wegfall der Zahlfristen bei mit Nothrecht gewonnener Schuld auf die hierdurch bewirkte Verzögerung des gerichtlichen Verfahrens zurückgeführt. Im vorliegenden Falle nun wird wohl der Kläger meist sofort im Stande gewesen sein, den beim Läugnen des Beklagten ihm zustehenden Eid zu schwören, wodurch dann jene Verzögerung vermieden wurde. Allein, wenn auch in der letzteren der Anlaß zur Statuirung sofortiger Zahlverpflichtung gesucht werden muß, so war man doch andererseits hierdurch dazu gekommen, dieselbe überhaupt überall dann zu verordnen, wenn das Verhalten des Beklagten irgend welche Weiterungen verursachte, mochte gleich eine wirkliche Verschiebung auf einen andern Termin nicht erforderlich sein; vielmehr nur dem unumwunden zugestehenden Beklagten die Zahlfristen einzuräumen. Ja es scheint in unserem Falle der Wegfall einer thatsächlichen Hinausschiebung des Endurtheils selbst bei Anwendung des Nothrechts theilweise dazu geführt zu haben, von jenem Erforderniß für Versagung der Zahlfristen so sehr zu abstrahiren, daß man letztere bei der Klage um verdienten Lohn ein für alle Mal aufhob, und jeden Schuldner ohne Unterschied, ob er bekannte oder läugnete und durch Eid überführt wurde, zu sofortiger Zahlung anhielt. Unterstützt wurde diese Entwicklung dann durch das auch sonst im mittelalterlichen Recht mehrfach zur Geltung gekommene, ökonomische Moment, daß es für den Gläubiger einer ver-

---

[4] Nach Billwärder Recht art. 20 ist verdienter Lohn, selbst wenn der Schuldner „des verwunnen werd“, erst nach acht Tagen zu zahlen. — In einem Goslarer Forstspruch von 1452 (Grimm, Weisth. III S. 264 a. 33) scheint in der Bestimmung: bekende he der schuld (sc. verdenet lon), de moste he lesten myt borgen edder panden, das oben dargestellte, frühere Entwicklungsstadium festgehalten zu sein, wonach die Zahlungsfrist durch eine Sicherheitsleistung bedingt war.

artigen, zu seinem Lebensunterhalt durch der Hände Arbeit erworbenen Forderung meist von hervorragender Wichtigkeit ist, ungesäumt in den Besitz des verdienten Geldes zu gelangen. — Diese Gestaltung findet sich hauptsächlich in süddeutschen Rechtsquellen:

Stadtr. von Wiener-Neustadt um 1230, art. de pretio premerito, i. e. garentzlon[5]: — pretium premeritum, cui non dantur induciae, nisi illius diei et proxime consequentis, cum institutum sit hoc per dominum: non remaneat apud te opus mercenarii usque mane[6], — sive sit per fassionem sive per testimonium comprobatum.

Vgl. ferner Wiener Stadtrechtsb. a. 46; Zipser Recht a. 21; Weisthum v. Moshaim § 13 (Grimm, VI S. 117); Basler Gerichtsordnung von 1457 a. 62, 63[7]; Oefnung von Stäfa § 29 (Weisth. I S. 47 f.); Oefnung zu Tablatt (das. S. 226, 227); Kölner Rathsverordnung für Zimmerleute und Steinmetzen art. 12[8]; Lübisches Recht nach Cod. Segeberg. bei Hach III art. 347 Note 5 (S. 515); Eintrag im Marburger Gerichtsb. v. 1523.[9]

---

[5] Archiv für Kunde österr. Geschichtsquellen, X S. 114.

[6] Diese sich auch sonst bei unserer Frage mehrfach findende Heranziehung biblischer und religiöser Motive — vgl. z. B. noch Brünner Schöffenbuch c. 174; Eisenhart, Grundsätze der deutschen Rechte in Sprüchwörtern S. 425: „verdienter Lohn schreit für Gott im Himmel“ — basirt im Grunde genommen nur auf der Berücksichtigung des im Texte hervorgehobenen wirthschaftlichen Moments. Vgl. auch Urtheile zu Behlen (Grimm, Weisth. III S. 315): Wenner dat einer einen knecht oder maget hedde —, wo lange sie ohres verdienenden lohns missen scholden? So lange men ethen vnd drinken entrathen kan.

[7] Schnell, Rechtsquellen von Basel, I S. 168 f.

[8] Ennen u. Eckertz, Quellen, I S. 128.

[9] Bei Stölzel, Gel. Richterth. II S. 76. Vgl. auch Rechtsgebräuche von Stadt und Amt Botwar v. 1552 (Reyscher, Sammlung altwürtemb. Statutarr. S. 488 f.), wonach auf Klage wegen

Endlich sind einige, sich nur ganz vereinzelt findende, singuläre Fälle zu erwähnen, in welchen diese oder jene Rechtsquelle sofortigen Vollzug eines auf Zahlung einer Vertragsschuld lautenden Urtheils vorschreibt. Hierher gehört zunächst die Rückforderung dargeliehenen Geldes, für welche insbesondere die hansischen Stadtrechte diese Bestimmung treffen; vgl.:

Lübisches Recht Cod. II a. 75, Cod. III a. 151, 203, 365; Hamburger Recht von 1270 IX c. 14; von 1292 M c. 11; v. 1497 C c. 4; Bremer R. v. 1303 c. 93, von 1428 III c. 10 (Oelrichs S. 121, 370); Stadtr. v. Verden a. 51; Stadtr. v. Riga II c. 17.[10]

Ebenso, nach denselben Rechten, die Miethzinsforderung während dauernden Miethverhältnisses:

Hamburger R. v. 1270 I c. 9; v. 1292 C c. 5; von 1497 G c. 14; Lüb. R. Cod. III art. 250; Bremer R. v. 1303 c. 70; von 1428 II c. 35; von 1433 c. 47 (Oelrichs S. 105, 357, 470); Stadtr. v. Verden a. 10; Stadtr. v. Stade v. 1279 I a. 5 (*Pufend.* I A. S. 81, 172).

Dieses hansische Recht scheint auf dem alten Soester Stadtrecht zu beruhen; wenigstens lautet hier die alte Schrae von 1350 art. 123 (Seibertz II Nr. 719):

Wey deme anderen sal betalen *ledich ghelt*, *huysmede efte koren ghulde van lantschult in der veltmarke,*

---

Liedlohn sofortige Exekution erfolgt; dahingegen bezieht sich Westerwolder Landrecht v. 1470 c. XII § 9 a. E. (v. Richthofen, fries. Rechtsquellen S. 273) nicht auf Zahl-, sondern auf Exekutionsfristen.

[10] In den genannten Stadtrechten ist außer von „gelehnten" auch von „bewiseden" Pfennigen die Rede; unter letzteren sind bereits durch gerichtliches Urtheil festgestellte Forderungen zu verstehen, deren Zahlungsfristen verstrichen sind, und welche nunmehr bei wiederholter Klage (s. oben § 39 Anm. 25) sofort, bezw. über Dwernacht zu vollstrecken sind. Ebenso Lüneburger Stadtr. bei Kraut S. 60 Zle. 15 ff.

dat sal eyn deme anderen betalen, weyrt hey dar umme beclaghet, *over dey dverende nacht* mit reydeme ghelde efte mit pandcn, dey hey dreghen ande dryven moghe, dey also ghut sin, dat hey sin ghelt an soken moghe, *also eyn stades recht is.*

Geliehenes Geld und Miethzins zusammen mit Liedlohn erfordern desgleichen innerhalb drei Tagen Erfüllung bei Meidung der Zwangsvollstreckung nach der Oefnung zu Tablatt (Weisth. I S. 227); und das Wiener Stadtrechtsbuch a. 38, 46 setzt Hofzins in Bezug auf gerichtliche Geltendmachung überhaupt auf eine Linie mit gearntem Lohn.

Das Münchener Stadtr. a. 284 stellt sofortige Zahlungspflicht auf bei Klage „umb pürgschaft oder umb gelihen pfenning oder umb garnetz lon (siehe aber art. 136, 137) oder umb ezzen oder umb trinchen“, und ähnlich Regensb. Stat., Freysinger Stadtrecht art. aber umb gelt (von Freyberg, V S. 31, 226); das Recht der Zipser Sachsen art. 22 bei Bürgschaftsforderung.

## § 42.

### Mangel der Ersatzverbindlichkeit für Verzugsschaden.

Wir wenden uns nunmehr zu dem zweiten Momente, welches, wie oben angedeutet, das Hinwegsehen des mittelalterlichen Rechtes über die nicht rechtzeitige Erfüllung einer vertraglichen Geldschuld bestätigen und erklären soll, und welches darin besteht, daß der säumige Vertragsschuldner, ursprünglich und an und für sich, seinem Gläubiger zu einem Ersatze des Verzugsschadens nicht verpflichtet ist.[1]

[1] Die Ersatzpflicht für Verzugsschaden haben schon früher behandelt Stobbe, Vertragsrecht S. 37—49, sowie Neumann, Geschichte des Wuchers S. 112—120, 142—160; der erstere Schriftsteller jedoch nicht

Strafe und Schadensersatz, soweit letzterer im Gefolge eines Unrechts auftritt[2], unterscheiden sich dadurch, daß jene die durch das Unrecht bewirkte und an sich nicht wieder aufhebbare Störung der rechtlichen Ordnung der menschlichen Lebensverhältnisse auszugleichen bestimmt ist, dieser hingegen darauf abzielt, die in Folge des Unrechts eingetretene Schädigung von Sachen und Interessen, sofern dieselben einen Vermögenswerth besitzen, von einem zunächst Betroffenen auf einen Andern, nämlich denjenigen, der das Unrecht begangen, abzuwälzen. — Das älteste deutsche Recht hatte, wie ihm die Abstraktion einer Scheidung zwischen Verletzung der Rechtsordnung und Verletzung der äußeren Dinge, an welchen diese sich manifestirt, nicht geläufig war, auch jene beiden Rechtsfolgen für die Regel wenigstens in der zu zahlenden Compositio ununterschieden zusammengefaßt. Dahingegen war man in der Periode, mit der wir uns hier beschäftigen, trotz theilweisen Fortbestands des alten Kompositionssystems bereits dazu fortgeschritten, Leistungen, welche einem Delinquenten behufs Wiederherstellung des durch sein Unrecht gestörten Gleichgewichts unter den einzelnen Rechtskreisen, der Rechtsordnung auferlegt werden, — in scharfer Sonderung anderweiten Leistungen gegenüberzustellen, welche der Urheber jenes Unrechts zu machen hat, um den durch das Unrecht verursachten Vermögensschaden von dem

erschöpfend, während der letztere durch Verwischung der rechtlichen Gesichtspunkte und unkritische Behandlung der Quellen zu m. E. irrigen Resultaten gelangt.

[2] Nur insofern interessirt uns an dieser Stelle die Schadensersatzverpflichtung, deren Anwendungsgebiet, besonders im deutschen Recht, ein über das Unrecht weit hinausgehendes ist; der Satz des Keyserrechts II c. 80: wer daz unrecht machet, der sal den schaden gelden, gibt nur einen einzelnen Fall eines umfassenderen Instituts. Vgl. auch Binding, die Normen und ihre Uebertretung (Leipzig 1872) S. 166—172, 207—233, wo nur mit der paradoxen Behauptung, die Ersatzverbindlichkeit knüpfe sich nie an einen deliktischen Thatbestand, über das Ziel hinausgeschossen wird.

Verletzten wegzunehmen, um demselben diesen Schaden zu ersetzen. Diese letzteren Leistungen beziehen sich daher nicht auf das Unrecht als solches, sondern auf den Schaden; aber dieser Schaden muß, um die Ersatzpflicht herbeizuführen, doch zu Unrecht entstanden sein.[3]

Das Unrecht, um welches es sich hier handelt, besteht in der nicht rechtzeitigen Erfüllung einer Zahlungspflicht. Soll sich hieran eine Schadensersatzverbindlichkeit des zur Zahlung Verpflichteten knüpfen, so muß sie sich auf einen Schaden beziehen, der dem Berechtigten dadurch entstanden ist, daß er nicht zu rechter Zeit in den Besitz seines Geldes gelangt ist. Und die Möglichkeit eines derartigen Schadens, sowie auch die der Haftbarmachung des Schuldners hierfür, abgesehen von einer sich nur auf die stattgehabte Verschiebung des rechtlichen Gleichgewichts beziehenden Strafe, ist dem deutschen Rechte unserer Periode an sich selbst wohl bekannt. — Trotzdem finden wir in demselben fast durchgehends den bereits hervorgehobenen Satz: der Schuldner ist den durch seinen Zahlverzug, — dadurch, daß der Gläubiger eine Zeit lang über den Zahltermin hinaus sein Geld hat entbehren müssen, entstandenen Vermögensschaden diesem zu ersetzen kraft Gesetzes nicht verpflichtet:

> Iglauer Stadtrecht aus der 2. Hälfte des 14. Jahrhunderts art. von geltschulde schadenthalb[4]: Wer auff den andern claget umb gelt, das er ym zu rechten tagen nicht habe vergolden, und des habe er schaden genomen, als vil und also vil, *umb denselben schaden dorff yenen nicht antwortten umb.*
>
> Vgl. Iglauer Schöffenspr. Nr. 102[5]; Stadtrecht von Freyberg cap. 49 § 30[6].

---

[3] Vgl. Brünner Schöffenbuch c. 150 g. E.: Nemo damnum facit, nisi qui id facit, quod facere jus non habet.

[4] Tomaschek, Oberhof S. 370.

[5] Ebenda S. 81.

[6] Schott, Sammlung III S. 284.

Will sich vielmehr der Gläubiger gegen hieraus entspringende Nachtheile sicher stellen, so muß er sich deren Ersatz vom Schuldner besonders versprechen lassen, und dann haftet dieser hierfür, wie aus jedem Versprechen: nur gelobten Verzugsschaden ist der Schuldner pflichtig zu gelten, und zwar nicht wegen des zu Unrecht zugefügten Nachtheils, sondern kraft seines Versprechens. In dieser Wendung findet sich unser Satz sehr häufig ausgesprochen:

System. Schöffenr. III, 2 c. 23: Beclait cyn man den andirn vmme schadin, den her habe dorab, das her ym syn gelt uf synyn benumptin vnd gelobtin tag nicht beczalt habe, *der antworter darf umme den schadin nicht antwortin, is en sy denne, daz her daz ouch gelobit habe, ab her en vorczyhe unde her des geczogis schadin neme, daz her ym do vor welle vol tun abe czu richtin*; bekennit der lober daz, zo sal her daz haldin.

Vgl. Kulm. R. III c. 60; Magdb. Fragen II, 6 d. 1[a]; Magdeb. Schöffenspr. bei Wasserschleben, Rechtsq. I S. 214 cap. 66, S. 402 cap. 47; bei Neumann, Magdeburger Weisthümer (Görlitz 1852) Nr. 3; Altes Mühlhäuser Rechtsbuch a. 39[7]; Prager Stadtrecht art. 68 a. E., 125; Brünner Schöffenb. c. 109, 152, 570; hierselbst c. 149 findet sich unser Satz auch in der mehrfach wiederkehrenden Fassung: Man richt nicht um schaden, den sunder *umb erbschaden vnd vm gelobten schaden*, der do bewart ist.[8] Vgl. Schöf-

[7] Neue Mittheilungen, Bd. VII Heft 1 S 107.

[8] „Erbschaden" bezieht sich auf die Sachbeschädigung; vgl. Brünner Schöffenb. c. 150: damna talia, quae dicuntur hereditaria, ex hoc quod fiunt in hereditatibus; ähnlich heißt es im Freyberger Stdtr. c. 49 § 31 (Schott III S. 284) im Gegensatz zum Verzugsschaden: Ist abir daz ein man dem andirn schuld gibit einir sache und klagit schadin do mite in einir clage, dem muz man antwortin zu rechte.

fensatzung c. 209 (Rößler II S. 397); Iglauer Schöffenspruch Nr. 60 (Tomaschek S. 326 ff.).

Hofrodel zu Altorf c. 6[9]: Si sprechent och, das ir hoffrecht syg, das nieman dem andern deheinen schaden sölli ablegen, *er hab im den denn verheissen mit hand oder mit mund.* — Aeltestes Landbuch von Obwalden art. 244[10]; Gerichtsordnung zu Bietigheim v. 1532[11]; Bamberger Stadtr. §§ 225 bis 228; Bayr. Landrecht art. 278, 279; Stadtr. von Freysing (v. Freyberg V, S. 221 oben), v. Regensburg (das. S. 83 Abs. 2).

Ist daher ein Verzugsschaden nicht besonders gelobt, so geht Klage und Urtheil nur auf Zahlung der ursprünglichen Schuld, vgl. Glogauer Rechtsb. c. 389; Mgdb. Fragen II, 2 d. 15—18; und weiter folgt hieraus, daß die Ersatzpflicht nur soweit geht, als sie versprochen ist; daß sich dieselbe insbesondere, falls nur eine oder mehrere specielle Arten des durch den Verzug etwa bewirkten Schadens unter dem Ersatzgelöbniß begriffen sind, auf den sochergestalt eingetretenen Schaden beschränkt.

S. den Magdeb. Schöffenspr. bei Wasserschleben Rechtsq. I S. 214 cap. 66 und S. 441 ff. cap. 95; Bamb. Stadtr. a. a. O.

Der zu ersetzende Verzugsschaden wird daher auch als „benannter Schaden" bezeichnet.

Eine besondere, nicht gerade hauptsächlich in Süddeutschland — (wie Stobbe annimmt) — sondern aller Orten vorkommende Art dieses „benannten Schadens" besteht darin, daß der Schuldner dem Gläubiger für den Fall des Zahlverzugs gestattet, die fällige Summe bei einem Dritten, Juden oder Christen, gegen Gewährung von Zinsen oder

---

[9] Grimm, Weisthümer I S. 11.

[10] Zeitschr. für schweiz. Recht, Bd. VIII Rechtsquellen S. 79.

[11] Reyscher, Sammlung altwürtb. Statutarr. S. 285.

Versetzung eines Pfandes, auf seinen, des Schuldners, Schaden zu entleihen dergestalt, daß der Schuldner die aus diesem Geschäfte entstehenden Nachtheile und Kosten zu tragen, bezw. zu ersetzen sich verpflichtet.[12] Hier gerade heben die Quellen es häufig hervor, daß eine solche Belastung des Schuldners mit dem, in Folge des Verzugs entstandenen Schaden nur auf Grund der Einwilligung desselben zulässig ist; andererseits aber auch, daß der Schuldner, der diesen Schaden auf sich nimmt, deshalb noch nicht zum Ersatze anderweiten Verzugsschadens verpflichtet ist. Vgl.:

Schwabensp. c. 81 a. E.; Deutschensp. c. 73 a. E.; Bamb. Stadtr. §§ 225, 226; Wiener Stdtrb. a. 10, 135; Verm. Sachsensp. III, 14 d. 4; Eisenacher Gerichtsleufft art. 59; Purgoldt's Rechtsb. VIII c. 11; Magdeb. Schöffenspr. bei Wasserschleben S. 213 cap. 66, S. 441 ff. cap. 95; Mühlhäuser Rechtsbuch al. 39 (N. Mitth. VII H. 1 S. 106); Prager Stadtr. a. 17; Brünner Schöffenb. c. 416; Mörfelder Centweisthum (Grimm I S. 489).[13]

---

[12] Hierüber vgl. Stobbe, Vertragsrecht S. 40—49; Tomaschek Oberhof Iglau S. 88 zu Nr. 127; auch v. Meibom Pfdr. S. 92. Die gewöhnlichste Bezeichnung des Geschäfts ist: „Geld bei Juden oder Christen auf Jemandes Schaden nehmen."

[13] Daher findet sich in Schuldverschreibungen häufig die Klausel, wonach der Schuldner den Gläubiger ermächtigt, bei Verzug das Geld auf seinen Schaden zu nehmen; vgl. z. B. Eintrag im Breslauer Stadtbuch von 1401 (veröffentlicht von Stobbe in der Zeitschrift des Vereins für Gesch. und Alterth. Schlesiens Bd. VI S. 343 Nr. 23): — Und ab si des nicht beczalten uff denselbin tag, so sullen und mogen si di 900 golden nemen in cristen adir juden uff gewonlichen schaden; denselben schaden haben si in mitsampt dem hauptgute gutlich und ane wederrede globet zu richten und zu beczalen. Desgl. Eintrag von 1413 (ebenda S. 351 Nr. 44). Urkunden von 1313, 1332 im Augsburger U.-B. I Nr. 228, 313; von 1328 bei Ried, Cod. dipl. Episc. Ratisb. II Nr. 853; von 1369 bei Seibertz, U.-B. II Nr. 805; und hierauf ist auch wohl zu beziehen Urk. v. 1394 bei Fidicin, historisch-diplom. Beitr. z. Gesch. der St. Berlin II Nr. 94: Aver betalede wi den di

Wenn es nun im Augsburger Stadtrecht von 1276 art. 126 §§ 5 und 6[14] von einem umbe gulte beklagten Schuldner, der mit der Führung eines Einredebeweises unterliegt, heißt:

so ist er — schuldik — ieme sins schadens, swie er in hinz im bringen mak, *ez si an iuden oder an cristen*,

so kann der Verfasser nur das Vorhandensein eines hierauf bezüglichen Versprechens stillschweigend vorausgesetzt haben, soll anders nicht eine im deutschen Recht einzig dastehende Singularität angenommen werden.

Mit dem durch Zahlungsverzug entstehenden Schaden sind nun aber diejenigen Vermögensaufwendungen nicht zu verwechseln, welche durch die, behufs zwangsweiser Realisirung eines Anspruchs auf dem Wege Rechtens ergriffenen Maßregeln verursacht werden, insbesondere die Kosten des Processes und der Exekution, der sogenannte Gerichtsschaden. Zur Tragung dieses Schadens ist nach deutschem Rechte jedesmal die im Unrechte befindliche, unterliegende Proceßpartei verpflichtet. Daher hat auch ein Schuldner, der wegen Nichtzahlung verklagt und zur Zahlung verurtheilt ist, oder gegen den etwa die Pfändung vollstreckt wird, dem klagenden Gläubiger seine gerichtlichen Kosten zu ersetzen und es vergrößert sich die zu zahlende Schuld ohne weiteres um deren Betrag. Allein dies steht in keinem Zusammenhang mit dem Zahlverzug als solchem; zahlt der Schuldner noch so lange nach dem ursprünglichen Termin und sind dem Gläubiger durch diese Säumniß noch so bedeutende Vermögensnachtheile erwachsen, begnügt er sich aber

---

200 schok nicht den radmannen tu Berlin, so — scolen und willen den radmannen tu B. old und nye dan geven von teyn schokken eyn schok bemischer groschen tu schadegelde, als si dat selven muten vorschaden.

[14] Meyer, Stadtb. v. Augsb. S. 206.

mit Privatmahnungen oder anderweiten Pressionsmitteln[15] ohne einen Proceß gegen den Schuldner anzustrengen, so wird letzterer zu keinem Pfennig Schadensersatz verpflichtet sein, während dies allerdings z. B. bezüglich der Ladungsgebühr der Fall sein wird, wenn der Gläubiger etwa sofort nach eingetretener Fälligkeit Klage erhebt, der Schuldner aber unmittelbar auf die Ladung hin die Zahlung leistet, so daß dem Gläubiger im Uebrigen auch nicht der geringste Schaden entsteht. Jene Ersatzpflicht steht vielmehr unter der Herrschaft eines processualen Princips und knüpft sich viel eher an die zur Exekution führende Seite des Unrechts, als an das Moment der nichtrechtzeitigen Leistung. Die-

[15] Die hierfür seitens des Gläubigers aufgewandten Kosten sind daher nur dann vom Schuldner zu ersetzen, wenn er dies besonders gelobt hatte; vgl. z. B.: Urk. v. 1312 (Urkundenb. der Stadt Lübeck, II Nr. 294): Et si — dicti burgenses casu quocunque contingente sumptus aliquos fecerint pro hac pecunia consequenda, illos sumptus pari modo solvere tenemur, sicut summam hujusmodi principalem; Urk. v. 1396, von 1342 (bei Friedländer, Einlager S. 106, welcher in dem Passus der letzteren Urk. „wi en hebben hem genoech ghedaen van hoefstol ende van cost" das Wort hoefstol merkwürdiger Weise für die „Unkosten, welche die Pferde im Stall verursachen" erklärt!); Einträge im Stralsunder Stadtbuch von 1294, 1293 Fabricius S. 94 IV Nr. 355, S. 146 VI Nr. 109): si tunc non solverent, tunc debent 2 lib. sterl. reddere pro expensis per nuncium factis. — Bei Ruprecht v. Freysing II § 56 (nach der Ausgabe bei Westenrieder, Beyträge zur vaterländischen Historie u. s. w. Bd. VII, München 1803, S. 166 f., da die Stelle in derjenigen v. Maurer's sich nicht findet; siehe die letztere S. 327 ff. Anm. [b]) heißt es für den Fall, daß ein Schuldner sowohl wie dessen Bürgen der gelobten Einlagerverpflichtung als Konventionalexekution nicht nachkommen und der Gläubiger hierdurch genöthigt wird, weitere Maßregeln zu ergreifen, um in den Besitz seines Geldes zu kommen, ausnahmsweise: vnd swelchen schaden er des nimt mit potscheft oder mit nachreisen oder mit chost, di müs man im ab tun ze seinem gedingten schaden; vnd daz ist dar vm, daz si zebrochen habent an der laistung. Die hier außer dem gedingten Schaden zu ersetzenden Kosten sind gewissermaßen solche, die aus der Durchführung der konventionellen Exekutionsart erwachsen, und stehen so dem Gerichtsschaden gleich.

selbe steht daher keineswegs im Widerspruche mit dem oben dargelegten Satze, daß der Zahlverzug keine Schadensersatzverbindlichkeit erzeuge. Gegen diesen letzteren Satz aber hat man vielfach Quellenstellen beigebracht, welche allein von der Ersatzpflicht des Gerichtsschadens reden, wodurch die Sachlage erheblich verdunkelt wurde:

Iglauer Schöffenspruch Nr. 102 (Tomaschek S. 81): Herstet eyn man awf den andern mit notrecht[16] icht, *was im darawf get von des gerichtes wegen, das schal her czu dem erstanden gut reyten* und das selb schol im gener, awf den her erstanden hat, awch von recht widerkeren, *aber kaynen schaden, des her seyn genomen schulle haben, mag her dorczu nicht gerayten,* wanne keyn man dem andern schaden richten darf.

Schöffenspr. vom Ende saec. XV Nr. 60 (das. S. 326 ff.): — *Sunder was ainer auff notrecht*[16] *legt,* die da recht und redlich bewert und awsgeweyst werden, *die selben scheden ist men pflichtig czu beczalen,* auch eribscheden vnd *gelobte schedenn*, so dieselben bewert werden noch unserm statrechten, die sullen auch beczalt werden.

System. Schöffenr. III, 2 c. 66: Wirt eynym manne eyn erbe gesaczt in gehegtim dinge vor eyne mark daz czener adir me wert ist, unde daz alle dingtage uf butit alz recht ist, und daz selbe gut ym geeygint unde gewaldegit wirt mit rechte, zo mag her daz gut vorkoufin adir behaldin unvorkouft. So mag is yenir, des daz erbe was, ledigin vnd losyn vor daz gelt, do is umme vorkouft vnd vorclait ist *vnd vor kost, daz sint vrede pfennynge, schribe pfennynge.*[17] —

---

[16] „Nothrecht" bedeutet hier das auf Realisirung eines Rechtsanspruchs gerichtete, gerichtliche Verfahren überhaupt; s. oben § 40 Anm. [8].

[17] Ueber die Friedepfennige und Schreibepf. vgl. Stendaler Urtheilsbuch Nr. II und dazu Behrend Anm. b S. 4, 5.

S. ferner daselbst c. 75; — Kulm. R. III c. 104, 105; Glogauer Rechtsb. c. 154; Stendaler Urtheilsbuch II § 8.

Halten wir die vorstehenden Bestimmungen des magdeburgischen Rechts mit den auf S. 305 f. aufgeführten zusammen, so können wir, sofern wir nicht eine ganz unerklärliche Antinomie annehmen wollen, auch bei dem folgenden Magdeburger Urtheil:

System. Schöffenr. III, 2 c. 90 (Kulm. R. III c. 120): Ouch gelobit eyn man dem andirn gelt czu gebin uf eynyn benimptin tag ane geczoge vnde hindirnisse und vor allir ansproche iczlichis mannis, — vorczugt der lobir den tag, alz her beczalin sal unde wirt daz gelt noch deme tage vorsprochin undir ym, *der mus den schadin tragin* und mus doch yenym beczaln syn gelt, alz her gelobit hatte, —

in dem hier erwähnten, vom Schuldner zu tragenden Schaden nur den in Folge des „unter ihm Versprechens" entstehenden, den Gerichtsschaden erblicken.

Nach dem Frankfurter *Baculus judicii* saec. XIV art. 36, 37, sowie nach der Schöffengerichtsordnung saec. XV art. 9—13[18] haften gesetzte, wie genommene Pfänder „vur die schult, darumb der cleger das angesprochen hat *vnd vur den kosten, der von gerichts wegen uff die sache gegangen were, oder vorter geen mochte*"; der Gläubiger soll sie verkaufen, versetzen oder selbst behalten „vur sin schult und forderunge oder vur mynner *und nit daruber und vur den gericht schaden.*

Bamberger Stadtr. § 63: Dye weill aber einer dem clager der bekannten schuld nicht gericht hat, ob im eins dofur erteilt ist zu thun, *so ist ymmer mer in des clagers clag* —; unnd ob man im pfanndt do-

---

[18] Thomas, Oberhof zu Frankfurt a. M. S. 236, 237, 270—274.

fur antwort, — so wurdt dem gericht sein recht dovon, *vnnd dem clager sein schulld vnnd schaden auch dovon erteillt* vnnd sein vorderung gellt, als des gerichtes lauff ist; *vnnd ist die weill ymmer mer in seiner clage*, das er mit dem pfandt antwortten zu hanndt aus der clag nit komen mug; er hab in dan mit gellt oder mit recht gerichtet.

Wie hier nur von dem durch Gerichtsverfahren und Pfändung entstandenen Schaden die Rede ist, und wie wir oben sahen, daß das Bamb. Recht §§ 225—228 nur bei gelobtem Verzugsschaden Ersatzverbindlichkeit anerkennt, so kann denn auch in § 233, wo es nach einigen Handschriften von einem beklagten Solidarschuldner heißt:

der soll sein anzahl geben *an hauptgeld vnd an schaden*, wie das gericht umb den schaden den erkent,

sowie in § 291, wonach vom Gläubiger weiter versetzte Pfänder vom Schuldner „*vmb haubgut vnnd vmb scheden*" einzulösen sind, ebenfalls nur der Gerichtsschaden, in § 233 etwa auch ein gelobter Schaden verstanden sein.

Gerichtsordnung zu Bietigheim von 1532[19]: Item welcher under den rechtenden partheyen verluirt oder unrecht gewinnt, der ist nit weitter schuldig, *dan den gerichtz schaden, oder ain verbriefften schaden oder ain glaublichen versprochen schaden*, doch alles nach ains gerichtz erkennen.

Amtsrecht von Büron von 1487 art. wer sin lidlon muss zien[20]; Amtsrecht von Willisau v. 1489 art. von gelichen gelt oder gut[21]; Aeltestes Landbuch von Obwalden art. 245[22]; Zuchtrodel von Pfeffers v. 1523 § 23 vergl. mit § 12 a. E. (Grimm VI S.

---

[19] Reyscher, Sammlung altwürtb. Statutarr. S. 285.
[20] Zeitschr. f. schweiz. R. V Rechtsq. S. 116.
[21] Daselbst S. 96.
[22] Das. Bd. VIII Rechtsquellen S. 80.

361); Basler Gerichtsordnung zum neuen Haus v. 1534 art. 37.[23]

Bayrisches Landrecht art. 279: Wer dem andern gelten sol, wie er im dez schuldig worden ist, und lät sich der darumb für recht bringen, *und näm dann der chlager dez rechten icht schadens mit dem rechten, den sol er im abtuon zuo änderm genannten schaden, den er im sünderleichen gehaizzen und gelobt hab.*
Hiermit stimmt überein art. 290:

swelhen schaden er *dann fürbaz* seins geltz naem, *wenn er ez an in gevodert an sein gelter*, den sol er im abtuon,

und desgleichen art. 293 und 294; vgl. art. 221 a. E. Wenn es dann aber in art. 288 einfach heißt:

*swelhen* schaden er dez nimt hincz seinen geltern, den sol er im und seinen erben abtuon gaentzlich,

so versteht es sich wohl von selbst, daß diese Bestimmung aus den vorstehenden interpretirt und ebenfalls allein auf den Gerichtsschaden bezogen werden muß. Vgl. noch Freysinger Stadtr. art. umb gelichens gelt und gut (v. Freyberg V S. 223), artt. umb gelichens gelt, umb gelt (S. 224), Stat. v. Regensburg (a. a. O. S. 31, 35). Landrecht v. Raschenberg II § 10 (Grimm, VI S. 157):

Wann ainer dem andern leicht, — das soll man zalen wie mans leicht und gelichen hat, *und kaines andern werts nöt, allein wasz hernach durch gerichts mittl und gebrauch beschicht.*[24]

---

[23] Schnell, Rechtsq. von Basel I Nr. 256 S. 302 f.

[24] Vgl. auch Ingolstadter Rathserkenntniß von 1429 im Münchener Stadtr. art. 513: wer vor offem gericht in daz puoch bekent, der sol auch, waz ainer von gerichts wegen darauf gelegt hat, ez sey den amptleuten, vorsprechen, gerichtschreiber, mit sampt dem haubtguot bekennen. Nach dem Landr. v. Raschenberg II § 11 soll aus der Hyperocha des für die gelobte Schuld verkauften Pfandes bezahlt werden: wasz darauf get, d. h. auf das Pfändungsverfahren, welcher Sinn sich daraus ergibt, daß die Hyperocha zu diesem Zwecke dem Schuldner ausgehändigt werden soll.

Von dem durch die angeführten Quellenbelege wohl als gemeines Recht nachgewiesenen Satze, daß Verzugsschaden vom Schuldner nicht zu ersetzen ist, gibt es jedoch einzelne, singuläre Ausnahmen, welche alle das Gemeinsame haben, daß ein Gläubiger durch den Zahlverzug veranlaßt wird, seinen Aufenthalt an einem bestimmten Orte zu verlängern und daß ihm hierdurch Auslagen entstehen, welche der Schuldner ihm zu ersetzen verpflichtet sein soll. Diese Ausnahmen finden jeweils nur statt bei bestimmten Rechtsverhältnissen, sowie bei bestimmten Arten des Schadens, und zwar bei solchen mehr indirekter Natur; der hierdurch begründete exceptionelle Charakter einer solchen Ersatzpflicht ist geeignet, die oben dargelegte Regel als solche zu bestätigen.

Hannöverisches Stadtr. art. 43[25]: Schuldeghet en gast enen borghere, is de borghere der sculd bekand., unde *heft de gast dar na gheleghen unde anders nergher na, so scal he ome sine kost ghelden* na moghelikem dingen.

Wiener Stadtrechtsbuch art. 56: Pringet awer der fuerman den wein mit gemach da hin, da er in hin gedinget hat, und das in sein herre nicht vertiget mit seinem lon an dem dritten tag, als aller wagenleut recht ist, *swaz er des schaden nimbt und fürbaz zert mit seinen rozzen, den schol er ablegen* dem, der gefuert hat, darumb daz er im lenger saumpt mit seinem lon, denne recht ist. — Ganz ähnlich Luzerner Stadtrecht art. 80[26]; sowie Basler Rathsverordnung von 1402[27].

Luzerner Stadtr. a. 104: — so bald der dienst

---

[25] Vaterl. Archiv des hist. Vereins für Niedersächs. 1844 S. 810 f.

[26] Zeitschr. für schweiz. R. V. R.Q. S. 47.

[27] Schnell, Rechtsq. v. Basel I Nr. 76 S. 82.

us ist, so sol man lidlon angentz mit barem gelt bezalen oder mit pfanden, daruss sy ir bar gelt gelösen mögen, *oder sy mögen an ein wirt gan und da so lang zeren, biss dass inen ir lidlon bezalt wirt.* — Durch diese Stelle erläutert sich dann auch

Keyserrecht II c. 30: Welch knecht einem manne dienet biz an die zit, die er im gelobet hat, dem sal man sinen lon geben, e er us sines meisters huse scheide; wer dez nit entut, *waz schaden vnd versumnisse dem knechte da von an queme, daz sal von rechte der meister ufrichten*, dem der knecht hat gedienet.

Gegenüber diesem Stande der Dinge weiß ich aus dem ganzen Umkreise des mittelalterlichen deutschen Rechts, soweit ich denselben zu übersehen vermag, nur ein einziges Rechtszeugniß beizubringen, welches unzweifelhaft und nicht als Ausnahme, sondern grundsätzlich den Schuldner für jeden durch Zahlverzug entstehenden Schaden verantwortlich macht; es ist dies

Lübisches Recht Cod. II art. 188 (Cod. III art. 78): Dar en deme anderen schuldich is unde nicht neghelt to sime daghe, also langhe alse he dat ghelt beholt na deme daghe, also langhe schal he eme penninge lenen also vel, ofte he mot eme den schaden beteren, ofte he beclaghet wert dar umme, oder he mot sweren, dat he eme nenen schaden ne hebbe ghedan.

Auch diese Bestimmung ist noch weit entfernt von dem römischen Recht, welches bei jedem Zahlverzug, abgesehen von einem in concreto wirklich eingetretenen Schaden, einen festen Interessenanspruch gewährt; ja die unbeholfene Art, wie hier bei stattgehabtem Verzug der erlittene Nachtheil in erster Linie ausgeglichen werden soll, weist deutlich darauf hin, daß wir es mit einem ersten legislatorischen Versuche, das bisherige Recht neuen, städtischen Bedürfnissen entsprechend umzuformen, zu thun haben.[28]

## § 43.

### Fortsetzung. — Begründung der mangelnden Ersatzpflicht für Verzugsschaden.

Es fragt sich nunmehr, wie jener, abgesehen von dem lübischen Rechte, allgemein gültige Satz, wonach ein durch das widerrechtliche Verhalten eines Verpflichteten entstandener Schaden von letzterem nicht getragen wird, zu erklären, mit den allgemeinen Rechtsprincipien in Einklang zu setzen ist. — Am nächsten liegt hier, an das kanonische Wucherverbot zu denken; allein der Ersatz eines zu Unrecht zugefügten positiven Schadens kann doch wohl kaum unter dasselbe untergebracht werden, und außerdem nimmt das kanonische Recht selbst den Verzugsschadensersatz ausdrücklich davon aus.[1]

---

[28] Vgl. hierzu Urtheil des Oberhofes zu Lübeck nach Reval v. J. 1469, bei Michelsen, Oberhof zu Lübeck, Nr. 41 S. 127 f. — Von einem andern Rechtszeugniß, Altes Landbuch von Nidwalden art. 44 (Zschr. für schweiz. R. VI, Rechtsq. S. 126), wonach der Darlehnsgläubiger seinen säumigen Schuldner pfänden und aus den genommenen Pfändern sein Geld lösen soll „unnd den schaden, den er sin hat untz das er entschadiget wirt“, ist es mir zweifelhaft, ob dasselbe nicht einen gelobten Schaden im Auge hat; hierauf scheint mir die sich anschließende Bestimmung hinzuweisen, daß bezüglich des Vorhandenseins und der Größe des Schadens dem blosen Worte des Pfänders geglaubt werden soll „es sye gricht oder nit“; bei diesen Punkten also soll es auf eine vorausgehende Willkür nicht ankommen. (Denn auch hierüber kamen vertragliche Beredungen vor; vgl. z. B. Urk. v. 1283 im Urkundenb. der St. Lübeck I Nr. 450.) — Dagegen wird in dem bereits stark romanistisch und polizeilich gefärbten Zuchtrodel von Pfeffers v. 1523 § 29 (Grimm, VI S. 362) die Ersatzverpflichtung für Verzugsschaden geradezu eingeführt: Item um das so oft beschicht, dasz einer dem anderen zusagt ihn zu bezallen auf einen benanten tag ohne alle fürwort, und das nit halt, — wasz dan der andere zu schaden kombt auf söllig zusagen, und sich das mit recht erfünde, soll er ihm gleicher form abtragen und bezalen, als hät er es ihme mit urthel und recht abgehebt.

[1] Vgl. Endemann, die nationalökonomischen Grundsätze der cano-

Ein anderer Grund könnte in den wirthschaftlichen und Kulturverhältnissen des Mittelalters gesucht werden, welche, in Folge der wenig ausgebildeten Geldwirthschaft, bei nicht rechtzeitiger Zahlung einer Geldschuld den Gläubiger eine wirkliche Vermögenseinbuße nicht erleiden, bezw. empfinden ließen; so daß der Zahlverzug weniger aus rechtlichen, als aus thatsächlichen Gründen ohne Schadensersatzverbindlichkeit geblieben wäre. Ja auf ähnliche Momente scheinen sogar einige in den Quellen selbst gegebene Motivirungen hinzuweisen, welche den Ausschluß der Ersatzverbindlichkeit in unsern Fällen darauf zurückführen:

das nymand sicher mag gesein, obe ym sein gelt oder seine arbeit schaden oder gewynne trage. (Iglauer Stadtr. bei Tomaschek, Oberhof S. 370);

das nimant seynes schadens oder seynes gewinnes gewis und sicher mag geseyn (Igl. Schöffenspr. Nr. 102, Tomaschek S. 81).

Lucrum enim et damnum laborantibus in temporalibus sicut casus fortuiti consueverunt pervenire, de quibus velut de futuris contingentibus haberi non poterit certitudo (Brünner Schöffenb. c. 149).

Allein bei näherem Zusehen kann auch dies als eine zutreffende Begründung nicht erachtet werden. Würde nämlich der Zahlverzug nach mittelalterlichen Wirthschaftsverhältnissen überhaupt einen merklichen Schaden nicht nach sich ziehen, oder wäre derselbe so unberechenbar, daß er mehr als

---

nistischen Lehre (Jena 1863) S. 28, 31 ff., 35 f.; Neumann, Gesch. des Wuchers S. 19, 20. — Freilich wird trotzdem hie und da ein Anspruch auf Verzugsschadensersatz seitens des Gesetzes nicht nur nicht gewährt, sondern auch die willkürliche Beredung eines solchen als Wucher untersagt; so Kulm. Recht V c. 74 a. E. Purgoldt VIII c. 56 betrachtet es als Wucher, wenn der Gläubiger dem säumigen Schuldner den Tag nicht verlängern will, „her schenk ym dan etzwas darumb"; und im Prager Stadtrecht art. 15 wird neben dem Zinsverbot bestimmt: vnd nimand sol den tag seiner gulde verlengen vmb gewin. Solche Mißverständnisse sind jedoch natürlich nicht maßgebend.

Zufall, denn als Folge des Verzuges erschiene, daß somit der Kausalzusammenhang nicht ersichtlich wäre, so wäre es ganz unbegreiflich, wie so häufig auf dem Wege der Privatberedung Schadensersatzansprüche für den Fall des Verzuges hätten stipulirt werden, und wie andererseits doch auch das Gesetz in gewissen Ausnahmefällen solche hätte gewähren können. Dies alles setzt doch die Beobachtung und Erfahrung voraus, daß der Zahlverzug allerdings mit Vermögensnachtheilen für den Gläubiger verknüpft ist oder wenigstens verknüpft sein kann, und die obigen Erwägungen hätten höchstens dazu führen können, einen Ersatzanspruch von dem Nachweise des im einzelnen Falle wirklich eingetretenen Schadens abhängig zu machen, wie dies ja auch im lübischen Rechte geschehen ist. Hierzu kommt aber, daß jene Erwägungen sich überhaupt nur auf eine Art des möglichen Schadens beziehen, nämlich auf das *lucrum cessans*, den entgehenden Gewinn, den der Gläubiger in der Zwischenzeit mit seinem Gelde hätte erzielen können[2], und der ja wohl heute den wichtigsten Theil des Verzugsschadens bildet. Anders aber im Mittelalter. Hier spielt das *damnum emergens* die Hauptrolle, die positiven Ausgaben und Einbußen, die für den Gläubiger dadurch erwachsen, daß er nicht zu rechter Zeit in den Besitz seines Geldes gelangte, als da sind

[2] Daher denn auch ein Iglauer Schöffenspruch (Tomaschek S. 326 ff. Nr. 60) ganz mit denselben Gründen einen Schadensersatzanspruch zurückweist, den Jemand darauf gründet, daß ein Dritter ihm im Vertrauen gemachte Mittheilungen über seine, des Klägers, Vermögenszustände mißbraucht hatte, wodurch er großen Schaden in seinem Gewerbe erlitten und seine Nahrungsquelle verloren habe: — euch doruber fur ain rechtspruch tailen, das wir kainen sulichen ungewissen, ungeordenten und czweyfflhafftigen schaden, als der W. H. yn seiner anklag vermeldet, noch unserun statrechten urtailen, wan niemancz seines schadens oder seines gewiens ist gewis und sicher mag sein czukunfftiglich. Auch hier ist es der zukünftige, entgehende Gewinn, den Kläger ersetzt verlangt, und der dem Recht und dem Gericht zu unbestimmt scheint, um ihn zur Grundlage eines Rechtsanspruchs zu machen.

Mahnungskosten, Zehrungskosten, Kosten für anderweite Beschaffung des dringend bedurften Geldes u. s. w. Die uns erhaltenen Schuldverschreibungen, in welchen Ersatz des Verzugsschadens gelobt wird, sowie die Urtheile über Processe, in welchen der so gelobte Schaden eingeklagt wird, liefern hierfür die besten Beweise; vgl. z. B. Urk. v. 1251:

Et si exinde deficeremus, omnia dampna, *custas* (Kosten) *et expensas*, quas ipse A. per defectum solutionis curreret, errogandum teneremur.[3]

Urk. v. 1283: Si vero predictam pecuniam — contingeret nos — loco et termino supradictis non solvere —, promittimus eidem domino R. — de omnibus *dampnis, interesse et expensis* — integre et plenarie respondere.[4]

Urk. v. 1308: Quod si non faceremus et dictum magistrum H. *dampna et expensas* recipere contingeret occasione dicte non solutionis, obligamur sibi similiter ad satisfaciendum pro eisdem.[5]

Ein sehr häufiger, gerade hierauf bezüglicher Ausdruck ist, daß man sich verpflichtet, den Schaden zu ersetzen, „der darauf ginge": Urtheilsbrief des Gerichts zu Böblingen v. 1464[6]:

Es hab sich gefügt, das im Endris Stück schuldig gewesen sy dryssig vnd dry guldin, des er brieff und sigel hab, in on schaden ze bezaln; *dar uff wer im wol dryssig guldin schades gangen* u. s. w.

Vgl. Iglauer Schöffenspr. Nr. 275 (Tomaschek S. 179 f.); Urk. v. 1294 bei Friedländer, Einlager

[3] Warnkönig, Flandrische St.- und R.-Gesch. III U.-B. Nr. 88 S. 153.

[4] Urkundenb. der Stadt Lübeck I Nr. 450.

[5] Urkundenb. des Bisthums Lübeck I Nr. 420. Siehe auch noch Urk. von 1415 bei Schöttgen und Kreysig, Diplomataria et Scriptores Historiae Germanicae, I S. 76 Nr. 49.

[6] Reyscher, Sammlung altwürtb. Statutarr. S. 379.

S. 106: debitum principale „una cum *dampno superaccrescente*".

Die Magdeburger Schöffen weisen einen Kläger mit folgenden Schadensersatzansprüchen ab, weil dieselben nicht versprochen worden seien:

> Czum ersten haben wir unser geldis schadin an eyme gute Trachenau genand, daz wir gekoufft hatten vmb 300 schog vnde sullen daz beczalt haben, do vorczog uns unser here vnser geld, do quam eyn ander vnde gab 400 guldin mer vmb das gut, wen wyr gethan hatten; hette vns vnser herre der langgrave vnser geld beczald, so hetten wyr sulchen schaden an dem gute nicht genommen — —. Czum andernmale habin wir abegekoufft Ditteriche von Housberge eyn guth genant Lympach, daz gut sulle wir ym beczalt habin den nesten senth michelstag, das vns aber uffczog wart, daz wir on nicht beczalin mochten. Do muste Diterich 100 guldin anderswo borgen vnde muste eynen hengist mittenemen vor 40 guldin, der was kume 12 gulden wert; den schaden wir ouch von unszerm heren dem lantgraven habin, wen der vorgenandte Ditterich den schaden von uns meynt czu habin.[7]

Es leuchtet ein, daß so gestaltete Nachtheile von wirthschaftlichen Zuständen ebenso unabhängig sind, wie sie andererseits in ihrem Bestande eine ziemliche Festigkeit und Bestimmtheit aufweisen, und daß daher in der Natur des durch Verzug bewirkten Schadens selbst der Grund der mangelnden Ersatzverbindlichkeit nicht gesucht werden kann.

Es bleibt vielmehr nur übrig, diesen Mangel aus dem mangelnden Rechtsgrund herzuleiten. Wir haben bereits hervorgehoben, daß der die Ersatzpflicht eines Dritten

---

[7] Wasserschleben, Rechtsquellen I S. 441--443 cap. 95. Vgl. auch die Danziger Urkunden und Schöppenbuchseinträge bei Neumann, Gesch. des Wuchers, S. 153, 154, 158.

begründende Schaden — sofern nicht andere, hier nicht berührende Momente vorliegen, — ein von jenem widerrechtlich verursachter sein muß; die eingetretenen Nachtheile müssen ursachlich auf ein Unrecht des Ersatzpflichtigen zurückgeführt werden können. Liegt ein solches Unrecht nicht vor, so tritt auch eine Ersatzpflicht nicht ein; den Schaden trägt der zunächst und unmittelbar davon Betroffene; es knüpft sich an diesen Schaden keine weitere Rechtsregel, es liegt ein thatsächlicher Vermögensverlust, aber kein rechtlich interessirender Schaden vor.[8] Umgekehrt darf daher auch wohl geschlossen werden: wo ein thatsächlicher Vermögensverlust für Jemanden eintritt, ohne daß das Recht demselben einen Anspruch auf Ersatz gegen einen Dritten, der in gewisser Beziehung zu dem Eintritt dieses Verlustes mitgewirkt hat, gewährt, da geht das Recht davon aus, daß dieser Dritte nicht zu Unrecht dabei mitgewirkt hat; es sieht in seinem Verhalten keine Widerrechtlichkeit und macht ihn deshalb nicht für die, dem Vermögen schädlichen Folgen verantwortlich.

Das Moment nun, wodurch im vorliegenden Falle der säumige Schuldner an der Herbeiführung der den Gläubiger betreffenden Vermögensnachtheile mitwirkt, besteht, wie mehrfach bemerkt, darin, daß er nicht an dem ursprünglich festgesetzten Termin gezahlt hat; und so führt uns denn auch der Mangel einer ihn betreffenden Schadensersatzpflicht, ebenso wie die bereitwillige Gewährung der gerichtlichen Zahlfristen, wiederum zu dem oben dargelegten Satze, daß das deutsche Recht des späteren Mittelalters über das in dem Verzuge einer versprochenen Zahlung liegende widerrechtliche Moment hinwegsieht; daß es ihm einzig auf die Herbeiführung der ausstehenden Zahlung ankommt, daß es dagegen bezüglich der nicht rechtzeitigen Zahlung weder den entstandenen Schaden als einen

[8] Daher die oben § 42 Anm. [3] angeführte Regel des Brünner Schöffenbuchs.

widerrechtlich zugefügten betrachtet und eine Ersatzverbindlichkeit damit verknüpft, — noch auch darin eine Verschiebung des rechtlichen Gleichgewichts zwischen den verschiedenen Befugnissen und Pflichten der zu einem Ganzen verbundenen Gesellschaftsglieder erblickt, welche einer Ausgleichung und Wiederherstellung durch eine Strafleistung, durch eine Entziehung von Rechten an Stelle der zu Unrecht angemaßten, bedürftig wäre.[9]

## § 44.

### Scheinbare Ausnahmen von der Straflosigkeit des säumigen Schuldners. — Strafe des im Proceß besiegten Schuldners.

Zahlverzug zieht somit als solcher eine besondere Rechtsfolge nicht nach sich; er geht für diese Zeit in dem andern Unrechtsmoment, daß noch nicht gezahlt ist, aber noch gezahlt werden soll, auf.

Es gibt nun aber einige Verhältnisse, in welchen ein

[9] Das Verschwinden der Verzugsstrafen haben wir oben darauf zurückgeführt, daß mit Wegfall der der Klage vorangehenden Zahlungsaufforderung der Zahlverzug als solcher seines widerrechtlichen Charakters nach außen hin verlustig gegangen sei. Da nun auch der Mangel der Ersatzpflicht für Verzugsschaden aus dem Mangel einer im Verzuge liegenden Widerrechtlichkeit erklärt werden muß, so ergibt sich uns an dieser Stelle ein interessanter Beleg für die Richtigkeit der angedeuteten historischen Entwicklung aus dem späteren französischen Recht, welches auch bei festbestimmter Zahlfrist die Folgen der mora, und insbesondere die Schadensersatzpflicht, nicht schon mit dem Verstreichen des Zahltermins, sondern erst auf Grund einer besonderen Zahlungsaufforderung, mise en demeure, eintreten ließ; hierdurch erst erschien das Unrecht genügend dokumentirt. Vgl. Warnkönig u. Stein, Franz. St.- u. R.Gesch. II S. 543. Auch noch heute muß in Frankreich der Schuldner, um ersatzpflichtig für Verzugsschaden zu sein, besonders „en demeure" versetzt werden, „soit par une sommation ou par autre acte équivalent, soit par l'effet de la convention, lorsqu' elle porte que, sans qu'il soit besoin d'acte, et par la seule échéance du terme, le débiteur sera en demeure. Code civil art. 1139, 1146.

säumiger Schuldner trotzdem dazu kommt, in Strafe genommen zu werden; allein in diesen Fällen tritt zu dem sonstigen Thatbestande ein anderweites Unrechtsmoment hinzu, auf welches ausschließlich diese Strafe zu beziehen ist; und man muß sich daher hüten, auf solche Verhältnisse bezügliche Quellenstellen zum Nachweise der Existenz von Zahlverzugsstrafen verwenden zu wollen. Aus diesem Grunde bedürfen die betreffenden Fälle, nämlich derjenige, daß ein säumiger und verklagter Schuldner mit Nothrecht[1] in der Schuld gewonnen wird, und der, daß ein säumiger und verurtheilter Schuldner die vom Gericht gegebenen Zahlfristen nicht einhält, an dieser Stelle einer kurzen Besprechung.

Zunächst der erste Fall.

Es ist ein durchgreifender Satz des deutschen Rechtes, daß die rechtlichen Mittel zur Durchführung von Rechtsansprüchen nur demjenigen gewährt werden, dessen angeblicher Rechtsanspruch auch in der That materiell begründet ist. Nur derjenige, der Recht hat, darf den Weg Rechtens beschreiten. Geschieht dies dagegen seitens einer Person, von welcher sich herausstellt, daß ihre erhobenen Ansprüche im konkreten Falle unbegründete waren, so hat sich dieselbe — ganz abgesehen von ihrem außerprocessualen Verhalten — allein durch die Beschreitung des Rechtsweges eines Unrechts schuldig gemacht. Dieses Unrecht besteht seiner rechtlichen Natur nach darin, daß die betreffende Person vermittelst des Processes Zustände hat herbeiführen wollen, welche mit den Anforderungen des materiellen Rechts in Widerspruch gestanden hätten. Dieses Ziel ist allerdings nicht erreicht worden; es ist bei dem blosen Versuche geblieben. Dieser Versuch aber, die Rechtsordnung zu verletzen, schließt einerseits bereits eine wirkliche Beein-

[1] In dem oben § 40 Anm. [8] festgestellten Sinne.

trächtigung des Rechts in sich, indem die dem geltend gemachten, falschen Anspruche entgegenstehenden wirklichen Rechte in ihrem sichern Bestande in Frage gestellt und den Fährlichkeiten des Rechtsganges ausgesetzt worden sind, — und andererseits wird derselbe in seiner weitergehenden Tendenz auf vollständige Zerstörung jener gegenüberstehenden Rechte nicht dadurch gerechtfertigt, daß er sich, statt etwa in offene Gewalt, in die zur Geltendmachung wirklicher Rechte bestimmten Formen gekleidet hat.

Dieses so beschaffene, bereits existent gewordene, aber durch das weiter gehende Ziel sich als Versuch charakterisirende Unrecht bedarf zu seiner Ausgleichung, da eine direkte Aufhebung nicht möglich ist, der Strafe. Um diese aber eintreten zu lassen, ist eine vorgängige Feststellung jenes Unrechts erforderlich, welche sich aus dem schließlichen processualen Unterliegen der unbegründeterweise vor Gericht aufgetretenen Person von selbst ergibt. Daher der weitere Satz: diejenige Partei, welche im Processe mit ihrem Anspruch nicht durchdringt, unterliegt einer Strafe.[2] In der Blume von Magdeburg ist dies so ausgedrückt:

---

[2] Die Proceßstrafen des deutschen Rechts bilden ein höchst interessantes, aber so gut wie noch gar nicht bearbeitetes Thema; eine Straßburger Inaugural-Dissertation: Zur Geschichte von Buße und Gewette im Mittelalter von H. Sperling, 1874, welche S. 10—15 von denselben handelt, enthält keine eigenen Forschungen. — An dieser Stelle muß ich mich leider auf die, zur Aufklärung der uns beschäftigenden Hauptfrage erforderlichen Punkte beschränken und jede weitergehende Untersuchung bei Seite setzen. Für die ältere Zeit, jedoch auch mit Hinweis auf die spätere Gestaltung, wird von den Proceßstrafen noch gehandelt im Anhang, von Anm. [41] ab, und findet sich dort eine etwas eingehendere Darlegung der rechtlichen Natur des von diesen Strafen betroffenen Unrechts, insbesondere auch der subjektiven Seite desselben, welche hier ganz übergangen werden mußte; ich verweise daher dieserhalb darauf. — Im Folgenden versuchte ich durch möglichst umfassende Materialzusammenstellung einer künftigen Bearbeitung in etwa die Wege zu bahnen.

P. II, 3 reg. 31: Wo ein man mit gewinnen wil, domit sol er auch vorlysin, ob er uor gerichte nicht uolkomen mag.

Das „Gewinnen Wollen", welches sich durch das „Nicht-Vollkommen" als ein widerrechtliches herausstellt, zieht eben deshalb den Verlust d. h. die Strafe nach sich.[3]

Dieser Satz gilt so gut für den Kläger, wie für den Beklagten; während ersterer durch den Versuch, seinen Klaganspruch durchzusetzen, das bestehende Recht des Beklagten umstürzen will, versucht der letztere durch sein Bemühen, den klägerischen Anspruch für immer zu beseitigen, den bereits bestehenden, widerrechtlichen Zustand dauernd zu befestigen, die Wiederherstellung des Rechts ein für alle Mal zu verhindern. Sein Unrecht ist nicht nur eine Verzögerung der Rechtsverwirklichung, sondern es zielt auf eine definitive Unmöglichkeit derselben hin, wie sie durch ein dem Beklagten günstiges Urtheil erreicht sein würde. Daher denn auch den Beklagten nicht etwa eine mildere Verzugsstrafe trifft, sondern, wenn auch nur eine Versuchsstrafe, so doch immer die gleiche, wie den Kläger. Es ist dieselbe Strafe, welche denjenigen trifft, der eine processuale Klage, oder denjenigen, der eine processuale Vertheidigung als Mittel zur Durchführung des Unrechts benutzt hat, und welchem „Bruch an dem Rechten geschieht", wie es in bayerischen Rechtsquellen häufig ausgedrückt ist. — Diese Parallele des

[3] Vgl. Magdeb. Schöffenurtheil bei Wasserschleben, Rechtsq. S. 438 cap. 93, wo es in der Erklärung des zum Zeugenbeweis zugelassenen Beklagten heißt: Nu czwifel ich daz ich den von Coldicz, so also her eyn freyhere ist, dy man vnde burgemeister der stete Budissin vnde Camencz mit yren compan, nachdeme also mir geteilt, dorczu nicht brengen moge, daz sy mit mir volfarin uf den heyligen, besorge ich mich darunder, ab ich nu nicht volfaren konde, als mir geteilt ist, daz Flosch (der Kläger) dorubir worde fragen, ab ich nu der sachin icht fellig seyn muste, vnde domethe ich hette wold gewynnen, ap ich dormethe icht vorlisen muste.

Unterliegens des Klägers und des Beklagten, sowie der den Kläger und der den Beklagten treffenden Strafe, welche die Identität des Unrechts in beiden Fällen erweist, findet sich häufig hervorgehoben:

Sachsensp. II, 42 § 4: Secget aver se in dat gut to beide, de dar umme tveiet, von enem manne, vor den solen sie komen to rechte over ses weken. — *Swe verluset, de geweddet deme richtere unde gift deme anderen sine bute.* — Deutschensp. c. 154.

Hildesheimer Stadtr. (*Pufendorf*, IV App. 401 f.): Si quis conqueritur de injusta edificatione sibi facta, *si in querimonia defectum patitur*, ipse vadiabit advocato LX solidos, — wozu eine neuere, deutsche Redaktion desselben Stadtrechts hinzufügt: beholt he aver sine claghe, *so weddet sin wedersacke deme voghede sestich schillinghe.* (*Pufend.* a. a. O. 288). — Goslar. Statuten (Göschen S. 22 Zle. 23 ff.) Ostfriesisches Landrecht Lib. I cap. 11, 118 § 1.[4]

Weisthum des Hubgerichts zu Hessigheim von 1424[5]: Item so *einer* im hubgericht *vnrecht gewynnt*, verföllt er des gotzhuss amptmann V sz. unnd yedem hubner XX hl. — Lagerbuch von Hessigheim von 1588[6]; Gerichtsordnung zu Bönnigheim von 1599[7]; Dienstordnung der Basler Gerichtsbeamten art. 14[8]: Item was *ein ieclicher* verbessert, *der siner sache vor gerichte under gelit und die mit urteil verlüret* u. s. w.

Münchener Stadtr. art. 8: wurd er also über-

---

[4] Das Ostfriesische Landrecht nebst dem Deich- und Syhlrechte, mit einem Vorberichte von Mathias von Wicht, Aurich 1746, S. 25, 245 f.

[5] Reyscher, altwürtb. Statutarrechte, S. 246; auch bei Grimm, Weisth. VI S. 314 § 27.

[6] Reyscher S. 254.

[7] Das. S. 457, 464.

[8] Schnell, Basler Rechtsq. I Nr. 64, S. 65.

wunden, *oder welhem daran pruch geschäch*, der geit dem richter ain pfunt pfenning, und dem, der da behabt hat, II lib. dn. — Ferner art. 138, 139; — Bayr. Landr. art. 87, 88, 122, 210, 225, 247, 270; — Freysinger Stadtr. artt. umb lern chnecht, umb knecht und diern, umb pfantschafft, umb gelt dez ainer nicht laugent (v. Freyberg V, S. 183 f., 211, 212) u. a. m.

Wir haben an anderem Orte (Anhang bei Anm. [41] ff.) die Fälle, in welchen ein Kläger mit seiner Klage unterliegt und deshalb bestraft wird, für das ältere Recht und zugleich mit Hinweisungen auf die Gestaltung in der späteren Periode zu beleuchten versucht. An gegenwärtiger Stelle handelt es sich für uns hauptsächlich darum, daß ein Beklagter der Klage entsprechend verurtheilt wird. — Bei aller Identität des Unrechts in beiden Fällen ist doch für den letzteren ein wichtiges, unterscheidendes Thatbestandsmoment hervorzuheben. Während nämlich bei dem ungerechten Kläger das Strafe erfordernde Unrecht bereits mit dem ersten processualen Akt, der Klagerhebung, vollständig und unter allen Umständen vorhanden ist, verfällt der Beklagte nur dann in dieses Unrecht, wenn er sich ungerechterweise gegen die Klage zur Wehre setzt, wenn er sie bestreitet und ihre Abweisung vom Gericht verlangt. Das blose Beklagtwerden konstituirt für sich noch nicht jene Rechtsverletzung, und hat daher auch als solches noch keine Strafe zur Folge. Das Beklagtwerden ist eben nur die rechtliche Wirkung des vorprocessualen Unrechts und kann daher keine weiteren Rechtsfolgen, als jenes selbst, nach sich ziehen; ja, erkennt nunmehr der Beklagte die Berechtigung des klägerischen Anspruchs an, gesteht er die erhobene Forderung auf Grund des geltend gemachten Thatbestands zu, so entspricht er vollkommen den Anforderungen, die das Recht an ihn stellt. Erst wenn er durch das Bestreiten der

Klagforderung, das Läugnen der Klagthatsachen, oder die sonst wie motivirte Weigerung der Erfüllung jener sein Bestreben, die Rechtsverwirklichung unmöglich zu machen, bekundet und theilweise verwirklicht hat, hat er sich in denjenigen Gegensatz zum Rechte gesetzt, der eine Strafleistung seinerseits erfordert. Daß letzteres Unrecht im konkreten Falle wirklich vorhanden ist, wird auch hier durch den Ausgang des durch das Läugnen des Beklagten hervorgerufenen, zur Feststellung des Rechts der einen oder andern Partei dienenden Verfahrens dokumentirt. Daher trifft hier die Strafe nur den läugnenden, aber durch dieses Verfahren überwundenen, den durch Nothrecht in der Klage gewonnenen Beklagten; der zugestehende ist von Strafe frei.

Rechte der Bremischen Hollerländer von 1181[9]: Item si quis pro debito accusatus fuerit in placito, et *si confessus fuerit, quod hoc debeat, nichil inde persolvet judici.*

Skra der Deutschen zu Nowgorod saec. XIII[10]: So war misgrepe gedan wert, an wilkerhande guode it si, unde wil it de gene, de dat gedan hevet, weder geven vruntlike, dat mach he wol don, so ne hevet he negeinen broeke gedaen; wol aver he des nicht weder geven, *mer bedvungen van deme richtere vor deme richte*, so mut he wedden anderhalve marc silveres.

Ebersberger Dorfordnung art. 16[11]: — so einer vor dem gericht die warheit nit gestehet, und *sich mit zeugen oder sonsten rechtmässig überzeigen lasset*, hat solche frevelthat von 5 fl. verwürcket.

Oefnung von Adorf von 1469 art. 30[12]: — Und

---

[9] Bremisches Urkundenbuch I Nr. 56; auch bei Grimm, Weisthümer III S. 218.

[10] Urkundenb. der Stadt Lübeck I S. 709; Lüb. Recht Cod. II art. 72, Cod. III art. 66.

[11] Reyscher, a. a. O. S. 140.

[12] Schauberg, Zeitschr. für ungedr. schweiz. Rechtsq. II S. 78.

ob einer zuo einem klegt hette, *der im nit gychtig wer*, — so ist er dem kleger drej schilling pfenning verfallen, vnd vnser gn. frowen der aebtisinen ouch drey sch. pf.

Das Läugnen der Wahrheit ist nur Symptom, das auf Abweisung des Klägers gerichtete Begehren des Beklagten der Kern seines Unrechts.

Das Nothrecht, durch dessen Ausgang sich dieses Unrecht des Beklagten herausstellt, ist für die meiste Zahl der Fälle das Beweisverfahren, welches zu Ungunsten des Beklagten ausfällt.

Das Beweisrecht des deutschen, mittelalterlichen Processes zeichnet sich dadurch aus, daß diejenige bestrittene Thatsache, auf deren Feststellung es nach der Sachlage im konkreten Falle zur Entscheidung des Rechtsstreits ankommt, durch das Beweisurtheil der einen oder andern Partei als eine durch dieses oder jenes Beweismittel zu bewahrheitende aufgegeben wird. Von dem Ausgange dieses einen, sich nur auf einen Punkt erstreckenden Beweisverfahrens hängt es daher ab, welche Partei im Processe Recht behält, welche mit ihrem Begehren unterliegt und welcher somit das oben geschilderte Unrecht zur Last fällt.[13] Hieraus erklärt es sich, wenn unsere Quellen häufig die hier in Rede stehende Strafe, äußerlich genommen, nicht auf das, in Wahrheit derselben zu Grunde liegende Unrecht beziehen, sondern sie an das Obsiegen oder Unterliegen der einen oder andern Partei bei der Anwendung

---

[13] Vgl. Laband, vermögensrechtl. Klagen, besonders S. 43—49. Daher die Ausdrücke: mit seinem Eid, mit Zeugen eine Sache behalten, gewinnen, entführen; z. B. Richtst. c. 13 § 1: So vrag du, — wedder du icht neger tu behaldende binst dines kopes unde dines gekoften gudes, wen hes mit sime ede di tu untfurnde si. Derjenige, welcher in materiell unbegründeter Weise einen solchen Beweis führt, oder es zur Beweisführung durch den Gegner kommen läßt, will also dem andern gegenüber ein Gut oder Recht zu Unrecht gewinnen, behalten, entführen; es gelingt ihm nur nicht. Hierauf gerade bezieht sich die Strafe.

eines Beweismittels anknüpfen. Dieses Obsiegen oder Unterliegen ist trotzdem an sich nicht das wesentliche Moment; aber es ist das untrügliche, äußere Zeichen, daß die eine oder andere Partei sich rechtlicher Hülfsmittel zu unrechtlichen Zwecken, zur Erschütterung des Rechts bedient hat.

Wer den Beweis zu führen hatte, ob die im Unrecht oder die im Recht befindliche Partei, ist nach dem dargelegten Charakter der in Rede stehenden Widerrechtlichkeit und ihrer Strafe völlig gleichgültig. Die Vertheilung der Beweislast oder des Beweisrechts regelt sich nach eigenen, hier nicht berührenden Grundsätzen bei den einzelnen Klagen verschieden. Das Unrecht und die Strafe der im Processe unterliegenden Partei ist aber ganz das nämliche, mag dieselbe als Probant ihren Beweis nicht erbracht haben, oder als Probat durch die gelungene Beweisführung des Gegners überwunden sein. Der auf Abweisung einer im Recht begründeten Klage antragende Beklagte ist der Beeinträchtigung und intendirten Vernichtung des klägerischen Rechts schuldig, gleichgültig auf welchem Wege seine Schuld schließlich zu Tage tritt. Die Quellenstellen, welche Besiegtwerden des Probaten und Nichtsiegen des Probanten als für unsere Frage gleichwerthig neben einander setzen, ergeben dies aufs deutlichste:

Sachsensp. II, 22 § 5: Der durch den Beweis des Gegners Ueberführte: mut san dar umme deme richtere gewedden, unde jeneme geven sine bute *alse he eme solde, of he mit getüge nicht vulkomen ne were;* wende he ene to getüge brachte weder rechte unde weder sine witscap.

Ssp. II, 36 § 5: Bei der Anefangsklage zieht sich der Beklagte an seinen Gewähren: Wert aver ime burst an 'me geweren, he mut dat gut mit gewedde unde mit bute laten; — verlüset it ok die, de't anevanget hevet, he mut it laten mit bute unde mit gewedde. — Vgl. Mgdb. Fragen I, 13 d. 1; Mgdb. Schöffenurtheil bei Wasserschleben I S. 422 c. 78; System. Schöffenr. III, 2 c. 96; Deutschensp. c. 146.

Freyberger Stadtr. c. XV, XVI (Schott III S. 202 f.): — wes si (die Zeugen) denne bekennen, daz get vor sich; *unde welchir da verlusit*, der verbuzet deme richtere vir schillinge.

Alte Soester Schrae von 1350 art. 95[14]: Wey sych eyns tuges over den andern to donde vermetet *unde wert des tuchburstich*, dey brecket dem richter vyff marck, — *vnde des geliken wey overtuget wert.*

Stadtrecht von Büren § 16[15]: — *et si civis civem testibus convicerit, vel actor in probatione ceciderit,* sex nummos de vadio solvet. Vgl. auch Medebacher Stadtr. von 1350 art. 23.[16]

Keure von Saffelaere v. J. 1264 art. 36[17]: — et si probare (sc. solutionem) non poterit, dabit domino V solidos et conquerenti V sol. Si vero solutionem probaverit, condempnabitur conquerens in eadem poena.

Augsburger Stadtrecht v. 1276 art. 126 § 3: Waere aber daz ein man hinze dem andern clagte unde sich geziuges vermaezze, umbe swelhe sache daz waere, — *erziuget er danne niht*, so hat er sin reht verlorn unde ist dem burggrafen *funf schillinge* schul-

---

[14] Seibertz, U.-B. von Westphalen II Nr. 719 S. 397; vgl. auch Soester Stadtr. saec. XIII § 39 bei Gengler, Stadtrechte S. 443 f.

[15] Bei Gengler, Corp. Jur. Munic. I S. 442.

[16] Seibertz, II Nr. 718 S. 384; hier soll ausnahmsweise den unterliegenden Probanten eine Strafe von 60 solidi an den Vogt und von 1 Mark an den Gegner treffen, den besiegten Probaten dagegen nur eine solche von 2 solidi, — wenn letztere nicht auf einem Schreibfehler beruht.

[17] Warnkönig, Flandr. St.- u. R.Gesch. III Nachtrag z. Urk.B. S. 43, Nr. 166.

dik. *Erziuget aber er, so ist iener funf schillinge schuldik.*

Oeffnung von Triboltingen von 1417[18] art. 10: — wann ainer den andern zyhet, das er im uff sein lehenn gestelt hab, *vnnd er das nit vff in beweisenn mag,* das es war sey, der muoss es bessern ainem vogt mit X lib. D. vnnd dem den ers zigen auch mit zehen. — art. 11: Erbringt er aber den betr. Beweis: *so ist er der buoss zehenn pfundt pfenning wirdig.* — art. 12: Es ist auch dem andern widerumb vorbehaltenn, der dann gezigen wirt, das er im uff sein lehen gestelt hab, vnnd er dess vnschuldig ist, das er den auch also mit dem Lehenhern oder sunst mit dreien mannen oberwisen mag — *vnnd wan er das thuot, so ist jener, der inn also gezigen hatt, dem vogt penn ffellig zehen pfundt pffenning vnnd dem cleger* (lies „Beklagten") *zehen pf. pf.* — Zuchtrodel von Pfeffers § 21 (Grimm VI S. 361).

Münchener Stadtrecht art. 256: *Swem an ainem zeug abget,* der geit dem richter *ain unrecht* ze puozz; *swer überzeugt wirt,* der geit dem richter *ain unrecht,* ze puozz, und ebenso art. 118 a. E., wonach dieses „Unrecht" je 72 Pfennige beträgt, die stehende Strafe des bayrischen Rechts für processuales Unrecht. (Vgl. Bayr. Landr. art. 264). — Bayrisches Landrecht art. 23, 280, 281.

Eine Reihe von Quellenstellen, welche weitere Anwendungen der dargelegten Sätze für einzelne Fälle enthalten, stelle ich in der Anmerkung[19] je nach den verschiedenen Be-

---

[18] Schauberg, Zeitschr. für schweiz. Rechtsq. II S. 89, 90.

[19] Die Strafe der ungerechten Proceßführung trifft:

1. denjenigen, welcher den Beweis durch Reinigungseid nicht führen kann, sei es daß er von der Leistung ganz absteht oder dabei sachfällig wird: Lübisches Recht Cod. I art. 40, Cod. II a. 68, Cod. III a. 91, 332; — Hamb. Recht v. 1270 VII c. 7; v. 1292 H c. 5; v.

weismitteln und, je nachdem der Probant oder Probat der unterliegende Theil ist, gesondert zusammen.

---

1497 E c. 3; — Stadtr. von Riga II c. 13; — Rügian. Landgebr. tit. 28 § 6; — Stadtr. v. Freyberg c. 19, 31 § 4 (Schott III S. 205 ff., 252); — Privileg für Altenburg von 1256 § 4 (Gengler, Stadtr. S. 6; bei Gaupp, Stadtr. I S. 210 § 2); — Statuten von Salfeld saec. XIII a. 116, 117 (Walch, Verm. Beyträge, I S. 42); — Verm. Sachsensp. IV, 6 d. 7 a. E.; IV, 43 d. 10, 14, 15; — Altes Stadtr. von Nordhausen §§ 7, 11 (Neue Mittheilungen, III Heft 1 S. 38); — Verordnung des Gr. Balduin VIII v. Flandern für d. St. Ypern v. 1116 (Warnkönig, Fldr. St.- u. R.G. II, Abth. 1 U.-B. Nr. 75 S. 158); — Keure von Arkes v. J. 1231 art. 17 (das. III U.-B. S. 32 f.); — Stadtrecht von Luzern v. 1480 art. 87 (Zschr. f. schweiz. R. V Rechtsq. S. 50); — Oefnung zu Tablatt 1471 (Grimm, Weisth. I S. 231); — Brünner Schöffenb. c. 97, 242, 253; — Ofener Stadtr. art. 314.

2. die Partei, welche durch den Eid des Gegners besiegt wird: Oefnung zu Tablatt (Weisth. I S. 231); — Hadeler Landr. v. 1583 II tit. 2 (Pufendorf I App. S. 14 f.); — Schleswiger Beliebung v. 1504 (C. St. Slesv. II S. 45). Dem steht gleich, wenn der Probat auf die Eidesleistung des Probanten verzichtet: Stadtr. von Nordhausen §§ 8, 12 (N. Mitth. III, H. 1 S. 38).

3. die bei Führung des Zeugenbeweises sachfällig werdende Partei, sei es daß die Zeugen ungünstig aussagen, oder daß sie gar nicht producirt werden: Sachsensp. II, 22 § 5; — Richtst. Landr. 16 § 5, 32 § 9; — Magdeb. Fr. II, 3 d. 2, 3; — Mgdb. Schöffensp. bei Wasserschleben, I S. 111 cap. 221 und S. 434 ff. c. 90; — Verm. Sachsensp. IV, 6 d. 7 a. E.; — Eisenacher Gerichtsl. art. 19 (Ortloff II S. 362); — Glosse zu Sachsensp. III, 45 § 1 (Ausg. von 1517 fol. 158; auch Ortloff II S. 357 art. 2); — Stadtr. von Freyberg cap. 8 (Schott III S. 187, 188), c. 15 (S. 102), c. 19 (S. 205 f.); — Gosl. Statuten S. 95 Zle. 11 ff.; — Goslarer Forstspruch von 1457 (Grimm, Weisth. III S. 268); — Salzwedeler Stadtr. v. 1273 § 25 (Pufendorf, III App. S. 401 f., deutsch bei Gengler Stadtr. S. 399 § 22); — Otton. Stadtr. v. Braunschweig § 3 (Hänselmann I S. 4); — Rechtsbrief für Bodenwerder v. 1287 § 17 (Gengler, Stadtr. S. 28 f.); — Stadtr. v. Celle v. 1301 a. 23 (Pufend., II App. S. 17); — Hildesheimer Stadtr. a. 23 (das. IV App. S. 283, 289); — Stadtr. v. Hamelen v. 1335 (das. II A. S. 273); — Lüneburger Stadtr. (Kraut, S. 55 Zle. 5 ff.); — Uslar-Moringer R. § 67 (Zeitschr. für Rechtsgesch. VII S. 302); — Rechts-

Für die Auffassung des in Rede stehenden processualen Unrechts und für die Anwendung der darauf gesetzten Strafe

brief für Wesel v. 1277 §§ 7, 13 (Gengler a. a. O. S. 523 ff.); — Rechtsbrief für Padberg v. 1290 § 18 (a. a. O. S. 341 f.); — Stadtr. v. Münster v. 1326 §§ 32—34 (a. a. O. S. 306); — Statuten von Dortmund § 7 (Gengler, Corp. Jur. Munic. I S. 873); — Vestenrecht zu Schwelm I art. 3 (Grimm, Weisth. III S. 27); – Vestenrecht zu Hagen § 10 (das. S. 35); — Keure von Furnes, von 1240 § 39 (Warnkönig, II[b] U.-B. S. 77); — Frankfurter Schöffenurtheile v. 1481 bei Thomas, Oberhof S. 404 Nr. 43, 44; — Stadtr. v. Kolmar v. 1293 § 37 (Gaupp, Stadtr. I S. 121); — Stdtr. v. Dattenried von 1358 § 37 (das. II S. 182); — Dinghof zu Obermichelbach (Oberelsaß) 1457 § 25 (Grimm, W. I S. 661); — Basler Gerichtsordnung von 1457 art. 87 (Schnell, I S. 177); — Stadtr. v. Nördlingen von 1318 art. 17 (Senkenberg, Visiones diversae de collectionibus legum germanicarum, Lipsiae 1765, S. 358); — Ruprecht von Freysing II c. 101; — Bayr. Landr. art. 321, 327; — Stadtr. von München a. 252; — Stadtr. v. Freysing (v. Freyberg V. S. 230, 231); — Wiener Stadtrechtsb. a. 10.

4. die durch den gegnerischen Zeugenbeweis überwundene Partei: Sachsensp. II, 22 § 5; — Richtst. 16 § 6; — Soester Stadtr. saec. XIII § 39 (Gengler Stadtr. S. 443 f.); — Rechtsbrief für Lippstadt v. 1240 § 14 (das. S. 250); — Rechtsbr. für Wesel v. 1277 § 12 (das. S. 523 f.); — Rechtsbrief für Neheim von 1358 § 15 (das. S. 312); — Zweites Straßburger Stadtrecht art. 18 (bei Grandidier, Oeuvres historiques inédites, Colmar 1865, Tom. II S. 196); — Basler Rathsverordnung v. 1401 (Schnell, I Nr. 70 S. 79); — Basler Gerichtsordnung v. 1457 a. 87 (Schnell, I S. 177); – Oefnungen zu Rickenbach, Niederbüren, Tablatt, Rorschach (Grimm, Weisth. I S. 215, 221 f., 230, 236); — Bamberger Stadtr. §§ 17, 19; — Bayr. Landr. art. 240, 335; — Münchener Stdtr. art. 109; — Wiener Stdtr. v. 1340 (Rauch, Scriptor. Rer. Austriac. III S. 52); — Brünner Schöffenb. c 99. Eine scheinbare Ausnahme: Uslar-Moringer Recht § 67 (Zschr. f. R.G. VII S. 302) erklärt sich aus § 40 ebenda; vgl. unten Anm. [27] a. E.

5. die Partei, welche bei der Beweisführung durch einen Gewährsmann Bruch am Gewähren erleidet: Sachsensp. II, 36 § 5; vgl. II, 42 § 4; — Glosse zu Ssp. III, 45 § 1; — Richtst. 13 § 2; 21 §§ 2, 5; 40 § 5; — Kulm. R. III c. 128; — Mgdb. Fr. I, 13 d. 1; — Mgdb. Schöffensp. bei Wasserschleben I S. 422 c. 78; — Mgdb.-Bresl. R. v. 1261 § 44; — Glog. Rechtsb. c. 422; — Verm. Ssp. IV, 42 d. 8; — Prager Rechtsb. c. 186 (Rößler I

ist es an sich gleichgültig, welcher rechtlichen Natur der erhobene Klageanspruch und welcher Art die dagegen geltend gemachten Einwendungen sind. Wie dieses Unrecht mit dem zur Klage wirklich oder angeblich Anlaß gebenden Unrecht nichts zu schaffen hat, ebenso ist auch die Strafe, für den Fall daß Beklagter im Unrecht ist, ganz unabhängig von den durch sein vorprocessuales Verhalten hervorgerufenen Rechtsfolgen, zu deren Realisirung der Proceß bestimmt ist.[20]

---

S. 157); — Gosl. Stat. S. 28 Zle. 6 ff., S. 80 Zle. 28 ff.; — Deutschensp. c. 146, 154; — Schwabensp. c. 317; — Bayr. Landr. art. 308, 310; — Münchener Stadtr. art. 146, 174, 257; — Freysinger Stadtr. (v. Freyberg V S. 227, 228). Ueber die Ausnahmen hiervon im System. Schöffenr. III 2 c. 96; Kulm. R. III c. 127, 130, wozu noch kommt: Hamburger R. v. 1270 VII c. 15, v. 1292 H c. 13, v. 1497 E c. 10; Lüb. R. Cod. III a. 340 (aber abgeändert in Codd. Segeb. und v. Stiten. bei Hach S. 510 f.), vgl. Laband, vermögensrechtl. Klagen S. 100 f., von dessen Auffassung der in Rede stehenden Strafen ich sonst mehrfach abweiche. Mgdb.-Görl. R. a. 97 gehört dagegen nicht hierher, sondern ist wie art. 47 das. a. E. zu erklären.

6. die bei Beweis durch Produktion oder Berufung auf eine Sache fällige Partei: Lübisches Recht Cod. I a. 38, Cod. II a. 79, Cod. III a. 93; — Alte Soester Schrae v. 1350 § 96 (Seibertz II Nr. 719 S. 397.

7. die beim Kampfordal sachfällige Partei: Stadtr. v. Colmar § 39; — Stadtr. v. Dattenried § 39; — Freiburger Stadtrodel saec. XIII § 74 (Gaupp Stadtr. I S. 121, II S. 183, 37). — Der Sachsensp. läßt bei der Klage um Ungericht den unterliegenden Kläger nur dann in Strafe fallen, wenn er sich des Beklagten unterwunden oder ihn zu Kampfe angesprochen hatte; vgl. I, 50 § 1; 51 § 5; 53 § 1; 62 § 4; 63 § 4; 69; II, 8; — Richtst. Landr. 32 § 9; 34 § 12; 41 § 9. —

[20] Daher denn auch, sofern das vorprocessuale Unrecht bereits für sich strafwürdig war, nunmehr bei ungerechter Proceßführung an sich zwei Strafen oder eine erhöhte Strafe eintreten; vgl. z. B. Wiener Stadtrechtsb. a. 21; Lüneburger Stdtr. a. 87 (Kraut S. 74 f.); Zweites Straßburger Stdtr. a. 17, 18 (Grandidier II S. 195 f.). Allein trotzdem übersah man häufig, besonders wenn das den Gegenstand des Processes bildende Unrecht eines läugnenden Beklagten zu einer Strafe an Leib oder Leben führte, die Besonderheit des

Alles Vorstehende trifft daher auch in vollem Maaße dann zu, wenn der Gegenstand der Klage eine vertragliche Geldschuld ist, und der beklagte Schuldner seine Zahlverpflichtung durch Läugnen widerrechtlich von sich abzuwälzen versucht, so daß er vermittelst der processualen Hülfsmittel überwunden, in der Schuld gewonnen werden muß. Sein Unrecht vor dem Proceß bestand darin, daß er es versäumt, verzögert hatte, zu zahlen; jetzt aber geht er viel weiter; er beantragt und beabsichtigt den Kläger ein für alle Mal seiner Forderung zu berauben; er will die Möglichkeit nachträglicher Realisirung definitiv beseitigen. Jenes frühere Unrecht, der Verzug, steht selbständig für sich da; das neue Unrecht wendet sich zwar auch gegen die vertragliche Zahlpflicht, aber es ist doch durchweg eigenthümlich gestaltet; dadurch, daß es sich der Mittel des Processes bedient, erschüttert es die sichere Existenz des zu Recht bestehenden Forderungsanspruchs und zielt auf seine Vernichtung ab. Mit dem ernstlichen, processualen Bestreiten des Forderungsrechts ist dieses Unrecht zuerst existent geworden und bereits konsummirt; wenn es auch erst mit dem Ausgange des auf Feststellung des Rechts oder Unrechts der Parteien gerichteten Verfahrens erkannt werden kann. Hierauf bezieht sich und hieran knüpft sich daher ausschließlich die für den Fall des processualen Unterliegens dem Schuldner in unseren Quellen angedrohte Strafe. Dieselbe hat mit dem Zahlverzuge, dem

processualen Unrechts und ließ dessen Strafe in der Hauptstrafe aufgehen; vgl. z. B. Ssp. I 63 § 4; Verm. Ssp. IV, 23 d. 5; Berner Handfeste v. 1218 § 32; Murtener Stadtrodel § 26 (Gaupp II S. 50 f., 156). Im Richtsteig 16 § 6 wird diese Frage theoretisch erörtert und die Entscheidung davon abhängig gemacht: oft it en broke si (oder twe broke), dat en man dut, unde des wedder vorsaket went mes em overtugen mut. Die Görlitzer Hdschr. (Ea) gewährt doppelte Buße, wenn die Gegenpartei für jede der beiden Unrechtsarten eine solche vor Gericht beantragt.

vor dem Processe liegenden Momente, daß noch nicht gezahlt worden ist, nichts zu thun, und ebensowenig damit, daß der Schuldner sich überhaupt verklagen läßt. Sie tritt weder ein, wenn der säumige Schuldner aus irgend welchem Anlasse nachträglich zahlt oder zur Zahlung gebracht wird, ohne daß der Proceßweg beschritten ist, noch auch dann, wenn er im Processe die Schuld nicht in Abrede stellt. Diese Strafe hängt genau zusammen mit der Eigenschaft des Processes als eines zur definitiven Regelung der Rechtsverhältnisse dienenden Instituts und ist bestimmt, das in dem Mißbrauchen dieses Instituts zu widerrechtlichen Zwecken liegende Unrecht auf indirektem Wege wieder aufzuheben.

Hiernach ergibt sich das Verständniß der Rechtsquellen, welche den überwundenen Schuldner unter Strafe stellen, und es ergibt sich ferner, daß diese Quellen dem oben aufgestellten Satz, der Zahlverzug habe eine Strafe nicht zur Folge, nicht im Wege stehen.

Allgemein reden hiervon:

System. Schöffenr. III, 2 c. 33: Welch man den andirn vmme schult beclait vnd *gewinnet her dy mit notrechte*, das mus her des selbin tagis geldin, *vnd mus dem richter wettin.*

Vgl. Kulm. R. III c. 70; Mgdb.-Bresl. R. v. 1261 § 24; Mgdb.-Görl. R. v. 1304 art. 64; Sächs. Weichb. 90 § 1 (v. Daniels und v. Gruben; bei Mühler a. 30); Naumburger Schöffenurtheil Nr. 38 (Mühler S. 88).

Schleswiger Stadtr. art. 89 (*Corp. Stat. Slesv.* II S. 36): We dar wart angeclaget vmme scult etc. —; dar na scal de rad deme voghede to tekenen *van deme vorwunnene mynschen* III mark.

Basler Gerichtsordnung zum neuen Haus von 1534 art. 37 (Schnell I Nr. 256): wäre aber der schuldner nit gichtig, dann sol dem cleger unverzogenen rechtens gestattet werden, und so dann der beclagt *im rechten überwunden und gichtig gmacht*, sol er dem cleger ussrichtung thun —, und darzu verbessern drü pfunt pfennig.

Stadtr. von Passau von 1300 § 25 (Gengler St.R. S. 351): Wer auf den andern klagt mit recht vmb güllt *und sein recht erlanget ist*, der, *gegen dem dar recht erlanget ist*, sol dem richter 24 pfening, vnd dem pan marckt 72.

Bayrisches Landrecht art. 294: Wer sich umb gelihens gelt für recht lät bringen, *wirt dem daz anbehabt mit dem rechten*, der sol dem anchlager sein gelt wider geben — und dem gericht 72 pfenning.

Stadtr. v. Freysing art. vmb gelt (a. a. O. S. 224).[21]

Im einzelnen wird dann Strafe verordnet:

1. für den Fall, daß die Schuld des Beklagten sich durch Nichterbringen des ihm ertheilten Reinigungseides herausstellt:

Sachsensp. II, 11 § 1: Sve so aver eide lovet vor scult, unde ne lestet he ir nicht to rechter tiet, he is an der scult gewunnen, dar die eide vor gelovet waren —. Waren die ede vor gerichte gelovet, man mut deme richtere gewedden, unde dem manne sine bute geven deme die eide gelovet waren. — Richtst. Landr. 46 § 3; Glogauer Rechtsb. c. 630.

System. Schöffenr. IV, 1 c. 42: Der antworter sal di eyde noch leistin, di ym vor gehegtim dinge geteidingit vnd geteilit sint; tet her des nicht, her wer yn der schult gewunnen und sal dem richter wettin vnd dem cleger buse gebin. — Altes Stadtrecht von Nordhausen art. 11[22]; Stadtr. von Freyberg

[21] Vgl. auch Stadtr. von Marziac v. J. 1298 art. 27 (Warnkönig und Stein, frzös. St.- u. R.Gesch. I U.B. S. 49): debitum si vero negatur, qui victus fuerit, in duobus solidis Turonensibus puniatur.

[22] Neue Mittheilungen, Bd. 3 Heft 1 S. 38.

c. 31 § 4 (Schott III S. 252). — Schwabensp. c. 113; Deutschensp. c. 105; Bamberger Schulordnung § 7 (Zöpfl, Anhang I S. 126 f.).

2. Für den Fall, daß der Beweis durch den Eid des Klägers erbracht wird:

Rügianischer Landgebrauch tit. 137 § 6: — de also (durch den Eid des Gegners) thom löffte gewonnen werden, vnd ere löffte verlöchent hebben, möten glik den anderen holden vnd gelden, vndt ein vnrecht vorböten der eyde halben, de se verorsakett. Aehnlich Bayr. Ldr. art. 304.

3. Bei erbrachtem Zeugenbeweise des Klägers:

Magdeb.-Görl. R. von 1304 a. 127: Beclaget abir einer den anderen mit gezuge vmme gelt, vnde jener sprichet, her en sie im nicht schuldic, des ist der cleger nehr vbir en zu kumene mit gezuge selbe dritte, danne hez ledic muge werden alleine; den gezug muz her zuhant habben, vnde jener muz en bie lichtes tage berichten, *wanne hez mit notrechte gewunnen hat, vnde der richter hat gewunnen sin gewette.* — Freyberger Sadtr. c. XII, XIV, XV (Schott III S. 196, 201, 202).

Zweites Straßburger Stadtrecht art. 25[23]: Quicumque autem — debitum suum — postea per intercidentem aliquam controversiam — negaverit, solo testimonio quorumlibet duorum predictorum virorum coram consilio vel judice convincatur, *et convictus unam carrutam vini et libram denariorum consulibus componat, sculteto et advocato XXX solidos et singulo scabino, quorum testimonio convictus est, V solidos.*

Aehnlich Privileg für Düsseldorf von 1288 § 5[24]:

---

[23] Bei Grandidier, Oeuvres historiques inédites Tom. II S. 200.

[24] Gengler, Corp. jur. munic. I S. 934.

— et convictus nobis aut nostris successoribus V marcas et oppidanis V solidos solvere tenebitur *de crimine perpetrato* (der Proceß selbst ist nur „de debitis"). — Keurbrief der Chatelenie von Brügge v. J. 1190 § 8.[25] — Stdtr. v. Freysing art. vmb porgschaft (a. a. O. S. 228 f.).

Stdtr. von Wiener-Neustadt art. de pretio premerito[26]: — alia vero debita *carent emendis, — nisi fuerint per testimonia comprobata, quia tunc tenebitur judici in LX denarios.*

Dem Zeugenbeweis stellt den durch Urkunden geführten gleich das Ostfriesische Landr. Lib. I c. 118, welches für beide Fälle dem besiegten Beklagten die poena dupli auferlegt.

Das Wiener Recht ferner behandelt auch hier das Berufen auf das Zeugniß der Gegenpartei in derselben Weise wie den eigentlichen Zeugenbeweis:

Wiener Stadtrechtsbuch art. 8: Schol ein man dem andern gelten, — laugent awer er des, da man in umb anspricht, *also daz man im es abgezeuget, oder daz er im selber nicht gestet, ob man es an sein treu zeucht*, so muez er wern heint und morgen, als vorgeschriben stet, *und dem richter zwen und sübentzig ze wandel.* Vgl. art. 5, 19, 40, 47. — S. auch Ssp. II, 22 § 5.[27]

---

[25] Warnkönig, flandr. St.- und R.Gesch. II Abth. 1 Urkundenb. S. 84.

[26] Archiv für Kunde österr. Geschichtsquellen X S. 114.

[27] Wenn es in einem Magdeb. Schöffenurtheil nach Stendal (Stendaler Urtheilsbuch Nr. 24) heißt, der durch den Zeugenbeweis des Klägers in der Schuld gewonnene Beklagte habe keinerlei Buße zu zahlen, so erklärt sich dies daraus, daß in dem speciellen Falle der Schuldner in seiner Antwort vor Gericht keineswegs die Schuld geläugnet hatte und in Folge dessen erst durch den gegnerischen Beweis überwunden werden mußte. Vielmehr lautete seine Einlassung: wil he oder mach he mi des over tughen, ik wille dat liden unde wille dar umme dun, wat mi to rechte wert erdeilet; so daß der Beweis des Klägers

4. **Bei mißlungenem Zeugenbeweis des Beklagten bezüglich einer Einrede, der Zahlung, des Vergleichs, der abgeurtheilten Sache, der Stundung und ähnlicher:**

Keure von Saffelaere v. J. 1264 art. 36[28]: Si quis aliquem traxerit in causam super debita pecunia, — si ille qui tractus est in causam dixerit, se illud debitum quod exigitur persolvisse, debet per testes idoneos ad dictum scabinorum praedicti debiti probare solutionem; — *et si probare non poterit, dabit domino V solidos et conquerenti V sol.*

Augsb. Stadtr. v. 1276 art. 126 § 5, § 6: Beclagt aber ein man den andern umbe gulte, sprichet er danne: „ich enlaugen des niht, ih ensolt im gelten, unde des han ich in gewaert", — da sol man sin laugen umbe nemen, daz er ungewaert si, ern beziug in danne selbe dritte daz er in gewaert habe. *Mag er des niht getun, so ist er dem burggrafen schuldik funf schillinge.* Münchener Stadtr. art. 12; Bayr. Landr. art. 281; Stadtr. v. Freysing art. vmb gelt (a. a. O. S. 221). Wiener Stadtrechtsb. art. 6.

Bayr. Landr. art. 23: Wer den andern bechlagt umb ain schuld, — die vormalen verricht oder verschaiden ist, oder ainer dem andern mit dem rechten

---

mehr als Folge eines Kompromisses, denn als Nothrecht erscheint. In einem solchen Falle kann aber von dem im Text dargelegten Unrechte, welches Strafe erfordert, nicht die Rede sein; es fehlt hierzu völlig an dem sonst allerdings häufig zurücktretenden subjektiven Moment. Vgl. Uslar-Moringer Recht § 40 (herausgegeben von Steinhoff in der Zeitschrift für Rechtsgesch. VII S. 298): Item we sik beschuldigen lethe ume tinsse und de frevelike enthedde, de breckt eyn sulfwolt, alzo vorgescr. steyt; sunder we mit rechte antwordet und dat me ome sodanss tinss overwisen schulle edder wor von den tins's geven schulle, wen he dess berichtet und overwiset worde, so wille den geven, — so brigkt he dar nicht anne.

[28] Warnkönig III, Nachtr. z. U.B. S. 43.

darumb enbrosten ist, mag daz der antwurter war gemachen mit zwayen alz recht ist, — so ist der anchlager dem richter schuldig ain pfunt pfenning, und dem antwurter zway pf. pf.; *erzeugt ez aber der antwurter nicht, so ist er der selben puozz schuldig.* —[29]

## § 45.

### Fortsetzung. — Strafe der Verletzung des richterlichen Zahlbefehls.

Wir wenden uns nunmehr zu dem zweiten Falle, in welchem ein säumiger Schuldner. nicht wegen des Zahlverzugs, sondern wegen einer hinzutretenden, anderweiten Widerrechtlichkeit in Strafe verfällt.

Wir sahen oben, daß ein wegen Nichtleistung verklagter Schuldner, mag er die Schuld zugestehen oder mit Nothrecht in derselben gewonnen werden, von dem Gerichte zur Zahlung verurtheilt und ihm diese Zahlung von demselben anbefohlen wird, unter Einräumung größerer oder geringerer Zahlfristen. Selbst diejenigen Rechtsquellen, welche entweder dem überwundenen Schuldner oder überhaupt jedem Schuldner bei gewissen Forderungen weitere Zahlfristen nicht gewähren, lassen trotzdem und unter allen Umständen der Vornahme der Exekution einen Zahlbefehl des Richters an den Schuldner vorausgehen, wobei dann eine geringe Frist zugewartet wird, ob letzterer sich zu sofortiger, freiwilliger Erfüllung der Schuld verstehen werde. Z.B.

[29] Erbringt in den mannichfachen, aufgezählten Fällen der Probant den ihm obliegenden Beweis nicht, so kann dies geschehen, weil ihm das betr. Beweismittel bei der Produktion versagt, oder weil er die Production selbst unterläßt. Für die Sach- und Straffälligkeit des Probanten wird hierdurch ein Unterschied nicht begründet. Es ist aber zu beachten, daß in dem letzteren Falle, in welchem eine processualisch übernommene Handlung nicht ins Werk gesetzt wird, allerdings noch ein weiteres Unrechtsmoment koincidirt, eine Verletzung des den Proceßgang regelnden Rechts, welche schon an sich eine Proceßstrafe im engeren Sinne zur Folge hat. Vgl. unten § 54.

Schwabensp. a. 305: — vnd sol im der rihter *gebieten*, daz er im sin guot gebe, e daz er dannan kome, verglichen mit art. 304[c]: Swem man vor gerihte gulte wettet, *der sol ir warten vntz diu sunne vnder gat, ob er ein gast ist*, vnd ist er dannoch nüt gewert, so sol im der rihter ein pfant geben dannoch vor naht.

Dieses richterliche Gebot begründet zunächst keine neue Rechtspflicht für den Schuldner; es entfernt sich inhaltlich nicht von der bisherigen Verbindlichkeit desselben zu zahlen, vielmehr nimmt es gerade diese in sich auf. Freilich ist der ursprüngliche Zahltermin unwiderbringlich verstrichen, und setzt das richterliche Gebot einen neuen Termin oder eine neue Frist fest, binnen welcher zu zahlen ist. Aber die geschuldete Leistung ändert hierdurch noch nicht ihren rechtlichen Charakter, weder ihren vertraglichen Rechtsgrund, noch ihre äußere Natur. — Haben wir nun oben die Rechtsfolgen nicht erfüllter, vertraglicher Zahlverpflichtung gerade aus dieser ihrer äußeren Natur ableiten zu müssen geglaubt, so erscheint es auf den ersten Blick als nothwendig, daß auch eine nach gefälltem Urtheil wiederholte Verletzung der an einen neuen Zeitpunkt geknüpften Verbindlichkeit zu keinen anderen, als den bisher angeführten Rechtsfolgen führe, daß eben jetzt die Zwangsvollstreckung, und nur diese einzutreten habe.

Trotzdem ist diese Folgerung nicht zutreffend. Gebietet nämlich auch der Richter in dem Urtheile nur die Erfüllung einer bisher schon bestehenden und auch noch weiterhin auf dem früheren Rechtsgrund basirenden Schuld, so tritt doch gerade durch dieses Gebot ein neues Thatbestandsmoment hinzu, welches bei der Beurtheilung einer nunmehrigen Verletzung der Zahlpflicht und für die Bestimmung der nunmehr daran zu knüpfenden Rechtsfolgen einen maßgebenden Einfluß auszuüben geeignet ist. Durch dieses, als ein Akt der Rechtspflege ausgesprochene Gebot erwirkt nämlich der Richter, bezw. die durch ihn vertretene obrigkeitliche Gewalt, ein selbständiges Recht auf Erfüllung der geschuldeten Leistung. Letztere selbst bleibt in ihrem objektiven Bestande unberührt, aber es knüpft sich, neben der früheren, eine neue subjektive Beziehung daran an; der Schuldner ist nicht mehr allein kraft Vertrags gegenüber seinem Gläubiger verpflichtet, sondern kraft seiner Staats- und Gerichtsunterwürfigkeit auch gegenüber der staatlichen Gewalt. Es steht sich hier obrigkeitliches Recht und Unterthanenpflicht gegenüber; wie sich ersteres in dem Gebieten ausdrückt, so besteht letztere in dem Gehorsam.

Für dieses Verhältniß des Befehlens und Gehorchens, welches in unserem Falle die Erfüllung einer vertraglichen Zahlpflicht zum Gegenstand hat, tritt nun aber die oben mit gutem Grunde stark betonte äußere Beschaffenheit dieser zu machenden Leistung bedeutend in den Hintergrund. Das Rechtsverhältniß besteht darin, daß einem ausgesprochenen oberen Willen ein untergebener Wille sich füge, daß dem Befehle gehorcht werde; ganz gleichgültig, welches der materielle Inhalt dieses oberen Willens, des Befehls ist, oder aus welchem Grunde und zu welchem Zwecke der Befehl dieses oder jenes Inhalts ist. Nicht weil diese oder jene Handlung aus Rechtsgründen, die sich aus dem Thatbestande der Dinge ergeben, geschehen muß oder nicht geschehen darf, sondern einzig weil dieses Geschehen oder Nichtgeschehen so von der Obrigkeit befohlen ist, ist der Untergebene zur Befolgung verpflichtet. Fügt sich der letztere, so liegt die Rechtserfüllung darin, daß er seinen von Rechts wegen unterzuordnenden Willen dem obern Willen thatsächlich unterordnet, nicht aber in einer bestimmten Handlung oder Unterlassung als solcher, welche vielmehr nur das äußere Zeichen der vollzogenen Verwirklichung des Rechts darstellt.

Umgekehrt besteht die Verletzung dieses Rechtsverhältnisses ihrem Wesen nach keineswegs in der Unterlassung einer an sich vom Recht geforderten oder in der Vornahme einer an sich vom Recht nicht zugelassenen Handlung; sondern vielmehr in dem Ungehorsam, der Unbotmäßigkeit des untergeordneten Willens; nur mittelbar kommt dieser Ungehorsam auf dem bezeichneten Wege zum Ausdruck. Für diese Verletzung und deren rechtliche Beurtheilung ist es daher auch — und hierin liegt der Brennpunkt des ganzen Verhältnisses, — von keiner Bedeutung, ob die widerrechtliche Handlungsweise, in welcher sich der Ungehorsam des Verpflichteten dokumentirte, eine aktive oder eine passive war, ob der Verpflichtete, indem er sich gegen den Berechtigten auflehnte, einen äußeren Erfolg herbeiführte, der nicht mehr zu beseitigen ist, oder ob er eine Unterlassung beging, die durch nachträgliche Erfüllung ausgeglichen werden kann. In beiden Fällen ist der so und nicht anders lautende obrigkeitliche Befehl gleichmäßig verletzt; insbesondere ist für den letzteren der Umstand, daß die den äußeren Gegenstand des Befehls bildende Leistung noch immer an sich realisirbar ist, nicht geeignet, die Verletzung des Befehls in anderem Lichte erscheinen zu lassen. Hier gerade zeigt es sich, daß es für dieses obrigkeitliche Rechtsverhältniß nicht auf Vornahme oder Nichtvornahme dieser oder jener Handlung als solche ankommt. Es war befohlen, binnen bestimmter Frist eine Handlung vorzunehmen; dies ist nicht geschehen. Zwar kann die Vornahme an sich noch stattfinden, die betreffende Leistung durch Exekution noch erzwungen werden; jedoch nicht mehr in ihrer Eigenschaft als Gegenstand des gerichtlichen Befehls. Letzterer ist in irreparabler Weise mißachtet, verletzt, da die Handlung nicht zu der Zeit, nicht in der Weise vorgenommen wurde, wie sie befohlen war. Für den Gehorsam gegen den Befehl ist es wesentlich, daß letzterer genau, wie er gegeben, in allen seinen Theilen ausgeführt wird. Nur dann kann die betr. Handlung überhaupt als Ausdruck des Gehorsams gelten: im andern Falle steht sie zu dem erlassenen

Befehl in keinem Bezug. Es kann dann wohl ein neuer Befehl ergehen, nicht mehr aber der erste erfüllt werden. Bei einer vom Richter zu bestimmtem Termin befohlenen Handlung konnte der Gehorsam gegen den richterlichen Befehl nur in einem Zeitpunkte, dem vom Richter bestimmten, geübt werden; mit dessen Verstreichen ist und bleibt der Verpflichtete ein für alle Mal ungehorsam, d. h. die in dem Ungehorsam liegende Rechtsverletzung ist an sich selbst nicht mehr aufhebbar, und es bedarf zur Ausgleichung der hierdurch bewirkten Störung der Rechtsordnung der Strafe.

Die hier eintretende Strafe hat daher mit dem zu dem richterlichen Befehle Anlaß gebenden Rechtsverhältniß nichts zu thun; sie bezieht sich allein und ausschließlich auf die in dem Ungehorsam liegende Verletzung des obrigkeitlichen Rechts. Während daher die in dem vorigen Paragraphen besprochene Strafe des ungerechten Processirens, als einer Verletzung des Rechts der Gegenpartei, regelmäßig in Buße und Gewedde bestand, d. h. theils an jene, theils an das Gericht fiel, kommt die gegenwärtig in Rede stehende — von wenigen Ausnahmen abgesehen — allein dem Gericht, bezw. der Obrigkeit zu; die Gegenpartei, die äußerlich genommen denselben Anspruch erhebt wie das Gericht, hat keinen Antheil daran; ihr Recht war bereits vor Erlaß des Befehls verletzt, und hierauf sich beziehende Rechtsfolgen können nachträglich bei Verletzung des gerichtlichen Befehls nicht mehr zur Entstehung kommen.

Ferner: wie das richterliche Gebot nicht auf bestimmte Rechtsverhältnisse beschränkt ist, sondern überall da Anwendung findet, wo eine rechtliche Verpflichtung Gegenstand eines Processes und Urtheils wird, so kann auch jene Strafe sich mittelbar an, gleichviel wie beschaffene Rechtsverhältnisse anknüpfen; unabhängig von dem Thatbestande und den Rechtsfolgen der letzteren, hat sie ihren eigenen, sich immer gleich bleibenden Thatbestand in der Verletzung des richterlichen Gebots.[1]

Eine Hauptanwendung findet diese Strafe aber in unserm Falle der Verurtheilung zur Tilgung einer unrechterweise noch nicht erfüllten Schuldverbindlichkeit. Das richterliche Gebot besteht hier, wie erwähnt, darin, daß der Schuldner bis zu einem bestimmten Zeitpunkte zu zahlen habe; die Verletzung dieses Gebots darin, daß diese Zahlfrist oder dieser Zahltermin verstreicht, ohne daß Zahlung geleistet wäre. Auf diesen versessenen, gerichtlichen Zahltermin bezieht sich die Strafe. Daß an letzterem bezahlt werde, war der Wille des Richters; daß auch des ferneren noch bezahlt werden kann, und daß der Gläubiger auch des ferneren hierauf noch ein Recht hat, führt höchstens zu einem wiederholten Zahlgebot; aber das erste kann nunmehr niemals befolgt werden. Die deshalb eintretende Strafe kann daher in keiner Weise auf die Verletzung der noch erfüllbaren

---

[1] Vgl. z. B. Uslar-Moringer Recht § 7 (Zeitschr. für Rechtsgesch. VII S. 293): Item eff eyn deme anderen dat syne aff erde, aff tunde, grove edder hackede, dat schal men beseyn and dar na schal men dem jenen, de dat gedan hedde enbeden, dat he dat in vertenachte wedder kere. Dede he dez nicht in sodanner tyt, so brecht he vyff ferdinge an dy herren und noch dat unrechte wedder to keren. Andere, verschiedenartige Anwendungen dieses Satzes in: Mgdb. Schöffensp. bei Walch, Verm. Beytr. VIII S. 262; Freyberger Stadtr. V § 16 (Schott III S. 175); Hamburger Stadtrecht von 1270 I c. 14; sog. Landrecht von Burg (herausgeg. von Mülverstedt in den Neuen Mittheilungen aus dem Gebiet hist.-antiq. Forschungen Bd. XI S. 168 f.); Handfeste v. Freiburg i. Ue. v. 1349 §§ 37, 143 = Handf. v. Burgdorf v. 1316 §§ 87, 178 (Gaupp, Stadtr. II S. 90, 106, 128, 139; die letztere, etwas unklare Stelle ist wohl aus Stadtr. v. Freiburg i. B. v. 1120 § 56 = Burgdorfer Handf. § 190 — Gaupp II S. 27, 141, — zu erklären); Stadtr. v. Regensburg (v. Freyberg V S. 50 f.). Daher heißt es häufig auch ganz allgemein, wie z. B. in der Soester Schrae v. 1350 art. 88 (Seibertz II Nr. 719): Wey des richters bot brecket, dat ys veyr sz; ferner das. art. 89.

Vertragspflicht bezogen werden; sie steht auf eigenen Füßen; sie gebührt allein dem Gerichte.

So führt der Sachsensp. I, 53 § 1 unter den Sachen, um welche man dem Richter wedbet, auf:

Sve — ne gilt nicht *gewunnen scult binnen dinge;* — over virteinnacht soll man aber, wie wir wissen, scult gelden, de man vor gerichte gewint, Ssp. II, 5 § 2; und was vor Gericht geklagt und zuerkannt wird, dessen Erfüllung „to rechter tiet" gebietet der Richter nach II, 10 § 5.[2] Vgl. Glogauer Rechtsb. c. 496. Ferner

Rechte der Bremischen Hollerländer v. 1181[3]: Item si quis pro debito accusatus fuerit in placito et si confessus fuerit, quod hoc debeat, nichil inde persolvat judici; *si autem judex preceperit debitori,* quod debitum reddat, et *debitor hoc neglexerit, in proximo placito IV solidos vadiabit.* — Hamb. Stadtr. v. 1292 A c. 1, v. 1497 A c. 1.

Stadtrecht von Lüneburg v. 1247[4]: Item si quis aliquem convenerit super debitis et debitor debitum recognoscens infra XIV dies non solverit, *judex non dabit illi inducias longiores*, sed debitum solvet ipsa die, *et quia inducias supersedit, pro eo octo solidos judici vadiabit.* — Statr. v. Uelzen v. 1270 § 9[5]; Stadtr. von Hildesheim art. 29.[6]

---

[2] Hieraus ist es auch zu erklären, wenn die Glosse zu Ssp. III, 45 § 1 zu den Brüchen in bürgerlicher Klage, welche „mit der gesetzten Buße" zu büßen sind, rechnet: schulde, die man jm nicht gulte. S. auch Ortloff II S. 357 art. 2.

[3] Bremisches Urkundenbuch I Nr. 56; auch bei Grimm, Weisth. III S. 218. Wegen des Gewedbes von 4 sol. vgl. Vertrag zwischen dem Erzbischof und der Stadt Bremen von 1259 art. 25 (Brem. U.B. I Nr. 299 S. 340): so mögen se sick des vagedes wedde trösten mit 4 schilling.

[4] Urkundenb. der St. Lüneburg bis z. J. 1369 Nr. 67 S. 38 Zle. 55 ff.; in deutscher Uebersetzung bei Kraut, S. 8 Zle. 4 ff.

[5] Gengler, Stadtr. S. 498; bei Pufendorf I App. S. 243.

[6] Pufendorf IV App. S. 290.

Weisthum zu Wetter v. 1239 (Grimm III S. 345): si aliquis civis movet alteri questionem super debitis, si reus fatetur debitum, solvet infra XIV dies, *si non, radiabit judici I solidum.*

Auszug aus dem Salbuch von Witzenhausen von 1555[7]: 'Item da einer den andern an gericht erlangt, oder sonst bekanntliche schuld schuldig ist, *giebt der schultheiss auf ansuchen des klägers dem beklagten 14 tage, bezahlt er nicht, so muss er U. F. G. und Herrn, und der stadt nach gelegenheit dasselbige verbüssen.*

Stadtr. v. Iglau art. 20[8]: Et quicunque querimoniam super aliquem fecerit pro dimidia marca et infra, — si — fassus fuerit, per dies XIV debitori (lies creditori) solvet, *quod si non fecerit, gravius punietur in dimidio fertone.* — Stadtrecht von Deutschbrod v. 1278 art. 37.[9]

Die süddeutschen Rechtsbücher haben die oben angeführte Bestimmung des Sachsensp. I, 53 § 1 herübergenommen, und zwar läßt der Schwabensp. art. 80 den Sinn derselben noch deutlicher hervortreten, indem er von Schuld spricht, „div vor gerihte gewunnen wirt *vnde gewettet ist*". Vgl. Deutschensp. c. 72; Ruprecht v. Freysing I c. 56. Daran schließt sich

Augsburger Stadtr. v. 1276, Zusätze zu art. 126[10]: Ist daz ein man dem andern fur gebiutet umbe gulte vnde daz er ime sine phenninge *wettot ze gaebene inr aht tagen, gibt ers im danne niht,* unde daz im iener nah dem gewette fur gebiutet, kumt daz ze klage unde daz ez dirre dem burcgrafen seit, so sol der burggrafe im eins phandes helfen, *unde ist im iener eins un-*

---

[7] Kopp, Ausführl. Nachricht I, Beylage Nr. 83 S. 154.

[8] Tomaschek, Deutsches Recht in Oesterreich, S. 222.

[9] Gengler, Corp. Jur. Munic. I, S. 746.

[10] Meyer, Stadtb. von Augsburg S. 208.

*rehtes schuldic.* — Ferner: *Swan ain man wettet vor gerihte*, an swelhem tage daz geschiht, der sol wern — an dem ahtem tage ze mittem tage. — *Tut er des niht untz an den niunten tak, so ist er dem burgraven schuldik aines unrehtes.*

Stadtr. von Hagenau v. 1164 § 17 (Gaupp I S. 99): Si civis a cive pro debitis in causam ducitur, *judex infra octo dies debitorem cum actore in composicionem redire precipiat;* finitis illis diebus, si reus actori non satisfecerit, *judici de XII nummis, actori de VI respondeat,*

wonach also ausnahmsweise auch dem Kläger eine Buße verfällt; dieselbe fehlt aber wieder in den Stadtrechten von Kolmar v. 1293 § 21 und von Dattenried von 1358 § 21 (Gaupp I S. 118, II S. 179).

Altes Landbuch von Glarus von 1448 art. 115, und neuerer Zusatz dazu von 1547[11]: Welcher dann eim also sin bargelt on alle pfand verheisst und das nitt leistet, *nachdem er von M. Herren gewisen worden, den sol man ein nacht und ein tag in gsellenthurnn legen und darby M. Herren den Landlüten in acht tag V lib. zbuss gen* bym eydt.

Bamberger Stadtr. § 21: Unnd wen ein recht erteillt wardt zu thun umb schuld, vnnd des nicht thuet, *der verfelt dem schulthesen darumb 30 d. der alten muntz vnnd dem clager des gelts darumb er geclagt hat.*

Wiener Stadtrechtsb. a. 20: Beclagt ain gast ainen purger umb gelt, — gestet der purger dem gaste des gelts an laugen vor gerichte, der purger — mues den gast seins gelts wern inner dreien tagen, *oder in sol der richter pfenden und twingen mit dem*

---

[11] Zeitschr. für schweiz. Recht, Bd. V Rechtsq. S. 175.

*wandel;* das. art. 4. Ehhaft zu Mosen in Oberbayern al. 8.[12]

Diejenigen Rechtsquellen, welche vor Beginn der Exekution dem Schuldner eine mehrmalige Zahlungsfrist einräumen, knüpfen, da jede einzelne Frist auf einem erneuten richterlichen Zahlgebot beruht, an die Versäumung einer jeden der mehreren Fristen eine besondere Strafe:

Magdeb. Fragen II, 2 d. 14: beczalit eyn burger dem andirn nicht bekantir scholt bynnen XIV tagen, *als ym geboten ist von rechtis halben, so hat der richter syn gewette uff yn.* Ab der cleger das vorbas clagit, so sal man denne vinden by acht tagen unde dennoch by dren tagen, zcu leczte by tagis lichte. *Wy dicke her des richters gebot vorsiczet, so dicke hat der richter syn gewette.* — System. Schöffenr. III, 2 c. 34; Kulm. R. III c. 71; Sächs. Weichb. a. 90 § 2 (v. Daniels S. 151 ff.; bei Mühler art. 30); Mgdb.-Bresl. R. v. 1261 § 25; Mgdb.-Görl. R. v. 1304 art. 64; Glog. Rechtsb. c. 497: — vnde als manich gebot alzo manche gewette dem richter.

Freyberger Stadtrecht III § 2 (Schott III S. 169): Ist abir daz der wirt vor kumit, wes in der gast schuldiget, — bekennet he, *so gebutit im der richter zu geldene in drin tagen.* — Gildet he nicht in den drin tagen, so muz in der gast abir zu dinge brengen, und schuldigen, daz he im nicht vergolden habe; bekennit he denne der selben schuld, *so sal im der richter gebiten zu geldene in deme tage und vir schillinge muz he verbuzen dem voite, daz he nicht vergolden hat.* Zahlt er nicht an dem Tage, so soll ihn der Kläger zum dritten Mal vor Gericht bringen, und er muß nun in deme dinge gelten, und wieder *verbuzen*

[12] Grimm, Weisth. III S. 656.

*vir schillinge daz he nicht vergolden hat, als im der richter gebot.* Zahlt er nicht in dem Dinge, der richter soll dem kläger pfandes helfen. Get he ubir daz hin wec unde gildet im nicht, *so verbuzit he sechzik schillinge dem voite, daz he nicht vergolden hat binnen dinges.*

Hamburger R. v. 1270 IX c. 14: — vmme schult, de en vnse borgher deme anderen syneme borghere schuldich is, schal men dachdingen erst over XIV nacht. Unde sit he dar over, dat schal he beteren mit IV schillinghen, vnde men schal eme anderwerve dachdingen over achte daghe. Vnde sit he dar over, dat schal he aver beteren mit IV sch. Stadtr. v. 1292 M c. 11; von 1497 C c. 4; Lüb. R. Cod. III art. 365; Bremer R. von 1303 Ord. 93; von 1428 III c. 10 (Oelrichs S. 121 f., 370); Stadtr. v. Riga II c. 17; Stadtr. v. Verden art. 51; Apenrader Skraa art. 19 (*C. St. Slesv.* II S. 421); Statuten von Dortmund §§ 5 und 39.[13]

Statuten der Parochie zu S. Aposteln in Köln art. 5[14]: — si aliquis conqueritur de aliquo nostrorum officiatorum super debitis, — magister mandabit eidem officiato cum nuncio officii, ut conquerenti satisfaciat infra octo dies post mandatum immediate sequentes; quod si non fecerit, *ad primum mandatum neglectum solvet IV den., ad secundum mandatum similiter, ad tercium similiter, ad quartum similiter* etc. Vgl. die Statuten der Parochien zu St. Martin von 1356, zu St. Petrus, der Gewandschneiderbruderschaft unter den Gaddemen von 1344.[15]

Weisthum von Birmensdorf und Urdorf (bei

---

[13] Gengler, C. J. Mun. I S. 873, 877.

[14] Ennen und Eckertz, Quellen zur Gesch. d. St. Köln, I S. 282.

[15] Ebenda, I S. 249, 292, 353, 364 f.

Zürich; Grimm I S. 32): Wirt ouch jeman beclagt umb geltschulden, dem sol der richter gebietten, das er die geltschuld were dem cleger innet 7 tagen, und tut er das nit in dem zil, so sol er das gelt weren vnd richten darnach *mit der busse, das ist mit dry schilling pfeningen*, vnd wirt im aber danne gebottenn ze weren innet 7 tagn mit als vil busse, vnnd wem also drystent tag werdent geben, sin gelt schulden ze richtenne mit der busse, *übersitzet der die dry tage, die im geben werdent, je ze 7 tagn uss, so soll der schuldig dem gotzhuss büssen die vngehorsami mit nün schilling pfening*, vnd dem kleger mit als vil.[16]

Ist die gerichtliche Zahlfrist, ohne daß dem Gebot Folge geleistet wäre, verstrichen, so wird zur Exekution, Pfändung geschritten. Die Vornahme letzterer setzt daher immer die vorgängige Verletzung des richterlichen Zahlgebots voraus[17], und so kommt es, daß mehrere Rechtsquellen unsere Strafe als dann eintretend bezeichnen, wenn der Schuldner es zur Pfändung kommen lasse. Es leuchtet ein, daß hiermit nicht eine eigene Art des Unrechts bezeichnet, sondern nur auf den Ungehorsam gegenüber dem richterlichen Befehl hingewiesen werden soll. Z. B.:

Schwabensp. art. 304° a. E.: swen der rihter *phendet nach der gewette*, der ist im einer buozze schuldig nach guoter gewonheit. — Stadtr. von Diessenhofen v. J. 1260 § 16.[18]

---

[16] Die letzten Worte der Stelle „vnd dem kleger mit als vil" sind offenbar ein ungehöriges Einschiebsel, da je bei den einzelnen Versäumnissen immer nur von der an die Obrigkeit zu entrichtenden Buße die Rede ist, und auch die weiter unten anzuführenden, verwandten schweizerischen Weisthümer eine derartige dem Kläger verfallende Strafe meist nicht kennen.

[17] Vgl. auch oben § 29 S. 181 ff.

[18] Gengler, C. J. Mun. I S. 763; bei Schauberg, Zschr. für ungedr. schweiz. Rechtsq. II S. 55.

Stadtr. von Rüden v. 1310 art. 23[19]: Were dat also, dat eyn den anderen vor ghérichte vorvolghede als eyn recht were van scult weghene efte van anderen saken, *dat he myt rechten ordelen wonne, also dat he en panden mochte, — und wane de pandinge schuyt, so hevet deghene, de de pandinge lidet, eyne maryc vor wedet deme richtere.*

Altes Stadtrecht von Nordhausen art. 10[20]: Si autem ille, in quem fit actio, *debitum promiserit,* et debito tempore dare neglexerit, *et si pignorabitur, dabit judicibus unum solidum.*

Eine anderweite Bezeichnung des Thatbestands dieser Strafe beruht auf Folgendem. Hat der Schuldner die gerichtliche Zahlfrist nicht eingehalten, so ist der weitere Proceßgang, mag eine nochmalige Frist gewährt oder nunmehr zur Exekution geschritten werden, der, daß der Kläger einen erneuten Antrag, Klage, gegen den Schuldner bei Gericht stellt, und daß dieser hierauf wieder vorgeladen wird.[21]

---

[19] Seibertz, II Nr. 540.

[20] Neue Mittheilungen Bd. III Heft 1 S. 38. In dieser Stelle darf man nicht etwa eine Strafe wegen verletzten Zahlversprechens erblicken wollen. Das erwähnte promittere bezieht sich vielmehr, wie bereits oben bemerkt, in gleicher Weise wie das wetten in den angef. Stellen des Schwabensp., des Augsburger und den noch anzuführenden des Münchener Rechts auf das Versprechen, dem gerichtlichen Zahlbefehl nachkommen zu wollen, auf das Urtheilserfüllungsgelöbniß. Es ergibt sich dies auch aus dem, auf unsere Stelle folgenden § 11 des Nordh. Rechts: Item, si vero pro debitis promiserit juramentum u. s. w. Das Urtheilserfüllungsgelöbniß ist aber nur processuale Form; die bei seiner Verletzung wirklich verletzte Rechtspflicht ist diejenige des Gehorsams gegen das Urtheil. Vgl. noch Genter Schöffenkeure von 1228 art. 8 (Warnkönig II[a] U.-B. S. 34 f.); Stadtr. v. Rüden v. 1310 art. 67, 68 (Seibertz II Nr. 540).

[21] Vgl. die im Vorstehenden (S. 349 ff.) angeführten Stellen des Augsburger, Freyberger Stadtrechts, der Mgdb. Fragen, und über diesen Begriff der Klage, Laband a. a. O. S. 2 ff., 240 Anm. [10].

Daher wird hin und wieder in den Quellen gesagt, denjenigen Schuldner treffe eine Strafe, welcher sich zum zweiten oder dritten Male vorladen oder verklagen lasse. Mit diesem zweiten Fürgebot oder der zweiten Klage ist wiederum nur die diesen Akten nothwendig vorausgehende Versäumung des an die erste Klage sich anschließenden richterlichen Zahlbefehls bezeichnet. So

Stadtrecht von Rüden v. 1310 art. 68[22]: Were dat sake, dat eyme vor gherichthe boden worde, *also dat et dat undere bot were*, de en mach myt neynen panden bereden, se en syn also gut, dat he syn sementlike ghelt ane wynnen moghe, *also als he vor gherichthe de yrsten claghe up en gheclaghet hevet*, — und so hevet de ghene *de dat andere bot ghelyden hevet, ghebroken dem gherichthe veyr scyllynge*. — Zuchtrodel von Pfeffers § 30 (Grimm, Weisth. VI S. 362).

Insbesondere weisen diese Fassung auf die hierher gehörigen Bestimmungen des Münchener Stadtrechts:

art. 27 a. E.: *swer sich aber anderstund anchlagen lat* umb pfenning oder umb pfant, die mit dem rechten, als vorgeschriben ist, erlangt sint, *der geit dem richter LXXII dn.*, ist des gelts über ain pfunt; hinter ainem pfunt judici XXXVI dn.

art. 284: Swer umb pürgschaft etc. — wirt bechlagt, der sol wern des selben tages, so verleuset er darumb nicht; *wirt er aber fürbaz bechlagt darumb*, so *verleuset er gen dem richter ain unrecht.*[23] art. 286, 288.

art. 407: Der verchlagt wirt umb ain gelt, *daz er*

---

In der alten Soester Schrae von 1350 art. 123 (Seibertz II Nr. 719) heißt es von dem zur Zahlung verurtheilten Schuldner: unde en sal dar af neyn ordeyl vurder maken. S. auch die Handfesten von Freiburg i. Ue. v. 1249 § 37 und von Burgdorf v. 1316 § 87 (Gaupp II S. 90, 128).

[22] Seibertz II Nr. 540.

[23] Vgl. hierzu auch Bayr. Landr. art. 299.

*vor gewet hat vor gericht oder im gepoten ist, der geit dem richter ain frävel,* daz ist 60 pfennig, im ring 12 pfennig.[24]

S. auch Stat. v. Regensburg (v. Freyb. V S. 33); Landr. v. Liebenau § 6 (Grimm, VI S. 149).

Die Zugehörigkeit dieser Strafe zu dem richterlichen Befehl und dessen Verletzung, und ihre Unabhängigkeit von der Vertragsverletzung tritt schließlich in denjenigen Rechtsquellen aufs deutlichste hervor, welche den Richter seinen Befehl unter Androhung der auf die Verletzung desselben gesetzten Strafe aussprechen lassen. Die Verpflichtung zur Leistung derselben erscheint dann selbst unmittelbar als Ausfluß des obrigkeitlichen Gebots:

Freyberger Stadtwillkür (Schott III S. 303): Were is aber also, das eyn man wurde vorbracht vor

[24] Eine specielle Anwendung dieses Satzes auf die Klage um verdienten Lohn findet sich in art. 137: wer sich anderstunt darumb (umb gearnten lon) laet chlagen, der fleust LXXII dn. Dem scheint aber art. 136, mit welchem Bayr. Landr. art. 89 sowie Stadtr. von Freysing art. umb garncz lon (v. Freyberg V S. 184) übereinstimmt, zu widersprechen, indem hier der mit der Vorladung betraute Frohnbote an den nicht läugnenden Beklagten sofort den Zahlbefehl erläßt (s. oben § 30): den chlager ze wern in vierzehen tagen, und dem richter sein puozz LXXII dn., wonach also die Strafe schon bei der ersten Klage verfiele. Allein die Fassung des Artikels ist offenbar eine ungenaue. Das Gebot soll nicht auf Zahlung der Schuld und der Buße gerichtet werden, sondern allein auf erstere bei der Buße, unter dem Präjudiz derselben. Das bayrische Landrecht art. 299 sagt ausdrücklich: chlagt ainer den andern an — umb garentz lon, dem sol fronbot gepieten, daz in weer hin umb dez naechsten rechten; — richt aber er in nach dem naechsten rechten in vierzehen tagen, so ist er dem gericht nichtz schuldig; vgl. Münchener Stadtr. art. 284. Auch ist vielleicht die Interpunktion des Art. 89 bayr. Landrechts: Waer auch daz ainer den andern bechlagt umb garentz lon nach der chlag, so sol im fronbot — gebieten, von Bedeutung (gegenüber derjenigen des Münchener Rechts: — umb g. l., nach der chlag sol im fr. — gepieten), was sich freilich bei dem Mangel einer kritischen Ausgabe nicht feststellen läßt.

gerichte vnde wurde beclait vmb gelt des her bekente, das sal ym der richter *gebieten zcu gelden bie acht tagen bie der busze.* — Stat. v. Ilm v. 1350 (Walch VI S. 27 f.); Stadtr. v. Apenrade v. 1284 art. 69, v. Hadersleben art. 65[25]; Hadeler Landr. v. 1583 II tit. 2 (*Pufend.* I App. S. 14 f.).

Dienstordnung der Basler Gerichtsbeamten art. 17: Wer sin schulde zem ersten male ergît, bezalt der nüt in den nächsten 14 tagen, *der sol die drie schilling ze bessrung geben, als im gebotten ist.* Und wer sin schulde zem andern male ergît, bezalt er die nüt in siben nachten, *der sol die sechs schilling ze bessrung geben, als im gebotten ist.* — Basler Rathsverordnung von 1441; Basler Gerichtsordnung v. 1457 art. 11, 60; Neue Stadtgerichtsordnung zu Basel v. 1557 art. 24[26]

Engelberger Hofrodel saec. XIII; Oefnung von Wetteschwil, Sellenburen, Stallikon v. 1468; von Dachsen v. 1532; zu Niederbüren v. 1469; zu Tablatt v. 1471; zu Rorschach v. 1469[27]; zu Romanshorn v. 1469 art. 15.[28]

Stadtr. von Wiener-Neustadt art. quando emendae sunt recipiendi[29]: Item si quis debitor coram judicio remanserit alicujus debiti —, judex XIV dierum inducias ei dabit. Quodsi nec tunc persolverit, dabit ei illum diem *sine emenda* et VII dies alios *cum emenda.* Quodsi nec tunc solverit, tunc III dies alios ei dabit, et quodsi nec tunc solverit, tunc ad solven-

[25] Dreyer, Sammlung vermischter Abhandlungen, Theil 3 S. 1408 f. Corp. Stat. Slesv. II S. 384, 201.

[26] Schnell, I Nr. 64 S. 66; Nr. 128 S. 123 f.; Nr. 148 S. 152, 167; Nr. 286 S. 406.

[27] Grimm, Weisth. I S. 1, 42, 110, 219, 225, 235.

[28] Schauberg, Zeitschrift II S. 63.

[29] Archiv für Kunde österr. Geschichtsq. Bd. X. S. 114.

dum pignore compellatur, *et cujuslibet termini sive induciae poena sunt LX denarii.*

Diese, nicht als Rechtsfolge einer Vertragsverletzung zu betrachtende Strafe der Verletzung eines obrigkeitlichen Gebots wurde nun aber Grundlage und Ausgangspunkt einiger, theils scheinbar, theils wirklich exceptioneller Gestaltungen, welche im folgenden Paragraphen betrachtet werden sollen.

## § 46.

### Fortsetzung. — Verzugsstrafen, welche aus der Strafe wegen Verletzung des richterlichen Zahlbefehls hervorgegangen sind.

Wir haben oben in § 30 erwähnt, wie nach vielen deutschen Stadtrechten eine in das Stadt- oder Gerichtsbuch eingetragene Schuld bei Ablauf des Zahltermins der sofortigen Exekution unterlag, ohne daß es einer vorgehenden processualen Verhandlung oder eines Urtheils hierzu bedurft hätte. Der Gerichtsbucheintrag galt selbst als Urtheil, die Vollstreckung sollte auf Grund desselben vorgenommen werden, als ob die Schuld mit Recht erklagt und durch das Gericht festgestellt sei.[1] Diese Auffassung führte dann

[1] Vgl. noch Iglauer Schöffenurtheil (Tomaschek, Oberhof S. 81 Nr. 98): Was geldes eyn man in der purger tavel oder in irem puch geschryben hat, es sey erstanden mit notrecht oder sey gelobt vor scheppen, oder in welcher weis es darin gnomen sey, wanne dy tege vergeen, da es awfgeschriben ist, so hilfet der richter darum wol pfandes. Stadtr. von Frankenberg bei v. Meibom, Pfandrecht, S. 51 (nach Schmincke, Monimenta Hassiaca II S. 738, welches Werk mir nicht zugänglich war). Daher in gerichtlichen Schuldverschreibungen häufig die Formel, bei Verzug solle gerichtet werden, als ob die Schuld an Gericht erklagt wäre; z. B. Eintrag im Frankfurter Schöffenprotokoll von 1340: W. H. knappe und R. von W. wullenwyber haut bekant vor dem schultheiss, C. S. von W. — XLIII pf. heller zu gudir rechenunge vier tage nach Fulder merkete nu neyst kompt zu geldene. Indedin sie des nit, so sol man C. — an jn — richten glichir wis, als ob

allmählich dazu, daß man in der unter Mitwirkung des Gerichts oder der sonstigen Obrigkeit vorgenommenen Beurkundung einer Schuld in den öffentlichen Büchern eine Theilnahme des Gerichts an dem zu beurkundenden Rechtsgeschäft in der Weise sah, daß dasselbe seine Autorität für die richtige Erfüllung der versprochenen Leistung einsetze; man nahm an, daß diese öffentliche Beurkundung zugleich den obrigkeitlichen Befehl an den Schuldner enthalte, rechtzeitig zu zahlen, und somit auch hierdurch einem wirklichen Urtheil gleich stehe. Die Folge davon war, daß man auch die Strafen des verletzten richterlichen Zahlbefehls hierauf anwandte, und auf diese Weise dazu kam, die nicht rechtzeitige Zahlung einer in die Stadt- oder Gerichtsbücher eingetragenen Schuld, und in weiterer Entwicklung jeder vor Gericht kontrahirten Schuld unter Strafe zu stellen. Doch findet sich diese Gestaltung nur in wenigen Rechtsquellen, welche dazu ausschließlich der späteren Zeit dieser Periode angehören:

Eintrag im Witzenhäuser Stadtbuch, genannt „der Landrichter", von 1487[2]: Was vor gerichte vnd radt wert gethedinget und wirt nicht gehalten und wert geclagt, vorbricht dormede eine marck.

Lüneburger Niedergerichtsordnung saec. XVI art. von willkür[3]: Hette jemand einen willkur gethan, der ins gerichtbuch verzeichnet were, und hette denselben nicht gehalten, wirt er dan ins recht gefürdert, so wettet er darumb 60 sz. — Und wirt ihme *durch dsz gericht ufferleget*, dasz er *nochmals* in 14 tagen

---

ez an gerichte an in ercleit were ane allen vorzog (bei Thomas, Oberhof S. 522 Nr. 5; das. S. 531 Nr. 49).

[2] Kopp, Ausführl. Nachricht I, Beylage Nr. 117 S. 243.

[3] Pufendorf III App. S. 358. Eine an den Rand geschriebene Summa gibt den Inhalt des Artikels dahin an: Promissio solutionis coram judice facta et in librum judicii relata; non servata meretur poenam judicis.

solle bezahlen. Bezahlet er nun nicht in den 14 tagen, so wettet *abermalen* wie obstehet 60 sz.

Bürgersprache zu Bielefeld von 1578[4]: Alle die ienigen, die *fur burgermeister oder gerichte* mit hande und munde ennige loffte oder wilkeer thun auff benommende zeit zu holden, — und nach der zeit der eischung *nicht gehorsamb oder sonder orlaub der obrigkeit und des wedderparts willen abgiengen*, und also fürsetzig loveloes worden, sollen darumb *gebrüchtet* werden.

Oefnung von Zilschlacht (Thurgau) v. 1576 § 58[5]: Wellicher ouch den anderen — an offen gricht, an des grichts stab ein schuld zu bezalen — lopt, noch thut, ist die busz 10 pfd. d. der herschaft verfallen.

Basler Rathsverordnung v. J. 1421[6]: Wer hinnanthin dem andern dhein schulde in der stett buoch uf genempte zil vergicht oder glopt ze bezalende, übersitzt der schuldener sölichs vnd hat dem cleger in dem zil nit gnug getan, wirt dem selben darnoch für die unzüchter gebotten vnd sölichs von im clagt, der schuldner soll denne von den selben unzuchtern ane alle gnade in eide gnommen werden, ein phund phenningen ze besserung ze gebende, einen monat vor den crüzen ze leistende u. s. w.

Nach einer Basler Verordnung von 1417[7] wird eine in das Kaufhausbuch geschriebene Schuld ausdrücklich dem Fall gleich gestellt: ob yemand der unseren von den koufhusmeistern und richtern utzit *gebotten* wirt ze gebende, und für beide Fälle dieselbe Strafe bestimmt. Diese, sich auch in einigen der oben mitgetheilten Stellen findende Parallelisirung der gerichtlich beurkundeten und der ge-

---

[4] Walch, Vermischte Beyträge III S. 71.

[5] Grimm, Weisthümer VI S. 346.

[6] Schnell, I Nr. 112 S. 110. — [7] Daselbst Nr. 100 S. 99.

richtlich gebotenen Schuld ist der beste Beweis für die Richtigkeit der zu Anfang des Paragraphen gegebenen Erklärung der hier eintretenden Strafe.

In ähnlicher Weise stellt dann noch das Luzerner Stadtrecht von 1480 art. 98[8] die Verletzung des gerichtlichen Vergleichs mit der des gerichtlichen Urtheils zusammen:

> welcher schuldner usserthalb des gerichtz[9] mit sinem gelten gericht wirt, das er in söll bezalen uff ein zil, und er old sy *das an dem stab versprechent*, *oder ob eim urteil gibt*, *an den stab zu versprechen und das an stab verspricht, und einer old eine das nit halden*, das sol sin gehalten und gestrafft werden, als ob sy ir trüw an eides statt geben, und die gebrochen hetten[10], vnd darzu sy in turn legen, und da so lang ligen lassen, unz das sy iren gelten genug tund, *und söllent ouch daby unser statt ze geben fünff pfund ze buss verfallen sin.*

Eine anderweite Entwicklung führte über die bisher festgehaltenen Grundlagen hinaus und zu einer wirklichen Bestrafung der nichtrechtzeitigen Zahlung einer Vertragsschuld; jedoch nur partikulärer Weise und nur bei der Verpflichtung zur Zahlung verdienten Lohns (s. oben § 41 bei Anm. [2]).

Die Verletzung dieser Verpflichtung zieht nach gemeinem Rechte ebensowenig wie die einer andern vertraglichen Zahlverbindlichkeit eine Strafe nach sich. Es ist dies mehrfach in den Quellen ausgedrückt, theils direkt, theils indirekt da-

[8] Zeitschr. für schweiz. Recht, V Rechtsq. S. 53 f.

[9] D. h. nicht „außergerichtlich", sondern, wie sich aus dem folgenden Versprechen an den Stab ergibt, „außerhalb eines Processes".

[10] Ueber diese Strafe der Verletzung eines an Eides statt gegebenen Versprechens nach dem Luzerner Recht ist unten in Abschnitt 4 zu handeln.

durch, daß auch bei dem Verzug der Zahlung verdienten Lohns einer Strafe nur für die, in den vorstehenden Paragraphen dargelegten Fälle Erwähnung geschieht.

System. Schöffenr. III, 2 c. 44: Beheldit (Var.: beschuldigit) eyn knecht syn vordint lon uf synyn hirren vor gerichte, *do en ist der hirre dem richter keyn gewette vmme schuldig.* — Kulm. R. III c. 81; Magdeb.-Bresl. R. v. 1261 § 77; Lateinische Uebersetzung des sächs. Weichbilds art. 79 (v. Daniels und v. Gruben S. 144).

Ostfriesisches Landrecht II cap. 282 al. 2: Woir men den denst, *so vor de oevercheit geklagt wort,* nicht betaelen will, so sall men dat richten, als volget: gevet den luiden oere arbeidesloen, ehr dat id em de richter tweefoldich maeket.[11]

Basler Gerichtsordnung v. 1457 a. 62, 63[12]: Wegen Gesindelohn des letzten Jahres, Ammenlohn, Brustlohn, Taglohn des letzten Monats, da sol dem

---

[11] Diese Bestimmung, wonach die Strafe verfällt, wenn eine bei Gericht bereits eingeklagte Schuld nicht rechtzeitig bezahlt wird, also unter Verletzung des Zahlbefehls, ist allerdings in der hochdeutschen Uebersetzung von Wicht's (S. 603) entstellt worden: „Wo man dem Arbeiter nicht bezahlen will, und solches der Obrigkeit geklagt wird, so soll" u. s. w., wonach eine Strafe schon bei Anstellung der Klage verwirkt wäre. — Im Rügianischen Landgebrauch tit. 89 § 4: Wert einem deenstbaden sin lohn entholden, men fordert den de schuldig für F. G. gerichte, de gartvagtt besettet dat gerichte, vnd helpet em manen, F. G. nimpt den drüdden pennink, — ist mit den letzten Worten nicht eine den Schuldner treffende Strafe, sondern eine vom Kläger zu erlegende Gerichtsgebühr gemeint; vgl. ebenda tit. 90 § 3 und besonders tit. 23 § 3. Derartige „Helfegelder", „Richtegelder" oder „Klagegelder" finden sich häufig; vgl. z. B. Uslar-Moringer Recht § 77 (Zeitschr. für Rechtsgesch. VII S. 303); Weisthum zu Lohr von 1425 al. 4, zu Rotenfels von 1494 § 9 (Grimm III S. 530, VI S. 45); dagegen aber Naumburger Schöffensp. Nr. 38 (Mühler S. 88).

[12] Schnell, I Nr. 148 S. 168 f.

der beclagt wirt, *gebotten werden by V sch. pf.* dem cleger morndes by der tagzyt genueg ze thuende.

Oefnung zu Tablatt[13]: Wer sich laust beclagnen umb zinsz, *lydlon* vnd gelihen gelt, den sol man *bannen dem amman an dry schilling pfening, vnnd dem cleger och an dry schilling pfening, vnnd sol der ban weren dry tag, vnd welher das vbersicht, von dem sol man die buoss nemmen.*

Münchener Stadtr. art. 137: und die weil der ehalt sein lon nicht erlangt hat, *so fleust die herschaft chain puozz.* art. 284: Swer umb — garnetz lon — wirt bechlagt, der sol wern des selben tages, *so verleuset er darumb nicht.* — Bayr. Landr. art. 299; Stadtr. v. Freysing art. aber umb gelt (v. Freyberg V S. 226).[14]

Weisth. v. Mosheim § 13 (Grimm, VI S. 117): Swer umb garnt miet bechlagt wirdet, der sol in dem ring gelten —; *tut er des niht, so sol er dem gericht 72 d. wetten.*

Wir haben oben in § 41 gesehen, daß mehrere Partikularrechte bei der Einklagung einer Lohnforderung dem verurtheilten Schuldner keine Zahlfristen gewähren, sondern sofortige Exekution in Aussicht stellen. Im Ganzen sind es nun dieselben, oder doch demselben Rechtskreise, nämlich dem österreichischen, bayrischen, schweizerischen, ange-

[13] Grimm, Weisth. I S. 226. Dagegen ist es mir bei der Oefnung von Stäfa am Zürichersee § 29 (das. S. 47 f.: was lidlon sy, den mag einer behen über lang alder kurtz, und muoss einer siner lidlon behen mit dem rechten, so ist dem vogt gefallen 6 sch. vnd dem kleger dry sch , vnd söll in bezalen by der tagzitt, das er noch dann an halb mil wegs kumm), — zweifelhaft, ob mit den unterstrichenen Worten das Anstellen einer Klage überhaupt, oder das Ueberwinden des Schuldners durch die processualen Beweismittel — Nothrecht — gemeint sei.

[14] Ueber Münchener Stadtr. art. 136 u. s. w. vgl. den vorigen Paragraphen Anm. [24].

hörigen Rechtsquellen, welche der genannten Begünstigung dieser Klage die weitere hinzufügen, daß der Schuldner, welcher sich um rückständigen Lohn verklagen läßt, straffällig wird. Es ist daher wohl nicht zu gewagt, wenn ein Zusammenhang zwischen diesen beiden Erscheinungen angenommen, die eine aus der andern abzuleiten versucht wird.

Auch bei sofortiger Zahlpflicht einer durch Urtheil festgestellten Schuld geht, wie bereits S. 342 f. erwähnt, der Vollstreckung ein richterlicher Zahlbefehl voraus, und nur wenn dessen Erfüllung versäumt wird, verfällt nach den oben dargelegten Grundsätzen eine Strafe, nicht aber an und für sich schon dann, wenn es zum Erlaß dieses Befehls kommt. Vgl. z. B. noch Statuten von Dortmund § 39[15]:

> Et est tale jus, quod quicunque burgensis convenit alium coram judicio pro aliquibus debitis, si fatetur debitum, debet illud *immediate* solvere proxima die ante occasum solis; *et si non solverit, vadiabit* judici duabus vicibus et tertia vice actori, et debet accipi pignus suum.

Allein wenn man es mit dieser sofortigen Zahlpflicht genau nahm, konnte es leicht dazu kommen, daß die beiden Zeitpunkte des erlassenen Urtheils und des nicht befolgten Urtheils sehr nahe zusammengerückt, und in Folge davon nicht scharf unterschieden wurden. Es lag dann nahe, denjenigen, gegen den ein Zahlbefehl erlassen war, sofort als einen solchen anzusehen, der denselben nicht beachtet hatte. Hierzu kamen aber speciell bei der Lohnforderung noch folgende Momente.

Regelmäßig ist bei vertraglichen Zahlpflichten der ursprüngliche Zahltermin ein durch das Versprechen des Schuldners, bezw. die Mahnung des Gläubigers, also durch Privatakt festgesetzter. Bei der Forderung verdienten Lohnes aber hat mehrfach das Gesetz selbst nicht nur die gerichtlichen Zahlfristen, sondern auch den ursprünglichen Zahltermin

[15] Gengler, Corp. jur. munic. I S. 877.

geregelt, und zwar, — von der Erwägung ausgehend, daß solche, die sich von ihrer Hände Arbeit ernähren, ihren Verdienst keinen Augenblick entbehren können, — in der Weise, daß verdienter Lohn unmittelbar nach Leistung der Arbeit, durch welche er verdient ist, gezahlt werden muß.[16] Diese gesetzliche Bestimmung hatte nun viel Aehnlichkeit mit der andern über die alsbaldige Urtheilserfüllung bei Klage um verdienten Lohn, und aus beiden scheint man dann den allgemeinen Satz gebildet zu haben: verdienter Lohn ist sofort zu zahlen, als dessen einfache Anwendung dann die beiden genannten Specialbestimmungen erschienen. Beiden lag dann unmittelbar ein obrigkeitlicher Befehl — gesetzlicher oder richterlicher — zu Grunde, und so war es sachgemäß, daß man der an sich nur bei Verletzung des letzteren eintretenden Strafe auch bei Verletzung des ersteren Geltung verlieh.

Auf diese Weise, wie es scheint, kam man in den genannten Rechten dazu, den Rechtssatz aufzustellen: Wer verdienten Lohn nicht alsbald bezahlt und es zu Klage und Urtheil darüber kommen läßt, verwirkt eine Strafe. Unterstützend machte sich dann hierbei die Erwägung geltend, daß die angedrohte Strafe mit dazu beitragen werde, die Zahlungspflichtigen zu prompter Zahlung anzuhalten und Processe wegen verdienten Lohns zu verhindern. So sagt

Ruprecht von Freysing II § 57[17]: swer ehalten

[16] Vgl. oben § 41 Anm. [6] ff.; ferner die § 42 hinter Anm. [27] mitgetheilten Stellen, sowie Ostfries. Landr. II c. 282 al. 2: We umb dachloen arbeidet, den sall men betaelen, wanner he dat verdeent hefft. Stadtrecht von Ofen art. 305: Ist aber er vor dyen gewest, so schol man den dynest arbait vnnd dy czeit schatczen, vnnd der her sol yn peczalen nicht sam ander gelt schult, sunder sam eynem vordingten knecht pey desz selbigen tages scheyn.

[17] Nach der Ausgabe des Rechtsbuchs bei Westenrieder, Beytr. zur vaterländ. Historie VII S. 167 f.; s. oben § 42 Anm. [15].

dingt, es sei dirn oder chnecht ze wochen, oder ze jaren, swaz er in gelopt, daz müs er in geben; *vnd laet er sich dar um bechlagen, so verleust er die fraevel gen dem richter*, das sint 72 pfenning.

Rechtsbrief für Passau von 1300 § 8[18]: Auf wen man chlagt umb geordent lon, daz man mit dem swayss verdienet hat, der sol dem klager zwispil geben, dem richter LXXII dl.

Wiener Stadtrechtsb. art. 38 a. E.: — so muez er darumb in bechlagen vor gericht, als umb ander gelt, wann (= ausgenommen) *daz dem richter wirt ertailt des ersten tags das wandel von hofzins und gearntem lon.* Vgl. art. 45.[19]

Stadtr. v. Wiener-Neustadt art. de pretio premerito[20]: Et hoc nisi sit pretium premeritum, cui non dantur induciae, — *et etiam idem in emenda LX denariorum judici remanebit,* sive sit per fassionem sive per testimonium comprobatum. Alia vero debita carent emendis.

Ofener Stadtrecht art. 368: Ap ymant den tag lonern iren taglon verczug ader vorhilt vnnd nicht den selbin tag czalit, so sol der richter vonn seynesz ampts wegen dy arbeyter peczalen, vnnd — also manich stundt er eynen arbeitter peczalt, also offt schol er nemen eyn firdung czu puesz.

---

[18] Gengler, Stadtrechte S. 350.

[19] Das Wiener Stadtrechtsbuch behandelt die Klage um Hofzins und die um verdienten Lohn durchweg gleich; vgl. oben § 41 S. 302. Ersterer scheint als eine Art des letzteren betrachtet zu werden. — Im Gegensatz zu den im Text angezogenen Stellen wird aber in art. 46 bestimmt, daß auch bei Klage um verdienten Lohn nur dann den Schuldner Strafe treffe, wenn er auf die Ladung nicht vor Gericht erscheint, oder die Schuld abläugnet, oder es zur Pfändung kommen läßt: antwurt er aber an dem ersten tag und stet sein an laugen, sein sei wenig oder vil, so muez er in wern heint und morgen und geit nicht wandel.

[20] Archiv für Kunde österr. Geschichtsquellen, X S. 114.

Oefnung von Rickenbach v. 1495: Item wer sich zuo Rickenbach beclagen lasst vmb lidlon, der ist ainem herren von sant Gallen dry schilling pf. verfallen. — Oefnung zu Niederbüren v. 1469, zu Rorschach v. 1469, zu Zilschlacht v. 1576 § 46[21], zu Romanshorn art. 35; Statutenbuch der Stadt Diessenhofen art. 136.[22]

Dieser Satz hat auch Eingang gefunden in das Keyserrecht II c. 31, ohne daß ersichtlich wäre, ob er hier praktisches Recht oder nur eine allgemeine Sentenz ausdrücken soll:

Der umb teglichen lon erbeit, dem sal man in geben zu hant; wer des nit entete, claget ez iener, der den lon verdienet hat, so muz man ez im verbuzzen glich dem keiser. Sint in des riches recht gesc. stet: *gebent den luten iren taglon, e in der keiser zehenfeltig mache.*

Jedenfalls reicht das Geltungsgebiet desselben nicht über einige Gegenden Süddeutschlands hinaus, und wenn Berthold von Regensburg sagt: „es ist in etlichen Landen Sitte, wer sich verklagen läßt wegen verdienten Lohns, den er dem andern ohne Klage nicht gibt, der muß dem Richter sechs Schilling zu Buße geben,“[23] so darf hieraus nicht auf

[21] Grimm, Weisth. I S. 211, 221, 236; VI S. 345.

[22] Schauberg, Zeitschr. II S. 65; S. 26.

[23] Ich entnehme diese Stelle Sohm's Proceß der Lex Salica S. 54 Anm. [18]. Wenn Sohm dieselbe als Beleg dafür verwendet, daß nach deutschem Recht bei zweiseitigen Obligationen allgemein die Verzugsstrafe erst dann verfalle, wenn der Gegner seinerseits schon geleistet habe, so ergibt sich dagegen aus unserer Darstellung, daß das spätere deutsche Recht regelmäßig gar keine Verzugsstrafen aufstellt, und daß solche daher auch nicht, wie Sohm weiter annimmt, „aus den processualischen Bußen des alten exekutivischen Verfahrens hervorgegangen“ sein können, — wenn dies auch nicht bereits nach der in unserer ersten Abtheilung gegebenen Darlegung unmöglich wäre. — Wenn aber bei der Forderung verdienten Lohns der Verzug des Schuldners, sowie Klage und Strafe erst nach vorangegangener Leistung des For-

ein gemeines deutsches Recht geschlossen, es muß vielmehr der Ausdruck „etliche Lande“ genau auf die oben angegebenen Landschaften beschränkt werden.

Die in den einzelnen angeführten Stellen ausgesprochene Größe dieser Strafe, sowie der Umstand, daß sie zumeist nur an den Richter verfällt, zeigen deutlich ihren oben angedeuteten Ursprung aus derjenigen wegen verletzten richterlichen Zahlbefehls.

## § 47.

### Singuläre Ausnahmen von der Straflosigkeit wegen Zahlverzugs.

In den bisherigen Untersuchungen dieses Kapitels haben wir das System des späteren mittelalterlichen Rechts in Bezug auf die Behandlung der Verletzung vertraglicher Zahlpflichten dargelegt. Wir haben, nach Ausscheidung nicht hierher gehöriger Institute, darin im Ganzen, und abgesehen von einzelnen willkürlichen Ausschreitungen, eine große Harmonie der Rechtssätze unter einander gefunden, und zugleich eine genaue Anpassung derselben an die Thatbestände, auf welche sie Anwendung erhalten; auf einheitlichen Grundgedanken beruhend, wissen sie die Lebensverhältnisse, entsprechend den Anschauungen der Zeit, aber im Ganzen wenig beeinflußt von anderweiten Rücksichten, nach den Anforderungen des Rechts zu regeln.

Wir versuchten ferner, dieses System von Rechtssätzen in seiner historischen Entwicklung, in seinem organischen

---

derungsberechtigten eintreten können, so erklärt sich dies daraus, daß diese Forderung im deutschen Rechte nach ausdrücklicher gesetzlicher Bestimmung erst dann fällig wird, wenn sie verdient ist; erst dann ist der Schuldner zur Zahlung verpflichtet und können wegen Nichtzahlung Unrechtsfolgen eintreten. Die Aufeinanderfolge der Leistungen ist bei diesem Vertrage bestimmt normirt: erst die Arbeit, dann der verdiente Lohn. Es scheint daher unzulässig, aus dieser Besonderheit des Arbeitsvertrags allgemeine Sätze zu abstrahiren.

Werden aus früheren Gestaltungen heraus aufzuzeigen. Wenn wir uns dabei auch, in Folge der hierfür nur mangelhaft fließenden Quellen, mehr auf Andeutungen und Vermuthungen beschränken mußten, so konnten wir doch die Ueberzeugung gewinnen, daß auch hier ein, wenn auch mannichfache Gestaltungen hervortreibender, so doch einheitlicher, harmonischer Geist walte.

Es erübrigt uns nun aber noch einige Erscheinungen zu besprechen, welche jenem organischen Systeme von Rechtssätzen schroff gegenüber stehen; welche von jenem harmonischen Geiste nichts aufzuweisen haben; welche, indem sie anderen, als rechtlichen Erwägungen ihren Ursprung verdanken, einen Riß in jene Einheit bringen.

Gegen das Ende dieser Periode kamen nämlich die allmählich erstarkten Partikularstaatsgewalten, vorzüglich in den Städten, immer mehr dazu, die rechtlichen Strafen, d. h. wegen eines begangenen Unrechts zu machende Leistungen, zu anderweiten Zwecken, deren Förderung man im Gemeinwohl liegend erachtete, zu benutzen; und zwar dadurch, daß man die durch das Strafübel bewirkte abschreckende Natur derselben dazu verwerthete, gemeinnützliche Handlungen herbeizuführen, bezw. gemeinschädliche zu verhindern. Die immer mehr um sich greifende Verwaltung bediente sich der Strafe als Verwaltungswerkzeugs, ohne die rechtliche Natur der unter sie gestellten Handlungen weiter zu berücksichtigen; die Strafe wurde Polizeistrafe.

Diese Verhältnisse machten sich auch auf unserm Gebiet geltend. Der sich zum Polizeistaat ausbildende Partikularstaat erachtete es für seine Aufgabe, nicht nur den nicht zahlenden Schuldner zur Zahlung zu bringen, das geschehene Unrecht zu beseitigen, sondern auch dafür zu sorgen, daß es zu letzterem gar nicht komme, indem der Zahlverzug selbst von vorn herein nach Kräften verhindert würde. Man begnügte sich nicht damit, dem Gläubiger auf rechtlichem Wege zu seinem Gelde zu verhelfen, sondern der Gläubiger sollte gar nicht mehr in die Lage kommen, sich dieses Rechtswegs bedienen zu müssen. — Als bequemes Mittel hierzu bot sich die Androhung eines Uebels, irgend eines Nachtheils unter dem Namen der Strafe dar für denjenigen Schuldner, der sich wegen Nichtzahlung seiner Schuld verklagen lasse; man setzte dabei voraus, daß derselbe, um jenem Uebel zu entgehen, sich freiwillig, ohne Proceß, zur Zahlung verstehen werde.

Diese Strafe ist nicht eine Rechtsfolge des Zahlverzugs als solchen; denn sie trifft den Schuldner nur unter der weiteren Bedingung, daß es zur gerichtlichen Klage gegen ihn kommt; nicht die rechtzeitige Zahlung als solche, sondern die Vermeidung der Processe soll bewirkt werden. Andererseits ist diese Strafe aber auch keine Folge des processualen widerrechtlichen Verhaltens des Schuldners; denn sie ist von seinem processualen Verhalten ganz unabhängig; sie trifft ihn bereits, wenn er verklagt wird, ohne daß er selbst eine Proceßhandlung vorgenommen zu haben brauchte, — sofern sich nur die Klage selbst nicht als unbegründet erweist. Diese Strafe ist vielmehr ein Zwitterding ohne genügende rechtliche Basis; nicht Ausfluß einer rechtlichen Idee, sondern Folge gesetzgeberischer Willkür; nicht der Rechtsverwirklichung dienend, sondern der Verfolgung mehr oder minder berechtigter Verwaltungszwecke.

Dieser Charakter der gegen Ende unserer Periode in verschiedenen Gegenden, jedoch durchaus nicht überall auftauchenden Strafe wegen Sichverklagenlassens um Geldschuld ist deutlich ausgedrückt in dem Privileg K. Ruprechts für die Stadt Schweinfurt von 1401, worin dieser die neue Einführung einer solchen Strafe gestattet wird:[1]

[1] Monumenta Suinfurtensia Historica, herausgeg. v. F. Stein (Schweinfurt 1875) Nr. 198; auch bei Gengler, St.R. S. 429 f.

Auch umb des willen, daz yn der — stat zu Swynfurd *ein iglicher burgere daselbs desto bereiter und geneygter sy, waz er eym iglichen schuldich sy, dovon genuge zu dun, siech zu riechten oder zu bezalen*; so haben wir den obgenanten burgern gemeinlich in unser unnd des richs stat zu S. gegunnet unnd erlaubit, — daz sie in derselben unser stat uber die burgere daselbs ein *claggelt* setzen mogen in der masz als hienach geschrieben stet, das ein iglicher burger daselbs, *der sein schult zu rechter zyt nit bezalte, unnd sich daruber mit gerichte erfolgen laszet*, unnd sich mit dem rechten nit versprychet, wan derselbe also mit gerichte erfolget wirt, der sol yn von zehen pfenningen, so viel gelts er irvolget worden unnd schuldig ist, *einen pfenning zu klaggelte verfallen sin*, dez selben claggelts zweyteil an der obgenanten unser unnd des richs stat buwe unnd besserunge unnd das uberige dritteil unserm vogt daselbs gefallen sal.

In dem Zuchtrodel von Pfeffers v. 1523 § 29 (Grimm VI S. 362) wird gleichfalls eine solche Strafe neu eingeführt (zusammen mit der Verbindlichkeit zum Ersatz des Verzugsschadens, s. oben § 42 Anm. [28]):

Item um das, so oft beschicht, dasz einer dem anderen zusagt ihn zu bezallen auf einen benanten tag ohne alle fürwort, und das nit halt, denselbigen wollen wir straffen, *so oft er beklagt wirdt*, um 1 pfd. d., als ob er ein lug oder unwahrheit zugesagt häte.

Der Versuch des Gesetzgebers, das vorliegende Unrecht als Betrug darzustellen und hierdurch die Strafe zu rechtfertigen, zeigt deutlich, wie es der letzteren an einer wahren Rechtsbasis überhaupt fehlt. — S. noch Weisth. zu Winhering in Oberbayern saec. XV § 22 (Grimm, VI S. 136).

An andern Orten wurden jedoch diese Strafen nicht in

solcher Allgemeinheit statuirt, sondern nur bei bestimmten Arten von Forderungen, bei welchen man gerade ein besonderes Interesse zu haben glaubte, daß sie prompt und ohne processuale Weitläufigkeiten befriedigt würden; so insbesondere bei Kaufpreisforderungen, auch hier zum Theil wieder nur mit Beschränkung, je nach bestimmten Personen als Contrahenten, oder nach bestimmten Kaufobjekten. Vgl.:

Gewohnheiten der Metzger zu Frankfurt a. M. v. 1355.[2] Stadt- u. Gerichtsordnung v. Bönnigheim v. 1599.[3] Basler Rathsverordnung v. 1402.[4] Aeltestes Landbuch v. Obwalden art. 244 (Zusatz v. 1559).[5] Bürgersprache zu Bielefeld v. 1578.[6] Zunftrolle der Lübischen Häutekäufer v. 1445 §§ 11, 19[7]. Emsiger Pfennigschuldbuch §§ 3, 4[8], womit übereinstimmt Ostfriesisches Landrecht II c. 279, 281 § 3. Dithmarscher Landrecht v. 1539 § 212; Beliebung des Mehldorfer Kirchspiels v. 1549 § 1.[9] Vgl. auch Stadtr. v. Schleswig art. 67, v. Flensburg art. 38, v. Apenrade art. 42.[10]

Das Luzerner Stadtrecht von 1480 statuirt in art. 82[11] exceptioneller Weise eine Strafe für Verletzung eines an Eides statt gegebenen Versprechens (wovon noch zu handeln sein wird), und läßt dieselbe auch dann eintreten, wenn ein so gegebenes Versprechen über Rückzahlung entliehenen Spielgelds nicht gehalten wird.[12]

---

[2] Böhmer, Codex diplom. Moenofrancofurtanus I S. 638.
[3] Reyscher, altwürtb. Statutarr. S. 451.
[4] Schnell, I Nr. 76 S. 82.
[5] Zeitschrift für schweiz. R. VIII, Rechtsq. S. 79.
[6] Walch, vermischte Beyträge, III S. 69.
[7] Wehrmann, die älteren lübeckischen Zunftrollen S. 241.
[8] v. Richthofen, fries. Rechtsq. S. 195.
[9] Michelsen, Sammlung altdithm. Rechtsq. S. 160, 242.
[10] Corpus Stat. Slesv. II S. 29, 191, 372 f.
[11] Zeitschr. für schweiz. R. V Rechtsq. S. 48.
[12] Wenn in dem Freysinger Stadtrecht art. vmb gelichens

Nicht sowohl die Rücksicht auf Verhinderung von Schuldprocessen, als vielmehr die Tendenz, die Unterthanen vom Schuldenmachen abzuhalten und einen soliden Lebenswandel bei denselben zu befördern, führte dazu, daß man, anknüpfend an das einem Wirthe zustehende, ausgedehnte Recht, sich einem nicht zahlen wollenden Gaste gegenüber eigenmächtig bezahlt zu machen[13], sofortige Bezahlung der in einem Wirthshause genossenen Zehrung zur Pflicht machte, und durch Strafdrohungen vom Creditgeben wie Creditnehmen hierfür abzuschrecken suchte. Wie man theilweise dem Wirthe bei Strafe verbot, Zechschulden anzukreiden,

vgl. z. B. Stadtrecht von Zittau v. J. 1567 (Schott I S. 128); Weisthum von Genzingen al. 7 (Grimm II S. 156),[14] —

so verhängte man auch über den Gast Strafe, der ohne Zahlung geleistet zu haben aus dem Wirthshause sich entfernte, oder der doch nicht mindestens am Tage darauf die

---

gelt und gut (v. Freyberg, V S. 223) dem nicht rechtzeitig zahlenden Schuldner außer andern Rechtsfolgen auferlegt wird: vnd dem richter LXXII pfening, so beruht dies auf einem Irrthum des Schreibers. Dieser Zusatz findet sich einerseits nicht im Bayr. Landr. art. 290, woraus der citirte Artikel genommen ist, und andererseits knüpft das Freysinger Recht selbst in den Artikeln vmb gelichens gelt und umb gelt (a. a. O. S. 224) diese Strafe nur an den Fall, daß der Schuldner mit Nothrecht in der Schuld gewonnen wird. Von letzterem ist in unserem Art. nicht die Rede und dies hat der Schreiber übersehen.

[13] Vgl. z. B. Mühlhäuser Rechtsbuch al. 14 (Neue Mittheilungen VII Heft 1 S. 89 f.); Rechtsbrief für Bodenwerder § 39 (Gengler, Corp. jur. munic. I S. 247); Iglauer Stadtr. saec. XIV bei Tomaschek, Oberhof S. 371. S. Stobbe, Handbuch des deutschen Privatrechts I S. 488 Anm. [46].

[14] Aehnlich wurde durch ein Breslauer Rathsstatut von 1360 art. 3 (Korn, Bresl. U.-B. I Nr. 226 S. 198) der Verkauf von Gold anders als gegen baares Geld bei Strafe verboten, durch das Prager Stadtrecht art. 13, 14 (Rößler I S. 10 f.) derjenige von Gold, Silber und jeglicher Kaufmannswaare.

entstandene Schuld tilgte. Diese Strafe fiel ausschließlich an die Obrigkeit.

Statuten von Göttingen (*Pufendorf* III App. S. 201): Quicunque vendit cerevisiam, debet vendere pro parata pecunia, et quicunque bibit in domo, similiter debet solvere cum parata pecunia, priusquam exeat domum; qui si recedit et non persolvit, hoc hospes debet notificare consulibus; *hunc consules possunt impignerare pro III solidis.* — Statuten v. Nordhausen art. 106 (140)[15]; Erfurter Zuchtbrief v. 1351 art. 31[16]; Statuten v. Bautzen v. 1548 art. 31 § 9 (Schott II S. 46); Rolle der Leinewebergesellen zu Danzig von 1447.[17]

Eintrag in dem Wismarer *Liber proscriptorum* v. 1417[18]: P. W. heft de stad vorzworen by zyneme levende darumme, dat he wyn hadde gedrunken in deme wynkelre, *un ghink wech un hadde den nicht betalet.*

Gewohnheiten der Metzger zu Frankfurt a. M. v. 1355 (*Böhmer* I S. 638); Handfeste v. Freiburg i. Ue. v. 1249 § 81; Handf. v. Burgdorf v. 1316 § 121 (Gaupp II S. 87, 133); Augsb. Stadtr. v. 1276 art. 139; Stadtr. v. Landshut v. 1279 § 22[19]; Wiener Stadtrb. a. 53; Prager Stadtr. a. 55.

## § 48.

### Einfluß des Rechtsgrunds der Schuldverpflichtungen auf die Rechtsfolgen ihrer Verletzung.

Zum Schlusse dieser Darstellung soll noch das Verhältniß des Rechtsgrundes einer Schuldverpflichtung zu den

---

[15] Neue Mittheilungen Bd. III Heft 1 S. 58, Heft 2 S. 28.

[16] Ebenda Bd. VII Heft 2 S. 107.

[17] Hirsch, Danzig's Handels- und Gewerbsgeschichte S. 338 Beilage II.

[18] Burmeister, Alterth. des wismarischen Stadtrechts S. 25.

[19] Monum. Wittelsbac. I Nr. 130 S. 318; bei Gengler Stadtr. S. 233 ff., Gaupp Stadtr. I S. 151 ff. (hier § 23).

Rechtsfolgen der Verletzung derselben mit kurzen Worten betrachtet werden.

Wir sind zu Beginn davon ausgegangen, daß für die Gestaltung dieser Rechtsfolgen der Inhalt der verletzten Verpflichtung maßgebend und entscheidend sei, und haben demgemäß die einzelnen causae debendi nicht weiter berücksichtigt. Es ist nun an dieser Stelle zu konstatiren, daß wir mit dieser Methode der Untersuchung nicht nur bei den Quellen auf keine Schwierigkeiten gestoßen, sondern daß wir gerade hierdurch der Auffassungsweise dieser selbst sehr nahe getreten sind. Wir sahen, daß auch in unsern Quellen bei Darlegung der in Rede stehenden Rechtsfolgen eine Unterscheidung je nach der Art des Geschäfts, auf welchem die Zahlungspflicht beruhte, regelmäßig nicht gemacht wird. Es wird hier geklagt, verurtheilt, Frist gegeben, exequirt einfach um Schuld, worunter Geldschuld, und zumeist vertragliche Geldschuld verstanden wird[1]; oder bei Darlegung des Thatbestandes, an welchen sich die Rechtsfolgen anknüpfen, heißt es allgemein: „gelobet ein Mann dem andern Geld zu geben" u. s. w.[2] Die Art des Gelöbnisses wird entweder gar nicht erwähnt, oder wo dies geschieht, mehr beispielsweise oder mit dem Zufügen, daß nichts darauf ankäme.[3] Nur

[1] Vgl. z. B. System. Schöffenr. III, 2 c. 135. Wenn mehrfach von einer Klage um Schuld oder um Gelobde die Rede ist (z. B. Magdeb. Fragen II, 2 d. 22; Stadtr. von Freyberg c. 31 § 4 bei Schott III S. 252; Stadtr. v. Rüden art. 70 bei Seibertz II Nr. 540; Zunftrolle der Gürtler und Beutler zu Danzig v. 1412 bei Hirsch a. a. O. Beilage III S. 336), so soll hiermit nicht ein Gegensatz ausgedrückt, sondern die Schuld als Hauptart des Gelöbnisses hervorgehoben werden; bei letzterem ist ein Beiwort wie „anderweitig" oder dergl. zu ergänzen.

[2] Z. B. Magdeb. Fr. II, 2 d. 16, 18; System. Schöffenr. I c. 16, 22; III, 2 c. 88—94.

[3] Ich erinnere beispielshalber an folgende Stellen: Lüneburger Stadtrecht art. de mutuo et debito (Kraut S. 59 Zle. 10 ff.): Schuldeghet en man den anderen umme penninge, — wes he eme denne bekande, were't köp eder börgetögh, des hedde he 14

in einzelnen Fällen sind uns hierher gehörige Rechtssätze begegnet, welche sich nur auf gewisse, durch den Schuldgrund bestimmte Arten vertraglicher Verhältnisse bezogen; allein diese waren stets singulärer Natur, und dazu nie gemeinen, sondern nur partikulären Rechtes. Wir können daher mit voller Bestimmtheit sagen: nicht der Grund, sondern der Inhalt des Zahlversprechens bedingt nach deutschem Rechte die Folgen der Verletzung; ersterer kommt dabei nur soweit in Betracht, als er eine Rechtspflicht, die verletzt werden kann und die hier gerade verletzt worden ist, zur Entstehung kommen ließ.

Dieser Satz erfährt noch eine Bestätigung von processualer Seite. Wir haben gesehen, daß in der Regel für das Eintreten der Rechtsfolgen die vorherige processuale Verhandlung des Rechtsfalles vor dem, jene verhängenden Gerichte erforderlich ist. Hier muß das Verlangen desjenigen, der die betr. Rechtsfolgen herbeigeführt haben will, des Klägers, dem Gerichte als ein in Wirklichkeit begründetes nachgewiesen werden; es müssen also alle diejenigen Momente, die für unsere Rechtsfolgen maßgebend sind, vorgebracht werden. Gerade auf Grund dieser spricht das Gericht aus, was in Folge des Unrechts des Beklagten zu geschehen hat.

Nun ist es aber ein feststehender Grundsatz des deutschen

---

nacht dach; Goslarer Forstsprüche art. 63 (Grimm, Weisth. III S. 267): de schuld in gerichte uppe eyne tyd verwilkord hedde to geuende, vnde des nicht na den wilkore so holden hette u. s. w.; Stadtr. von Wiener-Neustadt (Arch. für Kunde österr. Geschichtsq. X S. 114): si quis debitor coram judicio remanserit alicujus debiti etc. In bayrischen Rechtsq. heißt es häufig: Wer dem andern gelten sol, wie er im dez schuldig worden ist etc., oder ähnlich; z. B. bayrisches Landr. art. 279. Landrecht des Gerichts Raschenberg II § 11 (Grimm, Weisth. VI S. 157): Item wann ainer ainem schuldig wierdt, das sei im kauf oder tauschen, und wie er ihme gelobt hat zu bezalen, also soll er ihne bezalen; thuet ers aber nit, so soll ers anfordern etc.

Proceßrechts, daß der Kläger dem Gerichte gegenüber seine Klage genügend substanziirt hat, wenn er anführt, daß der Beklagte schuldig sei, ihm eine bestimmte Summe zu zahlen; ja wenn er, um dem Beklagten eine Einlassung zu ermöglichen, angehalten wird, die Entstehung der Schuld anzugeben, so ist es hinreichend zu sagen, Beklagter habe die Zahlung gelobt, versprochen.[4] Ist nun hiermit die genügende Grundlage gegeben, um alle oben besprochenen Rechtsfolgen eintreten zu lassen, so folgt daraus von selbst, daß für diese Rechtsfolgen der specielle Rechtsgrund der Verpflichtung, die Art des Vertrages unwesentlich, ihr Inhalt wesentlich ist.

Bei dieser Sachlage wird man aber unwillkürlich zu der weiteren Folgerung geführt, daß auch der Umstand, daß eine Zahlverpflichtung auf Gelöbniß beruhe, für die Folgen ihrer Verletzung gleichgültig sei; und dies wird sofort durch das bereits angegebene Moment unterstützt, daß die weit meisten der einschlagenden Quellenstellen, wenn sie auch zumeist eine Vertragsschuld im Auge haben, doch sehr häufig nur einfach von Schuld sprechen, ohne den Entstehungsgrund irgend zu berühren.

Wir können an diesem Orte nicht feststellen, wie weit eine solche Folgerung berechtigt ist, da uns dies weit über unsere Aufgabe hinaus führen würde; wir begnügen uns vielmehr das für Verletzung der Vertragsschulden maßgebende Moment festgestellt zu haben, und fügen nur noch die eine Bemerkung bei, daß, wenn wir bei denjenigen Zahlverpflichtungen, welche auf Nutzung fremden Grund und Bodens oder auf Unterthänigkeitsverhältnissen beruhen, mehrfach auf Grundsätze stießen, welche von dem, bei vertraglichen Zahlverpflichtungen geltenden Rechte abwichen[5],

---

[4] Vgl. Witte in der Zeitschrift für Rechtsgesch. VI S. 463 ff.; Laband, vermögensrechtl. Klagen, S. 10 ff.

[5] Daß in der That die Art der Rechtsverfolgung bei nicht bezahl-

diese nicht auf abweichende rechtliche Ideen zurückzuführen waren, sondern vielmehr Ueberreste eines früheren Rechtszustands darstellten, in welchem ähnliche Grundsätze das ganze Gebiet der Zahlverpflichtungen, auch der vertraglichen, und ihrer Verletzungen beherrscht hatten.

## Zweites Kapitel.

### Von den vertraglichen Verpflichtungen zur Uebergabe einer individuellen Sache.

### § 49.

### Allgemeines.

Die Verletzung der auf einem Versprechen beruhenden Verpflichtung zur Ueberlieferung einer individuell bestimmten Sache, Mobilie oder Immobilie, wird nach deutschem Rechte im Ganzen und Großen analog der Verletzung einer vertraglichen Zahlpflicht behandelt; das Gemeinsame in der äußeren Beschaffenheit der in beiden Fällen vorzunehmenden Leistungen, das Hingeben eines konkreten Gegenstandes, bewirkt ähnliche Rechtsfolgen bei Unterlassung dieser Leistungen. Die Quellen stellen daher auch mehrfach beide Arten von Verpflichtungen in Bezug auf die Rechtsfolgen ihrer Verletzung neben einander.

Z. B.: Glosse zum sächs. Weichb. art. 90 (v. Daniels S. 406): solliche schult, die vor gerichte bekannt ist, die teilet man zu bezalen by virzin nachten. — Ir sollet wissin: eyn man wirt dem anderen schuldig, als ab

ten Grund- und Unterthanenabgaben von derjenigen bei Zahlungssäumniß anderer Schulden im späteren Mittelalter als wesentlich verschieden angesehen wurde, tritt scharf hervor im Dorfr. v. Nordheim v. 1495 § 31 (Grimm, VI S. 318): Item ist auch zu N. recht, welcher zinsherr oder lehenherr sin zins oder gült last anstân über ein jar, so ist solcher zins oder gült dhein zins oder gült mer, ist dar nach ein schuld. Einen ähnlichen Ausdruck bezüglich der Besonderheiten der Rechtsfolgen bei Nichtzahlung von Liedlohn im Hünenberger Statut s. bei Blumer, St.- u. Rechtsgesch. der schweiz. Demokratien (St. Gallen 1850) I S. 472 N. 184.

eyner dem andern icht *liet, borget* oder *vorkouft;* das ist billich, naturlich und erlich, das ich das *gelde, bezale und widirgebe.*

Bayr. Landr. art. 299: Chlagt ainer den andern an *umb gelt, umb porgschaft, umb gelihen guot, umb garentz lon,* dem sol fronbot gepieten u. s. w.

Diese Analogie der Rechtsfolgen trifft insbesondere zu in Bezug auf die gerichtliche Geltendmachung des verletzten Anspruchs, auf die rechtliche Hülfsvollstreckung, und ebenso in Bezug auf die Gewährung der gerichtlichen Leistungsfristen, auf den Mangel einer Verzugsstrafe wie eines Verzugsschadensersatzes. Betreffs dieser Punkte berufen wir uns daher für die folgende Darlegung des in den Quellen enthaltenen Stoffes auf die im vorigen Kapitel gegebene nähere Begründung.

In gleicher Weise sind aber auch die Unterschiede der beiderseitigen Rechtsfolgen in den Abweichungen der äußeren Beschaffenheit der beiderseitigen Leistungen begründet. Während es sich dort um Hingabe einer Anzahl von Sachen handelt, die nur als Repräsentanten eines auch auf anderm Wege zu beschaffenden Werthes in Betracht kommen, oder um Ueberlieferung einer bestimmten Quantität aus einer an sich in unbeschränktem Maaße vorhandenen und daher gegen andere Werthgegenstände jeder Zeit erwerbbaren Sachgattung, in Folge wovon die Rechtsverwirklichung nur darauf gerichtet ist, dem Berechtigten die betreffenden Werthe zu verschaffen: so kommt es dagegen jetzt rechtlich darauf an, den Berechtigten in den Besitz einer, in ihrer Individualität relevanten, nur einmal vorhandenen Sache zu setzen; hierdurch ist die Rechtsvollstreckung an diese individuelle Sache gebunden, und nur in Ausnahmefällen kann sie darüber hinaus sich auf andere Gegenstände und Leistungen erstrecken. Diesen Unterschied hebt bereits der Richtst. Landr. c. 7 § 3 hervor:

So vint me, men scolen dar vor panden unde mede

varen (als recht is). Sus is et oc umme alle sculde *unde oc umme gut, wen dat men dar einen to der drudden clage inwiset.* S. auch Homeyer, Richtst. S. 386, 388.

Diese Besonderheit der hier in Rede stehenden Leistungen führt aber auch zu Unrechtsformen, welche bei der Zahlpflicht nicht stattfinden, und demgemäß auch zu Unrechtsfolgen, welche dort unbekannt sind. Insbesondere die Rücksicht auf diese neuen Unrechtsformen und Unrechtsfolgen veranlaßt uns, die Besprechung der Fälle, in welchen die Verpflichtung zur Hingabe einer bestimmten Sache verletzt wird, in zwei Theile zu sondern, je nachdem diese Verpflichtung auf dem Versprechen beruht, eine neu erworbene Sache hinzugeben, oder auf demjenigen, eine früher hingegebene Sache zurückzugeben. Der Grund auch zu dieser Eintheilung liegt in der Verschiedenheit der äußeren Gestaltung der betr. Rechtspflichten und ihrer Verletzung, nicht in derjenigen der einzelnen Vertragsarten, welche die rechtliche Grundlage für diese Verpflichtungen abgeben.

## § 50.

### Verletzung der Verpflichtung zur Hingabe einer erworbenen Sache. — Doppelveräußerung.

Ist Jemand zur Auslieferung einer individuellen Sache, eines Gutes, wie die Quellen sagen[1], an einen Andern zu einer durch den Vertrag selbst oder durch Mahnung bestimmten Zeit verpflichtet, und versäumt er die Erfüllung dieser Pflicht, so nimmt der Berechtigte, um die Ueberantwortung des Gutes in seinen Besitz zu bewirken, die gerichtliche Hülfe in Anspruch; er erhebt Klage auf das Gut, als deren Ziel und Erfolg die rechtliche Vollstreckung der versäumten Leistung erscheint; und zwar besteht letztere darin, daß das betr. Gut dem Verpflichteten durch die Obrigkeit weggenommen und dem Berechtigten übergeben wird. Die Exekution tritt

[1] Siehe Laband, a. a. S. 6 f.

daher nicht als Pfändung beliebiger Werthgegenstände, sondern als Einweisung, Einwältigung in den Besitz gerade des einen, in der Klage bezeichneten Guts auf:

Sachsensp. I, 70 § 1: Hevet en man geklaget uppe gut to dren dingen, *man sal ine dar in wisen*, *unde sal is ine geweldigen*.

Stendaler Urtheilsbuch II § 8: Swe eyn gut beklaghet *also verne dat men en dar in wysen scal*, so scolen de scepen in deme hechden dinghe up stan unde ut deme dinghe gan mit deme richtere to deme gude dar id leghet unde dar scal de richtere mit den scepen *den klegher in dat gut wysen*. — Vgl. Brünner Schöffenb. c. 407.

Daß jedoch zwischen dieser Einweisung und der bei Nichtzahlung einer Geldschuld eintretenden Exekutionsart eine gewisse Uebereinstimmung ihrer innern, rechtlichen Natur besteht, ergeben deutlich Stellen wie:

Rechtsbrief für die Stadt Passau v. J. 1225 § 31[2]: Quicumque rem aliquam emerit et in ipsa arram, que leichauf dicitur, tradiderit venditori. nec emtor postmodum nec venditor hujus emptionis potest revocare contractum. Sed si alter illorum, *emtor scil. vel venditor*, contra voluntatem alterius in tali emptione pertinax fuerit revocanda: judex se intromittat *de re emenda vel de emende rei pretio* et *ipsam rem sive illud pretium de aliis rebus ipsam emptionem contradicentis alteri restaurabit*. — Vgl. Magdeb. Fragen I, 6 d. 9; System. Schöffenr. IV, 2 c. 52; Kulm. R. IV c. 94: man claget — uff sy (die Verkäufer), *als umme ander schult*.

Der Kaufvertrag ist dasjenige Geschäft, auf welchem die hier besprochene Verpflichtung am häufigsten, keineswegs aber ausschließlich beruht. Die Rechtsfolgen der Nichterfül-

[2] Gengler, Stadtrechte S. 344 ff.

lung sind für alle diese Fälle die nämlichen; sie sind auch hier von der zu Grunde liegenden, speciellen causa debendi unabhängig:

Hamburger Recht von 1270 I c. 11: So wor een man deme anderen schult gift *vmme syn erve, weder it eme to weddeschatte hebbe set ofte vorkoft*, des en schal ene de voget nicht weldegen, he ne wynne it mit rechte, it sy dat de mene rad dat segge, dat id recht sy, vnde so schal ene openbare de voget vnde de rad weldegen. — Magdeb. Fr. I, 6 d. 8.

Glogauer Rechtsb. c. 75: Wer erbe vorkoufft ader gut vnd seyn bekennet der sal den kouff halden von rechte. c. 76: Ap her nicht halden welde ader mochte, so sal man czu om fordirn *glich alzo vmmb ander sache.*

Da die hier zur Anwendung kommende Rechtsfolge gleichfalls nur die Herbeiführung der noch nicht gemachten, aber in der Zukunft noch realisirbaren Leistung, die Verwirklichung des rechtlich geforderten Zustands an sich selbst bezweckt, so ist auch hier die Willensbeschaffenheit des nicht leistenden Schuldners, der subjektive Grund, aus welchem nicht geleistet worden ist, gleichgültig: mag dies böser Wille, Fahrlässigkeit, Unfähigkeit gewesen sein, in allen diesen Fällen ist der einzig maßgebende Gesichtspunkt der, daß noch geleistet werde:

Magdeb. Fragen, I 6 d. 9: Vorkoufft eyn man erbe adir geswistere, *werden sy mit rechte gehindert, das sy nicht den kouff volfuren mogen, adir beruwit is sy*, — unde werden sy dorumme beclagit, so sal yn der richter gebiten, das sy den kouf halden —. (*Welle*[3]) *adir mogen sy das nicht gethun*, man claget von dinge czu dinge uff sy als umme ander schult, als das der richter gebiten sal u. s. w.

---

[3] So in der Parallelstelle, System. Schöffenr. IV, 2 c. 52; vgl. Kulm. R. IV c. 94; Glog. Rb. c. 75, 76.

Die **Rechtzeitigkeit** der Ueberlieferung der geschuldeten Sache wird nicht besonders berücksichtigt; eine **nicht rechtzeitige** Hingabe zieht keine besonderen Rechtsfolgen nach sich. Auch hier kennt das mittelalterliche Recht regelmäßig keine Verzugsstrafen. Wohl aber gewährt es in derselben liberalen Weise, wie bei Geldschulden, **gerichtliche Fristen** zur nachträglichen freiwilligen Erfüllung, bevor zur Exekution geschritten wird:

Magdeb. Fr. I, 6 d. 9, wo es bei den oben mitgetheilten Worten weiter heißt: — mogen sy das nicht gethun, man claget von dinge czu dinge uff sy als umme ander schult, *als das der richter gebiten sal, das sy halden by XIV tagen, dornoch by dryen tagen, dornoch ytages.* Thun sy denne des nicht, man vronit (Var. und eygent) ir gewere, adir man antwerttet sy selbir mit der hant deme cleger, ab sy keginwortig sint, adir man thu sy in eynen meteban, also recht ist. — S. die Anm. [3] cit. Parallelstellen.[4]

Die Verletzung des in den richterlichen Fristgewährungen liegenden **richterlichen Befehls**, die geschuldete Leistung zu erfüllen, zieht auch hier Strafe nach sich:

Stadtr. v. Freyberg V § 16 (Schott III S. 175): Wirdet einem manne ein hus geeigent als recht ist, *daz sal man im rumen in vierczehn tagen*, oder ienre der da inne ist, rumet he iz nicht, *he verlusit 60 schillinge;* unde kumit iz *wider ze klage*[5], so sal he iz rumen in drin tagen, *oder he verbuzit aber 60 sch.*

---

[4] Die hier erwähnte **indirekte** Exekutionsart, die **Schuldhaft**, tritt, — sofern es sich nicht etwa nur um Entschädigung handelt, — in unserm Falle nicht bei Insolvenz, sondern dann ein, wenn das specielle Exekutionsobjekt sich außerhalb des Bereichs des erkennenden Gerichts befindet, so daß eine direkte Ueberweisung desselben an den Berechtigten nicht statthaben kann.

[5] Aus diesen Worten ergibt sich, daß bereits die erste Frist von 14 Tagen vom Richter auf erhobene Klage hin bestimmt war; s. auch Freyb. Stadtr. I § 31 (das. S. 160).

Räumt er wieder nicht, so muß er es bei neuer Klage am selben Tage thun und wieder 60 Sch. büßen. Bei der vierten Klage muß er während der Dingzeit räumen oder verbüßet weitere 60 Sch. Befolgt er das richterliche Gebot auch dann noch nicht, so erfolgt Hülfsvollstreckung.

Bremer Ordel Nr. 144 von 1340 (Oelrichs, S. 225): vortmer scal oc Alfert Sturde — dersilven frowe Greten — dat hus rumen unde entwiken unde dar oc nicht an hinderen *twischen hir unde en sonendaghe; deden se des nicht, dat scal A. St. beteren den ratmannen mit teyn marken.*

Sog. Landrecht von Burg[6]: Were dat eyn man den anderen land odder gud afgekoft hedde, — were dat hy on dat gud nicht rumen ne wolde, den hy en afgekoft hedde, dat schal hy on afwinnen tu drindingen; tu deme irsten dinge so schal hy don eyne klage deme richtere, — vnde bidde —, dat hy vragen eynes rechten ordeles, wat dar eyn recht vmme is, dat hy om nicht en wil volgen laten den kop. *Hy schal dar vmme wedden deme richter dri schillinge, deme cleger drittich sch., dat hy on dat gud nicht gerumet hef, dat hy mit rechte gewunen heft.*[7] Dy clage

[6] Herausgeg. von G. A. v. Mülverstedt in den Neuen Mittl. XI S. 168 f.

[7] Dat hy mit rechte gewunen heft; diese Worte ergeben, daß die in der Stelle erwähnte erste Klage in Wirklichkeit bereits die zweite ist, und daß sonach die Strafe nicht wegen Nichterfüllung der vertraglichen Leistung, sondern wegen Verletzung der auf die gewonnene erste Klage hin gegebenen, gerichtlichen Leistungsfrist verwirkt ist; die hierbei an den Kläger fallende Buße von 30 Schillingen ist für einen derartigen Fall allerdings höchst ungewöhnlich. Die Ansicht Labands a. a. O. S. 240 f. Anm. [11], wonach diese Stelle eine Beschreibung der Exekution auf Grund eines Veräußerungsgeschäfts und der mit denselben verbundenen gerichtlichen Auflassung enthalte, ohne daß ein wirklicher Proceß vorausgegangen sei, scheint mir nicht richtig. In den ersten, im Text ausgelassenen Theil der Stelle ist von dem Beweise des der Traditionspflicht zu Grunde liegenden Geschäfts durch die Let=

schal hy dun tu den anden dinge. Rumet hy on nicht, *so schal hy echt dar vmme wedden, dat silve tu den dridden dinge;* so wint aver dy richter syn gewedde vnde dy cleger dy buthe. So schal dy cleger vragen eynen rechten ordels, oft on dy richter vnde dy·schepen des gudes icht weldigen scholen. So scholen sy on tu rechte weldigen des gudes.

Ist durch die Verzögerung der Uebergabe des Gutes dem Berechtigten ein Schaden entstanden, so hat derselbe gegen den Schuldner keinen Anspruch auf Ersatz, sofern letzterer einen solchen Ersatz nicht speciell gelobt hat.[8] Vgl. Iglauer Schöffenspruch Nr. 262[9], wo allerdings nur von der, durch Kaufgeschäft übernommenen Pflicht zur Lieferung einer Quantität von Fungibilien (Kohlen) die Rede ist; allein die gegebene Entscheidung läßt sich auch auf diejenige zur Lieferung einer individuellen Sache analog anwenden:

> *Sentencia: venditor* non tenetur *emptori* dampnum X sexagenas grossorum, quod dixit se percepisse (nämlich in Folge der versäumten Lieferung), sibi solvere. — Sed si mercipotales dicerent *contractum* utrasque personas, cum mercipotum biberent, *secundum hoc senteneiatur, utrum venditor, si forum non teneret ratum, aliquam penam vel non promisit sufferre.*[10]

kaufsleute die Rede, mit welchen Kläger das Gut scholde on anghewinnen, also recht were, vp den hiligen; und auf Grund dieses „Angewinnens mit Rechte" wird die Exekution vorgenommen.

[8] Dieser Verzugsschaden ist wohl zu unterscheiden von einem durch Verschlechterung oder durch Untergang der Sache oder überhaupt bei Wegfall der Lieferung entstehenden Schaden, von welchem weiter unten zu handeln ist.

[9] Tomaschek, Oberhof Iglau S. 157 f.

[10] Die Satzkonstruktion in dieser Stelle ist etwas unklar; der Satz utrum — sufferre gibt den Inhalt der Aussage der Weinkaufsleute, sowie denjenigen des Contracts der Parteien selbst an, nach welchem Inhalt sich die Entscheidung der Schöffen richten soll; pena bedeutet hier Schadensersatz. — Wie wir oben in § 42 a. E. das Lübische Recht

Wohl aber ist auch hier der säumige Lieferant, im Falle es zur Inanspruchnahme der gerichtlichen Hülfe kommt, die hierdurch dem Berechtigten entstehenden Kosten, den Gerichtsschaden, kraft Gesetzes zu erstatten verpflichtet:

Ostfries. Landrecht Lib. II cap. 259 § 2: Item wann einer guit van einem andern gekofft hefft, — vnd so de verkoeper solckes nicht doet (d. h. das verkaufte Gut nicht überliefert), so mach de koeper eme *rechtlich verklagen*, und also syne gekoffte gueder averkaemen mit sambt schade und ungelt, so *dairdorch* up verteret is worden. Vgl. Stendaler Urtheilsbuch II § 8 a. E. Bayr. Landrecht art. 247; Freysinger Stadtr. (v. Freyb. V S. 213 f.).

Ferner macht das mittelalterliche Recht, wenn in Folge des Verzugs die Sache selbst von einem Schaden betroffen worden, den zur Lieferung Verpflichteten hierfür verantwortlich:

Goslar. Rechtsschreiben bei Bruns, Beitr. Nr. 23 S. 237: vorkoft eyn dem anderen eynen kop, — den kop schal he ome durch recht holden. — Alse he (der Käufer) ok schuldiget umme *schaden*, den mach C. (der Verkäufer) mynren mit synem eide. — Bayr. Landr. art. 247; Stadtr. v. Freysing (v. Freyb. V S. 213 f.).

Diese Stellen ließen sich zwar auch von dem, durch den Lieferungsverzug selbst für den Empfänger entstandenen Schaden verstehen (so auch Laband a. a. O. S. 251); allein für unsere Auslegung spricht die Uebereinstimmung des bei

---

in Bezug auf den Ersatz des Verzugsschadens bei Geldschulden eine von den übrigen Rechtsquellen abweichende Stellung einnehmen sahen, so gewährt es auch hier dem zum Empfang einer Sache Berechtigten bei Lieferungsverzug einen Schadensersatzanspruch, jedoch nur unter der Bedingung, daß dieser Berechtigte mit einer Gegenleistung, etwa dem Kaufpreis, nicht ebenfalls im Verzuge war: Urtheil des Oberhofes zu Lübeck von 1491 (Michelsen Nr. 216 S. 286): hebbe gy denne neyn ghelt vppe dat huesz gegeven, so kone gy van H. H. (dem Verkäufer) ok neynen schaden manen.

Geldschulden und des bei der Verpflichtung zur Rückgabe hingegebener Sachen geltenden Rechts (s. § 51).

Neben der gerichtlichen Exekution findet sich auch bei diesen Rechtsverletzungen die außergerichtliche, konventionelle, insbesondere das Einlager. So verspricht K. Albrecht I in dem Friedensvertrag mit dem Erzb. v. Mainz v. J. 1302[11]:

daz haben wir gelobet, waz vesten uzwendig landes lit, die gewunnen sint an diesem krige von unsern helfern, die sal man widder antworten zwischen hie und S. Jacobs dag. Daz haben wir gelobet und zehen herren, — *und geschee des nicht, so hant die vorgenanten herren gelobit zu leysten zu Wormisse in der stad* —, *also lange, biss daz geschecht als da vor geschreben stat.*

Einige der oben § 47 aufgeführten Gesetze, welche den Käufer, der es wegen der Zahlung des Kaufpreises zur Klage gegen sich kommen läßt, in singulärer Weise mit Strafe belegen, dehnen diese Strafe auch auf den Verkäufer aus, den man auf processualem Wege zur Erfüllung seiner Verbindlichkeiten anhalten muß; so

Bürgersprache zu Bielefeld von 1578.[12] Emsiger Pfennigschuldbuch §§ 3, 4[13]. Ostfries. Landrecht Lib. II c. 279, 281 § 3.

Die nachträgliche Erfüllung und damit die in der beschriebenen Weise vorzunehmende Exekution ist nun aber in unserm Falle bedingt durch die Existenz der einen, speciellen Sache, welche Gegenstand der Ueberlieferungspflicht ist, und zwar durch ihre Existenz innerhalb der rechtlichen Machtsphäre des Verpflichteten. Während bei Verletzung einer Zahlpflicht die Zwangsvollstreckung so lange möglich ist, als sich irgend welche Werthgegenstände in dem

[11] Pertz, Leges II S. 478.

[12] Walch, verm. Beytr. III S. 69.

[13] v. Richthofen, fries. Rechtsq. S. 195.

Besitze des Schuldners vorfinden, oder als die Person des letzteren zur Neubeschaffung solcher Werthe verwandt werden kann, sind diese Momente für die zwangsweise Ueberlieferung einer individuell bestimmten Sache ohne Bedeutung, wenn diese Sache selbst nicht mehr in dem Dispositionsbereiche des Verpflichteten vorhanden ist.[14] Ist der Schuldner im übrigen noch so reich, oder steht ihm vermöge seiner Arbeitskraft in Kürze genügender Erwerb in Aussicht, so kann doch dies alles unter genannter Voraussetzung nie dazu beitragen, das Recht in seinem vollen Umfange zu verwirklichen. Der Berechtigte kann nie in den Besitz der bestimmten Sache gelangen; eine Exekution ist hier nicht denkbar. — Es fragt sich, wie sich das Recht zu diesen Fällen verhält.

Befindet sich die den Gegenstand der Verpflichtung bildende Sache zu der für die Leistung bestimmten Zeit nicht in dem Vermögen des Verpflichteten, so besteht das hier vorliegende Unrecht nicht nur in der noch nicht vollzogenen Uebergabe einer Sache, sondern in der Unmöglichkeit dieser Uebergabe. Bezüglich der Rechtsfolgen ist dann zu unterscheiden, auf welchem Grunde diese Unmöglichkeit beruht, wobei jedoch die Fälle, in welchen die letztere durch äußere, von dem Willen und der Thätigkeit des Verpflichteten unabhängige Ereignisse, durch Zufall herbeigeführt wurde, als unter allen Umständen ein Unrecht des Verpflichteten nicht einschließend, hier außer Betracht bleiben.

Wird diese Unmöglichkeit der Uebergabe einer Sache durch den Verpflichteten selbst bewirkt, und zwar in der widerrechtlichen Absicht, die Erfüllung der geschuldeten Leistung zu hintertreiben, so kann dies sowohl durch Vernichtung der betr. Sache geschehen, als auch dadurch, daß der Verpflichtete dieselbe nach Uebernahme seiner Verpflichtung nochmals

[14] Inwiefern die Haft als Exekutionsmittel hier Anwendung finden kann, siehe oben Anm. [4].

an einen Dritten veräußert, und sich hierdurch die Möglichkeit, vollständig dem Rechte gemäß mit der Sache zu verfahren und sie in das Vermögen eines jeden Berechtigten zu liefern, abschneidet. Dieser letztere Fall, der Doppelverkauf, die Doppelverpfändung, der Verkauf einer dem Berechtigten verpfändeten Sache findet sich in den Quellen hauptsächlich behandelt. Wer von den beiden Erwerbern hier im einzelnen Falle als der zum Empfang Berechtigte und wer als der Benachtheiligte zu gelten hat, hängt von verschiedenen Umständen ab, je nachdem es sich um Mobilien oder Immobilien handelt, je nachdem eine Tradition oder Auflassung an den einen von beiden bereits stattgefunden hat oder nicht; auch stimmen die Quellen hierüber keineswegs immer überein.[15] Dies Alles ist aber für unsern Gesichtspunkt gleichgültig. In jedem Fall hat sich der Promittent dem einen der beiden Promissare gegenüber absichtlich in die Lage gesetzt, sein Versprechen nicht erfüllen zu können. Mag der erste oder der zweite schließlich in den Besitz der versprochenen Sache kommen[16], jedenfalls ist hierdurch das Recht des andern verletzt und zwar so verletzt, daß eine Herstellung desselben unmöglich ist. Dieses, an sich nicht zu beseitigende Unrecht muß daher auf andere, indirekte Weise ausgeglichen werden, durch eine Strafleistung desjenigen, der dasselbe vorsätzlich herbeigeführt.

Aus dieser Verletzung des Rechts kann dann ferner für den leer ausgehenden Promissar ein materieller Ver-

[15] Ueber die Berechtigung der verschiedenen Promissare bei mehrfacher Veräußerung vgl. z. B. v. Meibom, Pfandr. S. 444 ff., Laband, vermögensrechtl. Klagen S. 272 ff. — Unter der Verpfändung, von welcher hier die Rede ist, ist selbstverständlich nur diejenige, bei welcher Verpflichtung zur Besitzübertragung statt findet, zu verstehen. Von der Verletzung der Pflichten des Verpfänders bei der sog. neueren Satzung, bei welcher der Besitz der verpfändeten Sache bei letzterem verbleibt, ist im 3. Abschn. zu handeln.

[16] Nach dem Ostfries. Landr. Lib. I c. 259 § 1 soll das versprochene Gut zwischen beiden Promissaren getheilt werden.

mögensschaden erwachsen; nach dem Satze: wer daz unrecht machet, der sal den schaden gelden (Keyserr. II c. 80) hat der sein Versprechen nicht erfüllende Schuldner außer der ihn treffenden Strafe diesen Schaden zu ersetzen.

Wiener Stadtrechtsbuch art. 64: Ist awer daz ein man seinen chauf allerding vergiltet, und let in darüber ein zeit datz dem hingeber ligen, untz er sich beraite zu seiner varte, vnd der hingeber geit seinen chauf dieweil anders wohin, und wirt auch des uberchömen, also recht ist, *derselb frevel giltet dem richter zwai phunt ze wandel,* und sol dem, der do gechaufet hat, sein haupguet widergeben, *und waz er — des guetes schaden genomen hab, den sol er im abtuen an demselben tag.* Vgl. art. 65 das.

Braunschweiger Stadtordnnug v. 1573 tit. 55 § 160 (Hänselmann I S. 421): Wer ein gut jrer zweien vorkeufft, vorpfendet oder vorwechsselt: welchem es erst vberantwort wird, der behelt den vortzuge. Der keuffer (lies „Verkäufer") aber oder vorpfender sol den andern *jre abgetrogen geldt mitsampt dem interesse vnd zugefugtem schaden erstatten vnd dem gerichte eine marck zur straffe geben oder so lange die stadt reumen.* Vgl. Statuten v. Lauenburg v. 1599 IV c. 23; Stat. v. Peina v. 1597 art. von dem der ein gudt zweien verkaufft etc.; Lüneburger Stadtrechtsref. P. II tit. 2 § 13[17]; Ostfries. Landrecht Lib. II c. 259 § 1; Memminger Stadtr. XXXVII § 8 Zus. v. 1418 (v. Freyb. V S. 298 f.), sowie die bei Osenbrüggen, Alam. Strafr. S. 346 unter Nr. 2 angeführten schwäbischen und schweizerischen Rechtsquellen.[18]

---

[17] Pufendorf, III App. S. 344; IV App. S. 255 f., 658.

[18] Siehe auch noch Zipser Recht art. 36: Ab ein mann sein erbe ader sein farende habe einem erbaren manne zu pfant sezte — und das gut in dem lande ader beauszen lande vorkeuft an den

Die rechtliche Natur dieses mit Strafe bedrohten Unrechts besteht darin, daß eine versprochene Leistung böswilliger Weise absolut unrealisirbar gemacht worden ist. Indem aber die Quellen sich dieses Sachverhältniß nicht immer klar vergegenwärtigen, kommen sie häufig, — und insbesondere in späterer Zeit, wo sie mehr auf Prävention als auf Repression sehen, — dazu den Abschluß des zweiten Geschäfts selbst, den zweiten Verkauf, die zweite Verpfändung als das eigentliche widerrechtliche und strafbare Moment zu betrachten, und demgemäß das vorliegende Delikt zu dem, ohnehin nicht scharf abgegränzten Betruge zu zählen. In der That läßt sich dasselbe mit Bezug auf den zweiten Contrahenten, falls demselben die bereits geschehene Veräußerung dolos verheimlicht wurde, unter Umständen so auffassen. Allein an und für sich enthält doch das mehrfache Contrahiren über denselben Gegenstand kein Unrecht; letzteres entsteht erst mit der Nichterfüllung der einen oder andern Verpflichtung und mit der, dem Verpflichteten zur Last fallenden Unmöglichkeit dieser Erfüllung.[19]

erbarn manns wiszen, der es im getraut hat, und er im sein gut entfrembden wolt, so soll er vorbasz kein recht zwischen uns haben. Art. 37: Welch mann sein erb ader sein farende habe vorsezt wiszens eines geschwornen richters, und er sein erb ader sein f. h. einem andern auch zu pfant sezt, wiszens eines andern geschw. richters, — so soll er vorbasz kein recht zwischen uns haben. (Michnay und Lichner, Ofener Stadtr. S. 227). Ueber einen Fall der Doppelvermiethung s. U.-B. d. St. Lübeck III Nr. 24.

19 Dagegen gehören die Fälle, in welchen ein Verkäufer, entgegen seinen Versprechungen beim Verkauf, individuell bestimmte Waaren von schlechter Beschaffenheit liefert, nicht hierher, sondern in Wahrheit zum Betrug, in dem dann nicht ein delictum in solvendo, sondern ein solches in contrahendo vorliegt; der Verkäufer hat den Käufer über die Beschaffenheit der zu verkaufenden Waare getäuscht; vgl. Hamburger R. v. 1270 VI c. 27 al. 2; Wiener Stadtrechtsb. art. 69; Stadtr. von Wiener-Neustadt art. de quo judex non habet judicare (Archiv für Kunde österr. Geschichtsq. X S. 120); Privileg Herzog Leopold's VI v. Oesterreich für die nach Oesterreich Handel treibenden Regensburger Bürger v. 1192 (ebenda S. 94 f.); Stadtr. v. Ofen art. 83, 435; Ruprecht v. Frey-

Ist dagegen eine solche Unmöglichkeit der Erfüllung zwar durch den Verpflichteten, aber ohne seine Absicht eingetreten, sei es, daß er die betr. Sache verwahrloste, sei es, daß er selbst sie anzuschaffen versäumte, so liegt zwar seinerseits keine Anmaßung fremder Rechte vor, welche durch eine ihm aufzulegende Strafleistung auszugleichen wäre, aber er ist doch in zurechenbarer Weise die Veranlassung des dem Berechtigten durch die Nichtleistung entstehenden Schadens. Es tritt daher hier an die Stelle der ursprünglichen rechtlichen Leistung eine Ersatzleistung, welche bestimmt ist, jenen Schaden auszugleichen, und welche darin besteht, daß der Verpflichtete dem Berechtigten entweder den Werth der eigentlich zu liefernden Sache oder aber eine ähnliche Sache gleicher Art zu übermachen hat.[20] Auf die Verwirklichung dieser Schadensersatzleistung, die ihren speciellen Rechtsgrund in dem Gesetze selbst hat, richtet sich dann die, der äußeren Natur derselben entsprechende Exekution. Vgl. Brünner Schöffenb. c. 303: der Käufer eines Pferdes hat dasselbe beim Verkäufer stehen lassen, wo es hierauf gestohlen wird; der Verkäufer (Petrus) ist nicht zum Ersatz verpflichtet, *si tamen Petrus ita stabulum suum firmavit, sicut aliis temporibus facere consuevit.* Ebenso Schwabensp. art. 229. Ferner:

Goslarer Statuten (Göschen S. 70 Zle. 3 ff.): Umme welkerhande gut en den andern scüldighet, *of he des bekant unde ne mach he des nicht hebben*, so scal it de kleghere werdighen also gut alse dat was. Dene men darumme vorklaghet, *de ghift deme kleghere*

---

sing (herausgeg. v. Maurer) II c. 78; Stadtr. v. Diessenhofen v. 1260 art. 30 (Gengler, C. J. M. I S. 764). — Vgl. auch Köstlin, Abhandlungen aus dem Strafrechte, S. 133 f.

[20] Es gilt hier der Satz: efft en man schaden deyt offte dede unwaringes, den schaden schal he mit willen beteren; so schal he nenen vrede beteren (Dithm. Landr. v. 1539 § 68 bei Michelsen S. 115).

*also vele alse it wert was* unde do sin recht dar to, dat it nicht betere ne were, *unde si des los.*

Glosse zum sächs. Weichbild art. 114[21]: Hette ouch eyner gelabet ezwas, *unde mochte des nicht gehaben, er mag sich lozin mit anderem gute.*

Ueber den Fall daß ein Vermiether die vermiethete Sache nicht liefern kann s. Rammelsberger Statut bei Göschen, Gosl. Statuten S. 226.[22]

## § 51.

## Verletzung der Verpflichtung zur Rückgabe einer früher hingegebenen Sache. — Diebliches Behalten und Unterschlagung?

Die Rechtsverhältnisse, auf welchen eine derartige Verpflichtung beruhen kann, sind im Wesentlichen: die Sachleihe oder Miethe, die Hinterlegung, die Verpfändung (Satzung), die Uebergabe einer Sache zur Be- oder Verarbeitung, oder zu irgend welcher Vornahme. Allein die bei Verletzung dieser Verpflichtung zur Anwendung kommenden Rechtsfolgen unterscheiden sich auch hier nicht nach der Verschiedenheit der zu Grunde liegenden Rechtsge-

[21] v. Daniels und v. Gruben S. 424 Zle. 18—20.

[22] Die Behauptung Stobbe's, Vertragsrecht S. 277, der Verkäufer könne, solange der Kaufpreis noch nicht bezahlt sei, die Sache ohne Unrecht an einen andern verkaufen, sowie diejenige Laband's, vermögensrechtl. Klagen S. 153, daß nach der Anschauung des Mittelalters, wenn die verkaufte Waare vor Zahlung des Kaufpreises zu Grunde gegangen, oder dem Verkäufer abhanden gekommen, oder von ihm anderweitig veräußert worden sei, für den Käufer kein Schaden daraus erwachse, dessen Ersatz er beanspruchen könnte; daß vielmehr dann der Kaufvertrag zusammenfalle, — beruhen auf der h. z. T. vielfach verbreiteten, aber m. E. durchaus nicht erwiesenen Ansicht, daß nach deutschem Recht zweiseitige Verträge erst durch Leistung von einer Seite bindend würden. Abgesehen von der Haftung für unabwendbaren Zufall gestattet das deutsche Recht, bevor von der einen Seite geleistet ist, der Gegenpartei nur eine dilatorische exceptio nondum adimpleti contractus, und auch diese nicht immer, s. die Stellen bei Laband S. 251.

schäfte; einen sofortigen Beweis hierfür liefert, wie bereits oben bei den Geldschulden, der Umstand, daß die der Verhängung dieser Rechtsfolgen nothwendig vorausgehende gerichtliche Klage keine Specialisirung des zu Grunde liegenden Rechtsverhältnisses zu enthalten braucht, daß dieselbe vielmehr genügend substanziirt ist durch die Angabe, Kläger habe dem Beklagten die Sache zu halten gegeben, und dieser habe sie ihm nicht zu rechter Zeit zurückgegeben.[1]

Die an diesen Thatbestand sich knüpfenden Rechtssätze sind in erster Linie die gleichen, wie die im vorhergehenden Paragraphen dargelegten. Die Entscheidungen der Quellen beziehen sich jedoch hier fast ausschließlich auf den Fall, daß Mobilien Gegenstand der Restitutionsverbindlichkeit sind.

Die Versäumung dieser Verbindlichkeit an dem, durch den Vertrag selbst oder durch spätere Aufforderung des Berechtigten bestimmten Leistungstermin hat gerichtliche Klage auf Erfüllung, richterlichen Leistungsbefehl und daran sich schließende Zwangsvollstreckung zur Folge:

Ssp. III, 22 § 1: Sve dem anderen liet en perd oder kledere to bescedenen dagen, *halt he it over den dach, unde wert he dar umme beklaget, he sal't altohant weder geven*, womit zu verbinden III, 87 § 4. Vgl. Deutschensp. c. 233; Verm. Sachsensp. IV, 42 d. 15; Glog. Rechtsb. c. 318, 558; Hamburger Recht v. 1270 VI c. 28, v. 1292 G c. 23; Lüb. R. Cod. III c. 323; Oefnung zu Tablatt (Grimm, I S. 232).

Das Recht gestattet übrigens dem Rückforderungsberechtigten, unter Abstandnahme von dem Wege der gerichtlichen Klage, sich selbst in den Besitz der hingegebenen und nun von dem Empfänger zu Unrecht vorenthaltenen Sache zu

---

[1] Vgl. Laband, vermögensrechtl. Klagen S. 132 ff., 252 f.

setzen, sofern sich ihm, ohne daß die Anwendung von Zwangsmitteln erforderlich wäre, die Möglichkeit hierzu bietet:

Ssp. III, 22 § 3: Underwinden mut sik ok wol en man sines gudes, svar he't süt, mit rechte, *dat man ime mit unrechte vor unthalde over bescedene tiet.*[2] — Richtst. Landr. c. 11 § 4; Verm. Ssp. IV, 42 d. 16; Glog. Rb. c. 319, 558; Blume v. Magdeb. II, 3 c. 1; Dsp. c. 233.

Auch durch diese rechtlich gestattete Selbsthülfe wird das verletzte Recht seinem ganzen Umfange nach wieder hergestellt.[3]

---

[2] Die im Text gegebene Erklärung der viel besprochenen Stelle scheint mir die einfachste und sachgemäßeste; so auch Cropp in Hudtwalcker's und Trummer's Criminalistischen Beyträgen, II S. 291 ff. Ein ähnliches Unterwindungsrecht s. im Bayr. Landr. a. 32; Münchener Stadtr. 64. Bezüglich der abweichenden Ansichten vgl. Köstlin in der Münchener Kritischen Ueberschau III S. 353 f., Homeyer Richtst. Landr. S. 441 f., Laband a. a. O. S. 102 f. Von einer Klage mit Anefang ist hier ebensowenig wie in Richtst. 11 §§ 3, 4 die Rede; in der letzteren Stelle soll mit den Worten: Wultu aver ene scenden, so lat ene den ed don (nämlich, daß der Beklagte das angesprochene Gut nicht im Besitz habe) unde aneva dar na din ding, keineswegs eine an die schlichte Klage sich anschließende Anefangsklage bezeichnet werden, sondern vielmehr die ebenso auch vor dem Eid des Beklagten zulässige leibliche Beweisung des abgeläugneten Besitzes. (Vgl. Albrecht, die Gewere, Königsberg 1828, S. 90 f.) Wenn dann in § 4 die angef. Stelle des Ssp. zum Beweis dafür vorgebracht wird, daß Anefang auch an anderm als gestohlenem oder geraubtem Gut stattfinden könne, so bedeutet das Wort Anefang auch hier nicht eine Klage, sondern das thatsächliche Sichunterwinden, welches bei der leiblichen Beweisung des Besitzes, wie in dem im Text erwähnten Falle stattfindet. Hierauf weist dann auch der Gegensatz der im Richtst. a. a. O. folgenden Worte hin: Tom andern male mach me varende have mit anevange beclagen; alles Vorhergegangene bezog sich nicht auf das mit anevange beclagen. Aehnlich steht in Richtst. c. 16 §§ 5, 6 dem mit anverdinge underwinden außer dem mit rechte vorderen noch das vor gerichte anevangen gegenüber.

[3] Diese beiden Wege, welche dem Berechtigten zur Wiedererlangung seines hingegebenen Gutes offen stehen, hebt auch die Glosse zu Ssp. III, 22 hervor: Underwinden etc., das ist er mag es wol besetzen,

Eine Strafe wegen verzögerter Rückgabe verfällt nicht:

Ssp. III, 43 § 2: Sves — sik (die man) aver underwint mit jenes willen, des it dar is, oder dat he ime liet oder to borge dut, ne gilt he's nicht, oder ne dut he's nicht weder to bescedenen dagen, *he blift is ane wandel.* Bl. v. Magdeb. II, 3 c. 3; Deuschensp. c. 281.

Bayr. Landr. art. 299: Chlagt ainer den andern an — *umb gelihen guot* —, dem sol fronbot gepieten, daz in weer hin umb dez naechsten rechten —; richt — er in nach dem naechsten rechten in vierzehen tagen, *so ist er dem gericht nichtz schuldig.* Münchener Stadtr. art. 284.

Selbst der böse Wille des Schuldners, welcher sich etwa durch ein Wegführen der übergebenen Sache, um sich hierdurch der Rückgabeverpflichtung zu entziehen, kund gibt, ändert an der Straflosigkeit nichts; auch hier ist die subjektive Seite des Unrechts für die Rechtsfolgen indifferent:

Richtst. Landr. 47 § 4: Sprikt denne jene (der Kläger): ic haddet iu gelegen up enen dach, darna vordet git stolinge enwech na slapender diet, unde bidde ens rechtes, oft git do icht stelen, don git stolinge wech vorden. Dar vrag jegen, na deme dat dut tum irsten unduflike ut sinen weren unde mit sinem willen brachtest, oftu *ienege not* dar umme tu rechte liden dorvest, *dat dut tu dem benomeden dache nicht wedder ne brachtest. So vintme du ne dorvest.* Vgl. Blume von Magdeb. I, 159 (auch bei Homeyer, Richtst. S. 351 f.), sowie die Glosse zum Sachsensp. nach der Görlitzer Handschrift bei Cropp a. a. O. S. 64.

---

vnd auch dar auf clagen, wobei „und auch" alternativ, nicht kumulativ zu nehmen ist. — Diese Selbsthülfe ist jedoch keineswegs ein Pfändungsrecht; vgl. Hamb. R. v. 1270 VI c. 28, v. 1292 G c. 23; Lüb. R. Cod. III c. 323.

Interessant ist, wie hier der Beklagte in seiner Antwort alle vom Kläger vorgebrachten Thatsachen zugestehen, aber von derjenigen des heimlichen Hinwegführens nur das rechtlich relevante Moment hervorheben soll, daß er die Sache am Termine nicht zurückgegeben. Nur hierzu war er verpflichtet, nur hierin besteht jetzt sein Unrecht, und nur dies ist für den Richter zur Verhängung der Rechtsfolgen von Wichtigkeit; mag der Beklagte die Sache nun offen gehalten oder heimlich verborgen haben, immer wird mit Rückgabe der Sache, ohne daß es einer Strafe bedürfte, das Unrecht getilgt sein.[4]

Daß das, bei nicht rechtzeitiger Rückgabe einer „zu behalten gethanen" Sache vorliegende Unrecht insbesondere nicht in einer Verletzung der Besitzrechte des Hingebers bestehe, welche Verletzung sich nur als positive Handlung denken läßt, und welche allerdings eine Strafe erfordern würde, wird häufig hervorgehoben:

Ssp. III, 22 § 1: Sve dem anderen liet en perd oder kledere to bescedenen dagen, halt he it over den dach, — (§ 2) düve noch roves ne mach man ine nicht tien dar an, *wende he it ime leich.* — Bl. v. Magdeb. I c. 159, II, 2 c. 156; Verm. Ssp. IV, 42 d. 15; Purgoldt's Rb. IV c. 27; Glog. Rb. c. 318; Dtsp. c. 233; Richtst. c. 35 § 2, 47 § 3; Prager Rb. c. 178.[5]

---

[4] Vgl. auch Wiener Stadtrechtsb. art. 151, wo der Verfasser an das Nichtzurückgeben einer geliehenen Sache nur eine moralische Folge zu knüpfen weiß: Swenn man es leicht durch treu und durch guet, daz sol er im auch wider durch des willen, das er sein er behalt. Wer des nicht entuet, verleust sein wirdichait und tuet dennoch wider got und wider daz recht.

[5] Siehe auch Goslarer Stat. (Göschen S. 82 Zle. 13—15, S. 98 Zle. 36—38): We dem anderen des sines wat liet mit willen, behalt men ime dat vore, dat ne mach he nicht anevanghen; mer ienen, deme he dat lech, dene mot he dar umme sculdighen, vergl. mit S. 98 Zle. 15 f.: men ne mach nicht anevanghen denne

Und ähnlich heißt es in ausdrücklichem Gegensatz dazu, daß in unserm Falle eine Strafe nicht eintrete, häufig, z. B. im:

Sachsensp. III, 43 § 1: Sves sik die man *underwint mit unrechte*, dat ime mit rechte afgewunnen wert, *he mut it mit bute laten.* Bl. v. Magdeb. II 3 c. 2; Dtschsp. c. 281; Schwabensp. c. 309.

Auch zum Ersatze des Schadens, welcher dem Berechtigten aus der verzögerten Rückgabe etwa entsteht, ist der Schuldner ohne besonderes, hierauf gerichtetes Versprechen nicht verpflichtet:

Brünner Schöffenb. c. 149: Petrus conquaeritur de Paulo, quod dolium quoddam sibi concesserit, quod quia tempore decoctionis olerum sibi non restituit, ex hoc damnum in oleribus, quod ad medium florenum estimat percipiat. Et quaeritur utrum de jure cum dolio dictum sibi damnum Paulus non debeat sibi refarcire. — Quibus — responsum fuit, quod, quia Petrus simpliciter conquaestus est de damno *non interserendo, quod Paulus sibi damnum promiserit refundere, restituto dolio non tenetur pro damno respondere.* Vgl. auch Sachsensp. II, 44 § 2; Richtst. Landr. c. 16 § 7.

Jedoch muß der Schuldner dem Berechtigten den durch das gerichtliche Verfahren entstandenden Gerichtsschaden ersetzen:

Freysinger Stadtr. art. umb gelichens gelt und gut (v. Freyberg V S. 223)[6]; Rechtsbuch des Ruprecht von Freysing II § 65 (nach der Ausg. von Westenrieder a. a. O.) verb. „vnd allev dev chost, *di dar*

---

vordüvet gut oder gherovet. Ebenso Verm. Sachsensp. IV, 42 d. 5 und 1.

[6] Ueber die Bedeutung dieser aus Bayr. Landr. art. 279, 290 zu erklärenden Stelle s. oben S. 313.

*auf get, di weil er is in gewint mit dem gericht*, di müs er im alle ablegen." — Landrecht des Gerichts Raschenberg II § 10 (Grimm, Weisth. VI S. 157), und ebenso auch den Schaden, der in Folge des Verzugs etwa der Sache selbst zugestoßen ist:

Bayr. Landr. art. 296: Wer dem andern guot leicht, welherlay guot daz ist, daz nicht beraitz gelt ist, der sol im daz wider geben *ungeergert und unverderbt*, ob ez vih ist; *taet er dez nicht*, *naem er dez schaden*, den sol er bestäten mit seinem aide u. s. w. Freysinger Stadtr. (v. Freyberg V S. 224 a. E.).

Rupr. v. Freysing II § 65 (Westenrieder): vnd müs er im sein güt wider geben, vnd allen den schaden ab tün, der dar auf gangen ist, *ob is ze schaden stet, di weil er ims enpfürt hat.*

Das Ostfriesische Landrecht Lib. I c. 100 a. E. spricht den letzteren Satz in der römischrechtlichen Form aus, daß der säumige Schuldner das periculum der Sache zu tragen habe.

Wird der Schuldner in Folge der Klage zur Rückgabe verurtheilt, so werden ihm auch hier gerichtliche Leistungsfristen gewährt:

Blume von Magdeb. II, 2 c. 155: Lyet ein man dem anderen icht, wider czu gebin uf einen gnantin tag, brengit ers nicht wider und vordert mans mit rechtir clage von im, bekennit ers, alz er durch recht sol: *man sol im teilin by virczen tagin wider czu gebin unvorterbit.*

Bayr. Landr. art. 299; Regensburger Stadtr. (v. Freyberg V S. 50 a. E.). Ueber das Münchener Stadtr. a. 284 und das Freys. Stdtr. art. aber umb gelt vgl. oben § 41 a. E.

Die Versäumung dieser vom Gericht gesetzten Fristen zieht Strafe nach sich:

Sachsensp. III, 43 § 2: — ne gilt he's nicht, oder ne dut he's nicht weder to bescedenen dagen, he blift is ane wandel, *he ne hebbe't vor gerichte gelovet.* Vgl. Blume von Magdeb. II, 3 c. 3; Deutschensp. c. 281.

Die unterstrichenen Worte beziehen sich auf das Urtheilserfüllungsgelöbniß, die in diesem Falle eintretende Strafe jedoch nach der obigen Darlegung nicht sowohl auf die Verletzung des letzteren, als vielmehr auf diejenige des zu Grunde liegenden richterlichen Befehls; in der Glosse wird die Stelle dahin erläutert:

er hab es im dann etc.: das ist ob jn yener beklagt het, *vnd jm denn der richter gebotten hette*, das er es gelten solte; *vnd gulde er es dannoch nicht, so wettet er dem richter*, vnnd gibt auch dem kleger buss, als in dem I buch in dem 53 art. (S. oben § 45 S. 348, nur ist in Ssp. I, 53 § 1 von Buße an den Kläger keine Rede.)[7]

Oefnung zu Tablatt (Grimm I S. 232); Stadtr. von München art. 284; Stadtr. v. Regensburg (a. O.): Gibt ainer ainem ettwas in treus hant zu behalten von varnder hab oder leiht im ettwaz von varnter hab, und erlangt er seine recht hintz jenem, *so sol man jenen von gerichtzwegen pieten*, daz er im daz sein wider geb, *und widerstet iener dem pot, so ist er gein dem richtter vellig vmb daz wandel*, und hat dar-

---

[7] Die cit. Stelle des Ssp. ist unrichtig aufgefaßt bei Stobbe, Vertragsr. S. 38 f., welcher dieselbe auf ein vor Gericht abgegebenes Versprechen des Verzugsschadensersatzes bezieht; allein weder heißt wandel im Ssp. Schadensersatz, noch wäre zur Begründung einer derartigen Verpflichtung ein gerichtliches Versprechen nothwendig. Der wahre Inhalt des betr. Versprechens ergibt sich vielmehr, abgesehen von der Glosse, auch aus den Varianten der Stelle, indem mehrere Handschriften dem „vor ger. gelovet" zusetzen: to geldene eder weder to gevene, zu bescheidenen tagen wider zu geben u. s. w.; siehe bei Homeyer die Note [10] zu der Stelle; auch Görl. Ldr. c. 42 § 4 (Hom., Ssp. II^b S. 207).

nach vrist XIV tag; wan man einen burger pewt von gerichtzwegen, daz sol man *durch gelimpfens willen drey stund* tun.

Die ihrer rechtlichen Natur nach oben dargelegten Strafen der im Proceß unterliegenden Partei treten auch für den zur Rückgabe einer Sache Verpflichteten ein, sofern sich derselbe, hierauf beklagt, dieser Verpflichtung durch ein irgendwie motivirtes Abläugnen zu entziehen sucht, und mit Nothrecht hierin gewonnen werden muß; nur der sofort zugestehende Beklagte bleibt straffrei:

Glog. Rechtsb. c. 146: Wer eyme manne cleyder ader ander farende habe leyet uf bescheyden tage, helet ys yener dor obir, her mus ys *mit busse und gewete* wider gebin, *also ferre als ym gefolgit wirt mit rechte.*[8] S. auch Bl. v. Mgdb. II, 2 c. 153.

Ostfries. Landr. Lib. I c. 101 Al. 2: Ock wann dat geeischet wert van deme manne, de oeme dat hefft gedaen, — *und de dann dat versaeckede*, (dat) *he dess nicht hadde, so is he plichtich, dat dübbelt to betaelen*, den einen deel dem heren eder avercheit, den andern deel denjennen, de sülckes by oeme im gueden geloven hefft gelecht.[9]

---

[8] Ueber die hier einschlagende Bedeutung von „Recht" s. oben § 40 Anm. [k] g. E.

[9] Daß die hier statuirte poena dupli in der That sich nur auf das processuale Unterliegen des Läugnenden und nicht etwa auf eine, durch das Abläugnen dokumentirte Aneignung des anvertrauten Guts bezieht, ergibt sich deutlich aus Lib. I c. 118 ibid.: Woir de eine dem andern schuldich is, und de ander versaeket dat demsülvigen, eder he secht: he hebbe em ein deel gegeven, alse 5 gulden, dair he em 10 gulden schuldich was, vnd versaecket de 5, und id wert dem schuldener averbrocht, dat he oeme noch 5 gulden schuldich is mit breve eder levendich bewysz, so sall he dübbelt so voele geven tho broeke, als de schult is, und dem schuldener de schult vernoegen. So ist oek mit demjennen, de dem andern mit unrechte ansprecket, de sall oek in sodaene broeke verfallen syn.

Stadtrecht von Freysing art. aber umb gelt (v. Freyb. V S. 226).

Ruprecht von Freysing II c. 80 (v. Maurer): Ist das ein herr seinen knecht senndet vmb pfenning oder vmb annder (sc. gut), vnnd das guet wirt jm gegebnn, vnd er get damit hin vnd pringt es dem herrnn nicht, vnnd der herr begreifft jn darnach vnnd vächt jn umb das guet; (*Mscpt. 1441*: weder sol er in vmb die helhait ansprechnn oder nur nach dem gelt? Wir sprechen, er sol in *nur nach dem gelt* ansprechnn), vnd jn ain gewishait nemenn; so mues er jm sein guet widergebnn, — *vnnd dem richter für dy gewishait LX vnnd III lb. dn.*

Diese Strafe trifft nicht nur den, welcher die Rückgabepflicht selbst in Abrede stellt, sondern auch, sofern eine Schadensersatzpflicht in Frage kommt, denjenigen, welcher sich durch Abläugnen des Schadens oder der Ersatzpflicht, dieser zu entziehen sucht, und zwar sowohl bei Verzugsschaden als bei Schaden, den die Sache selbst erlitten, von welch letzterem noch zu handeln sein wird. So heißt es in den Artikeln des Freysinger Stadtrechts über das Leihen von Vieh (v. Freyberg, V S. 182 f.) für den Fall, daß Kläger die der Schadensersatzpflicht zu Grunde liegenden Thatsachen zu erweisen genöthigt wird:

so sol sein hant selb ander sein, *vnd dem richter nach dem zeug LXXII pfenning.*

Vgl. ebenda S. 223, 224 f.; Bayr. Landr. art. 243, 296 verglichen mit art. 304.

Aus dem Vorstehenden dürfte sich mit Evidenz ergeben, daß das, in der Einbehaltung einer anvertrauten Sache über den zur Rücklieferung bestimmten Termin liegende Unrecht allein in dem Nichtzurückgeben, in der Verletzung der vertraglichen Rückgabepflicht besteht, mit deren, eventuell zwangsweise zu bewirkender Realisirung dieses Unrecht gesühnt ist; daß aber ferner auch durch ein Hinwegführen, Verheimlichen, Abläugnen der zurückzugebenden Sache, — abgesehen von dem processualen Unrecht im Falle des Abläugnens vor Gericht, — an dieser rechtlichen Sachlage nichts geändert wird, und daß insbesondere in den letzteren Fällen von einem neuen eigenartigen Delikte, welches in der widerrechtlichen Aneignung einer fremden Sache, in einem dieblichen Behalten bestände, nicht die Rede ist. Befangen in römischrechtlichen und modernen Anschauungen hat man ein derartiges Delikt, als Unterart der Unterschlagung, dem mittelalterlichen deutschen Rechte vindiciren wollen.[10] Allein der Begriff einer contrectatio fraudulosa

[10] S. die oben in § 13 Anm. [5] angeführten Schriftsteller und außer diesen noch Dollmann, die Entwendung nach den Quellen des gem. Rechts (Kempten 1834) S. 72–74; Budde, de vindic. rer. mob. germ. (Bonnae 1837) S. 48; Roßhirt, Gesch. und System des deutschen Strafrechts II (Stuttgart 1839) S. 295; Trummer, Vorträge über merkw. Erscheinungen II S. 152. — Wenn Laband a. a. O. S. 61, 94 allgemein behauptet, daß jeder Beklagte, der den Besitz einer fremden Sache abläugnete, welche nachher in seinem Besitz gefunden wurde, des dieblichen Behaltens schuldig war, als Dieb galt, — so trifft dies nur dann zu, wenn, wie dies auch alle von Laband angeführten und noch viele andere Stellen voraussetzen oder ausdrücklich hervorheben, die Klage selbst sich auf die, nach deutschem Rechte zu jedem dieblichen Delikte nothwendige Bedingung stützt, nämlich den Besitzverlust ohne Wissen und Willen des bisherigen Inhabers. Auch hier wird aber das Delikt nicht durch Abläugnen erst konstituirt, sondern letzteres gilt nur als beweiskräftiges Indicium, daß der den Besitz Abläugnende widerrechtlich zu demselben gekommen ist. Vgl. Ssp. II, 37 § 1: Svat so ieman vind, besakt he's of man dar na vraget, so is it düvech; durch das Besagen wird es nicht diebig, sondern aus dem Besagen ergibt sich, daß es diebig ist, daß es dieblich erworben ist. Die widerrechtliche Besitzergreifung, ohne welche das deutsche Recht von Hause aus eine widerrechtliche Aneignung nicht kennt, bildet den Kern jedes dieblichen Delikts; und von dieser, sowie von einer hierauf bezüglichen Präsumtion kann von vornherein keine Rede sein, wenn die Klage sich auf eine Besitzübertragung stützt. Vgl. dazu oben § 13 Anm. [4] und die Interpretation von furtum in § 34 Anm. [31]; Sohm, Proc. der L. Sal. S. 62 ff. — Die hauptsächlichsten, hier einschlagenden Stellen

an einer, dem Inhaber mit Wissen und Willen des zur Sache Berechtigten übertragenen, und von ersterem somit rechtmäßig in Besitz genommenen Sache ist dem deutschen Rechte dieser Periode nicht geläufig. Was der Inhaber einer hingegebenen Sache nach der Hingabe mit derselben anfängt, ist für das Recht gleichgültig, sofern sie nur zurückgegeben, und zwar, wie wir sehen werden, unverderbt zurückgegeben wird.[11] Die oben angef. Stelle des Richtst. 47 § 4 liefert hierfür den schlagendsten Beweis; in ganz ähnlicher Weise heißt es bei Ruprecht II c. 80 (s. S. 402), daß der Herr gegen den, das anvertraute Gut nicht abliefernden Knecht nicht wegen der „Hehlheit", sondern nur wegen des Gutes selbst, d. h. um dessen Rückgabe zu bewirken, Klage erheben soll. In Richtst. 16 §§ 1, 2, 7, wo der zur Rückgabe Verpflichtete den Besitz des Gutes, bezw. seine Rückgabepflicht abläugnet und durch Beweis in der Schuld gewonnen wird, ist von Strafe keine Rede; ein Stillschweigen, welches, wenn es sich um eine andere, als die übliche processuale Strafe handelte, kaum erklärlich wäre. — Endlich spricht auch der Ssp. in den oben angeführten Stellen für die Richtigkeit dieser Auffassung. Wenn wir hier auch auf III, 22 § 2, wonach bei geliehenem Gut keine Klage

---

des Röm. Rechts sind: l. 1 § 2, l. 67 D. de furt. 47, 2; l. 55 D. mand. 17, 1; l. 3 § 18 D. de acquir. vel amitt. poss. 41, 2.

[11] Außer Betracht sind hierbei gelassen die Fälle, in welchen keine vertragliche Uebergabe unter der Verpflichtung zur Rückgabe stattgefunden hat, sondern in welchen Jemand rein thatsächlich in der Lage ist, eine physische Herrschaft über eine fremde Sache auszuüben, ohne daß er einen Besitz daran hätte, in Folge wovon er sich diese Sache widerrechtlich aneignet. Hier liegt ein wirkliches, diebliches Nehmen vor, wenn es auch häufig äußerlich als ein Behalten erscheint. Vgl. Glosse zu Ssp. III, 6; Syst. Schöffenr. III, 2 c. 9; Kulm. R. III c. 46; Mgdb. Fr. I, 1 d. 25; Verm. Ssp. IV, 10 d. 5; Eltviller Schöffenspr. bei Bodmann, Rheing. Alterth. II S. 674; Ehaltenordn. v. Thierhaupten § 8 (Grimm, W. VI S. 200); Cropp a. a. O. S. 60 f.; Osenbrüggen, Alam. Strafr. S. 315 f. S. auch Laband S. 81 ff.; Constit. Friderici II Imp. a. 1220 c. 8 (Pertz II S. 244).

wegen Diebstahl oder Raub stattfinden kann, kein zu großes Gewicht legen wollen, so ist doch in III, 43 §§ 1, 2 deutlich ausgesprochen, daß die Straflosigkeit, welche bei nicht zeitiger Rückgabe einer willentlich hingegebenen Sache eintritt, keineswegs dann einer Strafe weicht, wenn die Vorenthaltung dieser Sache in einer bestimmten Art und Weise erfolgt, sondern daß der Gegensatz zu jenem Falle in dem widerrechtlichen Erwerben einer Sache, in dem Sichunterwinden mit Unrecht zu suchen ist; nur hier ist Strafe begründet:

> Sves sik die man *underwint mit unrechte*, — *he mut it mit bute laten. Sves he sik aver underwint mit jenes willen des it dar is*, — ne gilt he's nicht — to bescedenen dagen, *he blift is ane wandel.*

Freilich wußte sich die entgegengesetzte romanistische Auffassung bereits im Mittelalter selbst Eingang in die Gemüther zu verschaffen; so sagt die Glosse zu Ssp. II, 37, gestützt auf Stellen des römischen Rechts:

> Hie merck etwas sunderlichs (!), das ein man ein ding mag zum ersten redlich erkriegen; vnd dz mag er darnach zu dieberey machen. Also gibest du mir etwas zu behalten, — diser anfangk ist erlich; vorleukene ich des behalten dinges, — so wird es dieberei.

Aehnlich Gl. zu III, 22 a. E., sowie die bei Cropp a. a. O. S. 44, 64 f. mitgetheilten Stellen aus der Görlitzer Hdschr. In den letzteren ist es interessant zu sehen, wie gegenüber dem dort angeführten, auf deutscher Auffassung beruhenden und mit Richtst. 47 § 4 übereinstimmenden Schöffenspruch der romanistisch gebildete Glossator sich bemüht, seine Leges zur Geltung zu bringen.

Allein mit einer einzigen Ausnahme hat diese Anschauung in den Rechtsaussprüchen dieser Periode keine Aufnahme gefunden; und diese Ausnahme ist enthalten in einem späteren Zusatz zum Lüb. R., welcher sich dazu nur in den, bereits vielfach unter römischrechtlichen Einflüssen stehenden Brokes'schen Codices II, III (s. Hach S. 127 ff.) findet.[12]

Wir dürfen sonach wohl mit gutem Recht sagen, daß — entgegen der h. z. T. herrschenden, aber durch Beweise nicht gestützten Ansicht — das deutsche Recht in dem Wegführen oder Verheimlichen einer anvertrauten Sache keine Unrechtsform sieht, welche an sich eine, über die Rechtsvollstreckung hinausgehende Rechtsfolge erforderte, insbesondere kein diebliches Behalten, keine Unterschlagung.

## § 52.

### Forts. — Unmöglichkeit der Rückgabe und Verschlechterung der hingegebenen Sache.

Die im vorigen Paragraphen dargelegten Rechtsfolgen haben zur Voraussetzung, daß die Effektuirung der Rückgabe selbst noch stattfinden kann; auch hier ist diese Möglichkeit aber bedingt durch das Vorhandensein der zurückzugebenden speciellen Sache im Dispositionsbereiche des Verpflichteten, und auch hier ist dieselbe somit ausgeschlossen bei stattgehabter Veräußerung oder Vernichtung der betr. Sache. In beiden Fällen kann daher das Recht durch bloße Vollstreckung der verweigerten Rechtspflicht nicht hergestellt werden. Es muß vielmehr auch hier etwas Anderes, eine Ersatzleistung an die Stelle treten; der Thatbestand ist, was zunächst die objektiven Momente betrifft, ein deliktischer.

Das Delikt, welches bei Vorhandensein der gleich zu erwähnenden subjektiven Erfordernisse hier vorliegt, besteht je-

---

[12] Hach, Abth. IV c. 53: Offte ein minsche dem anderen wat voren scholde aver water offte aver land, unde he darumme gefraget worde, eft he van sulkenem manne neen gudt en hadde, unde he vorsakede des gudes, worde na der tidt wes by em gefunden offte in siner were, dar he den slotel tho hadde, so mochte me ene antasten vor einen deeff.

doch keineswegs in einer durch die Veräußerung oder die Vernichtung zum Ausdruck gelangten Aneignung fremden Guts, es ist kein diebliches Delikt, wie es die heutige, romanisirende Doktrin[1] auch hier dem mittelalterlichen Rechte unterschieben zu dürfen glaubte; dazu fehlt es auch hier an dem, auf den Besitzerwerb bezüglichen Requisit.[2] Die Rechtsverletzung, das Unrecht beschränkt sich vielmehr, wie oben, auf die vertraglich übernommene Rückgabepflicht.[3] — Der Empfänger einer geliehenen, gesetzten, anvertrauten Sache ist in erster Linie rechtlich verpflichtet, diese Sache zurückzugeben; er ist aber weiter verpflichtet, nichts zu thun und alles zu unterlassen, was der Erfüllung jener ersten Pflicht im Wege sein könnte. Handelt er dieser letzteren Pflicht zuwider, so verletzt er implicite damit die erste, aber nun in ganz anderer Weise als bei bloßer Rückgabeweigerung. Die so bewirkte Unmöglichkeit der Rechtserfüllung macht nunmehr andere Leistungen erforderlich, durch welche das an sich nicht zu beseitigende Unrecht ausgeglichen, durch welche das dauernd gebrochene Recht indirekt wiederhergestellt werden muß.

Diese anderweite Leistung ist, wenn jene Unmöglichkeit

---

[1] Siehe oben § 13 Anm. [5] und § 51 Anm. [10].

[2] Dies spricht deutlich aus der holländische Sachsensp. art. 42 (mitgetheilt bei Cropp a. a. O. S. 273 Anm. [50]): Item soe wie sijn paert, sijn silver, of sijn wapent vtleent, rijt die man wech ende vercoept des mans goet, dat hem ghelenet is, hi voerder sijn aenspraeck op die ghene, die hijt leende; gheen diefte en mach hi daer op tien, want hi hem mit sinen eyghen wille leenede.

[3] Vgl. als argumentum a contrario die Glosse zu Ssp. III 6 § 1, wo dem Herrn, dessen Knecht sein Gut verspielt, verkauft oder versetzt hat, keine Klage gegen den Knecht gegeben und dies damit motivirt wird: wenn er hat es dem herren nit abgelihen, noch der knecht hat es ym nicht gelobt noch geredt mit worten noch mit wercken noch mit briefen, noch mit volbort wider zu antworten; vnd darumb so spricht er billicher sein pferd ader sein ding an wenn das er auf den knecht clagte.

von dem Verpflichteten absichtlich herbeigeführt wurde, die Strafe.

Der wichtigste Fall ist hier derjenige der freiwilligen Veräußerung der anvertrauten Sache an einen Dritten.[4] Freilich bezeichnen nun die Quellen diese Handlungsweise hin und wieder als eine diebliche, oder sie sagen, daß der Thäter zu richten sei wie ein Dieb. Allein zur richtigen Beurtheilung dieser Ausdrücke sind folgende Momente zu beachten. Zunächst soll mehrfach hiermit nichts weiter gesagt sein, als daß dem Eigenthümer einer so veräußerten Sache — mit Beiseitelassung des Satzes: „Hand muß Hand wahren" — die Vindikation derselben gegenüber dem dritten Erwerber so zustehen solle, wie dies bei einer gestohlenen Sache der Fall ist.[5] — Ferner kommt es häufig im deutschen Rechte vor, daß man Delikte, für welche sich kein eigener technischer Name gebildet hat, andern Verbrechenstypen zuweist und sie mit deren Namen bezeichnet, ohne daß gerade eine innere rechtliche Verwandtschaft vorhanden wäre. So haben wir oben (§ 34) gesehen, daß man auch den Geldschuldner, der mit seiner Habe entflieht, um sich der Zahlungspflicht zu entziehen, als einen Dieb bezeichnete; und diese Neigung führte dann dazu, — insbesondere als die produktive Kraft der deutschen Nation auf rechtlichem Gebiet zu erlöschen begann und polizeiliche Gesichtspunkte sich immer mehr an Stelle der

---

[4] Von der nach mehreren Schriftstellern — s. v. Meibom, Pfdr. S. 347 ff., Stobbe, Handb. des deutschen Privatr. II Abth. 1 S. 271 — dem Immobiliarpfandbesitzer zustehenden Befugniß, das Satzungsrecht, die Pfandschaft zu veräußern, so daß der Erwerber gegen Zahlung der Schuld zur Rückgabe an den Verpfänder verpflichtet wird, ist hier natürlich keine Rede.

[5] Nur dies ist in der bekannten Stelle der Goslarer Statuten (Göschen S. 82 Zle. 22—25, S. 99 Zle. 5—9) ausgedrückt: Deyt men emme wat to truwer hant to behaldene, untvernet he dat, — dar mach de sich to ten, deme dat untvernet is, also alse it ime vorstolen were; vgl. die Abänderung im Verm. Ssp. IV, 42 d. 6; Laband a. a. O. S. 78 f., 84.

rechtlichen setzten, — daß man beinahe jedes Delikt, welches eine Vermögensbeschädigung zur Folge hatte, (sofern man es nicht zum Betrug rechnete, einer in gleicher Weise umfangreichen und schwankenden Kategorie) als Diebstahl hinstellte; eine Art und Weise der Auffassung, die es den Regierenden zugleich ermöglichte, auf eine große Reihe, dem Gemeinwohl für schädlich erachteter Handlungen die strengen Diebstahlsstrafen anzuwenden. — Endlich sind aber auch hier Einwirkungen von römisch-rechtlicher Seite nicht zu verkennen.[6] — Für uns aber, die wir die Sätze des deutschen Rechts in ihrer wahren und durch keinerlei äußere Einflüsse verfälschten Natur festzustellen haben, können diese Momente nur insofern von Bedeutung sein, als wir erkennen, wie durch sie die Reinheit des deutschen Rechts getrübt worden ist.

Die wahre Natur des in Rede stehenden Unrechts ist deutlich ausgedrückt im

Bayr. Landr. art. 239: Swer dem andern *seinew pfant verchauft*, und in dez geinnert hat in der vrist, vnd er ez bestaet hat, alz recht ist, *daz er ez an recht getan hat, der ist schuldig ienem seinew pfant wider ze geben; ob er dez nicht getuon mag*, so sol er ez ienem gelten, wie er ez betewert mit dem aide, *und ist dem gericht schuldig sechtzig und drew pfunt pfenning.* Vgl. art. 230. — Freysinger Stadtr. art. umb pfant verchauffen (v. Freyb. V S. 208 f., 212); siehe auch Münchener Stadtr. art. 58.

Augsburger Stadtr. art. 134 § 1: Umbe kaefel und umbe verkaufferine: Swaz man den enphilhet, daz suln si wider gaeben oder suln ez mit triwen verkauffen unde *anders damit niht tun*, *wan als man si heizzet.* — *Ist auh daz si iemen iht enttreit*[7], daz

[6] Sehr deutlich treten dieselben hervor in dem Capitulum de depositione rerum des Brünner Schöffenbuchs, c. 181—184.

[7] Enttragen bedeutet hier, ebenso wie das untvernen der Gos-

man ir enphilhet, wirt si daran begrieffen, *daz sol man hinz ir rihten als hinz einer diuppine.*

Braunschweiger Stadtrecht § 108[8]: We eynem scradere bringt want dar he ome cledere van snyden schal, *vorkofft edder vorsed de scrader dat want,* — *me schal dem scradere volghen myt der veme,* — welch letztere Worte in dem Stadtrecht von 1532 § 94[9] so wiedergegeben werden: men schal den schnider *vorvestenn.* In der Stadtordnung von 1573 heißt es tit. 56 § 161:[10] — vnd er were so *vntrew,* das er das gebrachte gut vorkeuffte *oder sonsten von abehenden brechte,* der sol den *betrogenen* alsbald bezalen vnd zufrieden stellen vnd *einen gulden zur straffe geben: thut er das nicht, sol er vorfestet werden.*

Statuten der Gewandschneiderbruderschaft unter den Gaddemen zu Köln von 1344[11]: Vort of eynich waitmenger giet eyngem schroder of schorre gewant up sin gadem, dat hey eme verbut, *js dat hey dat us giet sunder geheisse des waitmengers so gilt hey zuo buosin dri schillinge.*

Vgl. noch Privileg des Grafen Ludwig von Flandern für die deutschen Kaufleute von 1360[12], ferner die seitens des Herzogs Albrecht von Mecklenburg gegen die Stadt Lübeck bei dem Bischof von Lübeck als erwähltem Schiedsrichter vorgebrachte Klage v. J. 1373,[13]

---

larer Statuten (S. 77 Zle. 1 ff., 82 Zle. 22 ff., 99 Zle. 5 ff.) offenbar „in andere Hände bringen"; vgl. Köstlin, kritische Ueberschau III S. 222 Anm. [1].

[8] Hänselmann, U.-B. d. St. Braunschweig I S 110.

[9] Ebenda S. 304. — [10] Ebenda S. 422.

[11] Ennen und Eckertz I S. 366.

[12] Urkundenb. der Stadt Lübeck IV Nr. 562 S. 626 Hier wird das, in der Nichtablieferung von zum Transport übergebenem Gut liegende Unrecht dahin bezeichnet: dat zij ghemaecte voorworde braken.

[13] Ebenda IV Nr. 191 und Nr. 199.

worin die Stadt beschuldigt wird, ein für eine Schadensersatzforderung als Pfand besessenes Schloß dem Könige von Dänemark ausgeantwortet und dem Verpfänder entfernt zu haben, während sie: dat als en pand us na halden scholden, — und scholden na der losinghe nemendes wesen, wen use u. s. w.; sowie die Antwort der Lübecker hierauf: — Wanne dat gheschehn is, alse *wanne van usen kosten und schaden vul schen is van den sloten und landen, wes wy danne eme van rechtes weghene plichtegh sin, dar wille wy eme danne gherne tho antworden;* d. h. sie weigern die Antwort solange, bis sie mit ihrer Forderung befriedigt sind. Dann erst tritt für sie die Pflicht zur Rückgabe des Pfandes ein. Da nun das durch die Pfandveräußerung begangene und eventuell durch eine andere Leistung auszugleichende Unrecht allein in der Nichterfüllung dieser Rückgabepflicht besteht, so liegt vor dem Termin, an welchem das Pfand zurückzugeben ist, in Wirklichkeit noch gar kein Unrecht vor, und der Pfandgläubiger braucht sich auf eine deshalb angestellte Klage nicht einzulassen. —

Zur Veräußerung eines unter der Verpflichtung zur Rückgabe hingegebenen Gutes gehört auch dessen Verpfändung, und es treten auch hierbei die Strafen ein, wenn die Rückgabe hierdurch verhindert, bezw. wenn der zum Rückempfang Berechtigte zur Auslösung des verpfändeten Guts genöthigt wird; vgl. die oben mitgetheilten Stellen des Braunschweiger Stadtrechts. Für den Fall jedoch, daß das betr. Gut dem Verpflichteten selbst als Pfand gesetzt, oder aber einem Handwerker zur Bearbeitung gegen Lohn übergeben war, findet eine Modifikation obigen Satzes insofern statt, als der Pfandgläubiger wie auch der Handwerker unter Umständen berechtigt sind, das Pfand, bezw. das zur Bearbeitung übergebene Gut für den Betrag ihrer Forderung an einen Dritten zu versetzen.[14]

[14] Vgl. Köstlin in der krit. Ueberschau III S. 212 Anm. [1];

Hier kann also eine Verletzung der vertraglichen Pflichten nur dann eintreten, wenn das anvertraute Gut für eine, jene Forderung übersteigende Summe verpfändet, bezw. weiter verpfändet wird, und auch die Strafen treten nur in diesem Fall ein. Was speciell noch den Handwerker betrifft, so gilt jene Berechtigung zur Verpfändung für diesen nur dann, wenn die, durch dieselbe zu realisirende Forderung bereits existent geworden ist, was aber erst mit der Vollendung der zu verrichtenden Arbeit der Fall ist; versetzt er die Sache, bevor der Lohn verdient ist, so trifft ihn unter allen Umständen Strafe:

Stadtr. von Memmingen art. XLVI Abs. 2 (v. Freyberg V S. 312): Wer ouch hie ze Memmingen aim antwerkmann, — ichtz entpfilcht ze machent *vnd er das versatzti, e er es gemachti, der sol ain manod von der stat* vnd sol jms dennocht an schaden lösen. Versatzti er das aber, so ers gemacht hett, *das sol er doch nicht tiurer tuon, denn umb sin lon;* wer das darober tät, *der sol ouch ain manod von der stat sin,* und sol jms dennocht lösen was ers tiurer versetzt hat.[15]

Außer durch Veräußerung kann die Unmöglichkeit der

---

v. Meibom Pfdr. S. 308 f. Außer den hier citirten Stellen siehe noch: Stadtr. v. Lüneburg art. 113, 114 (Kraut S. 79); Eisenacher Gerichtsleufft art. 60; Ruprecht v. Freysing II § 55 (Westenrieder); Stadtr. v. Regensburg (v. Freyberg V S. 37); Iglauer Stadtr. saec. XIV art. von geltern und von pfanten, dist. VI; Iglauer Schöffenspruch Nr. 106 (Tomaschek, Oberhof, S. 367, 82); Steiermärkisches Landr. des Mittelalters (herausgeg. v. F. Bischoff, Graz 1875) a. 160.

[15] Ganz ähnlich Stadtr. v. Diessenhofen saec. XIV § 14 (Schauberg Ztschr. für ungedr. schweiz. Rechtsq. II S. 6 f.); Mörfelder Centweisthum (Grimm I S. 489); Bayr. Ldr. a. 86; Freysinger Stadtr. (v. Freyb. V S. 183); Münchener Stadtr. a. 348, wo die Strafe darin besteht, daß der Thäter seine wirkliche Forderung verliert, er mach dann war, daz er darumb nicht gewest (= gewußt) hab ân gevaerd.

Rückgabe seitens des Inhabers auch durch Vernichtung der Sache herbeigeführt werden, dadurch, daß er sie zerstört, oder, was wichtiger ist, sie für sich selbst verwendet oder verbraucht; auch hierbei ist der Gesichtspunkt des verletzten Vertrags maßgebend:

Alte Soester Schrae art. 72[16]: — nimpt he id (das deponirte Gut) in syner vertrouwinge unde tho sick, ume geine nuttinge, unde brauckt de idt in sinen beholf, *de en brickt dar midde trouwe hand.*

In gleicher Weise tritt auch hier Strafe ein:

Schwabensp. art. 374 II[17]: Und hat eyn herre oder eyn armer man eyn ambtman dem er sein guott emphilhet auf sein treu vnd *tuot er im übel daran,* — vnd im sagent ander leute, *das er im sein gut stele,* — da sol er in bringen für ir beider richter, vnd sol in da beklagen vmb seinen schaden. — Und ist er nicht sein (d. h. des herren eigen), *er muoss im bessern vnd dem richter*, wann er hat in geschmaehet. Die besserung die sol also seyn, dem selb schulden (d. i. dem Verletzten) vmb als vil, als vil er in angesprochen hat, vnd halb als vil sol er geben dem richter. Also so sol man vmb alles guot richten, das dem man empfolhen wirtt auff seyn treuwe. — Augsburger Stadtr. art. 134 § 1.

Die vorstehenden Stellen reden nicht ausschließlich von vollständiger Vernichtung der Sache, welche eine Rückgabe gänzlich unmöglich macht, sondern auch von jeder nur partiellen Antastung, welche eine Verschlechterung der Sache herbeiführt. Und in der That ist auch hiermit ein Bruch der vertraglichen Verpflichtung begangen, welcher an sich nicht

[16] Diese Stelle ist mitgetheilt bei Cropp a. a. O. S. 70 Anm. 46 und zwar, wie es dort heißt, nach Westphalen (Monum. inedita) Tom. 4; allein weder hier noch in den andern, mir zugänglichen Ausgaben der Soester Gesetze habe ich dieselbe finden können.

[17] Die Stelle findet sich allein in der von Laßberg benutzten Groß-Folio-Druckausgabe.

wieder gut gemacht werden kann. Die hingegebene Sache ist nicht nur zurückzugeben, sondern sie ist auch in demselben Zustande, als in Wahrheit dieselbe, zurückzugeben, wie sie hingegeben ist.

Ssp. III, 5 § 4: Svat man aver deme manne liet oder sat, dat sal he *unverderft* weder bringen.

Jede Verschlechterung, welche die Sache in dem Besitze des Verpflichteten erleidet, bewirkt daher, daß das Recht seinem vollen Umfange nach nicht mehr hergestellt werden kann. Ist diese Verschlechterung auf den Willen des Inhabers zurückzuführen, so tritt daher auch hier Strafe ein:

Ofener Stdtr. a. 394: Thut er (der Pächter) aber *ynn poszhait* dem weingarten schadenn mit dem schnid ader yn eyner andern weis, *er schol an dem leib gepust werden* nach des schadens grosz.

Als eine Verletzung der Integrität der zurückzugebenden Sache faßt es aber das deutsche Recht schon dann auf, wenn der Inhaber einen unerlaubten, im Vertrage nicht gestatteten Gebrauch von derselben macht, selbst wenn ein unmittelbarer Schaden gar nicht dadurch bewirkt wird. Ausgehend von der Erwägung, daß alle Dinge regelmäßig durch fortwährenden Gebrauch ihren allmählichen Untergang finden, sieht man auch in der einmaligen Gebrauchshandlung bereits ein Näherbringen an die dereinstige Vernichtung, ein „Aergermachen, Aergern" der betr. Sache, und läßt daher auch diese Rechtsverletzung durch Strafe abbüßen; ein dabei etwa eintretender, sofort erkennbarer Schaden wirkt nur als Straferhöhungsgrund:

Schwabensp. art. 258b: versetzet ein man dem andren ein pherit vmbe phenninge, — er sol ez ouch niene riten, wan mit sinem vrlobe; vnde ritet man ez ane sin vrlob, — vnde geschiht im nüt, *er muz ez doch bezzeren,* von der mile ie sehs pfenninge; *daz ist davon gesetzet, daz er ez ane sin vrlop hat geritten;*

— *vnd wirt ez gergert, daz sol er zwivalt gelten.* Vgl. art. 87 (unten § 54 bei Anm. [16]). Kulm. R. V c. 34 § 2; Bayr. Landr. art. 243; Stadtr. von München art. 93; Freysinger Stadtr. a. a. O. S. 213. Bayr. Landr. art. 229: — hat er aber anders gevarn mit dem pfant, dann er tuon solt, daz sol er pezzern dem richter mit 72 pfenning. Münchener Stdtr. art. 42, 184; Stdtr. von Freysing a. a. O. S. 208 art. vmb pfant antwurtten. — Lüb. R. Cod. Uffenb. bei Hach S. 320 f. Note [17] zu art. 146.

Die Strafe in allen vorstehend aufgeführten Fällen ist dazu bestimmt, die durch das Verhalten des Verpflichteten herbeigeführte Störung der Rechtsordnung ausgleichend wieder zu beseitigen. Es ist des weiteren aber noch zu betonen, daß durch alle einschlagenden Gesetzesstellen der solchergestalt widerrechtlich Handelnde zugleich verpflichtet wird, den durch sein Verfahren für den Berechtigten entstehenden Vermögensschaden diesem zu ersetzen. Einigen Gesetzen erscheint diese Seite des Unrechts so wichtig, daß sie mit Uebergehung der Strafe nur die Schadensersatzverbindlichkeit erwähnen.[18]

Bisher war von dem Falle die Rede, daß die Unmöglichkeit der Leistung von dem Verpflichteten absichtlich herbeigeführt worden ist. Es fragt sich noch, wie sich das Recht dem Falle gegenüber verhält, daß eine solche böse Absicht nicht vorhanden war. — Tritt diese Unmöglichkeit in Folge eines nach allgemeinen Grundsätzen unabwendbaren Ereig-

[18] So Goslarer Stat. S. 77 Zle. 1—8: Wert emme wat ghedan in sine were to behaldene to truwer hant, — untvernet he dat deme, de dat ime ghedan hevet, dar ne mach he nicht vore inne sitten. De voghet unde de rat scolen deme kleghere helpen, dat ime sin scade irleghet werde. Für diesen Schadensersatz tritt dann Exekution ein. Aehnlich Gosl. Stat. S. 82 Zle. 26—34. Vgl. auch Ostfries. Landr. I c. 101 § 1.

nisses ein, so ist von einem Unrecht überhaupt nicht die Rede; der Vertrag als Rechtsverhältniß ist nicht verletzt, und es bedarf in dieser Beziehung keiner rechtlichen Ausgleichung. Die Unerfüllbarkeit muß als ein, keinem der Betheiligten zur Last zu legendes Ereigniß hingenommen werden. Darüber, wem der in Folge hiervon eintretende materielle Vermögensnachtheil zufällt, stellt das Recht eigene Grundsätze auf, welche hier nicht zur Erörterung stehen.[19]

Ist dagegen die Unmöglichkeit der Vertragserfüllung von dem Verpflichteten zwar nicht absichtlich bewirkt worden, trifft denselben aber insofern ein Vorwurf, als er bei Anwendung der, bei dem betreffenden Rechtsgeschäft vom Recht geforderten Sorgfalt diese Unmöglichkeit hätte abwenden können, ist ihm in dieser Beziehung Fahrlässigkeit zur Last zu legen, so hat er zwar den Kreis seiner Rechtsbefugnisse nicht anmaßlich und widerrechtlich erweitert (wozu immer Absicht erforderlich ist), und es bedarf daher, um das Gleichgewicht der den Rechtszustand bildenden Rechte und Pflichten herzustellen, keiner Strafleistung. Allein er erscheint als der Urheber der den Berechtigten in Folge der Restitutionsunmöglichkeit treffenden Vermögensnachtheile; und alle unsere Gesetze, so mannichfaltig im übrigen ihre Grundsätze über Haftung für Schaden in den einzelnen hier einschlagenden Rechtsverhältnissen sind, stimmen ausnahmslos darin überein, daß der fahrlässige Verpflichtete bei Unmöglichkeit der an sich geschuldeten Leistung, mag die Fahrlässigkeit den Verlust oder den Untergang der Sache bewirkt haben, dem Berechtigten zum Schadensersatze verbunden ist, sei es

[19] Vgl. hierüber Trummer, Vorträge über merkwürdige Erscheinungen in der Hamburgischen Rechtsgesch. II S. 142–160; Stobbe, Vertragsrecht S. 215—275; insbesondere über die Haftung für den Zufall beim Pfandvertrag Förster, die Verantwortlichkeit des Satzungsgläubigers nach dem Rechte des Mittelalters, in der Zeitschr. für deutsches Recht Bd. IX S. 101–143; v. Meibom, Pfandr. S. 283 ff., 367—377.

zur Leistung einer ähnlichen und gleichwerthigen Sache, sei es zum Werthersatz. Ganz ebenso verhält es sich dann auch bei, durch Fahrlässigkeit bewirkter Verschlechterung der übergebenen Sache.[20]

Sachsensp. III, 5 § 3: Svelk man deme anderen sin gut dut to behaldene, wirt it ime verstolen oder afgerovet oder verbrant, oder stirft it, of it ve is, he ne darf dar nene not umme liden, *darn he dar sin recht to dun, dat it ane sine scult geschin si.*

Lübisches Recht Abth. IV c. 98 (Hach S. 587): Settet ein mann dem andern ein pandt, dat schal he eme unvordorven weddergeven, edder gelden na syner werde, *so dat van vorsümenisse vmmegekamen;* sunsten darff he eme darvör nicht antwörden.

Augsburger Stadtrecht art. 127 § 4: Wirt auh iemen ein phant gesetzet, — wirt daz geboesert in des gewalt dem ez da gesetzet ist, *so sol er ez ieme gelten darnah als er bereit, des ez waert waere* des tages do erz im sazte, ez muge danne iener bereden zen heiligen, *daz er ez behalten habe mit anderm sime gute, so er immer beste chonde und mohte an alle gevaerde;* unde als er daz getut, so ist er im enbrosten.

Weitere Stellen siehe in der Anmerkung [21].

---

[20] Ueber die processuale Geltendmachung dieses Schadensersatzanspruches vgl. Laband a. a. O. S. 61 ff.

[21] Ssp. II, 54 §§ 4, 6; III, 5 §§ 3—5; III, 22 § 1; Mgdb. Fr. I, 6 d. 6 a. E.; II, 7 d. 1; Th. 227 (Behrend S. 242 ff.); Mgdb.-Görl. R. v. 1304 a. 88; Blume v. Magdeb. II, 2 c. 154, 159; II, 3 c. 5; Glog. Rb. c. 142, 143, 318, 558; Syst. Schöffenr. V c. 3, 15; Kulm. R. V c. 3, 34; Verm. Ssp. III, 10 d. 2; III, 17 d. 17, 18; IV, 42 d. 15, 17—20; Eisen. Gerichtsl. c. 18; Purg. Rb. III c. 28, 29, IV c. 26 ff., V c. 75; Gosl. Stat. S. 82 Zle. 16 f., 26 ff.; Salzwedeler Stdtr. §§ 80, 81; Hamb. R. v. 1270 XII c. 12, v. 1292 H c. 23, P c. 12, v. 1497 L c. 8—10; Stdtr. v. Riga I c. 20, 21; Stat. v. Verden c. 58, 59; Stdtr. v. Bremen v. 1303 Ord. 3, 79, v. 1428 I c. 27 (Oelrichs S. 68, 112, 335); Lüb. R. Cod. II a. 195, III a. 206, 404; 24 fries. Landrechte c.

Eine ganz besondere Bestimmung findet sich mehrfach für das **Leihen eines Schwertes**, indem für ein solches, wenn es nicht zurückgegeben werden kann, in allen Fällen, ohne Rücksicht auf seinen individuellen Werth, eine festbestimmte Summe, 3 Schillinge oder 6 Groschen, als Ersatz gegeben werden soll; das kumet davon, wie das Iglauer Stadtrecht sagt, das man swert nahen czu aller czeit hoer wiget und tewrer scheczet dann sy auff dem markte gulden.[22]

Gegenüber den in diesem Paragraph dargelegten Grundsätzen findet sich in dem 2. und 3. Brokes'schen Codex des Lübischen Rechts eine höchst singuläre Bestimmung, wonach dem Commodatar die freie Veräußerungsbefugniß bezüglich der geliehenen Sache eingeräumt zu sein scheint:

*Lenet* de ene deme anderen wat, — he mach dat ok wol *vorkopen*, *deme wat gelenet is, sunder broke.*[23]

Enthält dieser einzig dastehende Ausspruch wirkliches Lübisches Recht, und beruht derselbe nicht etwa auf einem Mißverständniß, — so ist dieses Recht jedenfalls höchst singulärer Natur, und es läßt sich nicht — wie allerdings mehrfach geschehen[24] — auf Grund dieser einen Stelle behaupten, daß nach

17 (v. Richth. S. 66—68); Deutschensp. c. 164, 165, 204, 205, 233; Schwabensp. a. 201f, 213, 222, 228—230, 258; Rupr. v. Freysing (v. Maurer) I c. 147; Augsb. Stdtr. a. 58; Eltviller Schöffenspr. bei Bodmann, Rheing. Alterth. II S. 674 f.; Bamb. R. § 402; Bayr. Ldr. a. 83—85, 295, 296, 347; Stdtr. v. Freysing a. a. O. S. 182 f., 224, 237; Stdtr. v. München a. 49, 92, 93, 164; Stat. v. Regensburg (v. Freyb. V S. 37); Wiener Stadtrb. a. 55, 56, 143, 145; Brünner Schöffenb. c. 134, 181.

[22] Vgl. Lüb. R. Cod. I art. 76, Cod. II art. 92, Cod. III art. 20; Glog. Rechtsb. c. 320, 559; Iglauer Stadtr. art. von geltern und pfanten, dist. XVI; Iglauer Schöffenspr. Nr. 196 (Tomaschek, Oberhof S. 368, 110).

[23] Hach, lüb. Recht, S. 347 Note [12] zu Cod. II a. 202.

[24] Vgl. außer Cropp a. a. O., Albrecht, die Gewere S. 92; Gaupp, über die Gewere des deutschen Rechts in der Zeitschr. für deutsches R. I S. 124; Trummer, Vorträge II S. 153, 161;

deutschem Rechte der Commodatar (und bezw. auch der Pfandgläubiger) nicht sowohl zur Rückgabe der geliehenen (bezw. verpfändeten) Sache in specie, als vielmehr von vorn herein nur zur Erstattung des Werths derselben verpflichtet gewesen sei, daß ihm somit die volle, rechtliche Verfügung über die ihm anvertraute Sache zugestanden habe. Der Begriff des Commodats selbst wäre hiermit aufgehoben gewesen.

# Drittes Kapitel.

## Von den vertraglichen Verpflichtungen zur Vornahme einer persönlichen Leistung (*facere* i. e. S.).

### § 53.

### Die Rechtsfolgen der Verletzung einer solchen Verpflichtung.

Hierher gehörige Rechtsverhältnisse finden sich nur sehr sporadisch in unsern Quellen behandelt, und die darüber aufgestellten, lückenhaften und unzusammenhängenden Normen setzen uns gerade nur in den Stand, die im Allgemeinen herrschenden Ideen zu erkennen, ohne daß es möglich wäre, ein detaillirtes Bild der hier eintretenden Rechtsverfolgung zu geben.

Zunächst gilt auch hier, daß, trotz der Nichtvornahme einer solchen versprochenen Leistung an dem festgesetzten Termine, die Verpflichtung zu deren Erfüllung bestehen bleibt, und daß auf die Herbeiführung dieser Erfüllung sich zunächst das Augenmerk richtet:

Satzung des Forstdings zu Goslar 1421—1490 art. 65[1]: Item ward eyn in gerichte beschuldiget *vmme*

Gerber, über die Gewere in der Zeitschr. für Civilrecht und Proceß, Neue Folge Bd. XI S. 34; — dagegen aber Köstlin in der kritischen Uebersch. III S. 225—228; s. auch Laband a. a. O. S. 69.

[1] Grimm, Weisth. III S. 267.

*arbeyt, den he to donde gelovet hebbe*, vnde den bekant in gerichte, — wilmen ome des arbeydes to lestene nicht geloven, *so moit he borgen setten*, nämlich dafür, daß die Arbeit vollführt werde.

Dasselbe ist auch der Fall, wenn die Arbeit zwar geliefert wurde, aber nur unvollständig oder nicht in der Weise, wie versprochen; vgl.

Iglauer Schöffenspruch Nr. 72 c.[2]

Wie bereits die angef. Stelle des Goslarer Rechts anzeigt, wird auch hier nach verstrichenem Termin dem Pflichtigen zuerst längere oder kürzere Frist gelassen, die nachträgliche Erfüllung freiwillig herbeizuführen, und erst wenn diese Fristen fruchtlos verstrichen, schreitet die obrigkeitliche Exekutive zur zwangsweisen Herstellung des Rechtszustands.

Erlaß K. Ludwig's v. J. 1336[3]: Wan uns der erwirdig Baldwin, ertzbischof ze Trier — *geheizzen* (= verheißen) hat, wenn das er mit der stat ze Meintze versünet wurd, *das er dann den burchlichen baw ze Flacrsheim abbrechen und abtun solt*, und haben des ouch sin offen brief. Nu haben wir in *oft darumb gemant* und endet uns des nicht. Darumb gebieten wir iu allen und iglichen besunder, — *das ir mit gewalt vor den vorgenanten baw ze Flaersheim ziehent und den abbrechent* —, wan wir mit nichte wellen, das der baw — furbas lenger beleib

Die hier anbefohlene Exekution geschieht zwar nicht sowohl auf dem Justizwege, als vielmehr dem der Verwaltung. Dennoch bezweckt auch sie Herbeiführung des dem abgelegten Gelöbniß entsprechenden Rechtszustands. — Eine solche direkte Vornahme der von dem Verpflichteten verweigerten Handlung

---

[2] Tomaschek, Oberhof Iglau S. 339 f.

[3] Böhmer, Cod. dipl. Moenofrancof. I S. 540. Vgl. zu dieser Stelle Ssp. III, 68.

durch andere Personen, wie sie hier angeordnet wird, ist aber keineswegs immer möglich. Vielmehr wird es bei Versprechen einer persönlichen Leistung rechtlich meist darauf ankommen, daß dieselbe gerade von dem Promittenten vollzogen werde. Welche Mittel hier bei Rechtsweigerung von Rechts wegen zur Erreichung dieses Zwecks anzuwenden sind, ist in den Gesetzen selbst nur für wenige einzelne Fälle bestimmt.

Insbesondere kommen hier in Betracht drei Verpflichtungen, welche häufig vertraglich übernommen zu werden pflegten: nämlich die, einen Schiedsspruch zu fällen, ein veräußertes Gut aufzulassen, sowie endlich in's Einlager zu ziehen; letztere selbst eine Exekutionsart darstellend (s. § 36), aber, als auf Vertrag beruhend und somit als möglicher Gegenstand einer Vertragsverletzung, hierher gehörig.

1. System. Schöffenr. II, 2 c. 45: Nemyn kurlute eyne sache czu handin vor gerichte vnd gelobin, das se dy sache wellin entscheydin also das di sachwaldin vor gerichte nicht komyn sullin, *so mag man dy kurlute dor czu twingin mit gerichte, das se is tun muzsin.* — Kulm. R. II c. 86; Magdeb. Fr. I, 18 d. 1; Glogauer Rb. c. 515; Brünner Schöffenb. c. 82.

Münchener Stadtr. art. 21: Swaz hinder schidleut chümpt, und die schidleut daz an nement, die süllen ped werben ân gevaerde; ob sie des nicht tuon wolten durch ir paider willen, *so sol sie der richter darzuo benötten.* — Bayr. Landr. art. 26; Stadtr. v. Freysing art. mer umb schidung (a. a. O. S. 167); Augsb. Stadtr. art. 113 Zus. 5.[4]

Die sämmtlichen, angeführten Bestimmungen gehen davon aus, daß eine bereits am Gericht anhängige Sache vor dem Proceßgericht Schiedsleuten zur Entscheidung übertragen wird, und daß letztere sich vor Gericht hierzu verpflichten.

[4] Meyer, Stadtb. v. Augsb. S. 189.

Weigern sie nun die Erfüllung der übernommenen Leistung, so ist dem Proceßrichter, ohne daß eine weitere processuale Verhandlung stattzufinden hätte, eine Zwangsgewalt gegen die Schiedsleute eingeräumt, um sie zur Fällung des Spruchs zu bringen, ohne daß ihm eine Beschränkung bezüglich der anzuwendenden Mittel auferlegt wäre. Es ist daher anzunehmen, daß er jede Exekutionsart, welche ihm zur Erreichung jenes Zweckes dienlich dünken mochte, gegen die renitenten Schiedsleute in Anwendung zu bringen befugt war; nur mußten sich die von ihm zu ergreifenden Maßregeln als wirkliche Exekution, als Mittel zur Erreichung jenes Zweckes charakterisiren. Von Verhängung einer Strafe dagegen, weil der Schiedsspruch noch nicht gefällt worden ist, ist keine Rede.[5]

2. Der Veräußerer einer Liegenschaft ist nach dem Rechte des späteren Mittelalters auf Grund des Veräußerungsgeschäfts selbst oder auf Grund eines besonderen Versprechens verpflichtet, das veräußerte Grundstück — abgesehen von der Besitzeinweisung — dem Erwerber aufzulassen.[6] Diese Auflassung besteht in der seitens des Veräußerers vor Gericht abgegebenen Erklärung der Besitzaufgabe, meist verbunden mit dem Versprechen der Gewährleistung.[7] Weigert der Veräußerer die Auflassung, so hat

---

[5] Erklären die Schiedsleute, wegen Qualifikation der Sache oder persönlicher Unfähigkeit zur Abgabe eines Spruches nicht im Stande zu sein, so fällt ihre Verpflichtung wegen Unmöglichkeit der Erfüllung hinweg; vgl. außer den angef. Stellen in ihrem weiteren Wortlaut Magdeb. Fr. I, 16 d. 3[a].

[6] Vgl. hierüber Laband a. a. O. S. 244 ff.

[7] Vgl. oben § 14 Anm. [2]. In süddeutschen Rechtsquellen findet sich für diesen Akt mehrfach der Ausdruck „fertigen“; vgl. Ingolstadter Rathsbeschluß v. 1428 im Münchener Stdtr. a. 512; Oefnung v. Rossikon, v. Birmensdorf, v. Emmen § 16, v. Affholtern § 9, v. Pfronten § 11 (Grimm I S. 26, 35, IV S. 373, 392, VI S. 298); Schreiber, U.-B. d. St. Freiburg i. B. I Nr. 105; Grimm, D. Wörterb. III S. 1552 s. h. v. — Die Gewähr-

der Erwerber nach Richtst. Landr. c. 18, 19 §§ 3, 4 (vergl. mit Sachsensp. I, 9 § 2) zunächst gerichtliche Klage gegen ihn zu erheben, deren Folge die Verurtheilung desselben zur Vornahme der Auflassung ist. Versteht er sich auch jetzt nicht zu letzterer, so tritt Zwangsvollstreckung ein; d. h., da das Recht hier nicht unmittelbar durch die Thätigkeit anderer hergestellt werden kann, so werden über den Rechtsweigerer eine Reihe von Zwangsmaßregeln verhängt, deren Zweck darin besteht, ihn durch äußere Einwirkungen auf sein Willensvermögen zur Vornahme der rechtlich geforderten Handlung zu veranlassen[8]:

Bayr. Landr. a. 248: Swer guot von ainem chauft, *und hat im gehaizzen, er well ims vertigen* (s. Anm. [7]), alz recht ist, spricht er in darumb an, — *so sol ienem daz gericht seines guotz alz vil einantwurten*, *alz ditz guotz sey*, und sol er daz mit nucz und mit gewer mit sampt disem guot inne haben *untz an die zeit, daz er im sein guot vertig;* hiet er aber nicht guotz, so sol in der richter *benöten und betwingen an leib und an guot*, *uncz daz er im sein guot vertig*, und hiet er seins geltz dannoch icht inne, daz er im solt, *daz sol er auch inne haben*, *uncz im daz guot gevertigt wirt.*[9]

Auch hier steht somit dem Richter so ziemlich jedes Mittel zu Gebote, welches zur Realisirung des Rechts dienlich sein könnte; aber die scharfe Betonung, daß jedes Mittel nur so

---

leistung selbst wird durch „fertigen" bezeichnet im Bayr. Ldr. a. 192 u. a. Stellen.

[8] Zwar ist in Ssp. I, 9 § 2 dem Veräußerer eines Guts gegenüber dem Erben des Erwerbers scheinbar ein Rücktrittsrecht und damit Befreiung von der Auflassungspflicht gegen Rückzahlung des empfangenen Preises gewährt; allein die Stelle ist aus Richtst. Landr. 19 § 4 zu erklären, wonach dieses Rücktrittsrecht nur dann statt hat, wenn der Erbe den nur theilweise gegebenen Preis nicht voll zu bezahlen vermag.

[9] Ebenso Stadtr. v. München a. 158, v. Freysing art. umb gut verttigen (a. a. O. S. 214).

lange angewandt werden darf, bis die Fertigung von dem Pflichtigen vollzogen wird, bis der Zweck erreicht ist, zeigt deutlich die Exekutionsnatur dieser Maßregeln.[10]

3. Die Pflicht, sich an einen bestimmten Ort zu begeben und daselbst behufs Exequirung einer anderweiten Verbindlichkeit Einlager zu halten, tritt je nach Verabredung entweder mit einem von vorn herein bestimmten Termin in Wirksamkeit, oder, und dies in den meisten Fällen, nach vorausgegangener Mahnung seitens des Gläubigers.[11] Versäumt es der Schuldner, an dem betr. Termin oder in der betr. Frist seiner Einlagerpflicht nachzukommen, so hat sich auch hier der Gläubiger klagend an das Gericht zu wenden, um auf diesem Wege die Einlagerleistung zu erzwingen; in einer Sentenz des königlichen Hofgerichts unter Rudolf I v. 1277, in welcher die Einlagerverweigerung dem Fall der verweigerten Schuldzahlung gleichgestellt wird, ist dies

---

[10] Die Behauptung Laband's S. 245 Anm. [19], der Erwerber habe bei der Weigerung des Veräußerers, das Gut aufzulassen, die Wahl gehabt, im Exekutionsverfahren sich das Gut weldigen zu lassen, oder eine Schadensersatzklage gegen den Veräußerer zu richten, scheint mir nach den Quellen nicht zutreffend. Ueberall ist die Exekution auf die Auflassung selbst gerichtet; die von Laband angeführten Stellen sprechen dagegen überhaupt nicht von einer auf Vornahme der Auflassung gerichteten Klage, sondern von einer solchen auf Uebereignung und Einräumung des Guts. — Ein analoger Fall ist noch erwähnt im Hamburger R. v. 1270 I c. 14: Vnde mach en erve (Grundstück) also nicht gelden, also it to pande steit, unde wil he (der Pfandgläubiger) dat erve beholden vor sin ghelt, de voghet und de rad scholen den man vnde sine erven, des dat erve was, dar to dwingen mit rechte, dat het dem anderen up late vor sine pennynge vor deme gantsen rade.

[11] In späterer Zeit tritt an Stelle der Privatmahnung eine gerichtliche; vgl. Bamb. Stadtr. art. 215, 349, Friedländer, das Einlager S. 32, 103; die Folge davon war, daß nunmehr die Verletzung der Einlagerverpflichtung zugleich als Verletzung des gerichtlichen Einlagerbefehls erschien und als solche eine Strafe nach sich zog; Friedländer a. a. O. Diese gerichtliche Einmahnung ist aber nicht mit dem unten Anm. [14] erwähnten richterlichen Befehl zu verwechseln.

deutlich ausgesprochen.[12] Das Gericht hat dann nach festgestelltem Sachverhalt und bei anhaltender Weigerung des Schuldners diesen entweder unmittelbar an dem Orte des Einlagers gewaltsam zu interniren, oder mittelbar Zwangsmaßregeln gegen dessen Person oder Vermögen zu ergreifen, um ihn hierdurch zu bewegen, der Einlagerverpflichtung von sich aus nachzukommen. Nur ist hier überall zu beachten, daß, da das Einlager selbst nur Exekutionsmittel ist, mit der Erfüllung der durch letzteres zu erwirkenden Hauptleistung die Einlagerverpflichtung und damit auch die zu ihrer Exequirung angewandten Mittel wegfallen; insbesondere also dann, wenn eine unterdeß begonnene, anderweite Exekution, etwa Pfändung, bezüglich der Hauptverbindlichkeit zum Ziele geführt hat:

Beschlüsse des rheinischen Städtetags zu Worms v. 1254[13]: Item si quis fidejussorum fidem suam violaverit non jacendo in pignore, cum super hoc a civitate conjurata ter commonitus fuerit, creditor vel fidei receptor *potest eum per judices civitatis licite pignorare et in nostre civitatis pignora deducere.*

Wiener Stadtrechtsbuch art. 138: Setzt ein man ein phant, und lübt zu demselben phant, ob er des tages nicht wer, als er ze recht schol, er var in ein gasthaus selbander, da im der leicher hinzaiget, und chöm do nicht aus, er geb im ee alls sein guet, und als der tag chumpt, ener verd nicht, noch gilt im auch nicht, so schol der lechner *gen fur gericht, und*

---

[12] Pertz, Leges II S. 412. S. oben § 28 hinter Anm. [17]; in die dort gelassenen Lücken ist einfach „vel ad obstagium" einzuschieben.

[13] Böhmer, Cod. dipl. Francof. I S. 105; Pertz, Leg. II S. 370. Ueber die Bedeutung von pignus, pignorare in dieser Stelle vgl. oben § 36 bei Anm. [15] f., ferner Statuten der Jakobsbrudersch. zu Köln: intrabunt in unum hospicium — ad jacendum in ipso super pignora sua (Ennen und Eckertz I S. 414; s. auch das. S. 409).

*chlag umb sein guet und umb sein gelüb.* Ist das der gelter dann des laugent, so schol es der lechner gen im pringen, als er ze recht schol, und als er das pringet, das er im solich gelub hab getan, *so schol in der richter twingen mit dem wandel*[14], *das er dem leicher laist, und in wer, als er im gelübt hab.* Wil er des weigern, *so schol man in vachen, und hintz dem nachrichter legen also lang, untz das er sich mit dem verricht.*

Vgl. Ruprecht v. Freysing II § 56 (Westenrieder); Züricher Statut v. 1548[15]; 1. Dithmarscher Landrecht v. 1447 § 214; 2. Landr. v. 1539 art. 210 § 1[16].

Nach einigen Zähringer Stadtrechten ist dem Gläubiger gegen den nicht leistenden Einlagerpflichtigen Privatexekution gestattet, nur wenn derselbe zu deren Durchführung nicht mächtig genug ist, soll ihm die Obrigkeit dabei behülflich sein:

Handfeste von Freiburg i. Ue. v. 1249 § 76: Si quis burgensis burgensi in obsidem (= obstagium) tenetur, et ille noluerit tenere burgensi obsidem, ille, cui tenetur in obsidem, libere et sine dampno *obsidem*

---

[14] D. h. der Richter soll an den verurtheilten Schuldner den Befehl erlassen, in's Einlager zu gehen bei Vermeidung der auf die Verletzung des richterlichen Gebots gesetzten Strafe; s. Vogtding zu Lauenstein § 31 (Grimm, IV S. 650): Wenn einer umb schuld — eingelecht — würde vnd das inlager — nicht gehalten würde, ob derselb nicht den bruck, dabei es ihme angesagt, auszugeben schuldig wehre? Dabei es geboten wehre, dasselb sei er zu erleggen schuldig; und oben § 45.

[15] Schauberg, Zeitschr. I S. 273 f.

[16] Michelsen, Sammlung altdithm. Rechtsq. S. 70, 159. — Vgl. auch Monum. Suinfurt. Hist. Nr. 162, Vertrag zwischen dem Hochstift Würzburg und der Stadt Schweinfurt v. 1388: So ist auch beredt worden, werez das vns ymant schuldig wer vnd vns niht gulte oder vns niht leiste, den mehten wir manen biz daz wir ine zu leistungen brehtten odir vns vnser schulde vergolten wurde.

*suum burgensem capere potest, et facere, quod obsidis pactum teneat.* § 77: Si autem ille obses adeo fortis fuerit, quod ille burgensis obsidem suum capere et retinere non possit, *sculteus et villa debent eum juvare, quod ipse teneat ei obsidem.* — Burgdorfer Handf. v. 1316 § 117; Murtener Stadtrodel § 39.[17]

Eine specielle Rechtsfolge des Bamberger Rechts besteht noch darin, daß ein zum Einlager verpflichteter Bürge, sofern er die Leistung verweigert, nunmehr als Selbstschuldner haften, und diese Schuld auch auf seine Erben übergehen soll; art. 215, 349. Vgl. auch Augsb. Stdtr. art. 101 Nachtr. 1. —

Bei dem fragmentarischen Stand der Gesetzgebung über die hier einschlägigen Rechtsverhältnisse lag es in der Natur der Sache, daß gerade hierbei die Konventionalexekution ein weites Feld der Anwendung fand. Insbesondere war es das Einlager, welchem sich ein zu einer persönlichen Leistung Verbundener, für den Fall der Nichtleistung, häufig zu unterwerfen pflegte. Wir begegnen auf diese Weise der Beredung des Einlagers, als der behufs Durchführung der versprochenen Leistung anzuwendenden Exekutionsart, bei der Uebernahme der Verpflichtung zum Schiedsspruch[18], zur Auflassung einer veräußerten Liegenschaft[19], zur Bestellung eines Bürgen[20], ferner der Verpflichtung, einem andern das

[17] Gaupp, Stadtrechte II S. 96, 132 f., 158 f.

[18] S. Urk. v. 1260 bei Seibertz I Nr. 317, Urk. v. 1299 bei Hänselmann, U.-B. der Stadt Braunschweig Nr. XV a. E. — Das Einlager wurde auch als gesetzliche Exekutionsart bei anderweit begründeter Verpflichtung zum Rechtsprechen (Justizverzögerung) benutzt; vgl. Stat. v. Halle art. de disc. civ. (Neue Mitth. I H. 2 S. 69); Eltviller Oberhofsurth. bei Bodmann, II S. 661, 673 f.

[19] Urk. v. 1318 bei Schreiber, U.-B. d. St. Freiburg I Nr. 105; siehe auch Urk. v. 1266 bei Ried, C. dipl. Ratisb. I Nr. 510.

[20] Urk. v. 1258 (Fickler in dem, Anhang Anm. [1] cit. Werke Nr. 42), von 1293 (Monum. Wittelsb. II Nr. 189 S. 9 f.), v. 1295 (das. Nr. 207 S. 81 f.), v. 1324 (Höfer, Auswahl der ältesten

Eigenthum an einer Sache zu verschaffen[21], sowie mehrfach bei Uebernahme der Verpflichtung, dahin zu wirken, daß ein Dritter zu Gunsten des Promissars eine Handlung vornehme, z. B. daß Agnaten des Promittenten oder dessen Lehnsherr eine von ihm getroffene Verfügung genehmigen, bezw. eine ähnliche Verfügung treffen.[22]

Als Konventionalexekution für die Vollziehung des Einlagers selbst findet sich dann wieder die Beredung, daß der Gläubiger des nicht leistenden Schuldners „lijf, sijn guet, liggende of ruerende, halden of antasten mach, mit gerichte of sonder gerichte, — sonder alle wederseggen sijns oft ymans anders.[23] Eine solche, auf die Einlagerleistung bezügliche Konventionalexekution floß dann leicht mit derjenigen bezüglich der Hauptverbindlichkeit in Eins zusammen.

Strafen wegen des Verzugs in der Erfüllung einer versprochenen, persönlichen Leistung finden sich in den Quellen regelmäßig nicht ausgesprochen. Ebensowenig wegen einer schuldhaft bewirkten Unmöglichkeit der Erfüllung; an letztere wird überhaupt nicht gedacht, da die Erfüllung bei den hier in Betracht kommenden Leistungen meist nur vom Willen des Verpflichteten abhängig erscheint, die weitgehenden Exekutionsmittel aber für geeignet gehalten werden, selbst den hartnäckigsten Trotz zu brechen.

---

Urkunden deutscher Sprache, Hamburg 1835, II Nr. 91), v. 1361 (Monum. Suinfurt. Hist. Nr. 97) u. v. a. Für die Erfüllung dieser Verpflichtung findet sich das Einlager auch als gesetzliche Exekution, s. Stat. der Kölner Nikolaus- u. Jakobsbruderschaft (Ennen u. Eckertz, I S. 409, 414).

[21] Urk. v. 1249 (Bremisches U.-B. I Nr. 243).

[22] Urk. v. 1291 (U.-B. der St. Lübeck I Nr. 576), v. 1329 (Neue Mittheilungen I Heft 4 S. 83 f. Nr. 23), v. 1285 (U.-B. der St. Augsburg I Nr. 94), womit zu vergl. Ssp. I, 9 § 4.

[23] Urk. des Herzogs v. Geldern v. 1368 bei Friedländer a. a. O. S. 125 f.; ferner ebenda S. 126 f. Urk. des Schwaiger v. Gundolfingen v. 1398; Urk. v. 1318 bei Schreiber, U.-B. der St. Freib. I Nr. 105.

Eine bedeutsame Ausnahme ist hier jedoch durch die Reichsgesetzgebung statuirt worden; in der Constitutio generalis K. Heinrich's (VII) v. 1234 (*Pertz* II S. 301) heißt es:

> Item si quis fide data *promiserit aliquid* et convictus fuerit cum 3 synodalibus hominibus *fidem non servasse, continuo proscribatur;* nec a proscriptione poterit absolvi, *nisi dupliciter persolvat quod promiserat et pro quo fidem dederat,* et judicet jus suum.

Der Inhalt des berührten Reichsgesetzes v. 1234 bezieht sich ausschließlich auf die Verwaltung der Rechtspflege und die Handhabung des Landfriedens im Reiche; die Verletzung vertraglicher oder überhaupt privatrechtlicher Verhältnisse wird darin nur in einem, dem unseren unmittelbar vorangehenden Satze erwähnt, welcher von der Bestrafung des Sühnevertragbruchs (violatio treugarum) im allgemeinen handelt. Für diesen wie für den uns vorliegenden Fall ist dasselbe Beweisverfahren vorgeschrieben. Es scheint mir keinem Zweifel zu unterliegen, daß auch die oben angeführte Bestimmung nur von einem Falle der Verletzung des Sühnevertrags zu verstehen ist, und zwar wohl in der Weise, daß in dem ersteren Satze von dem wirklichen Sühnebruch, der Wiederaufnahme feindseliger Handlungen (s. § 59), in dem unsern dagegen von der Nichterfüllung einzelner, im Sühnevertrag übernommener positiver Verbindlichkeiten die Rede ist. Daß es sich um die Erfüllung einer positiven Leistung handelt, ergibt sich, wie mir scheint, deutlich daraus, daß eine Exekutionsmaßregel zur nachträglichen Realisirung der verletzten vertraglichen Rechtspflicht angeordnet ist; daß diese Exekution aber in der Verhängung der Acht bestehen soll, daß dem Verpflichteten ferner nach der gerichtlichen Ueberführung und Verurtheilung keine Gelegenheit zu freiwilliger Erfüllung gelassen wird, daß endlich die verzögerte Leistung nunmehr *in duplo* zu prästiren ist, darin liegt die Singularität der vorliegenden Verordnung. Der Zweck, welchen man seitens der Reichsgewalt durch dieselbe erreichen wollte, scheint mir darin zu liegen, daß der Berechtigte im Falle des Verzugs des Schuldners durch Gewährung bedeutender Vortheile bei Einschlagung des gerichtlichen Weges von der Erneuerung der Fehde abgehalten werden sollte.

Nach dem Wortlaut des Gesetzes bezieht sich dasselbe auf positive Leistungen jeder Art, also auch auf Geldleistungen; im Falle anderweitige Handlungen zu vollziehen waren, dürfte das zu prästirende *duplum* wohl in dem Geldwerthe der Hauptleistung bestanden haben.

Während die übrigen Bestimmungen der Constitutio v. 1234 sich vielfach in anderen Reichsgesetzen wiederholt finden, weiß ich für unsern Satz keine Parallelstelle aufzuführen; derselbe scheint sonach keine große praktische Bedeutung gehabt zu haben. —

Abgesehen hiervon findet sich nur ganz vereinzelt eine polizeiliche Strafe auf Versäumniß einer vertraglichen Leistung gesetzt:

Z. B. Zunftrolle der Häuteverkäufer zu Lübeck v. 1445 § 12[24]: weret dat dre edder vere kopslageden tosamende unde se dat ghut tosamende betalden, were dat en dat gut vorkofte *unde dede den andern dar nene rechte rekenschop van, de schal dat wedden, unde mot der kopenschop enberen to ener thyd na seggende der weddeherren.* (S. oben § 47 bei Anm. [7]). — Erfurter Zuchtbrief v. 1351 art. 37.[25]

Insbesondere als in späterer Zeit aus Gründen des öffentlichen Nutzens die gerichtliche Auflassung bei Veräußerung von Immobilien durch besondere Gesetze für absolut nothwendig erklärt wurde, setzte man auf deren Unter-

---

[24] Wehrmann, Lüb. Zunftrollen S. 241.

[25] N. Mittheilungen, VII Heft 2 S. 108

lassung binnen bestimmter Frist nach geschehener Veräußerung eine Strafe:

Z. B. Oefnunng zu Zilschlacht (Thurgau) v. 1576 § 16 (Grimm VI S. 341): der verkoüfer und koüfer sollend ouch in 6 wochen und dri tagen solche verkoufte güter — vor gericht vertgen *bi 3 lb. d. busz.*

Dagegen sind auch hier, wie bei andern Rechtsverhältnissen, sofern es zur gerichtlichen Verhandlung über die Leistungspflicht des Schuldners kommt und dieser dieselbe nicht zugesteht, die Strafen des im Proceß mit Nothrecht überwundenen Beklagten verordnet.[26]

## Zweiter Abschnitt.

### Verletzung von Vertragspflichten, welche auf Vornahme einer positiven Handlung mit absolut bestimmtem Termin gerichtet sind.

#### § 54.

#### Uebersicht der hierher gehörigen Fälle. — Die Verletzung der processualen Versprechen.

Von den, in der ersten Abtheilung unter dieser Kategorie behandelten Fällen hat uns auch jetzt die Verletzung des Gewährversprechens in seinen verschiedenen Anwendungen zunächst zu beschäftigen. — Die Verletzung des Gelöbnisses einer processualen, durch Urtheil auferlegten Handlung dagegen, welche dort des weiteren erörtert wurde, da in der frühesten Zeit das Gelöbniß in Wahrheit die rechtliche Grundlage der betr. Leistungspflicht

[26] Freysinger Stadtr. a. a. O. S. 214; Statuten von Erfurt v. 1306 art. 39 a. E. (Walch, Verm. Beytr. I S. 116 f.). — Ueber die freiwillige Unterwerfung unter öffentliche Strafen für den Fall der Einlagerweigerung vgl. Wiener Stadtrechtsbuch art. 59, Urk. v. 1281 (Monum. Wittelsb. I Nr. 139), von 1239 bei Friedländer S. 123 und oben § 34 Anm. 25.

darstellte, soll hier nur kurz erwähnt werden. Zwar findet sich das Versprechen processualer Handlungen, und insbesondere das Beweisgelöbniß auch im späteren Mittelalter durchweg in Anwendung, und auf seiner Verletzung steht, wie in früherer Zeit, Sachfälligkeit und Strafe an Gericht und Gegenpartei, das Gewedde und die Buße:

Ssp. II, 11 § 1: Sve so aver eide lovet vor scult, unde ne lestet he ir nicht to rechter tiet, he is an der scult gewunnen, dar die eide vore gelovet waren, it ne neme ime echt not die man bewise. Waren die ede *vor gerichte gelovet*, man mut *deme richtere gewedden, unde dem manne sine bute geven deme die eide gelovet waren.*[1]

Allein abgesehen davon, daß eine Proceßpartei zur Vornahme einer processualen Handlung die erste Initiative allerdings selbst zu ergreifen hat, indem sie sich vor Gericht zu derselben erbieten muß, hat ihre sonstige Theilnahme an deren Festsetzung, das von ihr abzulegende Gelöbniß nur eine kautionelle Bedeutung; das rechtliche Fundament der betr. Leistungspflicht liegt dagegen in dem Ertheilen, Auferlegen derselben seitens der Gerichtsgewalt, welcher die Partei durch den Eintritt in den Proceß unterworfen ist.[2]

[1] Vgl. Ssp. I, 65 § 1; II, 10 § 6; III, 11; Dtschsp. a. 105; Schwsp. a. 113; Richtst. Landr. 46 §§ 2, 3; Bm. Ssp, IV, 43 d. 4; Hamb. R. v. 1270 VII c. 7; Stat. v. Nordhausen v. 1308 §§ 7, 11, 16; v. 1350 Lib. II a. 63 (N. Mitth. III, Heft 1 S. 37 f., Heft 3 S. 50, 57); Brünner Schöffenb. a. 4 a. E.; Iglauer Schöffenspr. Nr. 251 f. (Tomaschek S. 145 f.).

[2] Deutlich ergibt sich dies aus einem nach Nordhausen gerichteten Mühlhauser Rechtsspruch (N. Mitth. I H. 3 S. 32 f. § 16); in der Anfrage hieß es: wizzet daz eyn unsir juden eyn recht entheizin hat eyme christen — vor des richs gerichte by uns. Nu spricht der vorbinante vnser meteburger, daz der jude om daz recht ton sulle vor dez richs gerichte, da her daz glabet hat. Dagegen wird in der Antwort das betr. rechtliche Verhältniß dahin festgestellt: ab eyn unsir jude eyme cristen eyn recht ton solde, daz om orteylt worde vor des richs gerichte, — daz wir daz phlegen also

Das in der Nichterfüllung der betr. Handlung liegende Unrecht ist daher in erster Linie eine Verletzung des in der richterlichen Auflage zum Ausdruck gelangten Proceßrechts, und hierauf ist die eintretende Strafe zu beziehen; letztere ist wesentlich Contumacialstrafe, nicht Vertragsbruchstrafe:

System. Schöffenr. IV, 1 c. 42: der antworter sal di eyde noch leistin, *die ym vor gehegtim dinge geteidingit vnd geteilit sind;* tet her des nicht, her wer yn der schult gewunnen vnd sal dem richter wettin vnd dem cleger buse gebin.[3] —

Anders verhält sich dies freilich, wenn eine dritte, am Proceß nicht betheiligte Person freiwillig die Haftung für die Vornahme einer Proceßhandlung durch eine Proceßpartei übernimmt, im Falle der processualen Bürgschaft. Der Proceßbürge verspricht, daß eine Partei am bestimmten Termin vor Gericht erscheinen, eine Erklärung abgeben, einen Beweis führen werde, und dieses Versprechen ist die einzige

---

zu haldene nach vnsir stat gewanheyt und rechte: wo eyme vnserm juden vor gerichte erteylt wirt eyn recht zu tune eyme cristen, daz tut her ome uff sin buch etc. Die gerichtliche Auflage muß dann durch Bürgen, Pfänder oder das blose Versprechen des Verpflichteten sicher gestellt werden. Derselbe ist in letzterem Falle sein eigener Bürge; vgl. Magdeb. Fr. I, 4 d. 10 (Behrend S. 226); Richtst. 46 § 2; Privileg für Altenburg v. 1256 § 5 (Gengler St.R. S. 6).

[3] Vgl. Ssp. I, 63 § 2; II, 9 § 1 ff., 10 § 5; sächs. Weichb. a. 35 § 2; Vm. Ssp. I, 46 d. 8; Mgdb. Fr. I, 4 d. 9; I, 2 d. 5 (Behrend S. 216); Eisenacher Ger.-Leufft c. 19; Igl. Schöffenspr. Nr. 263 (Tomaschek S. 162 f.); Hamb. R. v. 1270 VII c. 6, 18; Lüneburger Stdtr. (Kraut S. 55 Zle. 5 ff.); Memminger Stdtr. XXV § 5 (v. Freyberg V S. 280); Luzerner Stdtr. a. 87 (Zschr. f. schweiz. R. V S. 50); Münchener Stadtr. a. 252 u. v. a. Siehe auch den Rechtsspr. der Mannen zu Donnin v. 1438 im U.-B. der Stadt Liegnitz, herausgeg. v. Schirrmacher (Liegnitz 1866) Nr. 647. Vgl. oben § 39 g. E. und § 45 Anm. 20. — Die hier eintretende Sachfälligkeit erweist zugleich, daß die Klage bezw. die Vertheidigung im betr. Fall eine ungerechtfertigte war; die hierdurch begründete Strafe (s. oben § 44) fällt mit der im Text erwähnten meist zusammen.

Grundlage seiner Verpflichtung. Versäumt es dann die Proceßpartei, die verbürgte Handlung vorzunehmen, so sehen wir den Bürgen, insbesondere wenn es sich um Bürgschaft für einen Beklagten handelt, in unsern Quellen von schweren Nachtheilen betroffen werden. Zwar hat derselbe nach Goslarer Recht[4], ebenso wie zur fränkischen Zeit (s. oben S. 127), in diesem Fall nur die durch das Ausbleiben der Partei verwirkte Proceßstrafe, Buße und Gewedde, zu erlegen; und dies scheint allgemein in Geltung gewesen zu sein, sofern es sich um Bürgschaft für einen Kläger handelte.[5] Betreffs der Ausbürgung eines Beklagten bestimmt dagegen bereits das Hamburger Recht v. 1292 M c. 26 (v. 1497 C c. 13 und dazu die Langenbeckische Glosse; s. auch Billw. R. c. 73), daß der Bürge außer der Zahlung des Proceßgeweddes von 4 Schillingen in der Hauptsache selbst an Stelle des Gebürgten in den Proceß zu treten, für diesen zu antworten und die demselben obliegenden Leistungen selbst auf sich zu nehmen habe. Dieses letztere Princip liegt dann den hierher gehörigen Bestimmungen aller übrigen mittelalterlichen Rechtsquellen zu Grunde, jedoch mit mehrfachen Unterschieden. Die meisten norddeutschen Quellen lassen den Bürgen einer um Ungericht beklagten, nicht erscheinenden Partei, da letztere hierdurch in der Schuld gewonnen ist, ohne weiteres für die durch den Beklagten verwirkte Strafe haften; allein sofern letztere eine peinliche ist, an den Leib

---

[4] Göschen S. 58 Z. 30 ff., S. 89 Z. 15 ff., S. 335; ferner Goslarer Rechtsspr. bei Bruns, Beitr. S. 187 Nr. 17, S. 247 f. Nr. 35.

[5] Vgl. Glog. Rb. c. 270: kompt eyn man vor gerichte vmme vngerichte, der mus wol burgen secze seyne clage czu fulfuren — abir nicht hochir wenne richters gewere (lies gewette), mit Mgdb. Fr. III, 8 d. 3: Volkumpt ouch der cleger mit synen geczugen nicht adir wil her der clage nicht volfordirn noch rechte, her mus dorumme busze unde gewette gebin. Lüneburger Stadtr. (Kraut S. 54 Zle. 4 ff. vgl. mit S. 75 art. 89). S. auch Behrend, Stend. Urtheilsb. IV Note d, 2 S. 21 f.

geht, kann er dieselbe durch Zahlung seines ganzen bezw. halben Wergeldes an die Gegenpartei und des Geweddes an den Richter ablösen, ohne daß ihn jedoch hierfür Rechtlosigkeit träfe. In diese Strafe ist dann die wegen des Nichterscheinens selbst verfallende aufgegangen:

Ssp. III, 9 § 1: Sve so burge wirt enes mannes ine vor to bringene vor gerichte, unde ne mach he sin nicht hebben alse he ine vor bringen sal, *he mut beteren na deme dat he beklaget was, wende he an der klage gewunnen is.* Gat ime die klage an den lief, he mut sin weregelt geven, dat sal werden deme klegere unde nicht deme richtere, sin wedde hevet he aver dar an. Ssp. I, 65 § 3: — unde ne scadet deme to sime rechte nicht, die ine geborget hadde.[6]

Handelt es sich dagegen in der Rechtssache, bei welcher die Bürgschaft geleistet ist, nur um eine Geldschuld, so wird der Bürge bei Ausbleiben der Partei an deren Stelle zur Tilgung dieser Schuld selbst, mag sie sich auch höher als das Wergeld belaufen, sowie zur Zahlung des Geweddes an den Richter verpflichtet. Die Vermischung der Haftung für eine processuale mit derjenigen für eine materielle Lei-

[6] Vgl. Ssp. III, 12 § 2; Dtschsp. c. 211; Richtst. 32 §§ 4, 5; 34 § 4; Weichbildr. a. 27 § 2, a. 31 § 3, a. 114; Glosse zu a. 27, 31, 114 (v. Daniels S. 316, 327, 424 Z. 43 ff.), und bei Homeyer, Richtst. S. 402; Halle-Neumarkter R. v. 1235 §§ 17, 18; Neum.-Oppelner R. § 6 (Stobbe in der Zeitschr. f. R.G. I S. 406); Mgdb.-Bresl. R. 1261 § 72; Görl. R. 1304 a. 19, 90; Glog. Rb. c. 271, 272, 366; sog. Landr. v. Burg (N. Mitth. XI S. 166 Z. 3 ff., S. 167 Z. 21 ff.); Prager Rb. c. 121; Brünner Schöffenb. c. 38; Stadtr. v. Iglau a. 68 (Tomaschek, D. R. in Oesterr. S. 262), v. Deutschbrod a. 14, 15 (Gengler, C. J. M. I S. 744); Mgdb. Fr. III, 1 d. 6; 5 d. 1; System. Schöffenr. III, 2 c. 84; Kulm. R. III c. 114; Stendaler Urtheilsbuch XII § 4; Mgdb. Schöffenspr. bei Wasserschleben, Rechtsq. I S. 237 c. 84, S. 241 f. c. 92, und bei Mühler S. 86 Nr. 6; Verm. Ssp. IV, 21 d. 3; Stadtr. v. Lüneburg a. 85 (Kraut S. 74); Rügian. Ldgebr. Tit. 145, 146.

stungspflicht führt aber hier dazu, daß von der Annahme der Sachfälligkeit im Falle des Ausbleibens der Partei insofern abgesehen wird, als dem Bürgen gestattet ist, in die Proceßrolle seiner Partei einzutreten und alle dieser im Falle ihres Erscheinens noch zustehenden Rechtsmittel für sich selbst geltend zu machen. Hier trifft also den Bürgen nur dann eine Haftung, wenn er selbst im Processe besiegt wird:

Leipziger Schöffenspr. (Wasserschl. I S. 167 f. c. 34): Noch demmale alzo H. bekennet, das her habe globit eynen man vor geheyte banck zcu gestellen, kan her nu den bynnen seynen rechten teydingen nicht gestellen, so sal her Petir *(an) seynes mannes stat zcu seynen schulden antworten io adir neyn.*[7]

Hiervon unterscheidet sich das Recht des Schwabenspiegels und anderer süddeutscher Quellen dadurch, daß bei der Bürgschaft für einen um Ungericht Beklagten der Bürge die durch jenen verwirkte peinliche Strafe, sogar die Todesstrafe, selbst zu erdulden hat, daß derselbe dafür aber durch die contumacia der Hauptpartei auch hier nicht sofort als sachfällig erscheint, sondern sich der Vertheidigungsmittel der letzteren bedienen kann:

Schwsp. a. 265: Swer burge wirt eins mannes fůr gerihte ze bringenne, vnde mag sin han nůt so er in fůr bringen sol, *er sol die selben buozze liden, die iener liden solte, ob div schulde vf in erzivget ist;* vnde ist si nůt vf in erzivget, vnd der si dannoch vf in er-

[7] Vgl. das. S. 237 f. c. 84; Syst. Schöffenrecht III, 2 c. 21; Kulm. R. III c. 58; Glosse z. s. Weichb. a. 27, 114 (v. Daniels S. 317, 424). Eine weitere Folge jener Vermischung ist, daß der Bürge, welcher sich für eine Eidesleistung des Schuldners verbürgt hatte, auch dann in der Sache selbst verhaftet bleiben soll, wenn der Schuldner unterdessen gestorben, die an sich versprochene Leistung also kasuell unmöglich geworden ist; vgl. Ssp. III, 11; Görl. R. a. 92; Hamb. R. v. 1270 VI c. 26, v. 1292 C c. 24, v. 1497 C c. 15 u. die Langenbeckische Glosse zu C c. 13 (Lappenberg S. 211); Lüb. R. Cod. III a. 321.

zivget, so sol er bůzzen; vnde wirt si nůt vf in erzivget, so bůzzet er ouch nůt.[8] —

Alle diese Nachtheile, welche den sein Versprechen nicht erfüllenden Bürgen treffen, stellen jedoch, wie sich bei näherem Zusehen erweist, keine, wegen begangenen Unrechts verfallende Strafen dar. Schon der vorliegende Thatbestand würde nach seiner subjektiven Seite einer solchen Auffassung entgegenstehen. Der Bürge haftet in der beschriebenen Weise, sofern er den Verbürgten nicht gestellen kann; da er letzteren aber nicht in seiner unmittelbaren Gewalt hat, so wird ihn in den meisten Fällen eine Verschuldung hierfür nicht treffen. Und keineswegs wird hier in den Quellen, wie sonst häufig, die subjektive Schuld des Bürgen stillschweigend vorausgesetzt; im geraden Gegentheil soll derselbe neben und außer der, bei Ausbleiben des Verbürgten ihm obliegenden Leistung seine Schuldlosigkeit, die Unmöglichkeit der Erfüllung seines Versprechens beschwören.[9] — Diese verschiedenen Leistungen bilden vielmehr mit den Inhalt des Bürgschaftsversprechens selbst, in derselben Weise wie wir dies oben S. 126 ff. für die ältere Zeit auseinandergesetzt haben; nur daß die Art der eventuell versprochenen Leistung jetzt theilweise eine andere ist. Vermag der Bürge nicht, die in erster Linie übernommene Verpflichtung zu erfüllen, so fällt ihm mit nichten ein Unrecht zur Last; es tritt dann vielmehr

---

[8] Vgl. Schwsp. a. 100b, 277; Dtschsp. a. 90; Stadtr. von Enns v. 1212, von Wien v. 1221, v. 1244, von Haimburg von 1244 (Archiv für Kunde österr. Geschichtsq., X S. 96, 101, 132, 139); Prager Rb. c. 129; Stadtr. v. Freyberg V § 14 (Schott, Sammlung III S. 174 f.); Iglauer Schöffenspr. Nr. 224, 249, 330 (Tomaschek, Oberhof S. 121, 144, 247 f.).

[9] S. Gosl. Stat. a. a. O.; Rechtsspr. bei Bruns S. 247 f. Nr. 35; Halle-Neumarkter R. § 17; Neum.-Oppelner R. § 6. Vgl. auch Mgdb. Fr. III, 7 d. 1; System. Schöffenr. III, 2 c. 22; Kulm. R. III c. 59; Glog. Rb. c. 375; sowie Richtst. Ldr. 41 § 6 in Verbindung mit Ssp. III, 9 § 2.

der zweite Theil der von ihm vertraglich übernommenen Rechtspflicht in Kraft; durch die Vornahme der äußerlich als Strafe erscheinenden Leistung wird kein Unrecht gesühnt, sondern ein Versprechen erfüllt. Inhalt und Betrag dieser Leistungen ist aber in den einzelnen Gegenden gewohnheitsmäßig fixirt, und der Richter verlangt bei der Bürgenbestellung das eventuelle Angeloben derselben, welches letztere daher häufig nur in der Formel besteht: Jemanden wieder vorzubringen oder darum zu leiden, was Recht ist, ohne daß die Uebernahme größerer Leistungen hierdurch ausgeschlossen wäre.[10] Am deutlichsten tritt die rechtliche Natur dieses Verhältnisses darin hervor, daß die eventuelle Haftung

[10] Vgl. Augsb. Stadtr. a. 113 Nachtr. 15: Wirt ein man ouz genomen von dem vogte und setzet bürgen, daz man in wider antwurten sol ouf einen tak, oder phenninge die danne genennet werdent etc.; a. 131 § 3: Wirt auch iemen burge hinze dem andern, er süle sich antwurten oder süle im phant antwurten etc. S. ferner Ssp. II, 4 § 2; 10 § 2; III, 12 § 2; Richtst. 32 § 4; M.-Brsl. R. 1295 § 15; Görl. R. a. 54; Syst. Schöffenr. II, 2 c. 32; III, 2 c. 85; Kulm. R. II c. 48; III c. 115; Stend. Urtheilsb. IV §§ 1, 2; XII § 4; Mgdb. Schöffenspr. bei Stobbe, Beitr. z. Gesch. des d. R. S. 104 Nr. 23; Glog. Rb. c. 272, 567; Glosse z. sächs. Weichb. a. 27 (v. Daniels S. 316 f.): Wie hoch eyner (d. h. ein Bürge im Proceß) vor den anderen gelabit, das ist er gheme phlichtig zu gelden; a. 114 (S. 424), sowie bei Homeyer, Richtst. S. 402; Gosl. Rspr. bei Bruns a. a. O.; Billw. R. a. 73; Brünner Schöffenb. c. 292; Königgrätzer Schöffenspruch bei Gaupp, Stadtr. II S. 270 f. Nr. 12; U.-B. der St. Lübeck II Nr. 439, III Nr. 495, IV Nr. 682; U.-B. d. St. Göttingen I Nr.382 u. a. — Selbst wenn die eventuelle Haftung in einer peinlichen Strafe besteht, ist der Rechtsgrund derselben in der freiwilligen Uebernahme durch Gelöbniß zu suchen: Schwsp. a. 277; Stdtr. v. Enns u. Wien a. a. O.; Bresl. Stadtbuchseintrag v. 1511 (bei Laband in der Zschr. des Vereins für Gesch. u Alterth. Schlesiens IV S. 7): H. B., W. P. — haben ungesondert gelobt vor jungffraw A. K. — widderumb fur uns zcu gestellen, wenne wir sie furdirn werden, ane alle wehrgelt, also das die sach peynlich bleybe, dorumb, das sie mit dybstalh begriffen ist. Einträge v. 1417, v. 1446 (bei Stobbe, ebenda Bd. VII S. 177 Nr. 59, Bd. IX S. 181 Nr. 244). — Vgl. auch Göschen, Gosl. Stat. S. 297.

des Bürgen für die Schuld, das Wergeld u. s. w. dann ganz wegfällt, wenn derselbe ohne weiteren Zusatz und ohne, daß ein solcher Zusatz stillschweigend anzunehmen wäre, sein Gelöbniß allein auf die Vornahme der betr. Proceßhandlung durch die Hauptpartei gerichtet hatte. Die Quellen verweisen die Gegenpartei für diesen Fall auf eine gütliche Vereinbarung mit dem Bürgen; zu einer anderweiten Leistung kann dieser nicht angehalten werden, da er weder eine solche versprochen hat, noch ihn bezüglich der Nichterfüllung der wirklich versprochenen Leistung eine Schuld trifft.[11]

Die Verpflichtung des processualen Bürgen ist sonach eine alternative; wird die erste Leistung nicht erfüllt, so tritt die zweite hervor, welche jeweils in einem positiven, exequirbaren Thun besteht. Jedoch ist dem Bürgen nicht von vorn herein die freie Wahl gelassen, welche der beiden Leistungen er im einzelnen Falle übernehmen will; er verspricht vielmehr und ist verpflichtet, in erster Linie, was an ihm liegt, für die Sistirung u. s. w. der gebürgten Partei zu sorgen; nur im Unvermögensfall tritt die Eventualleistung an die Stelle. Erfüllt dagegen der Bürge böswilligerweise die Principalleistung nicht, oder führt

[11] Vgl. Magdeb. Fr. III, 7 d. 1; Syst. Schöffenr. III, 2 c. 22; Kulm. R. III c. 59; Glog. Rb. c. 375; Stendaler Urth.-B. XII § 4. Die Quellen bezeichnen den oben erwähnten Fall mit den Worten: vnd is nicht benumpt, worumme her en gestellin sulle czu rechte, deren Sinn mir von Behrend, Stend. U.-B. S. 62 ff. Note d zu XII, nicht ganz richtig aufgefaßt zu sein scheint, wenn derselbe hierin einen Hinweis auf die Nichterwähnung des Grundes der Sistirung sieht. Die Angabe dieses Grundes in der Bürgschaftserklärung ist überhaupt nicht erforderlich, da sich derselbe aus der Gerichtsverhandlung von selbst ergibt. Der Gegensatz zu jenem Fall, das Gelöbniß: one weder in to bringhende oder darumme tu lidende wat eyn recht is, ergibt vielmehr, daß dort der Mangel sich auf den Inhalt des Versprechens, auf die eventuell zu übernehmende Leistung bezog. S. auch Lüb. Oberhofurth. v. 1505 bei Michelsen S. 335 Nr. 250. — Ueber die im Text berührten Fragen, deren Lösung hier nur angedeutet, nicht näher ausgeführt werden konnte, vgl. noch Platner, Bürgschaft S. 69—82, dessen Darstellung jedoch nicht durchweg genau ist.

er absichtlich deren Unmöglichkeit herbei, indem er etwa selbst den Beklagten veranlaßt, nicht zu erscheinen, oder demselben zur Flucht verhilft, so kann er sich mit der Eventualleistung nicht lösen; er hat hier vielmehr widerrechtlich gehandelt, sein Versprechen gebrochen. Dieser Fall gehört in jeder Beziehung zu der, in diesem Abschnitt zu behandelnden Kategorie von Vertragsverletzungen, allein er ist in unsern Quellen nur äußerst selten erwähnt. Nur die Glosse zum Sachsensp. III, 11 gibt uns einen Anhalt, um die Behandlung desselben im mittelalterlichen Recht zu erkennen; hiernach gilt dieser Bürgschaftsbruch „aus Betrug und arger List" als Ungericht und zieht Leibesstrafe nach sich.[12] —

An den Bruch der processualen Bürgschaft reiht sich ein ähnlicher Fall, der hier kurzer Hand seine Erledigung finden soll: die Verletzung der seitens eines Vorsprechen vor Gericht übernommenen Verbindlichkeit, die Rechtssache einer Partei an einem bestimmten Termine zu führen. Ist ein Vorsprecher vom Richter zugelassen, und hat er sich einer Sache unterwunden, d. h. sich verpflichtet, das Wort einer Partei in derselben zu reden[13], weigert er aber dann die Erfüllung dieser übernommenen Rechtspflicht oder erscheint gar nicht im Gerichtstermin, so kann, da der Proceß trotzdem seinen Fortgang nimmt, von einem gegen den Vor-

[12] Wo den Bürgen auch kraft Versprechens eventuell eine peinliche Strafe trifft, macht sich der hier erwähnte Fall in seiner Eigenthümlichkeit weniger geltend; vgl. Freyberger Stdtr. V § 14: Ist abir daz ein man den andern borget vmme totslege oder umme wunden, und intwichen si beide mit ein ander, man sal si beide verceln (d. i. verfesten) uf ir helse. — Im Bayr. Ldr. a. 47 ist unter der „Verbürgung über einen schädlichen Mann" eine Sicherheitsleistung des Klägers betreffend die Durchführung der Klage gegen den schädlichen Mann zu verstehen; s. das. art. 42, 46.

[13] Ueber das Eindingen des Vorsprechen und die Uebernahme seines Amtes s. Homeyer, Richtst. S. 422, M. Fr. I, 5 d. 2, Bayr. Ldr. a. 13; vgl. auch Hamb. R. v. 1270 V c. 1.

sprechen gerichteten Zwang, um ihn nachträglich zur Wahrung seines Amtes zu veranlassen, nicht die Rede sein[14]; durch seine Weigerung hat er seinen Klienten ein für alle Mal im Stiche gelassen. Dafür trifft ihn aber eine Strafe, und zwar nach norddeutschem Recht diejenige von Buße und Gewedde: Stadtr. v. Lüneburg a. 87 (Kraut S. 74 f.) vgl. mit M. Fr. I, 5 d. 5. Der Schwabensp. a. 87 und das Bayr Ldr. a. 13 machen den wortbrüchigen Vorsprechen nur für den der Proceßpartei etwa daraus erwachsenen Schaden verantwortlich; daß aber hiermit die ihn betreffenden Rechtsfolgen nicht vollständig angegeben sind, erhellt aus dem entsprechenden art. des Freysinger Stdtr. mer vmb vorsprech (a. a. O.), welcher zufügt: den (vorsprech) mag der richter vnd der rat darumb wol *straffen vnd pessern wye sy wellent.*

Die angef. Bestimmungen heben als Bedingung der Strafwürdigkeit meist hervor, daß der Vorspreche absichtlich sein Gelöbniß nicht erfüllt hat[15]; als bedeutend erschwert erscheint nach ihnen das Verbrechen aber dann, wenn dasselbe in Folge einer Bestechung begangen ist. Nach den Mgdb. Fr. I c. 5 d. 5, c. 16 d. 3 trifft den Vorsprechen in diesem Falle außer Buße und Gewedde Rechtlosigkeit; der Schwabensp. a. 87 bezeichnet den, dem bisher besprochenen wohl gleichstehenden Fall, daß ein Fürspreche durch miete wille das Wort seines Klienten *vngetrivlichen gesprochen hat*, als eine Art des Verraths und bestimmt als Strafe:

---

[14] Dem Sachwalten steht das Recht zu, sich in diesem Falle einen andern Vorsprechen zu bestellen; vgl. Blume des Ssp. Nr. 45 (Homeyer, Richtst. S. 366); Augsb. Stat. v. 1349 § 10 (Meyer, Stadtbuch S. 247); Bayr. Ldr. a. 14; Stdtr. v. Freysing art. ob ain vorsprech etc. (v. Freyb. V S. 165); Regensburger Stat. (das. S. 56 Abs. 10, S. 58 Abs. 1); Steiermärkisches Landr. des M. A., herausgeg. v. Bischoff, a. 53.

[15] Vgl. auch Regensb. Stat. a. a. O. S. 54 Abs. 3, wonach bei unverschuldetem Ausbleiben des Vorsprechen die Partei Aufschub der Verhandlung verlangen kann.

er sol im *sinen schaden zwivalt gelten*, also, alse ob im daz guot worden si in sinen schirm (vgl. a. 258[b] a. E., oben § 52 S. 414 f.), vnde ist dem rihter *siner zungen schuldig*, oder ze lösen mit zehen phunden. Ebenso Stat. v. Regensburg (a. a. O. S. 63 f.).[16] — In sämmtlichen bisher aufgeführten Rechtsverhältnissen handelte es sich um eine vor Gericht vorzunehmende Leistung, und die enge Verknüpfung derselben mit einem bestimmten Zeitmomente ergab sich aus den Eigenthümlichkeiten des den Gerichtsgang regelnden Rechts. Das Recht unserer Periode kennt nun aber noch eine Reihe von Verhältnissen, bei welchen positive Leistungen versprochen werden, die auf Grund ihrer wirthschaftlichen Zweckbestimmung innerhalb der beim Vertragsschluß festgesetzten Zeit vollzogen werden müssen, andernfalls sie jene ihre Bestimmung verfehlen würden. Es trifft dies insbesondere zu beim Dienstvertrag des Gesindes und der industriellen Arbeiter, sowie bei der Uebernahme gewisser ländlicher Arbeiten. — Neben der Verletzung der Gewährpflicht soll die Verletzung dieser Verhältnisse in den folgenden Paragraphen besprochen werden.

## § 55.

## Die Verletzung der Gewährleistungspflicht.

Inhalt und rechtliche Natur der dem Veräußerer einer beweglichen oder unbeweglichen Sache obliegenden Gewährpflicht ist oben § 14 in, auch für diese Periode zutreffender Weise dargelegt worden.[1] Eine Aenderung ist nur bewirkt

---

[16] Die auf Vornahme einer positiven Leistung gerichtete vertragliche Rechtspflicht wird in dem zuletzt erwähnten Falle durch ein entgegenstehendes, positives Thun verletzt, eine Art des Unrechts, welche an sich erst im folgenden Abschnitt zu erörtern gewesen wäre.

[1] Für den wichtigen Satz, daß die Gewährpflicht nicht nur in der Befreiung des Beklagten vom Processe durch Eintrit des Gewähren in letzteren (worüber zu vgl. Laband, verm. Klagen S. 124 ff., 286), sondern in der Befreiung des veräußerten Guts von der Ansprache selbst, in dem Zurückweisen des Evincenten besteht, ver-

durch das Institut der rechten Gewere, wonach der Erwerber einer Liegenschaft nach unangefochtenem Besitz von Jahr und Tag gegenüber jedem Dritten, welcher, obgleich in der Zwischenzeit hierzu in der Lage, erst jetzt seinen Besitz angreifen sollte, sein eigner Gewähre, d. h. befugt ist, durch den blosen Beweis seines ruhigen Besitzes von Jahr und Tag, sowie (nach sächs. Recht) durch das Beschwören seines Besitzrechts die Ansprache jenes abzuweisen.[2] Allerdings war die Gewährpflicht des Veräußerers

weise ich außer den § 14 Anm. [1] angeführten noch auf folgende Belegstellen: Gosl. Stat. S. 26 Z. 43 ff.; Verm. Ssp. I, 46 d. 1, 2 Purg. Rb. II c. 71; Brünner Schöffenb. c. 105, 276, 594 Augsb. Stadtr. a. 74 Nachtr. 1, a. 75 N. 3: Und swa es im danne anspraeche wirt mit rehte, da sol er sinen gewaern stellen, der ez im gap, und sol es im der entloesen; U.-B. d. St. Augsb. I Nr. 89, 173 u. a.; Rechtsspr. v. 1347 (bei Laband a. a. O. S 285 aus Gercken, Cod. dipl. Brandenb. IV S. 479): der herzoge sal zu tage brengen sine weren gegen unsen herrn v. M. in rechter czyt; werd he gewert des pfandes als es recht ist von ihm, der herzog sal es geniessen; wird ihm aber broch an der gewere, so sal he unsen herren v. M. unbeworren lassen an dem dorffe. Der durchschlagendste Beweis freilich wird erst durch den im Text darzulegenden Satz geliefert, daß auch den in den Proceß eingetretenen, aber unterlegenen Gewähren die Rechtsfolgen des Gewährbruchs treffen; nicht entgegen steht aber, wenn hier und da auch die blose Uebernahme des Processes oder schon die Bereitwilligkeitserklärung hierzu mit „geweren" bezeichnet wird; z. B. Ssp. II, 36 § 5, Mühlh. Rb. a. 10 (N. Mitth. VII H. 1 S. 87). — Erscheint der Gewähre im Proceßtermin, bestreitet aber seine Verpflichtung zur Gewährleistung, so erfolgt zunächst hierüber Verhandlung und Urtheil, in Folge dessen allerdings der ursprünglich zur Erfüllung der Gewährpflicht bestimmte Termin und hiermit jene selbst einen Aufschub erleiden kann; vgl. Richtst. 14 § 7; sog. Landr. v. Burg (N. Mitth. XI S. 167 a. E.); Igl. Schöffenspr. bei Tomaschek S. 120 Nr. 223, S. 323 Nr. 55; Brünner Schb. c. 594. — In der fränkischen Zeit sahen wir die Gewährpflicht als Folge sowohl einer onerosen Veräußernng, als einer Schenkung; in den Quellen dieser Periode ist stets nur von Gewährleistung wie Gewährverletzung bei ersteren die Rede. In der Bl. v. Mgdb. II, 2 c. 19 wird die Gewährpflicht bei einer Schenkung geradezu ausgeschlossen.

[2] Vgl. hierüber Laband S. 292—352, bes. S. 330 ff., Heus-

an und für sich in ihrer Dauer hierdurch noch nicht beschränkt; nur hatte sie nach Ablauf von Jahr und Tag ihre wesentliche, praktische Bedeutung für den Erwerber verloren. Nach dem Recht des Sachsensp. kann eine Verletzung der Gewährpflicht durch den Veräußerer auch noch nach Eintritt der rechten Gewere stattfinden.[3] Allein hieraus entwickelte sich bald der Satz, daß die rechte Gewere des Erwerbers den Veräußerer seiner Verpflichtung enthebe, daß er, wenigstens regelmäßig, nur binnen Jahr und Tag Gewähre zu sein brauche:

Gosl. Stat. (S. 26 Z. 20): We en erve vorkoft, de scal des weren iar unde dach vor rechter ansprake: *so is he ledich.*

Bayr. Ldr. a. 200: wer aigen verchaufft in dem lande, *der sol nicht lenger gewerschaft tuon wann iar und tag.*[4]

Bezüglich der Art und Weise der Verletzung der Gewährpflicht stellt das Recht dieser, wie das der früheren Periode die Fälle, daß der Gewähre im Gerichtstermin nicht erscheint, daß er die Uebernahme des Processes verweigert,

---

ler, Gewere S. 237—254, Merkel in der Zschr. f. R.G. II S. 162 bis 174. In Süddeutschland findet sich neben der Frist von Jahr und Tag auch eine solche von 10 Jahren; s. Merkel a. a. O. sowie Augsb. Stdtr. a. 74 § 1 a. E. und viele schweizerische u. a. Weisthümer bei Grimm.

[3] Siehe Ssp. II, 42 § 2; III, 83 § 3; Laband a. a. O. S. 305 f., 333 f.

[4] Vgl. Verm. Ssp. I, 44 d. 2; II, 1 d. 1; Purg. Rb. II c. 66; Bayr. Ldr. a. 193, 219, vgl. a. 277; Revision v. 1487 a. 248 (bei Merkel a. a. O. S. 167); Freys. Stdtr. (v. Freib. V S. 200 ff.); Augsb. Stdtr. a. 74 § 1; a. 75 Nachtr. 3; Hofrodel v. Jona c. 1400 § 8 (Mittheil. z. vaterl. Gesch. herausgeg. v. histor. Verein zu St. Gallen, N. F. Heft 2 S. 190) u. a. — Die hiernach zeitlich beschränkte Gewährpflicht wird jedoch auf dem Wege des Vertrags dieser Schranke häufig wieder entkleidet; z. B. U.-B. d. St. Lübeck IV Nr. 256, 267, 328, 392; U.-B. des Bisth. Lüb. I Nr. 318; U.-B. d. St. Freiburg II Nr. 653; Ried, C. D. Rat. I Nr. 550.

oder daß er den übernommenen Proceß nicht siegreich durchführt, einander gleich. Zwar werden wir im Folgenden verschiedenartige Rechtsfolgen des Gewährbruches kennen lernen, aber mit der Verschiedenheit der eben berührten Momente haben dieselben nichts zu thun. Meist wird als Voraussetzung dieser Rechtsfolgen nur der Effekt hervorgehoben, daß der Erwerber in Folge mangelnder Gewährleistung den Besitz des Gutes verliert; in Ssp. I, 9 § 5 werden die Fälle, daß dem Gewähren bei seiner Proceßführung Bruch geschieht, und der, daß der Erwerber in Folge verweigerter Proceßübernahme seitens des Gewähren unterliegt, gleich behandelt (verb.: wirt aver *ime, oder jeneme deme he't laten sal*, de were gebroken mit rechte etc., vgl. mit Glog. Rb. c. 123, wo beide Fälle zusammengefaßt werden: worde ym gebroch an der wereschafft); und ebenso im Wiener Stdtrb. a. 115 die Fälle des Nichterscheinens im Gericht und des Unterliegens im Proceß.

Ebensowenig läßt sich aus unsern Quellen ein Unterschied je nach der Willensbeschaffenheit des seiner Gewährpflicht nicht nachkommenden Veräußerers begründen. Zwar macht sich auch jetzt noch die früher beobachtete Annahme einer widerrechtlichen Absicht theilweise bemerkbar; die gewöhnliche Ausdrucksweise ist: „nicht gewähren mögen" (= vermögen), wobei häufig vorausgesetzt wird, daß der Grund dieses Unvermögens dem Verpflichteten bereits bei der Veräußerung bekannt war, und daß somit das Unvermögen durch eigenen Willen und durch eigene Schuld desselben herbeigeführt ist.[5] Allein ein Einfluß hiervon auf die eintretenden Rechtsfolgen läßt sich nicht erkennen.[6]

---

[5] S. Langenb. Gl. zu Hamb. R. v. 1497 G c. 12: Isszet nu sodane gudt dat he nicht vorkopen mach, vnde derhalven nicht weren kan, vnde doch sunder bysprake hefft ghelavet tho werende: indem he den ys'schuldich, dat he nicht mach lesten etc.

[6] Eine scheinbare Ausnahme macht Ssp. III, 4 § 2: wende he is dief oder dieves genot, die der kopinge bekant unde der

Die Rechtsfolgen der Gewährverletzung bestehen nun zunächst nach norddeutschen Rechtsquellen darin, daß der vertragsbrüchige Gewährsmann an den Erwerber dessen Buße sowie den Betrag des empfangenen Erwerbspreises, an den Richter dessen Gewedde zu zahlen hat:

Gosl. Stat. S. 28 Z. 7 ff.: We enne weren vore bringhet an ervegude, dat under eme gheanspraket is, ne mach ine de nicht gheweren, *dar umme mot he de unrechten were buten unde wedden.* Vgl. Z. 18 ff., ferner Z. 23 ff.: vorkoft en ervegut oder sat he dat ut, unde breket dat sine erven mit rechte, dat he dar umme ghenomen heft, *dat mot he weder gheven.*[7]

Die poena dupli des früheren Rechts, welche Strafe und Schadensersatz in sich schloß, hat sich hier in diese beiden Bestandtheile aufgelöst; die Buße sammt dem stets mit ihr verbundenen Gewedde wird nach dem Ausdruck der Glosse zu Ssp. II, 20 § 2 gegeben zum Bekenntniß und als eine Besserung des in anderer Weise nicht mehr zu beseitigenden Unrechts, während die Rückgabe der empfangenen Gegenleistung die Ausgleichung des durch die nicht geleistete Währschaft entstandenen Vermögensschadens bezweckt. — Dagegen erhielt sich in mehreren Stadtrechten, insbesondere den hansischen, das frühere System insofern, als hier

gewere besakt; Dtschsp. a. 202; Schwsp. a. 200 I; Prager Rb. a. 97. Der Verkäufer, der hier dolos die Gewährleistung verweigert, wird jedoch nicht dem Erwerber gegenüber als Dieb behandelt, sondern er gilt als der Dieb des anefangenden Klägers; vgl. Brünner Schb. c. 276, sowie L. Sal. t. 47 oben S. 106.

[7] Vgl. Bm. Ssp. I, 46 d. 11, 12; Purg. Rb. II c. 80, 81; Landr. v. Burg (N. Mitth. XI S. 167 a. E., 168); Allg. fries. Bußtaxen (v. Richthofen S. 94): Pro inpotentia vendentis, scilicet wonwara, X solidi; wonwara bedeutet: unvollständige Gewährleistung, mangelhafte wara (Richth., Altfries. Wörterb. S. 1159 s. h. v.); Braunschw. Stadtr. § 110 (Hänselmann, U.-B. I Nr. 61 S. 110): welk man eyn erve vpled vor gherichte, mach he des gewaren, he geyt des aff sunder wedde; Braunschw. Unterger.-Ordn. v. 1532 § 92 (das. Nr. 138 S. 324).

der den vertragsbrüchigen Gewähren außer der Rückgabe der empfangenen Gegenleistung treffende Rechtsnachtheil in jedem einzelnen Falle nach der Größe der letzteren sich bestimmen sollte; mit der bedeutenden Milderung jedoch, daß diese Strafe nicht wie früher in dem Doppelten, sondern je nur in einem Bruchtheile der den Werth der Sache ausdrückenden Leistung bestand. So ist nach Bremer R. v. 1303 Ord. 12 und Verdener Stat. a. 76 dem entwerten Erwerber die Hälfte, nach Hamb. R. v. 1292 C c. 35, v. 1497 G c. 12, Billw. R. a. 71, Lüb. R. Cod. II a. 228 ein Zehntel, nach Augsburger Stadtr. a. 75 Nachtr. 7, a. 128 N. 4, sowie Prager Stadtr. a. 106, 138 ein Drittel über die bei der Veräußerung empfangene Summe zu erstatten.

Daß die nach den letztgenannten Rechten bei Verletzung der Gewährpflicht verfallende Ersatzleistung von Hause aus ihrer rechtlichen Natur nach eine zur Ausgleichung des begangenen Unrechts bestimmte Strafe darstellte, scheint mir in Anbetracht der historischen Entwicklung dieser Lehre keinem Zweifel zu unterliegen.[8] Allein da dieselbe zugleich den dem Erwerber entstandenen Vermögensschaden zu decken bestimmt war, und da ferner der an die öffentliche Gewalt fallende Theil derselben in den Quellen sich nicht besonders erwähnt fand, so kam man dazu, hierin ausschließlich eine zur Befriedigung von privaten Vermögensinteressen dienende

[8] Vgl. auch Langenb. Gl. z. Hamb. R. v. 1497 G c. 12: indem he den ys schuldich, dat he nicht mach lesten (sc. tho werende), so schal he dat beteren dem koper nach erkenntnissze des richters. Umme demer sekerheyt, dat de richter de bothe so vaken nicht doer erkennen, is yd hyr ghesettet vp ene beschedene bothe. Lüb. R. Cod. II a. 115: Is dat ienech man deme anderen vorkoft ghut, — he schal den anderen waren oder he schal bliven an sinen minnen; Cod. III a. 200; Skra v. Nowgorod s. XIII (U.-B. d. St. Lübeck I S. 707). Hiernach tritt die betr. Leistung ein zur Wiedergewinnung der Minne, zur Aussöhnung des verletzten Rechts.

Leistung zu sehen; man verlor das **Unrecht**, welches ihre Voraussetzung bildete, aus dem Auge, und faßte die Sache vielmehr so auf, als ob der Gewähre gegen Befriedigung des dem Erwerber an der Gewährleistung zustehenden, gesetzlich fixirten Geldinteresses sich von seiner Gewährpflicht zu befreien befugt sei. Das Billwärder R. a. 71 stellt die Gewährverletzung und ihre Folgen mit dem Recht des Käufers, vom Kaufvertrag zurückzutreten, zusammen, und ähnliche Auffassungen machen sich in einigen Codices des Lüb. Rechts geltend.[9] Im Augsb. R. ist der bezügliche Satz so ausgedrückt:

> gat in daz vor, von swelhen sachen daz geschiht, daz siz niht gestaeten mugen als si gehaizzen habent, die sůlen dem der da kaufft hete des dritten phenninges mer geben *und sülen damit ledik sin.*

Gleiche Verhältnisse haben es dann wohl veranlaßt, wenn viele süddeutsche, insbesondere bayrische Rechtsquellen den, keine Währschaft leistenden Veräußerer überhaupt nur zum Ersatze des dem Erwerber durch die Ansprache und den Verlust des Guts im konkreten Falle erwachsenden Vermögensschadens verpflichten.[10] Merkwürdigerweise findet sich dieselbe Bestimmung aber auch bereits im alten Mühlhäuser Rb. a. 10, nur daß hier der zu leistende Schadensersatz noch durch den Werth des evincirten Guts bestimmt wird:

> Suilich man sinin rechtin werin brengit, geit vmi daz guit abi, daz sal vmi die man abi legi, die vn zu rechti weri soldi, *antwedir mit demi selbin guiti, ab*

---

[9] Bei Hach in den Anm. zu Cod. II a. 115, 228; vgl. auch Igl. Schöffenspr. v. 1500 (Tomaschek S. 323 Nr. 55).

[10] Bayr. Ldr. a. 192, 219, vgl. a. 277; Stdtr. v. München a. 167; Stdtr. v. Freysing (v. Freyb. V S. 200); Wiener Stdtrb. a. 75, 78, 80, 82, 115; Brünner Schöffenb. c. 105.

*he iz gihabi mac, edir also tuiri alsi guiti luiti sprechchin, daz iz wert sie.*[11] —

Eine solche Abschwächung der Rechtsfolgen des Gewährbruchs hatte in dieser Periode noch nach einer andern Richtung hin statt; hier aber auf Grund einer Abänderung des rechtlichen Inhalts der Gewährpflicht selbst. Mehrfach findet sich nämlich in mittelalterlichen Veräußerungsurkunden die Beredung, daß der Veräußerer im Falle verweigerter oder nicht durchgeführter Gewährleistung Einlager zu halten verpflichtet sein solle bis nach erfolgter Abwehr des gegen das zu gewährende Gut gerichteten Angriffs. Es fragt sich, wie sich eine solche Klausel mit der oben dargelegten Natur des Einlagers als einer Exekutionsart, bezw. mit der rechtlichen Natur der Gewährpflicht selbst vereinigen läßt.[12]

---

[11] N. Mitth. VII H. 1 S. 87. — Dagegen ist es wohl nur als eine unvollständige Angabe der Folgen des Gewährbruchs anzusehen, wenn in mehreren, zu dem Kreise der weiter oben besprochenen Rechtsquellen gehörigen Bestimmungen mehr gelegentlich als ex professo gesagt wird, daß der Gewähre im Evictionsfalle zur Rückgabe des empfangenen Preises, bezw. zum Schadensersatz verpflichtet sei; s. Ssp. I, 9 § 5; Glog. Rb. c. 123; Syst. Sch.-R. III, 2 c. 96 a. E.; Kulm R. III c. 130; Prager Statutarr. a. 119 Abs. 8. Aehnliches findet sich in den einzelnen, oben bei Anm. [7] angef. Stellen des Gosl. Rechts, des Vm. Ssp. und Purgoldt's, welche zusammengenommen erst den vollständigen Sachverhalt ergeben.

[12] Die hier berührte Abrede ist nicht zu verwechseln mit der Bestimmung, daß Einlager oder andere Exekutions- und Sicherungsmaßregeln erfolgen sollen behufs Herbeiführung der bei Gewährbruch verfallenden Straf- oder Ersatzleistung, welche Bestimmung an dieser Stelle für uns ohne Interesse ist; s. z. B. Neugart, Cod. dipl. Alem. II Nr. 948; Lüb. R. II a. 228 a. E.; Hamb. R. v. 1270 I c. 6; Wirtemb. U.-B. III Nr. 947; vgl. Münchener Stdtr. a. 31, 269 in Verb. mit a. 145, Bayr. Ldr. a. 307, Stadtr. v. Freysing S. 227; Diplomatar. Benedictobur. Nr. 92 v. 1359 (Monum. Boica VII S. 173) und oben § 36 S. 242 ff. Auf diese Weise ist wohl auch zu verstehen die Klausel in Schweinfurter Verkaufsurkunden, wonach Währschaftsbürgen im Eviktionsfall Einlager halten sollen, als lange biz daz wir in gerechtvertyget vnd sie krudloz ge-

Die Gewährleistung besteht nach deutschem Recht in der auf dem Wege Rechtens, des Processes, erfolgenden Abwehr eines auf eben diesem Wege Rechtens geschehenen Angriffs gegen eine veräußerte Sache, in der Befreiung der letzteren von der gerichtlichen Ansprache. Zu einer Vertheidigung des Besitzstands des Erwerbers gegenüber einem außergerichtlichen, gewaltsamen Angriffe, mag derselbe auch zur Geltendmachung eines durch den Besitz des Erwerbers verletzten Rechts erfolgen, ist der Veräußerer an sich nicht verpflichtet, und ebensowenig zu einer außergerichtlichen Bekämpfung eines Klage erhebenden Evincenten.[13]

Allein die mittelalterlichen Verhältnisse brachten es mit sich, daß für den Erwerber insbesondere eines Grundstücks oder Immobiliarrechts, worum es sich hier regelmäßig handelt, eine viel größere Gefahr bestand, durch offene Gewalt des Besitzes der erworbenen Sache beraubt zu werden, als durch Urtheil und Recht. Daher kam man dazu, die Auf-

---

macht haben (Mon. Suinfurt. Hist. Nr. 182; siehe den Urtheilsbrief K. Sigismund's v. 1431 Nr. 249 in Verbindung mit Nr. 244 ebenda).

[13] Vgl. bes. Augsb. Stdtr. a. 74 Nachtr. 1, 3; art. 75 N. 3; Bayr. Ldr. a. 192; Brünner Sch.-B. c. 323. Daher in den Urkunden häufig das Versprechen, Gewähr zu leisten gegen diejenigen, die vor Gericht erscheinen, die sich dem Gerichte fügen; z. B. U.-B. d. St. Lübeck II Nr. 955, III Nr. 707, IV Nr. 540, 565, 603, 604; Niesert, Münster. U.-B. II Nr. 34, 35, 52, 134, 178; — oder Gewähr zu leisten „mit dem Rechten", „vor rechter Ansprache" ꝛc., z. B. U.-B. d. St. Lüneburg I Nr. 435, 488; U.-B. d. St. Göttingen I Nr. 267, 269, 280; Niesert, II Nr. 111; U.-B. d. St. Augsb. I Nr. 278; Urk. v. 1351, 1375 bei Schuster, Wiener Stdtrb. S. 138 f., 142 f. Nordhauser Rspr. nach Greußen (N. Mitth. I H. 3 S. 59 f. § 4): Eyn burger czu G. vorkouffte dem andern eynen hoff und glabete czu wernne vor rechter ansprache. Dez quam eyner, dez die hoff lange vor dez gewest waz, und drouwete deme, der den hoff gekoufft hatte; da sprach der kouffere sinen werman an. — Resp.: Eyn recht ansprache sal myt gerichte edir vor gerichte gesche; so drowe — ist dycheyn recht ansprachunge. Vgl. Gosl. Stat. S. 25 Z. 25; Bm. Ssp. I, 43 d. 1; Purg. II c. 96.

rechterhaltung dieses Besitzes nicht nur soweit sie auf processualem Wege zu geschehen hatte, sondern absolut, jedem Angriffe gegenüber unter die Garantie des Veräußerers zu stellen, und zwar zunächst wohl in der Weise, daß letzterer außer zur eigentlichen Gewährleistung sich dazu verband, den dem Erwerber durch außergerichtliche Angriffe gegen das veräußerte Gut entstehenden Schaden zu ersetzen.[14] Aber hierbei blieb man nicht stehen; nicht nur den so entstandenen Schaden sollte der Veräußerer ersetzen, sondern wie den gerichtlichen, so auch den außergerichtlichen Angriff selbst abwehren, ohne daß es überhaupt zum Verlust des Gutes komme.[15]

[14] Vgl. z. B. Wirtemb. U.-B. II Nr. 451 zw. 1188 und 1196: das Kloster Hirsau verkauft dem Domkapitel zu Speyer ein Gut in Weingarten: quod si F. de Tanne et coheredes ipsius, qui se jus advocacie in dicto predio habere asserunt, sepe dictum capitulum in aliquo gravaverint in predio hujusmodi, seu eciam quidquam evicerint ab eisdem, dampna quecunque memor. capitulum in hac parte incurrerit de predictis bonis in Zutern plenarie refundemus. S. v. Meibom, Pfdr. S. 362.

[15] Vgl. U.-B. d. St. Lüneburg I Nr. 387 v. 1327; Verkauf eines Hofs an das Nikolaihospital: Stabimus etiam pro solida warandia, que fit et fieri debet in bonis proprietariis secundum consuetudinem approbatam. Addimus eciam, quod, si predicti infirmi vel eorum provisor H. de M. sepedictus aliquod impedimentum sustinuerit in curia vel in bonis curie prenotate et nos — per consules civitatis L. requisiti fuerimus super eo, infra mensem subsequentem omnia disbrigabimus. Das. Nr. 377, 389, v. 1334, 1338. Fries. Urk. v. 1465 (v. Richthofen, altfries. Wörterb. S. 1136 s. v. wera, wara): ende wy da convente op dissen caep (Kauf) usis feeders fry land ofte fryen steed to warrien ende to lywrien inna riucht (Recht) ende buta riucht als riucht wist. U.-B. d. St. Freiburg i. Br. II Nr. 653 v. 1462: Wir obgen. verkouffer geloben ouch den obgen. kouffern — der obgen. verkoufften vogtye, dinghoffe etc. — recht weren zuo sin und guott, volkomen, sicher und ewig werschaft zuo halten und zuo leysten wider allermenglich geistlich und weltlich personen an allen enden und vor allen geistlichen und weltlichen rechten und gerichten, ouch usserhalb gericht, ob in ieman darin spräche, irrung oder intrag täte, sy — zu verstän und

Hierdurch hatte man neben die gesetzliche, auf die Rechtmäßigkeit des Veräußerungsgeschäfts sich beziehende Gewährpflicht eine zweite gesetzt, welche zwar denselben äußeren Zweck wie jene verfolgte, aber im übrigen wesentlich von ihr verschieden war. Der Veräußerer verpflichtete sich im einzelnen Falle dem Erwerber unter gewissen Eventualitäten behufs Erhaltung seines Besitzstandes mit bewaffneter Hand oder sonst wie Hülfe zu leisten, eine Reihe von positiven Handlungen zu vollziehen, die sich aber von der gesetzlichen Gewährleistung dadurch unterschieden, daß sie nicht im Gericht und nicht in gerichtlichen Terminen und Fristen vorzunehmen waren. Zwar pflegte man auch für diese außergerichtliche Gewähr Fristen zu bestimmen, innerhalb welcher der Angriff abgewehrt sein sollte; allein dieselben waren nicht in der Weise absolut, daß mit ihnen die Hülfleistungspflicht selbst erloschen wäre. Im Gegentheil sollten nunmehr die Rechtsfolgen nicht erfüllter, aber noch erfüllbarer Vertragspflicht eintreten, und in diesem Sinne findet sich häufig in den Veräußerungsurkunden die Beredung des Einlagers als einer Folge versagter Gewährleistung; eine Beredung, welche sonach mit den bis jetzt von uns dargelegten allgemeinen Grundsätzen über die Folgen der Vertragsverletzungen in vollem Einklang steht:

Püneb. U.-B. I Nr. 407 v. 1343: — warandantes eam (sc. decimam) eis, sicut juris est et consuetudinis approbate, et prenotatam decimam ad bonum et utilitatem praefatorum, videlicet Hassekini et suorum heredum, conservamus —. Si vero predictum H. — in decima predicta *quispiam molestare, impedire, imbrigare presumpserit aut quodcunque prejudicium seu gravamen eis niteretur irrogare*, extunc subscripti — quotiescunque moniti fuerimus, *infra mensem proximum* —

---

zuo vertreten und zuo verhütten vor abgewinnen, disen obgemelten kouff richtig und unansprächig ledig zuo schaffen.

*civitatem L. — intrabunt inde non exituri, quam nos — prefato H. — decimam sepedictam disbrigaverimus.* Vgl. das. Nr. 561; Brem. U.-B. I Nr. 512 u. a. m.

Aber auch die Contrahenten selbst waren häufig gar nicht gewillt, die, gegen das von ihnen geschlossene Geschäft sich etwa erhebenden Ansprüche ausschließlich auf dem Wege Rechtens zur Erledigung zu bringen. Sei es, daß man der Fähigkeit oder Unparteilichkeit des Gerichts nicht traute, sei es, daß man bei der herrschenden Anarchie die Autorität desselben nicht anerkennen wollte: kurz der Veräußerer verpflichtete sich mehrfach dahin, eine gegen das Gut gerichtete rechtliche Ansprache auf jede, selbst auf außergerichtliche Weise beizulegen, zu beseitigen, wobei die Wahl der hierzu anzuwendenden Mittel, Eintritt in den Proceß, gütliche Beredung, Gewalt, völlig seinem Belieben und Gutdünken überlassen blieb. Auch die Erfüllung dieser Verbindlichkeit war somit durch Proceßtermine nicht bedingt[16]; und auch hierbei finden wir daher ganz konsequent die Einlagerberedung:

Wirtemb. U.-B. III Nr. 725 v. J. 1227: omnem warentationem ac securitatem spoponderunt — contra omnem calumpniam ac querelam, que possit contra eas oriri super sepedicto predio in posterum. Precipue vero et specialiter ac nominibus expressis sub jure jurando promiserunt de C. milite de W. et de E. cognato suo, quod *quamcunque querelam* illi moverent de

---

[16] Vgl. Schöffenspruch Nr. 16 bei Mühler, Rechtshandschr. S. 78: Sint dem male daz dy vrowe (Verkäuferin) des kouffis bekennet und der beczalunge des geldes und daz sy gelobit hat eyne gewere, und daz kint (Evincent) daz gut ansprochen hat in dem ersten jare des mannes kouffis, und hat dy vrowe dy ansprache nicht ledigit myt fruntschaft adir mit rechte, so haftet sy von rechtes wegene noch in der gewere. Es ist dies, soviel mir bekannt, die einzige Stelle, in welcher seitens der Gesetzgebung oder Rechtsprechung anscheinend auf die besprochene Erweiterung der gesetzlichen Gewährpflicht Bezug genommen wird.

memorato predio, *omnino et sine omni dilatione et contradictione sopirent.* Quod si non facerent, fidejussores — premoniti — infra VIII dies *ponerent se in Altheim, inde non exituri antequam querela illa solveretur.*[17]

Analog der bei Veräußerung einer Sache eintretenden Währschaftspflicht findet sich in den sächsischen Rechtsquellen das processuale Währschaftsversprechen, welches der Kläger dem Beklagten, bevor dieser auf die Klage sich einzulassen, zu antworten verpflichtet ist, dahin abgibt, den letzteren gegen jede Person, welche etwa in Zukunft den gleichen Anspruch gegen ihn erheben würde, im Processe vertreten und den erhobenen Anspruch als einen unberechtigten abweisen zu wollen. Diese Klagengewähr findet insbesondere bei solchen Klagen statt, bei welchen die Aktivlegitimation des Klägers durch besondere, nicht sofort erkennbare Umstände bedingt ist, bei der Klage wegen Mordes eines nächsten Verwandten, auf Herausgabe von Erbschaftsgütern, von gestohlenen oder verlorenen Sachen u. s. w.; sie ist eine Sicherheitsleistung für die Legitimation des Klägers zur Sache.[18] — Die Erfüllung der Gewährpflicht

[17] Vgl. noch U.-B. d. St. Augsb. I Nr. 216, 294; U.-B. d. St. Lübeck III Nr. 513, IV Nr. 323; U.-B. d. St. Lüneburg I Nr. 447, 492, 534, 597; Höfer, Auswahl der ältesten Urk. II Nr. 91 u. a. Mehrfach freilich bringen sich die Contrahenten die rechtliche Natur dieser außergerichtlichen, im Gesetz selbst nicht begründeten Währschaft nicht zum klaren Bewußtsein, und bezeichnen auch diese als eine „mit Recht" zu leistende.

[18] Ueber das Institut der Klagengewähr und deren rechtliche Natur vgl. Ssp. I, 47; 63 § 2; II, 15; 16 § 1; III, 14 § 2 u. Glosse hierzu: di cleger mut di der clage geweren —, dat di en ander umme di sake nicht en sculdige. Tum andern is id dar tu gud, dat he de clage nicht verbeteren en mach, d. h. nach gelobter Gewähre; Richtst. 41 §§ 2—4 und Homeyer S. 388 f. Nr. 4; Mgdb.-Goldb. R. § 15 (Gaupp, Magd. R. S. 222); Bresl. R. v. 1261 §§ 42, 79; Görl. R. v. 1304 a. 95, 106; Weichb. a. 113 und Glosse dazu (v. Daniels S. 422 f., und Homeyer, Richtst. S. 405); Glog. Rb.

besteht hier eintretenden Falles genau in denselben Leistungen wie bei der Gewähr für eine Sache; eine Verletzung derselben, ein Bruch der Gewähre liegt dann vor, wenn der Verpflichtete einen anderweit gegen den Beklagten erhobenen Anspruch nicht abgewiesen hat, wenn ein dritter Kläger in Folge des Verhaltens des Verpflichteten mit seiner Klage durchgedrungen ist, sei es, daß der Verpflichtete im Proceßtermin nicht erschienen ist, daß er die Vertretung des Beklagten verweigert hat, oder daß er dem dritten Kläger gegenüber unterlegen ist.[19]

Ebenso stimmen auch die hier im Falle eines Bruches der gelobten Gewähre eintretenden Rechtsfolgen mit den im sächs. R. an die Verletzung der Sachengewähr geknüpften überein: der vertragbrüchige Gewähre hat als Strafe Buße und Gewedde zu zahlen, als Schadensersatz die bei der früheren Klage errungene Leistung an den Beklagten zurück zu erstatten:

> Syst. Schöffenr. II, 2 c. 68: — Hot her — dy gewer gelobit vmme gut, — kumpt eyn andir vnd clayt uf yenyn, dem dy gewere gelobit was, zo sal der, der di gewere gelobit hatte, den andirn clegern ab wysin mit rechte; enmag her des nicht getun, *so sal her das gut vnde di habe, dorumme her di gewere gelobit hatte, dem antworter wedir lasyn, alzo das her*

---

c. 124, 242—248; Blume v. Mgdb. I c. 155; II, 2 c. 39, 66, 146, 277, 278; Syst. Schöffenr. II, 2 c. 55 f., 67, 68; Kulm. R. II c. 79, 80; Mgdb. Fr. I, 4 d. 5; U.-B. d. St. Liegnitz Nr. 534; Schöffenurtheile in der Zschr. des Ver. f. Gesch. u. Alterth. Schlesiens IV S. 106—109, sowie in den N. Mitth. Bd. I Heft 3 S. 38, 44, 47, 51, 54, 74, 75; Gosl. Stat. S. 81 f.; Bm. Ssp. IV c. 44; Steirisches Landr. a. 136; Laband, verm. Klagen S. 367 f.

[19] Für die letztere Alternative vgl. besonders Weichb. a. 113 § 1: mag der, der dy gewere gelabit hat, ghenen nicht [geweren, noch dissen abewisen mit rechte, und § 2 der lat. Uebers.: — in varendaque defecerit, h. e. quia sibi per sententiam infringitur.

*ym 30 schillinge sal czu buse gebin vnd deme richter eyn gewette, daz synt 8 sch.*[20]

Eine Ausnahme von diesem Grundsatz findet aber dann statt, wenn die Klage, bei welcher die Gewähr gelobt wird, an Hals oder Hand geht, insbesondere bei Klagen um Mord. Hier soll der Gewähre, der einen späteren Kläger nicht „mit rechte" zurückweist, zur Strafe seine Hand, mit welcher er die Gewähr gelobt hatte (vgl. Homeyer, Richtst. S. 389), verlieren, welche Strafe — in den Quellen technisch „Währbuße" genannt — durch Zahlung des halben Wergeldes und des Geweddes jedoch abgelöst werden kann:

Syst. Schöffenr. II, 2 c. 68: Gelobit eyn man vnd tut dem andirn eyne gewere *vmme vngerichte adir vmme eyne sache, dy an den hals adir an dy hant tryt,* kumpt dor noch — eyn andir — vnd beclagit en vmme dy selbe sache, do ym di gewere gelobit ist, so sal her, der dy gewere gelobit hat, den antwortern entretin vnd vortretin vnde den lecztin cleger abwysin; enmag her des nicht getun, *her mus des vorbusyn mit eynir vorbuse* (lies werbuse), *das ist syne rechte hant, do mete her dy gewer gelobte. Di hant mag her abir ledigin vnd losin mit eyme halbin wergelde, das sint 9 pfunt. Das gelt sal her gebin deme antworter — vnd sal dem richter gebin syn gewette.*[21]

Der historische Ursprung dieser Ausnahme ist nicht schwer aufzufinden. Bereits das älteste Recht kannte eine, der hier vorliegenden entsprechende Währschaft, welche bei Gelegenheit eines Sühnevertrags, als Bestandtheil desselben, angelobt

[20] Vgl. Ssp. II, 15 §§ 1, 2; Kulm.R. II c. 80; Glog. Rb. c. 124, 248; Weichb. a. 113; Bl. v. Mgdb. II, 2 c. 278.

[21] Vgl. Ssp. II, 15 § 1; Richtst. 41 §§ 2, 3; Syst. Sch.-R. II, 2 c. 42; Kulm. R. II c. 80, 85; Glog. Rb. c. 245; Weichb. a. 113 und Glosse hierzu a. a. O.; Bl. v. Mgdb. II, 2 c. 277. In den Gosl. Stat. S. 81 Z. 21 ff., Z. 31 ff., sowie im Verm. Ssp. IV, 44 d. 2 besteht die Währbuße im Verlust eines Fingers, ohne daß die Ablösungsbefugniß erwähnt wäre.

wurde (s. oben § 14 S. 118). Auch in unserer Periode wird die, in Folge erhobener Ungerichtsklage versprochene Gewähr als mit dem am Schlusse des Processes zu leistenden Sühnegelöbniß in Verbindung stehend gedacht; Gewährbruch und Sühnebruch werden nicht immer genau von einander geschieden.[22] Nun hatte aber, wie wir sahen (§ 18 S. 135 f.), Karl d. Gr. als Strafe des Sühnebruchs den Verlust der Hand eingeführt, welche Strafe auch in unserer Periode noch in Uebung war. Es läßt sich hieraus wohl schließen, daß die oben erwähnte Währbuße nichts anderes ist als die, in allerdings mißverständlicher Weise auf die Nichterfüllung des bei Klagen um Ungericht abgegebenen Währschaftsversprechens übertragene Strafe des Sühnebruchs. Wie sehr man denn auch das Gefühl von der Unangemessenheit dieser Strafe im Falle des Gewährbruchs hatte, geht daraus hervor, daß die sonst im Falle der Handlöse regelmäßig eintretende Rechtlosigkeit[23] den, das halbe Wergeld zahlenden Gewähren, wie mehrfach hervorgehoben wird, nicht treffen soll. Hiernach ist aber die Zahlung des Wergeldes als die reguläre, der Verlust der Hand nur als die eventuelle Strafe im Falle des Unvermögens aufzufassen.[24]

---

[22] Vgl. Richtst. 41 § 2: her richter, he lovede mi ene were, don ic mi mit eme sonde vor iu, do mi dat ungelucke gescin was, dat ic N. den bedderven man geslagen hadde. Als Arten der Verletzung dieses Versprechens werden 2 Fälle aufgeführt: Nichtabweisen eines späteren Klägers, odder he (d. h. der Gewähre selbst) beclagede mi umme de sake, de ic eme vor iu vorsonde unde vor deme richte. Syst. Sch.-R. II, 2 c. 42, 43; Weichbildglosse bei Hom. Richtst. S. 405: — mir geschach leider ein ungelucke — daz ich gesunet habe, da mir ein hantfrede und eine rechte gewere getan ist; — sint dem mol daz ich mich einz gesunet habe, ab ich nu me keine not me darum liden durfe, nämlich einem dritten Kläger gegenüber. S. unten § 59.

[23] Ssp. I, 38 § 1; 65 § 2; Mgdb.-Bresl. R. v. 1261 § 71; Glog. Rb. c. 325; Syst. Schöffenr. II, 2 c. 66; Kulm. R. II c. 78; Mgdb. Fr. I, 14 d. 1; 17 d. 2.

[24] Vgl. Glosse zu Ssp. II, 15 § 1; III, 16 § 2: die Verur-

Daß der Gewährbruch jedoch trotzdem als Ungericht gilt, ergibt sich aus der Bestimmung, daß, wenn bei deshalb erhobener Klage der Gewähre sich dem Gerichte nicht stellt, er verfestet wird.[25]

## § 56.

## Die Verletzung des Gesinde- und Gesellenvertrags.

Der freie Gesindevertrag besteht seinem Inhalte nach darin, daß der eine Contrahent, der Dienstbote, dem andern, dem Herrn, während einer bestimmten Zeit gewisse, durch den Vertrag oder das Herkommen näher bezeichnete, häusliche Dienstleistungen zu verrichten verspricht, während der Herr dagegen jenem für diese Dienste einen bestimmten Lohn zu zahlen sich verpflichtet.[1] Die beider-

---

theilung der Hand geschehe nur also bescheidelik, oft he sin half weregelt nicht geve. Bl. v. Mgdb. II, 2 c. 277: — und schat im an seinem rechtin nicht, al hette erz in truwen globit. Gl. z. sächs. Weichb. a. 113 (v. Daniels S. 422 Zle. 43 f.).

[25] Richtst. 41 § 4 vgl. mit Ssp. I, 67; Bl. v. Mgdb. I c. 155. — Ueber einen weiteren, gänzlich isolirt stehenden Fall nicht geleisteter Währschaft und dessen Strafe siehe altes Landbuch v. Glarus a. 119 (Zschr. für schweiz. R. V. Rechtsq. S. 176 f.).

[1] Der von freien Personen eingegangene Gesindevertrag und die daraus entspringenden Rechtspflichten werden in den Quellen von den auf Unterthänigkeit oder Hörigkeit beruhenden Dienstverpflichtungen scharf geschieden, und es wird betont, daß bei jenem der Rechtsgrund wie das Maaß der beiderseitigen Verbindlichkeiten allein in dem Gelöbniß der Contrahenten zu suchen ist. Vgl. Glosse zu Ssp. II, 32: knecht sein zweyerley. Aber eigentlich — heissent knecht, die eigen sein; die andern heissen diener, frei leut die vns dienen; — die dienen vmb lon zu einer zeit; von den sagt er hie; vor dysse antwort der herre nicht, denn als yr lon ist. Das ist darumb, das diser seines herren nicht eigen ist. Gl. zu II, 34; Weichb. a. 77 und Gl. dazu (v. Daniels S. 396); Richtst. 41 § 5; Stadtr. v. Duderstadt § 101 (Gengler, Stadtr. S. 93 f.): dinst eder lovede; Keyserr. II c. 28: Ein iglich man, dem got hat beschert, daz er hat gesinde, — der en hat kein recht vber sie nit, dan alz vil im ir dienst gevellet um sinen lon; Bamb. R. § 392; Hamb. Fischersatzung v. 1375 § 21; Goldschmiederolle v. 1375

seitigen Verbindlichkeiten bestehen sonach ihrer äußeren Natur nach in positiven Handlungen, wie wir sie im 1. Abschnitte behandelten, und es könnte scheinen, als ob auch hier bei Vertragsverletzung einfach Exekution u. s. w. statt zu finden habe. Für die Verpflichtung des Dienstherrn zur Lohnzahlung trifft dies in der That auch zu, und die bei deren Verweigerung eintretenden, theilweise allerdings singulären Rechtsfolgen haben uns oben mehrfach beschäftigt. Diese Seite des Gesinde- (und im weiteren des Gesellen-) Vertrages hat daher an dieser Stelle unberücksichtigt zu bleiben.[2]

§ 9 (Rüdiger, die ältesten Hamb. Zunftrollen und Brüderschaftsstatuten S. 63, 98).

[2] Der Dienstherr ist nur zur Zahlung des (regelmäßig in Geld bestehenden) Lohnes verpflichtet, nicht aber dazu, den Dienstboten wirklich in seinen Dienst aufzunehmen, bezw. in letzterem zu behalten; er kann denselben jeder Zeit des Dienstes entlassen; Regensb. Stat. (v. Freyb. V S. 50). Nur wird, sofern die Nichtaufnahme in den Dienst oder die Dienstentlassung ohne genügenden Grund erfolgt ist, der sonst erst nach Leistung der versprochenen Dienste zu zahlende Lohn (s. Augsb. Stdtr. 129 § 3; Brünner Schöffenb. c. 174; oben § 46 Anm. [23]) nunmehr sofort für die ganze, im Vertrage stipulirte Dienstdauer fällig. Ssp. II, 32 § 2: Verdrift aver die herre den knecht (buten rechter zit), he sal eme sin vulle lon geven; Glog. Rb. c. 512; Weichbildr. lat. Uebers. a. 80 § 1 und Gl. zu a. 77 (v. Daniels S. 144, 397); Gosl. Stat. S. 101 Zle. 31 f.; Purg. Rb. III c. 101, XI c. 103; Hamb. R. v. 1270 VIII c. 1, v. 1292 K c. 1, v. 1497 F c. 2; Lüb. R. III a. 346; Bremer R. v. 1303 Ord. 45, 83; v. 1428 I c. 36, 39; v. 1433 I c. 79, 80 (Oelrichs S. 94 f., 114, 338 f., 484); Stadtr. v. Verden c. 128, 129, v. Stade VIII c. 1 (Pufendorf I App. S. 118, 217), v. Riga VI c. 8; Hadeler Ldr. v. 1583 P. II tit. 20 (Pufendorf I App. S. 24); Westerwolder Ldr. v. 1470 c. X § 10 (v. Richth. S. 269); Ostfries. Ldr. II c. 284; Urtheile zu Behlen (Grimm Weisth. III S. 315); Stat. v. Zittau v. 1567, v. Bautzen v. 1548 a. 31 § 14 (Schott, Sammlung I S. 131 a. E., II S. 47); Weisth. zu Herrenbreitingen (Grimm III S. 590); Deutschensp. a. 150; Schwsp. a. 203; Rupr. v. Freys. I c. 135 (v. Maurer); Luzerner Stdtr. a. 103; Amtsrecht v. Büron v. 1487 (Zeitschr. für schweiz. R. V Rechtsq. S. 56, 116); Bayr. Ldr. a. 88; Stdtr. v. München a. 138, v. Freysing (a. a. O. S. 183 f.). -- Hatte der Herr dagegen eine „redliche Ursache“, den Dienstboten zu entlassen, so

Anders verhält sich dies dagegen bezüglich der Dienstverpflichtung des Gesindes; es macht sich hier ein weiteres Moment geltend, kraft dessen eine Verletzung derselben eigenthümliche Rechtsfolgen erheischt.

Die Dienste, deren Erfüllung das sich verdingende Gesinde gelobt, sind in dem Hauswesen des Herrn zu leisten; die Aufrechterhaltung dieses Hauswesens erfordert, daß die betr. Verrichtungen gethan werden, und zwar ständig, ununterbrochen. Wie es die Bestimmung des Hauswesens ist, gewisse menschliche Bedürfnisse in dauernder, kontinuirlicher Weise zu befriedigen, so müssen auch die hier in Rede stehenden häuslichen Verrichtungen, ohne welche jenes nicht existiren kann, welche gewissermaßen einen Theil desselben bilden, zu jeder Zeit, ohne Unterbrechung ausgeübt werden. — Zweck des Gesindevertrags ist es nun, die Ausübung dieser

ist er ihm nur den bis dahin verdienten Lohn zu zahlen schuldig; vgl. außer den angef. Stellen Stadtr. v. Duderstadt § 101; Braunschweiger Echteding v. 1532 § 134, Stadtordn. v. 1573 § 253 (Hänselmann I S. 338, 431); Bamb. Stdtr. § 394. — Nach einigen Rechten kann der Herr einen Dienstboten, der den Dienst noch nicht angetreten, mit dem halben Lohn abfinden: Billwärder R. a. 78; Rügian. Ldgebr. tit. 89 § 7; und dies wird in seerechtlichen Bestimmungen darauf angewandt, daß der Schiffer den gemietheten Schiffsmann innerhalb des Heimathhafens mit halbem Lohn entlassen kann; Lüb. R. Cod. III a. 216; U.-B. d. St. Lübeck II Nr. 105 art. 28, 38. Während nach Hamb. R. v. 1497 P c. 21 der Schiffer dem vor Beendigung der Dienstzeit entlassenen Dienstknechte sogar jeweils nur den halben Lohn zu geben hat, darf dagegen nach der Lüb. Böttcherrolle v. 1440 § 6 (Wehrmann, lüb. Zunftrollen S. 174) ein Herr, der seinen Knecht mit nach Schonen genommen hat, denselben dortselbst „to bytiden“ überhaupt nicht des Dienstes entlassen bei Strafe; denn hier hat der Knecht einen Anspruch auf Rücktransport in die Heimath. — Ein Anspruch des entlassenen Knechtes auf Entschädigung für die, während der Dienstdauer vom Herrn zu gewährende Kost, außer dem Lohn, findet sich nur selten erwähnt: Ruprecht v. Freysing II §§ 58, 59 (Westenrieder); Rechtsgebräuche zu Botwr v. 1552 (Reyscher, altwürtb. Statutarr. S. 488). Die Ansicht Grimm's, R.A. S. 357, daß im Mittelalter der Dienstlohn wesentlich in der Kost bestanden habe, erscheint hiernach als nicht begründet.

Verrichtungen während einer bestimmten Zeitdauer auf gewisse Personen, welche sich eben vertraglich hiezu verpflichten, zu übertragen. Die Rechtspflicht des Gesindes geht somit nicht darauf, gewissermaßen in abstracto diese oder jene Handlung irgend ein Mal zu vollziehen, sondern vielmehr darauf, die in einem konkret bestimmten Zeitraume fälligen häuslichen Dienste, welche sonach selbst eine in zeitlicher Hinsicht konkrete, individuelle Natur haben, zu verrichten:

Weisth. zu Herrenbreitingen (Grimm III S. 590): wer eyn dinstpotten dinckt, der dingt yn darumb, das er yn *die zceit* haben woll.

Hieraus ergibt sich aber, daß die für eine bestimmte Zeit gelobten Dienste nach Verstreichen dieser Zeit nicht mehr geleistet werden können, daß sie ihrer wirthschaftlichen Bestimmung und Natur nach an diese bestimmte Zeit unabänderlich geknüpft sind.[3] Freilich müssen auch nachher noch ähnliche Leistungen gleicher Art im Hause besorgt werden; aber es sind dies nicht diejenigen, welche im Vertrage versprochen worden. Dieselben stehen ebenfalls wieder für sich und können höchstens Gegenstand neuer Verabredungen wer-

---

[3] Für den Dienstvertrag ist es daher wesentlich, daß er auf eine bestimmte Zeitdauer abgeschlossen wird; doch braucht dies nicht so zu geschehen, daß der Endtermin sofort definitiv festgesetzt wird, wenngleich dies in den Quellen meist vorausgesetzt ist; s. Lüb. R. Cod. II a. 177; Lüb. Nädlerrolle v. 1356 § 25 (Wehrmann S. 324; U.-B. d. St. Lübeck III Nr. 265); Hamb. Barbierrolle v. 1577 § 19, Korbmacherrolle v. 1595 § 5 (Rüdiger S. 20, 146); Münchener Stdtr. a. 209. Ist ein solcher Termin beim Vertragsschluß nicht festgesetzt, so steht beiden Theilen ein Kündigungsrecht zu, und der Vertrag erreicht dann eine bestimmte Zeit nach geschehener Kündigung sein Ende; vgl. Lüb. Bernsteindreherr. v. 1360 § 5 (Wehrmann S. 350, Lüb. U.-B. III Nr. 360); Hamb. Hutmacherr. § 23; Konthurmacherr. § 27 (Rüdiger S. 113, 153); Preßburger Schneiderordnung v. 1411 (Michnay und Lichner, Ofener Stdtr. S. 89). Wo eine Kündigungsfrist nicht besteht, geht der Vertrag von Tag zu Tag; s. Lüb. Leineweberrolle v. 1425 § 23 (Wehrmann S. 324).

den; sie können aber nicht an Stelle der im ersten Vertrage versprochenen Dienste treten. Sind letztere nicht geleistet worden, so ist die Arbeit, die gethan werden sollte, ein für alle Mal versäumt; eine nachträgliche Erfüllung ist hier undenkbar.

Gleiche Verhältnisse, wie beim Gesindevertrage walten nun in dieser Beziehung auch beim gewerblichen Gesellenvertrage ob. Der Betrieb eines Gewerbes, eines Handwerks, wie überhaupt jedes ständigen Etablissements erfordert dauernd gewisse Arbeiten und Hülfsleistungen, deren Verrichtung während eines bestimmten Zeitraums der Geselle oder Gehülfe verspricht. Nur die Art der Thätigkeit ist hier eine andere als beim Gesindevertrag; von wesentlicher Bedeutung ist aber auch hier, daß diese Thätigkeit gerade in der im Vertrage bestimmten Zeit vorgenommen werden muß, wenn sie wirklich als eine Erfüllung des Vertrages gelten soll. Den Gegenstand des letzteren bildet auch hier aus einer großen Reihe, in zeitlicher Beziehung sich kontinuirlich aneinander reihender Arbeiten gewissermaßen die Abtheilung derselben, welche in einen konkret bestimmten Zeitraum fällt.[4]

Etwas ähnliches trifft schließlich noch beim Schiffsmannsvertrage zu. Der sich verdingende Schiffsmann verpflichtet sich gegenüber dem Schiffer nicht zur Verrichtung von Schiffsdiensten, welche an sich in beliebiger Zeit vorgenommen werden können, sondern zu den, auf einer bestimmten Schiffsreise zu verrichtenden Dienstleistungen; die Dauer der Reise ist hier der Zeitabschnitt, mit welchem die gelobten Dienste unablöslich verknüpft sind.[5]

---

[4] Mit einem etwas freien Ausdruck könnte man daher die gewerblichen und Gesinde-Dienste als in zeitlicher Hinsicht nicht fungible, nicht vertretbare bezeichnen.

[5] Vgl. Lüb. R. Cod. III a. 214, U.-B. d. St. Lübeck III Nr. 112: Wor en scipper wynnet enen sturman edder enen letsagen

Die Verletzung des Gesinde-, Gesellen- und Schiffmannsvertrags unterliegt nach unsern Quellen im Ganzen gleichheitlichen Bestimmungen, und diese Vertragsarten sollen daher im Folgenden gemeinsam behandelt werden.

Zunächst ist, zur Bestätigung der im Obigen dargelegten rechtlichen Natur dieser Dienstverträge, hervorzuheben, daß das deutsche mittelalterliche Recht fast ausnahmslos bei einer Verletzung derselben eine Klage auf Vollzug, eine Exekution nicht zuläßt.[6] Hiermit ist ausgesprochen und anerkannt, daß, sofern die gelobten Dienste in der vertraglich bestimmten Zeit nicht geleistet worden sind, durch eine nach-

edder enen schepes knapen, deme synt se to rechte schuldich syne reyse vol to donde also se eme ghelovet hebben.

[6] Eine scheinbare Ausnahme findet sich in einer Münchener Rathsverordnung (Stadtr. a. 209), wonach der Richter einen Knecht, der sich verdingt hat, aber nicht dienen will, in die schergenstuben antwurten (sol); und da sol er es als lang innen ligen, hinz daz er seinem herren oder fraun iren dienst verwizzt. Allein in dieser Polizeibestimmung ist gar nicht von wirklicher Verletzung des Dienstvertrags die Rede, sondern von dem Rücktrittsversuche eines Knechtes vor Beginn der Dienstzeit; durch die hier vorgeschriebenen Maßregeln soll der Verletzung selbst vorgebeugt werden. Wenn hie und da alternativ mit anderen Rechtsfolgen gesagt wird, der vertragsbrüchige Knecht solle trotzdem den Dienst halten, — so Lüb. R. Cod. III a. 214 = Lüb. U.-B. III Nr. 112, Bamb. R. § 393, — so ist hiermit mehr eine gütliche Vereinbarung gemeint, kraft welcher das geschehene Unrecht durch Abschluß eines neuen Vertrags ausgeglichen werden soll, als die Ausführung der früheren Verpflichtung; vgl. Uslar-Moringer R. §§ 36, 46 (Zschr. f. R.G. VII S. 298 f.): Woret awer dat des (aus dem Dienst entlaufenen) knechtes eldern den knecht sinem herrn wedder to huss brochten edder bringen wolden und de hern on nicht wedder wolden etc.; Ostfries. Ldr. II c. 284: — so sall he weder in synen denst gaen, indeme syn broedt here em weder hebben wil. — Dem Beschlusse der Schmiedezünfte in den mittelrheinischen Städten v. 1383 (umb frieds willen zwischen uns und unsern knechten), wonach kein Meister einen Knecht, der uszer eines meisters gelobten dienst ginge ader zoge, bei sich aufnehmen soll, also lange bis das der knecht — dem meister sinen globten dienst getan hette (Böhmer, C. D. Moenofrancof. I S. 760 f.), weiß ich aus den Rechtsquellen dieser Periode keine analoge Bestimmung an die Seite zu setzen.

trägliche Erfüllung das Recht nicht hergestellt werden kann; daß man zu diesem Behufe anderweitiger Maßregeln bedarf.

Noch durch ein weiteres Moment wird in unsern Fällen jede Möglichkeit einer Exekution ausgeschlossen.

Die Verpflichtung des Gesindes u. s. w. besteht darin, die übernommenen Dienste, gewissermaßen als eine Einheit aufgefaßt, in der vertraglich bestimmten Zeit zu leisten; sonach die Arbeit rechtzeitig zu beginnen und bis zum stipulirten Endtermin ununterbrochen fortzuführen. Eine Verletzung dieser Rechtspflicht ist daher in doppelter Gestalt denkbar: sie kann sich geltend machen als ein Nichtantreten oder als ein Nichtaushalten des Dienstes, als ein Einstellen der Arbeit vor Beendigung der vertraglich festgesetzten Dienstzeit.[7] In beiden Fällen ist durch die momentane Arbeitsweigerung an und für sich die Möglichkeit, wenigstens für den Rest der vertraglichen Dienstzeit eine zwangsweise Erfüllung der auf diesen Rest fallenden Dienste herbeizuführen, noch nicht aufgehoben.

Hier bewirkt nun aber das in der Natur dieser Dienstleistungen liegende Erforderniß der Kontinuität derselben, daß jede, nur momentane Nichtleistung als Nichtleistung der gesammten übernommenen Dienste erscheint, daß sonach bereits mit dem ersten Momente des unbefugten Nichtantretens des Dienstes oder der unbefugten Arbeitseinstellung der ganze Vertrag auf Seiten des Arbeiters als gebrochen, als nicht mehr erfüllbar gilt. Das Aussetzen der Dienstleistungen in einem beliebigen Zeitpunkt der vertraglich festgesetzten Dienstzeit hat zur Folge, daß das Versprechen, welches auf ununterbrochene Dienstleistung, auf Verrichtung der in jedem einzelnen Momente der Dienstzeit erforderlichen Arbeiten lautete, als solches nicht mehr zu Recht realisirt werden kann, daß insbesondere ein etwaiger späterer Beginn oder eine spätere Fortsetzung der Arbeit, selbst wenn dies noch

[7] Bei Kündigungsfristen ohne Einhaltung dieser.

innerhalb der im ursprünglichen Vertrage bestimmten Dienstzeit geschieht, nicht mehr als Vertragserfüllung anzusehen ist. — Eine Exekution, eine zwangsweise Erwirkung der verweigerten Dienste ist daher nicht nur nach Ablauf der für die Vertragsdauer bestimmten Zeit, sondern auch während dieser selbst unzulässig.

Bei der zweiten der beiden vorhin genannten Möglichkeiten der Vertragsverletzung, bei der Arbeitseinstellung, tritt noch ein ferneres Unrechtsmoment hervor, welches dem bisher, dem Wesen der Sache nach, rein negativen Verhalten des Vertragsbrüchigen zugleich einen positiven Anstrich verleiht. Nach der Natur der in Rede stehenden Arbeiten sowie nach den mittelalterlichen Wirthschaftsverhältnissen ist nämlich der Arbeiter, um erstere ordnungsmäßig verrichten zu können, verbunden, in dem Hause, bezw. dem Schiffe des Dienstherrn seinen dauernden Aufenthalt zu nehmen, dasselbe ohne Genehmigung des letzteren nicht zu verlassen. Während nun bei dem Nichtantritt des Dienstes das negative Nichteintreten in das Haus des Dienstherrn mit der Nichtleistung der Dienste überhaupt zusammenfällt, wird bei dem Einstellen der Arbeit zu dem negativen Nichtarbeiten sich meist noch ein positiver Akt gesellen, das Verlassen des Hauses, bezw. des Schiffes des Herrn, das Entgehen aus dem Dienste, mit welch letzterem Ausdrucke die Quellen in halb bildlicher Weise diese Art des Unrechts bezeichnen. — Auch diese positive widerrechtliche Handlung, welche allerdings das Wesen des hier vorliegenden Unrechts nicht ausmacht, erfordert eine anderweite Ausgleichung, als sie durch die Exekution bewirkt werden kann.

Im Falle der Verletzung des Arbeitsvertrags durch das Gesinde, den Gesellen, den Schiffer, sei es durch Nichtantritt des Dienstes, sei es durch Verlassen desselben, muß daher, sofern das darin liegende Unrecht den Anforderungen des Rechts gemäß beseitigt werden soll, an die Stelle der ursprünglichen, nicht mehr erfüllbaren Leistung von Rechts wegen eine Ersatzleistung treten, deren genauere Gestaltung und rechtlicher Charakter nunmehr nach den Quellen dargelegt werden soll.[8] In den letzteren wird in Bezug hierauf der Nichtantritt des Dienstes und das Dienstentgehen häufig gesondert behandelt, und dieselbe Methode ist hier von uns zu befolgen.

Für den letzteren Fall enthält der Sachsensp. eine Bestimmung, welche ihrem Inhalte nach der gesammten mittelalterlichen Rechtsentwicklung auf diesem Gebiete zu Grunde liegt, und welche daher auch für unsere Darstellung den Ausgangspunkt zu bilden hat. Der vertragsbrüchige, aus dem Dienst entgehende Knecht verliert hiernach seinen Anspruch auf Lohn, bezw. er muß letzteren, soweit er ihn bereits empfangen, dem Herrn zurückgeben, und hat außerdem an diesen einen, dem ihm gelobten Lohn gleichkommenden Betrag zu bezahlen:

> II, 32 § 3: Untgat die knecht deme herren von mutwillen, he sal deme herren *alse vele geven, als ime die herre gelovet hadde; unde svat so ime vergulden is, dat sal he tvigelde weder geven.*[9]

---

[8] Auch in allgemeiner Weise findet sich in den Quellen für den Fall der Verletzung der hier in Rede stehenden Verträge die Nothwendigkeit einer anderweiten als der ursprünglich gelobten Leistung ausgesprochen; vgl. Satzungen der Bäckerinnungen in den mittelrheinischen Städten v. 1352 (Böhmer I S. 625 ff.): welch gedinget knecht von sime meister get, — der sol in den acht steden verboten sin, als lang biz er dem meister wieder tut daz er ime gedan hat. U.-B. d. St. Lübeck IV Nr. 93 v. 1364: Ok so love wie — dat de vorbenomeden D. H. vnde J. B. doen scholen den vorben. raatmannen unde borgheren der stat tho L., wes sie en plichtich syn dar umme, dat sie uthe ereme brode vnde dienste ane ere witschop vnde orlof tho bytyden sint ghereden. S. auch Bl. v. Mgdb. I c. 70.

[9] Uebergegangen ist diese Bestimmung in sämmtliche der oben Anm. [2] angef. magdeburgischen und niedersächsischen Rechtsq. locc. citt., sowie in die daselbst cit. Stellen des Schwsp., Dsp. und

Von einem doppelten Nachtheile wird der Knecht hier betroffen: er verliert in Folge seines vertragswidrigen Verhaltens die Vortheile, die er selbst aus dem Vertrage ziehen sollte oder bereits gezogen hat, und ferner trifft ihn die Verpflichtung zu einer Leistung, deren Größe mit derjenigen des zuerst erwähnten Nachtheils übereinstimmt. Es ist somit bei der Bestimmung dieser Ersatzleistung dasselbe Princip maßgebend, wie im älteren Recht bei der so häufig angewandten poena dupli.[10] Noch in einer andern Hinsicht scheint mir unsere Rechtsfolge der poena dupli der früheren Zeit verwandt zu sein. Letztere erschien uns oben (s. S. 115 f., 158 f.) als eine Art der compositio, d. h. als eine Leistung, welche an sich die Ausgleichung geschehenen Un-

Ruprechts. S. ferner Gosl. Stat. S. 90 Zle. 31 ff.; Hildesh. Stdtr. a. 4 (Pufendorf IV App. S. 287); Ostfries. Ldr. II c. 282 § 3, c. 285; Billw. R. a. 78; Lüb. R. Cod. Uffenb. a. 177, 178 (Hach S. 338 Note [15]); Cod. Segeb. a. 212 (Hach S. 448 N. [9]); Lüb. Seerecht für die Fahrt nach Flandern a. 28 (U.-B. d. St. Lübeck II Nr. 105 S. 87). — Irrig scheint mir Stobbe, Vertragsr. S. 36 unsere Stelle aufzufassen, wenn er sagt, nach dem Ssp. habe das entgehende Gesinde den empfangenen Lohn tvigelde, nach dem Hamburger und den verwandten Rechten aber nur einfach wiederzugeben. Beide Rechtsquellen stimmen vielmehr in Bezug hierauf vollständig überein. In dem tvigelde des Ssp. ist keine Verschärfung für den Fall, daß der Lohn oder ein Theil desselben schon ausbezahlt war, enthalten; es soll hierdurch nur ausgedrückt werden, daß der Betrag des schon empfangenen und nun zurückzugebenden Geldes als solcher auch schon in der zuerst auferlegten Ersatzleistung mit inbegriffen und insofern doppelt zu zahlen ist; nicht aber soll er außerdem doppelt erlegt werden. In dem Hamb. R. ist die Reihenfolge beider Leistungen einfach umgestellt, wodurch das Sachverhältniß ohne weiteres klar wird; aber eine materielle Aenderung sollte damit nicht bewirkt werden. Da jetzt die Erwähnung der anderen Leistung erst nachfolgt, findet eine Bezugnahme auf dieselbe in der nunmehr vorangehenden nicht weiter statt, und nur diese Bezugnahme hat den Ausdruck „tvigelde weder geven" im Ssp. veranlaßt. —

[10] Ob dabei an einen direkten Zusammenhang mit der, in der früheren Periode als Folge verweigerter Dienstleistungen stipulirten poena dupli (s. oben S. 82 f.) gedacht werden darf, muß dahin gestellt bleiben.

rechts bezweckend, zugleich den unrechtmäßiger Weise zugefügten Vermögensschaden zu ersetzen bestimmt war. Dieselbe rechtliche Natur nun glaube ich auch der poena dupli des Sachsensp. zuschreiben zu müssen, und zwar auf Grund anderweitiger Bestimmungen derselben Rechtsquelle, in welchen sich unter Hervorhebung der beiden bezeichneten Zwecke eine Bezugnahme auf die nach Ssp. II, 32 § 3 den entlaufenen Knecht treffenden Rechtsfolgen findet. In II, 33 zunächst heißt es von dem Knecht, der in den gesetzlich gestatteten Fällen den Dienst aufsagt, er habe Anspruch auf den bis dahin verdienten Lohn; sei ihm aber bereits mehr gegeben: dat mut he weder geven *sunder wandel*. Die gegensätzliche Beziehung der letzten Worte auf unsern Fall, in welchem der Knecht unbefugt aus dem Dienste geht, und in welchem mehr als der noch nicht verdiente Lohn von letzterem herausgegeben werden muß, ist unverkennbar. Dieses Mehr wird aber hiernach als ein „Wandel" angesehen, d. h. nach dem Sprachgebrauche des Ssp. und überhaupt der sächs. Rechtsquellen des Mittelalters als eine, die ideelle Ausgleichung des verübten Unrechts als solchen bezweckende Leistung, als eine Buße, eine Strafe.[11] — Nach II, 34 § 1 dagegen soll derjenige, welcher eines Herrn freien Knecht ersterem zu Laster und zu Schaden verletzt, deme herren *beteren, alse die knecht solde, of he ut des herren dienste ane recht were gekomen*, unde mit bute en beiden. Die der Buße hier entgegengesetzte Besserung kann sich nur auf den Ersatz des materiellen Schadens beziehen, und es könnte hiernach scheinen, als ob die, dem vertragsbrüchigen Knechte obliegende Leistung ebenfalls nur diesen einen Zweck verfolge. Allein es ist nicht zu übersehen, daß die hiernach von dem Dritten an den Herrn des verletzten Knechts zu entrichtende Besserung in Wirklichkeit nur

[11] Vgl. Homeyer, Ssp. Register s. v. wandel; Grimm, R.A. S. 649; Zöpfl, D. Rechtsgesch. S. 945.

einen Theil der den vertragsbrüchigen Knecht treffenden Rechtsfolgen darstellt. Der Verletzende soll nämlich offenbar nicht, wie der Knecht, den doppelten Lohnbetrag einbüßen, — da ihm ja ein Anspruch, den er verlieren könnte, nicht zusteht, — sondern nur den einfachen; und auch der Herr erhält nur den einfachen Ersatz des von ihm gezahlten oder noch zu zahlenden Lohns, da der in seinem Dienste verletzte und dadurch arbeitsunfähig gemachte Knecht den empfangenen Lohn natürlich nicht nur nicht herauszugeben, sondern trotz seiner Arbeitsunfähigkeit den vollen, ihm gelobten Lohn von dem Herrn zu beanspruchen hat.[12] Daß der Herr eben, ohne Arbeit zu empfangen, seinen Knecht besolden muß, darin besteht sein Schaden, und diesen soll ihm der Dritte durch Zahlen des Lohnes ersetzen; die denselben außerdem treffende Buße bezieht sich auf die Ausgleichung des Unrechts als solchen, und ihr entspricht das Plus, welches in unserm Falle den vertragsbrüchigen Knecht über den Verlust des Lohnes hinaus trifft.

Diese Art der Ausgleichung des Unrechts, welche aus früheren Zeiten überkommen war, entsprach nun aber im Ganzen den Anforderungen dieser Periode, welche die Trennung zwischen Unrecht und der damit verbundenen Schadenszufügung, zwischen Strafe und Schadensersatz bereits vollzogen hatte, nicht mehr. Wir finden daher in unsern Quellen das Bestreben, unter möglichstem Festhalten des Inhalts der soeben dargelegten Normen, den Charakter derselben entweder als Strafe oder als privatrechtliche Interesseleistung deutlicher ausgeprägt hervortreten zu lassen. Je nachdem nun das eine oder das andere der Fall ist, theilen sich die Bestimmungen der Quellen in zwei Gruppen, von welchen die eine mehr die im Dienstvertragsbruch liegende Widerrechtlichkeit als solche, die andere mehr die dabei ins

[12] Vgl. Hamb. R. v. 1270 VIII c. 5; Lüb. R. Cod. III a. 350; Bremer R. v. 1303 Ord. 87 (Oelrichs S. 117).

Spiel kommenden Vermögensinteressen berücksichtigt, — eine Erscheinung, wie wir sie ganz ähnlich bereits oben (§ 55) beim Bruch der Gewährleistungspflicht kennen gelernt haben.

Zunächst ist in mehreren niedersächsischen Rechtsquellen, insbesondere auch in den hansischen Stadt- und Seerechten, in Anlehnung an ein hier allgemein und für beide Contrahenten bestehendes Rücktritts- und Vertragsauflösungsrecht bei der Sachmiethe[13], den Bestimmungen des Sachsensp. eine Form und ein Ausdruck verliehen worden, vermöge deren die Nachtheile, welche den aus dem Dienst tretenden Knecht betreffen, nicht sowohl als Rechtsfolgen eines Unrechts erscheinen, sondern vielmehr als Leistungen, durch deren Uebernahme der Knecht die Befugniß erwirbt, vom Vertrage zurückzutreten. Dieser inneren Abschwächung entspricht dann die äußere, daß anstatt des ganzen Lohnes hier nur der halbe dem Herrn als Entschädigung zu zahlen ist:

Dithmarscher Landr. v. 1447 § 36: welk en man dar volste offte denst winnet, — *welk erer dat nicht holden wil, de schal dat halve lon ut gheven.*[14]

Mehrere süddeutsche Rechtsquellen dagegen machen den aus dem Dienst entgehenden Knecht einfach für den dem Herrn im einzelnen Falle hieraus entstehenden Vermögensschaden verantwortlich:

Augsb. Stadtr.: a. 129 § 2: Dinget ein man den andern an sin waerk, gat er davon unde lat im sin waerk ligen von sin selbes mûtwillen, *geschiht iem chein schade davon, den sol er im abe tun nach sime eide.*[15]

---

[13] Hierüber vgl. Gildemeister, Beiträge zur Kenntniß des vaterländ. Rechts I (Bremen 1806) S. 73 ff.; Stobbe, Vertragsrecht S. 34 ff.

[14] Michelsen, Sammlung altdithm. Rechtsq. S. 14. S. ferner Dithm. Ldr. v. 1539 § 186 (das. S. 151); Lüb. R. Cod. II a. 177, 178, Cod. III a. 212, 214; Hamb. R. v. 1497 P c. 21.

[15] Ebenso Rechtsgebräuche v. Botwar (Reyscher S. 489);

Nach wieder andern Bestimmungen verliert der Knecht in Folge des Entlaufens aus dem Dienst nur seinen Anspruch auf Lohn; es gilt also der Vertrag als nicht abgeschlossen.[16]

Im Gegensatze zu dieser Entwicklung ist aber in äußerst zahlreichen Rechtsaufzeichnungen der Strafcharakter der hier behandelten Rechtsfolgen ausgebildet worden, indem insbesondere der Antheil, der der öffentlichen Gewalt an denselben zukam, immer schärfer hervortrat; und zwar zunächst in engem Anschluß an die poena dupli des Sachsenspiegels. So wird in mehreren Codices des Lüb. Rechts (bei Hach S. 515 Anm. [10] zu art. 346) neben jener Privatkomposition dem Gerichte ausdrücklich das übliche Gewedde von 4 Schillingen zugesprochen, im Rügian. Ldgebr. titt. 3 § 3, 89 § 6 der Obrigkeit eine Brüche von 5 Mark „vor sinen vngehorsam"; nach dem Rechte von Fehmarn v. 1558 a. 31[17] soll die nach dem Ssp·

---

Bayr. Ldr. a. 88; Stdtr. v. München a. 138, v. Freysing a. a. O. S. 183 a. E.; Prager Rechtsb. a. 118 (Rößler I S. 136). Dieselbe Bestimmung findet sich ferner im sächs. Weichbildr. a. 122 nach der von Steffenhagen in der Zschr. f. R.G. XII S. 21 mitgetheilten Recension: Enget ein knecht sinem herrin vor sinem tage ane schulde (d. h. ohne Schuld des Herrn), und nimpt der herre des schadin und kumpt in an, er bekummert in umme den schaden, ob er wil, das er im den ausrichtin mus wol mit rechte, und einen andirn knecht gewinnen an sein stat.

[16] Vgl. Uslar-Moringer R. §§ 35, 46 (Zschr. f. R.G. VII S. 298 f.); Urtheile zu Vehlen (Grimm III S. 315); Eintrag im Marburger Gerichtsb. v. 1523 bei Stölzel, Gel. Richterth. II S. 76; Weisth. zu Herrenbreitingen (Grimm III S. 590); Luzerner Stdtr v. 1480 a. 103 (Zschr. f. schweiz. R. V, Rechtsq. S. 56); weitere schweizerische Rechtsq. bei Blumer, St.- und R.-Gesch. der schweiz. Demokratien I S. 471. Es ist jedoch zu beachten, daß nicht überall, wo nur der Verlust des Lohnanspruchs erwähnt wird, hiermit sämmtliche Rechtsfolgen des in Rede stehenden Vertragsbruchs haben bezeichnet werden sollen; vgl. z. B. Ostfries. Ldr. II c. 285 mit c. 282 § 3, älteres Hamb. Schiffrecht a. 17 (Lappenberg S. 81) mit Stdtr. v. 1270 VIII c. 1 u. a.

[17] Bei Dreyer, Sammlung verm. Abhandl. II S. 1046.

allein an den Herrn zu zahlende Buße (abgesehen von der Rückgabe des bereits empfangenen Lohns) zur Hälfte an jenen, zur Hälfte an die Obrigkeit fallen.

In schweizerischen Rechtsquellen setzt sich neben die oben erwähnte, süddeutsche Schadensersatzverpflichtung eine besondere, der Obrigkeit zukommende Geldstrafe[18], jedoch nur dann, wenn das widerrechtlich aus dem Dienst gehende Gesinde landesangehörig ist; Ausländer sollen dagegen des Landes verwiesen werden.

Die zuletzt genannte Strafe, die Landes-, bezw. Stadtverweisung hatte auch in andern Gegenden Eingang gefunden, und begann nun in immer größerem Umfange sich als die allgemeine, öffentliche Rechtsfolge des Dienstvertragsbruches festzusetzen. Gleichbedeutend mit dieser Strafe und nur durch den Ausdruck von ihr verschieden ist die häufig wiederkehrende Bestimmung, daß vertragsbrüchige Knechte oder Gesellen aus allen Diensten in der Stadt, dem Land vertrieben, nicht mehr zum Dienst darin zugelassen werden sollen. In den Zunftordnungen, deren Geltungsgebiet sich auf die, innerhalb der einzelnen Zunft obwaltenden Verhältnisse beschränkte, erhielt derselbe Gedanke in dem Satze Ausdruck, daß Gesellen, die widerrechtlich die Arbeit einstellen, des Amtes nicht würdig sein, innerhalb der Zunft nicht mehr als Gesellen aufgenommen werden sollen. Diese Bestimmungen erhielten häufig dadurch eine Verschärfung, daß sich mehrere Städte oder Zünfte vereinigten, um den, in einer derselben ergangenen

---

[18] S. ältestes Landbuch v. Obwalden art. 191, 192 (Zschr. f. schweiz. R. VIII, Rq. S. 60 f.), v. Uri art. 134 (das. XI Rq. S. 74 f.). — In der erneuerten Straßburger Leineweberordnung v. 1651 (aus dem, auf dem städtischen Archiv zu Straßburg befindlichen, ungedruckten Artikelbuch der Straßburger Tucherzunft Nr. 3 fol. 224) ist dem widerrechtlich den Dienst verlassenden Gesellen eine Geldstrafe von 2 Gulden angedroht.

Verurtheilungen dieser Art auch in den übrigen Anerkennung und Wirkung zu verschaffen.[19]

Im Einzelnen ist die Strafe der Stadtverweisung, bezw. der Dienstuntersagung in den vielen Rechtsquellen, welche dieselbe aufweisen, verschieden gestaltet: theils tritt sie nur auf gewisse Zeit ein, auf ein Jahr, ein halbes Jahr, einen Monat ꝛc., theils auf immer; letzteres hie und da erst bei Wiederholung des Delikts. Ferner wird sie bald als alleinige Strafe verhängt, bald in elektiver oder kumulativer Verbindung mit einer öffentlichen oder privaten Geldstrafe oder mit Lohnverlust. Es bietet für unsern Gesichtspunkt kein weiteres Interesse, die Mannichfaltigkeit dieser Bestimmungen im Einzelnen zu verfolgen; ich begnüge mich damit, in der Anm.[20] einige der hierher gehörigen Stellen zu verzeichnen.

---

[19] Vgl. z. B. Böttcherrolle der Hansestädte v. 1321 art. 2 (Burmeister, Alterth. des wismar. Stadtr. S. 45); Wismarer Kürschnerrolle v. 1383 art. 13 (das. S. 48); Lübische Bechermacherrolle § 3 (Wehrmann S. 170); Hamburger Zunftrollen: der Armbruster § 19 (Rüdiger S. 4 f.), der Kistenmacher § 20 (S. 137), der Konthurmacher § 17 (S. 150 f.); Vertrag der Hamburger Fischer mit den Grevenhofern v. 1458 § 5 (Rüdiger S. 67); Beschluß der Ostseestädte v. 1354 (U.-B. d. St. Lübeck III Nr. 194); Bäckersatzungen in den mittelrhein. Städten v. 1352 (Böhmer I S. 625 ff.).

[20] Lübische Zunftrollen bei Wehrmann S. 162 f., 170, 175, 192, 197, 205, 230 f., 233, 324, 327 f., 357 f., 365, 495; Hamb. Zunftr. bei Rüdiger S. 6, 9, 11, 15, 18, 25, 40, 63, 89, 98, 119 f., 184 u. a.; Bremer Kundige Rulle v. 1450 a. 47, v. 1489 a. 67 (Oelrichs S. 726, 669); Wismarer Rathswillkür v. 1332 (Burmeister S. 15); Wism. Zunftrollen bei Burm. S. 48, 51, 53; Stadtr. v. Duderstadt § 101 (Gengler, Stdtr. S. 93 f.); Braunschw. Stadtr. saec. XIV § 109 (Hänselmann I S. 70; spätere, gleichlautende Stadtgesetze das. S. 133 § 66, S. 338 § 133, S. 431 § 252); Bürgersprache zu Celle a. 8 § 2; Stat. v. Osterode a. 32 v. Göttingen (Pufendorf I App. S. 231, II A. S. 264, III A. S. 202 f.); Lüneburger Stdtr.-Ref. IX t. 24 (Puf. V A. S. 830); Berliner Barbierstatut v. 1526 (Fidicin II Nr. 211 S. 327); Rolle der Beutler u. Gürtler, sowie der Fleischer

Außer der eben besprochenen, wohl auch durch polizeiliche Motive begünstigten Rechtsfolge finden sich jedoch auch andere öffentliche, die Person des Vertragsbrüchigen selbst treffende Strafen. Die Ehaltenordnung zu Thierhaupten (Bayern) v. 1475 § 15 (Grimm, VI S. 200 f.) bestimmt:

— welcher der wer, — der also ausz dem dienst gieng, der sol *vergebens gedient haben*, und der herr mag in wol an andern diensten irren, er mag in auch wol von des muetwillens wegen *in die keichen* (Kerker[21]) *legen*, er mag in auch wol *anziechen umb den schaden im dardurch beschechen*.

Wenig geeignet war die Stadt- oder Landverweisung, um als Strafe über Schiffleute, die aus ihrem Dienst entliefen, verhängt zu werden; die Wichtigkeit des Schiffsdienstes führte hier theilweise dazu, schwere Strafen an Leib und Leben auf den Vertragsbruch zu setzen. Nach der Ordn. für die Weichselschifffahrt v. 1385 art. 1, 5[22] soll der Schiffsknecht, der abtrünnig wird, ein Ohr, der Plathman (?) die Hand, der Steuermann den Hals verlieren. —

Eine häufige Veranlassung für Gesinde und Gesellen, einen angetretenen Dienst widerrechtlich zu verlassen, bestand darin, daß sie sich während laufender Dienstzeit an dritte Personen verdingten. Diese Doppelvermiethung wurde

zu Danzig (Hirsch, Beil. III, IV S. 334, 337); Nordhäuser Stat. v. 1424 (N. Mitth. III Heft 4 S. 58); Stdtr. v. Zittau v. 1567 (Schott I S. 131); Zipser Recht a. 84; Westphälisches Statut v. 1423 (Seibertz III Nr. 921); Wollenweberstatut zu Soest v. 1441 (das. Nr. 946); Kölner Hutmacherrolle v. 1378 (Ennen und Eckertz I S. 332); Bamb. Stdtr. § 393; Straßburger Weberordnung v. 1493 ff., Ordnung der Baretlimacher v. 1574 (aus dem in Anm. 16 angef. ungedruckten Artikelbuch fol. 173, 222); Altes Landbuch v. Nidwalden a. 143 (Zschr. VI S. 153); Herz. Albrecht's II Ordnung für die Wiener Schneiderzunft v. 1340 (Rauch, Scriptores III S. 62).

[21] S. Schmeller, Bayr. Wörterb. I (2. Ausg.) S. 1219.

[22] Voigt, Codex diplom. Pruss. IV S. 38 f.

dann (in ähnlicher Weise, wie wir es oben S. 391 bei der Doppelveräußerung von Sachen gesehen) häufig selbst als widerrechtliche Handlungsweise aufgefaßt, und, ohne darauf zu achten, ob ein wirklicher Vertragsbruch bereits erfolgt war oder nicht, ebenso wie dieser bestraft, bald mit Stadtverweisung, bald mit Geld, selbst mit Gefängniß.[23]

War die Initiative zu einem derartigen Unrecht von der dritten Person, welcher sich das Gesinde, der Geselle widerrechtlich vermiethete, ausgegangen, hatte sie dieselben zum Vertragsbruche verleitet und dem ursprünglichen Herrn abspänstig gemacht (— das Entmiethen des Gesindes —), so traf neben dem eigentlichen Thäter des Unrechts auch jenen Anstifter eine, zumeist in einer beträchtlichen Geldleistung an die Obrigkeit bestehende Strafe.[24]

---

[23] Vgl. Lübische Gärtnerrolle v. 1370 § 6 (Wehrmann S. 208, U.-B. d. St. Lübeck III Nr. 771); Kistenmacherr. v. 1508 § 21, Seilerr. v. 1390 § 32 (Wehrmann S. 254, 384); Hamburger Böttcherr. v. 1321 § 10 (Rüdiger S. 31); Wismarer Goldschmiedrolle v. 1403 § 18 (Burm. S. 65); Stat. v. Bautzen v. 1548 a. 31 § 12 (Schott II S. 46 f.); Bürgersprache zu Bielefeld v. 1578 (Walch, verm. Beytr. III S. 75); Nürnberger Stat. bei Siebenkees, Beytr. z. teutschen Rechte II (Nürnb. u. Altdorf 1786) S. 223. — Dagegen erwähnen Braunschw. Echteding v. 1532 § 132, Stadtordn. v. 1573 §§ 250, 251 (Hänselm. I S. 337, 431), Stat. v. Peina v. 1597 (Pufend. IV A. S. 278) einer Strafe nur für den Fall, daß der erste Vertrag in Folge der mehrfachen Verdingung thatsächlich gebrochen wird.

[24] Vgl. Lüb. R. Cod. III a. 214, Cod. Uffenb. bei Hach S. 442 N. 9 zu a. 193 (s. auch IV a. 55); Lübische Zunftrollen bei Wehrmann S. 190, 198, 205, 218, 230, 247, 250, 279, 296, 322, 328, 357, 367 u. a.; Hamb. Zunftr. bei Rüdiger S. 3, 6, 9, 20, 52, 55, 92, 97, 111, 131, 136, 149, 162, 166, 181, 186 u. a.; Wismarer Zftr. bei Burmeister S. 48, 51, 53; Danziger Zftr. bei Hirsch S. 335, 338, 342; Berliner Statut bei Fidicin I S. 48; Bürgerspr. zu Celle a. 8 § 1; Stat. v. Eimbeck c. XX a. 2, v. Osterode a. 32 § 2, v. Lauenburg I a. 29; Lüneburger Stdtr.-Ref. IX tit. 2 §§ 4—8 (Pufendorf I App. S. 231, II A. S. 227, 265, III A. S. 317, IV A. S. 796 f.); Stdtr. v. Zittau, v. Zeitz a. 60, v. Bautzen a. 31 §§ 12—14 (Schott I S. 131, 275, II S. 46 f.); Freyberger Zunftrollen ebenda III S. 288, 290, 291;

In den bisher besprochenen Bestimmungen hatte der Umstand, ob ein vertragsbrüchiger Arbeiter seinen Lohn bereits ausbezahlt erhalten hatte oder nicht, keinen Unterschied in den Rechtsfolgen nach sich gezogen; nur mußte, da überall bei widerrechtlichem Verlassen des Dienstes jeder Anspruch auf Lohn hinwegfiel, im ersteren Falle der bereits empfangene Lohn wieder herausgezahlt werden. Auch andere Stellen, welche gerade diesen Fall speciell im Auge haben, stellen keine besonderen Rechtsfolgen hierfür auf; sie bezeichnen denselben als „Entgehen mit Dienst und mit Geld“ und verhängen die sonst üblichen Strafen darüber.[25] Allein bereits der eben erwähnte Ausdruck weist auf eine Anschauung hin, die zu einer schärferen Behandlung dieses Falles führen mußte. Wie wir nämlich oben (§ 34 bes. S. 228 f.) sahen, daß man das Hinwegfahren eines Schuldners mit seiner Habe, wodurch die Befriedigung des Gläubigers unmöglich gemacht wurde, als eine Art Diebstahl auffaßte, daß man insbesondere in diesem Falle das vorherige Beziehen einer Gegenleistung bereits als eine Widerrechtlichkeit betrachtete, — so kam man auch hier theilweise dazu, die Inempfangnahme des Lohnes mit darauf folgender Dienstverlassung als einen eminent peinlichen Fall zu be-

W. zu Herrenbreitingen (Grimm III S. 590); Kölner Zftr. bei Ennen u. Eckertz I S. 383, 384, 403, 407 u. a.; Frankfurter Zunftgesetze bei Böhmer I S. 624, 637, 639, 751, 753; Straßburger Zunftstatute in dem, Anm. [18] cit. Artikelbuche fol. 207, 222, 261; Straßburger Tuchschererstatut v. 1460 (Straßb. Stadtarchiv Cod. S. U. L. 10 Nr. 13, ungedruckt); Altes Ldb. v. Glarus a. 269 (Zschr. f. schweiz. R. VI Rq. S. 42); Oefn. v. Bonstetten a. 14 (Schauberg, Zschr. I S. 11); Basler Gewerbsstatute nach Gengler C. J. M. I S. 131 Nr. 8, 9, 10; Nürnb. Stat. a. a. O.; Stadtr. v. Burghausen v. 1307 a. 2 (das. S. 449). Vgl. auch R.P.O. v. 1548 t. 24, v. 1577 t. 25 (N. Samml. der R.-A. II S. 601, III S. 393).

[25] S. Lüb. Zunftrollen bei Wehrmann S. 187, 280, 323, 341; Hamb. Zftr. bei Rüdiger S. 55, 92, 98, 112, 124, 131, 181 u. a.; Wismarer Klotzmacherrolle a. 16 (Burm. S. 76).

handeln. Ein Ansatz hiezu findet sich bereits im Lüb. R. C. III a. 193 (auch U.-B d. St. Lübeck III Nr. 112):

> Dar en schal nement synem heren entgan noch entlopen *de synes heren lon heft vpghebort;* were jement de dat dede, *de schal en misdedich man wesen* also ho, also der heren rechtighet to wiset vp also vele geldes.

Nach dem Revaler Codex des Lüb. Rechts trifft einen solchen, im Falle er die Geldstrafe nicht erlegen kann, 14tägige Gefängnißstrafe bei Wasser und Brot (Hach S. 514 N. [12] zu a. 346). Eine weitere Bestimmung des Lüb. Rechts (Hach IV c. 31) läßt den mit der Heuer entlaufenden Schiffsmann mit 4monatlichem Gefängniß, das Hamb. R. v. 1497 P c. 22 gar mit dem Galgen bestrafen. Noch sind eine Reihe von Einträgen im Stralsunder Stadtbuch aus den Jahren 1289—1310 zu erwähnen, wonach gegen solche, welche neben der Verübung anderer Verbrechen sich zu Dienste verdingt und dann mit dem empfangenen Lohn, pro quo debuissent servivisse, entlaufen waren, die Verfestung ausgesprochen wurde.[26] —

Wir wenden uns nun mehr zur zweiten, hier in Betracht kommenden Unrechtsform, dem Nichtantritt des Dienstes. Die Quellen behandeln diesen Fall des Vertragsbruchs fast durchgängig milder als den widerrechtlichen Dienstaustritt, indem das noch nicht begonnene Dienstverhältniß für geeignet gehalten wird, die Verletzung des gegebenen Wortes als leichter erscheinen zu lassen. Die beiden oben bezeichneten Richtungen bezüglich der Auffassung der eintretenden Rechtsfolgen als privatrechtliche Entschädigung oder als Ausgleich begangenen Unrechts lassen sich auch hier beobachten. — Die niedersächsischen Rechtsquellen, welche sich bei dem Dienstaustritt den Bestimmungen des Sachsensp. anschließen, legen dem, den Dienst nicht antretenden Arbeiter die Verpflichtung

---

[26] Siehe Fabricius, Stralſ. Stadtb. VII Nr. 91, 99, 102, 105, 164, 165 170, 171, 179, 182, S. 171—177.

zur Zahlung des halben versprochenen Lohns an den Dienstherrn auf.[27] Andere Rechte lassen eine öffentliche, aber mildere Strafe als bei Entgehen aus dem Dienst eintreten.[28]

Zum Schlusse dieser Darstellung ist noch die Bemerkung zuzufügen, daß alle im Voraufgehenden besprochenen Rechtsbestimmungen ohne Ausnahme den Eintritt einer Strafe oder einer Entschädigungspflicht für sämmtliche Fälle des Dienstvertragsbruchs davon abhängig machen, daß das Gesinde, der Geselle, der Schiffmann in böser, widerrechtlicher Absicht den Dienst verlassen oder nicht angetreten hat, für welche Absicht der bereits im Ssp. hierfür gebrauchte Ausdruck „Muthwillen" der stehende ist. Lag dagegen eine entweder vom Gesetz oder vom Richter im einzelnen Falle als genügend anerkannte Ursache vor, den Vertrag nicht einzuhalten, so trifft das Gesinde u. s. w. nicht nur kein Rechtsnachtheil, sondern es steht ihm, sofern der Dienst bereits begonnen hatte, Anspruch auf den bis dahin verdienten Lohn zu.[29]

---

[27] Vgl. Hamb. R. v. 1270 VIII c. 1 und die oben Anm. [2] hierzu cit. Parallelstellen; Billwärder R. a. 78; ferner die in Anm. [9] angef. Stellen des Lüb. R.; Ostfries. Ldr. II, 282 § 3. Diese Verpflichtung des den Dienst nicht antretenden Knechtes zeigt sich theilweise als blose Bedingung der Befugniß vom Vertrag zurückgetreten; z. B. Billw. R. l. c.: Medet eyn man — enen knecht —, vnde wil eme nicht denen, vnde secht em wedder vp eer he an syne koste kumpt, so moet de knecht — also vele geven deme he scholde denet hebben, alse de helfte des lones todrecht.

[28] Vgl. Rügian. Ldgebr. titt. 3 § 3, 89 § 6; Stadtr. v. Zittau (Schott I S. 131). In einigen Statuten ist nur allgemein vom „Dienst nicht halten" die Rede, und die hie: verfallende Strafe ist wohl in gleicher Weise für Nichtantritt wie für Nichtaushalten des Dienstes bestimmt: Bürgersprache zu Celle a. 8 § 2 (Puf. I A S. 231); Westphäl. Stat. v. 1423 (Seibertz III Nr. 921). In den Eimbecker Stat. c. 20 a. 3 (Puf. II A. S. 227) ist von einer einjährigen Stadtverweisung in ausschließlichem Bezug auf Nichtantreten des Dienstes die Rede.

[29] Als solche Ursachen werden insbesondere anerkannt: Eintritt in den Ehe- oder geistlichen Stand, Anfall einer Vormundschaft, schlechte

Dieser widerrechtliche Wille muß aber ferner, soll anders durch das momentane Nichtleisten der Dienste der Vertrag wirklich in seiner Totalität als gebrochen, nicht mehr erfüllbar erscheinen und sollen die erwähnten Ersatzleistungen eintreten, auf sämmtliche Thatbestandsmomente und insbesondere dahin gerichtet gewesen sein, die Dienste wirklich ein für alle Mal nicht, bezw. nicht weiter zu leisten. Ist dagegen bei einer Arbeitseinstellung die widerrechtliche Absicht des Arbeiters nur auf diesen einen Zeitpunkt gerichtet, ist er aber gesonnen, die Arbeit demnächst für den Rest der Vertragszeit wieder aufzunehmen, und vollführt er diesen Vorsatz, so liegt allerdings auch hierin eine Verletzung des auf kontinuirliche Dienstleistung lautenden Vertrags, welche an sich nicht aufgehoben, beseitigt werden kann. Allein der momentanen Nichtleistung der Dienste fehlt hier die Kraft, gewissermaßen die ganze Reihe der gelobten Dienste zu ergreifen; die Verletzung ist nur eine partielle; zum Bruch des ganzen Vertrags gebricht es an dem hierzu erforderlichen, auf die Gesammtheit der zu leistenden Dienste sich erstreckenden subjektiven Requisit. Die spätere Fortsetzung oder der spätere Beginn der Arbeit gilt als wirkliche Erfüllung des Vertrags, wenn auch die momentan versäumten Dienste selbst nach dem oben Vorgetragenen nachträglich weder erfüllt noch exequirt werden können. Trotz dem Weiterbestehen des Vertrags läßt daher das Recht auch hier wegen der partiellen Verletzung, der momentanen Unterbrechung desselben eine Ersatzleistung des Arbeiters eintreten, und zwar, in ähnlicher Mannichfaltigkeit wie beim gänzlich gebrochenen Vertrag, theils als reine, wenn auch gesetzlich fixirte Schadensersatz-

Behandlung seitens des Herrn u. s. w.; vgl. Ssp. II, 33; Bl. v. Mgdb. II, 2 c. 149; Glog. Rb. c. 513; Purg. Rb. III c. 101; Gosl. Stat. S. 91 Z. 9 ff.; Hamb. R. v. 1270 V c. 4, VIII c 3 und die Parallelstellen; Lüb. R. II a. 177; Usl.-Moringer R. §§ 35, 46; Augsb. R. a. 129; Münchener Stdtr. a. 138; Bayr. Ldr. a. 88; Bamb. R. §§ 395, 396.

leistung[30], theils als, auf das Unrecht als solches bezügliche Geldstrafe[31], theils endlich als wirklich peinliche Strafe; letzteres entweder nur eventuell[32], oder bei besonders erschwerten Fällen.[33]

## § 57.

## Verletzung der vertraglich übernommenen Verpflichtung zur Leistung ländlicher Arbeiten.

Es ist hier von demjenigen Vertrag die Rede, kraft dessen ein Arbeiter gegen Zahlung eines Lohnes die landwirthschaftliche Bestellung eines Grundstücks während einer bestimmten Zeit übernimmt: locatio conductio *operis*, nicht operarum. Die hier in Betracht kommenden Arbeiten sind zwar an und für sich nicht kontinuirlich zu verrichten, aber sie müssen nach den für die Bewirthschaftung des Grundstücks maßgebenden Naturgesetzen binnen bestimmter Zeit verrichtet sein, wenn sie ihren Zweck erreichen sollen. Eine nachträgliche Leistung könnte somit nicht zur Erfüllung derjenigen Verpflichtung führen, welche übernommen wurde.

---

[30] S. Billwärder R. a. 79: vorsumed welck knecht — synes heren — arbeyd sunder ore vulbord, de knecht — scholen geven vor isliken dach, den se vorsumed, dem gennen deme se denen eynen schillingh penninghe, vthghenomen an der pluechtyd vnde an der arne, so scholen se en geven twe sch. lubesch. Hamb. Pelzerrolle v. 1375 § 15 (Rüdiger S. 181).

[31] Vgl. Lüb. Barbierrolle v. 1480 § 14, Leineweberr. v. 1425 § 27 (Wehrmann S. 165, 324); Wismarer Kürschnerr. v. 1383 a. 6, Reiferr. a. 11, Kannegießerr. a. 13 (Burm. S. 48, 51, 53); Gesetze der Freyberger Messer- und Sensenschmiede (Schott III S. 288, 291).

[32] So Wiener Weingärtner Ordn. v. 1352 (Rauch, Script. III S. 74 f.): Als offt es aber der weinczürl an seines herren geschefft und gehaissen ubervert, in welichen wegen daz ist, der sol dasselb wandel (d. h. 5 Pfund) geben; hat er der pfennig nicht, man slach im ab ain hant.

[33] So Lüb. R. bei Hach IV c. 30, wonach der Schiffsmann, der in Schiffsnoth die Leistung der ihm obliegenden Dienste verweigert, 2 Monate, im Wiederholungsfall 3 Monate bei Wasser u. Brot im Thurm sitzen und „ein marck an sin or" erhalten soll.

Eine Exekution nach verstrichener Arbeitszeit ist daher auch hier nicht angänglich; die Verwirklichung des Rechts erfordert auch hier eine Ersatzleistung.

Verträge der bezeichneten Art finden sich im Mittelalter äußerst selten; die einzelnen, hier zu leistenden Dienste liegen entweder Hintersaßen und Grundholden ob, oder sie werden von dem gewöhnlichen Hausgesinde verrichtet. Es ist mir in unsern Quellen nur eine, hierher gehörige Bestimmung bekannt:

Ofener Stadtr. a. 394: Wer einen weingarten pestat *auff kurcz ader lange zeit czu arbaiten* ummb clainen ader grossen tayl der fruchte und desz weynes, *der schol denn weingarten arbeiten czw rechter zeit*, in aller weis, also er yn in dem geding hat pestandenn. Ap er das vor sawmpte unnd nicht tethe, so verleust er seyn arbait zu seinem tail der fruchte unnd desz weines *und dem richter funf marck*. —

---

## Dritter Abschnitt.

### Verletzung von Vertragspflichten, welche in einer Unterlassung bestehen.

### § 58.

Die vertraglichen Unterlassungspflichten.

Eine derartige Verpflichtung kann entweder darauf beruhen, daß Jemanden, der einen beliebigen Vertrag oder ein anderweites Rechtsgeschäft abgeschlossen hat, hierdurch im allgemeinen gewisse Schranken für sein Handeln auferlegt sind, daß er in Folge jenes Geschäfts verbunden ist, überhaupt nichts vorzunehmen, was den Bestand oder die Durchführung desselben beeinträchtigen könnte, — oder aber auf dem Versprechen, eine oder mehrere speciell bestimmte Handlungen zu unterlassen. Erstere ist bereits oben § 17 als die Verpflichtung, „im Wort zu bleiben“, in ihrer rechtlichen Bedeutung näher charakterisirt worden. Auch in unserer Periode spielt sie eine wichtige Rolle im deutschen Recht, und zwar in den nämlichen verschiedenen Anwendungen, die wir oben kennen gelernt haben, mit der einen Ausnahme des Verlöbnißvertrags, welcher nunmehr der Herrschaft des geistlichen Rechts untersteht.[1] — Bezüglich der Verletzung dieser Verpflichtung, im Wort zu bleiben, und ihrer Rechtsfolgen nimmt auch im späteren Mittelalter der Sühnebruch eine hervorragende Stellung ein, und es bedarf derselbe daher einer besonderen Besprechung.

Von der vertraglichen Verpflichtung, einzelne bestimmte Handlungen zu unterlassen, welche uns in der ersten Abtheilung überhaupt keinen Anlaß zur Besprechung gab, ist auch jetzt in unsern Quellen nur selten die Rede; wir werden einige wenige Bestimmungen über ihre Verletzung darzulegen haben.

In Bezug auf die Verletzung vertraglicher Unterlassungspflichten und ihre Rechtsfolgen ist an dieser Stelle noch im Allgemeinen zu bemerken, daß diese Verletzung an und für sich sowohl in einem unmittelbar wirksamen Eingreifen in die Verhältnisse der Außenwelt, als in einer blosen Gedankenäußerung bestehen kann. Beide Arten von Thätigkeit stellen unter Umständen in gleicher Weise ein Unrecht dar, und rufen beide eine Reaktion von Seiten des Rechts her-

[1] Vgl. Gosl. Stat. S. 77 Z. 41 ff.; M. Fr. III, 7 d. 1; Hamb. R. v. 1270 III c. 13, v. 1292 E c. 12, v. 1497 J c. 4; nach Stadtr. v. 1292 E c. 26, v. 1497 J c. 3 steht jedoch jedem Theile frei, von dem Verlöbnißvertrag zurückzutreten gegen Zahlung der gelobten Mitgift an die Gegenpartei. Auch das Keyserr. II c. 86 stellt Sätze des weltlichen Rechts über den Verlöbnißvertrag auf, welchen jedoch, da sie sich anderwärts nicht nachweisen lassen, eine praktische Bedeutung nicht zuzukommen scheint; der die Ehe verweigernde Bräutigam soll hiernach in dez keisers haffte gelegt werden als lange bis er die iuncfrouwe oder daz wib behelt zu der E. Sint in des keisers rechte stet gesc.: wer da nit enheldet daz er gelobet, den sal der keiser pinigen.

vor. Sofern aber die Herstellung des Rechts auch die Beseitigung der durch das Unrecht hervorgerufenen äußeren Zustände erfordert, macht sich ein Unterschied dahin geltend, daß bei der ersteren Art widerrechtlicher Thätigkeit der früher bestandene rechtliche Zustand nur durch ein wiederholtes Eingreifen in die äußeren Verhältnisse wiederhergestellt werden kann, während, wenn der Vertrag durch eine blose Erklärung, Aeußerung des Pflichtigen gebrochen ist, zur Erreichung jenes Zweckes es genügt, diese Aeußerung u. s. w. ihrer etwaigen rechtlichen Bedeutung zu entkleiden, sie für in rechtlicher Beziehung nichtig zu erklären.[2]

## § 59.

## Bruch des Sühnevertrags.

Die Bestrebungen Karl's d. Gr., die Privatrache als Mittel zur Ausgleichung geschehenen Unrechts zu beseitigen, hatten keinen dauernden Erfolg gehabt. Das spätere Mittelalter sah das Fehdewesen in voller Blüthe und in einer Ausdehnung, welche über das Gebiet der früheren Racheübung weit hinausging. Trotz der zahlreichen Bemühungen der Reichsgewalt, der Geltendmachung jedweder Eigenmacht hindernd in den Weg zu treten, war sie genöthigt, in ihrer Gesetzgebung mit der Fehde als thatsächlich bestehendem Institute zu rechnen, ja dieselbe innerhalb gewisser Grenzen geradezu als berechtigt anzuerkennen. Um so wichtiger für die öffentliche Ruhe und Ordnung im Reiche erschien der Sühnevertrag, Urfehde, gelobter oder Handfriede *treugae manuales*, d. h. diejenige Uebereinkunft, kraft welcher zwei, wegen eines wirklich oder vermeintlich geschehenen Unrechts in Feindschaft lebende Parteien sich verpflichten, nunmehr Frieden zuhalten, u. in Folge hiervon, keinen

---

[2] Vgl. oben S. 157 Anm. [1]; Bl. v. Magdeb. II, 2 c. 20: Allis, daz in dem rechtin wyder recht geschyt, daz hot man in dem rechtin ungeton.

feindseligen Akt in Bezug auf die abgethane Sache gegen einander vorzunehmen.[1] Dieser Sühnevertrag wird daher in der Reichsgesetzgebung unserer Periode vielfach behandelt; es ist die Verletzung dieses Vertrags so ziemlich das einzige, uns hier berührende Rechtsverhältniß, welches eine formell gemeinrechtliche Regelung seitens der obersten Reichsgewalt erfahren hat.

Die letztere geht bei dem Erlaß ihrer diesbezüglichen Vorschriften meist davon aus, daß durch den Sühnevertrag eine in kriegerischer Weise mit Heeresmacht geführte Fehde beseitigt wird, und daß der Bruch desselben sich in Gestalt eines erneuerten kriegerischen Angriffs vollzieht. Allein weder die Sühne noch deren Verletzung ist auf diese Fälle beschränkt. Die beizulegende Feindschaft kann sich auch in einem blosen Gezänke oder einer Rauferei geäußert haben; sie braucht überhaupt nicht zum offenen Ausbruch gekommen zu sein, wenn sich die Versöhnung an das zur Feindschaft Anlaß gebende Vorkommniß etwa alsbald anschließt. Ebenso findet die Sühne aber auch dann statt, wenn die durch eine Rechtsverletzung hervorgerufene Feindschaft auf processualem Wege, vor Gericht zum Austrage gekommen ist.[2]

---

[1] Vgl. Gl. zu Ssp. I, 8 § 3: orveide het vrede, di over veide gesworen wert also dat di veide enwech si. Glosse Nik. Wurm's zum Ldfr. v. 1235 c. 3 bei Böhlau, Nove constitutiones Domini Alberti (Weimar 1858) S. 15. — Der Handfriede ist zu unterscheiden vom Landfrieden; letzterer stellt, wenn auch theilweise in vertraglicher Weise zu Stande gekommene, objektive Rechtsnormen auf, welche von jedem Dritten zu beobachten sind. Im Bayr. Landsfrieden v. 1244 (Monum. Wittelsb. I S. 77 ff.) handeln c. 1—10 von den treugae manuales und vor c. 11 findet sich die neue Ueberschrift: Hec est forma de generali pace provincie; im Landfr. v. 1255 steht an der entsprechenden Stelle vor c. 13 (Mon. Witt. I S. 143 Note [5]) die Notiz: explicit der hantfrid. Auch der ausdrücklich beschworene Landfriede heißt nie Handfriede. Beide Institute werden nicht genügend auseinander gehalten bei Göcke, die Anfänge der Landfriedensaufrichtungen (Düsseldorf 1875).

[2] Vgl. Stadtr. v. Memmingen a. XXIII Abs. 4 (v. Frey-

Als Bruch der Sühne stellt sich jede positive Handlung dar, welche in feindseliger Absicht und mit Bezug auf die vertraglich beigelegte Feindschaft von einem der Contrahenten gegen den andern vorgenommen wird, gleichgültig welches sonst ihre äußere Beschaffenheit ist.[3] Der Sühnebruch kann seiner äußern Seite nach bestehen in jedem gegen Leib, Leben, Freiheit, Vermögen, Ehre der andern Partei gerichteten, an sich bereits widerrechtlichen Angriff, mag er selbst in blosen Worten oder Gebärden zum Aus-

berg V S. 278): Und als bald ain vnzucht mit dem rechten ussgericht wirt, so sol ietweder tail gelüben, richtung und son ze halten jn aids wise; Ssp. I, 8 § 3; Richtst. Landr. c. 41. S. oben § 55 bei Anm. 22.

[3] S. Urtheil des kgl. Hofgerichts v. 1274 bei Franklin, Sententiae curiae regiae (Hannover 1870) Nr. 332 S. 123 f.: Der Graf v. Jülich stellt die Frage, utrum discordia sive guerra manifesta et publica ex quacunque causa fuisset inter partes aliqua suscitata, quae postmodum sit sopita per viam compositionis et pacis amicabilis unionis, ab aliqua partium iterato resuscitari valeat et a parte, quam impatientie sue urget aculeus, contra partem hujusmodi compositionem servare volentem infringi pro libito voluntatis? Hierauf wird das Urtheil gefunden: quod quibuslibet consopitis rancorum turbinibus inter partes, quas amicabilis interveniens compositio counivit, adeo debeat inviolabiliter observari hujusmodi compositio, — quod nulla partium alteri super causa quacumque, amicabili compositione sopita, questionem movere debeat vel audiri quomodolibet super ea. Vgl. Stdtr. v. Augsb. a. 52 Nachtrag 2: — wirt daran ein suene — gemachet, gant die darnach dar und brechent die suene und aevrent die alten viantschafft etc. Gothaisches Stadtr. bei Purgoldt XI c. 74: wyrt dy szune gebrochen, das ihener, der sye gebrochen hadt des magk uberkomen werden, — undt auch das es dyeselbige sache sey, dorumb gesuneth sye seyn etc. Sühneverträge im U.-B. d. St. Lübeck II Nr. 135, 533, III Nr. 549: protestor, quod super discordia — sum perpetuis temporibus amicabiliter compositus et concordatus, ita quod nullus nostrum — ullas actiones contra alium — super premissis causis et emergentibus ex eisdem intendere debet quomodolibet vel movere. „Eintracht" zwischen der Rothlöscherzunft und Claus Schutte zu Lübeck v. 1478 bei Wehrmann S. 395 ff. u. a. m.

druck gelangen.[4] Ebenso kann er aber auch begangen werden durch eine, der andern Seite nachtheilige Handlung, welche ihren widerrechtlichen Charakter gerade erst in Folge des abgelegten Versöhnungsgelöbnisses erhält, z. B. durch Begünstigung der Feinde der Gegenpartei, durch Eingehung eines Bündnisses mit denselben, durch Aufsagen des gelobten Friedens u. s. w.[5] Insbesondere gehört hierher die Anstellung einer gerichtlichen Klage wegen des durch die Sühne beigelegten Unrechts; mag ein auf diese Weise geltend gemachter Anspruch an sich noch so gut begründet gewesen sein, durch den Sühnevertrag hat sich der Verletzte desselben begeben; das Klagebegehren enthält einen Bruch des gegebenen Friedenswortes und ist sonach widerrechtlich.[6]

---

[4] Uslar-Moringer R. § 19 (Zschr. f. R.G. VII S. 295): wor — eyn den freden brike, breckt he myd worden etc. Gerichtsbrauch der Abtei Adelberg v. 1502 (Reyscher, Samml. S. 7): welcher ein gelobten — frieden nit halt mit den wercken etc.; welcher aber wider ein gelobten — friden allein mit worten, geberden oder anzeigung handelte, und nit mit der that oder wercken etc.

[5] Vgl. Constitutio Friderici I Imp. contra incendiarios v. 1187 (Pertz, Leges II S. 185); Bayr. Landfrieden v. 1244 c. 2—4, 6, 7, 10; von 1255 c. 5—7, 9, 10, 12; von 1281 c. 36 a. E. — 40, 42 (Mon. Wittelsb. I S. 79 f., 142 f., 345 f.); Stat. v. Regensburg (v. Freyberg V S. 75 Abs. 2, 3).

[6] Vgl. Ssp. III, 9 § 2: Nen man mut ok klagen binnen deme vrede over den, deme de vrede gelovet is; Richtst. Landr. 41 §§ 2, 9; Bl. v. Mgdb. II, 2 c. 82; Gl. zu Weichb. a. 52 (v. Daniels S. 370 ff.): wo ein man so eyne sune thut ader gelabet, — er vorstorit — die naturliche clage, unde vorleget das gerichte, unde vorbuet sich selber, das er keine clage mehr umme die sache thun mag. — Ouch mag man sune ader orveyde mit clage brechen; ab er obir dy sune gheme mit clage antwert, so hat er dy sune gebrochen, recht ab er sy mit gewalt gebrochen hette. Nach manchen Rechtsquellen wird auch die unbegründete Klage wegen Sühnebruchs selbst als Sühnebruch behandelt; s. Bayr. Ldr. a. 51; Freys. Stdtr. a. a. O. S. 173 f.; Eintrag im Frankfurter Schöffengerichtsb. v. 1481 (Thomas, Oberhof S. 403 f. Nr. 42, 43); dagegen aber Igl. Schöffenspr. bei Tomaschek S. 137 f. Nr. 243.

Das Gemeinsame aller dieser verschiedenen Fälle liegt in ihrem Bezug auf die geschlossene Sühne, d. h. in ihrer subjektiven Seite. Die Willensrichtung des Thäters ist das charakteristische Merkmal des Sühnebruchs, und hierdurch schließen sich jene Fälle zu einem einheitlichen Thatbestande zusammen. Der kraft eigenen Willens Versöhnte will nicht mehr versöhnt sein, und gibt diesem Willen in irgend welcher Weise Ausdruck; gegenüber diesem subjektiven Momente treten alle sonstigen Merkmale der widerrechtlichen Handlung in den Hintergrund, insbesondere auch dasjenige, daß die Handlung, selbst abgesehen von der vorausgegangenen Sühne, bereits an sich eine Rechtsverletzung darstellen würde. Ja, durch die Anerkennung der Sühne als Rechtsgeschäft und durch die hierin liegende Anerkennung des der Sühne vorausgehenden Feindschaftszustands als eines unter Umständen rechtlich zulässigen und nur durch Rechtsgeschäft aufzuhebenden Verhältnisses wird bewirkt, daß der Sühnebruch seines, ihm etwa an und für sich zukommenden widerrechtlichen Charakters vollständig entkleidet erscheint, da diese sonstige Widerrechtlichkeit bei noch bestehender Feindschaft nicht als solche hätte gelten können.[7]

Der Sühnebruch stellt sich hiernach als eine eigenartige Unrechtsform dar, als die absichtliche Verletzung des ge-

[7] Vgl. das von dem Rath zu Nordhausen in der Klagsache des Heintz von Tutensode gegen die Stadt Mühlhausen wegen Mords auf eingeholte Magdeburger Rechtsbelehrung gefällte Urtheil v. 1414 in den N. Mitth. I Heft 3 S. 54: konnen die von Molhusen die uffinbar fede — erzcugen, daz sy sich erlich an dem selbin Hermanne bewart habin adir mit H. T.'s briffe, dar jnne her die fede zcu on gebracht hatte, waz ome danne in den feden, in hanthafftiger tad adir in keyner hanthafftiger tad, wedir faren ist, an wunden adir an todslage, dar sint die von M. sime swertmagen nichtis vmme phlichtig, wenne der man ist dez nicht phlichtig, daz her sinen vigent spare, von Rechtis wegin. — Hamb. R. v. 1270 XII c. 1; zweites Straßburger Stdtr. a. 22 (Grandidier, Oeuvres inéd. II S. 198); Keure v. St. Omer v. 1127 a. 20 (Warnkönig, flandr. St.- und Rechtsgesch. I U.-B. Nr. 9) u. a. m.

gebenen Friedens- und Freundschaftsversprechens.[8] In dieser seiner specifischen Gestalt tritt er uns auch in der Reichsgesetzgebung entgegen.

Bezüglich der rechtlichen Behandlung desselben dienen auch jetzt noch die von Karl d. Gr. aufgestellten Normen zur Grundlage; insbesondere ist es der Verlust der Hand, welcher als specifische Strafe des Bruchs des gelobten Friedens, gleichgültig in welcher äußern Weise derselbe verübt wurde, sich erhalten hat. So verordnet K. Heinrich (VII) in der Constit. generalis v. 1234 (*Pertz* II S. 301):

> Si quis *treugas datas violaverit*, si cum ipso in cujus manum treuge fuerant compromisse et cum duobus aliis synodalibus hominibus treugas violatas esse convincere potuerit et testari, *violator manum perdat.*

Nicht ganz hiermit übereinzustimmen scheint die Erneuerung dieses Gesetzes im Mainzer Landfrieden Friedrich's II v. 1235 c. 3 (*Pertz* II S. 314):

> Sepius accidit, ut praesertim inter militares viros orta contencio treugarum interposicione *per obligationis vinculum* conquiescat; quia quod ex humanis erroribus per momenta subtrahitur', nisi nexui pene subiaceat, in perniciem pristinam recidivat. Firmiter igitur et

[8] Eine kulpose Sühneverletzung ist sonach, da hier der zum Begriffe nothwendige Bezug auf die frühere Feindschaft und die geschlossene Sühne fehlen würde, nicht denkbar; eine unbeabsichtigte Schadenszufügung nach geschlossener Sühne kommt nur als solche, nicht als Sühnebruch in Betracht; vgl. den Sühnevertrag der Gebrüder Colman mit der Stadt Freiburg i. Br. v. 1314 (Schreiber, U.-B. I Nr. 93), worin für den Fall einer unbeabsichtigten Zuwiderhandlung eine blose Entschädigungsverbindlichkeit statuirt wird, für denjenigen einer beabsichtigten dagegen außerdem eine Strafe wegen Sühnebruchs. — Wohl kann aber die Sühne auch im Affekt gebrochen werden, für welchen Fall das alte Landbuch v. Glarus a. 250 (Ztschr. für schweiz. R. VI S. 33 f.) eine mildere Behandlung des Delinquenten verordnet. — Andererseits erscheint aber bereits jede äußerlich erkennbare Versuchshandlung als Friedbruch; vgl. Brünner Schöffenbuch c. 532.

districte precipimus, ut si is in quo treuge violate sunt, — de violatione treugarum coram iudice suo per sacramenta probaverit, *violator proscribatur, nec umquam absolvatur a proscriptione preter voluntatem actoris, vel manum perdat.* — Quod si *per mortem alicujus* treuge fuerint violate, — violator convictus *perpetuo sit erenlos et rehtlos.*

Der Mangel einer genügenden Reichsexekutivgewalt hat sich auch auf dem Gebiete der Reichsgesetzgebung in mehrfacher Beziehung geltend gemacht. Insbesondere gehört hierher die Art und Weise der Behandlung der von Reichs wegen mit Strafe bedrohten Handlungen. Gewissermaßen in der Voraussicht, daß auf freiwilligen Gehorsam nicht zu rechnen ist, daß aber zur direkten Erzwingung desselben keine Mittel zu Gebote stehen, stellt der Gesetzgeber häufig seine Normen in erster Linie für den Fall auf, daß der Gesetzesübertreter sich der ordnungsmäßigen Aburtheilung seiner That durch das Gericht, sowie der Vollstreckung der ihn von Rechts wegen treffenden Strafe entzieht, und daß er daher der Reichsacht verfällt, von welcher er sich dann nur durch freiwillige Gestellung und Uebernahme der eigentlich verwirkten Strafe lösen kann. Das an sich nur indirekte, processuale Zwangsmittel der Acht erhält durch diese Fassung den Anschein, als ob es die unmittelbare Rechtsfolge des begangenen materiellen Unrechts darstelle. — Dies Verhältniß findet sich nun auch in der angef. Stelle des Landfr. v. 1235; allein der wahre Sinn des Gesetzes ist doch unverkennbar der, daß den Friedensbrecher die Strafe der Hand und im Nichtgestellungsfalle die Reichsacht treffen solle.[9]

Eine besondere Strafe scheint aber für den Fall ver-

---

[9] In andern Reichsgesetzen tritt dagegen die wahre Bedeutung der Acht wieder schärfer hervor; s. z. B. Landfr. v. 1287 c. 40 (Pertz II S. 451 f.); Rheinischer Landfr. K. Albrecht's I v. 1301 (Pertz II S. 476 lin. 34–37).

ordnet zu sein, daß die Sühne durch eine Tödtung gebrochen wird: ewige Ehr- und Rechtlosigkeit. Zum Verständniß dieser Bestimmung ist zunächst zu bemerken, daß der vorliegende lateinische Text des Landfr. v. 1235 nicht den vollen Inhalt des gesetzgeberischen Willens zum Ausdrucke gebracht hat; wenigstens lautet in sämmtlichen deutschen Recensionen dieses Landfriedens[10], ebenso wie in den auf letzterem beruhenden späteren Landfrieden v. 1281, 1287, 1291, 1292, 1298, 1303[11] die betreffende Stelle dahin:

so ne sol in der rihter *von der aht niemer gelazen, wan mit dem tode* (Var.: er gebe den lip dar vmb) *und sol elos und rehtlos sin.*

Dürfen wir in dieser Fassung den wirklichen Sinn des Gesetzes erblicken, so gilt, was oben vom Verhältniß der Acht zur Strafe des Handverlusts gesagt wurde, hier auch von demjenigen der Acht zu der Todesstrafe; letztere soll die an sich reguläre Strafe des vermittelst eines Todtschlags verübten Sühnebruchs sein. Der daneben noch erwähnten Ehr- und Rechtlosigkeit kommt eine selbständige Bedeutung nicht zu, da sie in beiden Alternativen, sowohl in Verbindung mit der Todesstrafe, als in Folge der Reichsacht, hier nach Jahr und Tag, sich von selbst ergibt.[12]

[10] Siehe dieselben bei Pertz II S. 575 Col. 1—3, sowie bei Böhlau, Nove Constit. S. 14 f. Col. 2.

[11] Pertz II S. 433, 437, 449, 456, 459, 482; Böhlau a. a. O. Col. 3.

[12] Vgl. Constit. contra incend. v. 1187 (Pertz II S. 184 Zle. 32 ff.); Landfr. v. 1235 c. 12 (das. S. 317) und oben S. 227 Anm. [27]. Die nach dem Wortlaut des Gesetzes anscheinend sofort eintretende Ehr- und Rechtlosigkeit erregte bereits der Glosse Bedenken; s. Böhlau a. a. O. S. 16. Diese letzte Folge der Reichsacht wird vom Gesetzgeber in ähnlicher Weise in den Vordergrund gestellt, wie die Acht selbst gegenüber der eigentlichen Strafe; ganz ähnlich die bayr. Landfrieden v. 1244 und 1255 c. 1 (Mon. Witt. I S. 78, 141): violator (sc. treugarum manualium) exlex (rehtlos und elos) iudicetur ita, ut sentencia nec expurgatio eius deinceps super aliquo admittatur, in Verbindung mit dem bayr. Landfr. v. 1281 c. 36

Karl d. Gr. hatte für den Fall, daß die Sühne durch Todtschlag gebrochen würde, neben der speciellen Sühnebruchstrafe die Erlegung des Wergeldes des Getödteten an dessen Blutsfreunde verordnet (s. § 18). Soweit diese Wergeldszahlung den Ersatz eines durch die Tödtung entstandenen, äußeren Schadens bezweckte, steht auch jetzt dem Beschädigten ein ähnlicher Anspruch zu[13]; sofern dieselbe aber eine besondere Strafe des in der Tödtung als solcher liegenden Unrechts darstellte, ist sie in einer verschärften Sühnebruchstrafe aufgegangen. In der Zwischenzeit war nämlich der Todtschlag als solcher von Reichs wegen unter eine öffentliche, und zwar die Todesstrafe gestellt worden[14]; wenn nun auch der Sühnebruch, abgesehen von der äußeren Art der Verübung, als für sich bestehendes Delikt galt, so schien es doch nicht angänglich, denselben, sofern er durch Todtschlag begangen war, milder zu strafen, als einen ohne vorgängige Feindschaft und Sühne verübten Todtschlag. Die äußere Art und Weise der Begehung machte sich hier als Erschwerungsgrund geltend, und man übertrug daher die Todtschlagsstrafe auf den durch Todtschlag begangenen Sühnebruch.

Das Verhältniß des Landfr. v. 1235 zu dem angef. Gesetze v. 1234 ergibt sich somit dahin, daß ein principieller Unterschied zwischen ihnen nicht besteht, daß vielmehr nur ein besonders erschwerter Fall, auf welchen das Gesetz von 1234 keine Rücksicht genommen hatte, im Landfr. v. 1235 speciell hervorgehoben wird.

---

(Mon. Witt. I S. 344, Pertz II S. 428 c. 30): so sol der, der den (hant-) fried zebrochen hat, in der acht sin.

[13] Dies liegt wohl unter anderm in den Worten: nec unquam absolvatur a proscriptione preter voluntatem actoris. Nach dem in der vorigen Anm. cit. bayr. Landfr. v. 1281 ist durch Sühnebruch veranlaßter Schaden doppelt zu ersetzen. S. unten Anm. [18].

[14] S. Constitutio pacis v. 1156 c. 1; Treuga Henrici regis v. 1230 c. 4, 8 (Pertz II S. 101, 267).

Diese reichsgesetzlichen Bestimmungen in ihrem soeben dargelegten Sinne bilden das gemeine deutsche Recht über Sühnebruch während der folgenden Jahrhunderte; unverändert wurden sie in die späteren Landfriedensgesetze aufgenommen, und ähnlich finden sie sich noch in der Bamberger wie in der Peinl. Gerichtsordnung Karl's V art. 129, bezw. 108.[15] Zugleich bilden sie den Ausgangspunkt für die partikularrechtliche Entwicklung in dieser Periode.[16]

Die süddeutschen Rechtsquellen schließen sich zunächst enge an die Reichsgesetzgebung an, theils wörtlich, theils dem

---

[15] S. die oben bei Anm. [11] cit. Landfr. a. a. O.; P. G. O. Karl's V a. 108: Item bricht eyner eyn geschworne vrphede mit sachen und thatten, darumb er vnser keyserlichen recht vnd diser ordnung nach zum todt on das mocht gestrafft werden, der selben todtstraff soll volg geschehen. So aber eyner eyn vrphede mit sachen, darumb er das leben nit verwürkt hat, fürsetzlich vnd frevenlich verbrech, der soll als eyn meyneydiger mit abhawung der handt oder finger — gestrafft werden.

[16] Unberührt von der Reichsgesetzgebung auf diesem Gebiete blieb nur das flandrische und das friesische Recht; über das Recht der Sühne und deren Verletzung im ersteren vgl. die eingehende Darstellung bei Warnkönig, flandr. St.- und R.G. III S. 184–209. Im fries. Recht gilt das Princip, daß die Strafe des Sühnebruchs in einer Erhöhung der durch die Art und Weise der Verübung an sich verwirkten Strafe (Composition) besteht. Der Sühnebruch ist hiernach also kein eigenartiges Delikt, sondern ein die Strafbarkeit verschiedener anderer Delikte erhöhender Umstand. Wird nach geschlossener Sühne ein Mord begangen, so wird an Stelle der sonst hierfür zu zahlenden Composition theilweise Verbannung oder Todesstrafe verhängt. Vgl. Upstallsbomer Gesetze v. 1323 c. 17 vgl. mit c. 11, 12; Fivelgoer Küren § 22; Loppersumer Sendbrief v. 1424 § 8; Landr. v. Fivelgo, Hunsingo und Gröningen v. 1448 II § 24; Drenther Ldr. v. 1412 § 9 (v. Richthofen fries. Rechtsq. S. 105, 288, 313, 323, 524). Nur in der Nordfriesischen Siebenhardenbeliebung v. 1426 § 7 (v. Richth. S. 579) könnte neben der alteinheimischen Composition eine Einwirkung des Reichsrechts gesehen werden: Welker man den anderen slöge unerlicken effte up vorsonede böte, de man schal erlos wesen u. schal in den söven harden nenen freden hebben, und de fründe schölen den man betalen vor XXIV pund engelsch.

Sinn nach[17]; theilweise beschränken sich dieselben darauf, nur die Hauptstrafe des Sühnebruchs, den Verlust der Hand, anzugeben, ohne auf die erschwerten Fälle einzugehen; zugleich wird dann in Anlehnung an eine Wendung im Landfr. von 1235 (s. Anm. [13]) dem Schuldigen die Befugniß gegegeben, mit Einwilligung des Richters und Klägers die Hand durch Zahlung einer Geldbuße zu lösen.[18]

In letzterem Sinne sind wohl auch die beiden Satzungen des Rheingauer Landr. a. 59 und 73 zu verstehen, deren erstere den Verlust der Hand als Strafe des Sühnebruchs bestimmt, „ader er sal dar vmb dingen mit wysunge der scheffen als recht und herkomen is", während in der letzteren Geldstrafe von 20 Pfund und Ehr- und Rechtlosigkeit (als Folge der Handlöse) darauf gesetzt wird.[19] Nach den Regensburger Stat. (a. a. O. S. 75 Abs. 1) soll dagegen der Sühnebrecher in erster Linie zu einer Geldstrafe verurtheilt werden (9 Pfund der Stadt, 9 Pf. dem Kläger, 2 Pf. dem Richter) und nur im Unvermögensfall zum Verlust der Hand.

[17] S. bes. Oesterreichisches Landr. a. 63 (bei Hasenöhrl, österr. Landesr. im 13. u. 14. Jhrhdt., Wien 1867, S. 258; S. 275 § 82); dann die oben Anm. [12] cit. bayr. Landfr.; Augsburger Stadtr. a. 52 § 1: Swaer einen hantfride git unde den brichet, ist daz umbe den totslac, daz ist ein lip wider dem andern, umbe swelhe ander sach daz ist, da sol man im die hant umbe abeslahen. — Waere aber daz er — von der schulde entwiche, — so sol man hinze im rihten mit der aehte. Unde mag auch von der aehte niht chomen, er enbezzer dem clager unde buze dem vogte; das. art. 30 § 2; Oefnung zu Rheinau (Grimm, I S. 287); Züricher Blutgerichtsordn. art. umb zungen und finger abhowen, sowie umb fridbruch (Schauberg, Zschr. I S. 387, 388).

[18] So Bayr. Ldr. a. 51; Stdtr. v. München a. 130, v. Freysing a. a. O. S. 173 f. Die Folge der Handstrafe wie der Handlöse und damit des Sühnebruchs selbst ist Rechtlosigkeit: Bayr. Ldr. a. 52; Münchener Stdtr. a. 131. In diesen Bestimmungen ist auch die Verpflichtung des Friedbrechers, dem Verletzten den entstandenen materiellen Schaden zu ersetzen, neben der Strafe ausdrücklich hervorgehoben.

[19] Bei Bodmann II S. 627, 628 sowie bei Grimm W. I S. 42, 543.

Andere Gesetze heben dagegen gerade nur den schwereren Fall hervor, daß die Sühne durch Todtschlag gebrochen wird und nun die Todesstrafe eintritt.[20] Hierher glaube ich insbesondere auch die einschlägigen Bestimmungen der deutschen Rechtsbücher zählen zu sollen, obgleich ihre Ausdrucksweise eine allgemeine ist:

Ssp. III, 9 § 2: Brict — en man den vrede, den he vor sik selven lovet, it gat ime *an den hals*. Das. II, 13 § 5; Glog. Rb. c. 308; Dsp. a. 212; Schwsp. a. 266; Rupr. v. Freys. I. c. 175 (v. Maurer).[21]

Es scheint hier die Todesstrafe über jede Art des Sühnebruchs verhängt zu sein. Die cit. Stelle des Ssp. hängt jedoch aufs engste mit dem voranstehenden § 1 zusammen, und hier ist die Rede ausschließlich von dem Fall, daß eine an das Leben gehende That verübt ist.[22] Daß nach dem Schwsp. nicht jeder Sühnebruch Todesstrafe zur Folge haben sollte, ergibt sich daraus, daß hier der Friedensbürge[23]

[20] S. z. B. Appenzellisches Landb. v. 1409 a. 11 (herausgegeben v. Rusch, Zürich 1869, S. 73): wer an dem annder fridbraich wirt, der frid gebenn hatt, vnnd denn annderenn zu thott schlecht, ald wie er inn vom lib thut den, dem er frid geben hatt, so sol man ab dem — richten als ab ainen mörder.

[21] Aehnlich auch später die Tiroler Malefizordn. Maximilian's I v. 1499 a. 19 (bei Weiske, Abhandl. aus d. Geb. des teutschen Rechts, Leipzig 1830, S. 191) sowie die H.G.O. für die Stadt Ratolphzell v.1506 a. 16 (bei Walchner, Gesch. der St. Ratolphzell, Freiburg i. Br. 1825, S. 282).

[22] Vgl. auch den Zusatz der Hdschr. Aw zu Ssp. II, 71 § 1 (Homeyer S. 297 N. 3), worin neben der Todesstrafe auch der Strafe der Hand bei Bruch des gelobten Friedens Erwähnung geschieht. Dieselbe wird hier allerdings mit Bezug auf Ssp. II, 16 § 2 davon abhängig gemacht, daß der Friedebrecher ohne Kampf seiner That überwiesen wird.

[23] Die Friedensbürgschaft (vrede, den en man vor den andern lovet) geht der processualen Bürgschaft für einen um Ungericht Beklagten sowohl in Bezug auf den Inhalt als den Rechtsgrund der Haftung des Bürgen (s. oben S. 434 ff.) durchaus parallel; insbesondere zweien sich in ersterer Hinsicht auch hier die norddeutschen u. süddeutschen Quellen in der oben angegebenen Weise; vgl. Ssp. III, 9 §§ 1, 2; Richtst. 41 § 6; M.-Bresl. R. 1261 § 37; Görl. R. a.

im Falle des Sühnebruchs die durch den wahren Thäter verwirkte Strafe selbst zu erdulden hat, daß aber der Schwsp. a. 266 dem Bürgen für diesen Fall die Handstrafe in Aussicht stellt, ja daß er auch von dem Friedebrecher selbst, sofern er vom Bürgen vor Gericht gebracht wird, sagt: man sleht im abe die hant.[24] — Nach dem Richst.

27; Weichb. 52 § 2 (bei Mühler 38 § 2); Syst. Sch.-R. II, 2 c. 42, 44; Kulm. R. II c. 59, 85; Schöffenspr. bei Wasserschl. I S. 253 f. c. 115, S. 385 f. c. 33; Prager Stdtr. a. 48, 49; Gosl. Stat. S. 40 Zle. 30 ff.; U.-B. d. St. Lübeck II Nr. 533; Dtschsp. a. 211 (mit bemerkenswerther Abweichung vom Sachsenspiegel l. c.); Schwsp. a. 266; Rupr. v. Freys. I c. 175. Theilweise findet sich auch eine Vermischung beider Institute, theils so, daß der Friedensbürge im Falle des Sühnebruchs auch zur Sistirung des Schuldigen verpflichtet ist (so im Schwsp. a. 266, Igl. Stadtr. bei Tomaschek, Oberhof S. 367 dist. 4), theils so, daß der Proceßbürge im Nichtgestellungsfall auch für die Wahrung des Friedens seitens des zu Gestellenden haftet (Rüg. Ldgebr. tit. 144—146). — Bricht der Friedensbürge selbst die von ihm für einen andern gelobte Sühne, so treffen ihn dieselben Folgen, wie die den Frieden brechende Hauptpartei: syst. Sch.-R. II, 2 c. 42; Kulm. R. II c. 85; Gosl. Stat. S. 40 Zle. 37.

[24] Der Zusatz der Laßb. Hdschr.: wande er den vride selbe nút gab, scheint ein, mindestens in dieser Form ungehöriges Glossem zu sein; siehe die Stelle bei Wackernagel art. 218 u. die Varianten das. Note [5]. Jemand, der einen Friedensbürgen stellt, muß nothwendigerweise auch selbst Frieden geloben. — Auf unsern Fall scheint mir übrigens auch Schwsp. a. 99 bezogen werden zu müssen: Sprichet ein man den andren an vmbe sine trivwe, vnde wil iener bereden, daz er ein getrivwer man si, mag er in vber zivgen mit siben mannen, daz er sine triwe habe zerbrochen, er sol ouch wissen mit wiu oder wie, so sol man im die hant abe slahen; vnde ist daz er nivt gezivge hat, er mag mit im wol kemphen. (Dschsp. a. 89, Rupr. I c. 69). Unter der Voraussetzung, daß wir in dem hier gebrauchten Wort „triwe" die Uebersetzung von „treugae" zu sehen haben, sind fast alle Bestandtheile des cit. Satzes den reichsgesetzlichen Bestimmungen v. 1234 und 1235 über den Handfriedebruch entnommen (außer den oben angef., der Sententia de violatione treugarum v. 1234 bei Pertz II S. 300 f.); der Satz, daß der Kläger die Art der Verletzung näher angeben müsse, findet sich in gleicher Weise in dem, ebenfalls auf den genannten Reichsgesetzen basirenden Art. 51 des Bayr. Landr. Die einzige Ausnahme ist, daß dort der Beweis des Klägers mit 2, bezw. 3

Landrecht 41 §§ 2, 9, Bl. v. Mgdb. II, 2 c. 82 tritt im Falle des Sühnebruchs durch Anstellung einer Klage Todesstrafe dann ein, wenn der Kläger wegen des durch die Sühne ausgeglichenen Unrechts die Gegenpartei selbst zum Tode verurtheilt wissen wollte; und zwar trifft ihn diejenige Todesart, die er selbst beantragt hatte.

An die so aufgefaßten Bestimmungen der Rechtsbücher schließt sich das Magdeburger Recht äußerlich an; es gilt der Satz:

> Swar so ein sune vnd ein recht were wirt getan vor gerichte, brechen die die sachwaldigen, — *die vorliesen vmbe die wunden ire hant, vnd vmbe totslach ir houbit.*[25]

Allein innerlich hat sich eine Trennung von der bisher besprochenen Auffassungsweise vollzogen. Die hier verordneten Strafen sind keine Sühnebruchsstrafen mehr; sie beziehen sich vielmehr auf das in der betr. Handlung sonst liegende Unrecht, die Todesstrafe auf den Todtschlag, der

---

Zeugen, hier aber mit 7 geführt werden soll; allein bereits einige deutsche Recensionen des Ldfr. v. 1235 selbst haben an Stelle des: cum duobus synodalibus viris „mit sechs sentbern mannen" (Böhlau a. a. O. Col. 2), und auch anderwärts wird der Beweis des Friedebruchs selbsiebt erfordert, z. B. Glog. Rb. c. 307, Bl. v. Mgdb. II, 2 c. 84; s. auch Richtst. 41 § 9 Note [72]. Es ist jedoch auch möglich, daß der Verfasser, nachdem er einmal treugae mit Treue übersetzt hatte, Bestimmungen, die sich auf Verletzung der Lehns- u. Unterthanentreue bezogen, auf den Handfriedebruch angewandt hat; vgl. Bayr. Ldfr. v. 1244 c. 82, v. 1255 c. 64 (Mon. Witt. I S. 90, 150): Swer sine triwe brichet an sinem rehten herren an sinem libe oder an sinem guot oder an sinen eren, wirt er des uberwunden mit siben etc.

[25] So Mgdb.-Bresl. R. v. 1261 § 37; Görl. R. v. 1304 a. 27; Weichb. a. 52 § 1 (bei Mühler a. 38); Syst. Schöffenr. II, 2 c. 43; Kulm. R. II c. 58. Die Bestimmung des Weichbildrechts art. 84, daß man dem Richter auf einen des Sühnebruchs Ueberwiesenen daz hochste gewette, daz ist eyn halb wergelt urtheilen soll, ist mir nicht recht verständlich. Soll hierdurch etwa ausgedrückt sein, daß man die Hand mit dem halben Wergeld lösen kann, und daß hieran der Richter sein Gewedde hat? oder soll eine besondere Proceßstrafe wegen des processualen Abläugnens statuirt werden?

Verlust der Hand auf die Verwundung als solche[26]; liegt keine Verwundung, sondern ein beliebiges anderes Unrecht vor, so tritt nicht der Verlust der Hand, sondern die Strafe eben dieses Unrechts ein. Der Sühnebruch als solcher wird nicht weiter beachtet. Deutlich ist dies Princip ausgesprochen in anderweiten Stellen, welche die hierher gehörigen Bestimmungen in allgemeinerer Fassung geben:

Syst. Schöffenr. II, 2 c. 42: Wirt eyne sune — vorrichtit unde dy man in gehegtim dinge gelobit hatte nicht tzu brechen, gebrochen, — so sal man richtin ober en *noch dem vngerichte, das her getan hat*. Kulm. R. II c. 85; Bl. v. Mgdb. II, 2 c. 81.

Hiernach war der Sühnebruch als eigenartige Deliktsform beseitigt; man sah bei den betr. Handlungen das Unrecht in erster Linie nicht mehr in der Verletzung des gegebenen Wortes, sondern wesentlich in der Verletzung der, abgesehen hiervon, angegriffenen Rechte, indem die Vorstellung, daß im Zustand der Fehde und Feindschaft die Rechtsbeziehungen zwischen zwei Personen aufgehoben und erst durch das Sühneversprechen wieder hergestellt seien, bei fortschreitender Entwicklung immer mehr zurücktrat. Man erblickte in der Sühne nicht mehr ein Rechtsgeschäft, durch welches Rechte und Pflichten begründet wurden, sondern ein Institut, durch welches bestehende Rechte und Pflichten gegen wiederholte Verletzungen möglichst sicher gestellt werden sollten. Trat trotzdem eine Verletzung ein, so erschien die Verletzung des gesicherten Rechts als das für den Charakter des vorliegenden Unrechts insgesammt maßgebende Moment. — Von einer Verletzung der Sühne durch eine, an sich nicht widerrechtliche Handlung konnte dabei überhaupt nicht mehr die Rede sein.

[26] Vgl. Magdeb.-Bresl. R. v. 1261 § 11; Görl. R. a. 8; Halle-Neum. R. §§ 12, 13; Weichb. a. 69; Syst. Sch.-R. II, 2 c. 13; Kulm. R. II c. 29; Glog. Rb. c. 255, 271; Mgdb. Fr. III, 5 d. 1.

Da die schwereren Fälle des bisherigen Sühnebruchs, Verwundung, Todtschlag, auch nach Magdeb. Recht von den, gemeinrechtlich auf den Sühnebruch gesetzten Strafen, welche mit denen jener Delikte identisch waren, betroffen wurden, so lag die praktische Bedeutung dieser Umwandlung darin, daß die, an sich betrachtet, leichteren, nicht peinlichen Fälle der peinlichen Strafe des Handverlustes entzogen wurden. Und dieser praktische Punkt scheint es gerade zu sein, welcher einer allgemeinen, partikularrechtlichen Umgestaltung dieser Materie im Sinne des Magdeb. Rechts Anlaß und Richtung gab. Bei blosem Schelten, Schlagen, Raufen konnte man, selbst wenn ein Versprechen dadurch gebrochen wurde, jene schwere Strafe nicht mehr gerechtfertigt finden, da man in diesen Handlungen wesentlich nur die Verletzung der äußerlich und unmittelbar von ihnen betroffenen Rechte sah; der damit verbundene Sühnebruch führte höchstens dazu, die durch diese Handlungen sonst verwirkten Strafen in etwas erhöhtem Maaße eintreten zu lassen.

Während man sich nun in mehreren Gegenden damit begnügte, ähnlich wie im Magdeb. R. zu bestimmen, daß jede That, durch welche eine Sühne gebrochen wird, nach ihrer sonstigen Beschaffenheit zu behandeln sei[27], erließ man anderwärts gerade für die erwähnten leichteren Fälle Ausnahme-

---

[27] Vgl. Bamb. R. § 106; über den hier gebrauchten Ausdruck „sichern auff freuntlich recht" vgl. Mon. Suinfurt. Nr. 90; ferner Vogtordn. v. Großengartach v. 1513 (Reyscher, Samml. S. 533). Im Gothaischen Stdtr. bei Purg. XI c. 74 verfällt bei Sühnebruch die etwa stipulirte Conventionalstrafe, undt dy unfuge, dy er gethan hadt, dy sall er bwsen undt bessern nach der stadt recht. Feldkircher Stadtr. v. 1399 tit. 61 (Mone, Ztschr. f. d. Gesch. d. Oberrheins Bd. XXI, 1868, S. 147): welher frid brichet mit worten, der sol der statt 10 pfd. d. darumb vervallen sin. — Ist aber ob ainer frid brichet mit werken, der sol der statt me bessren, darnach und den dú werk beschehent und darnach schad davon beschicht, als sich ain raut darumb denn fürbasser erkennen und ainen straffen sol.

bestimmungen, in Folge deren die peinlichen Strafen auf die Fälle beschränkt blieben, bei welchen sie auch ohne Feindschaft und Sühne in Anwendung gekommen wären. So wurde z. B. in einem Nachtrag zum Augsb. Stadtr. a. 52 (Meyer S. 123) im Gegensatz zu den oben Anm. [17] mitgetheilten Bestimmungen verordnet:

Swa liute zerwerffent mit anander mit scheltworten oder mit rauffen oder mit slahen ane blutrustin, wirt daran eine suene und ein friwentschafft gemachet, gant die darnach dar und brechent die suene und aevrent die alten viantschafft *mit scheltworten oder mit rouffen oder mit slahen*, swer des bewaert wirt, — der sol dem chlager *bezren nah der ratgeben rat und sol der stat ze bezrunge ein iar ouzz der stat sin.*

Nach der Gerichtsordnung zu Adelberg v. 1502[28] soll derjenige, welcher einen gelobten Frieden „in peinlichen rechten“ bricht, die Hand oder 3 Finger verlieren; bricht er ihn aber „zue burgerlichen rechten“ oder blos mit Worten oder Gebärden, so verwirkt er den großen Frevel, d. h. 10 Gulden. Das Prager Rb. sagt auf Grund des Stdtr. art. 48, 49, 51 v. 1349:

Pricht ein man den fride, denn er selbe gelobet hat, mit den worten, get is ym an dy pfennig, mit ten werken an den hals.[29]

In noch anderer Weise suchte man im Stadtr. v Elingen v. 1353 a. 51 dem erwähnten Bedürfniß nach-

[28] Reyscher, Sammlung S. 7, 8. Vgl. Uslar-Mor. R. § 19 (Zschr. f. R.G. VII S. 295). Die Bestimmungen der schweizer. Rechte über den Bruch gelobten Friedens s. bei Blumer in der Zschr. f. D. R. IX S. 303 ff.

[29] Vgl. Brünner Schb. c. 86 und in Bezug auf die Verletzungen eines gebotenen Friedens (s. oben S. 135 Anm. [6]) Stdtr. v. Iglau a. 81 (Tomaschek, D. R. S. 285 f.); Igl. Schöffenspr. (Tomaschek, Oberhof S. 236 f. Nr. 325). Ueberhaupt gehen die äußerst zahlreichen Bestimmungen über den gebotenen Frieden mit denen über den gelobten meist Hand in Hand.

zukommen; man setzte eine allgemeine niedere Sühnebruchstrafe fest; wurde die Sühne dann durch ein schwereres Verbrechen verletzt, so trat selbstverständlich die durch letzteres verwirkte Strafe ein:

> Wer eyne rechte sune brichit — edder eyne frede, — der sal geben *eyne marg vf daz rathus vnd eyn jar rume edder ynnelege.*[30]

Diese Tendenz, die Rechtsfolgen des Sühnebruchs nach der sonstigen rechtswidrigen Beschaffenheit der That zu bestimmen, erlitt eine durchgreifende Ausnahme. Sühne wurde, wie erwähnt, auch bei gerichtlicher Erledigung eines zur Feindschaft Anlaß gebenden Unrechts gelobt, und zwar von beiden Seiten, sowohl von dem nunmehr in seinen Ansprüchen Befriedigten, als dem ursprünglichen Uebelthäter; von letzterem dahingehend, kein weiteres Unrecht wegen der ausgeglichenen Sache zu begehen, insbesondere wegen der ihm auferlegten Buße keinen Racheakt vorzunehmen. Je mehr nun, vorzüglich in den Städten, diese Buße sich als eine im öffentlichen Interesse seitens der öffentlichen Behörde auferlegte Strafe darstellte, desto mehr wurde es üblich, das Sühneversprechen, die Urfehde, wesentlich dieser Behörde gegenüber abzulegen; der verurtheilte und bestrafte Uebelthäter verpflichtete sich, gegen diese Behörde oder überhaupt gegen die durch letztere vertretene Stadt und ihre Bürger wegen der erlittenen Strafe Nichts feindseliges zu unternehmen.[31] In den Städten dehnte sich ferner die Sitte immer

---

[30] Bei Michelsen, Rechtsdenkmale aus Thüringen, S. 197. Aehnlich bezüglich eines gebotenen Friedens Speyrer Gerichtsordn. v. 1328 c. 44 (Lehmann, Chronica d. fr. R.-St. Speyr, 1612, Buch IV cap. 16 S. 328), sowie Gerichtsordn. f. d. St. Coburg v. 1466 § 5 (Gengler, C. J. M. I S. 512): welcher ein fried — vorbrichet, der sol vns 10 pfund, vnser stadt auch so viel, vnd dem cleger 5 pf. zu busze geben, vnd pliebe die tat, domit der fried gebrochen wird, noch in jrem werte.

[31] Siehe das Berliner Urfehdeformular bei Fidicin, Beitr. z. Gesch. d. St. Berlin I S. 1.

mehr aus, Uebelthäter zur Strafe oder nach überstandener Strafe zeitweilig oder auf immer der Stadt zu verweisen; dabei ließ man sich von den Auszuweisenden das Versprechen ablegen, innerhalb der bestimmten Zeit nicht in die Stadt zurückzukehren, und verband dieses Versprechen mit demjenigen der Sühne: die Urpheda de non ulciscendo und de non redeundo, im Wesentlichen ein polizeiliches Sicherungsinstitut. Gerade dieses seines Zweckes wegen setzte man nun auf die Verletzung eines solchen Versprechens die schwersten Strafen; jeder, welcher nach geleisteter gerichtlicher Urfehde in die Stadt zurückkehre oder eine, gleichviel wie beschaffene feindselige Handlung gegen dieselbe vornehme, sollte hingerichtet werden. Diese Strafe pflegte dem Urfehde Leistenden zur Abschreckung sofort angedroht, und der ganze Vorgang in das Gerichtsbuch eingetragen zu werden.

Vgl. Eintrag im Hannoverschen Stadtbuch v. 1356[32]: S. juravit ad sanctos, quod neminem offendat vel perturbet de Honovere, et quod nullo modo propius vellet venire civitatem H. quam diu vixerit nisi II miliaria *per restem*, quod vulgariter dicitur: *bi der weden* (d. h. bei der Strafe des Stranges).

Häufig influenzirte dabei aber noch ein anderes Moment. Die Verbannung wurde theilweise als eine Art Begnadigung ausgesprochen, aber unter der Bedingung, daß der Verbannte die Urfehde halte; im andern Falle sollte die ursprünglich verwirkte Strafe, nun auch als Folge des Urfehdebruchs, vollzogen werden, z. B.:

Eintrag im Stralsunder Stadtb. v. 1300: G.

---

[32] Vaterl. Arch. des hist. Vereins für Niedersachsen 1844 S. 496 f. Daselbst sowie bei Pufendorf, Obs. IV App. S. 167 ff. weitere Einträge ähnlichen Inhalts. Ferner Wismarische Einträge bei Burmeister S. 25; Bamberger Gerichtsbuch Nr. 46 ff. (Zöpfl S. 149 ff.); so auch Tiroler Malefizordn. v. 1499 a. 16 (Weiske, Abhdl. S. 190), Ratolphzeller H.G.O. art. 13 (Walchner S. 282) und die in der folg. Anm. citirten.

juravit *sub pena colli sui*, quod civitatem S. amplius non intrabit, et si eam introierit, *eandem justiciam, quam pati debuit*, patietur.[33] —

## § 60.
## Bruch der Verpflichtung, im Wort zu bleiben, bei andern Rechtsgeschäften.

Die Verpflichtung, im Wort zu bleiben, und ihre Verletzung kann an und für sich an jede vertragliche, auf dem Willen und dem Worte des Pflichtigen beruhende Rechtsverbindlichkeit sich anknüpfen, gleichgültig welches im übrigen deren Inhalt ist. Ueberall läßt sich ein positives Zuwiderhandeln gegen das Zustandekommen oder gegen den Bestand einer rechtlich geschuldeten Leistung denken. So sind uns bereits im Laufe unserer Untersuchungen bei Vertragspflichten, welche die Vornahme einer positiven Handlung zu ihrem unmittelbaren Inhalte hatten, mehrfach Rechtsverletzungen begegnet, welche, indem sie sich jeweils scharf von der einfachen Nichterfüllung der betr. Leistungspflicht schieden, und andere Rechtsfolgen als diese nach sich zogen, sich im Allgemeinen dahin charakterisirten, daß der Verpflichtete vermittelst eines positiven Thuns der Erfüllung der versprochenen Leistung sich entgegen stellte, dieselbe unmöglich machte. Hierher gehört die Flucht des Geldschuldners mit Hab und Gut (§ 34), die Doppelveräußerung oder Vernichtung einer zu überliefernden Sache (§ 50), die Veräußerung, Vernichtung oder Verschlechterung einer zurück zu gebenden Sache (§ 52), der Fall, daß ein Proceßbürge der vor Gericht zu stellenden Partei zur Flucht verhilft, oder daß ein Vorsprecher das Wort seines Klienten „um Miethe Willen ungetreulich spricht" (§ 54) u. a.; auch das processuale

[33] Fabricius S. 172 Nr. 110; siehe viele Einträge des geschilderten Inhalts daselbst S. 169—177 aus den Jahren 1282—1310. In einem Eintrag im Stdtb. v. Diessenhofen (a. 178 bei Schauberg, Zschr. II S. 36 f.) wird dagegen als Folge des gerichtlichen Urfehdebruchs nur eine Geldstrafe von 1 Pfd. Heller bestimmt.

Ableugnen einer vertraglichen Leistungspflicht (§ 44) kann theilweise hierher gerechnet werden.[1] Bezüglich aller dieser Widerrechtlichkeiten wurde an den betr. Stellen hervorgehoben, wie sie in Folge ihrer äußeren Gestaltung eine eigene Unrechtsform darstellen, wie sie gegenüber bloser Nichtleistung einen deliktischen Charakter an sich haben, und als Rechtsfolge daher eine Strafe nach sich ziehen. An dieser Stelle, an welcher sie bei streng systematischem Verfahren des Näheren zu behandeln gewesen wären, genügt es daher, unter Verweisung auf die vorangehenden Ausführungen das Princip festzustellen, auf welchem diese Erscheinungen beruhen. Dieses Princip ist aber eben der deutschrechtliche Satz, daß eine freiwillig übernommene Rechtspflicht den Schuldner in der Weise bindet, daß er auch alle, aus jener fließenden Consequenzen zu tragen und zu beachten hat, daß eine gegen letztere verstoßende Handlungsweise ein Unrecht darstellt, welches, da es nicht direkt aufgehoben werden kann, durch Strafe ausgeglichen werden muß:

> Wiener Stadtr. v. 1340[2]: Swelich man nicht aygen insigel hat, wes sich der vnder zwayr oder menigerr erberr manne insigel verbint, — *daz sol stet beleiben*, als daz urchund under den insigeln sait. *Wer dawider tut, daz sol nicht chraft haben*[3], *vnd sol dartzu dem richtter pezzern nach des rates rat.*

---

[1] Vgl. Berliner Stadtbuch bei Fidicin I S. 172, wo die oben § 17 Anm. [3] angef. Stelle des Ssp. so wiedergegeben wird: und wat he dut, dat sal he stede holden, dat is dat du nicht vorsaken salt, nämlich auf eine gerichtliche Klage hin.

[2] Rauch, Rer. Austr. Script. III S. 58 f. Vgl. auch Saarbrücker Privileg v. 1321 bei Grimm II S. 7: was vor dem meiger vnd vor den scheffen wurt vnd sol werden gededinget, vnd das sie beurkundent, das sol stede verliben ane widderredde; wer da widder rette, — der ist an vns entfallen vmb XXX sch. dn., welche Strafe allerdings auch auf dem, oben § 46 a. A. dargelegten Motiv beruhen kann.

[3] S. darüber oben § 58 bei Anm. [2].

Noch einige weitere Fälle, in denen dies Princip Anwendung findet, sollen hier dargelegt werden.

Derjenige, welcher sich zur Einlagerleistung verpflichtet, hat in erster Linie das Einlager zu beziehen, und wird eventuell auf dem Exekutionswege hierzu angehalten (s. § 53). Durch das gegebene Wort ist er aber ferner verbunden, das Einlager auszuhalten, d. h. den Ort desselben nicht zu verlassen; andern Falls trifft ihn Strafe:

Züricher Statut v. J. 1300[4]: Swa ein burger ein andern *giselschaft bricht*, *der git der stat zu buesse ein pfunt*, und sol sich *abir* entwürken in die giselschaft; der buesse sol der rat nit abelan. —

Der Vertrag, kraft dessen man einem Dritten eine Befugniß an oder bezüglich einer eigenen Sache einräumt, hat zur rechtlich nothwendigen Consequenz, daß der Eigenthümer insoweit an der eigenen Disposition über seine Sache gehindert ist. So darf bei der sog. neueren Satzung der Eigenthümer mit der verpfändeten Sache keine Handlung vornehmen, durch welche dieselbe dem eventuellen Angriffe des Gläubigers entzogen, oder durch welche dessen Befriedigung daraus geschmälert würde; er darf sie nicht veräußern, verpfänden, vermiethen, mit Renten belasten.[5] — Derjenige, welcher dem andern ein Vorkaufsrecht an seiner Sache eingeräumt hat, darf letztere nicht verkaufen, ohne sie vorher jenem angeboten zu haben.[6] — Der Besteller einer Grundrente darf auf das betr. Grundstück keine weitere Rente legen,

---

[4] Bei Friedländer, Einl. S. 124; ähnlich Stadtordn. von Frauenfeld v. 1331 a. 20 (Schauberg, Ztschr. II S. 121). Strafen für Bruch des gesetzlich auferlegten Einlagers in mehreren der oben § 36 Anm. [17] angef. Stellen.

[5] S. v. Meibom S. 427 f.; Stobbe, Handb. des deutschen Privatrechts II[a] S. 276 f.

[6] S. Laband, verm. Klagen S. 271; dagegen hindert die Einräumung eines Wiederkaufsrechts nicht an beliebiger Veräußerung; das. S. 268 ff.

sofern der Rentengläubiger hierdurch benachtheiligt wird.[7] Handelt in diesen und ähnlichen Fällen der Eigenthümer seiner Verpflichtung, seinem Worte zuwider, und wird der betr. Berechtigte hierdurch beschädigt, so ist ihm dieser Schaden vom Eigenthümer zu ersetzen, bezw., sofern der letztere eine widerrechtliche Disposition getroffen hat, ist dieselbe dem Berechtigten gegenüber nichtig. Allein hierdurch wird das in dem Zuwiderhandeln liegende Unrecht als solches nicht beseitigt; vielmehr erfordert dieses eine Strafe. Für die hier in Rede stehenden Fälle steht mir zum Beleg dieses Satzes leider nur eine Stelle zu Gebote, welche jedoch das maßgebende Princip selbst deutlich erkennen läßt:

> Lüb. R. C. II a. 236: So we sin erve to pande gesat hevet vor ghot, de nemach nen wicbelde dar inne vorkopen; wil over iemant an sineme vrien erve wicbelde verkopen, de neschal it nicht mer ener weghene verkopen. Mer leghet eme dar na mer not an, so mach he wol dat, des dat erve betere is wan dat wicbelde, da dar vt gheyt, to pande setten vor deme rade. *Verkoft over iemant wicbelde an eneme erve na deme dat it vorsat is, eder verkoft iemant twiger weghene wicbelde an eneme erve, — dat scal men richten like dufte.*

Aehnlich wie in den zu Anfang des Paragraphen angef. Fällen sucht man auch hier der deliktischen Natur des vorliegenden Unrechts dadurch Ausdruck zu leihen, daß man dasselbe einem verwandten, feststehenden Verbrechensbegriff anreiht.[8] —

Dem Veräußerer einer Sache liegt die Pflicht ob, die von ihm bewirkte Veräußerung stäte zu halten; wie er

[7] S. Stobbe, Handbuch II[a] S. 249.

[8] Vgl. v. Meibom S. 442 f. Vielleicht sind auch die oben § 50 Anm. [18] citirten Stellen des Zipser Rechts von einer Verletzung der sog. neuen Satzung zu verstehen.

den Erwerber vor den Angriffen Dritter im Besitze zu schirmen und zu erhalten hat (§ 55), so darf er auch von sich selbst aus keine Handlung vornehmen, welche diesem Besitze oder dem Bestande des Veräußerungsgeschäfts zuwider wäre; er darf das letztere weder durch Wort noch durch That, sei es durch blose Revokation, sei es durch Anstrengung eines Processes, sei es durch Gewalt anfechten oder umstoßen.[9] Wie nun im Falle der Zuwiderhandlung einem solchen Worte dem Erwerber gegenüber keine rechtliche Kraft beiwohnt, wie die für den Erwerber durch eine etwaige That entstandenen Vermögensnachtheile durch eine Ersatzleistung des Veräußerers auszugleichen sind, so erfordert auch das hierdurch begangene Unrecht als solches eine Repression. Das, was positiv geschehen ist, kann aber an sich selbst nicht aufgehoben werden; es muß Strafe eintreten. Auch hierfür kann ich jedoch aus den Quellen dieser Periode nur eine Belegstelle beibringen. Im schwäbisch-alemannischen, theilweise auch im bayrischen Recht besteht die Eigenthümlichkeit, daß eine Frau, welche ihre Morgengabe veräußern will, die eben bezeichnete Rechtspflicht ausdrücklich und zwar eidlich zu übernehmen hat[10]; für diesen Fall verordnet nun das Stadtr. v. Augsburg a. 84 § 3:

> brichet si danne den eit, daz si die morgengabe wider ansprichet, *so hat si die hant verlorn mit rehte, damit si die morgengabe verswur*, *daz ist reht.*

---

[9] Ein hierauf abzielendes, ausdrückliches Versprechen in Verbindung mit dem der Gewährleistung findet sich schon in den ältesten deutschen Veräußerungsurkunden (s. Anh. b. Anm. [17] ff. u. oben S. 139 ff.), und ebenso ist ein solches in unserer Periode üblich. Vgl. z. B. Verkaufsurk. v. 1325 (Mon. Suinfurt. Hist. Nr. 49): promittentes ipsis warandiam facere debitam et consuetam et ita (lies contra) praedictam venditionem non venire per nos, alium vel alios verbo, ope vel opere, publice vel occulte, scilicet eam firmam et ratam tenere, quemlibet sine vara u. v. a.

[10] Vgl. hierüber Schwsp. a. 20 und Schröder, Geschichte des ehel. Güterrechts II, Abth. 1 S. 30 ff., 46 ff., auch Abth. 2 S. 250.

Nach Analogie des Bruches der zumeist ebenfalls eidlich gelobten Sühne wird auch hier die ursprünglich dem Meineid angehörige Strafe des Handverlusts auf einen Eidbruch übertragen (s. oben S. 136), ohne daß m. E. gerade anzunehmen wäre, daß der Eintritt der Strafe an sich durch den vorgängigen Eid bedingt sei. —

Wie die eben besprochene Rechtspflicht das Correlat der an die Veräußerung einer Sache sich anknüpfenden Gewährverbindlichkeit ist, so steht der Klagengewähre, — auch abgesehen vom gerichtlichen Sühnevertrag (s. oben S. 456 f.), — die Verpflichtung des Klägers zur Seite, den einmal geltend gemachten Anspruch, mag er nun abgewiesen oder zuerkannt werden, nicht wiederholt zu erheben. Aus dem Versprechen, den Beklagten gegen gewisse Handlungen Dritter zu vertreten und zu schützen, folgt von selbst die negative Pflicht, auch selbst derartige Handlungen nicht vorzunehmen. Wird diese Pflicht verletzt, so tritt, sofern es sich nicht um die Sühne einer persönlichen Feindschaft handelte, dieselbe Rechtsfolge ein, wie bei dem Bruche der für eine bürgerliche Klage gelobten Gewähr (s. oben S. 455 f.), ebenso wie wir oben S. 456 f. die Rechtsfolge des Sühnebruchs mit der des Gewährbruchs bei peinlichen Klagen zusammenfallen sahen:

Halle-Naumburger Schöffenspr.[11]: Eyn man komet vor gerichte und beschuldiget den andern umme schaden, und geloben beyde (?) darauf *eyne were*, und derselbe cleger trit uf deme selben fuzze *und beclaget jenen abir eyns umme dy selbe schulde und bricht an ome dy were:* ist dy were gebrochen mit wyssenheit richteres und dingwarten, *so wint der, an deme dy gewere brochen ist, 30 schillinge mit rechte und der richter sin gewette.* —

[11] Bei Mühler S. 81 Nr. 24; vgl. auch Augsb. Statut v. 1349 § 5 (Meyer, Stadtbuch S. 246), Bayr. Ldr. art. 23; Stdtr. v. Freysing a. umb verschaiden sach (a. a. O. S. 166 f.).

Ist die Entscheidung eines Rechtsstreits auf dem Wege eines zwischen den Parteien geschlossenen Vertrags an Schiedsleute übertragen worden, so sind jene hierdurch verpflichtet, dem Schiedsspruche Folge zu leisten; per consequentiam aber auch, Nichts gegen das Zustandekommen des Schiedsspruchs zu thun, sowie den gefällten Spruch weder gerichtlich noch auf sonst eine Weise anzufechten, nicht aus der Schiedung zu treten. Im Falle des Zuwiderhandelns trifft sie auch hier, neben der Verpflichtung zum Ersatze des der andern Partei hierdurch etwa entstandenen Schadens, Strafe[12]; ebenso auch die Schiedsleute, welche ihrer Verpflichtung, nach bestem Wissen einen Spruch zu fällen, nicht nur, rein negativ, nicht nachkommen (s. oben § 53 sub 1), sondern positiv um Miethe willen eine falsche, ungerechte Entscheidung treffen.[13] —

Verpflichtungen der hier besprochenen Art werden in den Urkunden insbesondere über Friedens-, Bündniß-, Vergleichs-, Schiedsverträge von den Contrahenten häufig ausdrücklich übernommen, und auf ihre Verletzung wird eine Conventionalstrafe gesetzt. Allein aus einer solchen, auf dem reinen Parteibelieben ruhenden Beredung läßt sich um so weniger auf die von Rechts wegen eintretenden Folgen der uns hier interessirenden Vertragsverletzungen schließen, als dabei letztere von den Verletzungen einzelner, im Vertrag übernommener positiver Leistungen meist nicht gehörig geschieden werden. Häufig aber sieht man auch von der Bestimmung einer Conventionalstrafe ab, und verweist für den Fall des contra venire, contra facere, infringere, resilire a conventionibus[14], einfach auf das, was bei einer solchen Ver-

[12] Vgl. Bayr. Ldr. art. 25, 27; Freys. Stdtr. artt. mer vmb schidung, vmb schidung (S. 167); Stdtr. v. München a. 22, 279.

[13] Vgl. Bayr. Ldr. a. 24; Stdtr. v. Freysing a. vmb schidlawt (S. 166 f.).

[14] S. z. B. Urk v. 1227, 1226 bei Warnkönig III U.-B. Nr. 80, 129, 130; v. 1312 im U.-B. d. St. Lübeck II Nr. 292.

tragsverletzung von Rechts wegen zu geschehen hat. Und hier läßt dann die Ausdrucksweise der Urkunden keinen Zweifel, daß man hierunter eine Strafleistung zur Ausgleichung des begangenen Unrechts versteht. Um die Herbeiführung der letzteren eintretenden Falls zu sichern, pflegt man dann Exekutionsmaßregeln gegen denjenigen zu verabreden, welcher die von Rechts wegen verwirkte Strafe zu erfüllen verweigern sollte; so insbesondere das Einlager (s. oben S. 242 ff.). Vgl.:

Urk. v. 1331[15]: Et si quis ut ipse vel alter nomine suo vel pro se contrarium fecerit, ipsis consulibus malum aut aliquod premissorum inferentes, de illo seu de illis tenemur ipsis consulibus *plenam ad emendam et de singulis sufficienter usque ad condignam satisfactionem* respondere.

Urk. v. 1276[16]: — si nos contra promissam ordinationem in parte vel in toto venerimus, iidem fidejussores — M. civitatem — intrabunt, inde non exituri *nisi de compositione et orretha violata plenarie satisfiat*. —

## § 61.
## Verletzung der auf eine specielle Unterlassung gerichteten Vertragspflicht.

Es ist mir nur eine Stelle bekannt, welche eine hierher gehörige, gesetzliche Bestimmung enthält; es ist dies:

Passauer Stadtr. v. 1225 § 30[1]: Si quis alteri se obligat *ad rei observantiam alicujus*, utpote *ad abstinenciam mulieris vel ludi sive rei alterius cujuscunque*,

[15] U.-B. d. St. Lübeck II Nr. 533; ferner das. I Nr. 215, 216, 219, III Nr. 642, IV Nr. 467, 468, 509, 524, 628, 695; Riesert, II Nr. 66; Schreiber I Nr. 30, II Nr. 294; Wirtemb. U.-B. III Nr. 782, 939; Monum. Wittelsb. I Nr. 26 S. 63 f. u. a. m.

[16] Bei Friedländer, Einlager S. 46; siehe die Urk. das. S. 48—56.

[1] Gengler, Stadtr. S. 344 ff.

et transgressus fuerit fines obligationis hujusmodi, *judici VI solidos dare debet.*

Die Eingangsworte könnten zu dem Glauben verleiten, daß hier von jedweder vertraglichen Verpflichtung die Rede sei; allein die gewählten Beispiele, wie das *transgredi fines* obligationis zeigt deutlich, daß der Gesetzgeber die in einem positiven Thun liegende Verletzung einer negativen Verbindlichkeit im Auge hat, und daß er ein solches positives transgredi, welches, wie die Beispiele darthun, eine Vermögensbeschädigung des Berechtigten nicht zur Folge zu haben braucht, mit der Strafe von 6 sol. treffen will.

Für die Strafwürdigkeit der Verletzung einer speciellen vertraglichen Unterlassungspflicht spricht in ähnlicher Weise, wie dies am Schlusse des vorigen Paragraphen hervorgehoben wurde, auch hier die in Urkunden über derartige Verträge sich mehrfach findende Hinweisung auf eine, bei Vertragsbruch von Rechts wegen verfallende Strafleistung.[2]

In mehreren, auf Maurer, Zimmerleute, Dachdecker bezüglichen Gesetzen ist einem, auf Vornahme einer positiven Leistung gerichteten Vertrage von Obrigkeits wegen ein negativer Bestandtheil beigefügt; es soll nämlich hiernach

---

[2] Vgl. Wirtemb. U.=B. III Nr. 588, 715; Lüb. U.=B. IV Nr. 163; Schreiber I Nr. 67. In einer Urk. v. 1284 bei Böhmer, C. D. Moenofr. I S. 214 laufen Conventional= und gesetzliche Strafe ununterschieden durch einander: Nos scultetus etc. — frankinv. notum esse cupimus —, quod universi molendinarii — constituti coram nobis fideliter promiserunt, se ad hoc voluntate spontanea obligantes, quod pistores nullis muneribus vel promissionibus, quod liebnusse dicitur, de cetero placare (d. h. durch Geschenke gewinnen) debeant; et quicunque ex ipsis molendinariis secus faceret, promissum hujusmodi violando, ille nomine pene solvere deberet sculteto libram, civitati libram et artificibus, qui „antwercgenoz" dicuntur, similiter unam libram levium denar.; idemque exibit civitatem nostram per annum —. Si eciam aliquis molendinarius — se ad nos transtulerit, si promissum sive obligationem antedictam non servaverit, pene superius premisse subjacebit. Vgl. Urk. v. 1283 das. S. 211.

ein solcher Handwerksmeister, welcher für Jemanden die Herstellung einer Bauarbeit übernommen hat (loc. cond. *operis*), vor Beendigung derselben kein anderes Werk angreifen, nicht aus dem Werk gehen dürfen. Handelt er diesem polizeilichen Verbot zuwider, so trifft ihn eine der Obrigkeit verfallende Strafe.[3]

## Vierter Abschnitt.

### Rechtsfolgen des Vertragsbruchs, welche von dem Inhalt der verletzten Rechtspflicht unabhängig sind.

### § 62.

### Rechtsfolgen, welche sich auf den Rechtsgrund der verletzten Verbindlichkeit beziehen.

In den vorangehenden Abschnitten sind die Rechtsfolgen der Vertragsverletzungen, unter steter Berücksichtigung des der Willensbeschaffenheit des Pflichtigen zukommenden Einflusses, aus der äußeren Natur der je im einzelnen Falle verletzten Rechtspflicht hergeleitet worden. Es erübrigt uns, die Gegenprobe auf die Richtigkeit dieses Systems zu machen, indem wir sehen, ob sich nach den Quellen nicht etwa anderweite Momente feststellen lassen, durch welche die den Vertragsbruch treffenden Rechtsfolgen bestimmt werden.

In dieser Hinsicht bietet sich unserer Untersuchung zunächst der Rechtsgrund dar, auf welchem die verletzte Ver-

[3] So Münchener Stdtr. a. 472, Bauordnung v. 1489 a. 12 (Auer S. 206): Wenn sich ain werchman, er sey maurer oder zimerman oder decker, ains werchs underwint ze taglon oder ze fürding, daz selb werch sol er mit seinen gesellen volfürn und volpringen, und sol auch an chain ander werch die zeit nicht sten, und sol dar auz nicht gen, oder dem richter LX dn., der stat I lib. Bamberger Gerichtsb. v. 1306–1333 Nr. 106 (Zöpfl S. 165 Col. 48, 49); Lübische Maurerrolle um 1527 § 2, Rolle der Schiffszimmerleute v. 1560 § 3 (Wehrmann S. 332, 405).

bindlichkeit beruht.[1] Es fragt sich ob nicht der Vertrag, das Versprechen als solches auf die Art der Reaktion des Rechts gegen das Unrecht einwirkt?

Bezüglich der Nichtzahlung von Geldschulden ist bereits oben § 48 das Irrelevante dieses Moments dargethan worden, und an dieser Stelle hat das Gleiche bezüglich des Vertragsbruchs überhaupt zu geschehen. Es ist mir keine, vor den Ausgang des 15. Jahrhunderts fallende Quellenstelle bekannt, welche an die Verletzung des Vertrags als solchen oder an die Verletzung einer beliebigen vertraglichen Rechtspflicht eben wegen dieses ihres Rechtsgrunds eine Strafe oder eine sonstige specielle Rechtsfolge knüpfte.[2]

Erst gegen Ausgang unserer Periode finden sich einige, seitens der österreichischen Landesherrschaft oder doch in deren Machtbereich erlassene Gesetze, worin die Nichtbefolgung jedes beliebigen Versprechens als ein Delikt, welches Strafe, und zwar meist peinliche Strafe erfordert, hingestellt, und im Zusammenhang mit Diebstahl, Raub, Mord, Nothzucht u. s. w. behandelt wird. Zuerst ist dies m. W. der Fall in der Tiroler Malefizordnung Maximilian's I

---

[1] Die Art der Verübung des Unrechts kann nur bei Verletzung negativer Vertragspflichten und auch hier nur beim Sühnebruch von Belang sein, in Bezug auf welchen das Erforderliche bereits in § 59 gesagt ist.

[2] Der Ausspruch des Keyserrechts II c. 86: wer da nit enheldet, daz er gelobet, den sal der keiser pinigen, will, wie sich aus dem Zusammenhange der Stelle ergibt (s. oben § 58 Anm. [1]), keine besondere Art der Rechtsfolge statuiren, sondern nur aussprechen, daß das im Vertragsbruch liegende Unrecht überhaupt eine Reaction von Seiten des Rechts, bezw. seines Vertreters hervorruft; besagt also im Grunde nur dasselbe wie der unmittelbar folgende Satz: waz der man gelobet, daz ist er schuldig mit rechte. Jede Vertragsverletzung zieht natürlich nur insofern Unrechtsfolgen nach sich, als durch den Vertrag Rechte und Pflichten begründet worden waren; und soweit ist jede Rechtsfolge des Vertragsbruchs durch den rechtsgültigen Vertrag als solchen bedingt. — Ueber die Constit. generalis K. Heinrich's (VII) v. 1234 s. oben S. 429 f.

von 1499, in welcher an die Verpönung des Meineids und Sühnebruchs sich folgender Satz anreiht:

Der aber *sunst sein anloben nicht haldt*, den oder die selbenn nach gelegenhait der sach *an leib oder gut zustraffen.*[3]

Uebergegangen ist diese Bestimmung in die Ratolphzeller H.G.O. § 17[4], und ebenso scheint dieselbe auch dem Freiburger Stadtr. v. 1520, Tract. V art. 16[5] zu Grunde zu liegen:

welcher *syn trüw gibt vnd gelobt*, *es gescheh in vnserm kouffhusz oder andern orten*, vnd daszselb frevenlich vnd gevarlich verpricht vnd dhein eehafft vrsach dagegen darthůn mag, den wǒllen wir *an eren vnd gut straffen* vnd es mǒcht so offt vnd geverlich geschehen, der trüwbrecher würd *glicherwysz wie der meineid gestrafft*, d. h. mit Abhauen der Finger und Stadtverweisung.

Nach der Oefnung v. Kilchberg von 1515[6] dagegen trifft die, weliche glüpdt nit hielten, nur eine Geldbuße von 10 Pfund Pfennig.

Ich kann in dieser Erscheinung nur eine Singularität und einen Ausfluß des Sinnes der Zeit sehen, welcher dahin strebte, möglichst viele Handlungen von Obrigkeits wegen zu verbieten, und das Verbotene unter möglichst strenge Strafen zu stellen.

---

[3] Bei Weiske, Abhdl. aus dem Gebiete des teutschen Rechts S. 191 Abs. 3.

[4] Bei Walchner a. a. O. S. 282.

[5] Nüwe Stattrechten vnd Statuten der loblichen Statt Fryburg im Pryszgow gelegen. Freib. 1520 fol. 95. Noch weitere Bestimmungen des 5. Traktats dieser Statuten dürften auf die Tiroler M.O. bezw. die Ratolphz. H.G.O. zurückzuführen sein, z. B. diejenigen über Entführung, über Verheirathung gegen den Willen der Eltern u. a.

[6] In der Grafsch. Toggenburg gelegen, zu St. Gallen gehörig; bei Grimm I S. 208.

## § 63.

## Forts. — Einfluß des Vertragsbruchs auf die bürgerliche Ehre und Rechtsfähigkeit.

Wie das deutsche Recht den Vertragsbruch als solchen überhaupt nicht als Grundlage besonderer Arten von Rechtsfolgen anerkennt, so knüpft es an ihn auch keine Strafen, welche die bürgerliche Ehre und Rechtsfähigkeit betreffen. Nur in einzelnen Fällen sind uns solche begegnet. Abgesehen von der Rechtlosigkeit des bestochenen Vorsprechen (oben S. 441 f.), welche sich mehr auf die Verletzung der Amts- als der Vertragspflicht bezieht[1], knüpft sich an den Vertragsbruch nur dann Ehr- und Rechtlosigkeit, wenn dieselbe in Folge einer peinlichen Strafe oder der den Schuldigen treffenden Acht, also bereits aus andern Gründen, eintritt, insbesondere in den Fällen, in welchen die Exekution schuldhafterweise unmöglich gemacht worden ist, sowie bei dem Bruche von Sühne- und Friedensverträgen.

Die in der Reichsgesetzgebung bei den letzteren Delikten ausdrücklich hervorgehobene Ehr- und Rechtlosigkeit hatte auch seitens der Conventionalrechtspflege (s. oben S. 235 ff.) in umfassendem Maaße Aufnahme gefunden. Bei Abschluß der Sühne- und Friedensverträge pflegte man für den Fall der Verletzung meist in Geldleistungen bestehende Conventionalstrafen zu verabreden. Während nun aber nach den Gesetzen Rechtlosigkeit sowohl dann eintrat, wenn der Thäter zur (peinlichen) Strafe gezogen wurde, als auch dann, wenn er sich letzterer entzog und in die Acht kam, war für dieselbe bei einer Geldstrafe im ersteren Falle kein Platz. Dagegen stipulirte man diese Ehrenfolgen nach Analogie der Reichsgesetze für den andern Fall, daß der Thäter die Leistung der verabredeten Strafe verweigern sollte:

[1] Vgl. Mgdb. Fr. I, 16 d. 3: Eyn — vorspreche — hat sich an dem ammechte vorwarlost, das her rechtelosz ist geteilt vor gerichte; in I, 5 d. 5 (bei Behrend Beil. II S. 216) erhebt der Richter die Klage gegen den bestochenen Vorsprechen.

Augsb. U.-B. I Nr. 15 v. 1257: Item statuimus, si camerarius dampnum aliquod ad estimacionem X libr. — nobis irrogaverit, *nec de eo satisfacere curaverit, tamquam fractor voti ad omnes actus legitimos inabilis et despectus (sit)*, quod vulgariter subintelligendum est „*elose und rehtlose*".[2]

Gerade wie die Reichsgesetzgebung nun den Fall der Acht und der hierdurch bewirkten Rechtlosigkeit als das Regelmäßige in den Vordergrund stellte, so geschah dies auch häufig in den Verträgen:

U.-B. v. Freiburg II Nr. 293 v. 1379: Were aber das ich hiewider iemer üt tete oder getan schüffe, — *so sölte ich ein meineider, verzalter und erloser man sin und heissen an allen steten, — iemer untz an die stunde, das das widerkert wirt mit allen kosten und schaden.*[2]

Erschienen hiernach diese Ehrenstrafen als die letzte und wirksamste Rechtsfolge gegenüber einem Verbrecher, welcher durch direkte Zwangsmittel zu der zunächst verwirkten Strafe nicht angehalten werden konnte, so kam man häufig dazu, dieselben unmittelbar und ohne weiteren Zusatz an die Verletzung des Vertrags selbst zu knüpfen[3]; den wahren Sinn einer solchen Abrede ergibt aber deutlich ein Sühnevertrag v. J. 1300 bei Schreiber I Nr. 58, wo es zuerst allgemein heißt:

---

[2] Vgl. Wirtemb. U.-B. III Nr. 782; Schreiber I Nr. 30; Urk. v. 1284 bei Stobbe, Vtrgsr. S. 27; s. auch Rhein. Ldfr. v. 1301 (Pertz II S. 476).

[2] Vgl. U.-B. d. St. Lübeck III Nr. 111: Rogamus vestre discrecioni, quatenus V. W. informare dignemini, qui nobis efficitur, quod vulgariter dicitur truelos unde erelos unde menedig also nin bederve man, (ut) satisfaciat.

[3] Vgl. Urk. v. 1237 im Wirt. U.-B. III Nr. 891, v. 1388 bei Reyscher, Samml. S. 425 ff., v. 1358 bei Böhmer I S. 658 f., sowie die bei Stobbe S. 27, Grimm, R.A. S. 612 f. angeführten.

**und swa vnser deheiner der deheines brichet, der ist meineide vnd rehtlos vnd elos.**

Allein ein Zusatz klärt dies sofort näher auf: wenn der einen Partei dünkt, daß die andere die Sühne gebrochen habe, so soll sie sich klagend an die bestellten Schiedsrichter wenden:

**und swas die drie oder ir zwene sprechent vf den eit vmbe das da geschehen ist, wie man es wider tuon süle oder besseron,** *das süln wir tuon in den nehsten zwein manoden, — und teten wir des nüt, so weren wir meineide und were die pene uf uns gevallen, dü da vor geschriben stat.* Vgl. auch Augsb. U.-B. I Nr. 15. —

Von diesen, an sich von Rechts wegen eintretenden, vom Gericht auszusprechenden und mit bestimmten rechtlichen Wirkungen ausgestatteten Ehrenstrafen ist jedoch zu unterscheiden die Minderung der einem Bürger bei seinen Mitbürgern zukommenden Achtung und Reputation, welche allerdings die Folge der Vertragsverletzung und zwar einer jeden sein kann. Bei jeder freiwillig übernommenen, versprochenen Verpflichtung setzt der Promittent gewissermaßen seinen eigenen Charakter als Bürge für die richtige Erfüllung; bleibt letztere aus, so leidet das Ansehen, in welchem jener Charakter bei der Gesellschaft steht; der gute Name und Ruf des Vertragsbrüchigen wird geschädigt. Dies ist jedoch ein rein thatsächliches Verhältniß, wenngleich man im Rechtsverkehr behufs Sicherung oder Durchführung einer versprochenen Leistung dasselbe häufig besonders berücksichtigt und hervorhebt. Die einzige, rechtlich relevante Wirkung dieser Schmälerung der gesellschaftlichen Ehre ist rein negativ und besteht darin, daß der verletzte Promissar, ohne einer Strafe ausgesetzt zu sein, den Wortbruch des Promittenten in einer für letzteren beschimpfenden Weise öffentlich bekannt machen, denselben schelten darf[4]; allein auch dies nur mit

[4] S. Gosl. Stat. S. 46 Zle. 8 ff.: **Sculdighet men enne dat he ene truwelos hebbe ghekündighet to unrechte, wel iene benömen**

der Beschränkung, daß für den Promissar unter den betr. Umständen keine Aussicht vorhanden ist, auf dem gerichtlichen Wege[5] oder auf andere Weise[6] zu seinem Rechte zu gelangen. In den Vertragsurkunden ließ man nun häufig den Schuldner die ihm bei Vertragsverletzung in Aussicht stehende Ehrenminderung anerkennen und sich ihr unterwerfen; dem Gläubiger wurde ausdrücklich das Schelterecht zugesprochen, von welchem dann eintretenden Falles, wie bekannt, ein umfassender Gebrauch gemacht zu werden pflegte, um den Schuldner zur Erfüllung der Haupt- oder Ersatzleistung zu bewegen.[7]

Wohl mit Bezug auf die zuletzt erwähnte Schädigung der gesellschaftlichen Ehre bei Verletzung des gegebenen Worts

de stede unde de tid unde de scult, dar ime borst an worden is unde swere, dat he dar rechte an ghesproken hebbe, so blift he des sunder wandel.

[5] Vgl. Verm. Ssp. III, 16 d. 8: Nymant sal den andern (d. h. den Hauptschuldner, für welchen er Einlager leistet) schelden, ab her on nicht lediget usz der leystunge, dywile he gerichtes unde he gerechtes bekomen mag, womit zu verbinden Naumb. Stdtr. v. 1337 c. 5 (Mühler S. 64): Wer ouch den anderen vmme schult trwelos kundeget vnd der nicht vordert mit rechte, der sal zwene manden di stat rume. S. Bresl. Stadtbucheintr. v. 1428 in der Zschr. f. Gesch. u. Alterth. Schlesiens Bd. VII S. 360 Nr. 133.

[6] Vgl. Lüb. U.-B. III Nr. 633: Ritter Ekkard v. Bülow ersucht den Rath v. Lübeck, den Ritter Benedikt v. Ahlefeld zur Zahlung einer Summe Geldes anzuhalten. Alias ipsum, si monicionibus non vult acquiescere vestris, licet invite ipsum monere volo nunc prout exnunc, quod incongruum, si vir probus esset, quod tamen non est, suo videretur honori. Auch mit Bestellung von Pfändern verwahrt man seine Ehre in diesem Sinne; s. Urk. v. 1351 bei Friedländer S. 168 ff.

[7] Vgl. Friedländer S. 127—132; das. S. 173 ff. Urk. Nr. 19—22. Scheltebriefe in möglichst kräftigen Ausdrücken siehe z. B. im U.-B. d. St. Lüneburg II (Hannover 1875) Nr. 751, bei Fidicin II Nr. 82; auch hier heißt es aber: Und bitte euch, lieben herren, daz ir in mucht underwiesin, daz her mich betzalthe, alzo daz ich dez scheldins nicht dorfte; daz wolde ich alle czit umme uch verdienen. Wenn mag ich uwir anewisunge nicht genissen, so wil ich in schelden, daz hers an erin nicht sol vorwinnen.

stellte das Bamb. R. § 256 vorübergehend, wie wir sahen, schimpfliche Exekutionsmaßregeln gegen insolvente Schuldner auf.[8]

## § 64.

## Einfluß der Vertragsform auf die Rechtsfolgen der Verletzung. — Das Versprechen auf Treue und das eidliche Versprechen.

In den Rechtsquellen dieser Periode wird äußerst häufig hervorgehoben, daß ein Versprechen seitens eines Verpflichteten bei seiner Treue, in oder auf Treue abgelegt worden sei. Es wurde jedoch im Verlaufe dieser Untersuchungen bereits gelegentlich darauf hingewiesen, daß hierin nur ein besonderer Ausdruck für ein bei jedem Versprechen als solchem vorhandenes Requisit zu sehen sei, dazu bestimmt, dem Schuldner die für ihn entstehende Pflicht stärker in's Gewissen zu schärfen, und daß demgemäß der Bruch eines solchen Versprechens auf Treue keine besonderen Rechtsfolgen nach sich ziehe.[1]

[8] S. oben S. 208 f. Anm. [3]; über das Schimpfliche in der Verpflichtung, kurze Kleider zu tragen, vgl. Grimm, R.A. S. 285, 711 f. Eine dem Bamb. R. ähnliche Bestimmung findet sich auch in der Tiroler M.O. v. 1499 a. 33 (Weiske a. a. O. S. 194 f.), auf welche ich hier nachträglich verweise: ist der insolvente Schuldner über 25 Pfd. schuldig, so soll er 4 Wochen in Schuldarrest gelegt, dann an den Pranger gestellt und des Landes verwiesen werden; ist er unter 25 Pfd. schuldig, so söll der richter dem selben gelter ain gelbs schaybel an sein rock verordnen anzuheften, öffentlichen zu tragen, als lang hintz er sölich geltschuld bezalt. Entfernt der Schuldner dasselbe, so wird er ebenfalls an den Pranger gestellt und des Landes verwiesen.

[1] S. oben § 2 Anm. [34], § 34 S. 224 ff. Darüber, daß bereits das einfache Versprechen gewissermaßen ein Verpfänden der Treue involvirt, vgl. außer den dort angef. Stellen noch folgende: U.-B. d. St. Lübeck III Nr. 237: quod si fidejussores, qui — composicionem promiserunt, fidem suam non servaverint; Wirt. U.-B. II Anhang I S. 418: bona promittebat, sed fidem non servans populum — decipiebat; Prager Statutarr. a. 68, Rechtsb. a. 1: welch man schuldig ist vnd sein prief vber sich gibt vnd nicht helt, als sein prief louten, vnd darumb treulos

Ein Zweifel an der Richtigkeit dieses Satzes bezüglich der Ehrenfolgen einer Verletzung könnte sich jedoch erheben auf Grund einer Bestimmung des Ssp. Hier heißt es in III, 41 § 2[2]:

Svat di man sveret unde *entruwen lovet*, sienen lief mede to verstene oder sin ghesunt, al ne mach he's nicht gelesten, *it ne scadet ime to sime rechte nicht*,

woraus sich der Schluß zu ergeben scheint, daß der Bruch eines anderweitigen Treugelöbnisses Rechtlosigkeit zur Folge habe. Allein zunächst scheint auch hier auf ein ausdrückliches Geloben „in Treuen" ein Gewicht nicht gelegt zu sein; wenigstens ist in Magdeb. Fr. III, 9 d. 3, wo sich eine praktische Anwendung des angef. Satzes findet, nur von einfachem Geloben die Rede. Ferner aber steht jener Auslegung der Ausspruch einer verwandten Rechtsquelle direkt

---

wirt etc.; Bürgerspr. zu Bielefeld v. 1578 (Walch III S. 71): alle die ienige, so vor burgermeister, raht und gericht sich verpflichten schulde dem cleger auf besagte zeit zu bezahlen, die verstricken sich vber mit ihrer handfestung bei iren glauben, ehren und trawen, dieselbige verpflichtung dem gegentheil vestiglich zu halten. In den Mgdb. Fr. II, 4 d. 2 heißt es in der Ueberschrift: ab eyner eynen gehen lisze uff syne truwe, dagegen im Text einfach: uf syn gelobde. S. auch unten Anm. [5].

[2] Auf die Verletzung eines bei der Treue abgegebenen Versprechens dürfen nicht bezogen werden die Bestimmungen, welche von der Treuverpflichtung der Unterthanen u. Vasallen handeln, insbesondere nicht Ssp. I, 40 und die oben S. 227 Anm. [26] angef. Parallelstellen. Sve so trüwelos beredet wert oder herevlüchtich ut des rikes denste, dem verdelt man sin ere unde sin lenrecht, unde nicht sin lif; vgl. III, 8 und die Glosse dazu bei Homeyer, sowie Verm. Ssp. IV c. 24, wo auf Grund des Ssp. die Fälle der Rechtlosigkeit aufgeführt werden, darunter auch: wer sinen rechten hern vorred adder tod; alle dy oren rechten hern entsagen unvorclaget unde sy orlougen, nicht aber die Verletzung des Versprechens auf Treue. S. auch Bayr. Ldfr. v. 1244 c. 82, v. 1255 c. 64, v. 1281 c. 32 (Mon. Witt. I S. 90, 150, 344): Si quis violaverit fidem in domino suo, cujus est, — ille infamis et exlex iudicabitur; sowie Albrecht, doctrinae de probationibus secundum jus germ. medii aevi adumbratio (Regiomonti 1825) S. 68 ff. — Ueber Schwsp. c. 99 s. oben § 59 Anm. [24].

entgegen. Denjenigen, welcher bei einer Klage um Ungericht eine Gewähr gelobt, dieselbe aber nicht hält, trifft, wie wir sahen, die Strafe des Handverlustes, welche er durch ein halbes Wergeld ablösen kann; von Rechtlosigkeit soll er dabei aber frei bleiben (s. oben S. 456 f.), und zwar nach der Blume v. Magdeb. II, 2 c. 277 selbst dann, wenn er die Gewähr ausdrücklich auf Treue gelobt hatte:

und schat im an seinem rechtin nicht, *al hette erz in truwen gelobit.*

Aehnlich spricht sich auch die Glosse zu Ssp. III, 9 bezüglich des Falles der Friedensbürgschaft aus:

Nun möchtestu fragen, — wie ap die süne *in trawen* gelobet wer, so müste man den treulosen bereden, so vorlör er sein ere vnd auch sein leben —. Sprich es en sey; *wenn wer icht gelobt, vnd mag er es nicht gehalden, vnd bessert er nach rechte, so mag man ym nicht furder beledingen.*[3]

Die angef. Stelle des Ssp. kann sonach nicht auf die Rechtlosigkeit bezogen werden; sie drückt vielmehr nur aus, was im folgenden § 3, sowie in den M. Fr. III, 9 d. 3 mit den Worten gesagt wird: he ne darf is nicht lesten, im Nichtleistungsfall stehen ihm keine nachtheiligen Rechtsfolgen bevor.

Die Verletzung eines Versprechens auf Treue zieht vielmehr nur in derselben Weise, wie die jedes einfachen Versprechens, eine Schmälerung des guten Rufes in dem in § 63 dargelegten Sinne nach sich. So heißt es im Rügian. Ldgebr. tit. 74 § 5:

de olden helden dat vor *eine grote unehre*, wenn

[3] Vgl. Statut der Kölner Hutmacherbrudersch. v. 1378 (Ennen und Eckertz I S. 331 ff.): hain wir die selve punte — in guden truwen geloift — vaste — zu halden etc. — Vort so mach mallich sijne sicherheit (s. oben § 2 Anm. 4) ind sijne geloifde — quijten ind frijen mit sijnre boessen, — as vurschr. steit.

einer van Adell *vmb sines truwlöfftes willen* leth tho rechte vordagen, und ähnlich tit. 137 § 3.[4] —

Etwas anders verhält sich die Sache bei der Verletzung eines eidlichen Versprechens. Zwar wird an und für sich durch einen zugefügten Eid die rechtliche Basis einer vertraglichen Verpflichtung nicht alterirt; eine Verletzung derselben bleibt immer Verletzung des an sich bereits rechtsgültigen Wortes, und besondere Rechtsfolgen werden hierdurch nicht herbeigeführt.[5] Auch der Eid bezweckt nur eine nachhaltige subjektive Garantie für Erfüllung des Versprechens vermittelst einer Einwirkung auf das Gewissen des Promittenten.[6] — Eine Modifikation dieser Auffassung trat jedoch

---

[4] Vgl. ferner Urk. v. 1253 bei Seibertz I Nr. 277: si miles fidei et honoris violator nobis rationabiliter denunciatus fuerit, talem fidei et honoris violatorem censentes, in omnibus civitatibus nostris ipsi mutui commodum denegabimus, quousque universum debitum persolvat, pro quo fidem suam violavit. Igl. Schöffenspr. Nr. 265 bei Tomaschek S. 168: Do sprach der Rudel: ich wil nemen gute gros pfenninge, als ir mir gelubt hat mit eweren trewen, und mante yn do ernstleychen an seyne trewe, gebe her ym des nicht, wurde her eyn gemeyner man, her wolde (nicht ?) mer mit ym reden. Prager Stdtr. a. 28 oben S. 222 f. Wiener Stdtrb. a. 151 oben S. 397 Anm. [4]. Wasserschl. I S. 267 f. c. 130. S. schon Dronke, Cod. dipl. Fuld. Nr. 572 oben S. 87 Anm. [12].

[5] Vgl. die oben S. 171 f. angef. Sentent. Rud. v. 1277, wo dieselben Rechtsfolgen bestimmt werden, mag sich der Schuldner datione fidei vel juramento corporaliter prestito vel patentis suis litteris verpflichtet haben. Aehnlich Altes Ldb. v. Glarus a. 41 (Zschr. f. schweiz. R. V Rq. S. 145): were ouch das yeman mitt deheiner personen, die vogtbar ist, dehein kouff oder märkt tätte, wie ioch ds gemärktett wäre mit truw geben, gelupt oder eide etc.

[6] Vgl. mehrere der oben § 2 Anm. [34] angef. Stellen, sowie Gerichtsordn. zu Adelberg v. 1502 (Reyscher, Samml. S. 7): Dieweil nun bei allen — für das aller trewist vnd ehrlichist gehalten würdt —, das bey inen gelübt und ayd, trew und glauben vor augen gehabt und gehalten werde, dennoch ist mein gn. herr zue A. nit genaigt, leichtlich vmb eine jede sach willen bey dem ayde zue gebieten, darmit man solchen glauben in ehren habe, es erforderte

bereits in der fränkischen Periode ein, als Karl d. Gr. die Meineidsstrafe auf die Verletzung der eidlich gelobten Sühne übertrug (s. S. 135 f.). Auch in unserer Periode erhielt sich, wie wir sahen (§ 59), diese Bestimmung. Das Sühneversprechen brauchte allerdings nicht immer eidlich abgelegt zu werden[7], und auch an den Bruch der nichteidlichen Sühne knüpfte sich die Strafe des Handverlustes; allein ein eidliches Versprechen fand thatsächlich in den weit meisten Fällen statt, und die allgemeine Auffassung war die, daß jene Strafe eben hierauf zu beziehen sei; man stellte den Sühnebruch als Eidbruch mit dem Meineid in Parallele.[8] Hierdurch wurde man dann veranlaßt, diese Parallele und die Meineidsstrafe auch auf andere Fälle der Verletzung eines promissorischen Eids auszudehnen. Allein es ist nachdrücklichst zu betonen, daß diese Ausdehnung nicht der Ausfluß eines allgemein gültigen Princips war, daß sie vielmehr nur an einzelnen Orten und nur in einzelnen Fällen und zwar in solchen stattfand, in welchen die Leistung des Eides nicht auf der freien Initiative der Contrahenten beruhte, sondern anderweit rechtlich vorgeschrieben war und vor Gericht oder sonst vor einer öffentlichen Behörde zu erfolgen hatte. So wurde nach Augsb. R. die Frau, welche den bei Auflassung ihrer Morgengabe zu schwörenden Eid verletzte, mit der Meineidsstrafe bedroht (s. oben S. 506 f. bei Anm. [10]). In §§ 31, 33 lernten wir mehrere, insbesondere süddeutsche Rechtsquellen kennen, nach welchen ein insolventer Schuldner sich eidlich zu ver-

---

dann die notturft nach grösse und dapfferkait des handels und gelegenhaite der persohnen etc.

[7] Vgl. z. B. Ssp. III, 41 § 1: svelke orveide he gelovet oder sveret.

[8] In der oben § 59 Anm. [24] mitgetheilten Stelle des Schwsp. a. 99 schließen sich z. B. an die Bestimmung über den Sühnebruch die Worte: daz selbe mag man wol tûn vmbe einen mein(eit). In den Urkunden über Sühneverträge wird der etwaige Verletzer fast durchweg als perjurus, meineidig bezeichnet; vgl. z. B. Mon. Witt. I Nr. 121, Wirt. U.-B. III Nr. 782 u. v. a. S. auch P.G.O. Karl's V a. 108 oben § 59 Anm. [15].

pflichten hatte, aus seinem zukünftigen Erwerb in einer gewissen Weise die Befriedigung seines Gläubigers zu bewirken. Während für die Verletzung dieses Eids eine besondere Rechtsfolge regelmäßig nicht vorgeschrieben wird, erklärt dagegen das Augsb. R. a. 147 § 2 denjenigen, der dies Versprechen nicht hält, ausdrücklich für meineidig, und im Wiener Recht v. 1340 wird über denselben die dort übliche Strafe des Meineids, das Ausziehen der Zunge, verhängt.[9] Auf einen ähnlichen Fall ist wohl zu beziehen Erfurter Zuchtbrief v. 1351 a. 68[10]:

> Wer auch *den rychtern gelobet und schweret zu den heiligen*, brichet er das, den wollen vnser hern halden *vor cynen meyneydigen man*. —

Erst gegen Ende dieser Periode wurde in einigen schweizerischen Städten, besonders in Basel, eine allgemeine Gleichstellung von Meineid und Eidesbruch vollzogen, wobei dann zu letzterem die Verletzung jedes beim Eid, an Eides Statt abgegebenen Versprechens[11], ja sogar die Verletzung einer, seitens der Obrigkeit beim Eid auferlegten Verpflichtung gerechnet wurde. Nachdem bereits in den Jahren 1417 und 1457 die Verletzung eines, bei gewissen Veranlassungen vor Gericht zu leistenden promissorischen Eids unter Strafe gestellt war[12], erließ der Rath v. Basel i. J. 1487 folgende Verordnung[13]:

> Demnach und bissher in üben gewesen ist, daz an dem gericht und andern enden durch die amptlüt einem by sinem eid gebotten, ouch ettlicher zu ziten

[9] Wiener R. v. 1340 bei Rauch III S. 52 vgl. mit Stadtrb. a. 110, 149.

[10] N. Mitth. VII Heft 2 S. 113.

[11] Ueber die Häufigkeit dieser Art des Versprechens in Basel vgl. Heusler in der Zschr. f. R.G. VI S. 144 ff.

[12] Schnell, Rechtsq. v. Basel I Nr. 100 S. 99, Nr. 148 art. 75, 76 S. 174 f.

[13] Das. Nr. 179 S. 210 f.

einen eid schwert umb schulden und sust vergnügen ze thund, — und aber durch die selben lichtvertig geachtet und nit gehalten wirt, ist — erkannt: welher *einen eid vor gericht oder sust schwere umb was sachen das sye*, oder im sust *gebotten wirt by sinem eid* durch schultheissen vogt amptlüt, oder eyner *by sinem eid etwas zuesagt und verspricht*, — daz er denn das halte und dem nachkomme; denn welher das nit hielte, — *den welle man an sinem lib strafen und tun als einem meineidigen zugehort ze tund.*

In dem Luzerner Stadtr. v. 1480 a. 82 wird auf Verletzung eines an Eides Statt gegebenen Versprechens Geldstrafe von 5 Pfd., sowie Rechtlosigkeit gesetzt (söllen nieman an dem gericht noch vor ratt niemer me weder schad noch gut sin).[14]

Ueberhaupt ist noch zu bemerken, daß nach den Rechtsquellen, welche Eidbruch oder bestimmte Fälle desselben dem Meineid gleichsetzen, die bei letzterem regelmäßig eintretende Rechtlosigkeit[15] auch den Eidbrüchigen trifft.

## § 65.

### Fortsetzung. — Die Konventionalstrafen, insbesondere diejenigen, welche an die öffentliche Gewalt fallen, oder von dieser zu vollziehen sind.

Es ist bereits erwähnt, daß im Mittelalter neben der obrigkeitlichen sich ein vollständiges System konventioneller Rechtspflege ausgebildet hatte (s. oben S. 235 ff.), welche alle Mittel, die jener zur Ausgleichung geschehenen Unrechts zu Gebote standen, in analoger Weise zur Anwendung brachte. Insbesondere wurden hier bei Vertragsver-

[14] Zschr. f. schw. R. V Rq. S. 48; s. oben S. 361, 372, sowie Osenbrüggen, alam. Strafr. S. 393. Vgl. auch Zuchtrodel v. Pfeffers SS 33, 34 (Grimm VI S. 362 f.).

[15] S. Budde, über Rechtlosigkeit, Ehrlosigkeit und Echtlosigkeit (Bonn 1842) S. 64 f.

letzungen auch Konventionalstrafen verhängt, welche keineswegs die Befriedigung eines beschädigten Vermögensinteresses bezweckten, sondern welche ausdrücklich auf das begangene Unrecht als solches bezogen wurden.[1] Soweit diese, bei Abschluß des Vertrags stipulirten Konventionalstrafen sich auf Leistungen zwischen den Contrahenten selbst beschränken, kommen sie für unsere Darstellung nicht weiter in Betracht. Häufig wurde jedoch bei Abschluß eines Vertrags eine weitergehende Bestimmung zugefügt, wonach derjenige, welcher sich einer Verletzung der übernommenen Verpflichtung schuldig machen würde, einer an die Obrigkeit zu zahlenden Geldstrafe oder auch einer, die Persönlichkeit selbst berührenden und von der Obrigkeit zu vollziehenden Strafe unterworfen sein sollte. Es fragt sich, welches die rechtliche Basis einer derartigen Beredung ist, und welche Bedeutung ihr hiernach für die Beantwortung der Frage nach den von Rechts wegen eintretenden Folgen der Vertragsverletzungen zukommt.

Wollte man im Mittelalter einem Rechtsgeschäft eine besondere Kraft verleihen, so pflegte man bei dem Abschlusse dritte Personen, besonders solche von hohem Rang und weitreichender Macht, als Zeugen, Salmannen u. s. w. zuzuziehen, wodurch das Geschäft, seine Durchführung oder Aufrechterhaltung als unter deren Schutz und Garantie stehend erschien.[2] Zu demselben Behufe konnte man sich auch an

---

[1] Siehe z. B. Urk. v. 1314 bei Schreiber I Nr. 93, worin für den Fall der „ungefährlichen" Vertragsverletzung Schadensersatzpflicht, für dolose Verletzung aber außerdem eine Strafe von 1000 Mark Silbers stipulirt ist. Sühnevertrag der Gemeine des Landes Würden mit der Stadt Bremen v. 1291 (Brem. U.-B. I Nr. 470): Quod si in contrarium factum fuerit, dampnum refundemus in toto et nichilominus pro violacione composicionis dabimus CCCC marcas Brem. argenti. Nach Brünner Schöffenb. c. 83 steht dem Richter, der über den Verfall einer Konventionalstrafe zu urtheilen hat, sogar ein Strafzumessungsrecht je nach der Größe der Verletzung und der Schuld zu.

[2] Vgl. hierüber Albrecht, Gewere S. 248 ff., Beseler, Erb-

das Gericht wenden. War insbesondere ein Vertrag vor Gericht geschlossen, so galt letzteres gewissermaßen als Mitkontrahent; es setzte seine Autorität für die Erfüllung der versprochenen Leistungen ein; bei Nichterfüllung erschien diese Autorität mit verletzt. Für diesen Fall konnten daher die Contrahenten, sofern nicht schon an sich das gewöhnliche gerichtliche Gewedde verfiel[3], eine Konventionalstrafe zu Gunsten des Gerichts stipuliren, oder aber das an sich verfallende Gewedde in eine höhere Strafe verwandeln:

> Mgdb. Fr. I, 1 d. 18: Vorpflichtigit sich eyn man — vor deme borggreven *by syme hogesten rechte* unde heldet des nicht, *so ist der dirfallen 60 schillinge.* Geschit is vor eyme siczczenden rate, so ist das hogeste recht 36 sch.[4] — Geschit is abir vor deme scholtissen, so ist das syn gewette 8 sch.

> Hallischer Schöffenspr. bei Mühler S. 88 Nr. 38: der schultheizze en mag an nymande mer fordern wen syn gewette, *her en hette sich denne by hochere pyne vor willekoret oder vorlobit.* S. das. S. 86 Nr. 6.

Ja, sofern das Gericht, vor welchem geteidingt wurde, nach der ihm zustehenden Jurisdiktion Strafen an Leib, Leben, Recht und Ehre auszusprechen befugt war, konnte man sich gemäß der mittelalterlichen Anschauung, wonach die verliehenen jurisdiktionellen Rechte als der Privatdisposition des Inhabers unterstehend erschienen, dem Gerichte als Promissar gegenüber auch zur Erduldung jener Strafen ver-

---

vertr. I S. 271 ff., Merkel in der Zschr. f. Rechtsgesch. II S. 131, 150 f., Stobbe das. VII S. 417 ff. und in Ihering's Jahrb. f. d. Dogmatik des heut. röm. und deutschen Privatrechts XII S. 155 ff.

[3] S. oben § 46; es war dies nicht überall der Fall; vgl. den Goslarer Forstspr. a. 63 oben S. 170.

[4] Vgl. Syst. Schöffenr. I c. 20: was man vor en (den Rathmannen) teidingit adir spricht yn eyme sitzinden rate, das sal man haldin by deme gelobde, das sy dor uf gesaczt habin. Kulm. R. I c. 20; M. Fr. I, 1 d. 11.

pflichten.[5] Das Gericht erhielt auf konventionellem Wege ein Recht über die Person des Schuldners, sofern dieser seiner übernommenen Rechtspflicht nicht nachkam. Andererseits hatte aber eine derartige freiwillige Uebernahme einer Strafe, als deren Berechtigter das Gericht erschien, seitens eines Verpflichteten nur dann rechtliche Kraft und Bedeutung, wenn die Uebernahme vor dem Gerichte geschehen war, welches jene Strafe eventuell einzuziehen bezw. auszusprechen und zu vollführen befugt sein sollte. Dies ergibt sich deutlich aus Medebacher R. v. 1350 a. 2[6]:

> Nemo poterit se obligare *sub poena juris sui,* quod dicitur „*Landrecht*“, ita quod illa obligatio teneat sive vim habeat, *nisi fiat coram judice habente auctoritatem judicandi ad mortem et ad corporis demembrationem.* —

Es scheint mir nun keinem Zweifel zu unterliegen, daß auf dieses Institut die oben erwähnten Conventionalstrafen öffentlicher Natur zurückzuführen sind, und daß auch sie daher nur eine konventionelle Rechtsbasis haben. Aus den darüber aufgenommenen Urkunden ergibt sich, daß die Verträge, in welchen für den Fall der Verletzung eine Geldstrafe an Gericht oder Rath stipulirt ist, meist vor diesem Gericht oder Rath, bezw. Deputationen desselben geschlossen worden waren.

Z. B. Eintrag im Stralsunder Stadtb. v. 1287:

> H. E. *ex ordinatione consulum* dedit Conrado S. 4 mrc. den. ita, quod omnis dissentio et causa, que inter

[5] Vgl. Ssp. I, 8 § 1: Svar man — enem manne tügen wil an sin recht oder an sin lif oder an sin gesunt, dat de man vor gerichte verlovet hebbe, oder ime verdelt si etc. Sog. Landr. v. Burg (N. Mitth. XI S. 168): Willkore brekt alle recht vor schepen und vor gerichte. Bezüglich der Zulässigkeit der Verpflichtung zur Todesstrafe s. oben S. 237 Anm. 15.

[6] Bei Seibertz II Nr. 718, auch bei Gengler, Stdtr. S. 287. Ueber die Bedeutung der Strafe des Landrechts in dieser Stelle vgl. Grimm, R.A. S. 40 f. 728 ff.; eine Bezugnahme hierauf in der alten Soester Schrae oben S. 225 Anm. 25.

ipsos et utriusque partis parentes vertebatur, debet esse recisa et perpetuo terminata, *eciam sub pena 10 mrc. argenti vallatum est*, sic quod quicunque eorum istam complanationem infregerit, *dare debet consulibus 10 mrc. arg.*[7]

Verwillkürungen bei Verlust der Lehengüter werden vor dem Lehensherrn verlautbart[8]; in einem Sühnevertrag v. 1237 (Wirtb. U.-B. III Nr. 891) heißt es:

si contra aliqua predictarum fecero, — omnia bona mea tam propria quam feodalia vacent collationi domini imperatoris, et feoda alia, que ab aliis dominis teneo, revertantur ad ipsos. *Et predicta omnia juramento coram domino imperatore confirmavi.*

Insbesondere wenn man sich für den Fall des Vertragsbruchs der Reichsacht unterwerfen wollte, hielt man die Einholung des königlichen Konsenses oder doch die Benachrichtigung des Königs, bezw. des kgl. Hofgerichts zur Rechtskraft für erforderlich; s. die oben S. 225 Anm. 25 angef. Urk. v. 1281, sowie Urk. v. 1239 bei Friedländer S. 123 f.:

fidejussores etiam si forte, quod absit, contra obli-

---

[7] Fabricius S. 68 Nr. 543; vgl. Danziger Schöffenbucheintr. v. 1527 bei Neumann, Gesch. des Wuchers S. 150 f.; Eintrag im Wismarer Stadtb. bei Burmeister S. 26; Lübische Vertragsurk. bei Wehrmann S. 290 f., 395 ff., 420, 453 f., 469 f., 498; Korn, U.-B. d. St. Breslau I Nr. 138; Eintrag im Frankfurter Schöffengerichtsb. v. 1481 bei Thomas, Oberhof S. 403 f. Nr. 42. Wenn es in einem Igl. Schöffenspr. bei Tomaschek S. 105 Nr. 187 heißt: Mit was gutes eyn rat (Schiedsvertrag) wirt gepunden, und wirt her czu prochen, des selben gutes eyn dritteyl gevellet den ratlewten, das ander drittail gevellet den sachwalden, u. das dritte drittail gevellet richter und scheppen, so gelten hier die Rath- oder Schiedsleute wohl als officielle Vertreter des Gerichts; vgl. Brünner Schöffenspr. bei Rößler II S. 391, 396 Nr. 189, 203. Aehnlich Rügian. Ldgebr. tit. 142 § 2. Im Wiener Stdtrb. a. 59 ist wohl von einem vor Gericht geschlossenen Vertrag die Rede.

[8] Vgl. Seibertz II Nr. 686, Ried I Nr. 500.

gationem suam venerint, subjecerunt se excommunicationi, proscriptioni et fidei violationi, ut de his publice denuntientur, *et statim de hoc litteras suas dabunt ad curiam domini imperatoris vel regis testimoniales, de eo, quod se proscriptioni hujusmodi subjecerint.*[9]

Freilich hielt sich die das Recht durchbrechende Willkür des Mittelalters an diese Schranken nicht immer gebunden; es begegnen vielfach Verträge mit Strafberedungen, deren rechtliche Grundlage allein das Belieben der Parteien ist, und welche nur seitens einer öffentlichen Behörde vollzogen werden können, ohne daß man sich jedoch zu ihrer Sanktionirung an diese öffentliche Behörde zu wenden für nöthig gehalten hätte. Wie weit eine solche Beredung von Rechts wegen zur Ausführung kommen konnte, erscheint zweifelhaft. Die Parteien, welche derartige Abreden trafen, gehörten meist den Ständen an, welche sich der Unterordnung unter die gerichtlichen Behörden überhaupt zu entziehen gewußt hatten; es fehlte ihnen gegenüber regelmäßig an jeder Möglichkeit, irgend eine rechtliche Strafe zwangsweise zu exequiren. Durch eine solche Strafklausel sollte dem Vertrag der Schein einer Festigkeit gegeben werden, welche ihm in Wahrheit nicht zukam. Lagen dann freilich die thatsächlichen Verhältnisse einmal so, daß derjenige, welcher einen solchen Vertrag verletzt hatte, in die Gewalt seiner Gegner oder einer ge-

[9] In einem Sühnevertrag v. 1237 (Mon. Witt. I Nr. 26) teidingen die Parteien bei Strafe der Exkommunikation unter Vermittlung des Erzbischofs v. Salzburg als apostolischem Legaten, u. des Bisch. v. Regensburg als kaiserlichem Kanzler. Bei einer ähnlichen Beredung v. 1273 (U.-B. des Bisth. Lüb. I Nr. 231) wird zugefügt: Si autem aliqui prelati et sacerdotes pro nostro favore vel timore nollent secundum quod supradictum est abstinere a sacramentis, Bremensis archiepiscopus qui a papa dabitur exsecutor de plano compellet eos ad id per ecclesiasticam censuram, qui etiam iniurias et gravamina, si forte nobis in prefatis redditibus evenerint, auctoritate domini pape per censuram ecclesiasticam similiter exsequetur.

richtlichen Behörde kam, so nahm man ihn bei seinem Worte und belegte ihn mit der gewillkürten Strafe, ohne sich viel darum zu kümmern, ob jene Verwillkürung rechtlich gültig war oder nicht.[10]

Eine eigene rechtliche Idee liegt diesen Strafabreden nicht zu Grunde.

---

## Schluß.

### § 66.

### Die Ergebnisse.

Die rechtliche Entwicklung der von uns behandelten Fragen hält sich auch während des späteren Mittelalters im Großen und Ganzen innerhalb der oben für die ältere Periode dargelegten Bahnen. Für die rechtliche Beurtheilung einer Vertragsverletzung und für die durch dieselbe hervorgerufenen Rechtsfolgen ist auch jetzt noch der Inhalt der verletzten Rechtspflicht und die äußere Gestaltung des vorliegenden Unrechts in erster Linie maßgebend. Je nachdem jene noch erfüllt und dieses noch an sich selbst aufgehoben werden kann, oder je nachdem dies nicht der Fall ist, scheiden sich zwei Arten des Unrechts, welche man wohl als Rechtsverzug und als Rechtsbruch bezeichnen könnte. An diese beiden Unrechtsarten knüpfen sich zwei verschiedene Arten von Rechtsfolgen: Exekution und Ersatzleistung.

---

[10] Vgl. den Urtheilsspruch des Grafen Rudolph v. Habsburg v. J. 1258 bei Neugart, Cod. dipl. Alem. II Nr. 966: Hinc est quod propter enormitatem sceleris, quod Izelinus et Ulricus patruus ejus de Sch. — sceleratissime perpetrarunt, iuxta promissionem et obligationem eorundem, quam in se antea voluntarie dictaverant, si pacem fidemque iuratam et promissam aliquatenus violarent, bonis suis universis mobilibus et immobilibus abjudicatis et devastatis, per sententiam diffinitivam cum consensu et conniventia universitatis vallis Uranie (Uri) adjudicamus integre et plenarie — abbatisse Thuricensi omnia bona, que ipsi iure hereditario a suo monasterio usque ad hanc diem dinoscuntur possedisse.

Im Einzelnen jedoch sind gegen früher zahlreiche und wichtige Aenderungen vor sich gegangen, welche sich allgemein dahin charakterisiren lassen, daß das Recht an Feinfühligkeit, an Reagenzfähigkeit gegenüber dem Unrecht verloren hat, daß es Seiten des Unrechts, welche früher in ihrer Eigenthümlichkeit scharf markirt wurden, übersieht und zwar theilweise zu Gunsten einer größeren Rücksichtnahme auf die im Gefolge des Unrechts eintretenden Schädigungen materieller Interessen; daß dagegen aber die einzelnen Rechtsfolgen, sofern sie einmal über eine bestimmte Art des Unrechts verhängt werden, in Bezug auf die durch sie zu verfolgenden Zwecke schärfer ausgeprägt erscheinen, als früher.

Beim Rechtsverzug ist, wohl in Folge des Wegfalls der außergerichtlichen Mahnung, die Verzugsstrafe in Wegfall gekommen; man begnügt sich mit der nachträglichen Realisirung der verweigerten Leistung. Zu dieser Realisirung kann sich die mit der Rechtspflege im Staate betraute Gewalt aller der Zwangsmittel bedienen, welche nach Anschauung der Zeit und nach der Natur der zu bewirkenden Leistung hierzu zweckdienlich erscheinen: sie kann den Zwang gegen das Vermögen des Schuldners richten, und auf diese Weise den Rechtszustand ohne die persönliche Mitwirkung des letzteren, aber auf seine Kosten herstellen; oder sie kann zwangsweise gegen die Person des Schuldners vorgehen, und hierdurch entweder unmittelbar die Ausführung der geschuldeten Leistung durch denselben bewirken, oder durch mehr psychologisch wirkende Mittel die Veranlassung zu eigener Thätigkeit des Schuldners geben. Die Herbeiführung des Rechtszustands ist hier überall die Gränze des angewandten Zwangs. — Wir sahen ferner, daß bei dieser Unrechtsform und dieser Unrechtsfolge das subjektive Moment der bei der Rechtsweigerung vorhanden gewesenen schuldnerischen Willensbestimmung indifferent ist, bezw. nur auf die Wahl der Mittel einwirkt.

An den Rechtsbruch schließt sich eine Ersatzleistung. Die letztere, welche in der früheren Periode in der einheitlichen Gestalt der Compositio auftrat, hat sich jetzt gespalten in die beiden Leistungen des Schadensersatzes und der Strafe; jener mit speciellem Bezug auf den durch das Unrecht bewirkten Vermögensschaden, diese als rein ideelle Ausgleichung des verübten Unrechts als solchen. Da dieses Unrecht wesentlich noch als eine Beeinträchtigung der gegenüberstehenden subjektiven Befugniß erscheint, so ist auch die Strafe noch immer theilweise an den verletzten Privaten zu entrichten. Ein Vorwiegen des öffentlichen Charakters dieser Strafe macht sich dagegen überall da geltend, wo die Staatsgewalt der Aufrechterhaltung des betr. verletzten Rechtsverhältnisses aus was immer für Gründen ihre besondere Sorgfalt zugewandt hat. Wenn wir näher zusehen, so finden wir, daß dies überall da der Fall ist, wo eine Verletzung des Rechtsverhältnisses zugleich eine Störung der öffentlichen Ruhe, Ordnung, Sicherheit involvirt, insbesondere also da, wo eine Rechtsverletzung sich als einen positiven, aktiven Eingriff in ein an Gegenständen der Außenwelt zur Erscheinung kommendes Verhältniß darstellt. Die Wandlungen, welche die rechtliche Behandlung des Sühnebruchs erlitten, geben hierüber besonders interessanten Aufschluß.

Strafe und Schadensersatz treten zunächst beide neben einander auf, wo ein Rechtsbruch von dem Verpflichteten absichtlich herbeigeführt ist; wogegen eine fahrlässige Vertragsverletzung immer nur die Verbindlichkeit zu letzterem zur Folge hat. Wenn aber hiernach auch der dolose Vertragsbruch das eigentliche Feld für die zur Ausgleichung des Unrechts als solchen bestimmte Strafe ist, so läßt sich doch häufig bemerken, wie dieselbe auch hier mehr und mehr zurückweicht, indem man theils dem Verpflichteten gestattet, durch Befriedigung des dem Berechtigten an der Erfüllung der versprochenen Leistung zustehenden Vermögensinteresses sich von der Verpflichtung zu jener selbst zu befreien, theils aber indem man trotz Anerkennung des geschehenen Unrechts nur eine Schadensersatzverbindlichkeit an dasselbe knüpft. Dies fand insbesondere vielfach bei denjenigen Rechtspflichten statt, welche nothwendig in einem bestimmten Zeitpunkt zu erfüllen waren, deren Verletzung sich jedoch als blose Unterlassung geltend machte. Diese Rechtspflichten erhielten dadurch gewissermaßen einen alternativen Charakter, indem sie als auf Vornahme entweder der versprochenen oder der Ersatzleistung gerichtet erschienen.

Von dieser Entwicklung verschieden zeigte sich uns, besonders gegen das Ende der hier behandelten Periode, mehrfach eine andere Erscheinung, wonach die Rechtsfolgen der Vertragsverletzungen nicht mehr nach der äußeren Natur der letzteren bestimmt wurden, sondern wonach die Verletzung einer vertraglichen Rechtspflicht, gleichgültig, welches der Inhalt der letzteren war, als Ungehorsam gegen ein obrigkeitliches Gebot behandelt und als solches unter Strafe gestellt wurde. —

Zu den hier geschilderten Momenten trat nun das römische Recht als weiteres Entwicklungselement hinzu. Von dem Verhalten des letzteren unserer Lehre gegenüber hing es ab, in welcher Richtung die Fortbildung derselben in Deutschland statt haben sollte.

# Anhang.

## Ueber Ursprung und rechtliche Bedeutung der in den altdeutschen Urkunden enthaltenen Strafklauseln.

Zu § 10. Vgl. §§ 11, 14, 17, 18, 20.

---

In fast sämmtlichen Urkunden und Formeln über Rechtsgeschäfte, welche uns aus der ersten Periode deutschen Rechtslebens erhalten sind, gleichgültig welches sonst ihr rechtlicher Inhalt ist, findet sich am Schlusse eine Strafklausel, welche nach mehreren Hinsichten die Aufmerksamkeit und das Interesse des Forschers erweckt. Die ältesten uns überlieferten Urkunden germanischer Völker weisen diese Klausel bereits auf, und dieselbe erhält sich in anscheinend stereotyper Form mehrere Jahrhunderte hindurch in den Akten des germanischen Rechtsverkehrs, um dann mit einer gewissen Allmähligkeit — in Deutschland wenigstens — wieder zu verschwinden.[1]

Auf den ersten Blick scheint diese Klausel die Abrede einer Konventionalstrafe zwischen den Konstituenten des betreffenden Rechtsgeschäfts darzustellen für den Fall der Nichtleistung einer übernommenen Verpflichtung; allein bei näherer Betrachtung zeigt es sich, daß derselben ein hiervon grund-

[1] Mit großer Regelmäßigkeit tritt die genannte Klausel hier auf in den Urkunden bis gegen Ende des 9. Jahrhunderts. Die spätesten mir bekannten Urkunden, in welchen sich dieselbe, jedoch bereits ziemlich vereinzelt, erwähnt findet, sind die beiden Traditionsvermerke bei Ried, Cod. dipl. Rat. I Nr. 176 v. J. 1074, die Verkaufsurk. bei Neugart, Cod. dipl. Alem. II Nr. 824 v. J. 1083; die Schenkungsurkunden von 1094, 1101, 1106 bei Fickler, Quellen und Forschungen zur Geschichte Schwabens und der Ost-Schweiz (Mannheim 1859), Urkunden Nr. 13, 15, 16. Dann die Traditionen von 1101 und 1102 im Wirtemb. U.-B. I Nr. 261, 263.

verschiedener Charakter zukommt. Zur Verdeutlichung soll hier zunächst ein Muster gegeben werden, und greife ich hierzu aus dem massenhaft zu Gebote stehenden Materiale die erste beste Formel heraus.

Formel über einen Verkauf von Liegenschaften,[2] an deren Schlusse der Verkäufer folgende Bestimmung verlautbaren läßt:

— — Si vero ego ipse, aut ullus de heredibus meis vel quoheredibus, vel quislibet opposita persona, qui contra hanc venditionem, quem ego nullo cogente sed spontanea voluntate fieri vel firmare rogavit, venire conaverit, tantum et alium tantum, quantum ipse res immelioratae valuerint, conponat, et insuper posito fisco auro untia una, argenti pondera V coactus exsolvat et sua repetitio vindicare non valeat.

Hiernach soll also nicht nur der Verkäufer und seine Erben, sondern jeder Dritte, der den Verkauf anfechten würde, eine beträchtliche Strafe bezahlen, und nicht nur an den Käufer, sondern auch an den Staat; und Alles nur auf Grund dieser Vertragsurkunde: Dinge, welche mit unsern Begriffen von Vertrag sowohl wie von Strafe schlechterdings im Widerspruche zu stehen scheinen.

Es fragt sich, welches der historische Ursprung, bezw. der Entwicklungsgang, und welches die rechtliche Bedeutung dieser so gestalteten Strafklausel, ihre Stellung in dem Rechtssysteme jener Zeit ist. — Wir gehen zunächst auf den ersten Punkt ein.

Es ist das Verdienst Bluhme's, in seiner Abhandlung: Ueber die Bekräftigungsformeln der Rechtsgeschäfte, besonders der Contrakte, vom sechsten bis

---

[2] Bei E. de Rozière, Recueil général des formules usitées dans l'empire des Francs du Ve au Xe siècle (Paris 1859), Nr. 271, aus dem Cod. Vatic. A; bei Merkel in der Zeitschrift für Rechtsgeschichte, Band I S. 202 f. Nr. 10. —

neunten Jahrhundert,[3] nachgewiesen zu haben, daß diese Strafklauseln römischen Rechtssätzen ihren ersten Ursprung zu verdanken haben. — Die Pönalstipulationen waren im Römischen Recht bekanntlich ein höchst wichtiges Institut; theils dienten sie dazu, bei Kaufverträgen für den Fall der Eviktion oder anderer Verletzungen das Interesse des Käufers zu fixiren (stipulatio duplae), theils den pactis nudis die Klagbarkeit und damit die Rechtskraft überhaupt zu verschaffen. Als nun bei den römischen Provinzialen die schriftliche Vertragsurkunde die mündliche Stipulation als allgemeine Art des Vertragsschlusses zu verdrängen begann, hielt man doch, freilich immer verständnißloser, daran fest, der über ein pactum aufgenommenen Urkunde die Bezeichnung als stipulatio einzufügen („stipulatione subnixa, interposita"), und insbesondere eine Strafsanktion für den Fall der Vertragsverletzung zuzusetzen. Letzteres wurde vorzüglich begünstigt durch ein Gesetz der Kaiser Arkadius und Honorius vom Jahr 395 (C. 3 Cod. Theod. de pactis II, 9),

[3] In dem Jahrbuch des gemeinen deutschen Rechts von Bekker und Muther Bd. III S. 197—226. Leider ist Bluhme auf die Punkte, auf welche es uns hier zumeist ankommt, theils ungenügend, theils gar nicht eingegangen. Vgl. übrigens auch schon Biedenweg, Commentatio ad Formulas Visigothicas novissime repertas. Berolini 1856 (Dissertatio inauguralis). S. 7, 9 f., 19 f., 24, 81, welcher die eine der oben hervorgehobenen Eigenthümlichkeiten, sicher irrig, gleichfalls auf römisches Recht zurückführen will. Ferner Zöpfl, Alterthümer des deutschen Reichs und Rechts (Heidelberg 1860) Bd. II S. 345 ff. (aus den Heidelb. Jahrbüchern 1859 S. 194 ff.), dessen Darstellung aber mehrfach der Berichtigung bedarf; insbesondere hat die Formel „stipulatione subnixa" ursprünglich und auch später der Regel nach mit der festuca, mag diese nun ein Halm oder ein Stab sein, nichts zu thun, worüber zu vgl. oben S. 17 Anm. [2r]. Hier will ich zum Beweise noch kurz auf die unten Anm. [16] anzuführenden Urkunden verweisen, welche außer und neben der festuca die stipulatio subnixa aufführen. Vgl. auch Sickel, Beiträge zur Diplomatik IV, in den Sitzungsberichten der Wiener Akademie der Wissenschaften, Band 47 S. 607. 608. — Von früheren Schriftstellern ist etwa noch zu nennen Pardessus, Loi Salique (Paris 1843), S. 644—650.

welches, an sich der Pönalsanktion nur beiläufig und bei mündlichen Abreden erwähnend, bereits in der Interpretatio zu der westgothischen Lex Romana,[4] sowie in dem burgundischen Papianus tit. XXXVIII[5] eine erweiterte Gestalt und insbesondere einen speciellen Bezug auf schriftliche Verträge angenommen hatte. Hierzu kam, daß in einer, ebenfalls in die westgothische Lex Romana übergegangenen Stelle des *Paulus*, Recept. Sentent. I, 1 § 3[6] neben dem poenam subjungere die bekannte liberatorische *Aquiliana stipulatio*[7] als Mittel bezeichnet war, einem pactum conventum die volle Rechtskraft beizulegen. Diese Aquiliana stipulatio vermengte man nun aber in einer, für uns kaum faßlichen Begriffsverwirrung mit der *Lex Aquilia*, welcher man ihrerseits wieder — unter Mißverständniß der hierbei geltenden Regel: lis contra infitiantem in duplum crescit, — die allgemeine Bedeutung untergeschoben hatte, für jeden, der eine beliebige Verbindlichkeit in Abrede stelle oder anfechte, die poena dupli herbeizuführen.

So kam es, daß man allgemein durch Einfügung des Wortes „stipulatio" in die schriftliche Urkunde einem Rechtsgeschäft erst die rechtliche Kraft zu verleihen vermeinte, und daß man in der Erwähnung jener Lex Arcadia und dieser Lex Aquilia ein generelles Bestärkungsmittel der schriftlichen Verträge sah, als deren Hauptwirkung aber wieder die Bestimmung einer Strafe für Verletzung des Vertrags. Die „stipulatio legis Arcadiae" oder „legis Aquiliae" mit Zufügung einer Pönalsanktion — und zwar meist der aus der Lex Aquilia und der stipulatio duplae in eins zusammen-

---

[4] Lex Romana Visigothorum, herausgegeben von G. Hänel (Leipzig 1849) S. 44.

[5] Pertz, Monumenta Germaniae Historica, Legum Tom. III S. 620.

[6] In der Ausgabe von Hänel S. 338.

[7] Vgl. § 2 Inst. quib. mod. obl. toll. III, 29; L. 18 Dig. de acceptil. XLVI, 4.

geflossenen *poena dupli*, — fand allgemein Aufnahme in die Urkunden des romanischen Rechtsverkehrs, und wurde so, mit dem gesammten Urkundenwesen, den germanischen Völkern überliefert. — —

Es unterliegt nun aber keinem Zweifel, daß hiermit trotz aller genannten Verdrehungen und Mißverständnisse der Charakter dieser Strafsanktionen als Konventionalstrafen vollständig aufrecht erhalten war. Glaubte man die Zulässigkeit derselben auch in obigen Gesetzen begründet, so beruhte ihre Zufügung im einzelnen Falle doch auf dem Willen der Kontrahenten, und ihre Wirkung erstreckte sich nur auf diese.

Und dieser Standpunkt einer konventionellen Parteibeliebung ist denn auch in den auf römischem Boden entstandenen germanischen Gesetzgebungen, welche sich jene mißverstandenen römischen Bestimmungen zu eigen machten, noch vollständig festgehalten worden. Sowohl die *Lex Visigothorum*,[8] als die Gesetze der langobardischen Könige[9] erwähnen der in schriftlichen Verträgen

[8] L. Visigoth. (angeführt nach Walter Corp. Jur. German. I) Lib. II tit. 5 c. 5, 8, 17; Lib. III t. 1 c. 4; L. V tit. 4 c. 8; L. VII t. 5 c. 8. Mit Unrecht will Biedenweg, a. a. O. S. 19 f. in Lib. II t. 5 c. 5 und 17, eine Strafdrohung gegen Dritte erwähnt sehen. Die erstere Stelle spricht aber, wie die Ueberschrift besagt, nur von denen, qui contra pacta et placita sua venire contendunt; und die letztere bezieht sich ausdrücklich nur auf Erfüllungsweigerung durch Descendenten, also Erben. — Vgl. Dahn, Westgothische Studien (Würzburg 1874) S. 73; dann S. 82 f., 98, 140.

[9] Liutprand c. 107, 116; Ahistulf c. 16 (Pertz, Leges, IV S. 151, 154 f., 201). Besonders das erstere Gesetz Liutprand's läßt diese Auffassung deutlich erkennen: Si plures homenis cartolam convenientiae inter se fecerent et poena posuerint, et postea unus duo aut tres vel amplius de se ipsam convenientiam subtraere voluerent aut poena rupperent, unusquisque per caput conponat ipsa poena quam posuerunt in integrum. Quia omnes unianimiter consenserunt et nullus eos imperavit talis causam facere u. s. w.

üblichen Strafdrohungen; aber sie sehen eben darin nur Leistungen, welche der eine Kontrahent für sich und seine Erben dem andern Kontrahenten und dessen Erben verspricht. Während man aber im Westgothenreiche über diese gesetzlichen Bestimmungen bereits theilweise hinausging,[10] scheinen in Italien die römischrechtlichen Traditionen auch im praktischen Rechtsverkehre lebendiger sich erhalten zu haben. In den zahlreich auf uns gekommenen langobardischen Vertragsurkunden findet sich fast durchgängig das Versprechen einer Buße, welche von dem den Vertrag verletzenden Contrahenten der Gegenpartei zu zahlen ist, etwa in folgender Form:

Pachtvertrag vom Jahr 832:[11] Pena vero inter se posuerunt, ut si qua ipsis vel heretes eorum ante suprascripto constitudum exinde exire aut menare presumserint, vel si menime compleverint qualiter superius legitur, *tunc conponat, qui non conservaverit a parte fidem servanti* (Dativ, a=ad) *argentum solidos vigenti, quia sic inter eos convenit.*[12]

---

[10] Von den uns überlieferten westgothischen Formeln (nach dem Abdruck bei Biedenweg a. a. O.) enthalten Nr. 33 und 38 die Abrede einer reinen Konventionalstrafe; dagegen Nr. 5, 7, 20, 24 eine Strafdrohung gegen jeden, der das betreffende Rechtsgeschäft und das dadurch begründete Rechtsverhältniß angreift oder verletzt.

[11] Historiae Patriae Monumenta edita jussu Regis Caroli Alberti. Tom. XIII. Codex Diplomaticus Langobardiae (Aug. Taurinor. 1873) Nr. 114; Fumagalli, Codice Diplomatico Sant' Ambrosiano (Milano 1805) Nr. 37.

[12] Vgl. ferner Monum. Hist. Patriae XIII Nr. 3, 4, 6, 9, 13, 14, 21—23, 25, 36—38, 43, 46, 49, 53, 55, 60, 66—68, 70, 76, 79, 83—87, 96, 97, 100, 107, 109, 111—113, 117, 120, 131, 137, 142, 144, 147, 152, 158—160, 165, 167, 168, 171, 172, 182, 185, 197—200, 204, 206, 209, 214, 216, 223, 225—227, 230, 234, 235, 239, 260, 261, 267, 315, 325-327, 330, 331, 352, 356, 367, 372, 374, 375, 380, 382, 387 u. a.

Fumagalli Nr. 1—3, 6, 12, 14, 21, 22, 24, 25, 28—31, 35, 36, 38, 40, 51, 53, 60, 61, 63—65, 67, 72, 75, 79, 80, 83—85, 87—90, 93—95, 97, 108, 109, 113 122—127, 129, 130, 134, 135.

Troya, Codice Diplomatico Longobardo (auch u. d. T.: Sto-

Es ist mir dagegen keine ächte,[13] von Langobarden unter einander ausgestellte Urkunde bekannt, welche, diesen

---

ria d'Italia del Medio-Evo Vol. IV, Napoli 1852 ff.), II Nr. 311, 347, III Nr. 366, 371, 415, 424, 426, 434, 453, 457, 477, 481, 498, 502, 513, 519, 524, 528, 534, IV Nr. 555, 574, 579, 585, 594—600, 608, 630, 662—665, 673, 682, 698, 718, V Nr. 731, 734—738, 743—746, 749, 750, 754—761, 766, 770, 777, 782—787, 832, 897, 899, 943, 963 u. a. m.

Memorie e Documenti per servire all'istoria del Ducato di Lucca Tom. IV Parte 1 (Lucca 1818) Nr. 1, 6, 7, 10—12, 15, 21, 25, 26, 42, 45, 50, 52, 56, 57, 64, 67, 69, 70, 80, 85, 100, 102, 105, 111, 117, 121, 124—126. Tom. IV P. 2 Nr. 1, 9, 14—16, 18, 25, 27, 30, 34, 36, 38, 40—43, 50 etc. Append. Nr. 7, 9, 10, 13, 19, 21, 25, 29, 31, 35, 36, 39, 44 etc. Vgl. auch die Formulare für Rechtsgeschäfte im Cartularium Langobard. bei Pertz, Leges IV S. 595 ff. Nr. 2, 3, 5, 7, 9, 13, 17, 18, 24.

[13] Wohl aber einige gefälschte, welche sich auch hierdurch als solche erweisen. Hierher gehört zunächst eine schon früher Gegenstand des wissenschaftlichen Streits gewesene Urkunde, die Schenkung des Bischof Speciosus von Florenz, angeblich v. J. 724 (Troya, Cod. dipl. Long. III Nr. 446), unter deren Unterschriften sich ein „Alfuso scavino" befindet, worauf gestützt man die Existenz des Schöffeninstituts vor Karl d. Gr. behaupten wollte. Für unächt erklärt dieselbe Hegel, Gesch. der Städteverfassung von Italien, 1847, I S. 470 Anm. [2]; Merkel zu Savigny, Gesch. des Röm. Rechts im Mittelalter, Bd. VII S. 6 ff. (2. Aufl. Heidelberg 1851) behauptet auf Grund eigner Anschauung, daß die Unterschriften sämmtlich in viel späterer Zeit zugesetzt seien. Gegen letzteren erweist aber Wüstenfeld im Archivio Storico Italiano, Nuova Serie, Tom. X[a] (Firenze 1859) S. 74 ff. die Fälschung der ganzen Urk.; vgl. auch Ficker, Forschungen zur Reichs- und Rechtsgesch. Italiens III[a] (Innsbruck 1870) S. 207 Anm. [1] — Ferner eine der von Dragoni fabrizirten Cremoneser Urkunden, Troya V Nr. 896, vgl. Wüstenfeld a. a. Ort S. 71—74. Endlich 2 zusammengehörige Urk. aus dem Register des Klosters Farfa, angeblich von 752 und 757, Troya IV Nr. 667 und 711, beide nur in späten Abschriften erhalten, und mindestens in der so überlieferten Gestalt unächt; bei der ersteren ergibt sich dies aus den Unterschriften der Zeugen: der eine, Picco, nennt sich selbst „vir illustris"; auf einen Nonnus, indignus presbiter et monachus folgt „signum Ansualdi filii ejus und s. Godualdi filii ejus; die Unterschrift des instrumentirenden Notars fehlt ganz. In der zweiten schenkt der Kolone Felix (also ein Unfreier! vgl. Capit. Caroli M. a. 803 c. 10; Lib. Pap. Carol. c. 25, bei Pertz, Leges

Gesichtspunkt des Vertrags verlassend, sich mit einer Strafe gegen nicht im Vertragsnexus befindliche Personen wendete. Nur die Könige (und etwa die so gut wie suveränen Herzöge von Benevent und Spoleto) pflegen aus obrigkeitlicher Machtvollkommenheit in ihren öffentlichen wie Privatakten eine theils an den verletzten Theil, theils an den königlichen (bezw. herzoglichen) Fiskus zu entrichtende Strafe gegen Diejenigen anzudrohen, welche den königlichen, bezw. herzoglichen Anordnungen irgend zuwider handeln sollten;[14] es stehen

---

I S. 115, IV S. 489; Troya IV Nr. 602 S. 242, V Nr. 825; v. Bethmann-Hollweg, der Civilproceß des gemeinen Rechts in geschichtlicher Entwicklung Bd. IV S. 305) an das Kloster einen Theil des nämlichen Grundstücks, mit welchem er selbst in der ersten Urkunde bereits an jenes verkauft worden war!!

[14] Vgl. z. B. die Schenkungsurkunde des Königs Desiderius v. 767 (Mon. Hist. Patr. XIII Nr. 32), deren Aechtheit mir jedoch zweifelhaft erscheint: Si quis igitur temerario ausu — hujus nostræ munitatis firmamentum irrumpere temptaverit, sciat se compositurum auri puri libras CCCCC, medietatem kameræ nostræ et medietatem sanctæ Dei ecclesiæ jam dictæ; ebenda Nr. 18; ferner die Urk. bei Troya, Cod. dipl. Long. III Nr. 377, 420, 445; IV Nr. 560, 653 (spur.), 666 (spur.), V Nr. 878. Nach dem Sturze des Langobardenreiches durch die Franken fiel diese Klausel in den Königsurkunden weg, indem die fränkischen Herrscher auch in ihren auf Italien bezüglichen Erlassen ihre heimische Bekräftigungsformel (siehe unten Anm.[59]) beibehielten; vgl. Mon. Patr. XIII Nr. 52, 58, 62, 65, 77, 91, 99, 101, 103, 104, 116, 119, 121, 123-125, 128, 130, 132, 139, 141, 150, 151, 164, 166, 170, 173, 175, 177, 189, 194, 195. Die entgegenstehenden Urkunden Ludwigs d. Fr. und Lothars, ebenda Nr. 94, 115, 134 waren bisher schon, aus andern Gründen, für verdächtig gehalten worden und sind sicher unächt. Erst K. Ludwig II begann nach dem Tode seines Vaters Lothar I allmählich die alten Strafdrohungen wieder in seine Urkunden aufzunehmen, und von da ab erhielt sich deren Gebrauch ständig in den Dokumenten der Könige Italiens, auch nachdem die langobardische mit der fränkischen und später der deutschen Krone wieder vereinigt war; vgl. Mon. Patr. XIII Nr. 192, 193, 201, 205, 211, 224, 255, 265, 294, 355, 360, 361—364, 366 (spur.), 369, 377, 378, 381, 384 u. s. w. — Ja, wie es scheint, unter den salischen Kaisern ging diese Strafklausel aus deren italienischen auch in ihre deutschen Erlasse über, also gerade zu der Zeit, als dieselbe aus den Privatakten

hier aber überhaupt nicht Verträge oder sonstige Rechtsgeschäfte in Frage, sondern Gebote und Verbote kraft höheren Rechts. Auch die Privaten, wenn sie durch Verträge begründete Rechtsverhältnisse gegen Angriffe Dritter besonders sicher stellen wollten, mußten sich hierwegen, unter Anstrengung eines wirklichen oder eines Scheinprocesses, an die Obrigkeit wenden, und deren Bann erwirken, wodurch dann jeder Angriff auf das solcher Gestalt unter obrigkeitlichen Schutz genommene Verhältniß die Strafe des verletzten Bannes nach sich zog.[15]

Dahingegen finden wir in der fränkischen Zeit mehrfach Verträge über Grundeigenthum, abgeschlossen zwischen Langobarden einer- und Franken, Alamannen oder sonstigen Angehörigen des fränkischen Reichs andererseits, in welchen, wie die Traditionsformen als nach salischem oder alamannischem Recht vollzogen erwähnt, und Zeugen aus fränkischem oder alamannischem Geschlecht zugezogen werden, so auch die zugefügten Strafklauseln bereits die oben von uns hervorgehobene, eigenthümliche Gestaltung aufweisen; und wie sehr man sich, zum mindesten bereits damals, eines Unterschieds zwischen jener römisch-langobardischen und dieser deutschen Strafabrede bewußt war, zeigt deutlich der Umstand, daß in manchen dieser Urkunden sich beide Formeln neben

---

völlig verschwand; vgl. z. B. Urkunden Heinrichs IV, V, Konrads III, Friedrichs I bei Ficker, Quellen und Forschungen Nr. 9, 17, 20, 22, 26, 28, 32, 51. — Dieser mannichfache Wechsel ist jedoch nicht auf rechtliche Unterschiede, sondern offenbar auf Kanzleiverhältnisse zurückzuführen. Siehe auch Sickel, Beiträge zur Diplomatik II, in den Sitzungsberichten der kaiserl. Akademie der Wissenschaften zu Wien, Band 39 S. 137 ff.

[15] So seit dem 9. Jahrhundert häufig; siehe Urk. v. J. 897 in Memorie di Lucca T. IV P. 2 Appendice Nr. 55; Cartular. Langob. Nr. 20, 21, 25 (Pertz Legg. IV, 601 f.). Vrgl. hierüber Ficker, Forschungen, I S. 35 f., 49—51; v. Bethmann-Hollweg, Civilproceß, V S. 122 Anm. 18 und S. 338–340. Die Cremoneser Urk. bei Troya, III Nr. 379 ist unächt.

einander finden. Z. B. Schenkung des *Alcarius* „ex genere Alamannorum" v. J. 842:[16]

— — vistituram hac traditionem juxta lege meam facere videor — — sub mea Halcarii et eretibus meis *dubla defensionem rebus melioratis*, quam in tempore fuerint sub justa exstimationem. [Dies die verderbte langobardische stipulatio duplae]. Et quod futurum esse menime credo, ut si hullus de heretibus vel parentibus meis, *vel qualebit hulla oposita persona*, qui contra hac mea dationem venire aut inrumpere quesierint, — — infero *fisco* et componat ad ipso monasterio (den Beschenkten) argentum pondua .... (Lücke), ut et quod repetit, nullatenus valeat vindicare etc.

Man wollte somit, um den Rechtsakt nach allen Richtungen zu festigen, sowohl dem langobardischen, als dem deutschen Rechte Genüge thun.

Letzteres hatte sich eben die im Gewande einer Konventionalstrafe einhergehende Androhung einer öffentlichen Strafe gegen Dritte, außer der Konvention Stehende, zu eigen gemacht, und es fragt sich nunmehr, wie dasselbe zu dieser den Begriff der Konventionalstrafe völlig aufhebenden Umwandlung gekommen, und wie diese Erscheinung mit dem deutschen Recht selbst in Einklang zu bringen ist. Der Vorgang selbst entzieht sich natürlich unserer Beobachtung, und können wir nur aus Dem, was war und was geworden ist, unsere Schlüsse ziehen. Für ersteres bietet uns aber nach dem Gesagten gerade das langobardische Recht einen trefflichen Anhalt. —

[16] Monum. Hist. Patr. XIII Nr. 146; ferner Nr. 165, 190, 204, 243, 247, auch Nr. 162. In dem Cartularium Nr. 2, 5, 8, 9, 13, 17, 18, 24 (Pertz IV l. c.) wird stets hervorgehoben, daß nach salischem, alamannischem, burgundischem, oder bayrischem Recht noch die poena stipulationis nomine zuzufügen ist; allein der Verfasser dieser Formeln hat offenbar den Sinn der deutschen Strafdrohung nicht verstanden; er faßt auch sie nur als Konventionalstrafe.

Die erste Anknüpfung nun für die in Rede stehende Umbildung glaube ich in einem rein äußerlichen Mißverständniß erblicken zu müssen, was uns in jener Zeit, welche auf die noch unbeholfene Germanenwelt von allen Seiten neue Ideen und Vorstellungen einstürmen, und hierdurch vielfache, grobe Begriffsverwirrungen sich erzeugen sah, in jener Zeit eines, nur innerhalb althergebrachter Gränzen einigermaßen sicheren Denkens allerdings nicht Wunder nehmen darf.

Wir erinnern uns, daß eine Hauptanwendung der Pönalstipulation bereits im römischen Recht beim Kaufvertrag für den Fall der Eviktion statt fand;[17] und gerade hierfür findet sie sich auch in den germanisch-romanischen Ländern äußerst häufig, wie z. B. in einem Verkauf von Liegenschaften v. J. 768:

*Mon. Hist. Patr.* XIII Nr. 36: — Quidem et spondeo ego suprascriptus Rotaris abba cum meis successoribus suprascriptis omnibus in integrum *ab omne homine defensare* vobis Ansilpergae abbatisse seu successorum vestrorum. Quod si defendere minime potuero ego aut meis successoribus, *tunc dupla suprascripta res* in integrum sicuti in tempore melioratas fuerit, in suprascripta loca et in ipso monasterio vestro *restituamus.*

Allein dem Germanen genügte es nicht, daß der Verkäufer gegen Angriffe Dritter den Käufer zu sichern versprach; es kam ihm wesentlich darauf an, daß **Seitens des Verkäufers selbst** gegen den Bestand des Geschäfts nichts unternommen werde. Man fügte daher jenem Versprechen, mit einer Buße für die Eviktion aufzukommen, das weitere Versprechen des Verkäufers hinzu, auch von sich selbst aus das Kaufgeschäft und den Besitz des Käufers nicht anfechten

[17] Vgl. Savigny, Geschichte des röm. Rechts im M. A. (2. Aufl. 1834 ff.) Bd. II S. 188, 189, und die daselbst Note h, aus **Marini**, J Papiri diplomatici raccolti ed illustrati in Roma, 1805, angeführten altrömischen Urkunden.

oder stören zu wollen, wobei dann jene Buße auch auf eine Verletzung des letzteren Versprechens ausgedehnt wurde. Die Klausel erhielt dadurch etwa folgende Form:

*Monum. Patr.* XIII Nr. 14 v. J. 753: — — Unde quoque expondimus nos qui supra jugales una ex (= cum) nostris heredibus tibi Anselmo abbati tuisque successoribus predictas omnes res omni tempore ab omni contradicente homine defensare et auctores esse promittimus. Quod si ad defensandum minime fecerimus *aut contra hanc cartulam offersionis agere aut causare presumpserimus vel agentibus consentientes fuerimus*, tunc predicte omnes res qualiter superius legitur, sicut in tempore meliorata fuerit aut valuerit sub estimatione consimili loco in duplum vobis restituamus, et insuper haec cartula offersionis semper firma et incorrupta permaneat; —

oder, indem man beide Thatbestände in der stilistischen Fassung noch mehr zusammenrückte, die nachstehende:

*Troya* IV Nr. 599 v. J. 746: — — in ea viro ratione, ut *si quis, ego vinditor aut eridis mei aud aliquis homo contra hanc vinditione mea quandoque ire temtaveri*, et ego vinditor aud eridis mei hab omne homine minime defensare potuerimus, duplu pretiu et cris (= res) meliorata sub extimatione tivi emturi velut eredibus tui compunituri promittimus ab stipulatione spunsioneque interposita.[18]

---

[18] Vgl. noch für das langobardische Recht Mon. Patr. XIII Nr. 25, 43, 53, 60, 68, 70, 79, 83, 86, 87, 100, 107, 117, 120, 142, 144, 147, 152, 158, 160, 165, 168, 171, 172, 185, 197, 204, 209. 216, 225, 230, 235, 239, 261, 326, 367, 375, 376, 380, 387 etc.

Troya III Nr. 426, 453, 457, 477, 481, 503, 513, 516, 519, 524, IV Nr. 555, 567, 579, 597, 598, 608, 663, 665, 673, 682, 698, V Nr. 731, 734, 735, 743, 746, 749, 754, 755, 770, 777, 784, 832 etc.

Memorie di Lucca T. IV[a] Nr. 6, 10, 12, 26, 42, 45, 67, 70, 85, 100, 111, 121; T. IV[b] App. Nr. 18, 38, 41, ferner die meisten Urkun-

In der letzten, außerordentlich häufig vorkommenden Gestalt sind nun aber die beiden erwähnten Versprechen, begünstigt durch die barbarische Sprache, bereits vollständig durcheinander geworfen und es kann auf den ersten Blick die Meinung entstehen, als ob die Anfechtung des Geschäfts seitens des Verkäufers, bezw. seiner Erben, und diejenige seitens eines Dritten bezüglich der angedrohten Strafe auf einer Linie ständen; als ob sich diese Strafe, außer gegen den Verkäufer auch gegen den Dritten selbst wendete. — Noch deutlicher wird diese Verundeutlichung des ursprünglichen Verhältnisses in deutschen Urkunden, wobei ich eine sehr alte, vielleicht noch in die Römerzeit selbst zurückdatirende[19] bayerische Verkaufsurkunde voranstelle:

> *Traditiones Patavienses* I. Nr. 2:[20] — fide spondiderunt et sic dixerunt, sed (= si) *de proximis aut de extraneis personis contra hunc strumentum refregare voluerit*, tunc se spondiderunt vinditores emptori dupla pecunia esse reddituri;

und ähnlich heißt es in *Formula Marculfi* II. Nr. 19 (*Rozière*, Recueil Nr. 268):

> *Si quis vero*, quod futurum esse non credo, *si ego ipse aut aliquis de heredibus vel proheredibus, seu qualibet opposita persona contra vinditionem venire temtaverit*, aut me male vindidisse convicerit, et a me vel heredibus meis defensatum non fuerit, tunc *inferamus*

---

den in Tom. V^b, sowie die bei Savigny, Gesch. des R. R. II S. 233 Note c angeführten. — Theilweise wurde auch nur das Versprechen der Nichtanfechtung unter Strafe gestellt, die Haftung für Eviktion dagegen ausdrücklich ausgeschlossen; so z. B. Memorie di Lucca T. IV^b Nr. 15, Append. Nr. 8, 11; vgl. auch Mon. Patr. XIII Nr. 118.

[19] Vgl. Zöpfl, Alterthümer des deutschen Reichs und Rechts II. S. 345 f.

[20] Monumenta Boica (Monachii 1763) Vol. XXVIII^b S. 5.

vobis heredibusque vestris dupla pecunia, quantum a vobis accepi et ipsa villa meliorata valuerit.[21]

Man sieht, wie hiernach die Haftung für Eviktion immer mehr in den Hintergrund tritt, und das „si quis — contra venire temtaverit" sich hervordrängt; alles übrige, von wem das contra venire ausgeht, si ego ipse aut aliquis extraneus, sowie das defensatum non esse erscheint nebensächlich. Das Verständniß der früheren Formel war erloschen und es bedurfte nur mehr einer kleinen Aenderung, um dem Ganzen einen anderen Charakter zu verleihen. Diese Aenderung sehen wir vollzogen in Wendungen, wie sie etwa *Form. Marc. Append.* Nr. 14 (*Rozière* Nr. 269) bietet:

Si quis vero, quod futurum esse non credo, si ego ipse aut ullus de meis heredibus, vel quislibet ulla opposita persona, qui contra hanc vindictione ista venire conaverit, et a me vel heredibus meis non fuerit defensatum, tunc *inferat* tibi una cum sotio fisco duplum tantum, quantum a die accepi, vel quantum ipsas res inmelioratas valuerint, in duplum esse reddendum;

und ebenso Urkunde von 730 (*Bréquigny-Pardessus*, Diplomata, II Nr. 546):

Si quis vero — si ego ipse aut heredes mei seu quaelibet persona, quae contra hanc vendicionem — venire temptaverit aut infringere voluerit, et a meis heredibus defensatum non fuerit, — — duplum tantum, quantum a vobis accepi, *coactus exsolvat*, et partibus auri libra una, argento . . . (Lücke[22]) quinque se damnabilen sciat.

---

[21] Vgl. Urk. v. 704 bei Pardessus, Diplomata, chartae, epistolae, leges aliaque instrumenta ad res Gallo-Francicas spectantia, prius collecta a de Bréquigny et la Porte du Theil (Lutetiæ Parisiorum 1843) Vol. II Nr. 460 (oben S. 116).

[22] „Pondera" scheint ausgefallen zu sein.

Lassen wir die Hereinziehung des Fiskus vorerst außer Betracht. — Was die Konstruktion bereits in den obigen Formulirungen zu erfordern schien, daß das im Vordersatz so prononcirt vorausgestellte „quis“ auch für den Hauptsatz das Subjekt abgebe, und daß demgemäß die Strafe jedem, qui contra venire temtaverit, auferlegt werde, das ist hier thatsächlich geschehen; das „*inferamus*“ der Konventionalstrafe ist einfach in „*inferat*“ u. s. w. verändert. Hierdurch ist aber bewirkt, daß nicht mehr ein gegebenes Versprechen durch die Strafdrohung geschützt werden soll, sondern vielmehr das auf Grund des erfüllten Vertrags hergestellte Rechtsverhältniß gegen Angriffe, gleichgültig von welcher Seite, sicher gestellt. Man hatte aber, indem man diese Aenderung vornahm, sicher nicht die Absicht oder auch nur das Bewußtsein, eine tiefgreifende rechtliche Neuerung zu inauguriren; man verstand die frühere Fassung und ihre rechtlichen Bezüge nicht mehr, und glaubte offenbar dadurch, daß man „inferat“ für „inferamus“ setzte, und hierdurch das Prädikat mit dem den ganzen Satz scheinbar beherrschenden Subjekt in Einklang brachte, eine fehlerhafte Ausdrucksweise zu verbessern. —

Dies erweist sich auch aus andern Fällen. Wie bei dem Verkauf pflegte man auch bei der schenkweisen Uebertragung von Sachen das Versprechen, die Schenkung nicht zu widerrufen oder anzufechten, sowie für Eviktion aufzukommen, zuzufügen. Daß auch hier derselbe Uebergang, der eben angedeutet wurde, statt hatte, mögen folgende Belege darthun:

*Form. Baluz. maj.* Nr. 7 (*Rozière* Nr. 198): Si quis vero, — si ego ipse aut aliquid de heredibus meis, vel ullus quislibet ulla opposita persona, qui contra hanc cessione ista venire conaverit, et a me vel heredibus meis defensatum non fuerit, *inferamus* vobis u. s. w.

Hiergegen Schenkungsurkunde v. J. 587 (*Bréquigny-Pardessus* I Nr. 196):

Si quis vero aut ullus de heredibus nostris, aut ulla emissa aliqua persona, qui contra donatione vel incartatione ista dicere vel calumpniare voluerit, et ad nos vel de nostris partibus deffensatum non fuerit, *tunc sit culpabilis* et implecturi tantum libras auri XVI *componat*, et in antea hac donatione ista facta firma stabilis permaneat cum stipulatione subnixa.

Aus den Urkunden der letzteren Art ersieht man deutlich, zu welcher Bedeutungslosigkeit das „si non defensatum fuerit", das ursprüngliche Hauptunrecht, herabgesunken war; es drückt nur mehr die selbstverständliche Bedingung aus, daß die dritte Person seitens des Schenkers an ihrem Vorhaben nicht verhindert worden sein darf, um der Strafe zu verfallen.

Noch mehr tritt dies hervor, wenn man zwei Freilassungsformeln vergleicht; auch bei diesem Rechtsgeschäft gab der Freilassende das Versprechen ab, die neue Freiheit weder selbst anzugreifen, noch von andern angreifen zu lassen:

*Form. Marc. App.* Nr. 48 (*Rozière* Nr. 100): — — nec ego ipse nec ullus de heredibus meis, nec quislibet opposita persona tibi exinde nullas calumnias — generare nec repedire non debeamus. Quod qui temptaverit, et a me vel heredis meis defensatum non fuerit, *inferamus* tibi u. s. w.

Dagegen ist mit der Umwandlung der Bedeutung der Strafe durch Aenderung des von ihr betroffenen Subjekts auch das „si defensatum non fuerit", als nunmehr überflüssig, ganz weggefallen in:

*Form. Marc. App.* Nr. 13 (*Rozière* Nr. 84): — Si quis vero — — si ego ipse aut ullus de heredibus meis vel quislibet ulla opposita persona, qui contra hanc ingenuitatem ista — — venire conaverit, *inferat tibi uno cum sotio fisco auri uncias tantas.*[23]

Gleiches läßt sich ferner nachweisen für den Sühnevertrag. Derselbe ist uns bereits oben mehrfach begegnet, und wir haben gesehen, daß in demselben, mag er außergerichtlich oder in Folge gerichtlichen Verfahrens abgeschlossen werden, der Verletzte gegen Leistung der Kompositionssumme auf alle weiteren Ansprüche aus dem Unrechte des Verletzers verzichtet. Zugleich verspricht er aber auch, den Verletzer gegen jeden Dritten, der aus dem hier ausgeglichenen Unrechte Ansprüche gegen ihn erheben würde, zu vertreten und zu schützen; eine Gewährleistung ähnlich der bei Eigenthumsübertragung, welche insbesondere dann von großer Bedeutung war, wenn, wie bei dem Mord, nicht der unmittelbar Verletzte, sondern dessen nächster Blutsfreund als Kläger und dann als Kontrahent auftrat. Dieselbe

[23] Das Weglassen des „si def. non fuerit“ begegnet daher sehr häufig bei den Strafdrohungen gegen Dritte; der Fortgang der Darstellung wird uns eine Reihe von Belegen hierfür bringen. — Dagegen hat die im Text geschilderte Umbildung und insbesondere der Ausfall der genannten Worte eine, ohne Einblick in diese Verhältnisse gar nicht verständliche Verwirrung hervorgebracht in einigen Fuldischen Verkaufsurkunden bei Dronke, Codex diplomaticus Fuldensis (Cassel 1850) Nr. 8 und 26 aus den Jahren 756 und 765. Hier heißt es: — si quis ex hoc ullo umquam tempore voluerit inpulsare aut infestare, novere a me vel ab heredibus meis vobis vel heredibus vestris tantum et alterum tantum, vel quantum ipsa res meliorata valere poterit, se esse redditurum, stipulatione firmitatis subnixa. Das „a me vel ab her. m.“ gehörte offenbar ursprünglich zu einem „si def. non fuerit“, und der Schluß ging dann dahin: novere (barbarischer Imperativ: so wisse) nos esse reddituros. Indem man dann aus einem so oder ähnlich lautenden Muster die Klausel in der bezeichneten Weise der neueren Form anzupassen sich bemühte, (— in der Urk. Nr. 26 ist „novere“ in „noverit“ korrigirt, s. Dronke l. c. S. 17 Note 5 —), ließ man die Worte „a me vel ab her. m.“ sinnloser Weise stehen. In der jetzigen Gestalt können sie höchstens als Dativ genommen werden, und es entsteht dann das Resultat, daß der unberechtigte Evincent nicht nur an den Käufer, sondern auch an den Verkäufer die Buße zahlen soll.

pflegte in gleicher Weise wie oben sammt jenem Verzichte unter Konventionalstrafe gestellt zu werden:

*Form. Marc.* II, 18 (*Rozière* Nr. 511), Sühnevertrag über einen geschehenen Mord. Et fortasse ego ipse aut aliquis de heredibus meis, vel quicumque te ob hoc inquietare voluerit, et a me defensatum non fuerit, *inferamus* tibi cum cogenti fisco duplum quod nobis dedisti.

Hieraus wurde wiederum in

*Form. Sirmond.* Nr. 39 (*Rozière* Nr. 510): — Si quis vero, si fuerit aut ego ipse, aut ullus de heredibus meis seu quislibet persona, qui contra hanc securitatem venire aut agere vel refragere temptaverit, et a me vel ab heredibus meis defensatum non fuerit, sociante fisco, *qui litem intulerit*, soledos tantos *conponat* u. s. w.;

und da also hiernach der, welcher den Streit anfangen wird, büßen soll, so ist auch bei dieser Art von Rechtsgeschäften das „si defens. non fuerit" weggefallen in *Form. Bignon.* Nr. 7, 8 (*Rozière* Nr. 468, 469). —

Wir sehen so Zufälligkeiten in der Satzkonstruktion und in der Wortfassung großen Einfluß auf die Rechtsbildung ausüben; noch ein ähnliches Moment glaube ich hierher ziehen zu müssen.

Das erwähnte Versprechen, eine vollzogene Eigenthumsübertragung nicht anfechten zu wollen, wurde häufig auch dahin ausgedehnt, sich zu diesem Behufe keiner zwischengeschobenen Person, *persona interposita, subposita, submissa, subrogata, apposita* oder verderbt *opposita,* bedienen zu wollen. Auch für das Zuwiderhandeln gegen diese Bestimmung sollte die verabredete Strafe, natürlich den sich Verpflichtenden treffen. So z. B.:

*Troya* V Nr. 856: Et — — si aliquando — ego ipse venditor aut aliquis de meis haeredibus te jam factum emptorem in aliquo molestare voluerimus *per nos aut per appositam personam* temptaverimus —, *promittimus* nos tibi componere vel tuis successoribus poenae nomine ipsum pretium duplum u. s. w.[24]

Wie man nun oben bei dem Gewährleistungsversprechen die überlieferten Formeln in der Weise mißverstand, daß man eine an sich nur beiläufig erwähnte Person, den Evincenten, zur Hauptperson machte, so auch hier: die subposita oder apposita persona wird zur *opposita*, zur feindlichen Person, zum Hauptübelthäter. Zunächst freilich in ganz sinnloser Weise, unter fortdauernder Beschränkung der Strafe auf die Kontrahenten selbst:

*Form. Marculf. App.* Nr. 17 (*Rozière* Nr. 307), Tauschvertrag: Si quis vero, si ego ipse aut aliquis de heredibus meis *vel quislibet ulla opposita persona*, qui contra hanc commutationi pars contra pare suo venire conaverit, *inferat pars pare suo ista tota servante* una cum socio fisco auri untias tantas.

Allein die Tendenz ging weiter und in den Formeln bei *Rozière* Nr. 221 und 225 über die Bestellung eines Brautschatzes sehen wir der *interposita* oder *subrogata persona*, welche nun allen Bezug auf den Constituenten fallen gelassen hat, ihren wohlverdienten Antheil an der Strafe zukommen:

Si quis vero — si contigerit quod ego ipse aut ullus de heredibus ac proheredibus meis *aut certe quaelibet subrogata persona*, qui contra hanc dotis titulum aliquam controversiam machinare voluerit, aut eam infrangere temptaverit, *ei cui litem intulerit*, auri libras quinque *coactus persolvat*.

---

[24] Langobardische Urkunden in dieser Form siehe noch bei Troya, Cod. Dipl. Long. III Nr. 530, 534; IV Nr. 600, 675; V Nr. 759—761; Memorie di Lucca Tom. IV[a] Nr. 10, 13, 79; Tom. IV[b] Append. Nr. 15, 25; Monum. Hist. Patr. XIII Nr. 21, 22, 23, 187, 206 u. a. m.

Hierher gehören auch die zuerst von Fickler veröffentlichten rhätisch-alamannischen Schenkungsurkunden v. J. 821:[25] Et si aliquis aliquando de nos vel de eredibus nostris *vel soposita persona*, qui contra anc cartam donacionis ire tentare aut inrumpere voluerit, *solvat* dubla terra cui commutari voluit et judici aurum lib(ram) stipulatione subnixa.

Wie hier die Worte „solvat, *cui commutari voluit*" noch lebhaft an die frühere Konventionalstrafe der Kontrahenten unter einander erinnern,[26] so zeigt uns ferner die erwähnte „*soposita* persona" einen weiteren Weg, auf welchem die *subposita* pers. sich in eine *opposita* pers. umgesetzt hat.

Vergl. außerdem noch die in der besprochenen Hinsicht ganz verwirrte Urkunde v. J. 708 bei *Bréquigny-Pardessus* II Nr. 470 einer- und die Urkunden von 744, ebenda Nr. 576 ff. andererseits u. a. m.

Dieser Umbildungsproceß läßt sich des weiteren aufs deutlichste verfolgen in den Formeln von Angers, bei welchen sich dann außerdem noch ein weiteres unterstützendes Moment geltend macht. Mehrere dieser Formeln handeln von dem Fall, daß Jemand wegen irgend welcher Rechtsansprüche Befriedigung erhalten hat oder aber mit denselben, als unberechtigten, bei ihrer Geltendmachung nicht durchgedrungen ist, und nun das Versprechen ablegt, jene Ansprüche

---

[25] Fickler, Quellen und Forschungen z. Gesch. Schwabens und der Ostschweiz, Urkunden I A, B, C (S. 3 f.); dieselben finden sich auch bei Wartmann, Urkundenbuch der Abtei St. Gallen (Zürich 1863, 1866), Band I Nr. 264, 266, 267, woselbst noch weitere Urkunden mit gleicher oder ähnlicher Formulirung; s. das. I Nr. 224, 247, 248, 250, 254—256, 260, 265, 270, II Nr. 683, Anhang Nr. 4, 5, 6 (S. 384 ff.) u. a. m.

[26] Vgl. z. B. Form. Sirmond. Nr. 44 (Rozière Nr. 43): unde convenit, ut si unus ex nobis de has convenentiis se emutare voluerit, solidos tantos pari suo conponat.

nicht wiederholt geltend machen, bezw. nicht weiter verfolgen zu wollen, und zwar weder selbst, noch durch Andere an seiner Statt; für den Fall der Verletzung dieses Versprechens unterwirft er sich einer Buße.[27]

*Form. Andegav.* Nr. 5 und 42 (*Rozière* Nr. 503, 504): — convenit, ut hanc epistola facere deberit, ut nullumquam tempore contra ipso agere non praesumat. Quod si illi (= ille) *aut aliqua persona ad vicem suam* ipsa causa resultare presumpserit, soledus tantus inter tibi et fisco conponere debiat.

Die redende Person ist hier der instrumentirende Notar, während der Versprechende selbst in der dritten Person eingeführt wird, weshalb auch die Verpflichtung zur Zahlung der Strafe in dieser Form ausgedrückt ist. Indem aber hierdurch zugleich ein Bezug der letzteren auf die *extranea* persona ermöglicht wird, ist dem Mißverständniß Thür und Thor geöffnet. Die Worte „ad vicem suam" brauchten jetzt nur einmal zufällig ausgelassen zu werden, und der Sinn der ganzen Klausel war ein total verschiedener geworden. — In *Form. Andeg.* Nr. 6, 38, 41, 43 (*Rozière* Nr. 507, 506, 505, 508) nimmt der Promittent wieder selbst das Wort, allein die Strafverpflichtung wird trotzdem von einer dritten Person ausgesagt; die „persona ad suam vicem" avancirt zur „qualibet obposita persona" mit selbständiger Verantwortlichkeit für ihre Handlungsweise:

Et — — si fuerit *aut ego ipsi* aut aliquis de heredibus meis, *vel qualibet obposita persona*, qui contra hanc securitate resultare presumpserit, soledus tantus ei *conponat*. —

Diese auf rein sprachlichen und grammatikalischen Mißverständnissen beruhende Hereinziehung dritter Personen in

[27] Sogenannte Sicherheitsurkunden, „securitates".

vertragliche Verabredungen erhielt nun aber seitens der **romanistischen Rechtsübung** auch in **direkter** Weise Anstoß und Förderung. Abgesehen von jener Konventionalstrafe nämlich, und wohl von ihr geschieden, wurde an dem Schluß der Urkunden, insbesondere wiederum solcher über Eigenthumsveräußerungen, um deren Stätigkeit und Unverbrüchlichkeit hervorzuheben, häufig es als Wunsch des Veräußernden oder auch bereits als sicher zu erwartende Thatsache ausgesprochen, daß es niemals Jemanden, wer es auch sei, gelingen möge, bezw. gelingen würde, den durch das betreffende Rechtsgeschäft begründeten Rechtszustand umzustoßen; z. B.:

*Memorie di Lucca* Tom. IV[a] Nr. 9: — — omnia in integrum tradimus et offerimus Deo et tibi ecclesia Beati Sancti Reguli in prefinito pro remedium anime nostre: *et neque a nobis neque ad heredibus nostris aliquando neque a nullo homine presens cartilam offersionis posse disrumpi;* set omni in tempore stabilem permaneat.[28]

Dieser Ausspruch wendet sich allerdings gegen jeden Dritten; aber er enthält keinerlei Willensdisposition, ist überhaupt juristisch indifferent. Allein wenn hierneben die in ähnlichen Ausdrücken gefaßte Konventionalstrafe stand, wie dies z. B. in

*Memorie di Lucca* IV[a] Nr. 10, 57

der Fall ist, oder wenn Jemand, der eine Verfügung unter

---

[28] Siehe ferner **Memorie di Lucca** IV[a] Nr. 10, 17, 39—41, 48, 53, 57, 62, 66, 72, 91, 123; IV[b] Nr. 11, 18, Append. Nr. 12; — **Troya** IV Nr. 606, 636, 640, 657, 697, 709, 723; V Nr. 726, 739, 745, 771 u. a. m. Dann **Bréquigny-Pardessus** II Nr. 335, 414, 423; — **Reichenauer Formeln** (herausgegeben von Mone) Nr. 22, 24; — **Formeln des Straßburger Codex** (herausgegeben v. Rozière) Nr. 12 (**Rozière**, Recueil Nr. 833, 335, 353; auf dieses Werk Band III verweise ich auch bezüglich der näheren Bezeichnung der früheren Ausgaben der angeführten und noch anzuführenden Formeln).

Lebenden oder von Todeswegen (a die praesenti oder post obitum) in einer solchen Urkunde traf, neben dem Ausdruck obiger Erwartung zugleich seinen Erben anbefahl, jene Verfügung unangefochten zu lassen, und diesen, sofern sie dem Befehle nicht Folge leisteten, eine Strafe in Gestalt einer erbschaftlichen Auflage oder einer Verkürzung ihres Erbtheils androhte,

z. B. *Memorie di Lucca* IV[a] Nr. 20: Et nunquam a me vel heredis meis retraendum est res homni in tempore hec mea offersionem sicut supra legitor firma et istavile valeas permanire. Et quis de heredis supcessoris meis contra hanc pagina a me facta ipse venire volueret ipsa res retraendum aut molestandum qualiter a me offertum, tunc conpona ad suprascripta sancta Dei virtutem — — homnia in dopla u. s. w.,[29] —

so ist es in der That nicht zu verwundern, wenn ein germanischer Notar, dem das juristische Verständniß dieser verschiedenen, an sich schon unklaren Formulirungen abging,

---

[29] Solche Androhungen erbschaftlicher Nachtheile bei Anfechtung einer Vergabung siehe noch in Monum. Hist. Patr. XIII Nr. 11, 34, 162, 183, 290, 382, 385; Fumagalli Nr. 70, 116; Troya IV Nr. 687, 696; V Nr. 742; Memorie di Lucca IV[a] Nr. 24, 63, 65, 86, 107; IV[b] App. Nr. 15. Dieselben sind aus römischrechtlichen Instituten, nämlich aus den durch Justinian gestatteten „poenæ nomine relictis vel ademtis" sowie der durch die sog. Cautela Socini auszusprechenden Beschränkung auf den Pflichttheil, welcher hier unter dem Namen der „Falcidia" vorkommt, hevorgegangen; siehe Mon. H Patr. XIII Nr. 183 (=Fumagalli Nr. 70): Et quod non credimus, si forsitans — — ali(quis) de parentibus nostris aparuerit, qui contra presente nostra hordinationis agere aut inrumpere quesierint, et cum . . . (Lücke) accipiant quanti fuerint in tantum ex ipsis rebus nostris pro falcidiae nomine, quantumcumque eos plus minus legibus claudere potuerit. Vgl. das. Nr. 11 und Savigny, Gesch. des röm. Rechts im M. A. II S. 121 f. 234, welcher aber des Zusammenhangs mit den poenæ nomine relicta (§ 36 Inst. de legat. II, 20; C. un. Cod. de his quæ poenæ nomine VI, 41) nicht gedenkt.

letztere alle zusammenwarf, und in dem Glauben, daß es sich wesentlich darum handele, jede spätere Anfechtung des Geschäfts, von welcher Seite sie auch komme, zu verhindern, und im Vertrauen auf die Wunderkraft der Aquiliana oder Arcadiana stipulatio, welche das Alles bewirken könne,[30] eine Strafsanktion etwa in folgender Gestalt einer Urkunde einverleibte:

*Bréquigny-Pardessus* I Nr. 241, Schenkung der Theodetrudis an das Kloster St. Denis v. J. 627: — propterea rogo et contestor coram Deo et angelis ejus omni nationi hominum, tam propinquis quam extraneis, ut nullus contra deliberatione mea impedimentum Sancto Dionysio de hac re, quae ad me per has litteras deputatum est, facere praesumat; si fuerit quia minus suus ad hoc apposuerit faciendo, aeternus rex peccata mea absolvat, et ille maleditus — —, quantum res ipsa meliorata valuerit, duplex satisfactione fisco egenti (= cogente) exsolvat; et quod — — obtuli, omnem firmitatem obtineat stipulatione interposita.[31] —

Es bleibt ein letztes Moment zu erwähnen, welches von

---

[30] Vgl. die St. Gallischen Traditionen bei Bréquigny-Pardessus II Nr. 580, 581: et cartola donationis sua optenia (lies obtineat) firmitatem Aquilianis Arcatianis leges estibulationis, quia omnium cartarum adcomoda firmitatem. (Bei Wartmann, Urkundenbuch der Abtei St. Gallen Bd. I Nr. 8, 9; siehe noch daselbst Nr. 224, 247, 250, 258, 261, 262 und Bd. II Nr. 458).

[31] Vgl. noch Bréquigny-Pardessus II Nr. 328, 358, 437; — Formul. Bignon. Nr. 10; Marc. II, Nr. 7; Lindenbrog. Nr. 17; Sirmond. Nr. 1, 4—7, 16—18 u. a.; Reichenauer Form. (herausgeg. v. Mone) Nr. 18—21, 23; Form. des Straßb. Codex (her. v. Rozière) Nr. 1—4; Alamann. Form. (her. v. Wyß) Nr. 1, 3, 14; Dümmler, Formelbuch des Bisch. Salomo III von Konstanz, Nr. 7 (bei Rozière, Recueil, Nr. 109, 248, 203, 212, 160, 267, 332, 319, 241, 245, 246, 208—211, 334, 199, 347, 348, 350, 365, 314, 330, 359 § 2).

außen her auf den von uns beobachteten Vorgang anscheinend einen Einfluß, und vielleicht nicht den geringsten ausgeübt hat. Es kam dies von kanonistischer Seite.

Seit dem sechsten Jahrhundert hatte die Kirche, um ihren Besitzstand insbesondere an liegenden Gütern zu schützen, auf ihren Koncilien und Synoden gegen alle Diejenigen, welche in irgend welcher Weise diesen Besitzstand anzugreifen versuchen würden, Verwünschungen, Androhung von Exkommunikation sowie erschrecklicher Strafen im Jenseits ausgesprochen.[32] Die hierbei üblichen Exsekrationsformeln gingen in den mannichfachsten Wendungen in Urkunden, worin der Kirche Zuwendungen gemacht wurden, über, dann aber auch in Rechtsakte unter andern Personen und über Rechtsgeschäfte der verschiedensten Art; — und zwar nicht blos in Bezug auf die Kontrahenten oder Konstituenten, welche der hier übernommenen Verpflichtung etwa nicht nachkommen, oder welche ihre eigene Verfügung wieder umstoßen würden. Vielmehr sollte der durch das betreffende Geschäft begründete Rechtszustand als solcher unantastbar, und Jedermann, der sich hiergegen verginge, den angedrohten geistlichen und überirdischen Folgen ausgesetzt sein.[33]

Analog diesen in der Ewigkeit eintretenden Strafen sah man nun in den aus der romanistischen Rechtsübung überlieferten Konventionalstrafen den Ausspruch der bereits im Diesseits erfolgenden Vergeltung des Unrechts; jene aus-

---

[32] Siehe die Citate Merkel's in seiner Ausgabe der Lex Alamann. und Lex Baiuwar., Pertz Leges III S. 84 Anm. [2] und S. 270 Anm. [10].

[33] Es erscheint überflüssig, hier specielle Belege anzuführen, da die berührten Formeln sich fast durchgängig in den zahlreichen Urkunden vom sechsten bis zehnten Jahrhundert vorfinden, und sich in kirchlichen Dokumenten bis in viel spätere Zeit erhalten haben. — Eine solche mit besonders phantasiereicher Ausmalung der den Schuldigen treffenden Schrecken siehe bei Lacomblet, Urkundenbuch für die Geschichte des Niederrheins (Düsseldorf 1840) I Nr. 69.

gehend vor den himmlischen, diese von der irdischen Gerechtigkeit. Diese Parallelisirung der Rechtsfolgen führte aber naturgemäß zur Identificirung der Thatbestände, auf welche sich beide Arten von Strafen bezogen. Das Unrecht, welches dergestalt bald im Himmel, bald auf Erden rächende Nachtheile in seinem Gefolge hatte, wurde als ein und dasselbe aufgefaßt, und da das erstere, welches die himmlische Gerechtigkeit herausforderte, von Haus aus einen weiteren Kreis von Personen und Handlungen in sich schloß, so dehnte man auch das letztere, welches an sich beschränkter war, auf diese aus. Zur Veranschaulichung dieser Umwandlung diene eine Schenkungsurkunde v. J. 690:

> *Bréquigny-Pardessus* II Nr. 413: Et si quis contra hanc deleberacionem, ut sanctis baselices dilegavi, infrangere tollere minuare . . . . praesumpserit, . . . . ecclesiarum efficeatur extraneus et in perpetuo anathema percuciatur et maledictus cum Juda Scarioth in infernus inferiori usque ad diem adventus Domini nostri Jesu Christi ignem cruciandus . . . . , *et insuper, ut lex terrena aedocet, duplum tantum fisco cogente sanctis basilecis dissolvat* u. s. w.

Das „et insuper", wodurch in derartigen Klauseln die geistlichen und weltlichen Straffolgen durchgängig mit einander verknüpft werden, gibt einen lebhaften Beleg dafür, wie die letzteren auf den Thatbestand der ersteren ex post aufgepfropft worden sind. — Von der alten Konventionalstrafe ist nichts übrig geblieben, als die poena dupli, und die auch hier im weiteren Wortlaut folgende stipulatio subnixa. Dagegen kommt darauf, ob die Anfechtung vom Kontrahenten bezw. Tradenten, von seinen Erben oder von sonst Jemanden ausgeht, gar nichts mehr an; der betreffende Passus ist ganz ausgefallen.[34] Diese weltliche Strafe, ebenso

[34] Ebenso bei Bréquigny-Pardessus, Dipl. I Nr. 241, II Nr. 293, 338, 350, 406, 437, 448; Addit. Nr. 68 u. a. — Form.

wie die geistliche, ruht nicht mehr auf dem Vertrage, welcher als solcher mit dem strafbaren Thatbestande nichts mehr zu thun hat. Vielmehr ist es der alleinige Wille der die anzufechtende Verfügung treffenden Person, auf Grund dessen eine beliebige andere Person, welche den Willen jener nicht anerkennen oder in seiner äußeren Darstellung angreifen sollte, einer Strafe unterworfen wird. —

Die im Vorstehenden dargelegten Momente haben, wie wir gesehen, sämmtlich dazu beigetragen, unserer Strafklausel die zuletzt hervorgehobene Gestalt zu geben. Wie sich diese Momente aber im einzelnen Falle zu der sich vollziehenden Umbildung, und wie sie sich bezüglich ihrer Geltendmachung zu einander selbst verhalten haben, welches derselben hier, welches dort wirksam war, das läßt sich natürlich heute nicht feststellen. Wichtig aber ist im Auge zu behalten, daß, welches Moment auch im einzelnen Falle den Anlaß zu diesem Umbildungsproceß gegeben haben mag, der letztere sich doch immer den betheiligten Personen unbewußt vollzog; daß das neue Recht ohne die subjektive Absicht, ein solches zu schaffen, entstanden ist. Aus der gesammten obigen Darstellung ergibt sich dies von selbst; nirgends sind wir auf ein Element gestoßen, welches während des Verlaufes dieser Umbildung auf ein Wissen um die rechtlichen Verschiedenheiten des ursprünglichen und des werdenden Rechtes schließen lassen könnte. Ja selbst als die neue Rechtsbildung zum Abschlusse gekommen ist und sich nun, wie in den oben Anm. 16 angeführten Urkunden und Formeln, selbständig neben das frühere Recht setzt, erkennt man wohl den rein äußerlichen Unterschied der Form, des

---

Bignon. Nr. 10; Marc. II Nr. 3; Baluz. major. Nr. 45; Alsat. Nr. 1; Alam. Nr. 3 (herausgeg. v. Wyß); Dümmler, Formelbuch Nr. 7 (Rozière, Recueil, Nr. 109, 215, 361, 366, 314, 359 § 2) u. a. m.

Wortlautes, aber man ist doch weit entfernt, den großen Abstand der, beiden Gestaltungen zu Grunde liegenden rechtlichen Ideen zu erfassen. Man ist weit entfernt von der Erkenntniß, daß, während die frühere Konventionalstrafe nothwendig einen Vertrag, ein Versprechen voraussetzte, auf welches sie sich stützte, jetzt die Strafdrohung von der gewillkürten Uebernahme irgend welcher Verpflichtung ganz unabhängig ist, daß für letztere nur das Vorhandensein irgend eines rechtlichen Zustandes erforderlich ist. Freilich geht man thatsächlich im Rechtsverkehr über das Vertragsgebiet hinaus, und knüpft Strafdrohungen an einseitige, rechtskonstituirende Akte, an Schenkungen, Freilassungen, letztwillige Verfügungen u. s. w., ohne daß es, wie ursprünglich und während des Uebergangs, auf die Zufügung eines Gewährleistungsversprechens ankäme. Allein überall fehlt das Bewußtsein von der juristischen Besonderheit eines solchen Thuns.

Für uns aber und unsere Untersuchung besteht die Thatsache, daß eine solche Rechtsgestaltung wirklich zur Ausbildung gekommen ist, und es erhebt sich nunmehr die Frage, auf welche rechtliche Basis eine solche Strafdrohung zu stützen sei.

Wenn nämlich auch die im Bisherigen besprochenen Momente als die äußeren Hebel betrachtet werden müssen, welche diese Abweichung des germanischen vom romanischen Rechtsleben zur Entwicklung gebracht haben, so kann doch andererseits darüber kein Zweifel bestehen, daß diese mehr oder weniger zufälligen Anlässe an sich nicht hingereicht haben würden, eine so tief gehende Umwälzung in so durchgreifender Weise zu Wege zu bringen; daß vielmehr hierzu noch andere, höhere Kräfte in Thätigkeit gewesen sein müssen. Dieser neuen, von dem Konstituenten eines Rechtsgeschäfts einem beliebigen Dritten auferlegten Strafe muß eine tiefere Idee zu Grunde liegen; die mißverständliche Auffassung römischrechtlicher Formen muß durch den Geist germanischen Rechtes unterstützt und getrieben worden sein. —

Sehen wir uns, um diesen hier waltenden Geist zu erkennen, zunächst die rechtliche Beschaffenheit der auf die beschriebene Weise mit Strafe bedrohten Handlungen an.

Das Objekt derselben besteht, wie erwähnt, in einem durch Rechtsgeschäft begründeten Rechtszustand, auf dessen Umsturz sie abzielen, und sie sind somit auf ein Unrecht gerichtet. Dieser Rechtszustand kann in den mannichfachsten Rechtsverhältnissen bestehen, wie z. B. Eigenthum, Besitz, Nutzungs- und andere dingliche Rechte, Freiheit, Zustand rechtlichen Friedens zwischen zwei Personen nach vorausgegangener Feindschaft oder Zwistigkeit; und ebenso kann er auf die mannichfaltigste Weise begründet sein, durch Verkauf, Tausch, Schenkung, Testament, Uebertragung zu beliebigem Nutzungsrecht, Freilassung, Sühne, Vergleich, Urtheil, Erfüllung rechtlicher Ansprüche civiler oder krimineller Natur u. s. w. Ueberall aber ist es nicht die Verletzung des begründenden Vertrags oder sonstigen Rechtsgeschäfts an sich, sondern diejenige des durch letzteres begründeten Rechtszustandes, welche durch die Strafe getroffen werden soll.

Die Verletzung selbst kann nun aber, je nach Lage der Sache, auf doppelte Weise stattfinden: entweder durch ein unmittelbar thatsächliches Sichunterwinden des umzustoßenden Rechtes, sei es mit, sei es ohne Anwendung offener Gewalt, — z. B. durch Wegnahme einer Sache, Invasion eines Grundstücks, Knechtung einer Person und dergl.; — oder aber auf dem Wege formellen Rechtes, durch Anstrengung eines materiell ungerechten[35] Pro-

[35] Es versteht sich von selbst, daß rechtmäßige Ansprüche Dritter durch eine mit der Strafklausel versehene Urkunde nicht beseitigt, noch deren Geltendmachung von der angedrohten Strafe betroffen werden konnte; vgl. auch die indirekt hierauf weisenden Bestimmungen in Hlothar. Cap. III a. 823 c. 1 (Pertz, Leges I S. 235), Hlothar. Constit.

cesses behufs Aufhebung der durch jenes Rechtsgeschäft begründeten Verhältnisse. Gerade dieser letztere Fall ist es, der in den Strafklauseln häufig ganz besondere Berücksichtigung findet; dieselben heben es häufig ausdrücklich hervor, daß denjenigen, der unter dem Scheine, das Recht zu erstreben, dasselbe stürzen will, die gedrohte Strafe treffen soll; so vornehmlich in der sehr viel angewandten Formulirung:

qui contra hanc venditionem *aliquam repetitionem generare* praesumpserit, contra *cui litem intulerit*, conponat, z. B. *Form. Sirmond.* Nr. 5, 7, 8; *Lindenbrog* Nr. 127 (*Rozière*, Nr. 267, 319, 279, 273; dann Nr. 272) u. v. a.

sowie in den fast durchgängig vorkommenden Schlußworten:

et quod *repetit*, *evindicare* non valeat, oder ähnlich. —

Es fragt sich nun weiter, wie das objektive Recht, abgesehen von den Strafklauseln in den Urkunden, die soeben skizzirten Handlungen, welche sich gegen das Recht wenden, behandelt.

Daß hier zunächst die Anwendung von offener Gewalt zur Störung rechtlich bestehender Verhältnisse, insbesondere die gewaltsame Besitzentziehung, Usurpation liegender Güter, worum es sich zumeist handelt, schon an sich als ein Unrecht gilt, welches nach den Bestimmungen der verschiedenen Volksrechte durch eine Bußzahlung gesühnt werden muß, ist ein bekannter Satz und unterliegt keinem Zweifel; vgl. besonders:

*Lex Ribuaria* tit. 59 § 8; 60 §§ 2—5, 8; *Lex Alamannorum Lantfried.* 98 § 2 (*Pertz*, Leges III S. 119); *Lex Baiuwar.* 17 § 1 (Text I das. S. 325); *Liutprandi* cap. 134, 148 (*Pertz*, IV S. 165 f., 173); *Capitul.* a. 790 c. 14 (*Pertz* I S. 71).

---

Olonn. a. 825 c. 10 (Ebenda S. 249). Die Parteien, die das Geschäft schließen, setzen bei ihrer unbedingten Sprechweise eben immer voraus, daß letzteres keine anderweite Berechtigung verletzt, daß dasselbe nach allen Richtungen hin mit dem objektiven Rechte selbst in Einklang steht, und daß daher jedwede Anfechtung eine unrechtmäßige sein muß. Vgl. Bréquigny-Pardessus II Nr. 537.

Ferner *Form. Bignon.* Nr. 12; *F. Andeg.* Nr. 46 (*Rozière* Nr. 502, 473); — Gerichtsurkunden bei *Meichelbeck*[36] I Nr. 115, 472, 473; in der letzteren, vom Jahr 825, heißt es: Tunc ibi surrexit advocatus Hittoni nomine O. et querebat unam basilicam -- a quibusdam hominibus nomine H. et E., quod *ipsam basilicam eis defendissent et usurpassent in proprium;* et tunc illi sibimet ipsis credebant, eo quod injuste ibidem contendebant et fecerunt, ac reddiderunt ipsam basilicam, *ac alia omnia similia wadiaverunt*[37] *pro iniquitatem quam fecerunt,* et — — pro altare *wadiaverunt XL solidos;* —

und ähnlich in einer Erzählung des *Chronicon Benedictoburanum:*[38]

Invidia autem diaboli stimulante accensi contra illum tres fratres, viri potentes, filii scelerati, Reger Milo Aribo *predia supradictarum ecclesiarum distrahere et confinia pretitulati nemoris invadere moliti sunt.*[39] Abbas regi Karolo injuriam conqueritur. Rex tunc forte in procinctu positus Hantoni episcopo Augustensi atque Kys duci judicium faciende vindicte committit. Statuto examine in villa Egolvingin presumptores illi nefarie direptionis convicti, *singuli pro compositione dederunt 40 solidos duci, — 12 abbati, in dominico 40.*

Aber auch die blos thatsächliche, widerrechtliche Inbesitznahme eines Grundstücks, ohne Aufbietung von Gewalt, wenn

---

[36] Meichelbeck, Historia Frisingensis, Augustæ Vindel. 1724. Vol. I Instrumenta.

[37] Das ist die poena dupli; ebenso in Nr. 472.

[38] Monumenta Boica VII S. 22 f.

[39] In dem Rotulus historicus Benedictob. (Monum. Boica, VII S. 6 f.), wo derselbe Vorgang beschrieben wird, heißt es: nemus invadere ceperunt, quod specialiter ad altare S. Benedicti datum fuit a venerando viro Lantfrido.

sie etwa heimlich geschah, oder ehe der Berechtigte seinerseits Besitz ergreifen konnte, zog Strafe nach sich:

*Dronke*, Cod. Diplom. Fuld. Nr. 692: Uuilliperaht et uxor ejus Hiltiburg tradiderunt ad S. Bonifatium partem haereditatis suae. Tunc contigit, quod U. obiit et de hac luce migravit, et tunc gener ejus Uuolfhart, qui suam habuit filiam, *injuste consedit illam traditionem,* quam tradidit U. et uxor ejus H. Tunc centurio Sigifrid, qui advocatus noster fuit, et una fratres nostri cum eo placitum constituerunt ad Sundheim et ille Uuolfhart supra dictam rem injuste consessam coram centurione illo — — et coram hominibus multis *reddidit cum suo jure et emendavit, quod injuste consedit illam traditionem cum tali parte, qualem Uuilliperaht suae tradidit filiae.*[40]

Vgl. *Bréquigny-Pardessus* II Nr. 431 = *Pertz*, Diplomata I Nr. 66; ferner *Meichelbeck* I Nr. 116; in dem hier verhandelten Processe von 802 stützt sich die Klage darauf:

quod (Lantfrid) *injuste possideret* res S. Petri de monasterio Slechdorf dicto, quas praedictus Irminfrid potestativo jure tradidit ad ipsum monasterium pro salute animae suae.

Der Beklagte wird dessen überführt, und wäre daher eigentlich in Strafe zu nehmen; allein:

tunc ipsi missi una cum his, qui in ipso placito adfuerunt, *percogitantes stultitiam ejus*, ut etiam sine gravi damno evaderet in mercedem sanctae Dei ecclesiae et domni imperatoris, rogantes ipsum venerabilem Attonem episcopum conplacitaverunt ei, ut licuisset ei

[40] Auch dies scheint die poena dupli zu sein, unter der Voraussetzung nämlich, daß unter der an das Kloster vergabten pars die Hälfte zu verstehen ist, und daß die Tochter Williberts dessen einziges Kind war, was mir beides in der Urkunde angedeutet zu liegen scheint.

*sine compositione legitima* res praedictas sanctae ecclesiae sana manu *etiam sine compositione emunitatis regis et sine debito regali*[41] reddere. —

Ganz dasselbe gilt nun auch nach dem deutschen Recht dieser Periode für den Fall der Anfechtung eines zu Recht bestehenden Verhältnisses auf dem Wege des Processes, unter Vermeidung jeglichen eigenmächtigen Eingriffes.

Das ältere deutsche Recht gewährt die gerichtliche Klage nur Demjenigen, dessen geltend zu machender Anspruch auch thatsächlich begründet ist. Es steht hierdurch im

---

[41] Die außer der compositio legitima hier ebenso wie in dem Placitum bei Meichelbeck I Nr. 115 an und für sich noch weiter verwirkte compositio emunitatis verfällt wegen Verletzung der dem klagenden Kloster vom Könige verliehenen Immunität; Capit. in leg. Sal. mitt. a. 803 c. 2 (Pertz, I S. 113): si quis in inmunitatem damnum aliquid fecerit, sexcentos solidos componat. Auf diese Strafe pflegte dann in den einzelnen Immunitätsbriefen besonders hingewiesen zu werden; vgl. z. B. Form. Carpent. Nr. 13 (Rozière Nr. 24); Immunitätsbriefe bei Bouquet, Recueil des historiens des Gaules et de la France (Paris 1744), Vol. V S. 742 Nr. 46 v. 779; S. 747 Nr. 56 v. 782; S. 763 Nr. 81 o. J.; Vol. VI S. 506 Nr. 72 v. 817; S. 526 Nr. 104 v. 822; Vol. VIII S. 378 Nr. 18ª v. 843. Siehe hierüber P. Roth, Gesch. des Beneficialwesens (Erlangen 1850) S. 126 Anm. 57; Waitz, deutsche Verfassungsgeschichte IV (Kiel 1861) S. 256—258; Sickel, Beiträge zur Diplomatik II in den Sitzungsberichten der Wiener Akademie der Wissensch. Bd. 39 S. 135, 136; Beiträge z. Dipl. III ebenda Bd. 47 S. 229 f.; Derselbe Acta Regum et Imperatorum Karolinorum digesta et enarrata (Wien 1867) I Urkundenlehre, S. 201; II Urkundenregesten, Acta Ludowici Nr. 83 v. 816 und dazu S. 311 f. — Von dieser Hinweisung auf die gesetzliche Strafe der Immunitätsverletzung ist auch die Rede bei Ekkehard IV, Casus S. Galli c. 10 (Pertz, Scriptores, II S. 126), welcher die Herzogin Hadwig von Schwaben sagen läßt: S. Galli locus imperialis libertatis cum sit meique regiminis, immunitatis privilegio pollet; quam ei præ illo sub abbatis nomine vere tyranno obtinebo, si potero. Legatur mulcta immunitatis inscripta, et quoniam, episcope mi, pro eo venisti, sicut jus postulat, S. Gallo eam et abbati resolvat etc.

Gegensatz zu den heut zu Tage gang und gäben Anschauungen; heute lassen wir jeden, mag die eventuelle Durchführung seines Anspruchs eine noch so grobe, materielle Rechtsverletzung involviren, und mag dies dem Kläger noch so gut bewußt sein und die Herbeiführung der Rechtsverletzung in seiner Absicht liegen, auf dem Wege des Processes ungestraft sein Glück probiren. Dringt er vor Gericht nicht durch, so hat er höchstens die Kosten des Verfahrens zu zahlen; der unrecht in Anspruch Genommene ist ja weiter nicht geschädigt worden; darüber, daß sein gutes Recht ernstlich und mit Mitteln, die eine Reparation kaum zulassen, in Frage gestellt wurde, wird hinweggesehen.

Anders das alte, deutsche Recht. — Es ist bereits an anderer Stelle erwähnt worden, daß dasselbe dazu neigte, von dem Falle des thatsächlichen oder rechtlichen Irrthums der Parteien im Processe zu abstrahiren, und vielmehr anzunehmen, daß die schließlich unterliegende Partei, Kläger oder Beklagter, von Anfang an im Bewußtsein ihres Unrechts gehandelt habe (s. oben §§ 8, 9),[42] eine Annahme, die bei der

[42] Wiederum ein direkter Gegensatz zur heutigen Auffassung, wo, im Civilprocesse wenigstens, von vorn herein angenommen wird, daß eine Partei im Vorbringen ihrer Angriffs- oder Vertheidigungsmittel optima fide handele, und ihr demgemäß unbegränzte Bewegungsfreiheit gestattet ist. — Einzig durch diese ungerechtfertigte Präsumtion ist aber die zu so vielen Verwirrungen Anlaß gebende Verwechselung von Rechtsstreit oder unbefangenem Unrecht, und dem civilen oder nicht strafbaren Unrecht verschuldet worden. Man übersah, daß man diese angebliche subjektive Besonderheit des civilen Unrechts selbst erst in den Civilproceß hineingelegt hatte, während doch an und für sich einem, im letzteren Verfahren zu verfolgenden Unrecht, rein subjektiv, ein gerade so rechtswidriger Wille zu Grunde liegen kann, wie jedem Kriminalverbrechen. — Durch die genannte Verwechselung wird auch v. Bethmann-Hollweg in seinem trefflichen Werke über den Civilproceß des gem. Rechts mehrfach veranlaßt, die deutschrechtlichen Arten des Unrechts und seiner Folgen einer in dieser Hinsicht zu ungünstigen, ja schiefen Beurtheilung zu unterziehen; s. z. B. IV S. 26 f., 368, 373, 472; V S. 99 ff. und passim.

Einfachheit des Verkehrs einer- und bei der im Volke verbreiteten Rechtskenntniß andererseits durch die Verhältnisse wohl an die Hand gegeben sein mochte.[43] — Nun konnte freilich eine

[43] Nur muß man sich hüten, in derartigen Annahmen des älteren Rechts irgend welche, auf Zweckmäßigkeitsgründe zurückzuführende Präsumtionen im heutigen Sinne sehen zu wollen, bei welchen man sich der Möglichkeit des Nichtzutreffens wohl bewußt ist. (Richtige Bemerkungen hierüber finde ich bei v. Bar in der Zeitschr. für Rechtsgesch. X S. 97 f.). Bei der sinnlichen Anschauungsweise der Zeit und andererseits bei dem Mangel einer weiter reichenden Erfahrung erschien das Vorhandensein gewisser äußerer Umstände als ein untrügliches Zeichen für dasjenige gewisser, mit jenen häufig zusammenhängender innerer Momente. — Auf ganz ähnlichem Grunde scheint mir die „Gefahr" und ihre Rechtsfolgen im deutschen Processe ursprünglich beruht zu haben. Wer die Form, die der Ausdruck des Rechts ist, nicht sicher handhabt, der liefert hierdurch den Beweis, daß er das Recht nicht handhabt, ja nicht handhaben will; so wird die „vare" wohl auch als suspicio mali bezeichnet (Rechtsbrief des Grafen v. Eberstein für Holzminden v. J. 1245 § 5 bei Gengler, Stadtrechte des Mittelalters S. 206; Urkundenbuch der Stadt Lübeck I Nr. 218 v. J. 1255). — Eine fortgeschrittenere Entwickelung läßt dann freilich das Trügerische solcher durchgreifenden Annahmen erkennen, und die Reformversuche setzen daher sowohl bei den Strafen verlorenen Processes, wie bei denen nicht richtig gehandhabter Proceßform da an, daß man nach der subjektiven Seite hin Unterscheidungen eintreten läßt, daß man den Irrthum oder die Unachtsamkeit von dem bösen Willen zu trennen sich bemüht. So schon im Sachsensp. I, 62 § 4, welche Stelle durch den Zusatz, den sie im Stadtr. v. Salzwedel § 57 (Gengler a. a. O. S. 404) erhalten, erst völlig deutlich wird: „wente eyn mynsche mut syne noed wol clagen". Vgl. Ssp. II, 22 § 5 a. E. — Wiener Stadtrecht v. 1340 (Rauch, Rerum Austriacarum Scriptores, III S. 39): der unterliegende Kläger soll schwören, daß er ohne Gefährde einen Unschuldigen verklagt habe; und damit sullen si baidenthalben dem richter nichtes sein vervallen. Vgl. noch: Ruprecht v. Freising (herausgeg. von Maurer) II c. 99. — Brünner Schöffenbuch c. 34, 555. — Regensburger Stat. (v. Freyberg V S. 63, 76). — Stat. v. Nördlingen v. 1318 art. 17 (Senckenberg, Visiones diversæ de collectionibus legum germanicarum, Lipsiæ 1765 S. 358). — Mindener Rechtsbelehrung für Hannover im Vaterländ. Archiv des histor. Vereins für Niedersachsen, Jahrg. 1844 S. 420 f. — Landrecht v. Fivelgo, Hunsingo und Gröningen v. 1448 Lib. I § 46 (v. Richthofen, Fries. Rechtsquellen S. 320). — Ostfriesisches Landrecht (v. Wicht) Lib. I c. 11. — v. Normann's

materiell ungerechtfertigte Klage auch hier nicht von vorn herein zurückgewiesen werden, da es eben hierzu immer und überall der Behörde, welcher die Entscheidung obliegt, an den nöthigen Erkenntnißmitteln fehlen wird. Stellte sich dieselbe aber hinterher als solche heraus, so sah man hierin nun nicht einen unschuldigen, weil unschädlichen Versuch, das Recht zu beugen, mit dessen glücklicher Abwendung man sich zufriedengeben zu können glaubte, sondern ein wahres, nach außen verwirklichtes Unrecht, einen, eine thatsächliche Rechtsverletzung in sich schließenden Angriff auf die Rechtsordnung, der, weil er sich in rechtliche Formen kleidete, von seiner Widerrechtlichkeit nichts einbüßte, und der, obgleich es ihm nicht gelang das Recht zu brechen, es doch in dieser Absicht aus seiner Integrität herausgerissen hat: ein Versuch des Unrechts, welcher durch Buße zu sühnen, auszugleichen ist.[44] Es ist dabei völlig

---

Wendisch-Rügianischer Landgebrauch tit. 75 § 6, t. 226 § 4 (Ausg. v. Gadebusch S. 97, 295). — Keure v. Eekloo und Caprike v. J. 1240 § 28 (Warnkönig, flandr. St.- und Rechtsgeschichte II Abth. 2, Urkundenb. S. 218) u. a. m. Darüber hinaus zeigen sich dann aber auch schon Ansätze zu der modernen Anschauungsweise; so Uslar-Moringer Recht § 63 (herausgeg. von Steinhoff in der Zeitschr. für Rechtsgesch. VII S. 301 f.): — we de anderen mit rechte an sprigkt, wil one nicht vor unrechten; siehe auch Iglauer Schöffenspruch Nr. 160 bei Tomaschek, Oberhof Iglau S. 95 f. — Bezüglich dieser Reform bei der „vare" vgl. Siegel, die Gefahr vor Gericht und im Rechtsgang, in den Sitzungsberichten der kais. Akademie der Wissensch. zu Wien, Bd. 51 bes. Seite 157—164. Wenn Siegel das bei der „vare" geltende Recht aus dem Satze „ein Mann, ein Wort" ableiten will, so kann ich dem nicht beistimmen, da die beiderseitigen Thatbestände zu erheblich von einander differiren.

[44] Dieser sonst ganz übersehene Punkt dürfte für eine etwaige neue, deutschrechtliche Behandlung der Versuchslehre, welche dringend zu wünschen wäre, von großer Bedeutung sein. Man wird überhaupt finden, daß das ältere deutsche Recht in der That einen selbständigen Begriff des strafbaren Versuchs kennt, und daß man nicht durchkommt, wenn man sagt, dasselbe betrachte h. z. T. als Versuchshandlungen angesehene

gleichgültig, welcher Art der zu Unrecht geltend gemachte Anspruch ist, auf welches angebliche, rechtliche Fundament er sich stützt, sowie auf welchem Grunde die Nichtigkeit desselben beruht; diese Momente sind nur für die Größe der Buße von Einfluß. Nicht nur Klagen, die den Vorwurf einer unrechten That des Beklagten, und somit bereits durch ihre Anstellung eine persönliche Verletzung desselben in sich schließen,[45]

vgl. *Lex Salica* tit. 18, 48 Zusatz 1 (Merkel Nov. 243), 57 § 3 Zus. (Merkel Nov. 156, 346);[46] *Lex*

---

Thatbestände als formell vollendete Verbrechen. Nur ist ein Doppeltes immer zu berücksichtigen, 1. daß eine ausgebildete Theorie und somit meist das Bewußtsein der Eigenthümlichkeiten des Versuchs dieser Zeit fehlt, und 2. daß jede Handlung, und somit auch der Versuch, hier nur insofern der Strafe unterliegt, als sie eine wirkliche Rechtsverletzung involvirt. Aber man darf hierbei nicht, wie h. z. T. häufig, Rechtsverletzung und äußere Schädigung eines materiellen Gutes identificiren, wodurch der rechtliche Gesichtspunkt gänzlich verschoben wird. — Der strafbare Versuch stellt sich hiernach dar als die Verletzung einer rechtlichen Befugniß, deren Tendenz in subjektiver Beziehung über das geschehene Unrecht hinaus auf ein weiteres, größeres abzielt, welch angestrebtes Unrecht dann dem bereits geschehenen einen besonderen rechtlichen Charakter verleiht; vgl. z. B. Lex Baiuwar. X, 4 § 1 (Pertz, Legg. III S. 307): Si quis ignem posuerit in domum, ita ut flamma eructuat, et non perarserit et a familiis liberata fuerit, unumquemque de liberis cum sua hrevavunti conponat eo, quod illos inunwan, quod dicunt in desperationem vitae fecerit. — Dies zur Erläuterung der im Text vertretenen Auffassung.

[45] Wie Siegel, Geschichte des deutschen Gerichtsverfahrens, 1857, S. 117 Anm. [8] und v. Bethmann-Hollweg IV S. 28 Anm. [1] einseitig behaupten. Ebenso, d. h. ausschließlich vom Standpunkte der Verleumdung behandeln die Strafen ungerechtfertigter Klaganstellung Wilda, Strafrecht der Germanen, 1842, S. 959—961; Osenbrüggen, Strafr. der Langobarden, 1863, S. 159, 160. — Vgl. dagegen Köstlin, die Ehrverletzung nach deutschem Recht, in der Zeitschr. für deutsches Recht Bd. XV, S. 386—399 und Derselbe in seinen „Abhandlungen aus dem Strafrecht" (Tübingen 1858) S. 41 f.

[46] Ich citire die Lex Salica nach der Ausgabe von Behrend (Berlin 1874), sowie die hierzu gehörigen Kapitularien der älteren Kö-

*Ribuar.* tit. 38, 41 § 1; *Pact. Alam.* II c. 34—36; *L. Alam. Hloth.* 41 § 3; *L. Baiuwar.* IX, § 8; *Decret. Synod. Niuhing.* c. 11; *L. Burgund.* Prol. c. 8; *L. Frision.* III c. 9 — (*Pertz*, Leges III S. 36, 59, 304, 466, 527, 662). — *Lex Visigoth.* (*Walter* C. J. G.) Lib. VI tit. 1 c. 2, 6; Lib. VII tit. 1 c. 1, 5.[47] — *Ed. Rothar.* c. 9; *Grimoald* c. 7; *Liutpr.* c. 111; *Rachis* c. 10 — (*Pertz*, Leges IV, S. 13 f., 94, 153, 190 f.)[48] — *Capit. veter. reg. ad leg. Sal.* VI c. 16 (Merkel, L. Sal. tit. 93); *Capit. Pippini* incerti anni c. 7; *Capit. Franc. Caroli M.* a. 779 c. 10 (*Pertz*, Leges, I S. 31, 36 f.); —

nicht nur solche, welche, wie beim Anefang, durch ihre Anstellung bereits einen thatsächlichen Eingriff in die Vermögenssphäre des Gegners mit sich bringen,

vgl. *L. Burg.* tit. 83 § 2; *L. Rom. Burg.* t. 34 § 2 (*Pertz*, III S. 568, 616); — *Ed. Rothar.* c. 232 (*Pertz*, IV S. 58); — (über den materiell ungerechtfertigten Anefang und seine Strafe nach fränkischem Recht s. *Decretio Childeberti* a. 596 c. 3 bei *Pertz*, I S. 9 und Sohm, Proceß der *Lex Salica*, Weimar 1867, S. 96); —

---

nige nach der in derselben Ausgabe befindlichen Bearbeitung von Boretius; bei Abweichungen in der Bezeichnung füge ich jedoch in Klammern auch diejenige der Merkel'schen Ausgabe bei.

[47] Dagegen bestimmte ein späteres Gesetz, Lib. VI t. 1 c. 3 (gewöhnlich dem König Egika zugeschrieben und als noviter emendata bezeichnet; s. dagegen Dahn, Westg. Studien S. 285 f.), daß wenn ein peinlich Angeklagter das (im westgoth. Rechte einzig an dieser Stelle erwähnte) Gottesurtheil des Kesselfangs bestehe, den Ankläger kein Nachtheil treffen solle.

[48] Es ist hier zu bemerken, daß entgegen der oben angeführten Tendenz des deutschen Rechts, bei dem im Gericht sich producirenden Unrecht den darauf gerichteten Willen als vorhanden vorauszusetzen, das langobardische Recht, wie es bezüglich der Willensseite der strafbaren Handlung überhaupt durchgebildeter ist und zum offenen Ausdruck gebracht hat, was dort nur im Keime verborgen liegt (s. Osenbrüggen, a. a.

sondern überhaupt auch jede Klage, welche nur auf Verwirklichung einer angeblich noch nicht erfüllten Verpflichtung oder auf Beseitigung eines angeblich widerrechtlichen äußeren Zustandes abzielt, und welche somit erst in ihrem beabsichtigten Erfolge zu einem gewissermaßen in sich abgeschlossenen Unrecht führen würde, — wird schon wegen des auf jenes Unrecht hinwirkenden, in rechtlicher Form vorgebrachten, und damit das entgegenstehende Recht in seinem sichern Bestande beeinträchtigenden Klagebegehrens als eine partielle Verletzung dieses Gegenrechts angesehen, und deshalb mit Strafe belegt. Nicht in der möglichen Schädigung, sondern in der auf dem Wege Rechtens, vor Gericht erfolgenden Infragestellung eines Rechts, welches vielmehr Anspruch auf Anerkennung hat, liegt das Unrecht, welches dieser Strafe zu Grunde liegt, und welches sich eben durch seine weitergehende Tendenz als Versuch charakterisirt.[49]

---

D. S. 31 ff.), so auch hier bei Bestrafung unbegründeter Klagerhebung das Erforderniß des widerrechtlichen Bewußtseins und Willens stets ausdrücklich hervorhebt. Vgl. besonders Grim. c. 7: Et si purificata fuerit (sc. die des Ehebruchs angeklagte Ehefrau), tunc maritus ejus praebeat sacramentum — —, quia non asto animo nec dolose ei crimen injecit, ut eam deberet dimittere, nisi per certam suspectionem auditum habuisset haec verba; et si haec fecerit, sit exolutus a culpa. Et si non fuerit ausus jurare, conponat virgild ipsius mulieris; ferner das unten noch anzuführende Cap. Hludow. II a. 855 (Pertz I S. 436).

[49] Ganz verfehlt schiene es daher, wollte man die in diesen Fällen eintretende Strafe als eine, aus gesetzgeberischer Politik entstandene betrachten, um von frivolen Processen abzuhalten, und dieselbe etwa den römischen poenae temere litigantium oder den heutigen Sukkumbenzgeldern (welche z. Theil allerdings aus jenen hervorgewachsen sind,) zur Seite setzen. — Zur Unterstützung unserer Auffassung von der rechtlichen Natur des im Proceßverluste des Klägers liegenden Unrechts ist es wohl gestattet, einige Zeugnisse aus späterer Zeit anzuführen. So soll nach dem Schwabensp. art. 231 (Ausg. v. Laßberg) derjenige, welcher fälschlich eine Diebstahlsklage anstellt, selbst gehängt werden: daz ist von siner grozen vntat geschehen, daz er ander lüte gehoenet hat vnde

Am deutlichsten läßt sich dieser Gesichtspunkt erkennen aus der systematisirenden *Lex Visigothorum*, die gerade hier deutsches Recht festgehalten hat:

*L. Visig.* L. II t. 2 c. 6: Removeri debet injuria ab his, quorum probatur innocentia, et a molestiis improborum existere aliena. Proinde cum quisque alium

---

in ir lip wolte han genomen, womit zu vgl. Richtst. Ldr. 41 §§ 2, 9. — Stdtr. v. Lüneburg v. J. 1247 (U.-B. d. St. Lüneburg bis z. J. 1369, herausgeg. vom histor. Vereine f. Niedersf. U.-B. dess., Heft VIII, Hannover 1872 S. 38 Z. 2 ff.): Item si aliquis ipsum super hiisdem (sc. bonis hereditariis comparatis) impulsaverit et possessor evicerit, victus componet judici LX solidos, civitati III marcas denariorum, victori LX sol., quia bona sua posuit in questione. Ebenso Stadtr. von Uelzen v. J. 1270 (Pufendorf, Observat. Juris universi, I Append. S. 242 f.); s. auch Recht des Braunschw. Neulandes v. 1296 (Puf. II A. S. 7). — Mindener Rechtsbelehrung für Hannover c. 6 (Vaterl. Arch. des hist. Vereins f. Niedersachsen, 1844 S. 360): Nimmt Jemand einen andern, der Jahr und Tag in der Stadt gesessen, als seinen Hörigen gerichtlich in Anspruch, et ei fiet quod in vulgo dicitur „borst", dabit domino nostro duci pro injusta requisicione — X mrc. auri — — et illi, cui honorem lesit, XII solid. — Uslar-Moringer R. § 63 (Zschr. für Rechtsgesch. VII S. 301): Ein von der Anklage wegen Diebstahls Freigesprochener verlangt Bestrafung des unterlegenen Klägers, weil he ome der ticht getegen hedde und wolde one so schalbar maken, dat ome trede an sine ere und gelimpe, und wolde desz nicht leden ume II mr. — Nach einer Urkunde v. 1350 (Urkundenb. der Stadt Lübeck, II Nr. 985) hatte sich der Lübische Kaufmann Thideman Blomenrod zu Brügge gegen eine Willkür der deutschen Kaufmannsgilde dortselbst vergangen, und deshalb eine Strafe von 1 Mark Goldes verwirkt, welche er, nach einer bewilligten Ermäßigung auf 40 Schilde, gutwillig erlegte. Später nahm er jedoch seinen Austritt aus der Gilde, und verklagte nun dieselbe vor dem Gericht der Stadt Brügge, als ob sie ihm die 40 Schilde mit Gewalt und Arglist abgenommen hätte; wurde aber von dem Gerichte nach Aufklärung der Sache mit der Klage abgewiesen. Die deutschen Kaufleute erklärten hierauf den Blomenrod in eine Art Verruf, und motivirten dies damit: umme des groten unrechtes willen ende umme der smaheit willen, de he den meynen copmanne wolde to hebben bracht, of he des macht hedde had. — Das Korrelat zu dieser den Kläger treffenden Strafe bildet übrigens diejenige, welcher der im Proceß überwundene Beklagte verfällt; s. oben § 44.

ad principis conspectum vel adiscussioned m quorumlibet judicum injuste compulerit ad prosequendum negotium, et mox probata fuerit non justa petentis esse contentio: — — quinque solidos — — *pro injusta tantundem petitione* a petitore percipiat.

Lib. X tit. 2 c. 5: — Nam si convinci eadem actio taliter non potuerit, ille quidem qui superstes est, *ut qui dominium alienum inquietavit*, rei domino *velut injustus satisfaciat petitor.*

Vgl. ferner L. II t. 2 c. 5; L. X t. 2 c. 3. — Auch in den andern Rechten aber findet sich unser Grundsatz in mannichfacher Anwendung anerkannt; außer den bereits erwähnten Fällen führe ich noch an:

*L. Alam. Hloth.* Lib. II c. 87, 97 *(Pertz* III S. 76 f., 79); — *Cap. vet. reg. ad leg. Sal.* I c. 12 (Merkel tit. 76); — *Capit. Mantuan.* a. 781 c. 4; *Cap. in leg. Sal. mitt.* a. 803 c. 10; — *Cap. Hludow.* II a. 855 c. 1 und 2 (*Pertz* I, S. 436).

Mehrfach ist in diesen Gesetzen eine Klagerhebung deshalb für ungerechtfertigt erklärt und dem Kläger eine Strafe auferlegt, weil dieselbe post causam finitam erfolgt, der geltend zu machende Anspruch bereits vorher seine gerichtliche Erledigung gefunden hatte. Zur Klarlegung des bei Verhängung gerade einer solchen Strafe obwaltenden Gesichtspunkts führe ich eine langobardische Gerichtsurkunde v. J. 824 an[50]; hier werden mehrere Personen, welche gegen das Kloster Nonantola auf Einräumung einer Fischerei- und Weidegerechtigkeit geklagt hatten, hiermit abgewiesen, und ferner heißt es:

pro eo, quod tempore Desiderii regis et postea domni Caroli parentes vel consortes illorum et nunc ipsi denuo

---

[50] Tiraboschi, Storia dell' augusta badia di S. Silvestro di Nonantola (Modena, 1784 f.) Tom. II Nr. 25 S. 41—43.

in judicio et inde victi fuerunt, propter eorum consortium *iniquam reclamationem*, pro quibus ceteri jus repetentes justitiis carebant, — illis, qui se et reliquos suos consortes *non recte clamare* cogebant, ad commemorandum causam aliquos hictos illis dare fecimus.

Ueber die Art der hier verhängten Strafe vgl. das oben angef. *Capit. Mantuan.* a. 781 c. 4 und das nach Boretius (s. unten Anm. 81) zu allen Volksrechten erlassene *Capit. in L. Sal. mitt.* a. 803 c. 10.

Ueberall ist es die unrechte Klage, auf welche die Strafe sich bezieht.

Vor allem interessiren uns hier aber einige Bestimmungen der *Lex Ribuaria*, welche auf ungerechtfertigte Anfechtung eines urkundlich vollzogenen Freilassungs-, Verkaufs- oder Schenkungsgeschäfts, in Gestalt einer processualen Klage, für den Fall des Unterliegens Strafe setzen.[51] Wir geben dieselben auszugsweise:

*L. Rib.* t. 57 §§ 1—3: — — Si autem se defensaverit (nämlich derjenige, welcher als zu Unrecht freigelassen beklagt war), liber permaneat, et ille, qui eum *voluit inservire*, CC solidis regi, XLV illi, qui defensatur, culpabilis judicetur.

Gerade von dem Falle, daß eine solche Klage die Gültigkeit der dem umzustoßenden Rechtszustande zu Grunde liegenden Urkunde selbst angreift, reden ferner:

Tit. 58 §§ 5—7: Quod si quis *tabulas* episcoporum manibus seu clericorum roboratas *inrumpere voluerit*, — — tabulae in praesentia judicis perforentur et Archidiaconus in praesente sacramento fidem faciat et sibi septimus super noctes septem conjuret cum ipsis testibus, qui tabulas conscripserunt, quod ipse

[51] In wiefern auf die folgenden Strafsanktionen umgekehrt wieder die in den Urkunden gebräuchlichen Strafklauseln eingewirkt haben, werden wir unten sehen.

tabularius secundum legem Romanam legitime fuisset ingenuus relaxatus. Et tunc ille qui causam prosequitur in praesente constringatur, ut — — ad partem ecclesiae centum solidis culpabilis judicetur, et unicuique de testibus XV solidis culp. jud., et Archidiacono XLV solidis culp. jud., et nihilominus tabulae stabiles permaneant. —

Tit. 59 §§ 1—3, 7: Si quis alteri aliquid vendiderit, et emtor testamentum venditionis accipere voluerit, — — testamentum publice conscribatur. — — Et si quis in posterum *hoc refragari vel falsare voluerit*, — — quod si charta in judicio perforata idonea fuerit, tunc ille qui causam prosequitur, *dupla repetitione culp. judicetur;* (et insuper ad partem cancellarii XLV solidis)[52] et unicuique de testibus XV solidis culp. jud., et ipsum testamentum inviolatum perseveret.

Diese Bestimmungen der tit. 58 und 59 reden, äußerlich genommen, allerdings nur von der Anfechtung eines Beweismittels, der Urkundenschelte, und besonders die im Falle des Unterliegens an die Urkundspersonen zu zahlenden Strafen könnten zu der Ansicht verleiten, daß das hier vorliegende Unrecht allein in der Beleidigung dieser letzteren bestehe.[53] Allein bei näherem Zusehen ergibt sich, daß der wahre Gegenstand des Processes der Bestand des durch die Urkunde dokumentirten Rechtsgeschäfts selbst ist, daß die Anfechtung der Urkunde nur als ein Mittel des Klägers dar-

---

[52] Die eingeklammerten Worte, welche sich in dem Abdrucke der L. Ribuar. in Walter, Corp. Jur. Germ., nicht finden, stehen dagegen in der Ausgabe des Gesetzes in Canciani, Leges Barbarorum Tom. II.

[53] So anscheinend Brunner, Zeugen- und Inquisitionsbeweis im deutschen Gerichtsverfahren karolingischer Zeit, in den Sitzungsberichten der kais. Akademie der Wissenschaften zu Wien, philos.-histor. Klasse, Bd. 51 S. 384 f., und Derselbe, die Enstehung der Schwurgerichte (Berlin 1872) S 64—66.

gestellt wird, diesen Bestand umzustoßen, und daß die verfallenden Strafen sich im wesentlichen auf diesen Hauptgegenstand des Processes beziehen, wenn auch dieselben, soweit sie an Schreiber und Zeugen der Urkunden verfallen, durch die bei dieser Art und Weise der Geschäftsanfechtung koincidirende persönliche Verletzung dieser Personen veranlaßt sind. Ich mache für diese Auffassung folgende Gründe geltend: zunächst daß nach tit. 58 cit. der Reinigungseid des Archidiakons (als Schreibers) nicht auf die Aechtheit oder Richtigkeit der Urkunde, sondern auf die materiell richtige, und somit rechtlich wirksame Vornahme des betr. Rechtsgeschäfts gerichtet ist: quod ipse tabularius — — *legitime fuisset ingenuus relaxatus;* daß ferner nach tit. 58 § 6 durch Verweigerung dieses Reinigungseides der Proceß noch nicht zu Gunsten des Klägers entschieden ist, sondern daß vielmehr dem angesprochenen Freigelassenen noch freisteht, seinen auctor zu gestellen und so seine Freiheit zu behaupten, und daß nach t. 58 § 7 die genannten Strafen auch verfallen, wenn auf diesem Wege das Begehren des Klägers sich als ein unrechtes erweist: si auctor dimissionis eum ingenuum fecerit, causam qui prosequitur, *similem multam sustineat,* sicut supra scribere jussimus. Bei tit. 59 ergibt sich die Richtigkeit unserer Ansicht aber aus der Nebeneinanderstellung von *falsare* und *refragari;* letzteres ist — und zwar gerade auch in den, den Gegenstand dieser Untersuchung bildenden Strafklauseln — der technische Ausdruck für das Anfechten eines auf Rechtsgeschäft beruhenden rechtlichen Zustands,[54] und bezeichnet hier eine solche auf pro-

---

[54] Vgl. z. B. Form. Lindenbr. Nr. 58 (Roz. Nr. 118): Et idcirco tali tenore hanc epistolam tibi fieri seu firmare rogavi, ut nullo modo tempore aliquis — — hanc convenientiam inter nos factam inmutare vel refragare possint; dann Form. Lind. Nr. 127; Form. Baluz. maj. Nr. 29; Sirmond. Nr. 39 (Roz. Nr. 273, 196, 510); — Tradit. Patav. I Nr. 2 (oben bei Anm. [20]); Urk. bei Du Cange, Glossar. ed. Henschel s. h. v., u. v. a.

cessualem Wege vorgenommene Anfechtung, während in dem *falsare* testamentum das hierzu angewandte Mittel ausgedrückt ist.[55]

Das Verfahren zur Verificirung der Urkunde in unsern Gesetzen stellt daher nicht eine „Scheltungsklage" dar, sondern ein Incidentverfahren, und die erwähnten, an die Gegenpartei bezw. das Gericht verfallenden Strafen des besiegten Klägers sind nicht wegen des mit einer formellen Handlung (perforatio testamenti)[56] verbundenen Vorwurfs der Lüge gegen Schreiber und Zeugen der Urkunde, sondern wegen des in der ungerechtfertigten Klagerhebung liegenden Versuchs der Freiheits- oder Eigenthumsentziehung zu zahlen, wegen des *inservire voluisse* des tit. 57. —

Hierher gehört endlich noch *Form. S. Gall.* Nr. 21 (herausg. v. *Rozière*; in dessen Recueil Nr. 474) über eine Gerichtsverhandlung; nach entschiedenem Rechtsstreit über Immobiliareigen und geschehener Feststellung der an demselben bestehenden Rechtsverhältnisse spricht der Graf als gesetzliche Vorschrift aus:

Qui hoc inquietant, solvant in publico solidos LX et

---

[55] Es ist hier übrigens noch darauf aufmerksam zu machen, daß die etwas verwirrte Ausdrucksweise dieser Zeit häufig die Urkunde statt des in derselben beglaubigten Geschäftes setzt; so heißt es auch gerade in unsern Strafklauseln mehrfach: si quis contra hanc cartam venditionis, contra hoc instrumentum donationis u. s. w. venire temtaverit oder ähnlich, während natürlich Anfechtung des Verkaufs, der Schenkung selbst und des darauf beruhenden Eigenthums gemeint ist. So sagt ferner L. Ribuar. 59 § 6 von der Gewährleistungspflicht: Quod si venditor vel heredes sui supervixerint, ipsi testamentum defendere debent.

[56] Den von Brunner, Schwurgerichte, a. a. O. statuirten Unterschied zwischen einfacher und feierlicher (formeller) Urkundenschelte — nur letztere mit Straffolgen — kann ich weder durch L. Sal. Extrav. 3 und 4 noch durch L. Rib. t. 58 § 5 begründet finden; in letzterer Stelle handelt es sich zu Anfang, bei dem ante episcopum vel regem accedere, ut testes (sc. tabularum), quod sciant, dicant, m. E. überhaupt nicht um ein processualisches Verfahren.

duplam repetitionem apud quem habuit racionem,[57] et quod iterum repetit, non praevaleat evindicare. „Inquietare“ schließt sowohl die unmittelbar thatsächliche, wie die auf dem Wege der Klage stattfindende, mittelbare Störung des rechtlichen Besitzstandes in sich; wie der Schluß zeigt, wird es aber hier mit besonderer Berücksichtigung der widerrechtlichen Klagerhebung gebraucht.[58] Der Graf weist auf die hiefür gesetzlich bestehenden Strafen hin. (*L. Alam. Hloth.* II c. 97; *Lantfried* 98 § 2). —

Wir sehen somit, daß die in den Strafklauseln deutscher Gestaltung unter Strafe gestellten Handlungen sämmtlich ein bereits nach gesetzlicher Bestimmung strafbares Unrecht enthalten; daß daher die von den Constituenten der Rechtsgeschäfte beliebten Strafdrohungen mit nichten neue Straffälle, welche abgesehen von der Sanktionirung in der einzelnen Urkunde straflos geblieben wären, aufstellen. Im Gegentheil, es wird hiernach bei dem einzelnen Rechtsgeschäft eine Rechtsfolge erwähnt, welche auch ohne dies, ohne Errichtung eines Vertrags darüber oder ohne den Willen des betreffenden Disponenten, entstehenden Falles kraft Gesetzes eingetreten wäre. Die sich vollziehende Abänderung der unverstandenen römischen Formel führt dazu, eine Klausel in die Urkunden über Verträge und andere Rechtsgeschäfte aufzunehmen, welche mit letzteren selbst nichts mehr zu schaffen hat, welche dafür aber jedem einzelnen Volksgenossen an sich als in jeder Hinsicht mit dem Rechte übereinstimmend erschien; welche ihm daher nur ein Ausdruck des, wie im Gesetz ge-

[57] Die früher von mir gegebene Erklärung dieser Worte (= dem französ. à qui de droit) nehme ich als irrig zurück; rationem ad, contra aliq. habere oder in rat. cum aliq. esse bedeutet vielmehr: in Beziehung, bes. in Streitbeziehung, im Proceß mit Jem. stehen; s. Urk. v. 691 oben S. 138 Anm. [1]. Auch dieser Ausdruck weist daher auf eine processuale Anfechtung hin; er drückt dasselbe aus, wie das oben S. 563 angef. „contra cui litem intulerit.“

[58] In der oben cit. L. Visig. X, 2 c. 5 wird der ungerechte Kläger bezeichnet: qui dominium alienum inquietavit.

schriebenen, so in ihm selbst lebendigen Volksrechts war. Und wenn nun auch nicht geläugnet werden soll, daß die Aufnahme des dem deutschen Rechtsleben von Haus aus fremden Urkundenwesens hin und wieder einen Einzelnen zu der Vorstellung geführt haben mag, daß dem Aussteller eines solchen schriftlichen Instruments hiermit eine über die gewöhnliche Privatdisposition hinausgehende Befugniß, andern zu gebieten, eine der gesetzgebenden analoge Gewalt verliehen gewesen sei,[59] so läßt sich doch nachweisen, daß im

[59] Auf einer derartigen Auffassung (— falls man überhaupt das hierzu erforderliche Bewußtsein der rechtlichen Eigenthümlichkeit derartiger Dispositionen annehmen darf —) könnten Formulirungen beruhen, die sich an die römisch-rechtlichen „poenae nomine relicta vel ademta" anschließen (s. oben Anm. [29]), wie z. B. Form. Bignon. Nr. 10 (Rozière Nr. 109): Et pro malorum hominum infestacione multa in ipsa epistola conculcatoria fieri vel conscribere rogavimus, ut si fuerit — — extranea pars, qui hec facta nostra infrangere voluerit, — — ob hoc solidos centum partibus ipsius, cui hec facta est, coactus multa componat. (Epistolae conculc. sind Urkunden, in welchen der Herr einer hörigen Person, die mit einem oder einer Freien vermählt ist, erklärt, die Freiheit des bezw. der letzteren und der aus dieser Ehe entsprossenen Nachkommenschaft nicht anfechten zu wollen, vgl. Zöpfl, Alterth. II S. 364.) Etwas sicheres läßt sich hierüber nicht feststellen. — Die Schenkungsurkunden Pipin's von Heristall bei Bréquigny-Pardessus II Nr. 419 und 443, in welchen der Aussteller jedem, qui contra hoc venire et nostrum edictum violare praesumpserit, Todesstrafe androht, sind unächt. Die ächten Urkunden der fränkischen Hausmaier unterscheiden sich in nichts, und insbesondere auch nicht bezüglich der Strafklauseln, von denen anderer Privaten; vgl. Bréq.-Pardessus II Nr. 409, 414, 454, 467, 468, 490, 503, 521, 537, 563, 588, 591; Pertz, Diplomata I A. Nr. 1—16. Erst Pipin der Kleine nimmt für seine Dispositionen die Bestärkungsformeln der fränkischen Könige an. Bréq.-Pard. II Nr. 568, 598, 599, 608; Pertz, Dipl. I A. Nr. 17, 19, 20, 23, 24. Letztere bezeichnen ihre öffentlichen wie Privatverfügungen als auctoritates, praecepta, praeceptiones und erklären, daß sie zur Bestärkung ihre Unterschrift daruntergesetzt; allein es ist hier nicht üblich, wie bei den langob. Königsurkunden (s. oben Anm. [14]), eine Strafdrohung zuzufügen, auch dann nicht, als die fränkischen und später deutschen Könige in ihren für Italien erlassenen Urkunden die alt-langobardische Form angenommen hatten. Erst die Salier nahmen letztere auch in ihre deutschen Urkunden

Großen und Ganzen jene andere Auffassung, daß nämlich die angedrohte Strafe nicht auf einer Konvention oder einer einseitigen Privatdisposition beruhe, sondern nur der Ausdruck eines über dem Parteiwillen stehenden Rechtssatzes sei, bei den Zeitgenossen die maßgebende war.

Von Anfang an, als man die römischen Konventionalstrafformeln kennen lernte, sah man in ihnen im Grunde genommen jenen deutschen Rechtssatz enthalten; man nahm dieselben herüber und paßte sie, zwar unbewußt und unter Einwirkung äußerer, zufälliger Verhältnisse, aber doch getrieben von dem inneren Rechtsbewußtsein, dem heimischen Rechte an. Mannichfach erhielten sich dabei freilich Reminiscenzen an den historischen Ursprung dieser Klauseln; aber ihre wesentliche Bedeutung bestand doch jetzt darin, daß man, wenn man sie in die Urkunden inserirte, hierdurch alle, die es anging, auf jene, kraft Rechtens eintretenden Strafen aufmerksam machte; nicht also, daß man diesen Personen, vermöge suveräner Willkür, Strafen zudiktirte, sondern daß man sie auf die vom Privatwillen unabhängigen Rechtsfolgen hinwies. Diese Bedeutung hat es, wenn es in unsern Klauseln heißt: *coactus* exsolvat; *cogente*, *distringente fisco* componat oder ähnlich.

Hiermit kommen wir nun auf den zweiten Punkt, den wir zu Anfang als im Widerspruche mit dem Begriffe der Konventionalstrafe stehend bezeichneten.

War nämlich die in die Urkunden aufgenommene, aus der Konventionalstrafe umgebildete Strafdrohung nur die ausdrückliche Erwähnung einer, entstehenden Falles von Rechts wegen zu zahlenden Buße oder Komposition, so stimmt es

---

herüber. S. die Königsurkunden bei Bréq.-Pard. I, II; Pertz, Dipl. I M. S. 3—88, und die späteren bei Bouquet, Recueil des historiens, Bd. V, VI, VIII und an andern Orten. Vgl. oben Anm. [14] und Sickel, Beiträge zur Diplomatik II, in den Wiener Sitzungsber. Bd. 39 S. 134—140; sowie Desselben, Urkundenlehre (Acta Regum et Imperatorum Karolinorum Thl. I) S. 193—196, 200 ff.

hiermit vollständig überein, wenn man nun auch darauf hinwies, daß diese Buße nicht allein an den verletzten Theil, sondern, entsprechend den deutschrechtlichen Grundsätzen über die vom Gesetz, wegen verletzten Rechtes verhängten Strafen, zum Theil an die öffentliche Gewalt zu zahlen sei.[60] Um die Hereinziehung der öffentlichen Gewalt in die urkundlichen Strafklauseln zu erklären, bedarf es nicht der Zuhülfenahme zufälliger oder irgend welcher eigenthümlicher Momente. Was früher unmöglich gewesen wäre, ergab sich jetzt, nach vollzogener Umbildung, einfach von selbst. Die Betheiligung des Königs, Fiskus, Gerichtes an den wegen Anfechtung eines rechtlichen Zustandes durch Selbsthülfe oder gerichtliche Klage verwirkten Bußen war nur ein Ausfluß der nunmehr obwaltenden rechtlichen Natur derselben, als im Gesetz begründeter Strafen. Erwähnte man dies ausdrücklich in einer Urkunde, so konstituirte man hierdurch der Obrigkeit kein neues Recht, sondern erkannte nur ein bestehendes an.[61]

---

[60] Es bedarf an dieser Stelle keiner speciellen Belege hierfür; die Betheiligung des Königs, Fiskus, Gerichts an den in den Strafklauseln angedrohten Strafen findet sich fast durchgängig; ich verweise auf den größten Theil der Formeln bei Rozière, Recueil; der Urkunden bei Bréquigny-Pardessus I, II; Meichelbeck, Hist. Fris. I; Wartmann I, II und in den sonstigen zahlreichen Urkundenbüchern für diese Periode. — Die häufigsten Formulirungen bei Bluhme, a. a. O. S. 221 Anm. 94—97. Die Erklärung, welche Gengler, Rechtsdenkm., Glossar S. 902 s. v. sociare, socius von dem meist gebräuchlichen „sociante, una cum socio fisco“ gibt: „in die kgl. Kasse zahlen“, ist irrig, wie schon aus dem gleichbedeutenden „inter tibi et fisco“ (Roz. Nr. 503, 504 oben S. 554) erhellt. Von den angef. Ausdrücken aber ganz verschieden ist das „fisco societur“ in Cap. leg. add. v. 817 c. 11 (Pertz I S. 212), was v. Meibom, Pfdr. S. 101 zu übersehen scheint.

[61] Unbefriedigend ist die von Bluhme a. a. O. gegebene Erklärung dieser fiskalischen Strafen, wonach man dieselben, um des obrigkeitlichen Schutzes für die Ausführung der verabredeten Konventionalstrafe theilhaft zu werden, dem Richter im Voraus als Wette zugesichert hätte. Allein der richterliche Schutz ist behufs Realisirung von rechtlichen Privatdispositionen keineswegs durch Zusicherung einer Entschädigung

Hiermit hängt dann weiter zusammen, daß man ausdrücklich die verfallende Strafe unmittelbar auf das begangene Unrecht als solches bezog, sie als eine kraft Gesetzes demselben folgende, als eine nach den Grundsätzen weltlicher Gerechtigkeit verwirkte[62] bezeichnete; womit dann der letzte innere Zusammenhang mit der auf Vertrag beruhenden, römischen Pönalstipulation abgebrochen war. —

Die Entwicklung nach der vorstehend bezeichneten Richtung hin soll nun noch etwas mehr im Einzelnen dargelegt werden.

Freilich hatte es auch hierfür an Anknüpfungspunkten an den römischen Rechtsbrauch nicht gefehlt. Die Lex Arcadiana und Lex Aquiliana, welche man immer in Verbindung mit der Strafsanktion sah, und besonders letztere, welcher man eine Strafdrohung gegen jeden, sich einer Verpflichtung weigernden zuschrieb, erregten die Vorstellung, als ob sie zur Ansetzung einer Strafe gegen Jeden Dritten autorisirten. So beruft sich in einer Schenkung an das Kloster Prüm v. J. 721 die Ausstellerin der Urkunde für die Gültigkeit der Strafdrohung geradezu auf die römischen Gesetzgeber:

> *Bréquigny-Pardessus* II Nr. 516: Si quis vero — — contra hunc testamentum[63] a nos factum venire tentaverit aut hoc immutare voluerit, — inprimitus iram Dei — incurrat, — — et insuper *juxta legem conditoris, quod principes sanxerunt*, inferat nobis auri libras X, argenti pondera XX.

Allein nachdem man einige Selbständigkeit gewonnen

---

bedingt; und dann verfällt zwar bei Nichterfüllung vertraglicher Verpflichtung nach altem Recht an den Richter eine Strafsumme, diese besteht aber niemals in einem Quotum der Hauptforderung. — Das Zuweisen eines Straftheils an den Staat beweist vielmehr, daß die zu zahlende Strafe an sich nicht eine blos versprochene ist.

[62] Hierauf hatte auch der Gegensatz der geistlichen Strafdrohungen bereits hingewiesen. S. oben S. 558 f.

[63] Testamentum bezeichnet jede Urkunde; vgl. L. Rib. t. 59 § 1: test. venditionis; t. 67 test. vend. seu traditionis u. s. w.

hatte, fühlte man, daß man einer Berufung auf römisches Recht nicht bedürfe, da man sich mit diesen Strafen ganz auf nationalem Boden bewegte. Man konnte sich auf einheimisches Recht stützen. Gerade dies, daß es sich um eine im Recht selbst, und zwar auch anderweitig als im römischen, begründete Strafe handele, drückt deutlich aus eine bei *Rozière*, Recueil, Nr. 85 zuerst publicirte Freilassungsformel:

Si quis — contra hanc ingenuitatem — aliquam calumniam vel repetitionem ad eam infrangendum temptare praesumpserit, inprimis ira Dei incurrat, — — et insuper socio fisco *secundum legem, quod vivit, multa conponat.*

Während man aus der L. Aquilia doch immer nur die Befugniß, eine Strafdrohung zu erlassen, abgeleitet hatte, wobei dann letztere direkt noch immer auf Privatwillen basirte, sah man jetzt die Strafe als Ausfluß des Gesetzes selbst an:

*Form. Andeg.* Nr. 8, 20 (*Rozière* Nr. 308, 90): — et insuper *multa legis damnum incurrat* auri libera una u. s. w.

*Form. Marc.* II Nr. 4 (*Rozière* Nr. 345): insuper inferat *juxta poena seculi* cum cogenti fisco partibus ipsius ecclesiae auri libras tantas u. s. w.

*Bréquigny-Pardessus* II Nr. 413 v. J. 690: — et insuper, *ut lex terrena aedocet*, duplum tantum fisco cogente, sanctis basilecis dissolvat u. s. w.

Lacomblet, U. B. für d. Gesch. des Niederrheins I Nr. 48 v. J. 834: — inde ante conspectum Dei in die judicii reddet rationem, vel *in hoc seculo conponat* C libros de auro cocto vel ducenti de argento.[64]

[64] Aehnliche Formulirungen wie in den drei zuletzt angef. Urkunden, mit Hinweis auf die Strafe als Folge weltlicher Gerechtigkeit bei Dronke, Cod. dipl. Fuld. Nr. 6, 13, 15, 16, 19, 32, 35—38, 40, 43, 45, 87, 157; und ebenso in den unächten, aber aus karolingischer Zeit

Zu vollständiger Evidenz gelangt dieser Gesichtspunkt in einer Traditionsurkunde bei

*Dronke*, Cod. dipl. Fuld. Nr. 534 v. J. 841: Si vero evenerit, quod vel nos ipsi —, vel aliquis ex heredibus nostris aut externis hanc traditionem inmutare aut irritam facere temptaverit, non ejus prevaleat audacia, *sed cogente rationis ordine legem suam reddere, quod sunt XV solidi, eidem domui Dei compellatur.*

Nach dieser letzten Formulirung wird eine Strafe eigentlich nicht mehr angedroht, sondern nur die Erwartung ausgesprochen, daß im Falle der Anfechtung die obrigkeitliche Zwangsgewalt strafend einschreiten werde; wir fügen noch einige ähnliche Aussprüche zu:

Wartmann, U. B. der Abtei St. Gallen I Nr. 198: — non valeat perficere, quod inchoavit, *sed culpabilis constituatur* in aerarium regis auri uncias III u. s. w.

Ebenda II Nr. 383 v. J. 840: — sociante fisco *sint culpabiles, et coacti atque damnati* illuc ad fiscum reddant auri untias II, argenti pondera V.

*Traditiones Benedictoburanae* (*Monum. Boica* VII S. 39): si ullus esset etc., — — *a regia potestate constringeretur.*

Lacomblet, U. B. I Nr. 12, 13 v. J. 799: — — et insuper *a fisco multatus*, auri libras II, argenti pondus X coactus exsolvat.

Formelbuch des Bisch. Salomo III v. Konstanz (herausgeg. v. Dümmler) Nr. 13 (*Rozière* Nr. 238): — — *a rectoribus provincie ei conponere* cogatur.

*Codex Laureshamensis diplomaticus* I (Mannhemii 1768) Nr. 423: — — multam, *quae in lege continetur*,

---

herrührenden Urkunden bei Bréquigny-Pardessus I Nr. 108, 131, 237, II Nr. 293. Ferner (Vaissette), Histoire générale de Languedoc par deux réligieux Bénédictins de St. Maur (Paris 1730) I Preuves Nr. 103.

*solvere cogatur a comite*, et nec sic, quod repetit, evindicet.

Jeder Schein einer willkürlichen Privatdisposition trat schließlich ganz zurück dadurch, daß man die Strafe nicht nur auf das Gesetz zurückführte, sondern auch das Motiv zufügte, aus welchem das Gesetz gerade hier Strafe verhänge, daß man die in der verpönten Handlung liegende Rechtsverletzung, das Unrecht hervorhob, welches seiner Natur nach die Strafe erfordere:

Reichenauer Formel Nr. 20 (herausgeg. v. Mone; *Rozière* Nr. 210): Si vero — — quilibet persona istam confirmationem distruere — — nisus fuerit, *sciat se apud Deum deliquisse et insuper fisco regis debitorem extitisse*, i. e. tantum libras auri — —, *insuper etiam pro temeritate sua* — — ipsis monachis — — duplum tantum restituat.[65]

Formelb. des Bisch. Salomo Nr. 13 (*Rozière* Nr.

[65] Der in dieser Formel gewählte Ausdruck „pro temeritate sua" wird ebenso wie die verwandten „pro ausu temeritatis" oder „pro ausu temerario" äußerst häufig angewandt, um das Unrecht, auf welches sich die Strafe beziehen soll, hervorzuheben; vgl. z. B. Reichenauer Formeln Nr. 18, 20; Straßb. Form. Nr. 1, 4 (Rozière Nr. 208, 210, 199, 350); Wartmann, I Nr. 282, 318—320, 322, 323 u. s. w. Vaissette, Hist. de Languedoc I Preuves Nr. 111. — Diese Ausdrücke sind im ganzen mittelalterlichen Latein die stehenden Bezeichnungen für rechtswidriges, verbrecherisches Unterfangen; vgl. Gregor. Turon. Hist. Francor. Lib. III c. 16 (nach der Ausgabe von Ruinart, Gregor. Ep. Turon. Opera omnia, Lutet. Paris. 1699): Unde factum est, ut ipse villam B. — — temerario ausu pervaderet. Aus späterer Zeit führe ich an: Urk. v. 1201 (Ehmck und v. Bippen, Bremisches Urkundenbuch, Bremen 1873, I Nr. 92): — inhibentes, ne quis ausu temerario aut quolibet modo dolis excogitatis contra hanc nostre confirmationis paginam de cetero venire presumat. — Urk. v. 1295 (Ried, Cod. diplom. Ep. Ratisb. I Nr. 711) Quod si quisquam ausu temerario in predictis locis cuiquam mortem intulerit, sanguinem effuderit, vulnera aut plagas aut quamlibet aliam notabilem insolentiam vel injuriam fecerit, etc.

238): — — conponere cogatur et insuper in dominium *pro pace et jure legum violato*, quae constituta sunt.

Formel aus dem *Cod. Argentor.* (her. v. *Rozière*) Nr. 2 (*Rozière* Nr. 347): — *pro vi, quam locis sanctorum inferre conebatur*, restituat ibidem duplum quantum *malo ordine abstraere voluit.*[66]

Beyer, Urkundenbuch zur Gesch. der mittelrheinischen Territorien I Nr. 65 v. J. 838: — — sed insuper distringuente fisco auri libram I parti, *cui insultare temptavit*, cogatur exsolvere.

Eine Folge dieser Auffassung war es dann, daß zur Bezeichnung der in den verpönten Fällen eintretenden Strafverpflichtung Wendungen, wie „*multam* (scil. legis) *conponat*" oder „*componat pro multa*" stehend wurden.[67] „Multa" bezeichnet eben in der Rechtssprache des fränkischen Reichs die auf Grund des Gesetzes verfallende Geldstrafe, welche

[66] Aehnliche Formulirungen vgl. noch bei Bréquigny-Pardessus II Nr. 338; Meichelbeck, Hist. Fris. I Instr. Nr. 4; Tradit. Patav. I Nr. 11, 24, 29, 57, 84 u. a. (Monum. Boica XXVIII$^b$ S. 1 ff.) Wirtembergisches Urkundenbuch (Stuttgart 1849) I Nr. 125. Siehe auch Dronke, Cod. dipl. Fuld. Nr. 259: Si quis vero — — infringere tentaverit, — — iram Dei non effugiat, quia contra justitiam contendit; hier hat man es gar nicht für nöthig gehalten, die weltliche Strafe noch ausdrücklich zu nennen. Aehnlich noch in einer Urk. v. 1163 (Wirtemberg. Urkundenb. II Nr. 380): Tradition eines Hörigen an das Kloster Reichenau durch Salmannen: — — ut nec ab ipso Swiggero — — aut ab aliquo homine, nisi graviter in dominum contra jus et contra fas peccent, ab hoc monasterio queat abstrahi.

[67] Vgl. außer den bereits angeführten noch Form. Bignon. Nr. 1; S. Gall. (her. v. Rozière) Nr. 7, 16, 17; Formelb. des Bisch. Salomo III v. Konstanz Nr. 19 (Rozière Nr. 91, 235, 207, 165, 234); ferner Wartmann, U. B. der Abtei St. Gallen, I Nr. 112, 120, 122, 123, 184, 200, 202, 204, 211, 300, 301, 308, 315; Wirtemb. Urkundenb. I Nr. 29, 36, 105, 109, 114, 119, 143 u. s. w. — Dronke, Cod. dipl. Fuld. Nr. 10, 11$^b$, 12, 17, 22, 23, 24, 30, 33, 39 u. a. Codex Laouresham. diplomat. I Nr. 10, 12, 13, 15, 27, 33, 279 ff., 423, 440 u. a. m. Ried, Cod. dipl. Ep. Ratisb. I Nr. 34, 35.

technische Bedeutung sich auch daraus ergibt, daß in den oben Anm. [16] angeführten langobardischen Urkunden, welche die deutsche Strafklausel aufgenommen hatten, das Wort multa sich stets durch ein zugefügtes „id est pena" näher erläutert findet; z. B.

*Mon. Hist. Patr.* XIII Nr. 165: — — *multa* a parte ipsius monasterii conponat, quod est *pena* auri optimi libras tres.[68]

Ja dies Moment, daß die Strafe von Gesetzes wegen eintrete, wurde so stark betont, daß man das Recht der verletzten Partei an der Strafe theilweise ganz übersah, und daß man, die öffentlich-rechtliche Funktion derselben allein berücksichtigend, sie als ausschließlich dem Fiskus, dem Gericht oder dem König verfallend bezeichnete.[69]

---

[68] Die Ansicht Bluhme's a. a. O. S. 213 f., 223, daß die multa legis in andern, wie alamannischen Urkunden und Formeln durchweg auf die römische Lex Aquilia zu beziehen sei, wird — auch abgesehen von den Formeln von Angers — durch eine Reihe der im Text angeführten Quellenstellen widerlegt. Vgl. auch Rozière Nr. 324, wo die Ausdrücke: juxta legum severitate conponamus, und Aquiliani legis mentione firmamus offenbar zweierlei Gesetze im Auge haben. — Die gar nicht hierher gehörigen, aber von Bluhme S. 209 herangezogenen Form. Andeg. Nr. 24, 49 (Rozière Nr. 497, 493) haben eben so wenig die L. Aquil. im Auge, als es richtig ist, daß die Formeln von Angers überall auf römisches Recht hinweisen.

[69] Vgl. Form. S. Gall. (herausgeg. v. Rozière) Nr. 3, 7, 16, 17, 20; Form. Alam. (v. Wyß) Nr. 1, 3, 14; Form. Argentor. (Rozière) Nr. 3; Form. v. Reichenau Nr. 18, 19; von Konstanz Nr. 7, 19, 22; F. Alsat. Nr. 1; Bignon. Nr. 1 (Rozière, Recueil, Nr. 87, 235, 207, 165, 351; 365, 314, 330; 348; 208, 209; 359, 234, 364; 366; 91). — Bréq.-Pardessus II Nr. 316, 442, 448, 459, 461, 490, 502, 519, 538; Wartmann I Nr. 16, 22, 24, 27, 33, 40, 45, 100, 102, 115, 127, 134, 140 u. s. w. — Vaissette, Hist. de Langued. I Preuves Nr. 12, 31; — Lacomblet, Urkundenb. I Nr. 6, 11, 14, 16, 19, 24 u. a. — Traditiones Monasterii Lunaclacensis (Urkundenbuch des Landes ob der Enns, Wien 1852, I S. 1 ff.): Nr. 1, 9, 11, 25, 29, 31, 34, 38, 44, 55, 74, 78, 83, 100, 135. —

Nur in einem Punkte hatte diese Strafklausel in deutschen Urkunden, welche die Uebertreter des Gesetzes an die Strafe des Gesetzes mahnte, die Zeichen ihres Ursprungs aus einer Konventionalstrafe nicht abzustreifen vermocht: in Betreff der Größe der angedrohten Strafe. Nicht nur daß die römische poena dupli sich hartnäckig behauptete und bei einer Art von Verträgen, den Landleihen, die Grundlage einer dauernden neuen Rechtsbildung wurde,[70] auch abgesehen hiervon herrschte in der Festsetzung der Strafe in den einzelnen Fällen die bunteste Mannichfaltigkeit und Willkür, wie sie eben der Privatdisposition eigen ist; es scheint auf den ersten Blick nicht faßbar, wie sich hiermit die Auffassung der Strafe als einer gesetzlichen soll vereinigen lassen.

Hier ist nun zunächst an ein Doppeltes zu erinnern: es ist zuvörderst der älteren deutschen Rechtsvorstellung die Komposition überhaupt nicht so sehr ein, seiner Größe nach ein für alle Mal feststehender Begriff, wie für uns h. z. T. die Strafe. Wir sahen an anderer Stelle (oben S. 44 ff.), wie die Komposition ursprünglich sich aus einem Vertrage entwickelte, und demgemäß im einzelnen Falle verschieden bestimmt werden konnte; das Gesetz in seinen Bußbestimmungen sollte und wollte hier nur das Gewöhnliche, Durchschnittliche, Billige fixiren. Und auch als diese Bestimmungen, gerade mit durch ihre Aufzeichnung, zu durchgreifenderer Bedeutung gelangt waren, mochte es nicht gerade als etwas Exorbitantes erscheinen, wenn im einzelnen Falle eine von der gewöhnlichen abweichende Buße festgesetzt und bezahlt wurde.[71] Für diese Festsetzung maßgebend war aber der Verletzte, hier die Konstituenten des auf der Urkunde beruhenden Rechtszustandes.

---

[70] In Gestalt des Rutscherzinses; wir haben dies oben § 11 S. 80 f. näher beleuchtet.

[71] So ist oben § 9 S. 72 f. nachgewiesen, daß nach L. Baiuwar. XVI § 10 (Pertz, Leges III S. 323) an Stelle einer gesetzlich fixirten Verzugsstrafe der Betrag einer von den Parteien beliebten arra confirmatoria treten konnte, und daß das Gesetz selbst dies anerkannte.

Die Hauptsache war eben, daß eine Handlung überhaupt als bußwürdig, strafbar erschien, und ob dies der Fall, bestimmten nicht die Parteien, sondern das objektive Recht. Die Parteien, in unserem Fall, gaben nicht wie nach römischem Recht von sich aus einer Handlung den Charakter des Unrechts, der Strafbarkeit, sondern setzten nur fest, durch welches Maaß von Buße das Unrecht getilgt werden solle.

Dazu kommt aber, daß die Bestimmungen der Volksrechte sehr lückenhaft und besonders auf einen regeren Geschäftsverkehr nicht eingerichtet waren. Strafbar waren die hier in Betracht kommenden Handlungen nach Sinn und Geist des Volksrechts; aber die große Mannichfaltigkeit der Rechtsgeschäfte, die Verschiedenheit der Werthe, um die es sich handeln konnte, erforderte in den Bußsätzen ein genaueres Eingehen auf die einzelnen möglichen Fälle, als es jenes bot. Die Lücken und Mängel des Gesetzes mußten durch Privatdispositionen ergänzt und so den Bedürfnissen des Lebens abgeholfen werden. —

Für unsere Vorstellung bleibt jedoch trotz alledem ein Zwiespalt und Widerspruch in diesen Verhältnissen; und dieser wurde schließlich erst durch die Gesetzgebung selbst völlig gelöst und ausgeglichen, indem dieselbe der Volksüberzeugung, daß es sich hier um Strafen von Rechts wegen und nicht um Privatbeliebungen handele, auf halbem Wege entgegen kam. Es wurden nämlich die bisher in den Urkunden für den einzelnen Fall angedrohten Strafen in die Gesetze selbst aufgenommen, und damit zu unmittelbar gesetzlichen gemacht, theils so, daß das Gesetz die am häufigsten angewandten Strafen sich zu eigen machte, theils so, daß dasselbe bestimmte, die jedesmal in der Urkunde ausgesprochene solle die gesetzliche Strafe sein. Bereits oben (S. 575 ff.) sahen wir, daß die Lex Ribuaria, und zwar in späteren Zusätzen,[72] die Strafe

[72] L. Rib. tit. 57—62 bilden höchst wahrscheinlich ein besonderes Gesetz aus dem Ende des 6. Jahrhunderts über Freiheits- und Immo-

der dupla repetitio, zunächst in tit. 59 §§ 1—3, 7 für Anfechtung eines urkundlich vollzogenen Kauf- oder Schenkungsgeschäfts festgesetzt hatte. Es kann keinem Zweifel unterliegen, daß hiermit die gebräuchliche poena dupli der Urkunden seitens der Gesetzgebung formell anerkannt werden sollte, auf welchen Zusammenhang auch die weiteren, gleichfalls dem Urkundenstyl entnommenen Worte des Gesetzes: „et ipsum testamentum inviolatum perseveret“ hinweisen. — Ebenso sind aber die in tit. 57 § 3 und tit. 58 § 5 ausgesprochenen Strafen von 200 und bezw. 100 solidi für Anfechtung der Freiheit eines per denarium vor dem König, bezw. eines secundum legem Romanam per tabulas Freigelassenen nichts anderes als die jeweilige *dupla repetitio*, indem das Wergeld des ersteren 200, das des letzteren 100 solidi beträgt; vgl. *L. Ribuar.* tit. 62 § 2 und tit. 61 § 2. Und auch hier finden sich die auf die Urkundenklausel zurückzuführenden Worte: „et nihilominus tabulae stabiles permaneant“. —

Von den Geschäften, welche urkundlich vollzogen zu werden pflegten, betrafen die weitaus meisten Vergabungen von Immobilien, und zwar wiederum zumeist an Kirchen oder kirchliche Institute. Für diese Hauptfälle gaben das alamannische und bayrische Volksrecht Bestimmungen in den später zugefügten[73] Titeln *L. Alam. Hloth.* I, II und *L.*

bilienprozesse, welches dann der L. Rib., und zwar deren zweitem Theile einverleibt wurde. Vgl. Sohm in der Zeitschrift für Rechtsgeschichte Bd. V S. 426—443.

[73] Vgl. Bluhme a. a. O. S. 225; P. Roth, Ueber Entstehung der Lex Bajuwariorum (Inauguralabhandlung, München 1848) S. 2—10, 56—70; Derselbe, Zur Geschichte des bayr. Volksrechts (Festschrift, München 1869) S. 9 ff.; Stobbe, Geschichte der deutschen Rechtsquellen I S. 162 ff. — A. A. bezüglich des bayrischen Gesetzes Waitz in den Nachrichten von der k. Gesellschaft der Wissenschaften zu Göttingen, 1869 S. 119—144; S. 277—286; siehe aber unten Anm. [78].

*Baiuwar.* (Text I) I; insbesondere auch wurde die Anfechtung des durch eine derartige Vergabung begründeten Rechtszustands unter Strafe gestellt. Während hier nun das bayrische Recht die in der Praxis zumeist angewandte poena dupli nebst einem auf 3 Unzen Gold fixirten Friedensgeld zur gesetzlichen Strafe erhob:

Tit. I § 2 (*Pertz* III S. 270): Si quis aliqua persona contra res ecclesiae iniuste agere voluerit vel de rebus ecclesiae abstrahere voluerit, sive ille qui dedit vel de heredibus eius aut qualiscunque homo praesumpserit, in primis incurrat dei iudicium et offensionem sanctae ecclesiae, *et iudici terreno persolvat auri uncias III et illas res ecclesiae et alias similes addat* rege cogente vel principe, qui in illa regione iudex est; — bestimmte dagegen das alamannische Gesetz, daß der je im einzelnen Falle von den Parteien der Urkunde inserirte Strafbetrag die von Rechts wegen verfallende Strafe sein solle:

*L. Al.* tit. I § 2 (*Pertz* III S. 45): Et si aliqua persona, aut ipse qui dedit, vel aliquis de heredibus ejus post haec de ipsas res de illa ecclesia abstrahere voluerit, vel aliquis homo qualiscumque persona hoc praesumpserit facere,[74] effectum, quod inchoavit, non obtineat, *et multa illa, qui carta contenit, persolvat,* et res illas ex integro reddat, *et frido in puplico solvat, sicut lex habet.*

Auf diese Bestimmungen bezieht es sich, wenn nun in bayrischen und alamannischen Urkunden für die Strafdrohung sich die Formel findet: conponat, *sicut lex est, sicut lex*

---

[74] In der Revision des Gesetzes unter Herz. Lantfried, welche aus unserer Stelle ein dem Index vorausgehendes Einleitungskapitel machte, wurden hier die Worte eingeschoben: incurrat in Dei judicium et excommunicationem sanctae ecclesiae, welche aber in der Karolina wieder wegfielen. Pertz, Leges III S. 84, 126 f.

*Bajuwariorum est*, conponat multam, *quae in lege Alamannorum continetur*, und ähnliche.[75]

Allein wie man in derartigen alamannischen Urkunden durch zu enges Anschließen an den Wortlaut des Gesetzes nunmehr dazu kam, gar nichts festzusetzen,[76] hielt man sich umgekehrt im bayrischen Rechtsverkehr nicht für verpflichtet, bei der Strafdrohung stets die vom Gesetz bestimmten Beträge einzuhalten: es begegnen hier fortwährend die mannichfaltigsten Strafsummen.[77]

Die angeführten, im Ganzen dasselbe besagenden Bestimmungen der L. Baiuwar. und L. Alam. scheinen nun aber in ihrer rechtlichen Geltung keineswegs als Stammesrecht auf die genannten Völkerschaften beschränkt gewesen zu

[75] S. z. B. Meichelbeck I Instr. Nr. 110; Tradit. Patav. I (Monum. Boica XXVIII b) Nr. 10, 68, 86; Diplomatar. Benedictobur. Nr. 3 (Mon. B. VII S. 87 f.); Bréquigny-Pardessus II Addit. Nr. 68. — Form. Baluz. maj. Nr. 45 (Rozière Nr. 361); Wartmann U. B. v. St. Gallen I Nr. 185, 203, 377, 378, 379, 382, II Nr. 436, 548, 702 u. a. Wirtemb. U. B. I Nr. 154, 155 u. a. m. bei Merkel in Pertz, Leges III S. 376 Anm. 8 und S. 126 Anm. 8.

[76] Man übersah nämlich z. Theil, daß das Gesetz gerade die Festsetzung der Strafgröße dem Einzelnen überlassen hatte, und indem man sinnloser Weise die Worte des Gesetzes in die Urkunden herübernahm, oder auch bezüglich der Strafe nur auf das Gesetz verwies, kam man zu nichts sagenden Formulirungen. Freilich weisen einige Handschriften, welche von Merkel der von ihm angenommenen Karolingischen Redaktion zugewiesen werden, eine Fassung unserer Stelle auf, wonach außer der multa in carta conmemorata und dem fredum noch eine an die Kirche zu zahlende Strafe von 30 (alias 36) solidi verfallen soll. (Pertz, III, S. 126 f. Col. 3.) Hierauf scheint aber in den Urkunden kein Bezug genommen zu sein, da dieselbe hier niemals erwähnt, und auch, wenn eine bestimmte Strafsumme festgesetzt wird, sie nie mit jener zusammentrifft, vgl. z. B. Wirtemb. Urkundenb. I Nr. 155: — componat, quae in lege Alamannorum continentur, hoc est, auri uncias III, argenti pondera V coactus persolvat.

[77] Vgl. die von Merkel bei Pertz, Leges III S. 376, 377 Note [6], [11] angeführten Urkunden. Siehe jedoch Roth, Ueber Entstehung der Lex Bajuwar. S. 65.

sein, vielmehr auf einem für das gesammte fränkische Reich erlassenen Gesetze beruht zu haben. Wenigstens trägt tit. I der L. Baiuwar. in fast allen überlieferten Handschriften für sich allein die Specialüberschrift:

Hoc decretum apud regem et principibus ejus et apud cuncto populo christiano, qui infra regnum Mervungorum consistunt,

so daß wir es hier mit einem Capitulare *legibus addendum* zu thun hätten, welches zufälliger Weise aber nur im Volksgesetze der Bayern und Alamannen Aufnahme fand.[78]

Es knüpfen sich hieran noch zwei Bemerkungen: zunächst erhellt schon aus der genau mit dem Urkundenstyl übereinstimmenden Wortfassung dieser Gesetze, daß sie nicht auf gesetzgeberischer Erfindung beruhen, sondern sich enge an das bisherige Recht anschließen, wie sich dasselbe im Rechtsverkehre gewohnheitsmäßig ausgebildet hatte. Hierauf weist auch das am Schlusse des alamannischen Gesetzes stehende: *sicut lex habet* hin, worin ich nicht eine Allegirung des Gesetzes durch sich selbst, sondern nur die Erklärung finden kann, daß das Vorstehende dem alamannischen Rechte (auch abgesehen von seiner Aufzeichnung) entsprechend sei: „wie es Rechtens ist bei den Alamannen".[79] Hierdurch findet aber andererseits wieder die oben von uns aufgestellte Behauptung,

---

[78] Siehe Waitz, Göttinger Nachrichten, 1869 S. 120. — In dem berührten Punkte sehe ich ein bisher nicht beachtetes, gewichtiges Moment dafür, daß tit. I cit. (ebenso wie tit. I und II der L. Alam.) dem Gesetze später hinzugefügt worden ist.

[79] A. A. Bluhme, a. a. O. S. 225, welcher die betr. Worte auf das Versehen zurückführt, daß ein Gesetzvorschlag wörtlich, wie vorgeschlagen, in das Gesetz selbst Aufnahme gefunden habe. Allein, welche Bedeutung diese Worte in einem Gesetzvorschlag gerade hätten haben sollen, vermag ich erst recht nicht einzusehen. Vgl. auch Stobbe, Rechtsquellen, Bd. I S. 146 f. Anm. [14]. — Ganz ähnlich vielmehr, wie hier, heißt es in L. Sal. 45, 50, 52: „in hoc quod lex Salega, habet, ait, continet" u. s. w., ohne daß das geschriebene Gesetz die betr. Bestimmung wirklich enthielte; desgl. häufig in der L. Baiuwar., vgl. Waitz, a. a. O. S. 129 ff.

daß man in den Strafklauseln der Urkunden von jeher unmittelbar von Rechts wegen eintretende Strafen gesehen habe, ihre Bestätigung.

Hiermit hängt dann das fernere Moment zusammen, daß diese Gesetze nicht die Befugniß zur Abredung von Konventionalstrafen oder zur Festsetzung von, auf einseitigem Privatwillen beruhenden Strafen haben ertheilen wollen, sondern daß sie wirkliche Rechtsbußen für begangenes Unrecht sanktionirt haben. Dies wird besonders klar durch Gegenüberstellung der westgothischen und langobardischen Gesetzgebungen, welche die Rechtsfolgen der betr. Thatbestände selbständig ordnen, und nur für den Fall, daß Konventionalstrafen stipulirt sind, auch diesen, wie jedem andern Vertrage, unter den Kontrahenten Gültigkeit zusprechen.[60] —

Ganz dieselbe Bewandtniß hat es nun noch mit zwei Kapitularien, eines von Karl d. Gr., das andere von Ludwig dem Frommen erlassen, wodurch die oben (S. 575 ff.) erwähnten titt. 57 und 58 des Ribuarischen Gesetzes über die Anfechtung einer Freilassung und den Freiheitsproceß theilweise modificirt wurden. Es wird hier, nämlich in *Capit. in leg. Sal. mitt.* a. 803 c. 7[61] und in *Hludow.*

---

[60] L. Visigoth. L. II t. 5 c. 5; Leg. Liutpr. c. 116 (Pertz IV S. 154 f.): Hoc autem de his causis dicimus, unde cartolam commutationis aut vinditionis homenis inter se non faciunt: nam unde cartolam faciunt et ostenduntur, sic deveat esse, sicut in ipsa cartolam legitur. — Während auf fränkischem und deutschem Boden die Gesetzgebung sich bestrebte, den von Haus aus konventionellen Strafen den Charakter des objektiven Rechts zu verleihen, ist insbesondere bei den Langobarden die entgegengesetzte Tendenz herrschend: die Privatdisposition, zuerst neben dem Gesetz geduldet, sucht letzteres immer mehr zu zersetzen; siehe noch besonders Liutpr. c. 42 und 91 (Pertz IV, S. 126, 144 f.)

[61] Nach Boretius, die Kapitularien im Langobardenreich (Halle 1864) S. 75—83, und Derselbe, Beiträge zur Kapitularienkritik (Leipzig 1874) S. 40. 41, sowie bei Behrend, Lex Salica, S. 86, soll dieses Capitulare ein Zusatz zu allen Volksrechten sein.

*P. Constit. de liberis et vasallis* a. 816 c. 1[82] (*Pertz*, Leg. I S. 114, 196) für den Fall des processualischen Versuchs ungerechter Freiheitsberaubung eines durch Urkunde Freigelassenen gleichmäßig bestimmt:

Si quis per cartam ingenuitatis a domino suo legitime libertatem est consecutus liber permaneat. Si vero aliquis eum injuste inservire temptaverit et ille cartam ingenuitatis suae ostenderit et adversarium injuste se inservire velle comprobaverit, ille, qui hoc temptavit, multam, quae in carta scripta est, solvere cogatur.

Ueber den Charakter dieser Strafe als einer kraft Rechtssatzes eintretenden kann kein Zweifel bestehen, wenn man die im ersteren Gesetze sich anschließende, der unseren parallele Bestimmung für den Fall der Vernichtung der Urkunde damit zusammenhält:

Si vero carta non paruerit, sed iam ab illo, qui eum inservire voluerit, disfacta est, *widrigildum ejus componat*, duas partes illi quem inservire voluerit, tertiam regi.

Also auch abgesehen von der Urkunde soll eine Strafe verfallen, das Wergeld des zu Unrecht Beklagten; und in letzterer haben wir wieder die dupla repetitio, als die in den Urkunden selbst am häufigsten angewandte Strafe zu sehen, ebenso wie dies oben in *L. Rib.* tit. 57 und 58 der Fall war.

Der rechtliche Grundsatz nun aber, auf welchem diese, ihrer Größe nach dem Parteiermessen überlassene Strafe des Gesetzes beruht, zeigt sich uns hier als eben derselbe, den wir oben als dem deutschen Recht überhaupt angehörig nachgewiesen zu haben glauben: daß nämlich der Proceß-verlust, auch wenn er den Kläger betrifft, daß somit die

[82] Ueber diese Constitutio und das Verhältniß derselben zu dem mit c. 1 gleichlautenden Capit. de inienuitate cartarum a. 803 (Pertz I S. 116) vgl. Boretius, Kapitularien im Langobardenreich, S. 84, 98 f.

materiell unbegründete Klageanstellung Strafe nach sich zieht; und die oben betonte Natur dieses Unrechts als eines das Recht bereits kränkenden aber, weitergehend, auf dessen Vernichtung abzielenden Versuchs tritt auch hier deutlich hervor in den Worten: *si injuste eum inservire temptaverit; — qui hoc temptavit*, multam solvere cogatur; — *Const. Hlud.* cit. c. 1: si interpellator hoc, *quod voluerit*, *efficere non potuerit* etc.

Dieser processuale Weg der Anfechtung eines durch Rechtsgeschäft begründeten Rechtszustandes ist auch offenbar derjenige, an welchen die oben angeführten Stellen des bayrischen und alamannischen Volksrechts zumeist denken, wie sich aus den dort gewählten, gleichfalls auf einen Versuch hindeutenden Wendungen ergibt, als: si contra agere, si abstrahere *voluerit*, *effectum*, *quod inchoavit*, *non obtineat*. Diese und ähnliche Formeln finden sich dann auch regelmäßig in den Strafklauseln, von denen wir schon oben sahen (S. 563), daß sie die Umstoßung des Rechts durch äußerlich rechtliche Mittel ganz besonders bei ihren Drohungen im Auge haben. Zur Veranschaulichung, wie sehr man auch hierbei wieder wegen versuchten Unrechts bestraft wissen wollte, hebe ich noch folgendes Beispiel hervor:

Wartmann II Nr. 424; Schenkung v. J. 853: Si quis vero — — hanc traditionis cartulam *inrumpere temptaverit*, — — persolvat et *conatus sui privetur effectui*. —

Nach den vorstehenden Ausführungen kann nun wohl die zu Anfang sich etwa aufdrängende Frage, ob denn diese scheinbar anomalen Strafklauseln im Rechtsleben wirklich zur Ausführung gelangten, ob sie nicht blos hohle Drohungen enthielten, zur Abschreckung, nicht zur Zufügung bestimmt, — ernstlich nicht mehr aufgeworfen werden. Ich bin zwar nicht im Stande, urkundliche Nachweise zu liefern, daß eine solche, in einer Urkunde über ein Rechtsgeschäft ausgesprochene Strafdrohung in einem konkreten Falle seitens der obrigkeitlichen Gewalt gegen einen dritten Angreifer exekutirt worden sei;[83] allein der stäte Gebrauch der Klauseln, die Uebereinstimmung derselben mit den im Volksbewußtsein lebenden und im Volksrecht selbst ausgesprochenen Rechtsgedanken, die Anerkennung ihrer rechtlichen Bedeutung auch in der eigenthümlichen, durch die äußere historische Entwicklung ihnen zu Theil gewordenen Gestalt, welche sie seitens der Gesetzgebung der obersten Reichsgewalt fanden: dies alles gibt uns wohl die Gewähr, daß wir es hier mit praktischem Recht zu thun haben. — Wenn uns ferner durch eine Reihe von Urkunden über Gerichtsverhandlungen (Placita) überliefert ist, daß eine Partei, welche trotz geschehener, rechtmäßiger Uebertragung eines Grundstücks an einen andern dasselbe, unter Anfechtung dieser Uebertragung, für sich in Anspruch genommen hatte, zur Zahlung einer öffentlichen wie Privatstrafe verurtheilt wurde,[84] so ist zwar in denselben eine Bezugnahme auf die frühere Uebertragungsurkunde nicht erwähnt, und auch wir haben dieselben oben als Zeugnisse einer unmittelbar gesetzlichen Strafbarkeit solcher Handlungen angeführt. Allein bei dem durchgehenden Gebrauch der Strafklauseln ist doch wohl anzunehmen, daß auch die vorgehende Uebertragungsurkunde eine solche enthielt, und daß es daher wenigstens möglich ist, daß die

---

[83] Das angebliche Beispiel der praktischen Vollziehung einer solchen Strafklause! bei Ekkehardi IV Casus S. Galli c. 10 (Pertz, Scriptores, II S. 126), auf welches Merkel in seiner Ausgabe der Lex Alam. (Karol.) bei Pertz, Leges, III S. 127 Anm. [8] mit den Worten hinweist: „Et inanem non fuisse poenam istam conventionalem (!), docet historia E. IV de judicio Hadewigae ducis“, trifft nicht zu, da es sich hier nicht um eine Strafdrohung in einer Privaturkunde, sondern um die „mulcta immunitatis inscripta“ handelt; s. oben Anm. [41].

[84] S. Dronke, Cod. dipl. Fuld. Nr. 692; Meichelbeck, Hist. Fris. I Nr. 115, 116, 472, 473; Chronic. Benedictob. und Rotul. hist. (Mon. Bo. VII S. 22 und 6 f.) oben S. 564 f.

in diesen Fällen verwirkte Strafe die in der Urkunde angedrohte war, welche Möglichkeit auch dadurch eine Stütze erhält, daß wenigstens in einem Theil dieser Urkunden die betr., von dem Gericht verhängte Strafe, wie wir oben hervorhoben (s. Anm. [37] und [40]), in der poena duplae repetitionis, somit der in der Strafklausel der Privaturkunden hauptsächlich angedrohten Pön bestand. —

Andererseits kann aber gegen eine solche praktische Bedeutung unserer Klauseln nicht geltend gemacht werden eine bisweilen in Schenkungsurkunden (cessiones) vorkommende Formulirung, wie z. B. in

*Form. Marc.* II Nr. 4 (*Rozière* Nr. 345): Licet in cessionibus *poenam adnecti non sit necesse*, sed nobis pro omni firmitate placuit inserendum: si quis vero u. s. w. Vgl. auch *Form. Sirmond.* Nr. 36, *Baluz. maj.* Nr. 29 (*Rozière* Nr. 195, 196 und daselbst Nr. 221 aus Cod. Lugd. Bat. B.)[85]

Es liegt hierin vielmehr eine Reminiscenz an den römischen Ursprung der Strafklauseln, an ihre Entstehung aus der stipulatio poenae, welche den pactis nudis zur Klagbarmachung zugefügt wurde; zur Rechtskraft einer Schenkung war dieses Hülfsmittel nicht erforderlich, und hierauf bezieht sich der oben angeführte Passus der Klausel, obgleich letztere selbst mit der Pönalstipulation nichts mehr zu thun hatte.[86]

---

[85] Der gegentheiligen Ansicht scheint zu sein Beseler, die Lehre von den Erbverträgen (Göttingen 1835) I S. 52, wenn er auf Grund dieser Formulirung in der Strafklausel den Versuch, die Erben von der Anfechtung abzuschrecken, sieht.

[86] Eine ähnliche Reminiscenz an den römischen Ausgangspunkt der Entwicklung bieten manche Verkaufsurkunden, wenn sie hervorheben, wie z. B. Form. Marc. II, 19 (Rozière Nr 268): Licet empti vinditique contractus sola pretii adnumerationem et regi (= rei) ipsius traditione consistat, hoc tabularum aliorumque docimentorum ad hoc tantum interponatur instructio, ut fides rei facti et viris ratio

Wir fassen somit das Resultat dieser Untersuchung im folgendem Satze zusammen: Die Strafklauseln in den deutschen Urkunden dieser Periode sind nicht konstitutiver, sondern deklarativer Natur; sie setzen nicht eine Strafe fest krafft privaten Willens, sondern sie bilden, wenn auch äußerlich anknüpfend an andersgestaltete Institute des römischen Rechtslebens und mannichfach noch deren Formen festhaltend, den Ausdruck des deutschen Rechtsgedankens, daß die Verletzung gewisser Rechtsverhältnisse, mag dieselbe durch eine thatsächlich in den bestehenden Rechtszustand eingreifende Handlung vollzogen, oder auf dem Wege der gerichtlichen Klage in rechtswidriger Absicht versucht sein, durch eine, an sich über dem Parteiwillen stehende, kraft Rechtssatzes eintretende Strafleistung zu sühnen sei.

---

conprobetur. Vgl. Lex Rom. Visigoth., Paul. rec. sent. II, 18 § 10 Interpret. (Hänel S. 366); Form. Visigoth. Nr. 13, 27, 28 (Biedenweg); Bluhme a. a. O. S. 205, 212.

# Zusätze und Verbesserungen.

(Nachstehendes, für das mittelalterliche Strafrecht reiche Ausbeute versprechendes Werk:

Das Verfestungsbuch der Stadt Stralsund (v. 1310 bis 1472) v. O. Francke; mit einer Einleitung v. F. Frensdorff; Halle 1875 (Hansische Geschichtsq. Bd. I)

ist mir erst nach Fertigstellung des Druckes zugekommen, und konnte ich nur einen flüchtigen Einblick in dasselbe nehmen; im Folgenden citire ich es als: „Strals. Verfb." nach den Seiten der Einleitung und den Nummern der Einträge.)

Zu S. 21 Anm. [32] vgl. noch Regensb. Stat. bei v. Freyb. V S. 53 f.: er verfelt dem richter LX vnd III lb. dn. — und darnach mues er für gen *und mues wetten, und greift dem richter an daz stäbel.*

Zu S. 35 Anm. [3] vgl. noch Urk. v. 1564 bei Kühns, Gesch. der Gerichtsverf. in der Mark Brandenb. II S. 430: habe also yhnen einen peinlichen gerichtstagk uf — — fur gehegter bancken yn der Neustadt B. *berhamett* und benomett.

Auf S. 53 Zle. 19 v. o. lies: *voluerit* statt voluit.

Auf S. 92 Anm. [4] gehört das in Zle. 14 v. o. hinter „festuca" stehende; zu S. 11 hinter „sein".

Auf S. 170 Zle. 4 v. o. l. *vorseten* st. vorsente.

Zu S. 192 Anm. [4] ist zuzufügen: *Korn,* de obnoxiatione et vadio antiquissimi juris germ. (Vratisl. 1863); derselbe, de jure creditoris in personam debitoris, qui solvendo non est, sec. jus aevi medii germ. (Dissert. Vratisl. 1869).

Zu S. 200 ist zu vgl. die dem Wiener R. entsprechende Bestimmung im Steierm. Ldr. (herausgeg. v. Bischoff) a. 175.

Zu S. 209 f.: eine ähnliche Bestimmung wie die im Text angef. des Passauer R.'s mit der von uns angenommenen Vorhaft, jedoch noch ohne Stadtverweisung findet sich in den Regensb. Stat. a. a. O. S. 45 Abs. 2.

Zu S. 220 f. ist zuzufügen: Kölner Stat. v. 1437 a. 43, 44 (nach der bei Stobbe, Rechtsq. II S. 289 Anm. [1] beschriebenen Ausg., S. 42 ff.).

Zu S. 221—224 vgl. Stralſ. Verfb. Nr. 44, 119, 129, 133, 313, 323, 484, 555; Einleitung S. LXX f.

Auf S. 248 Anm. [17] lies: **414** ſt. 415.

Zu S. 290 f. Anm. [8]: für die hier geſchilderten Bedeutungen von Nothrecht findet ſich der Ausdruck: Nottaiding in Grazer Gerichtsurk. bei Biſchoff, Steierm. Ldr. S. 177 Nr. 4, S. 182 Nr. 16, S. 191 Nr. 23.

Zu S. 298: Nach Steierm. Ldr. a. 145 ſind Zahlfriſten bei verdientem Lohn nur dann ausgeſchloſſen, wenn der Gläubiger ein Gaſt iſt; man mag nicht teg darumb haben, als vmb gesessen lewt.

Zu S. 300 iſt zuzufügen: Stdtr. v. Feldkirch v. 1399 tit. 129 §§ 3, 4 bei Mone, Zſchr. f. d. Geſch. des Oberrh. XXI S. 164.

Zu S. 312 a. E.: Den hier angef. ſchweiz. Rechtsq., welche nur für den erlittenen Gerichtsſchaden dem Gläubiger einen Erſatzanſpruch gewähren, iſt anzureihen: Landb. v. Gaſter a. 147 bei Blumer, St.- u. R.G. der ſchweiz. Demokratien I S. 464 f.

Zu S. 325 Anm. [3] vgl. Tomaſchek, Oberhof S. 137 f. Nr. 243.

Zu S. 326 vgl. Stdtr. v. Feldkirch tit. 141 a. a. O. S. 168: wedra tail da unrecht gewinn, — das der denn 2 blapphart vervallen sin und och an stett bezaln sol.

Zu S. 352 vgl. Hamb. Zunftr. bei Rüdiger S. 156 Nr. 32b, S. 181 § 20.

Zu S. 367 a. A. iſt zuzufügen: Weisth. v. Gottlieben § 31 (Grimm IV S. 419).

Zu S. 390 f. vgl. noch Tiroler M.O. v. 1499 a. 14 (Weiske, Abh. S. 190) = Ratolphz. H.G.O. v. 1506 a. 11 (Walchner S. 281 f.).

Zu S. 395 Anm. [2] iſt noch anzuführen: Stobbe in der Krit. Vierteljahrsſchr. XI, 1869, S. 243 ff.

Zu S. 404 Anm. [11] desgl. Stobbe a. a. O. S. 242.

Zu S. 406 ff.: Wenn hier als Arten der Unmöglichmachung der direkten Rechtserfüllung nur Veräußerung und Vernichtung, bezw. Verſchlechterung einer hingegebenen Sache aufgeführt wurden, ſo iſt dies zu eng, wie andererſeits die in § 51 aufgeſtellte Behauptung, daß das Wegführen einer anvertrauten Sache immer nur Exekution im Gefolge habe, einer Einſchränkung zu unterziehen iſt. Es kommt darauf an, welcher Art das „Wegführen" iſt. Liegt nur ein rein lokales Entfernen vor, ſo treffen die Ausführungen des § 51 zu; iſt aber das Wegführen ſo beſchaffen, daß die Sache hierdurch der Exekution entzogen wird, ſo iſt auch dies eine Unrechtsform, welche über das bloſe negative Nichtzurückgeben hinausgeht und Strafe erfordert. Ein ſolches „Abhandenbringen" wird aber in den Quellen häufig unter den

Ausdrücken „Enttragen, Entführen, Wegführen" verstanden. Vgl. Stralſ. Verfſ. Nr. 544: J. S. *alienavit*, proprie *heft untfeert* etc. und S. 409 Anm. [7]. Als Beiſpiel für die in den letzteren Fällen eintretende Strafe iſt anzuführen Tiroler M.O. a. 14 = Ratolphz. H.G.O. a. 11: ob ain person vertrawts guet *weg füret*, — die söllen ertrenckt werden. Die P.G.O. Karl's V ſpricht dagegen ſchon allgemein von „zu Schaden handeln" mit anvertrautem Gut, und ſtellt dieſen Fall dem Diebſtahl gleich.

Zu S. 412 Anm. [15] vgl. Stdtr. v. Feldkirch tit. 127 bei Mone XXI S. 163.

Zu S. 417 Anm. [21] vgl. Urk. v. 1482 bei Kühns, Gerichtsverf. II S. 388 Anm. $599_a$.

Zu S. 435 Anm. [6] Zle. 14 lies Mühler S. 85 ſt. 86.

Zu S. 439 Anm. [11] a. E. iſt noch zu citiren Heinze in der Zſchr. f. R.G. X S. 460 ff.

Zu S. 448 Anm. [10] iſt zuzufügen: Schwabenſp. a. 20.

Zu S. 476 f. Anm. [26] vgl. Stralſ. Verfſ. Einl. S. LXXI ff., Nr. 9, 19, 23, 26, 72, 125, 128, 156, 160, 171 f., 199, 217, 269, 272, 274, 281, 284, 294, 300, 302, 307, 310: Th. de G. proscriptus est pro fure Hennekini K., eo quod furtive recessit cum servicio suo et furtive abstulit sibi 2 markas Sund. et 6 sol., quos dedit sibi super servicium suum. Ferner Nr. 312, 315, 320, 322, 330 f., 333, 337 f., 349, 357—360, 368, 372, 383, 388 f., 392 f., 398, 400 f., 405, 407, 412—415, 420, 423, 425, 428—430, 434, 437, 451 f., 465, 469 ff., 477, 481 ff., 486 f., 489, 493, 512 f., 526, 530, 533 f., 545, 558, 571, 578, 586, 588, 594, 597, 606 f., 615, 617, 619 - 622, 631, 651.

Zu S. 478 vgl. Stralſ. Verfſ. Nr. 656: M. L. est cum omni jure Lubicensi proscriptus — ex et pro eo, quod — recessit a N. D. fabro et ex servicio — cum $9^1/_2$ marc. den. *cum premeditacione, id est vorsate, tamquam fur.*

Zu S. 482 Anm. [1]: Der Bruch des Verlöbnißvertrags wird mit weltlicher Strafe belegt in den Kölner Stat. v. 1437 a. 105.

Zu S. 485 Anm. [3] vgl. Stralſ. Verfſ. Nr. 120, 183 u. a. m.

Zu S. 500 ff. Anm. [32], [33], vgl. Stralſ. Verfſ. Einl. S. LXXXIX — XCV; Nr. 3, 8, 27, 28, 33, 37, 42, 43, 55, 83, 87, 95, 180, 231, 282 u. a.

Zu S. 504 f. Wie in andern Fällen, wo die Vertragsverletzung vermittelſt eines zweiten Rechtsgeſchäfts vor ſich ging, ſo ſah man auch hier das Unrecht mit der Zeit eben in dieſem wiederholten Contrahiren als ſolchem, welches man als Betrug auffaßte; vgl. Stat. v. Freiburg i. Br. v. 1520 Tract. II tit. 8 art. welcher verpfendte güter wyter verpfendet (fol. 41), Tract. V art. straff über die so güter versetzen vnd die vorigen verpfandungen verschwigen (fol. 95); s. auch Tiroler M.O. a. 14, Ratolphz. H.G.O. a. 11.

Zu S. 517 Anm. [7] vgl. Stralf. Verfb. Nr. 384.

Zu S. 527 Anm. [']: eine Verwillkürung bei der Todesstrafe siehe im Stralf. Verfb. Nr. 117.

Auf S. 574 Zle. 1 lies: vel *ad discussionem.*

Zum Anhang: Von befreundeter Seite werde ich auf zwei Stellen bei Hinkmar v. Rheims aufmerksam gemacht, welche geeignet sind, das oben Vorgetragene theilweise in ein helleres Licht zu setzen.

1. *De divortio Lotharii regis et Thietbergae reginae* (Ausg. bei *Migne*, Patrologia, Bd. 125 S. 703): Perpendendum est etiam, quia antiqui reges et imperatores suis legibus statuerunt, ut charta confirmationis V vel VII aut X, ut scribit Ambrosius, testibus roborata constaret. Sed et jure civili in conscriptione chartarum conditionalis constitutio ponitur, *quo dispendio, qui eandem chartam infringere tentaverit, fisco multetur* etc.
2. Bes. zu S. 566 ff.: *Rotula* (Migne Bd. 125 S. 1064): In capitulis imperialibus scriptum est libro II: de his qui injuste super alios querelas faciunt ut, si inde convicti fuerint, *propter illam calumniam secundum legem et aequitatem justitiam reddant* (bei Ansegis Lib. II c. 34; *Pertz* I S. 298 Note *). Et hinc libro III scriptum habetur: de his qui causam judicatam repetere praesumunt, sed et de his qui legem observare contempserint, ut per fidejussores ad praesentiam regis deducantur (aus Ansegis. III c. 31 und 34 zusammengezogen).

Karlsruhe, Druck der G. Braun'schen Hofbuchdruckerei.

Kolibri 360 GmbH
Ferdinand-Jühlke-Straße 7
99095 Erfurt, Deutschland
produktsicherheit@kolibri360.de